纵横百家

让 学 术 亲 近 大 众

《清高宗乾隆帝像》

《青年乾隆帝朝服像》

《中年乾隆帝朝服像》

《崇庆皇太后朝服像》

《孝贤纯皇后朝服像》

《乾隆帝大阅图》

《乾隆帝射猎图》

《乾隆帝万树园赐宴图》

《乾隆帝岁朝行乐图》

《乾隆帝雪景行乐图》

《乾隆帝接见英国马戛尔尼使团图》

养心殿三希堂内景

乾隆帝裕陵地宫

乾隆帝

盛世光环下的多面人生

郭成康
— 著 —

中国大百科全书出版社

图书在版编目（CIP）数据

乾隆帝：盛世光环下的多面人生 / 郭成康著 . —北京：中国大百科全书出版社，2021.6
ISBN 978-7-5202-0967-0

I. ①乾… II. ①郭… Ⅲ. ①乾隆帝（1711-1799）—传记 Ⅳ. ① K827=49

中国版本图书馆 CIP 数据核字（2021）第 078872 号

出 版 人　刘国辉
策 划 人　王一珂　曾　辉
责任编辑　王一珂
责任印制　魏　婷
封面设计　今亮后声
出版发行　中国大百科全书出版社
社　　址　北京阜成门北大街 17 号　　邮政编码　100037
电　　话　010-88390969
网　　址　http://www.ecph.com.cn
印　　刷　北京地大彩印有限公司
开　　本　710 毫米 ×1000 毫米　1/16
印　　张　38　　插页　8
字　　数　565 千字
印　　次　2021 年 7 月第 1 版　2021 年 7 月第 1 次印刷
书　　号　ISBN 978-7-5202-0967-0
定　　价　118.00 元

目录

前　言

乾隆帝也许是中国古代最难用三言两语说清楚的一位皇帝。他生于1711年，卒于1799年，是中国历代帝王中寿命最长的一位；嘉庆四年正月初三辞世的时候，他已虚岁八十九。乾隆帝在位时间长达六十年之久，加上以太上皇训政的三年，其主持国政之长，堪称历代帝王之最。作为清兵入关、定鼎燕京后的第四代帝王，作为几乎与18世纪同龄的政治巨人，他是三千余年未有之大变局来临前夜中国所有重大事件的最高决策者。

乾隆帝，姓爱新觉罗，名弘曆。在康熙帝一百多位孙辈中，年幼的弘曆脱颖而出，受到皇祖的特殊眷爱。弘曆的父亲雍正帝在位十三年，以振刷千百年颓风为己任，对政治、经济、财政等领域进行了全面整肃和改革，为弘曆即位后大展宏图奠定了基础。继父祖之后，乾隆帝终于将史家艳称的“康乾盛世”推向了全盛顶峰。

承继父祖遗志，不负皇祖、皇考两代深恩重托的崇高使命感，是助推乾隆帝成就千秋功业的最大驱动力，也是他漫长人生的精神支柱。这种积极、主动地通过国家最高权力满足自己使命感和责任感的帝王人格，为乾隆帝当政的六十三年的中国历史打上了深刻烙印。而消极的一面也如影随形：追求超迈千古的价值取向而滋长的好大喜功、急功近利，难免流于“外仁义而内多欲”的浮夸和虚伪。这是具有此种帝王人格者难以疗治的痼疾。

文化是观察多面乾隆帝的另一重要视角。乾隆帝具有强烈的民族优越感，自信满洲淳壹笃实，“胜于汉人之文艺、蒙古之经典”，因而恪守重“实行”、尚“武略”、崇奉集权统一、强调“主奴名分”的满洲文化传统。他以“通儒”自居，鄙薄纪昀为“无用腐儒”；而出于自幼养成的结习与陶醉其中的乐趣，又终生徜徉在汉文化的海洋之中，陶冶成根柢深厚、个性鲜明的中国学者，并身兼文物收藏家、鉴赏家、建筑艺术家和诗人等多面角色，取得的成就为他人难以企及。满汉文化交融在他身上可谓得到了完美体现，纵情恣意于宏伟气象与异国风味的中国帝制文化经过乾隆帝发挥到了极致，他堪称令人兴味无穷的帝制文化常青树。

年龄和阅历足以见证乾隆帝多种历史角色的转换。乾隆帝自言：“初年或有好名之心，今则经事久而见理真，不为此矣。”这一年他四十六岁，经过二十余年政治风雨的荡涤，乾隆帝已褪尽年轻时身上浓厚的儒家理想主义色彩；而最大的变化则表现在为政风格由开明趋向极端专制。乾隆帝初政，如临如履，惟恐失误，一日之中朱笔细书，折成方寸，或咨询张廷玉、鄂尔泰，或咨询朱轼、孙嘉淦，“曰某人贤否，某事当否？日或十余次”。及至暮年，则喜谀恶谏、喜柔恶刚、喜从恶违，此种人性弱点决定的专制偏好，营造了朝野“出一言而盈廷称圣，发一令则四海讴歌”的政治迷信，反过来又助长了乾隆帝高己卑人、雄才易事的自我膨胀。他讥讽唐太宗的纳谏为沽名钓誉，把襄赞政务的大学士视为赘疣。

由《清高宗（乾隆）实录》精心包装的乾隆帝，其品德几近完人圣贤，然而他有时不留神难免露出的内心深处的阴暗龌龊，在清宫档案中留下了抹不掉的痕迹。乾隆帝酷爱古玩、玉器、字画以及西洋奇珍，督抚大吏等投其所好，不惜一掷千金竞相贡献，以致酿成败坏吏治的严重恶果。乾隆帝屡屡明降谕旨，冠冕堂皇地申斥臣下进贡，说什么“朕常时所用悉系朴素木器，不尚奢华，督抚等若惟夸多斗靡，妄费呈献，朕非特不以为喜，转觉其可惜”；又说什么“宫中服御，不用珠绣，又如象牙织簟，远不及寻常茵席之安适”；并三令五申：“嗣后各省督抚，除食品外，概不得丝毫贡献，违者以违制论！”但乾隆帝内心的真实想法是什么呢？乾隆中期，他在署两广总督李侍尧进贡折子上朱笔批谕：“此次所进镀金洋景表亭一座甚好，嗣后似此样好看者多觅几件；再有大而好者，亦觅几件，不必惜价。如觅得时，于端阳进贡几件来。”内府包衣官员寅著整了二十几幅米芾字迹进献乾隆帝，遭到他朱批训斥：“是假的。不收！”这些不是仇视满清的野史轶闻，而是存世的清官方秘档的确凿记载。

换一个角度审视，乾隆帝又是一个感情非常丰富，个性十分鲜明，有血有肉的人。他敢爱敢恨，爱得炽烈，恨得阴森；他仁慈又残暴，英明又短视，极富人情味儿又冷酷无情，充满巨大智慧又浅薄渺小。乾隆帝的思想太深邃了，性格太复杂了，内心世界太神秘莫测了；至今，人们对他大概只有皮相观察与浮泛认识。

由于种种复杂的原因，政治的、历史的，也有民族感情方面的，昔日盛世光环下的乾隆帝形象已经被严重扭曲。清朝遗老遗少心目中的乾隆爷，是个毫无瑕疵的盛世英主；历史教科书中的乾隆帝，则是正襟危坐、道貌岸然的政治偶像；而到了小说家手里，乾隆帝又被描绘成寻花问柳的花花公子；“戏说”之类的乾隆帝更不知被编排成什么样子。时至今日，淡出盛世光环的乾隆帝已成为家喻户晓而又极具争议的多面人物，恐怕将来也会长期处于“是非盖棺犹未定，功过留待后人评”的争论之中。

本书试图全面展现乾隆帝的家世、个性、思想、情感、品味及功业等等，着力在挖掘主人公内心世界上下功夫。笔者时时告诫自己，要实事求是，不掩恶溢美；要理性客观，不以偏概全，力求把淡出盛世光环的多面乾隆帝的轮廓、精神勾勒出来，奉献给读者；如能大体不失真实，则是我最大的愿望。

郭成康

2020 年 9 月 27 日初稿

2021 年 5 月 20 日修订

第一章

身世之谜

寻常百姓人家，间或有家世暧昧不明的，这已被人诧为异事，难道贵为至尊的皇帝，家世还有不甚清爽的时候吗？其实，从秦始皇嬴政到明清诸帝，家世不清的中国古代帝王并非罕见。司马迁就曾明明白白地道出秦始皇的生父不是秦庄襄王，而是阳翟大贾吕不韦。还如明成祖，这位发动“靖难之役”、夺取了自己侄子皇位的燕王，自称是洪武皇帝朱元璋与高皇后的嫡子，而事实上高皇后无子，成祖的生母是碽妃，高皇后不过是其养母而已。

但在诸多家世不清的中国古代帝王中，身世最离奇的恐怕莫过于乾隆帝了。乾隆帝生得离奇。他究竟诞生在哪里，是京城雍和宫，还是热河避暑山庄，时至今日仍很难说清；乾隆帝的生母是谁，究竟是汉人钱氏，还是满洲人钮祜禄氏，抑或是热河行宫宫女李金桂，这也是一桩聚讼纷纭的疑案。

一　诞生之地

乾隆帝究竟诞生在热河避暑山庄还是京城雍和宫，这在当时是牵一发而动全身的大事。这个本来不应成为问题的问题，曾困扰着乾隆帝、嘉庆帝和道光帝祖孙三代皇帝。时至今日，这仍然是学者聚讼纷纭的疑案和百姓茶余饭后的谈资。

乾隆帝再三申明自己诞生在雍和宫。

雍和宫是坐落在京城东北的著名喇嘛庙。今天，从北新桥往北走大约一站公交车程的距离，就可以看到与国子监隔街相望的，红墙黄瓦、殿阁巍峨的雍和宫。

康熙年间这里不叫雍和宫，建筑的规模也不及今天这样宏伟气派，那时这里是“雍亲王府”。雍亲王名胤禛，在康熙帝的二十四个儿子（康熙帝生三十五子，十一个儿子夭折，不以齿叙）中排行第四，因此胤禛的正式称呼是“皇四子”，宫中也称他“四阿哥”。胤禛初次受封的爵号是宗室爵第三等——多罗贝勒，那时他三十七岁，业已成婚。康熙四十八年（1709 年），胤禛晋封和硕雍亲王，王府就是今天雍和宫的前身，当时这里正式称“雍亲王府”，简称“雍邸”。雍亲王胤禛后来当了皇帝，以这里是“潜龙禁地”，改名为“雍和宫”。

根据清朝官方正式记载，乾隆帝就诞生在“雍和宫邸”。翻开《清高宗（乾隆）实录》，触目即是一段述及乾隆帝家世的文字：

> 高宗纯皇帝，讳弘曆，世宗宪皇帝第四子也。母孝圣宪皇后，钮祜禄氏，原任四品典仪官、加封一等承恩公凌柱之女，仁慈淑慎，恭俭宽和，事世宗宪皇帝，肃范彤闱，勤襄内职，储祥毓厘，以康熙五十年辛卯八月十三日子时，诞上（乾隆帝）于雍和宫邸。

皇帝死后要在太庙立室奉祀，特立名号，叫“庙号”。乾隆帝的庙号为“高宗”，雍正帝的庙号为“世宗”。庙号之外，还要给已逝的皇帝定一个“尊谥”，即“谥号”。乾隆帝的谥号为“纯皇帝”，雍正帝的谥号为“宪皇帝”。皇后死后也上谥号，这里说的乾隆帝生母钮祜禄氏的谥号是“孝圣宪皇后”。《清高宗（乾隆）实录》上面的那段话讲了乾隆帝的父亲、母亲、外祖父、诞生时间及诞生地。应该说，讲乾隆帝的家世，就官方的记载而论，《清高宗（乾隆）实录》无疑是最具权威性的。近年以来出版的乾隆帝传记，多依据《清高宗（乾隆）实录》讲其生于雍和宫。

除《清高宗（乾隆）实录》外，还有没有具有权威性的文献述及乾隆帝的家世呢？应该说还有，那就是乾隆帝本人的《清高宗（乾隆）御制诗集》。

乾隆帝不仅是政治巨人，而且是历史上最多产的一位诗人，他一生写了四万多首诗。在诗中，乾隆帝多次提到过自己诞生在雍和宫。

前面曾提到，雍正帝即位后已将“潜邸”雍亲王府改名为雍和宫。乾隆帝登极后，这里因为二度“潜龙”，就更为尊崇了。乾隆帝先把父亲雍正帝的影像供奉于雍和宫永佑殿中，并将它改名为“神御殿”，派喇嘛每天在殿内诵经。到乾隆九年（1744年），乾隆帝又决定将神御殿正院全部改为喇嘛庙，整座院落仍名“雍和宫”。乾隆帝每年新正必去瞻礼，有时路过，也多入寺礼拜。乾隆五十年（1785年）正月初七，即所谓“人日”那天，乾隆帝来雍和宫瞻仰礼拜时曾赋诗一首：

首岁跃龙邸，年年礼必行。
故宫开诶荡，净域本光明。
书室聊成憩，经编无暇横。
来瞻值人日，吾亦念初生。

“吾亦念初生”，足以证明乾隆帝本人认定自己出生在雍和宫。在另外一些瞻拜雍和宫的叙事诗中，乾隆帝也表达过“斋阁东厢胥熟路，忆亲惟念我初生”；“虽曰无生俞宗旨，到此每忆我生初”；“尚忆初生我，忽来八十翁”……这些诗句都是同样的意思。

这里顺便解释一下“斋阁东厢胥熟路”这句诗，因为它关系到乾隆帝出生的房间之所在。雍和宫东书院内第一层殿堂名“平安居”，平安居后面是三间书房，书房北面是名为“如意室”的一座房屋，据说乾隆帝即出生在如意室的西里间。御制诗“斋阁东厢”即指雍和宫东书院如意室、平安居、太和斋一带，乾隆帝在这里度过了十二载童年时光，年老了，故地重游，倍感亲切，所以他说这里都是“熟路”。由此可见，乾隆帝本人不仅认定自己的诞生地在雍和宫，而且隐然指点如意室就是他的具体降生地。

不过，从乾隆帝的雍和宫诗揣测，他晚年时似乎听到了外间对自己诞生地的某些异说。乾隆四十七年正月初七，他去雍和宫礼佛时赋诗一首，题为《人日雍和宫瞻礼》：

从来人日是灵辰，潜邸雍和礼法轮。
鼍鼓螺笙宣妙梵，人心物色启韶春。
今来昔去宛成岁，地厚天高那报亲？
设以古希有二论，斯之吾亦始成人。

这一年乾隆帝七十二岁，所以说“古希有二”。在“斯之吾亦始成人”句下，乾隆帝自注云：“余实于康熙辛卯生于是宫也。”“实于”二字，颇值得玩味。为什么要强调自己确实出生于雍和宫呢？似乎有所指而发。这“所指”又是什么呢？看来，乾隆帝在这时风闻了有关他降生地的浮言吧，所以在诗中以诗注的方式对自己诞于雍和宫做了明确的、坚决的肯定。

过了七年，老人家七十九岁时到雍和宫拜佛，又写了《新正雍和宫瞻礼》一诗，他在颈联“岂期莅政忽焉老，尚忆生初于是孩”一句下自注云：“予以康熙辛卯生于是宫，至十二岁始蒙皇祖（康熙帝）养育宫中。”这可以视为乾隆帝本人对自己诞生于雍和宫的再次确认。

翻检乾隆帝瞻礼雍和宫的纪事诗，还可以找到他再三重复“来瞻值人日，吾亦念初生”；“新正瞻旧邸，老大溯初生”等表白自己诞生地的诗句，他直到八十五岁归政前夕还说：“跃龙宫自我生初，七岁从师始读书。”

总而言之，大约从乾隆四十、五十年起，乾隆帝似乎为了立此存案而反反复复申明自己确凿无疑诞生在雍和宫，这和他即位的前三四十年间几乎绝口不谈何处出生，形成了强烈的对照。纵观《清高宗（乾隆）御制诗集》中虽有数十首题咏避暑山庄狮子园，以及狮子园中“草房”的诗，但从无一处说自己降生在那里。应该特别说明的是，乾隆帝的诗作在当时可并不是被视作文艺作品，它具有与官方文书同样的权威，《清高宗（乾隆）实录》等官书中也大量征引了乾隆帝的诗。所以说，乾隆帝御制诗是与《清高宗（乾隆）实录》具有同等、甚至更高权威性的官方文件。而且，《清高宗（乾隆）御制诗集》成于乾隆帝在世时，当时已刻板印行，在极小的范围内流传，如部分皇子、皇孙、亲幸大臣、封疆大吏等都可以看得到。因此，作为乾隆帝诞生地的证据，《清高宗（乾隆）御制诗集》比《清高宗（乾隆）实录》更坚实、更具说服力。

然而，偏偏有处于国家中枢的上层人士对乾隆帝诞生地持有异说，更严重的是，当乾隆帝还在世的时候，就出现了他降生于避暑山庄的说法。

现在能够查到的第一个对乾隆帝诞生地提出不同看法的人是管世铭。这个在乾隆帝晚年小有名气的军机章京写了一部《韫山堂诗集》，请看集中《扈跸秋狝纪事三十四首》组诗的第四首：

> 庆善祥开华渚虹，降生犹忆旧时宫。
> 年年讳日行香去，狮子园边感圣衷。

在这首绝句下，管世铭作了如下诗注：

> 狮子园为皇上降生之地，常于宪庙（雍正帝）忌辰驻临。

狮子园是热河避暑山庄外的一座园林。出避暑山庄西北门，便可以望见一座形似狮子的山岭，故名“狮子岭”，而山岭之北的这座简朴园林便也以“狮子”名之。康熙帝赴热河驻跸避暑山庄时，雍亲王胤禛多随驾前往，康熙帝便把狮子园赐给了他，作为他们一家人来热河时临时住居之处。管世铭说“狮子园为皇上降生之地”，就是说今上乾隆帝降生在这里。

管世铭这个说法的可信程度如何呢？

管世铭，字缄若，也称“韫山先生”，江苏武进人。乾隆四十三年（1778 年）进士，五十一年（1786 年）以户部主事入值军机处，六十年（1795 年）改浙江道监察御史，经大学士、首席军机大臣阿桂奏请，仍留军机处供职。嘉庆三年（1798 年）十一月十二日去世，寿六十有一。管世铭去世五十多天后，乾隆帝也崩逝了。他比乾隆帝小二十几岁，可算是与乾隆帝同时代的人；此人官品虽不高，但以军机章京参与中枢机要长达十余年，应该说是了解一些内廷隐情的；他在官场中交际甚广，和当朝元老阿桂尤有特殊关系，可见他有广泛的信息源，对有关今上皇帝的一些传闻异辞有所了解并不奇怪；他为人正直，与弄权的和珅不对劲儿，就其品格而论，敢言别人之不敢言，记别人之不敢记，也在情理之中；与他有深交的钱维乔称其为诗“格律最细，每咏一人、述一事，典赡精当，足当诗史之目”；作为军机章京，他随扈驻跸山庄，进哨木兰，对乾隆帝在避暑山庄的起居行止是比较了解的。“宪庙”，即雍正帝的“忌辰”八月二十三日，乾隆帝去狮子园“行香”一事，与乾隆帝每次驻跸山庄必奉皇太后钮祜禄氏游狮子园的事实亦大致相合。从以上各点综合分析，管世铭敢把“狮子园为皇上降生之地”,“降生犹忆旧时宫”这样的意思入诗，而且在他故世不久即将这部《韫山堂诗集》刊行面世，说明他和他的亲属、弟子对此事是有相当大的把握的。更何况，管世铭值机庭多年，谨言慎行乃其职业必备素养，他不可能是信口开河的浮躁之辈，可举其另一首七绝为证：

> 惟凭谨畏直承明，缄口仍防出舌轻。
> 有问辄将他语乱，肯言温室树何名？

“温室”，系汉武帝的一个宫殿名。有人打听皇宫中树的名字时，都要乱以他语，谨畏小心到了如此程度的管世铭，敢拿皇上的降生地搏眼球、开玩笑吗？

如果说管世铭人微言轻，所说不足采信；那么，还可以举出身份绝对贵重的另一人——乾隆帝以“太上皇帝”训政时的“嗣皇帝”颙琰，即嘉庆帝。

颙琰原名永琰，是乾隆帝第十五子，乾隆三十八年（1773 年）被秘密立为皇储。乾隆六十年（1795 年）九月，乾隆帝公开宣布皇十五子、嘉亲王永琰为皇太子，为方便避讳，改名颙琰。第二年元旦举行禅位大典，皇太子颙琰正式即帝位，改年号为“嘉庆”，乾隆帝“退闲”为太上皇帝。从嘉庆元年（宫中仍以“乾隆”纪年，为乾隆六十一年）起，皇帝的生日称“万寿节”，太上皇的生日称“万万寿节”。

嘉庆元年（1796 年）八月十三日，太上皇八十六岁生日，宫中首次过万万寿节，地点在避暑山庄。嗣皇帝颙琰率王公大臣鱼贯而上，奉觞为太上皇祝寿，场面十分盛大。嘉庆帝以《万万寿节率王公大臣等行庆贺礼恭记》为题，作诗一首以志其事，首联“肇建山庄辛卯年，寿同无量庆因缘”下，他又加了如下注释：

> 康熙辛卯肇建山庄，皇父以是年诞生都福之庭。山符仁寿，京垓亿秭，绵算循环，以怙冒奕祀。此中因缘，不可思议。

辛卯，即康熙五十年（1711年），这一年康熙亲题“避暑山庄”匾额，御制《避暑山庄三十六景诗》并集册刊行，因此嘉庆帝诗注开首说“康熙辛卯肇建山庄”；“皇父”指太上皇，乾隆帝诞生于康熙五十年，即肇建山庄之年；“都福之庭”的意思是诸福汇聚之地，从上下文意看，当指避暑山庄。把上述嘉庆帝祝寿诗的诗注连贯起来，即“皇父”于辛卯年诞生于避暑山庄，与康熙帝肇建避暑山庄恰在同一年，因此嘉庆帝说：“此中因缘不可思议。”如果说这样解释不无牵强，那么，且往下看。

翌年秋，太上皇再度临幸避暑山庄。八月十三日，嗣皇帝颙琰仍以《万万寿节率王公大臣等行庆贺礼恭记》为题赋诗，这一次把“皇父”的出生地说得明白无误了。该诗“合万方欢群爱敬，以天下养式仪型”一句下嘉庆帝自注：

> 敬惟皇父以辛卯岁诞生于山庄都福之庭，跃龙兴庆，集瑞钟祥。

从这一诗注看，“都福之庭”即避暑山庄。如果理解得宽泛一点，也可以把山庄外的雍亲王赐园——狮子园也包括进去。不管怎样，嗣皇帝颙琰在嘉庆元年、二年所写的这两首诗和诗注，足以证明他当时认为“皇父”生在热河避暑山庄，这是毋庸置疑的。有人会说，这些应景诗可能是词臣捉刀之作。不应完全排除这种可能的存在，但这两首诗及诗注即使为别人代笔，也必然经过嘉庆帝首肯。

嘉庆帝生于乾隆二十五年（1760年），为太上皇祝寿赋诗时已年近不惑，当“皇父”仍健在时，他写的诗和诗注明明白白地说“皇父”“诞生于山庄都福之庭”，这是证明乾隆帝出生于避暑山庄的何等坚实有力的证据！联系到与此同时军机章京管世铭也毫不含糊地称“狮子园为皇上降生之地”，是不是可以这样认为：乾隆帝晚年，在包括皇子颙琰在内的统治集团上层，有相当一部分人认定乾隆帝的诞生地是避暑山庄。

还应该注意到这一事实：管世铭可能未见过《清高宗（乾隆）御制诗集》，但作为皇储、皇太子、嗣皇帝的颙琰绝对会受赐《清高宗（乾隆）御制诗集》。那么他为什么要在“皇父诞生地”这个问题上与自己的父亲唱对台戏呢？然而，嘉庆帝后来由于种种原因，还是放弃了自己的固有看法，而认同乾隆帝“诞于雍和宫邸”。

载有上述嘉庆帝为太上皇庆祝万万寿节那两首诗的《清仁宗（嘉庆）御制诗初集》，是在嘉庆八年（1803 年）经颙琰钦定后刊行于世的，这表明，那时他仍认为“皇父”生于“山庄”确然不误。过了四年，也就是嘉庆十二年（1807 年），问题就产生了。实录馆馆臣纂修的《清高宗（乾隆）实录》和《清高宗（乾隆）圣训》上竟说乾隆帝诞于“雍和宫邸”，当嘉庆帝审阅《清高宗（乾隆）实录》《清高宗（乾隆）圣训》稿时自然产生了疑问：“皇父”明明降生于避暑山庄，为什么馆臣却写成“诞于雍和宫邸”？大惑不解之下，他立即饬令馆臣查覆。这件非同小可的事情被一位有心人——时为工部侍郎的英和在《恩福堂笔记》中记录下来：

> 丁卯岁（即嘉庆十二年）实录馆进呈《圣训》，首载“诞圣”一条，仁庙（指嘉庆帝）即以为疑，饬馆臣查覆。

实录作为记录前朝皇帝言行及重大事件的编年体史书具有何等庄重的地位，而如今却将乾隆帝的诞生地搞错了！嘉庆帝的恼怒可想而知，自然会严饬馆臣查明覆奏。

当时馆臣以实录馆总裁、大学士庆桂为首，但他总而不裁，事无巨细均由副总裁、翰林出身的刘凤诰拿主意。皇上既然怪罪下来，也只能惟刘凤诰是问。

刘凤诰实在是个很值得重视的人物。此人字金门，江西萍乡人，乾隆五十四年（1789年）进士，嘉庆四年（1799年）开馆纂修《清高宗（乾隆）实录》和《清高宗（乾隆）圣训》时任纂修官，因为能事，很快升为总纂、副总裁。嘉庆帝严旨“查覆”，他并不慌张，而是向嘉庆帝举出了令人信服的证据——《清高宗（乾隆）御制诗集》。据英和记载：

> 经刘金门少宰凤诰奏本圣制《雍和宫诗》，将圣集夹签进呈，上（嘉庆帝）意始解。而圣制诗注谓：“予实于康熙辛卯岁生于是宫也”，则知“狮子园说”其讹传久矣。

刘凤诰时任吏部侍郎，故称“少宰”。他向嘉庆帝覆奏时指出，乾隆帝诞于雍和宫邸并没有错，依据是乾隆帝御制《雍和宫诗》，在诗注中有“予实于康熙辛卯岁生于是宫也。”为了让嘉庆帝翻检方便，刘凤诰还把“圣集”——《清高宗（乾隆）御制诗集》夹好了书签，标明自己的根据所在之处。

刘凤诰说得不错。前面已经提到，乾隆帝在《清高宗（乾隆）御制诗集》及诗注中多次述及自己出生在雍和宫。想来，当年刘凤诰应当在这些地方都一一“夹签”，进呈嘉庆帝御览了。“雍和宫说”凿凿有据，而且是“皇父”自己说的，为子者怎能无视这白纸黑字的事实呢？于是，“上意始解”，也就是说，嘉庆帝胸中的疑团涣然冰释了。

《恩福堂笔记》的作者英和是内务府世家出身，也是乾隆五十八年（1793年）进士。嘉庆十二年乾隆帝诞生地初次引发争议时，他任工部侍郎，参与了纂修《实录》与《圣训》的事务性工作，因此他生动描述了嘉庆帝的生疑动怒，刘凤诰的沉着应付、举出实证，以及最终嘉庆帝折服的全过程，并说“狮子园说其讹传久矣”。

皇帝的出生地，以及与此关联的生母为谁，这是皇帝家事。按道理讲，内务府包衣们应该知之最详，而这些皇帝家奴又是最喜欢造言生事的。内务府世家出身的英和似乎也风闻乾隆帝诞生地有“狮子园”一说，所以他说“其讹传久矣”。

刘凤诰廓清了关系如此重大的传闻异辞，自然受到嘉庆帝的青睐。

嘉庆十二年正月，《清高宗（乾隆）实录》及《清高宗（乾隆）圣训》告成在即，由于补填换写、校改划一的事务仍极浩繁，嘉庆帝特降旨：“刘凤诰着专办《实录》馆事，所有该管吏部事务，暂不必画阅稿件，遇有陈奏各事，亦不必列衔。”可见在最后审定《清高宗（乾隆）实录》《清高宗（乾隆）圣训》时，嘉庆帝对刘凤诰倚重之专。及《嘉庆实录》《嘉庆圣训》告竣，嘉庆帝特加赏刘凤诰宫衔太子少保，并开复了此前他在修书时误降一级的处分，与修《清高宗（乾隆）实录》《清高宗（乾隆）圣训》的主要大臣庆桂、董诰、曹振镛、文宁、玉麟、英和等人相比，刘凤诰恩眷最隆。

在乾隆帝诞生地的争议中，经刘凤诰的指拨，嘉庆帝虽然放弃了原来所持的“避暑山庄说”而改奉“雍和宫邸说”，并以钦定的形式将“雍和宫邸说”载入了《清高宗实录》，但他对这一严重事件的处理并没有就此停止，原因有二：一则，乾隆帝诞生于雍和宫的说法仅仅在皇帝与纂修《实录》馆臣的极小范围中流传，持有“狮子园说”的王公大臣们却不了解个中奥秘；再则，嘉庆帝并没有明降谕旨，查缴嘉庆八年刊行、记载“皇父降生山庄都福之庭”的《清仁宗（嘉庆）御制诗初集》，将其重新改订，再颁发给王公大臣。这就难免留下可怕隐患：在部分上层人物中，仍以嘉庆八年本《清仁宗（嘉庆）御制诗初集》为据，深信乾隆帝降生于避暑山庄不疑。

嘉庆帝实在不能和他的父亲乾隆帝同日而语。在乾隆帝在即位之前，他早年所写的诗文便以《乐善堂全集》为名印行了。那时他很年轻，自然有不少政治上不够成熟的观点。到了四五十岁，当了十几年皇帝自谓“经事久而见理真”，再翻阅《乐善堂全集》时，发现其中有的地方不惬于心，于是果断决定全部查缴修订，为此屡降严旨，令各省督抚限期追缴原本，经过改订后，才又以《乐善堂全集定本》颁行。与此形成鲜明对照，嘉庆帝在处理嘉庆十二年因纂修《实录》《圣训》而重新认定皇父出生地一案时，则缺乏果决的气魄，手段的缜密较之其父也差得远，因而终于导致了日后在乾隆帝诞生地问题上又一次出现了更大的翻覆，其结果不仅使乾隆帝降生避暑山庄异说尽为天下臣民所共知，而且引发了道光帝上台后的第一次大政潮。

嘉庆二十五年（1820年）七月二十五日，嘉庆帝猝然崩逝于塞外避暑山庄。七天前，他从京师启銮前往热河巡幸以举行所谓“秋狝木兰”大典时，身体康健如常。七月二十四日，避暑山庄已遥遥在望，这位年逾花甲的老人还策马驰越广仁岭，谁承想翌日黄昏他便撒手人寰。

道光年间修成的《清仁宗（嘉庆）实录》并未讳言皇帝死得突然，但据它记载，嘉庆帝在弥留之际还召见了随扈的亲幸大臣，从容回顾了一生业绩，并交代了令皇二子绵宁（即道光帝，即位后改“绵”为“旻”）继承皇位等大事，然后才“龙驭上宾”的。

然而，清皇族内部却流传着嘉庆帝被雷击致死的异说。如果确实如此，那么，包括道光帝在内的随扈皇子、王公大臣等对皇统的骤然中断都没有思想准备。嘉庆帝被雷劈死虽可备一说，但毕竟是一件无法求证的事。不过，与《清仁宗（嘉庆）实录》的记载比较，“雷劈说”至少更忠实于这样一个铁的事实——嘉庆帝死得太仓促了，仓促得连帝位传给谁这句宗社攸关的话也没来得及留下就归天了。而《清仁宗（嘉庆）实录》却与事实不符，它编造了嘉庆帝临死之前对大统传承从容地做了安排这样的故事。

综合目前所能见到的有限史料来看，由于嘉庆帝猝死——或死于暴病，或死于不可抗拒的自然力——确实带来了令人仓皇失措的政治危机。在皇位虚悬的十几个小时中，随扈大臣表现各异，在不知不觉中埋下了随后爆发的“嘉庆帝遗诏”这一重大事件的伏线。因为“遗诏事件”与乾隆帝诞生地密切相关，所以有必要重现一下嘉庆帝暴毙于避暑山庄后的历史场景。

七月二十五日夜晚，由于嘉庆帝临终并无“末命”，因此，随扈诸皇子及王公大臣个个惶恐不安，避暑山庄陷入了一片混乱。皇子们，包括年纪最长的二阿哥绵宁在内，尽孝子之分，惟事哭号。亲幸大臣们可不敢为举哀贻误大事，他们连夜高举灯火，翻箱倒箧，试图找到缄藏传位密旨、被称为“鐍钱匣”的那个小盒儿。

清朝以满族入主中原，在帝位承传上有所谓“秘密立储”的家法。该家法由雍正帝开创，他即位之初即手书传位密旨，当着元老重臣缄封，将其放置在乾清宫“正大光明”匾后；为防不测，另书写一份传位密旨副本，秘藏于自己经常临幸的圆明园。雍正帝之子乾隆帝即是在雍正帝暴卒后，由亲幸大臣张廷玉等先找到了圆明园那件密旨副本，在灯下宣读后正位的。返回大内后，大臣们才从“正大光明”匾后取出传位密旨，当众宣读，乾隆帝顺利地登上皇帝宝座。嘉庆帝恪遵“秘密立储”家法，嘉庆四年（1799年）亲政之初即朱笔手书“嘉庆四年四月初十日卯初立皇太子绵宁”的密旨，当众恭藏于乾清宫“正大光明”匾后，并且亲自封藏于随身所带的“鐍匣”之中。但这个紧系天下之安危的小匣子究竟藏在何处，二十余年来竟无一亲幸王公大臣知晓。此刻，在远离京师的避暑山庄，自然无法先去京师大内乾清宫去寻找，大臣们只好在皇帝身边的物件中碰碰运气了。他们连夜把皇帝的几个随身“御箧”翻了个底儿朝天，“鐍匣”却还是杳无踪影。

皇位虚悬，就不能将皇帝崩逝讣告全国及各藩属国，就不能颁发遗诏，这样一来，随扈重臣难免有秘不发丧之嫌，干系匪轻。这倒在其次，更重要的是国不可一日无君，一旦出现最高权力真空，哪怕是暂时真空，就很可能诱发意想不到的变故。想到这里，遍翻御箧而“鐍匣”仍不可得的重臣们只好决定公议权宜处置之计。

与会的大臣有：御前大臣赛冲阿和索特纳木多尔济，首席军机大臣、东阁大学士托津，军机大臣、文渊阁大学士戴均元，军机大臣、户部尚书卢荫溥，军机大臣、户部侍郎文孚，以及两位总管内务府大臣、宗室禧恩和世泰，一共八位。坐定之后，权势最重的托津首先道明会议主旨，随即切入正题，众人很快在驰报京师、奏请皇后定夺这一点上取得了一致意见。

皇后姓钮祜禄氏，是嘉庆帝的第二位皇后，此人刚毅有决断，而且将来无论哪位皇子即位，都必被尊为皇太后。在事起仓促、继统难决的微妙时刻，皇太后的“懿旨”恐怕最具权威性——与会大臣不约而同都想到了这一点。但这件事定议后，会场便陷入了长久的沉默。

眼前的急务莫过于拥立哪位皇子正位。但在拥立大事上，一言系终身荣辱，谁也不愿为众人先。

“还是二阿哥吧。”八大铁帽子王中的睿亲王多尔衮的七世孙禧恩虽是商量口气，但他此语一出，便如石破天惊，其他大臣不由心头一震。禧恩接下去慢慢道出理由：“孝淑皇后仅此一子；再者，二阿哥有定乱之功。”

禧恩这番话，其实也是与会大臣心里想说而不敢说，或不愿说的话。嘉庆帝元后喜塔腊氏寿命不永，册立为皇后的第二年，即嘉庆二年就仙逝了，谥为“孝淑”，皇二子绵宁是她惟一的儿子。宗室禧恩建议以元后嫡子嗣位，理由堂堂正正。他所说的“定乱之功”，指的是嘉庆十八年（1813 年）天理教“教匪”林清犯阙之时，二阿哥绵宁在宫中处变不惊、率众御贼之事。当时嘉庆帝正在塞外狩猎，及乱平返回京城，特称赞二阿哥“忠孝兼备”，赐给他“智亲王”嘉号。因此，二阿哥绵宁的皇储地位，虽未有明旨，但在内外臣工的心目之中，早已成了一桩公开的秘密。如今由禧恩故事重提，作为大行皇帝猝死、随扈亲幸大臣拥立绵宁即位的理由，与会大臣无不默许。

然而，默许是一回事，公开附议是另一回事。如果真的从什么地方翻出了大行皇帝的传位密旨，而所立的皇太子偏偏不是二阿哥绵宁，这又怎么得了？熟悉本朝掌故的人都知道，康熙爷晚年亦未明立皇储，宫廷内外无不看好十四阿哥胤禵，以为皇太子非他莫属；及至圣祖驾崩，舅舅隆科多宣读末命，竟是令四阿哥胤禛入继大统！天有不测风云，官场要诀首推“模棱”，“万言万当，不如一默”，尽管眼前是攀龙附凤的千载难逢之机，但老于世故的重臣们谁也不想稍有闪失。当大家把殷切的目光集中到主持众议的首席军机大臣托津，期望由他一语定乾坤时，他犹豫了。

年高德韶的戴均元侧身与他耳语几句，托津才慢慢吞吞地开口道：“二阿哥智勇仁孝，简在帝心，众望所寄，自当入承大统；然而——”

“事到如今，还‘然而’什么！”禧恩劈头打断托津的话头，抗声争辩。

大家面面相觑，会议再次陷入难堪的沉寂。

所幸，“鐍匣”终于找到了！真是“踏破铁鞋无觅处，得来全不费工夫”。这个大清皇统所系、其重无比的小金盒儿竟藏在一个随侍嘉庆帝的小太监身上！

“鐍匣”上的金锁完好未动，但这个小太监声称从未见过钥匙，自然也说不出钥匙之所在。情急之下，托津只好当众拧开金锁，重臣们挤在一起，公同阅视大行皇帝生前朱笔所书的传位诏旨。

禧恩这一宝押对了！皇位正是传给皇二子绵宁，而托津、戴均元将为他们的“犹豫”付出代价。新皇帝道光帝旻宁对掌握中枢的托津、戴均元的“忠心”自然有所怀疑。他要寻机报复，把他们撤下来，换上自己放心的人。机会很快就来了。

当年八月二十二日，道光帝奉大行皇帝梓宫回銮京师，大学士曹振镛乘皇上召对之机，陈奏军机大臣们所拟大行皇帝遗诏中有严重错误。皇帝临终遗嘱称“遗诏”，是诏告臣民的最后一份重要文件，一般由内阁撰拟，经皇帝同意后，在皇帝去世后立即向国中及各藩属国颁布。嘉庆帝死得突然，连皇位继承人都来不及指定，审定遗诏自然更谈不到了。所谓嘉庆帝遗诏是随扈热河的大学士兼军机大臣们草拟、经新即位的道光帝审定批准后在热河颁发的。曹振镛所指的严重错误是遗诏末尾这样一段话：“古天子终于狩所，盖有之矣。况滦阳行宫为每岁临幸之地，我皇考即降生避暑山庄，予复何憾？”他对道光帝奏称：“高宗纯皇帝诞于雍和宫邸，载于《实录》，昭昭甚明，岂容另有异说？”曹振镛抬出《清高宗（乾隆）实录》，这是谁也不能怀疑的铁证。

曹振镛，安徽歙县人，乾隆四十六年（1781年）进士，《清高宗（乾隆）实录》开馆后他是主要纂修官之一，《清高宗（乾隆）实录》成，加太子少保宫衔，尔后虽屡有升迁，以体仁阁大学士管理工部，但终嘉庆之世也未入值军机处。清制，内阁无实权，内阁大学士须兼军机大臣方为人们心目中的“真宰相”。嘉庆二十五年七月，皇帝避暑塞外，曹振镛奉旨留京办事，故而未卷入拥立新帝的政治漩涡之中。此人对大学士兼军机大臣托津、戴均元等实权派早有不满，所以一直窥测时机，希图取而代之。嘉庆帝崩逝，继而遗诏向天下公布，此时有人向他进言，说遗诏中有天大错误！进言者不是别人，正是嘉庆十二年《清高宗（乾隆）实录》《清高宗（乾隆）圣训》定稿时大显身手的刘凤诰。

刘凤诰当时借驳正乾隆帝诞生地一事狠捞了一把，但此后却官运不佳。嘉庆十四年（1809年）八月，御史陆言上折弹劾刘凤诰出任江南乡试正考官和浙江学政时，终日酣饮，听受士子贿赂，竟当场为熟识考生讲解试题，酌改文字，以致众士子群起闹事。嘉庆帝即命户部侍郎托津、刑部侍郎周兆基和光禄寺少卿卢荫溥为钦差大臣，前往彻底查办。经查明，刘凤诰听受请托属实，但尚无受贿得赃实据。托津等奏请将刘凤诰从重发往新疆伊犁效力赎罪，嘉庆帝命改发黑龙江，于是刘凤诰在冰天雪地的北国一待就是四年，直到嘉庆十八年才蒙恩释回原籍。后来嘉庆帝仍念念不忘他修纂《清高宗（乾隆）实录》时坚持乾隆帝诞于雍和宫的不可小视的功绩，又把他从江西召回北京，赏给他翰林编修的头衔，谕旨中明白地说："刘凤诰恭纂皇考（指其父乾隆帝）《实录》，曾有微劳。"刘凤诰自嘉庆十四年被参后一蹶不振，他把账都记在了奉旨查办的钦差大臣托津、卢荫溥等人身上。但嘉庆帝后期，托津红得发紫，刘凤诰一时难施报复之计。嘉庆帝猝死，遗诏颁布，第一个发现遗诏中将乾隆帝诞生地写成避暑山庄、与《清高宗（乾隆）实录》抵触的，就是刘凤诰。"君子报仇，十年不晚。"此时距托津等判处自己遣戍伊犁恰恰十年，恩怨分明的刘凤诰不愿放过这一稍纵即逝的机会。于是，他赶到曹振镛府上，撺掇曹振镛向新帝徐徐进言，以揭遗诏之误为堂堂正正之旗，达到倾覆托津等人这一不可告人的目的。曹振镛同为嘉庆十二年纂修《清高宗（乾隆）实录》乾隆帝诞生地改订事件当事人，自与刘凤诰一拍即合。

刘凤诰欲发泄郁积于胸的十年恶气；曹振镛则想兴风作浪，取托津、戴均元而代之。

道光帝自然不会放过惩罚在拥立自己即位的关键时刻竟敢"犹豫"的托津和戴均元，同时换上忠于自己一班人马的天赐良机。

经过几天紧锣密鼓的策划，道光帝在嘉庆二十五年九月初七忽然降下一道明发谕旨，详细回顾了"遗诏事件"的来龙去脉，并宣布将托津、戴均元赶出国家中枢——军机处。这通“明发”实在是一篇不可多得的奇文。“奇文共欣赏，疑义相与析。”

谕旨开头即指出遗诏之误：

> 谕内阁：七月二十五日恸遭皇考大行皇帝大故，彼时军机大臣敬拟遗诏，朕在居丧之中，哀恸迫切，未经看出错误之处，朕亦不能辞咎。但思军机大臣多年承旨，所拟自不至有误。及昨内阁缮呈遗诏副本，以备宫中时阅，朕恭读之下，末有皇祖（乾隆帝）“降生避暑山庄”之语，因请出皇祖《实录》跪读，始知皇祖于康熙辛卯八月十三日子时诞生于雍和宫邸。复遍阅皇祖《御制诗集》，凡言降生于雍和宫者，三见集中。

道光帝生于乾隆四十七年（1782 年）八月初十，到嘉庆帝去世时，年近不惑，应该说已具有相当成熟的政治阅历。“皇考大行皇帝”的遗诏事关神器所归和新帝即位后大政方针的走向，道光帝断无半点疏忽之理。尽管当时正在守丧，悲不自胜，他也必将军机大臣托津、戴均元等所拟的遗诏草稿字斟句酌，反复推敲之后，方始批交内阁，向海内外发布。上述一段道光帝的谕旨妙就妙在道光帝以“朕在居丧之中，哀恸迫切，未经看出错误之处，朕亦不能辞咎”一句，推掉了自己应负的主要责任。它的妙处还在于，道光帝无意间透漏出自己也一向认为祖父诞生在避暑山庄的事实，不然的话，这样显眼的错误哪有看不出的道理？不过，他不想公开承认是，自己从热河回銮后经曹振镛提醒才发现遗诏有误。而且所谓“请出皇祖《实录》跪读”，“复遍阅皇祖《御制诗》”云云，也全靠曹振镛的指点，而背后把这一切准备好了的，便是那个急于从霉运中出头的精明翰林刘凤诰。他是研究乾隆帝诞生地的专家，而且早在嘉庆十二年就已经将《清高宗（乾隆）御制诗集》中自言诞生于雍和宫的地方通通“夹签”进呈给嘉庆帝，这一次不过如法炮制，经曹振镛之手转呈给道光帝而已。

下面接着看道光帝谕旨的第二段：

于是命大学士曹振镛，协办大学士、尚书伯麟，尚书英和、黄钺传旨令军机大臣明白回奏。据托津等奏称：恭查大行皇帝《清仁宗（嘉庆）御制诗初集》第十四卷《万万寿节率王公大臣行庆贺礼恭纪》，诗注恭载高宗纯皇帝'以辛卯岁诞生于山庄都福之庭'；又第六卷《万万寿节率王公大臣等行庆贺礼恭记》，诗注相同。至《实录》未经恭阅，不能深悉等语。

托津、戴均元等军机大臣奉旨"明白回奏"，他们的回奏堪称"明白"，说"高宗纯皇帝"诞生避暑山庄，绝非杜撰，根据是刚刚故去的嘉庆帝的御制诗中两首诗的诗注。诗注上文业已提及，托津、戴均元等回奏有理有据。试问，为嘉庆帝代拟遗诏，而引用嘉庆帝生前钦颁的《清仁宗（嘉庆）御制诗初集》，军机大臣何错之有，更何罪之有？真正可笑的倒是，乾隆帝说自己生于雍和宫，其子嘉庆帝却说父亲出生在避暑山庄，其孙道光帝竟把祖父和父亲互相打脸的事原原本本叙入了向天下臣民公开宣示的"明发谕旨"中，这真成了空前绝后的天下奇闻。

对此，道光帝如何收场呢？

该明发谕旨第三段先批驳托津等军机大臣的错误：

朕恭绎推究皇考（嘉庆帝）诗内语意，系泛言山庄为都福之庭，并无诞降山庄之句。当日拟注臣工，误会诗意，兹据军机大臣等称《实录》未经恭阅，尚属有辞；至皇祖（乾隆帝）《御制诗集》久经颁行天下，不得诿为未读，实属巧辩！

道光帝为了维护刚刚故去的皇父颜面，竟强词夺理地说嘉庆帝的诗句并没有错，错在了"当日拟注臣工，误会诗意"。前面已经说过，诗注虽是嘉庆帝口气，不能完全排除词臣代笔的可能。不过，即使这样，也必然要得到嘉庆帝首肯。这样，诗是"御制"的，诗注毋庸置疑也是"御制"的，道光帝为了把皇父嘉庆帝撇清，又要驳倒据理回奏的军机大臣，不惜把诗和诗注歧为两端，似乎诗注之错嘉庆帝可以不负责任。按照这样的逻辑，道光帝说《清高宗（乾隆）御制诗集》中"凡言降生于雍和宫者，三见集中"，不也是依据"予实于康熙辛卯生于是宫也"

等“诗注”吗？确定乾隆帝的诞生地，“皇祖”的“诗注”可以作为根据，而“皇父”的“诗注”则不能引以为据，这又怎能自圆其说呢？“实属巧辩”四字回敬给他，恰如其分。道光帝说“皇祖《御制诗》久经颁行天下，不得诿为未读”，反诘得固然十分有力，但道光帝本人作为乾隆帝的皇孙，又为嘉庆帝皇子，识文断字以来，三十年间为什么也未“恭读”“久经颁行天下”的《清高宗（乾隆）御制诗集》？直到遗诏出了问题，才“遍阅”皇祖《御制诗》，转过脸来又理直气壮地责备臣下不得“诿为未读”。真真是“皇上圣明，臣下罪该万死”。

道光帝谕旨的最后一段是对“遗诏事件”有关责任者的处置：

> 除托津、戴均元俱已年老，毋庸在军机处行走，并不必恭理丧仪，与卢荫溥、文孚一并交部严加议处，卢荫溥、文孚年力尚强，与托津、戴均元行走班次在前者有间，仍留军机大臣。遗诏布告天下，为万世征信，岂容稍有舛错。故不得不将原委明白宣示中外。着将此旨通谕知之。

托津、戴均元被逐出军机处，理由是二人“俱已年老”，这颇有外交辞令的味道；而“年力尚强”的卢荫溥和文孚则继续留值军机处，以示与托津、戴均元在政策上的区别，不过也逃不过交部严议。这样，受到降级处分后的卢荫溥、文孚自然不会递升为首席军机大臣。

首席军机大臣要留给在“遗诏事件”中立了大功的曹振镛。他在这场政治风波中得到了最大好处，“遗诏事件”刚一落幕，就被晋升为武英殿大学士，入值军机，并取代托津，首掌丝纶。

常言道，“一朝天子一朝臣”。然而道光帝也干得太快了，上台伊始便抓住前朝老臣的辫子，给举朝臣工来了个下马威！

乾隆帝如果九泉有知，一定不会想到关于自己诞生地的歧说竟能激发嘉道之际朝局的一次大翻覆。

大局既定，道光帝还有诸多善后工作要做。

一件是有错的遗诏必须通通追回更改，以正天下视听。遗诏发到国内各地还好办一点，若真的发到了各藩属国，岂不贻笑外邦？道光帝立即命人传谕福建、广东、广西、云南四省督抚，将发往琉球、越南、缅甸等属国的遗诏截留，他特别指示，此旨以“日行六百里”加紧快递。新入军机的曹振镛则奉命主持修改遗诏中的错误。为醒目起见，这里把遗诏原件与改订本做一比较如下：

遗诏原件

古天子终于狩所，盖有之矣，况滦阳行宫为每岁临幸之地，我皇考即降生避暑山庄，予复何憾？

经改订的遗诏

古天子终于狩所，盖有之矣，况滦阳行宫为每岁临幸之地，我祖、考神御在焉，予复何憾？

经过改窜的嘉庆帝遗诏末尾，把其皇考乾隆帝降生于避暑山庄，改为祖（雍正帝）、考（乾隆帝）“神御”（即御容遗像）在避暑山庄，下与“予复何憾”相接，实在有些牵强。雍正帝、乾隆帝的“神御”在京中大内及御园俱有供奉之处，非独避暑山庄而已。因此，“神御”在避暑山庄，不能成为嘉庆帝死在避暑山庄而无所抱憾的理由。但事机紧迫，曹振镛顾不了那么许多，遗诏既不便大动手术，就只能如此小事修补而已。

再一件棘手的事是窜改《清仁宗（嘉庆）御制诗初集》。这项工作本应由嘉庆帝在发现“诗注”有误的时候，即将颁发海内的诗集追缴订正。恰恰由于当时他缺少魄力，或考虑不周，才导致日后托津、戴均元等“借尸还魂”，重翻旧案。如今为拔本塞源，永绝后患起见，必须将《清仁宗（嘉庆）御制诗初集》抵触之处，按道光帝上述谕旨的口径一一加以改订。不过，因为当时道光帝没有降旨查缴嘉庆八年版的《清仁宗（嘉庆）御制诗初集》，或者虽降旨收缴，但没有搜罗净尽，因而今天我们可以看到两种不同版本的《清仁宗（嘉庆）御制诗初集》。将两个版本的卷六和卷十四《万万寿节率王公大臣等行庆贺礼恭记》一诗的诗注分别比照，便赫然露出了窜改者的马脚：

嘉庆八年版《清仁宗（嘉庆）御制诗初集》诗注

康熙辛卯肇建山庄，皇父以是年诞生都福之庭，山符仁寿，京垓亿秭……（以上卷六诗诗注）

敬惟皇父以辛卯岁诞生于山庄都福之庭，跃龙兴庆，集瑞钟祥……（以上卷十四诗诗注）

经改订的《清仁宗（嘉庆）御制诗初集》诗注

康熙辛卯年肇建山庆，皇父以是年诞生，瑞启苍符，山征仁寿……（以上卷六诗诗注）

敬惟皇父以辛卯岁诞生，而山庄之建亦适成于是岁，瑞应祥征，默孚宝祚……（以上卷十四诗诗注）

道光帝为什么如此重视自己的祖父乾隆帝确切的诞生之地呢？因为他明白，这是牵一发而动全身的大事。换一个旁的什么人，诞生地有异说，或许没有什么了不起，而对乾隆帝而言，则万万不可有丝毫差池。如果说乾隆帝诞生在避暑山庄，那么，他的生母是不是雍正帝的孝圣宪皇后、后被尊为崇庆皇太后的满族人钮祜禄氏就大成问题了。道理十分简单，乾隆帝生于康熙五十年八月十三日子时，这件事载于皇室家谱《玉牒》和官修《实录》，也能以藏于宫中的“乾隆（生辰）八字”为证，对此，任何人都没有异议。据《清圣祖（康熙）实录》记载：康熙五十年（1711 年）四月二十二日，康熙帝从京师启銮巡幸塞外时，皇四子雍亲王胤禛并没有随驾扈从，到了七月二十六日胤禛才离京，“赴热河请安”。如果钮祜禄氏是乾隆帝生母，此时应已临产在即，艰于行走，断无随其夫胤禛长途颠簸前往避暑山庄之理。若说乾隆帝于八月十三日诞于山庄，则生母必非钮祜禄氏，而另有身怀龙种之人。照这个思路推下去，乾隆帝一支龙子龙孙或非纯粹满洲血统，亦可由好事者去驰骋遐想了。由此看来，说乾隆帝诞生于避暑山庄而非雍和宫邸，是一件惊天动地的大事，容不得半点含糊。

这个如同常识一般的道理，似乎曾使乾、嘉、道祖孙三代皇帝悚然而惊。是以乾隆帝在御制诗中反复郑重申明："余实于康熙辛卯生于是宫（雍和宫）也"；嘉庆帝毅然摒弃了自己曾深信不疑，并以自撰"诗注"载入《清仁宗（嘉庆）御制诗初集》的"避暑山庄说"，而以刘凤诰等修纂的《清高宗（乾隆）实录》"雍和宫邸说"为是；道光帝不顾乾隆帝诞生地另有"避暑山庄"说尽为天下臣民所知的严重后果，不惜出以窜改皇父诗注的不光彩手段，坚决维护"雍和宫邸说"，以为"万世征信"。这样看来，说乾、嘉、道三位皇帝从政治高度处理乾隆帝诞生地异说，应该也并不为过。

当乾隆帝在世时，他的诞生地已有避暑山庄这一传闻，嘉道间又因"遗诏风波"闹得沸沸扬扬，天下尽知，以至连累他的生母，成了一桩悬案，至今聚讼纷纭二三百年，仍然没有令人信服的结论。

二　生身之母

乾隆帝生母是避暑山庄李氏宫女的传说经过长时间酝酿，至迟到清末民初就已具雏形，并在 20 世纪 40 年代见诸报端，广为传播。近年来，这一乾隆帝生母异说经庄练、高阳等学者从学术角度论证，遂得以提升为看似言之有据的一家之言。而围绕乾隆帝生母是满洲钮祜禄氏还是汉人钱氏的真正有价值的严肃讨论，还没有引起人们应有的重视。

本书开篇就说过，《清高宗（乾隆）实录》记载乾隆帝生母是钮祜禄氏，她的父亲是四品典仪官凌柱。据《玉牒》《清实录》等官方档案文献，钮祜禄氏生于康熙三十一年（1692 年），五十年（1711 年）生雍亲王第四子弘曆，此时其名分系“格格”（满语，《清文鉴》释为“姐姐”，略含敬意）。雍正元年（1723年）二月，封熹妃，在庄重的《清世宗（雍正）实录》首次亮相，时年三十三岁，所生独子弘曆十三岁。当年十二月，举行册封后妃大典，册文首见熹妃“毓质名门”，此时雍正帝创行秘密立储制，已将弘曆密定为皇太子。乾隆帝登极，循前明事例，尊生母钮祜禄氏为“圣母皇太后”，号“崇庆”。她于乾隆四十二年（1777年）去世，终其一生，姓钮祜禄氏未变。这在清代档案官书彰彰可考，似乎不容丝毫质疑。

然而，就在距今近三百年前，雍正帝初册封后妃之时，就有人明确记载熹妃为钱氏，并书之于日后成书的《永宪录》中。此人就是自称“江都草泽臣”的萧奭。且看他对雍正元年十二月册封后妃大典的记述：

> 雍正元年十二月丁卯。
>
> 午刻，上御太和殿。遣使册立中宫那拉氏为皇后，诏告天下，恩赦有差。封年氏为贵妃，李氏为齐妃，钱氏为熹妃，宋氏为裕嫔，耿氏为懋嫔。

对照看《清世宗（雍正）实录》的记载：

> （雍正元年十二月）丁卯，上御太和殿。
>
> 册立嫡妃那拉氏为皇后。
>
> 封妃年氏为贵妃。
>
> 封妃李氏为齐妃。
>
> 封格格钮祜鲁氏为熹妃。
>
> 封格格宋氏为懋嫔。
>
> 封格格耿氏为裕嫔。
>
> 戊辰。以册立皇后礼成，颁诏天下。

两相比对，《清世宗（雍正）实录》与《永宪录》二者的歧异在于，宋氏和耿氏的嫔封号正好颠倒，且不去枝蔓；骇人听闻的是，《清世宗（雍正）实录》里熹妃“钮祜鲁氏”（钮祜禄氏）在萧奭笔下竟是“钱氏”！

《永宪录》成书于乾隆十七年（1752年），记录了康熙六十一年（1722年）至雍正六年（1728年）这一政局动荡的非常时期。身处其间的萧奭十分清楚，“由十年储位之虚，愚氓浮议”嚣杂（见《永宪录自序》），记述今上皇帝生母姓氏，绝非区区小事，一不小心难免触犯大忌。但他却对所闻所记极为自信，在该书《自序》中特别申明：“丁未（雍正五年，1727年）秋，有一切诏旨许官吏记载刊刻共晓之令。”新皇帝登极册封后妃，诏告天下，臣民所共见，萧奭以为自己不过秉笔实录，三十年后，他依然坚信，当年所记“钱氏为熹妃”确然不误，并敢写进即将刊行的《永宪录》中。据此可证，雍正元年十二月册封后妃的诏旨中熹妃确实姓“钱”，《清世宗（雍正）实录》编派的“钮祜鲁氏”大可商榷。

不过，话说回来，这一条史料固然言之有据，但只是所谓“孤证不立”的一则野史，难以撼动官方体系严整的“钮祜禄氏说”。

谁曾想，尘封近三百年而不经意曝光的一件清宫原始档案，竟与萧奭《永宪录》中熹妃“钱氏说”丝丝入扣，完全吻合。

雍正帝继位之初，为筹备雍正元年年底举行的册封后妃大典，先行降旨封后，随即颁布封妃封嫔谕旨，《清世宗（雍正）实录》记载如下：

> （雍正元年二月）甲子（十四日），谕礼部：奉皇太后懿旨：侧妃年氏封为贵妃，侧妃李氏封为齐妃，格格钮祜鲁氏封为熹妃，格格宋氏封为懋嫔，格格耿氏封为裕嫔。尔部察例具奏。

而20世纪末公之于世的雍正初封妃封嫔谕旨原档（见中国第一历史档案馆整理《雍正朝汉文谕旨汇编》，广西师范大学出版社，1999年）中，“格格钱氏封为熹妃”竟赫然入目：

> 雍正元年二月十四日奉上谕：遵太后圣母谕旨：侧福金年氏封为贵妃，侧福金李氏封为齐妃，格格钱氏封为熹妃，格格宋氏封为裕嫔，格格

耿氏封为懋嫔。该部知道。

此件档案是上述《清世宗（雍正）实录》封妃封嫔谕旨存档的原件。两相对照,《清世宗（雍正）实录》所记载的二月“甲子”正是十四日，与原档所载日期无异;《清世宗（雍正）实录》中“奉皇太后懿旨”“侧妃”云云，虽未失原意，但显系做了润饰；宋氏和耿氏的嫔封号颠倒，令人不解；而最大的不同在于，原档中被封熹妃的“格格钱氏”,《清世宗（雍正）实录》中竟改姓“钮祜鲁氏”！

一般来说，朝廷诏旨、皇帝朱批及臣工奏折等未经篡改或文饰的原始档案，其史料价值较高；新帝即位纂修前朝实录所依据的原始档案较之日后纂修的实录更为信实可靠。具体到这件档案，作为册封妃嫔的重要文件，它以未经修改润饰的原始面貌保存下来，与乾隆六年（1741年）由大学士张廷玉主持纂修、乾隆帝斟酌裁定的《清世宗（雍正）实录》的记载相比，其可信度是更胜一筹。特别是这件雍正元年二月封妃封嫔原档内容，竟与当年十二月正式举行册封后妃大典时“江都草泽臣”萧奭所记榫卯相合，互相印证，这两个铁证构成的颠扑不破的完整证据链，牢牢地坐实了乾隆帝生母的“钱氏说”，也使乾隆帝（还有张廷玉）斟酌裁定的“钮祜鲁氏说”露出了作伪者的马脚。

或许因乾隆帝生母为钱氏早有“愚氓浮议”，暗中流布，更因嘉庆帝遗诏风波闹得乾隆帝诞生于避暑山庄天下尽知，后世难免对乾隆帝生母为何人作捕风捉影之谈。

道光以后，第一位出来对乾隆帝生母说三道四的人是晚清著名诗人、学者王闿运，他在所著《湘绮楼文集》卷五《今列女传·母仪》中提到了乾隆帝生母：

> 孝圣宪皇后，纯皇帝（乾隆帝）之母也。始在母家，居承德城中，家贫无奴婢。六七岁时，父母遣诣市买浆酒粟面，所至店肆辄大售，市人敬焉。十三岁入京师，值中外姊妹当选入宫，随往观之，门者初以为在籍中，既而引见，十人为列，始觉之。主者惧，谴令入末班。孝圣容体端

颀，中选分皇子邸，得在雍府，即世宗宪皇帝（雍正帝）王宫也。宪皇帝肃俭勤学，靡有声色侍御之好，福晋别居，进见有时。会夏被时疾，御者多不乐往，孝圣奉妃命，旦夕服事维谨，连五六旬，疾大愈，遂得留侍，生高宗（乾隆帝）焉。

与《玉牒》《清实录》记载的孝圣宪皇后钮祜禄氏的家世相比较，王闿运所记不仅详尽，而且多有异辞。《实录》说钮祜禄氏“毓质名门”，即出身于满洲著名世家，而王闿运却说“纯皇帝之母”“家贫无奴婢”，十三岁时混入姐妹群中得入选秀女，分在雍亲王府为侍女。王氏所记可信程度如何呢？晚清遗老金梁以选秀女制度森严、岂容外人混入为由，判断王闿运所记不实。民国初曾任清史馆纂修的清史专家张采田也说“王氏书好任意出入”。总之，熟悉清宫掌故的遗老和对清后妃研究有素的学者都不认同王氏上述记载。

从王闿运所记乾隆帝之母选为雍府侍女的情况来看，她似出身八旗驻防。按规定，八旗及内务府下女子年十三方可造册入京师阅选，王氏记乾隆帝之母“十三岁入京师”，以偶然机遇入选，就年龄而论，没有什么问题。但能否随便混入应选的姐妹群中呢？按选验秀女程序，先将八旗二十四都统、直隶各省八旗驻防及外任旗员应阅适龄女子各具清册，届期送至紫禁城神武门东栅栏，依次序列，候户部交内监带入宫中阅选，阅毕再回西栅栏放出，“两栅栏令步军营严行管理，毋许闲杂人等出入拥挤”。在这样严密的选看秀女制度下，未入秀女清册的乾隆帝之母即使跟随姐妹们到了神武门，也必定被阻于东栅栏之外，无论如何也不会闹出引见时多出一名秀女的笑话。就这一点而言，王闿运所记未必可信。

当然，也不应据此而完全否定王氏的一家之言。王闿运曾为曾国藩的入幕之宾，交游很广，他有可能听到一些宫闱秘闻。他并未提及乾隆帝生母的姓氏，只是说她母家在热河承德城中，后来入选秀女，分在雍邸，机缘凑合，诞育乾隆帝，有一番传奇经历而已。王氏之说最新奇之处在于，他把乾隆帝之母与热河承德联系在了一起，因而此说一出，难免引动对乾隆帝诞于雍和宫本有疑义的一些人的灵感，既然乾隆帝降生避暑山庄之说由来已久，那么，会不会有个热河女子为乾隆帝真正生母呢？

继王闿运后述及乾隆帝生母是热河汉族女子的人是民国初曾任国务总理的熊希龄。

1922 年初春，胡适在香山双清别墅听熊希龄讲前清典故。熊先生很健谈，窗外又静静地落着春雨，胡适听得十分入迷。熊先生说，过去在热河时，见到行宫内“东宫”（俗称“太子园”）之前有座矮屋，上盖茅草。“东宫”是雍正帝当太子时所居，为什么会有如此不伦不类的茅草房子呢？他感到很奇怪，就到处找人打听，但行宫内外谁也讲不出其所以然，最后熊希龄寻到一个八十多岁的“老宫役”，道出了此中之奥秘。胡适在 1922 年 4 月 2 日的日记中记下了熊希龄所述的这位“老宫役”的话。照录如下：

> 乾隆帝之生母为南方人，诨名“傻大姐”，随其家人到热河营生，（热河）有南方各种工匠，如油漆、红木之类。时方选秀女，临时缺一名，遂把她列入充数。后来太子（雍正帝）病重，傻大姐在侍女之列，服侍最勤，四十余日，衣不解带，太子感其德，病愈后遂和她有关系，她后来在一个茅棚内生一子，即乾隆帝也。后来乾隆帝就在产生之地做此茅屋，留为纪念。

胡适在日记中接着写道：“此事无从考证了。但乾隆帝实在像一个傻大姐的儿子！”

胡适先生是主张“大胆假设，小心求证”的，不过这次的“假设”未免有点儿太“大胆”了。说“乾隆帝实在像一个傻大姐的儿子”，真是令人匪夷所思。

其实，稍加考证，便可以发现上述乾隆帝生母的故事有不少破绽。康熙帝在晚年第二次废掉太子胤礽之后，直至驾崩都未立太子，既未明诏立东宫，也没有秘立储君。那位“老宫役”称雍正帝为太子，自不可吹求；熟悉清朝史事的熊希龄也说避暑山庄内有“雍正当太子时所居”

的“太子园”，这就很让人难于理解了。这是枝节，姑且不论。细读“老宫役”所述故事，总觉得自“时方选秀女”以下的情节，与王闿运《今列女传》多有雷同，只不过说乾隆帝生在避暑山庄的一间草房里，为王氏记述所无。这就不能不让人怀疑，熊希龄所引述的“老宫役”讲的故事是否由王闿运之说演化增益而来。

如果真的如此，那么就应该注意到，有关乾隆帝生母的传闻在流变的过程中发生了质的变化——从驻防热河旗人秀女蜕变成南方籍汉人“傻大姐”。这个傻大姐姓氏为何？“老宫役”可能不知道，也可能知道但没有说；很快就有人出来说乾隆帝生母姓李，不过不傻，是个长得奇丑的宫女。

1944 年 5 月出版的《古今文史》半月刊登载了《清乾隆帝的出生》一文，作者是上海“孤岛”时期的著名杂文作家周黎庵。他援引逊清遗老、近代作家、学者冒鹤亭的说法，向世间披露了乾隆帝出生的秘闻：

> 弘曆（乾隆帝）之出生，鹤丈言之綦详，其说则余未之前闻。鹤丈云：乾隆生母李佳氏，盖汉人也。凡清宫人之隶汉籍者，必加‘佳’字，其例甚多。雍正在潜邸时，从猎木兰，射得一鹿，即宰而饮其血。鹿血奇热，功能壮阳，而秋狩日子不携妃从，一时躁急不克自持。适行宫有汉宫女，奇丑，遂召而幸之，次日即返京，几忘此一段故事焉。去时为冬初，翌岁重来，则秋中也，腹中一块肉已将堕矣。康熙偶见此女，颇为震怒，盖以行宫森严，比制大内，种玉何人，必得严究。诘问之下，则四阿哥也。正在大诟下流种子之时，而李女已届坐褥，势不能任其污亵宫殿，乃指一马厩，令入。此马厩盖草舍，倾斜不堪，而临御中国六十年、为上皇者又四年之十全功德大皇帝，竟诞生于此焉。鹤丈曾佐热河都统幕，此说盖闻诸当地宫监者。此草厩至清末垂二百年，而每年例需修理一次，修理之费，例得正式报销。历年所费，造一宫殿已有余赀，而必须修此倾斜之草厩者，若无重大历史价值，又何至于此？信如此说，弘曆之生母孝圣宪皇后之福泽亦不可谓不大。弘曆再番南巡中，有奉皇太后巡幸者，江南命妇，得见太后颜色，口碑流传，多谓太后之貌奇寝（即奇丑）。太后于

巡幸时，尚有赐钱之举，人各一文，得者视为奇珍，鹤丈曾于戚家见藏其一云。

上述由曾为热河都统幕友的冒鹤亭老先生转述、由周黎庵笔之于文而公诸报端的乾隆帝出生秘闻，与胡适日记中所记熊希龄所闻的消息来源是一致的，即都得自避暑山庄的“宫监”或云“老宫役”。从时间上揣测，熊希龄、冒鹤亭为同时代人，他俩在热河听宫监讲古，似皆为清末。但两相比照，二者既有相同，亦有不同。乾隆帝诞于避暑山庄草房系相吻合，看来是后者承袭了前者的说法；乾隆帝生母则大异，前者称其原为南人“傻大姐”，后者则首次推出乾隆帝生母系热河行宫汉族宫女李氏的新说。李氏供役行宫，与雍正帝萍水相逢，生下乾隆帝。这样一来，几经周转嫁接，晚清时王闿运所述乾隆帝生母的传闻就被一篇新鲜的故事彻底取代了，如果没有胡适日记，还真难觉察出从王闿运到冒鹤亭的说法之间的蜕变痕迹。

冒鹤亭转述的乾隆帝生母秘闻日后影响极大，今天广为流传的乾隆帝生于避暑山庄“草房”、其母为行宫女子李金桂的传奇盖脱胎于此，就是这类故事的基本情节也都不能出冒鹤亭所述秘闻之范围。

历史上与官书记载相抵触的传闻异辞，以及据传闻异辞写成的稗官野史，不乏重要的历史价值，足以补官书之不足、纠官书之讹误者；但传闻又不尽是信史，对待一桩有关重大历史事件的传闻，须持审慎的态度。一是仔细斟酌传闻本身有无不能自圆其说之处；再就是下一番考证功夫，探幽发微，力求在浩如烟海的官私史料中发掘出可以支持传闻的旁证，或足以驳倒传闻的反证。

近年来对冒鹤亭转述的乾隆帝出生秘闻进行严肃考证的是庄练（苏同炳）先生，他在《中国历史上最具特色的皇帝》一书中说：“冒鹤亭因为在热河都统署中作幕宾之故，得闻热河行宫中人所传述之乾隆出生秘辛如此，实在大可以发正史之隐讳。”作为史学专家，庄练提出了三条史料作为乾隆帝生母、热河行宫女子李氏在马厩产下乾隆帝的旁证。

第一、《清圣祖（康熙）实录》卷二四七记载："康熙五十年七月，皇四子和硕雍亲王胤禛赴热河请安。"据此，庄练说："康熙在这年四月由北京启行往热河行宫，胤禛并未随行，显然无意使之参加秋狩。然而当七月盛暑之时，胤禛却专程遄往热河'请安'，若不是有极重大的事情需要请命皇帝，应该没有专程前往'请安'的必要。所以，所谓请安云云，实际正是官书记载的文饰之词。因为以时间推算，乾隆之生母此时正大腹便便，临产在即，康熙为了要确定雍正即为蓝田种玉之人，自必须在发现之后召讯雍正面质其事，否则雍正何以在此时恰有此请安之举，在时间上如此巧合呢？"

第二、庄练举出"乾隆时曾官御史的管世铭"在其《韫山堂诗集》中作有《扈跸秋狩纪事诗》三十四首，其中之一云："庆善祥开华渚虹，降生犹忆旧时宫。年年讳日行香去，狮子园边感圣衷。"下面附有注释云："狮子园为皇上降生之地，常于宪庙忌辰驻临。"

第三、清代官修的《热河志》中专门将"草房"记入狮子园中。他说："考之清代官修的《热河志》，热河行宫有狮子园，乃是康熙时御赐雍正所居之别馆，园中有一处房屋，名为'草房'而别无其他名称，殊与同一别馆中的亭台堂阁显然有异。如果说是因为'草房'的规制隘陋，不足以登大雅之故，所以才没有被锡以专名，然则又为何要将这一处不足以登大雅之堂的'草房'专门列入狮子园的房屋记载之内，与其他锡以专名的堂阁亭台同占一席之地呢？很显然的，此一草房，并非寻常的草房，正是冒鹤亭所说，在当年诞生乾隆的'草厩'也。"

这样，庄练举出《清圣祖（康熙）实录》《热河志》及《韫山堂诗集》中相关史料，力图从正面证实乾隆帝的生母实为热河行宫女子李氏，乾隆帝诞生于避暑山庄狮子园内的"草房"，另一半工作应是驳倒乾隆帝生母为钮祜禄氏的官方说法。

这"另一半工作"由以写历史小说而蜚声海内外的高阳（许晏骈）先生完成了。

高阳在他的史学著作《清朝的皇帝》中首先表明自己赞同庄练考证的结论，他说："高宗（乾隆帝）生母为热河行宫'避暑山庄'的宫女李氏，经我友苏同炳兄考定不虚；正面的证据，当然不会有了，但反面的证据仍很坚强”。接下去高阳谈他的新见：“世宗孝圣宪皇后钮祜禄氏，并非高宗的生母。”“高宗幼时，不过交‘格格’钮祜禄氏带领，连母子的名分，彼时亦未尝有。”

高阳为证实自己的创见，举出两条证据。

第一条证据是，官书记载乾隆帝生母钮祜禄氏出身名门且曾生子，在雍亲王府却是没有正式名分的“格格”，逻辑上讲不通，更与皇室定制相抵触。高阳指出：“依《清会典》规定，亲王可请封侧福晋四人，但以生有子女者为限，世宗在潜邸时，侧福晋仅二人，即后封贵妃的年羹尧之妹及后封齐妃的李氏，皆曾生子。孝圣宪皇后出身满洲八大贵族之一的钮祜禄，父名凌柱，官四品典仪内大臣，如确于康熙五十年诞高宗，不应不封；且号为‘格格’，仍是小姐的身份。”

第二条证据是，乾隆帝本人从未承认钮祜禄氏“诞育”自己。高阳说：“凡妃嫔以生子为帝而被尊为皇太后者，上尊号的册文中，必有‘诞育’皇帝的字样，因为这是她惟一当上了太后的原因，非彰明不可。”如顺治帝生母孝庄文皇后，顺治八年加上徽号册文“笃育眇躬”；康熙帝生母孝康章皇后，康熙元年上尊号徽号册文“诞藐躬而赞鸿图”；雍正帝生母孝恭仁皇后，雍正元年上尊谥册文“诞育藐躬”。反观乾隆帝生母孝圣宪皇后，乾隆帝即位后被尊为“圣母皇太后”，上尊号、徽号及累次加上徽号的册文中，却无从“诞育”二字，只有“鞠藐躬而备笃母仪”，“藐躬久荷恩勤”，“生成荷鞠育之劳”，“恩深鞠育，仰蒙顾复之勤”之类渲染“鞠育”的词语。

据此高阳反诘：“高宗最喜欢咬文嚼字，果为孝圣宪皇后所出，而竟不用‘诞’字，是诚何心？”

照高阳的看法，孝圣宪皇后并非乾隆帝生母，只不过乾隆帝幼年时交由钮祜禄氏抚养而已，到后来索性替代了乾隆帝真正的生母李氏，而乾隆帝虽尊养母钮祜禄氏为皇太后，但在上尊号、徽号的册文中却始终刻意避开至关重要的“诞育”二字。

从1944年《古今文史》披露乾隆帝出生秘闻，到1988年高阳《清朝的皇帝》一书问世，“乾隆生母为热河行宫宫女李氏”这篇“大文章”由冒鹤亭点题，庄练立论，高阳驳论而合作完成了，清官书关于乾隆帝生母及诞生地的真实性遭遇学者参与、学术加持的严峻挑战。

庄练、高阳两位先生提出的乾隆帝生母并非钮祜禄氏，而是热河行宫李姓女子的新说能否成立，能否驳倒清官方“钮祜禄氏说”呢？

先从高阳举证谈起。

高阳认为《清会典》规定亲王可请封侧福晋四位，出身于满洲八大贵族之一的钮祜禄氏如确于康熙五十年诞育乾隆帝，不应不封侧福晋。

这话貌似有理，其实漏洞不少。

《清会典》的确有亲王可请封四位侧福晋的规定，但那是乾隆七年（1742年）以后的定制，在此之前，亲王侧福晋惯例是两位。雍正帝在潜邸时侧福晋两人，即年氏和李氏；乾隆帝为皇子及后来封宝亲王后，也只有侧福晋两位，即乌拉那拉氏（乾隆十六年册立为皇后）与高佳氏（谥“慧贤皇贵妃”）——此漏洞之一。

再有，封为侧福晋也并不如高阳所说“以生有子女者为限”。乾隆帝侧福晋高佳氏终生无一子女，乌拉那拉氏虽生有十二阿哥永璂和十三阿哥永璟，但那已是继孝贤皇后为后时的事了。亲、郡王等嫡福晋、侧福晋的身份首要条件是看她母家的地位，并不取决于是否生有子嗣——此漏洞之二。

但高阳说钮祜禄氏“出身满洲八大贵族之一”，这又如何解释？

钮祜禄氏诚为满洲“八大姓”之一，但不能认为姓钮祜禄氏的女子必定“出身满洲八大贵族”。张采田先生撰写的《清列朝后妃传稿》对钮祜禄氏的家世叙述如下：

> 父凌柱，原任四品典仪、内大臣，雍正十三年十一月封一等承恩公。父（按指凌柱之父）吴禄。祖额亦腾，萨穆哈图子，额亦都从弟。

这里提到的额亦都是大名鼎鼎的清开国元勋，有子十六人，其中佐命开基、百战功高而闻名于当世者，惟图尔格、车尔格、伊尔登、超哈尔、遏必隆五人而已。这一直系支派与皇室世结婚姻，成为满洲八大世家大族，其姓氏钮祜禄氏成为满洲著姓。但额亦都从弟额亦腾的后代，即乾隆帝生母钮祜禄氏高祖这一远房支脉，却怎能与满门朱紫的额亦都直系子孙相提并论？雍正、乾隆两朝实录称乾隆帝生母钮祜禄氏“毓质名门”，其父凌柱实系四品典仪官，康熙五十年生雍亲王第四子弘曆后，十余年间仍为王府“格格”，直至雍正元年诏封熹妃，就官书自身体系看，基本事实和叙述逻辑虽不无牵强之处，大体还能言之成理，自圆其说。乾隆帝生母钮祜禄氏列满洲“八大姓”不假，高阳不做具体深入分析，据此推定其“出身于满洲八大贵族之一”而必应封侧福晋，则过于武断——此其漏洞之三。

高阳举出的第二条证据是，钮祜禄氏被尊为皇太后的册文，以及此后所加徽号册文中“始终未见‘诞育’二字”。

雍正十三年八月二十三日雍正帝崩逝，弘曆正位皇帝，大行皇帝的梓宫刚由圆明园请入大内宫中。乾隆帝做的第一件大事就是尊称“妃母”钮祜禄氏为皇太后，并照明朝之制“皇太后”前加“圣母”二字，以示为自己生母。这一年十二月十三日恭上“崇庆皇太后”尊号，册文“承皇考而赞襄内治，俭勤昭澣濯之风；鞠藐躬而备笃母仪，言动示诗书之教”，诚如高阳指摘的没有“诞育”字样，但第二天，即十二月十四日，“以尊上皇太后尊号，颁诏天下”，诏书中就有“诞育藐躬”：

> 佐我皇考重华之盛烈，启予国家奕叶之休嘉。诞育藐躬，备劳抚鞠。（《清高宗（乾隆）实录》卷八）

诏书是以皇帝名义向全国颁布的重要文告，遇有“大政事布告臣民，垂示彝宪”时使用，诏书之末要钤用“皇帝之宝”玉玺，这是何等庄重的官方文献！乾隆帝既然向天下臣民公开宣告崇庆皇太后钮祜禄氏“诞育藐躬”，就没有任何理由在前一日恭上皇太后尊号的册文中玩弄文字游戏，隐隐暗示钮祜禄氏：“你不过鞠养我而已，其实不是我的生母！”此后，乾隆帝加上皇太后徽号颁诏天下时，屡屡重申：“藐躬诞育，备荷恩勤”；“荷生成之大德，蒙教育之深仁”……都是钮祜禄氏生育了自己的意思。在《清高宗（乾隆）实录》中最后一次讲到“诞育”皇上的是皇太后钮祜禄氏本人。乾隆四十二年正月，钮祜禄氏以八十六岁高龄辞世，其遗诰中说：“予以薄德，祇膺昊苍眷佑，列圣笃祥，诞育帝躬，丕绍鸿绪。”大行皇太后的遗诰虽由词臣代撰，但必经乾隆帝认可才能向国中颁布；因此，“诞育帝躬”四字可视为乾隆帝自始至终从未否认钮祜禄氏为自己生母的最后一个证据。

在考证乾隆帝生母这一点上，高阳先生之误在于胸中先横亘着钮祜禄氏并非乾隆帝生母的成见，然后再去搜罗证据。而收集证据的范围又仅限于《清列朝后妃传稿》一书，竟把该书的一个重要来源《清高宗（乾隆）实录》也忽略掉了。这样就难免漏掉那些不利于自己结论的证据，而这些证据恰恰是无法推翻的。

下面再看庄练先生的证据。

庄练认为，《清圣祖（康熙）实录》康熙五十年七月记载：“皇四子和硕雍亲王胤禛赴热河请安”，“殊可为冒鹤亭的说法提供有力之旁证”。冒鹤亭的说法本身只是未经证实的一种传闻，《清圣祖（康熙）实录》所载的雍亲王胤禛赴热河“请安”一事，理由可以假设多种；一定要说他是奉皇父康熙帝之召，赴热河应山庄宫女李氏怀孕质讯一事，作为虚构的小说情节尚可，但作为对史事的论证，则未免过于臆断了。庄练的思维也是先有冒鹤亭说法可信的框框，然后用索隐式的方法去文献资料中寻找义本模棱的所谓“有力之旁证”，再随心所欲地加以解释。这种论证方法显然有欠严谨。

庄练又举出乾隆帝时管世铭《韫山堂诗集》中的一首诗作为证实冒鹤亭之说的另一证据。管世铭诗注“狮子园为皇上降生之地”，只能作为乾隆帝降生避暑山庄的有力旁证，但不能直接证明乾隆帝生母是热河行宫女子李氏，道理甚明，似无须多说。

庄练提出《热河志》中的“草房”，则不能不说是清代苑囿体制上的一件奇事。晚清以来，乾隆帝生母为避暑山庄女子的说法流播人口，后来居上；说到底，是因为避暑山庄确有一座莫名其妙地受到清室刻意保护的茅草房子。熊希龄对此大惑不解，“老宫役”告诉他，那是诨名为“傻大姐”的女子生乾隆帝的地方；冒鹤亭也笃信山庄宫监给他讲的故事，乾隆帝就降生在那个倾斜不堪的草舍，只不过生母换成了宫女李氏而已。如今，这座神秘的草房，连同它所在的狮子园，随着岁月的流逝，都已经荡然无存了；但它既然被指为与乾隆帝生母及出生地有关，倒有必要多说几句。

清代离宫别苑中举凡殿堂轩馆、亭台楼榭、山水林泉，以至奇花异木、古碑怪石，等等，无不锡以嘉名。就以曾为雍亲王在山庄外的赐园狮子园来说，那里格局尽管有限，也有题为“乐山书院”“妙高堂”“松柏堂”“挹秀书屋”等多处景点。如果说有惟一的例外的话，那就是在狮子园峡陡涧环之中的三间茅草屋上也挂着一块御制匾额，上面竟赫然写着丝毫不加文饰的“草房”二字。庄练就此提出质疑，冒鹤亭也提到清政府每年拨款修葺“草厩”为不可解，不能说没有理由。

其实，“草房”虽朴陋，却很有来历。

乾隆四十九年（1784 年），乾隆帝临幸避暑山庄、重游狮子园时曾赋《草房》诗一首，在“山房昔以草名之，缀景惟期情性怡”下自注云：“园中山房一区，皇考昔以‘草房’额之。”由此可见，“草房”的匾额系雍正帝亲题，而整座狮子园中，景点虽多，能和它相埒的只有康熙帝题额的“乐山书院”。“草房”来历如此，宜乎清帝后世子孙另眼看待。

“草房”的不同凡响还不仅在于它经雍正帝题额，成了狮子园中当之无愧的一景，而且在于那里也屡屡留下了乾隆帝盘桓吟咏的足迹。

乾隆帝即位后，于乾隆六年（1741 年）首次举行秋狝大典。驻跸山庄期间，他曾往狮子园一游。此后，便把这座园子赐给了果亲王，即他最小的弟弟“圆明园阿哥”弘瞻。此后，有二十余年光景乾隆帝未去过狮子园，自然，也未再光顾过“草房”。至乾隆三十一年（1766 年）弘瞻去世，乾隆帝再到狮子园的时候，发现这里已是“墙里收燕麦，阶前长兔葵”，一片萧瑟荒凉之状了。乾隆帝想到此处是皇父旧日所兴建，又是自己幼时问安、读书和游乐之处，不应任其颓废无存，于是命内务府奉宸苑重事修葺。翌年秋，包括“草房”在内的狮子园整修一新，乾隆帝特来游观，并在“草房”小坐，即兴赋诗一首，题目却是《草堂》。此后他每年进驻山庄后十余日，即轻骑简从前往狮子园一游，而每去必往“草房”小憩，并写诗以志其事，而诗题皆为醒目的“草房”二字。乾隆帝一生留下的《草房》诗有数十首之多。对某一处景点题咏之多，实属罕见。在这些诗篇中，乾隆帝反复阐述了这样一个看法：皇父之所以在山岩之上建三间茅屋，并以“草房”额之，不外“缀景”和“示俭”两种涵义，在乾隆帝看来，后者更具深意。乾隆三十七年（1772年）的《草房》诗则点出“示俭”之意：

岩屋三间号草房，朴敦俭示训垂长。
偶来却愧茨茅者，岚霭情斯纳景光。

雍正帝这个人莫测高深，他在狮子园中留下的三间“草房”确实有些神秘味道。但从乾隆帝一系列的《草房》诗来看，他从来没有把“草房”与自己的出生联系在一起；相反，正如本文开始部分已经说过的，乾隆帝在《雍和宫》诗中，一再明确说过自己诞生在雍和宫。

这样看来，避暑山庄狮子园中的“草房”是雍正帝题匾、乾隆帝几乎每年必去“小坐”并赋诗志事的“胜景”，官修《热河志》把“草房”列入狮子园的房屋记载中；或如传闻所说，清政府每年拨款葺修，乍看起来虽可疑，但细加考察又属合情合理。把“草房”附会成当年乾隆帝诞生的“草厩”，并无坚实根据。

三　雍邸“格格”钱氏掠影

近年披露的册封“格格”钱氏为熹妃的清宫原始档案，与雍乾之际萧奭《永宪录》所记熹妃乃钱氏不谋而合，为深入探索、逐步廓清乾隆帝家世迷雾提供了新的思考方向。综合现有史料推断，钱氏与钮祜禄氏实为同一个女人，只不过是给钱氏改换了一个满洲姓氏——钮祜禄氏。将钱氏改为钮祜禄氏，可能性最大的是在乾隆帝即位之初。清代官修史书对乾隆帝生母钱氏讳莫如深，时至今日，人们对“格格”钱氏在雍邸近二十年的处境只有浮光掠影的了解。

以上两节探讨的乾隆帝家世之谜的由来和演变，到这里能否得出明确答案呢？

关于诞生地，乾隆帝在《清高宗（乾隆）御制诗集》中一再强调自己生在雍和宫，按常理推断，这应视为“京师雍和宫邸说”坚实有力的证据；而“避暑山庄狮子园说”也凿凿有据，且可相互佐证，很难驳倒。两种说法尖锐对立，此真则彼伪，彼是则此非，绝对不能调和，就二者现有的证据分析，似乎很难做出让旁人心服也让自己心安的判断，还是留作历史悬案更好。

乾隆帝的生母，根据官修史书所载，系四品典仪凌柱之女钮祜禄氏，文献可征，体系严整，可备一家之说；冒鹤亭首倡，并经庄练、高阳考证得出的结论——乾隆帝生母并非钮祜禄氏，而是热河行宫女子李氏——根据不足，窒碍多有，似难成立。只有近年披露的册封“格格”钱氏为熹妃的清宫原始档案，与雍乾之际萧奭《永宪录》所记熹妃姓钱氏不谋而合，构成完整证据链，足以击破清官方文献中乾隆帝生母姓钮祜禄氏的严整体系，为深入探索以至逐步廓清乾隆帝家世迷雾提供了新的思考方向。

现在可以肯定的是，至雍正元年年底，乾隆帝生母由雍邸“格格”晋升熹妃诏告天下之时，确姓钱氏而非钮祜禄氏，这是当时全国臣民所共知共见者。其时，钱氏三十二岁，本书主人公弘曆十三岁，已被皇父雍正帝内定为皇太子。

人们不禁要问：

这位被封为熹妃的钱氏与钮祜禄氏存在何种关系？

什么时候将“钱氏”改为了“钮祜禄氏”？

认真翻检“雍和宫说”和“避暑山庄说”的全部证据，特别是考察了最新公布的乾隆帝之母的清宫档案，以及刊行于乾隆十七年的《永宪录》相关记载之后，是否可以推想以下两种可能：

第一，钱氏与钮祜禄氏干脆为毫不相干的两个女人。

雍邸“格格”钱氏于康熙五十年八月生下雍亲王第四子弘曆，雍正元年晋封熹妃。此后，雍正帝或乾隆帝出于种种考虑，决定以另一位王府格格钮祜禄氏顶替钱氏为弘曆生母，这样做倒未必从肉体上消灭了钱氏，但从此钱氏这个女人不仅从人间隐去，而且连同她的姓氏一起也从清皇室消失了。

第二，钱氏与钮祜禄氏实为同一女人，而仅仅是给钱氏改换了一个满洲姓氏——钮祜禄氏。

两相比较，第一种做法动静太大，操作困难，很难尽掩旁人耳目。雍正帝在位时，日渐长大成人的皇四子、后封宝亲王的弘曆也断然不会附和，故可以排除。第二种做法只是姓氏间一转换耳，并未改变钱氏与弘曆的母子关系；不过，冒名顶替的风声同样难免外泄，痕迹也难彻底泯灭，故而雍正帝操作极其谨慎，至册封熹妃典礼，颁诏天下，仍以钱氏宣示臣民。

那么，什么时候将“钱氏”正式改为“钮祜禄氏”呢？

翻检《清世宗（雍正）实录》，“熹妃”仅见于雍正元年二月和十二月册封后妃两条，此后，“熹妃”在《实录》绝迹，直到雍正帝去世，《清高宗（乾隆）实录》中雍正十三年（1735 年）十一月辛亥（十六日）条才记载与乾隆帝生母攸关的乾隆帝外祖父凌柱事：

> 谕总理事务王大臣，外祖凌柱之先人，世敦淳朴，克笃忠诚，积厚流光，惠及后裔，诞育我圣母皇太后，播懿德于宫闱，懋坤仪于邦国。今外祖凌柱尚在公中佐领，朕应推广皇太后之恩，特赐佐领，俾其子孙世相承袭。但伊等一支人丁，不敷编集，凌柱之叔祖额亦都巴图鲁军功所得俘户甚众，故编为九佐领，内滋生人丁颇多，可于此内酌编一佐领，共成十佐领。其新编之佐领，即令凌柱之子管辖，将来子孙世袭罔替，其族中子弟有愿入新编佐领者，听之。

清入关前，根据原主是否有权世代承管，牛录（后改名基层组织意义上的“佐领”）分为永管牛录和公中牛录。永管牛录（后称世管佐领）大部分是部落酋长率众来归，其所属编为牛录者，也有一些是战阵立功后的赏赐人口被编为牛录的，上述谕旨中凌柱之叔祖额亦都的九佐领即属后者。与原主子孙有权世代承管的永管牛录相对而言的是公中牛录，顾名思义，公中牛录属员为八旗公有，牛录额真（官名，后改称基层职官意义上的“佐领”）出缺时，由国家另外拣选才德堪管牛录者加以任命。这一条记载证明，乾隆帝的外祖凌柱之叔祖虽为开国功臣额亦都的族裔，但直到雍正帝去世时凌柱仍为公中佐领下常人，乾隆帝“推广皇太后之恩”，新编一佐领特赐“凌柱之子管辖，将来子孙世袭罔替”；至此，乾隆帝所称其生母钮祜禄氏凌柱一支的地位才发生飞跃性的提升。与此同时，乾隆帝生母姓钮祜禄氏亦通过煌煌谕旨，广为人知。

据此推测，雍正元年十二月诏告天下的熹妃钱氏，其姓氏及家族地位在雍正帝在世期间，可能未有根本性变化，盖弘曆系秘立皇储，理论上讲，除雍正帝一人之外，包括弘曆本人皆不知晓。雍正帝在位时低调处理涉及弘曆生母熹妃之事，未便大肆张扬，当在情理之中。直到乾隆帝遵循秘密立储制继为皇帝，往事维时既久，眼前生母所关大事丛集，必须迅速采取决断措施，以正天下视听：雍正十三年十一月十六日降旨推恩“圣母皇太后”钮祜禄氏家族；十二月初六，批准礼部奏恭上圣母皇太后尊号礼仪；十一日，以上崇庆皇太后尊号，遣官告祭天地、太庙、社稷；十二日，举行上圣母皇太后尊号“崇庆皇太后”隆重大典；十四日，以上崇庆皇太后尊号，颁诏天下，其“诞育藐躬，备劳抚鞠”八字，尤引人注目。前后不到一个月时间，乾隆帝向天下臣民堂堂正正地高调宣布其生母乃开国元勋钮祜禄氏额亦都的支脉，随后降旨纂修《清世宗（雍正）实录》。乾隆六年《清世宗（雍正）实录》修竣，其中雍正元年十二月丁卯册封后妃之熹妃条：

> 命礼部左侍郎登德为正使，内阁学士塞楞额为副使，持节册封熹妃。册文曰：“朕惟赞宫庭而衍庆，端赖柔嘉，班位号以分荣，丕昭淑惠，珩璜有则，纶綍用宣。咨尔格格钮祜鲁氏，毓质名门，扬休令问，温恭懋著，夙效顺而无违，礼教克娴，益勤修而罔怠。曾仰承皇太后慈谕，以册

印封尔为熹妃。尔其祗膺巽命，迓景福以咸绥；翊辅坤仪，荷鸿麻于方永。钦哉。”

征信万世的《实录》记载“毓质名门”的“格格”钮祜禄氏晋封熹妃，标志着乾隆帝生母姓钮祜禄氏这一关系大清社稷、爱新觉罗宗室的天大事体圆满完成。改“钱氏”为“钮祜鲁氏”的全部工程看起来紧张有序，细节处理严丝合缝，滴水不漏。然百密一疏，那件足以戳穿乾隆帝生母姓氏作伪的谕旨原档却没有抽毁改换，多年以后乾隆帝查办禁书，《永宪录》也幸运逃过焚书浩劫，留存人间。说到底，还是人算不如天算！

究竟什么时候将“钱氏”改为“钮祜禄氏”？现在看来，乾隆帝即位之初的可能性最大。这并不是说雍正帝未曾考虑此事。据存世雍正元年二月封妃谕旨原档：“侧福金（福晋）年氏封为贵妃，侧福金李氏封为齐妃，格格钱氏封为熹妃，格格宋氏封为裕嫔，格格耿氏封为懋嫔。”李氏原为雍邸侧福晋，且生有三子，却与“格格”钱氏同日封为“妃”；耿氏与钮祜禄氏原来都是“格格”，且于康熙五十年（1711年）诞一子，即皇五子弘昼，却封了比“妃”低一级的“嫔”。上下之间，钱氏地位骤升。其时雍正帝已准备密立弘曆为皇太子，考虑到弘曆来日将秉持宗社之重，其生母必尊为“圣母皇太后”，雍正帝预为铺垫，用心缜密而深远，目的在于逐渐改变人们对未来皇帝弘曆生母地位低下的固有印象。

在雍邸近二十年的岁月里，“格格”钱氏的地位确实卑下。

综合考究官私档案文献，乾隆帝的生母钱氏可能是通过选八旗秀女进入雍邸，冠冕堂皇的说法是“年十三赐侍世宗（雍正帝）藩邸”。清朝与历代不同，后妃，以至皇子、皇孙及近支宗室亲王、郡王的福晋都要从选中的秀女中遴选。秀女又分两个等级，一是从满、蒙、汉八旗下的官员、军卒等正身旗人家选中的秀女，一是从内务府三旗（两黄旗和正白旗）下的官员、庄头等人家选中的秀女，前者可入选后妃或王妃，而后者一般充宫女，或入王府为侍女，供内廷、王府使唤。钱氏被“赐侍”时，雍正帝的爵号是和硕贝勒，所居府邸即今之雍和宫的前身，那时它还被称为“禛贝勒府”，或“四爷府”。“禛贝勒府”中已有出身名门的乌拉那拉氏为嫡福晋，两位侧福晋中，年氏之父为湖北巡抚年遐龄、李氏之父为知府李文烨。钱氏当时不过是个侍女。到了康熙四十九年（1710年）冬天，已长到十九岁的侍女钱氏碰到了一个偶然的机遇，她真的“留侍”其时已晋升为雍亲王的胤禛了，第二年八月十三日她便诞育了弘曆。钱氏“留侍”雍亲王且生子实在太偶然，否则的话，注定当一个使唤丫头孤老终死。即使钱氏为雍亲王生了第四子弘曆后，她在雍王府中的地位也没得到显著改善，仍然习惯地被人们称为“格格”。“格格”这个略表敬意又暧昧不清的名称加在为主人生了儿子的丫头身上再合适不过了。此后钱氏被王府中人呼为“格格”并持续了十余年之久，直到康熙六十一年（1722年），她的十二岁的宝贝儿子弘曆得到皇祖康熙爷的特殊眷顾，她才时来运转，至雍正元年（1723年）破格被封为熹妃，最后摆脱掉“格格”称呼。

生身之母钱氏在雍邸那一段茹苦含辛的境遇，显然给乾隆帝幼小的心灵打下了深刻的烙印。在雍王府中与生母共同生活的那段时光、钱氏在府中令人难堪的“格格”身份，以及由此而连带的自己作为侍妾所出庶子所处的卑下处境，不能不给这个禀赋甚高、傲骨天成的孩子以深深的刺激。乾隆帝的生辰八字批语说他“幼岁总见浮灾”，摒弃其迷信的成分，这“幼岁总见浮灾”六个字大概最能概括他幼年、少年时代在雍邸的际遇；自然，乾隆帝贵为九五之尊后，绝少提及这段令他不堪回首的往事。乾隆帝通向最高权力之路的最初一段是坎坷不平的，他从自身的经历中深深地体味出，自己作为庶出之子，且生母又是出身寒微的侍女，最后能临御天下，该是多么不易！

四　洪福齐天的“圣母皇太后”

乾隆帝对生母在雍邸隐忍酸楚的经历有着深切的了解，应当说有些往事他是耳闻目睹、刻骨铭心，终生不会忘记的。在乾隆帝内心深处似乎总有一种难以名状的对生母的歉疚之情，促使他每每做出如皇太后六十大寿庆典那样“殊嫌繁费”的穷奢极侈的过分之举。在乾隆帝看来，似乎非如此则不能补偿她老人家那充满辛酸的韶华青春，非如此更不能表达自己报恩之情切而后心安。

乾隆帝体格健壮、寿元高厚，在中国古代帝王群体中是绝无仅有的，这在前面已经说过。再拿乾隆帝这一家来看，雍正帝体弱多病，年五十八岁而终；乾隆帝同父异母兄弟九人，早殇者六，其中雍正帝嫡福晋乌拉那拉氏所出者一、侧福晋李氏所出者二、侧福晋年氏所出者三（年氏所生三子全夭折）；其他异母兄弟中，“格格”耿氏所出皇五子弘昼活到六十岁，谦妃刘氏所出皇十子弘瞻三十三岁而卒，李氏所出之皇三子弘时二十四岁暴死，可能是非正常死亡；惟独“格格”钮祜禄氏所生独子乾隆帝春秋八十有九，这与高寿健康的钮祜禄氏不能说没有关系。

钮祜禄氏病逝于乾隆四十二年（1777年）正月，虚岁已过八十六岁了，而她在去世的前一年春天还随乾隆帝巡幸山东，登泰山，步履康健，乾隆帝诗中说：“八旬五母仍康步，六十六儿微白头”；“三千余里往还路，八十五龄康健躬”，记的就是在这次历时两月的东巡中母亲的健康状况。回京后半个月，乾隆帝又奉皇太后避暑塞外，驻跸山庄，钮祜禄氏还兴致勃勃地登上了九层高的舍利塔，乾隆帝喜而赋诗，以志其事：

山庄朝爽了无炎，慈辇梵宫奉拜瞻。
曼寿已登八十五，堵波犹陟九层尖。
似此健步佛仙佑，益切衷心爱庆兼。
大德自应具四得，千秋彤史孰曾见？

戴逸先生注意到了钮祜禄氏和乾隆帝这高龄母子之间存在的联系，他说："钮祜禄氏身体健康，性格活泼好动，在她身上可以寻找出乾隆帝强壮体魄和活跃性格的遗传原因。"雍正帝的嫡福晋和两位侧福晋都称得上出生于富贵人家的淑女，而所生子女多夭折。乾隆帝当皇子时，雍正帝指八旗世家出身的富察氏为他的嫡福晋，富察氏三十七岁早逝，她生的两个儿子先她而陆续早殇；乾隆帝居藩时另外一位出身内务府世家的高佳氏亦中年而亡，且终生未育；再一名侧福晋乌拉那拉氏母家也是八旗名门，她生的两个儿子、一个女儿都寿命不永。与此形成鲜明对照的是，乾隆帝生母出身寒微，以王府粗使丫头而上升为熹妃，年轻时生活的磨砺却造就了她强健的体魄，宜乎她的独子乾隆帝身体康强，寿算绵长。当然，话也不能说得太绝对。乾隆帝的淑嘉皇贵妃金佳氏出身于内务府世家，门第不可谓不高，这位小姐诞育的四个皇子中有两位都活到了七八十岁。

人的寿命长短受到多种因素制约，特别是科学不昌明的古代，皇子也概莫能外。但一般来说，后妃身体素质好的，所出皇子高寿的可能性多些；而后妃的身体素质如何，又与出身门第的高下有某种联系——富贵人家，从小娇生惯养则鲜有健硕之女，家境寒苦者倒有可能体魄坚韧。据乾隆帝日后回忆，康熙六十一年（1722年）木兰秋狝驻跸山庄时，他曾随侍皇祖康熙帝去过狮子园，那一次康熙帝专程前往雍亲王赐园，就是要相看一下弘曆生母，看后则连连说道："有福之人，有福之人。"传世的《慈宁燕喜图》绘有乾隆帝奉觞为母祝寿的画面，图中老人家方面大耳，颇近男相，看上去完全是一副雍容富贵模样。综合这些材料，是不是可以说，乾隆帝生母是个五官端正、身材高大、精力充沛、体魄强健的女人？乾隆帝天庭饱满、地阁方圆、隆准颀身、声如洪钟，这些显性遗传特征大多得自他的生母。

从现在所能接触到的材料来看，钮祜禄氏是一个虽没有文化却通情达理，虽衣食无忧却体恤民生疾苦的慈祥妇人，即使儿子当了皇帝，自己成了天下第一富贵人之后，她仍不失淳朴本色。

《清宫词》中有这样一首记的是崇庆皇太后的故事：

便宜发粟为扬仁，颜妪何期白简陈。
凤娟暂停温诏下，中官宣进太夫人。

这为“扬仁”而“便宜发粟”的是山东济宁知州颜希深的老母亲。据说一次乾隆帝奉太后南巡，御舟行抵济宁，遇到了这样一件事：地方受灾急需赈济，而州官颜希深却出差在外，颜母何氏即令发官仓救济百姓，山东巡抚却以颜母违制上章弹劾，“颜妪何期白简陈”即指此。御舟中的皇太后得悉此事，以颜母有仁爱之心，不让乾隆帝给予处分，还召见何氏于御舟之上，赐以匾额。这就是“凤帽暂停温诏下，中宫宣进太夫人”的涵义。结果，颜希深不仅没受处罚，还被提升为济南知府；没过几年，又被擢拔为河南巡抚。钮祜禄氏虽贵为太后，但终生恪守母后不得干政的家法，上面那段故事如果属实，则是她为数不多的干预政事的举动之一。

褒奖颜母，自然与太后笃信佛教、迷信因果，平素多行善事有关，但在她老人家内心深处，确实把穷人，特别是穷苦农民时刻放在心上，这在乾隆帝所写的诗中时有所见。

乾隆二十年（1755 年）清明的头一天，整整降了一夜春膏；第二天云开雨霁，乾隆帝陪太后在圆明园中乘舟游览，即景赋诗一首：

嫩日光风宿雨晴，御园节物报清明。
烟花契妙将三月，歌舞承欢合众情。
北地桃开先杏发，东郊土沃带泥耕。
慈怀预为田农喜，麦垅迎舟兆已呈。

清明雨后，太后想的是春耕中得雨而喜的“田农”，这种心态在另一首题为《御园仲景恭奉皇太后赏桃花之作》一诗中表现得尤为生动：

雨后园林霁景披，山桃灼灼发琼姿。
得迎王母仙舆降，正是西池春醼时。
嫩萼欲禁风韵擘，低枝犹带露华重。
懿情别有承欢处，指顾连塍绿麦滋。

“王母”，又叫“西王母”，最早见于《山海经》，是古代传说中的神仙。乾隆帝在诗中常以之名母，以“西池”“瑶池”借指母亲所居之地。这一次乾隆帝特意邀请太后来园中观赏雨后桃花。“嫩萼欲禁风韵擘，低枝犹带露华重”，把桃花写得多美啊！但刚下轿子的太后对此却仿佛视而无见，“懿情别有承欢处，指顾连塍绿麦滋”，太后前后指点着那一片接一片绿油油的麦苗，那才是令她心花怒放的美景呢。

太后心系农事，为乾隆帝所深切了解，故而在《恭奉皇太后观荷词》小序中说：“望雨时圣母忧予之忧，雨既沾圣母亦喜予之喜，乃敢侍辇称庆。”在《谒陵回跸诣畅春园问皇太后安》中说：“半月违方慰心恋，有秋卜可博慈欣。”在《诣畅春园问皇太后安》中说：“望雨予心切，相关圣母同。幸因沾渥泽，可以慰慈宫。”在《（夏至）祭毕回御园问皇太后安，舆中杂咏》中又说：“奏对青郊农况美，慈心同我念惟民。”这类诗还可以举出一些，总不出太后与民共休戚、同忧乐这样一个主题。读乾隆帝所写的有关皇太后的诗，太后的体恤民生这点给人以深刻的印象。

太后对民生的关切，从她如何看待劳师动众的战争这件事上也可以体现出来。乾隆十二年（1747 年）开始的金川之役是乾隆帝即位后举行的第一次大征伐，敌人是四川大渡河上游茫茫雪山中两个人数很少的藏族部落。出乎意料的是，战事进行得十分艰难，清军的主帅张广泗、讷亲先后被杀，乾隆帝又派出大学士傅恒前往经略，企图挽回败局。及至傅恒到军，已近乾隆十四年（1749 年）岁末了。此时，皇太后趁乾隆帝请安之机，一再劝说：“大军早罢一日，兵丁则早免一日劳苦，百姓亦早得安息一日。”“金川之事，朝廷此时即应降旨罢兵。”乾隆帝则以奉有皇太后懿旨的名义，一再命令传谕傅恒尽快结束军事行动。当然，乾隆帝草率了结金川之役自有他的考虑，这里要说的是，太后不愿战争劳苦百姓、荼毒兵丁。如果说太后曾干预政事，这也是屈指可数的几次之一，同样是为百姓请命。

从另一个侧面看，皇太后的体恤民生还可以从她不喜铺张奢华，反对暴殄天物表现出来。乾隆朝正是国家全盛之时，物阜民丰，河清海晏，乾隆帝怀纯孝之心，欲以四海奉养圣母，因此处处尽豪华壮美之极，而以太后圣寿为最。乾隆十六年（1751 年），圣母的六十整寿办得热闹，被人称为“千百年不可一遇”，结果却出乎乾隆帝的意料。

太后圣寿六旬庆典早在乾隆十五年（1750 年）便开始了紧张的筹备，乾隆帝传命将京城西郊清漪园（即今之颐和园）昆明湖以北的瓮山改名为“万寿山”，因太后笃信佛教，又令在瓮山圆觉寺旧址上建“大报恩延寿寺”（今之排云殿位置）。此寺“殿宇千楹，浮图九级，堂庑翼如，金碧辉煌，燃香灯，函贝叶，以为礼忏祝嘏也”。这项巨大的工程直到翌年举办六旬庆典前不久才完成。乾隆帝原来还打算在万寿山山脚仿杭州六和塔的形制建一佛塔，但屡建屡塌，经查《春明梦余录》一书，才知道“京城西北隅不宜高建”，遂罢更筑佛塔之议，就其基址，改建了一座宏伟的佛楼——佛香阁。在皇太后六十大寿之前，乾隆帝还命将大内的慈宁宫重加修葺，增加了前殿的重檐，新修了花园和佛堂，以使太后在城中居住时生活更为舒适。

皇太后的寿辰在十一月二十五日，往年到了这时节，京师每多风雪，寒侵肌骨，但乾隆十六年却怪，自十一月初十至二十五日，十余天间竟无一丝风，无一片雪，晴和温暖，如阳春三月光景。十九日这天，皇上奉太后畅游万寿山。二十四日，皇太后銮舆自郊园启跸，经水路至西直门外高梁桥停跸，皇太后御大安辇进城，卤簿前导，乾隆帝亲骑于辇前恭引，云集京师的文武百官、外省大吏，以至大臣命妇、京师士女，簪缨冠帔，跪伏在大街两旁。为了烘托喜庆气氛，万寿山至西直门一路的两旁由内务府备办各种景点，高梁桥至大内西华门则由在京王公大臣和各省督抚分段布置。乾隆时的著名诗人、学者赵翼目睹庆典后，在《簷曝杂记》中对其盛况有如下精彩的描述：

> 十余里中，各有分地，张设灯彩，结撰楼阁。天街本广阔，两旁遂不见市廛。锦绣山河，金银宫阙，剪彩为花，铺锦为屋，九华之灯，七宝之座，丹碧相映，不可名状。每数十步间一戏台，南腔北调，备四方之乐，侲童妙伎，歌扇舞衫，后部未歇，前部已迎，左顾方惊，右盼复眩，游者如入蓬莱仙岛，在琼楼玉宇中，听霓裳曲，观羽衣舞也。其景物之工，亦有巧于点缀而不甚费者。或以色绢为山岳形，锡箔为波涛纹，甚至一蟠桃大数间屋，此皆粗略不足道。至如广东所构翡翠亭，广二三丈，全以孔雀尾作屋瓦，一亭不啻万眼；楚省之黄鹤楼，重檐三层，墙壁皆用玻璃高七八尺者；浙省出湖镜，则为广榭，中以大圆镜嵌藻井之上，四旁则小镜数万，鳞砌成墙，人一入其中，即一身化千百亿身，如左慈之无处不在，真天下之奇观也！

这一切巧夺天工的奇观，在王公大臣、封疆大吏不过为讨好皇上，以固圣宠，而乾隆帝则为博走马观花的圣母之一笑。谁承想，一向喜欢热闹的皇太后竟颜色不豫。赵翼所记："皇太后见景色钜丽，殊嫌繁费，甫入宫即命撤去。以是，辛巳岁（乾隆二十六年）皇太后七十万寿，仪物稍减。"可见，靡皇太后对铺张靡费不以为然。

下面再来谈谈乾隆帝对自己生母的亲情，以及他那异乎寻常的报恩之心。

从名分上讲，雍正帝的嫡福晋、皇后乌拉那拉氏是乾隆帝的嫡母，但皇子时代的弘曆似乎和她没有建立起亲密的母子之情。现在能够见到的乾隆帝写给她的惟一的一首诗题为《恭祝皇母圣寿》：

> 蓬莱晓日照金扉，纠缦云成五色辉。
> 觞捧六宫趋彩仗，嵩呼四海仰慈闱。
> 琼筵恭进仙人膳，文锦欢呈玉女衣。
> 叨沐恩勤逢令节，年年拜舞庆春晖。

诗中虽有“春晖”“恩勤”之类字样，但缺乏感人的真情，完全是应景文章。至于皇贵妃年氏、齐妃李氏，她们对乾隆帝来说也是母辈的人，但他在诗文中则从未提到过二人。年氏去世较早且不论，李氏之被乾隆帝冷落，似乎与李氏所出的皇三子弘时与弘曆不睦有关。弘曆倒是对五弟弘昼之母、后来被尊为裕贵太妃的耿氏，有着相当深厚的感情。耿氏生下皇五子弘昼之后，也和钮祜禄氏一样称“格格”，也和钮祜禄氏一样，直到雍正帝即位才摘掉“格格”帽子。据说，在雍邸生活的那段时光里，钱氏母子与耿氏母子是同住在一座院落的。在弘曆的异母兄弟中，五弟弘昼与他同一年诞生，而且都生在雍王府东院“如意室”西里间，日后兄弟二人的感情也比较融洽。由于以上原因，乾隆帝比较敬重耿氏。乾隆三十五年（1770 年）七月和亲王弘昼去世时，其子孙弱小，而耿氏已八十有二，乾隆帝在《临和亲王府第酹酒永言志痛》一诗中特别写道：“弱质儿孙怜汝偕，高年妃母养予申。”这句诗的后半句是安慰五弟之灵：你的年高老母，我当代为申养。

相形之下，乾隆帝对其生母崇庆皇太后的感情则极为深厚，在生母面前，乾隆帝真称得上纯孝之子。

天子富有四海，乾隆帝以天下养皇太后的事迹，《清高宗（乾隆）实录》中多有述及，诸如刚即皇帝位，即尊生母为崇庆皇太后，此后凡遇大庆典，必加徽号；每有巡幸也多奉皇太后同行，太后一生随乾隆帝南巡三次、东巡三次、幸五台山三次，此外，谒东、西陵和秋狝木兰更每年必有之事；特别是太后六十、七十、八十圣寿，乾隆帝进九九寿礼，凡亲制诗文书画、如意佛像、金玉古玩，以至西洋奇珍，无不具备……所有这些大事，《清高宗（乾隆）实录》都做了比较详细的记载。

不过，《清高宗（乾隆）实录》之类的官书所载，多是没有温度的官样文章；乾隆帝倒是在自己所写的诗作中，大量地、细致地倾诉了自己对生母的真情实感。如果说乾隆帝在实录等官书中是个正襟危坐的圣主偶像，那么，在御制诗中，他才稍稍敞开自己的心扉，使后人得以窥见他那深邃而幽秘的内心世界。

乾隆帝一生倾心所爱的女人只有三个：结发妻子孝贤皇后、生母崇庆皇太后和最小的闺女十公主；当然，这虽说都是对异性的爱，但内涵又有区别。乾隆帝写给亡后孝贤的诗有上百首，是他所写的数以万计的诗篇中最见真情的佳作；但就数量而言，写孝贤的诗却比写生母的诗少得多。乾隆帝写生母的诗有二百余首，这种待遇是其他人所没有的，包括乾隆帝最敬爱的皇祖康熙帝在内。这些诗中自然有不少应景之作，但乾隆帝在诗中，也仅仅在诗中，尽情地抒发了心底里对生母的真情。乾隆帝的精神世界十分丰富，他的感情非常细腻；就其个性而言，他又是个能爱能恨、敢爱敢恨的人。他的爱是深沉的、慷慨的，但又是十分吝啬的。凡不爱的人，他绝不表示一丝一毫的温柔之情。“诗言志”，这句话对乾隆帝也完全适用。用乾隆帝的御制诗来探索乾隆帝与皇太后之间的真正感情，不仅是可能的，而且也是完全可靠的。

乾隆帝生母被尊为崇庆皇太后时已四十四岁了，膝下只有乾隆帝一子；而她老人家又是十分喜欢热闹的人，乾隆帝怕她有孤独寂寞之感，居大内深宫时则奉太后住在慈宁宫，又因常驻御园而特将与圆明园咫尺之隔、皇祖康熙帝最喜欢的畅春园作为太后的郊园。每年新正前，先接太后回宫过年，灯节前返回圆明园，住在乾隆帝为皇子时所居的长春仙馆。及年事已毕，大约在正月末，太后回驻畅春园。此后，春天御园中芍药、山桃开放；夏天福海中荷花红白相映，龙舟竞渡；秋天香山枫叶似火；冬天北海银装素裹，照例举行“冰嬉”，乾隆帝都要奉迎太后出来观赏，这些情景在乾隆帝的诗中屡屡述及。即使母子不在一起的时候，乾隆帝仍念念不忘、想方设法地孝敬高年老母。

夏初喜雨，御园菜畦中新韭一片嫩绿，乾隆帝想到的是母亲喜食韭菜，于是亲手剪下滴着露珠的“香芽”敬献皇太后；秋日园中桃、藕成熟，乾隆帝又将时鲜果品盛在玉盘里恭进太后。在记《藕》的小诗中，他还借物巧喻说：“愿以心虚承色笑，还将丝缕拟恩慈。”冬天南苑行猎，乾隆帝仍惦记着母亲，想让她老人家尝尝新鲜的野味。在《南苑获野禽恭进皇太后》一诗中他写道：“山禽味洗洁，飞骑进慈宁”。外省臣工觅到新异之物，乾隆帝先呈母亲玩赏，在《闽中鲜佛手贡到，恭进皇太后》一诗他写道："封题更进瑶池上，佛手堪供佛手擎。"乾隆帝以太后是居"瑶池"的"西王母"，所以说"佛手堪供佛手擎"。这样的小事都很能表现乾隆帝对生母发自内心的一片孝心，绝非是他出于"以孝治天下"的政治目的而挤出来的虚伪之作。

乾隆帝日理万机，但稍有闲暇，总要去畅春园看望母亲，因此诣畅春园问安诗在《清高宗（乾隆）御制诗集》中比比皆是。《诣畅春园即事书怀》一诗开首两联是：

还宫有事忽逾旬，返跸询安诣畅春。
虽是言传恒悉豫，究之色养不如亲。

《论语》记述，有一次子夏问如何尽孝，孔子回答："色难。"意思是奉养亲长时，最难的是发自内心的愉悦颜色。乾隆帝的诗句意为，自己十余天没去畅春园问安了，虽说宫监、侍卫们已转述太后安好，但终究不能代替自己亲自去太后跟前"色养"。太后年逾八旬之后，乾隆帝问安更频，他胸中总有一种不忍说出的预感。太后去世前两年，乾隆帝在所写的《诣畅春园请皇太后安》一诗中记述了这种心境：

行时庆节始而终，驾返前园恒御宫。
半月光阴消已速，千春奉养愿无穷。
十年前率弗介意，近岁来何频切衷。
惧不忍言仍是惧，吾夫子语佩诸躬。

当然，乾隆帝频频往诣问太后安，以及创作大量的问安诗从字里行间都透出乾隆帝那发自肺腑、无法矫饰的纯孝。

乾隆帝与皇太后共同生活的最后时光，大概最能体现出他们情深意笃的母子亲情。太后直至耄龄，仍体强身健，不用人扶掖。乾隆帝则处处小心，对母亲可谓体贴入微。往年太后从圆明园启銮赴避暑山庄时，第一站驻汤山行宫，次日驻怀柔县，以后便按程而行。乾隆三十七年（1772 年）秋狝，皇帝特别关照，自怀柔县以下，凡有昔日皇祖康熙帝旧日行宫之处，都要停下来让圣母憩息，沿途还要准备轻软肩舆御行，使圣母旅途中更为舒适。乾隆帝还命制作了一柄玉鸠头方竹杖恭进太后，并为此专门写诗道：

鸠杖由来养老传，其相方行更宜然。
温如在手资双步，移以随身助大年。
四面削成不逾矩，一枝卓立却殊圆。
扶携代我供晨夕，万六春秋食履绵。

此时是乾隆四十年（1775 年），第二年正月初二宁寿宫落成时，乾隆帝奉太后举行筵宴，却见太后步履康健，并不用所制鸠杖，所以他在诗中高兴地说："鸠杖全无借，兕觥奉有伦。高年健太极，行乐信天真。"这一年开春，乾隆帝又奉太后东巡，登泰山，回銮即往避暑山庄，太后以八十五岁高龄健步登上有九层之高的佛塔。八月初十这一天，太后还照例幸狮子园游览，并在这座她年轻时以雍邸"格格"的名分来过数次的园林中设宴，"赐食"至尊的乾隆帝。抚今追昔，她老人家心里应是百感交集。谁能料到，此行竟是这位与狮子园有着某种纠葛的皇太后最后一次驻跸避暑山庄。

乾隆四十二年（1777 年）正月初八，乾隆帝照例于上元节之前在御园的九洲清宴清晖阁张灯列筵，恭侍圣母。他事先让内务府照康熙帝晚年传下来的样子，制作了一个软榻，预备太后从肩舆下来时坐上，然后再由侍者抬到室内座位之上，以免其走动之劳。请看他记述这最后一次母子观灯的诗：

家宴观灯例节前，清晖阁里列长筵。
申棋介寿那崇俭，宝炬瑶檠总斗妍。
五世曾元胥绕侍，高年母子益相怜。
扶掖软榻平升座，步履虽康养合然。

这一年太后八十六岁，乾隆帝则差三岁年登古稀，所以说“高年母子益相怜”。既然太后步履仍如往日一样的康健，乾隆帝于是很放心地于正月十一日回宫斋戒，准备祈谷大典。三天后祈谷礼成，他立即回圆明园请安，但太后已先行幸同乐园看戏去了。乾隆帝随后赶到，席间他曾问及母亲身体如何，太后言笑如常，仍高高兴兴观赏，毫无倦容。其实，此刻太后已觉身体不适；不过，元宵佳节在即，她出于心疼儿子之心，不愿因一己有恙而扫大家的兴。回到长春仙馆，望九高龄的老太太终于支撑不住，延至二十三日丑时，崩逝。

乾隆帝自十四日母亲病倒后，每日必往长春仙馆问候看视。二十二日太后病剧，乾隆帝一日两次往侍太后。二十三日子刻，太后病危，乾隆帝闻讯，立即赶往长春仙馆，太后已经不省人事。乾隆帝在母亲身边攀号莫及，痛摧肺腑。及太后升遐，乾隆帝连夜命备黄舆，奉大行皇太后遗体还宫，随即截断发辫，服白绸孝服，以舍清斋为倚庐，席地寝苫；自深夜以迄次日日暮，水浆不进。在倚庐中，悲不自胜的乾隆帝想起自己所作的正月初八观灯诗中曾有“高年母子益相怜”之句，当时并未意识到自己何以在筵宴欢欣之时，忽作如此系恋感怀之语，此刻他明白，这就是所谓预感，所谓“诗谶”。辗转反侧不能入眠的乾隆帝还占得了挽诗的腹稿，把对母亲的挚爱，以及痛失母爱后的哀恸，全部倾注于诗中：

奉时行庆期慈豫，抢地呼天弃藐躬。
讵数姒任称古季，由来尧舜号宫中。
八旬六寿尊荣享，四十二年色养空。
夫复何言吾罪耳，痛心泥首眄苍穹。

乾隆帝第六子永瑢精于算学，他遵照皇父之命，早已推算出乾隆五十一年（1786 年）和六十年（1795 年）的正月初一会发生日食。正旦日食，在古代被视为当有大事故出。乾隆帝原来心里估计母亲可能在乾隆五十一年出事，到那时老人家春秋九十有五，稍可无憾；不料“大故”竟这样早地降临了！倚庐中的皇帝清夜扪心，深感身为人子心有不诚，故而不能挽留慈寿，是以在挽诗中说“夫复何言吾罪耳，痛心泥首眄苍穹”。

乾隆帝骤别母亲，他的悲痛是深沉的，是发自肺腑的。夜深梦醒，他备感寂寞与凄凉，且看他的《悲梦》一诗：

游岁黑甜何处乡，从容掖辇只如常。
孙曾侍宴列五代，歌舞行时娱一堂。
忽尔醒来余寂寞，泛焉涕出切悲伤。
因思向日即真者，非梦原都是梦场！

当年秋末，乾隆帝往泰东陵恭祭亡母之灵时曾留下这样的诗句：“只借梦魂遇，永辞甘旨调。”并在句下自注云：“忆往年木兰回跸，至避暑山庄问安，亲调羹膳以进圣母，为之加餐，此景不能复得矣！”这年十一月二十九日，天降大雪，“缤纷迷旷宇，滂霈湿非烟”，触景生情，乾隆帝深感已永远地失去了慈母的温语相慰，他在《复雪》一诗中说：“无人相慰藉，独立一酸然。”诗句后自注云：“每岁盼雪之时，得雪后圣母必亲为慰谕，今此境不可复得，追思怆然！”第二年，乾隆帝在一首题为《永慕斋叠前夕旧作》的诗中写道：“山陵无奈日以远，色笑如常梦乃虚。只有阶前一泓水，流音呜咽答长歔。”乾隆帝对亡母的哀思确如永慕斋阶前的流水一样，是绵长的，是永久的。

中国古代讲“百行孝为先”，清朝皇帝标榜“以孝治天下”。乾隆帝孝顺生母崇庆皇太后固然有道德自律并借以垂范天下臣庶的成分；但无可否认，他对生母的感情是真挚的，是天性使然的。《诗经》有云：“孝子不匮，永锡尔类。”加诸乾隆帝身上，可谓当之无愧。毋庸讳言，乾隆帝在以天下养圣母的四十二年间，也的确干了许许多多挥霍人民血汗、极尽铺张靡费的不足称道之事，这些超过“纯孝”行为的背后，似乎藏着一种非如此不足以报答生母之恩的隐情。

雍正十三年（1735 年）十二月，乾隆帝尊上“崇庆皇太后”徽号的册文中有这样几句话："承皇考而赞襄内治，俭勤昭浣濯之风；鞠藐躬而备笃母仪，言动示诗书之教。""俭勤"二字也许最能体现这位洪福齐天的皇太后的本色。乾隆帝对生母以"格格"身份在雍邸所过的近二十年隐忍酸楚的生活有深切了解，有些往事应当说他是耳闻目睹、刻骨铭心，而终生不会忘记的。在乾隆帝内心深处，似乎对生母总有一种难以名状的歉疚之情，促使他每每做出如皇太后六十大寿庆典那样"殊嫌繁费"的穷奢极侈之举。在乾隆帝看来，似乎只有这样才能补偿母亲那充满辛酸的韶华青春，非如此更不能表达自己报恩之情切而后心安。这样来理解乾隆帝对其生母的爱和孝，更接近他的真实心迹。

第二章

阿哥时代

康、雍之际的政局如白云苍狗般变幻莫测，皇子、皇孙、贵戚、权臣，以至王府门人、汉族名儒、星相术士、武术拳师、西洋传教士等等统统受政治热情驱使、怀抱个人目的而卷入了久久不能平息的争储漩涡之中。不同政治集团、政治势力彼此颉颃、相互冲突，“乱哄哄你方唱罢我登场”。乾隆帝即位以前的二十五年阿哥时代，就是在这样的政治环境中度过的。从某种意义上讲，各方面长期较量的合力把先为雍邸庶子、后为宝亲王的弘曆阿哥推上了通向最高权力之路。

一 诞生在多事之秋

康熙五十年，也就是乾隆帝来到人间这一年，政局从十月起便动荡起来。都察院左都御史赵申乔具疏参劾翰林院编修戴名世私刻文集，语多狂悖，康熙帝晚年最大一起文字狱——《南山集》案由此而发。这一大案从表面上看无疑是清廷镇压汉族反满思想的事件，但其背景却十分复杂。据雍、乾时人萧奭撰写的《永宪录》所记，掀起《南山集》案的竟是皇太子胤礽，是他将《南山集》中所谓“悖逆”语摘出，进呈皇帝。赵申乔出面发难，是否受太子指使，现在虽缺乏佐证，但至少可以说，赵某人与东宫之间有着千丝万缕的联系。

在雍亲王胤禛第四子弘曆诞生的三年前，发生了废黜皇太子这一惊天动地的巨大事变；而弘曆诞生一年多后，废而复立的皇太子再遭废黜，并被终身监禁。

皇太子名爱新觉罗・胤礽，生母是康熙帝的爱后孝诚仁皇后赫舍里氏。胤礽出生前，康熙帝已有一子，即惠妃纳拉氏所出的大阿哥胤禔，但胤礽系元后嫡子，因此当他于康熙十三年（1674 年）五月初三诞生时，康熙帝大喜过望。不料，胤礽出生当天下午皇后即因难产而崩，皇帝的撕心裂肺般的痛楚且不去说，从这时起，在皇帝内心深处对胤礽潜伏下了极为复杂微妙的感情：既怜，且爱，又恨。康熙帝幼失怙恃，对从小失去父母之爱有切肤之痛，而胤礽未及在母亲怀抱中生活一日，这是何等的可怜！皇后赫舍里氏自康熙四年（1665 年）被册立为后，与康熙帝成为一对少年夫妻，彼此十分恩爱。皇后遽逝，康熙帝很自然地把对结发妻子的爱移情于她留下的这惟一骨血——胤礽身上。似乎正缘于此，康熙帝在日后对胤礽的爱有时竟到了溺爱的地步。然而，皇后的崩逝又不能不说与胤礽有关。皇后难产，当母子不可兼顾时，皇后自然要力保皇帝嫡子，而没有任何责任的胤礽也就难免被人指责为“生而克母”，康熙帝也未尝没有这样想过。胤礽的命运是由皇父康熙帝决定的，从他降临人间的那一刻起，大概就已注定了这位不寻常的皇子将在大故迭起的政治动荡中，悲愤地走完自己的人生旅途。

康熙十四年（1675 年）十二月，二阿哥胤礽被册立为皇太子。这个被视为“国本”的男孩不过是个刚刚一岁半的婴儿，他只能在乳母怀中怯生生地接受那莫名其妙的皇太子册宝。康熙帝此时不过二十二岁，按说没有必要如此急切地册立太子，但皇帝自有他的想法。在册立皇太子的《诏书》中，康熙帝摆出了两条理由：其一，“恪遵太皇太后、皇太后慈命”；其二，“以重万年之统，以系四海之心”。前者是说尽孝，这理由在当时不能不说是很庄重的，祖母太皇太后（即著名的孝庄太皇太后博尔济吉特氏）亦可能确有此意，而康熙帝又是称得上“纯孝”；后者则明说册立皇太子是为了维系人心。当时“三藩”之乱刚起，四海惊扰，民无固志，迫使康熙帝对汉族士大夫要有所表示，举行经筵、日讲，诏开博学鸿词，都是这方面的重大举措；而效法汉族传统，明诏立太子以固国本更是当务之急。清朝的两位开国皇帝——努尔哈齐和皇太极——并未立太子，顺治帝也只是在临终前指定皇三子玄烨（即康熙帝）为皇太子。可见，不立太子倒是满族皇室家法。而康熙帝毅然抛弃祖宗家法，皈依汉制，确如《诏书》所言，为的是“系四海之心”。

除此之外，也不应忽略康熙帝心中的隐痛。康熙帝以顺治帝庶子身份而入主神器，多亏了祖母太皇太后的提携呵护，个中的甘苦他体会良深。他不愿在嫡长子之外考虑皇储人选，而必欲及早确定“万年之统”，以确保嫡长子二阿哥胤礽能够顺利完成皇位过渡。为此，康熙帝日后也苦心孤诣地做了安排。孝诚皇后去世后，康熙帝先册立遏必隆之女钮祜禄氏为后，是为孝昭皇后，孝昭无子女，于康熙十七年（1678 年）二月崩逝；继为皇后的是佟国维之女佟佳氏，她于康熙二十八年（1689 年）七月初九病危时始被册立为后，翌日崩逝，这位仅做了一天皇后的佟佳氏只育有一女，且此女早殇。之后，康熙帝再未册立皇后。因此，终康熙之世，嫡子仅有胤礽一人而已，其他阿哥俱为庶出。

康熙帝为维护胤礽的嫡子地位煞费苦心，对他的培养更不遗余力。胤礽六岁启蒙就傅，皇帝为他选择了名儒张英、李光地、熊赐履为师；稍长，皇帝又特召江宁巡抚、著名理学家汤斌为詹事府詹事，负责对皇太子的教育。胤礽在名师的辅导下学业进步很快，他能熟练地使用满、汉、蒙三种语言，马上功夫出众，能左右开弓，儒家基本经典亦能粗通。康熙帝后来说他“骑射、言词、文学，无不及人之处”，可见皇父对他十分满意。

太子的令名不但在宫廷内外传播，而且远扬海外。康熙二十一年（1682 年），朝鲜使臣向国王报告时曾提及“清太子年八岁，能左右射，通《四书》云”。供奉内廷的耶稣会士白晋向法王路易十四提供的一份秘密报告中也说：

> 皇帝主要的培养对象是他曾宣布为皇太子的第二个皇子，即皇帝的继承者。因为他是第一个皇后所生的长子，所以我认为皇帝最注意于对他的培养。为了使他将来能更好地治理这个帝国，皇帝一方面指定一个特别府，专门教给他那些作为一个同他的帝国相称的伟大君主应有的知识；另一方面，皇帝还十分重视有关皇太子教育的一切情况，要求有关人员如实

地汇报皇太子的全部活动，以便亲自及早培养他的统治才能。可以说，此刻年已二十三岁的皇太子，他那英俊端正的仪表在北京宫廷里同年龄的皇族中是最完美无缺的。他是一个十全十美的皇太子，以至在皇族中，在宫廷中没有一个人不称赞他，都相信有朝一日，他像他父亲一样，成为中华帝国前所未有的伟大皇帝之一。

白晋是康熙三十二年（1693 年）离开北京回法国的，他说皇太子二十三岁不够准确，他对皇太子的称誉也有些夸张。正是在这个法国传教士离开中国前后，皇帝与皇太子之间出现了最早的微妙隔阂。

康熙二十九年（1690 年）夏天，强劲的准噶尔蒙古侵入漠南蒙古乌珠穆沁境内。七月，康熙帝调遣各路大军出师迎击，随即以“巡幸边塞”为名，亲往督战。康熙帝十八日出古北口即感不适，扈从大臣奏请移驻内地调养，康熙帝不以为然。二十二日夜晚，他病情加重，“夜间身热心烦，至黎明始得成寐”，臣下合词跪请即日回銮，他仍未答应。二十四日，御营进驻古鲁富尔坚嘉浑噶山，皇太子胤礽、皇三子胤祉闻讯已从京中兼程前来探病请安。康熙帝病中心情烦闷，本欲有亲人温语慰问，不意胤礽兄弟却一点没有忧伤悲戚之色，康熙帝愠怒之下，令其二人即回京师。这本属小事，但记录康熙帝言行最权威的官修史书《清圣祖（康熙）实录》对此却做了以下引人注目的记录：

先是，上以圣体甚觉违和，命皇太子允礽、皇三子允祉（注：康熙帝诸子的名字第一字为‘胤’，雍正帝即位，令改为‘允’）驰驿前迎。是日，允礽、允祉至行宫请安，见圣体未宁，天颜清减，略无忧戚之意，见于词色。上以允礽绝无忠爱君父之念，心甚不怿，令即先回京师。

是为官书首次记录皇帝对太子的不满，其中“绝无忠爱君父之念”一语，分量至重。康熙帝考察皇子首在“仁孝”，而仁孝作为最高的道德准则，从根本上讲是无法矫饰做作的，贵在真实流露，即所谓“纯孝”，所谓“色难”。康熙帝在病中，感觉最敏，他的体察可能是很准确的。不过，从日后的情形来看，尽管此事在他内心深处已留下了挥不去的阴影，但他仍然原谅了年少的爱子。

四年之后的“拜褥事件”则在皇帝的心湖激起了更大的波澜。康熙三十三年（1694年）三月，礼部议奏祭奉先殿仪注时，请将皇太子的拜褥同皇帝的一样，设置在殿槛之内。皇帝谕令礼部尚书沙穆哈道：“皇太子拜褥应设在槛外。”沙穆哈遵旨，但要求将皇帝上述旨意“记在档案”。显然，在皇帝的至高权力之外，隐然还存在着另一个令臣下畏惧的权力——皇太子。沙穆哈奏请“记档”，是害怕将来成为皇帝的皇太子会追究自己。康熙帝开始隐隐感到来自太子方面对皇权的威胁。

太子的背后确实已然聚集起盘根错节的政治势力，其为首者就是朝中权势炙手可热的索额图。索额图是康熙初年四辅政大臣之一索尼的第三子，人称“索三”，皇太子胤礽的生母孝诚皇后是他亲侄女。他出任过大学士、议政大臣、领侍卫内大臣等要职，徐乾学、王鸿绪、高士奇，以及后来的熊赐履等康熙帝亲幸的大臣，都在不同程度上党附索额图，以致京师有“要做官，问索三”之谣谚。索额图既为胤礽舅公，因此势必千方百计借助权势抬高太子地位，康熙帝日后曾说：“胤礽为皇太子时，一切礼仪皆索额图所定，服用、仪仗等物，逾越礼制，竟与朕所用相等！”在索额图的安排下，凡康熙帝接见王公大臣，皇太子侍坐皇帝之侧，其他皇子及大小臣工俱跪地聆听。“拜褥事件”中，礼部尚书沙穆哈蹴然如辕下之驹的窘态并不难理解。

索额图为首的太子党已然构成皇权隐忧，以康熙帝之英明，是不会觉察不到的。“天无二日，国无二君”，严酷的事实摆在康熙帝面前，他何以善处呢？

康熙帝确曾有过禅位给皇太子的打算。事实上，太子二十岁开外，政治上已完全成熟了。康熙帝想到了历史上宋高宗禅位给皇太子赵昚，退处德寿宫，称太上皇帝的一段故事，并亲口对胤礽说过：“将以政事付汝，朕当择居水土佳处，时闻汝之令名，以优游养性。”胤礽如何表示，现在已无从查考。从日后事态的某些迹象分析，康熙帝当时并不打算立刻把最高权力交给胤礽。道理很简单，他自己也刚过四十岁，正值政治上的黄金时代。他之所以对胤礽讲禅位之类的话，主要是想感化待位心焦的太子。不过，康熙帝也确实加快了对太子的培养步伐。康熙三十五年（1696 年）二月，皇帝帝首次御驾亲征准噶尔蒙古噶尔丹汗，特命皇太子镇守京师，各部院衙门本章不必驰奏，大小政事俱命皇太子听理，若重大紧要事，则由诸大臣公议后启奏皇太子。康熙三十六年（1697 年）二月，康熙帝第三次亲征噶尔丹，仍命皇太子留守京师。当年四月，闻噶尔丹走死阿尔泰，康熙帝极为振奋，回师途中所作《凯旋言怀》一诗云："边柝自此静，亭堠无烟尘。兵革方既偃，风教期还淳。"

不幸的是，康熙帝还没着手大兴文治风教，便听到了有关皇太子个人品行的流言。有人向皇帝告发："太子暱比匪人，素行遂变。"康熙帝回到京师后，立即查处了与此事有关的匪人，他们是：膳房人花喇、额楚，哈哈珠子德住，以及茶房人雅头。最后确定的罪名很耐人寻味："私在皇太子处行走，甚属悖乱。"康熙帝命将花喇、雅头、德住处死，额楚交其父在家中圈禁。膳房人、茶房人俱为内务府属下，哈哈珠子是满语"男孩"之意，此处系王府小厮。皇太子一人之下，万人之上，仪制极尊，何以与此等贱人为伍，竟致"素行遂变"？为什么说这些人在皇太子处有"悖乱"行为？由于康熙帝是在内务府这一极小的范围内，以家法处置了这一案件，因此，内情已不得而知。尽管如此，这一发生在内廷的奇事毕竟从根本上动摇了康熙帝对皇太子的信心。事隔十一年，当第一次废黜皇太子时，皇帝特别提道："朕初次中路出师，留皇太子办理朝事，举朝皆称皇太子之善。及朕出师宁夏后，皇太子听信匪人之言，素行遂变。自此朕眷爱稍衰，置数人于法。"

虽然处置了引诱太子学坏的厮役小人，但康熙帝对有不善之行的太子却决心继续包容下去，他更没有找到阻遏太子品德向恶的方面转化的切实有效途径。

康熙帝本人对太子气质的恶化不能说没有责任。诚然，他极为注重太子的教养，但自从康熙二十六年（1687 年）负有辅导东宫主要责任的汤斌因陷入党争而离开詹事府后，再未闻他简选天下正人君子为太子师。此时太子年仅十四岁，他身边亲近者当然只能是内务府属下的茶膳房人、哈哈珠子之流。尤当指出的是，康熙帝为了胤礽生活舒适、取用方便，特又命胤礽乳母之夫凌普在内务府中主管事务，这个凌普恰又是以贪婪著称的人。皇太子成年以后便处在这群人的包围中，骄奢淫逸，无所不为，他的气质怎么能如皇父所期望的那样，在仁孝方面为臣下做出表率呢?

经历了康熙三十六年的这一事件后，康熙帝似乎不急于退位，他还要继续考察皇太子；然而，他又未能抓住问题的症结、采取有力措施来救治品德逐渐下滑的皇太子，结果只能是皇帝与太子之间的裂痕逐渐加深。

父慈子孝的和睦生活即将结束。为了权力，父子之间残酷的宫斗闹剧逐渐拉开序幕。

康熙三十九年（1700 年）前后，索额图的一个亲信家人向康熙帝密告太子党阿米达、麻尔图、额库礼、温待、邵甘、佟宝等聚集索额图家中“议论国事”。不言而喻，索额图及其党羽因太子即位遥遥无期，已经等得不耐烦了，所谓“议论国事”云云，日后康熙帝曾明说为“欲谋大事”。但康熙帝并未立刻揭露这一阴谋，只是在第二年允准索额图退职，使他离开权力斗争的中心。康熙四十一年（1702 年）十月，康熙帝南巡至德州，皇太子病，康熙帝召索额图前来看望太子后，先行回銮。此次，太子与索额图在德州一直待到十一月中旬才遵旨回京。四十二年（1703 年）五月，康熙帝决心揭露三年前索额图被家人举发的旧案。有一种说法认为，是索额图党的著名人物高士奇向康熙帝密报，提醒皇帝注意索额图的私下异动。无论如何，康熙帝在这时确实感到一场密谋中的政变已经迫近，这从以下指斥索额图罪行的谕旨中不难看出：

> 你家人告你之事，留内三年，朕有宽你之意，你并无退悔之意，背后仍怨尤议论国家，结党妄行。你背后怨尤之言，不可宣说，你心内甚明。举国俱系受朕深恩之人，若受恩者半，不受恩者半，即俱从你矣！

显然，索额图罪在结党与皇帝争天下，而索额图固不能为帝，其为皇太子谋求早正大位之心昭昭甚明，只不过康熙帝投鼠忌器，不愿“宣说”而已。这个案件以圈禁太子党首领索额图及其主要党羽而告终，康熙帝并不想多加株连，正如他所说：“索额图之党，汉官亦多，朕若尽指出，俱至灭族。朕从不嗜杀人，嗣后若与索额图绝交，将所行之事举出尚可；不然，被索额图株连，必如噶褚哈、阿思哈被灭族之祸！”康熙帝原想抄索额图家，以便搜检书信文字，但考虑到此举必“连累之人甚多，举国俱不得安”而中止。

康熙帝处理这一严重政治案件并不彻底，他只想剪除太子的羽翼，使太子脱离这帮居心叵测的野心家，而并不愿损害太子在臣民中的威望。就在康熙帝处理索额图大案前夕，高士奇陛辞还乡，他在《蓬山密记》中记述了自己四月十九日一早在畅春园向皇帝告别后，又到皇太子处辞行的情形：

> 午刻，至皇太子处。时皇太子将至御前，见臣士奇，仍回辇入宫，召至榻前，慰问再四。赐五言律诗一首，“南陔春永”匾一，绒帽一顶，又金刚石宝蓝龙缎袍、红青四团龙褂各一袭。又欲赐鞍马，以舟行辞。复命侍卫四格与近侍周进朝送至。又令备皇太子自骑走骡，送至通州。少顷，又追赐鼻烟盒四枚、鼻烟一罐。

由高士奇对太子的尊重，以及太子对他频频赏赐之事，可以想见，此时太子稍逊于皇帝的仪制依然如故。但皇父的苦心调护，并未换来太子的感愧悔悟。他的舅公索额图很快在禁所中死去，这更燃起了他的复仇的怒火。皇帝与太子的直接冲突只是时间问题了。

康熙帝与太子之间仇怨的蓄积，不仅有政治利益的冲突，也夹杂着父子二人对为君者应有的道德自律所持的迥然不同的态度。康熙帝自律较严，对酒色之类的诱惑极为警惕。法国传教士白晋对此有过如下的记述：

几年前，皇帝到南京巡视江南省，人们根据旧习惯，以朝贡的方式给他进献了七个美女，他连看都不看一眼，拒不接受。他觉察到某些侍臣竟敢滥用与他接近的机会，用女色腐蚀他，非常气愤。此后，还给了他们不同程度的惩罚，使大家清楚地看到皇帝是如何警惕一切笼络和腐蚀他的行为的。

白晋所提到的“人们”可不是一般身份的人。他们是皇帝身边最亲近的满洲奴才，主要是两淮盐政、江南三织造及江浙地区的税关监督，这些人都是内务府高官，可称得上是不折不扣的皇上家奴；此外，两江总督等满洲缺地方官也往往参与向皇帝进贡美女的不光彩勾当。严重的是，将要负担起继承祖宗所遗大统、治理四海臣民的皇太子胤礽也深深地习染了江南陋习。这位品格日趋下流的太子对江南女子更有一种特殊的偏好。当然，这些事无须太子亲自操心，他的家奴为投主子所好，会不择手段、千方百计地去罗致，江南的关差、织造及盐商富贾为了表示对未来皇上的孝心，也会自动把娈童妓女送上门来。这些事在当时早已司空见惯，非独太子而已；譬如九阿哥，即太子的九弟胤禟，也有类似的作为。胤禟的王府中有一个管家叫秦道然，据他讲，胤禟的亲信家奴何玉柱“第一次到江南，在苏州买一个女子进胤禟；第二次到江南，带了十多个来，闻说是扬州安二送胤禟学戏的”。所谓“扬州安二”，就是两淮著名的盐商安岐；“学戏”的优伶则难免沦为“九爷”的侍妾。如果说这些少男少女还是通过买卖的手段送到京城王府的，那么，用卑鄙无耻的伎俩骗取良家女子的做法就更不足道了。何玉柱就曾“假扮新郎骗去人家女子”，然后送到胤禟的床上。

康熙帝对此类乌七八糟的丑事早有风闻并深恶痛绝。康熙四十六年（1707 年）春，他最后一次南巡时，曾亲自交代给王鸿绪一项秘密使命：查访买卖江南女子的黑幕。王鸿绪，江苏华亭人，时任工部尚书，随驾南行，他查访后向康熙帝呈上的密折着实令人触目惊心。据他的密访，“侍卫五哥买女人一名，用价四百五十两；又买一女子，价一百四十两；又一婢，七十两。侍卫迈子现在各处买人。广善库郎中德成格买有妇人，闻现在船上”。这几位买主都是皇帝身边的亲侍，此外，

“纷纷买人者甚多，或自买，或交接要紧人员”。王鸿绪特别提到一个叫范溥的神通广大的人物，他强买平民子女都借着“御前人员名色”。康熙帝对王鸿绪刺探得出的密报甚为警觉，令其进一步摸清范溥的鬼蜮勾当后再行密奏。王鸿绪遂又一次密报强卖江南女子细情，这个专用密缮小折汇报的汉族大臣接下去向皇帝诉陈，自己奉旨密访之事外人似乎已有所知：“自圣驾到虎邱两日，范溥向伊戚程姓云：‘有汉大臣说我不好，我不去送驾罢！’程姓云：‘是太监与你的话吗？’范溥云：‘不是太监，是御前第一等人与我的信。’”

这格外刺目的“御前第一等人”六个字，令康熙帝心头一震。他在王鸿绪的密缮小折上随手加了一句朱笔批谕：“此第一等人是谁？”王鸿绪遵旨再次托人找到范溥的程姓亲戚问：“这第一等人是亲近侍卫们，还是更在上一层的人呢？”程姓人回答：“这不敢说。”王鸿绪仍不罢休，复托人去苏州打听，程姓人说：“这人岂是平等，我万万不敢说的。”翻来覆去地追问，程姓之人还是守口如瓶，王鸿绪只好作罢，原原本本向康熙帝回复。康熙帝在他的密折上作了如下的朱批：“第一等人却不知从哪里说起。”

暴露出“御前第一等人”的范溥强买江南女子一案至此按下，竟不了了之。

这“御前第一等人”究竟是谁？今天看来，康熙帝当时心里很可能知道就是皇太子胤礽，但他似乎还想继续包容下去，所以才说“不知从哪里说起”。王鸿绪作为皇帝的亲信耳目，凡刺探上层人物的阴私之事，皆“亲手书写，并无旁人得以窥见”，进呈密折时也十分隐秘，往往借接驾之机密交皇帝贴身太监转呈御览。因此，从王鸿绪这里走漏消息的可能性极小。而能够从皇帝那里知悉王鸿绪密报范溥交接上层、强买江南女子之事，且能立即转身警告范溥的“御前第一等人”，除太子之外，还能有谁呢？其实，康熙帝对太子卷入了买卖江南女子之案，乃至亲自参与了令人难以启齿的龌龊勾当，此刻已有相当的把握并做出了肯定的判断。这从第二年九月他废黜太子时所说的一段话就足以看出：

朕巡幸陕西、江南、浙江等处，或驻庐舍，或御舟航，未尝跬步妄出，未尝一事扰民。乃胤礽同其属下人等，恣行乖戾，无所不至，令朕赧于启齿。

总之，尽管康熙帝对太子道德的堕落已了然于胸，但他还有所顾虑，不打算立刻摊牌。只是他的容忍已接近极限，与太子之间的冲突爆发仅仅是时间问题。

康熙四十七年（1708年）九月，酝酿已久的政治风暴终于来临。不过令人意外的是，第一声震撼天地的惊雷竟是在塞外木兰围场炸开的。

康熙帝内心似乎早有不祥的预感，总感到那年将会发生一件大事。带着这样郁闷困惑的心情，他踏上了巡幸塞外的路程。随扈皇帝的除皇太子胤礽外，还有大阿哥直郡王胤禔、十三阿哥胤祥、十四阿哥胤禵等。七月十八日，康熙帝开始外出行围，不料年仅八岁的十八阿哥胤祄很快就在永安拜昂阿病倒了，这使康熙帝惦念不已。胤祄之母密妃王氏是康熙帝晚年钟情的妃子，母爱子抱，胤祄亦十分得宠于父皇。八月十九日，康熙帝得到胤祄病危的消息，急忙回銮至永安拜昂阿行宫看视。皇太子胤礽不体谅父皇的感情，对幼弟胤祄濒于死境流露出幸灾乐祸之意，受到父皇斥责后，竟出言顶撞。正当康熙帝既忧又气之时，有人向他告发太子胤礽随意鞭责大臣、侍卫，甚至诸王、贝勒也有被挞辱的。康熙帝对太子的淫荡早有所闻，但太子竟暴虐至捶楚诸王、荼毒无辜，这真令他出离愤怒了。九月初二，十八阿哥胤祄病笃，已无救治的希望，康熙帝以“天下臣民，咸赖予一人，区区稚子，有何关系”，毅然割爱，挥泪告别垂危的爱子，继续上道行围。当晚驻跸布尔哈苏台行宫，有人告发皇太子偷窥布城中皇帝动静，康熙帝大为惊骇。自幽禁索额图后，康熙帝就有一种“今日被鸩，明日遇害”的不安全感，现在既已发现皇太子有异动，他自然觉得废黜太子之举刻不容缓。经过周密部署，康熙帝于九月初四召随扈诸王、大臣、侍卫及文武官员齐集行宫前，命皇太子胤礽跪，以低沉悲愤的语调缓缓陈述：“朕承太祖、太宗、世祖弘业，四十八年于兹，兢兢业业，轸恤臣工，惠养百姓，惟以治安天下为务。今观胤礽，不法祖德，不遵朕训，惟肆恶虐众，暴戾淫乱，难出诸口，朕包容二十年矣。乃其恶愈张，戮辱在廷诸王、贝勒、大臣、官员，专擅威权，鸠聚党与，窥伺朕躬，起居动作，无不探听。”皇帝说到此处，已不能抑制内心的愤怒，决心不再遮遮掩掩，索性将这个悖逆之子包括“生而克母”的种种罪恶统统揭露出来：

> 朕自胤礽幼时，谆谆教训，凡所用物，皆系庶民脂膏，应从节俭。乃不遵朕言，穷奢极欲，逞其凶恶，今更滋甚，有将朕诸子不遗噍类之势。十八阿哥患病，众皆以朕年高，无不为朕忧虑，伊系亲兄，毫无友爱之意，因朕加责让，伊反忿然发怒。更有异者，伊每夜逼近布城裂缝，向内窃视。从前索额图助伊潜谋大事，朕悉知其情，将索额图处死。今胤礽欲为索额图复仇，结成党羽，令朕未卜今日被鸩，明日遇害，昼夜戒慎不宁。似此之人，岂可付以祖宗弘业？且胤礽生而克母，此等之人，古称不孝。朕即位以来，诸事节俭，身御敝褥，足用布袜。胤礽所用一切远过于朕，伊犹以为不足，恣取国帑，干预政事，必至败坏我国家、戕贼我万民而后已。若以此不孝不仁之人为君，其如祖业何！

说到这里，康熙帝痛哭失声，扑倒在地。经大臣们扶起后，他断然宣谕：“朕治平之天下，断不可以付此人，候回京昭告于天地、宗庙，将胤礽废斥！”随即，命御前甲士将胤礽捆缚拘禁。

九月十八日，康熙帝回京，正式宣布废黜皇太子，并亲作祭文，以废太子事告祭天地、宗庙、社稷。康熙帝在祭文中沉痛而恳挚地向天地祖宗述说：“臣虽有众子，远不及臣。如大清历数绵长，延臣寿命，臣当益加勤勉，谨保始终；如我国家无福，即殃及臣躬，以全臣令名。”同时，下诏将此祭文公布于全国臣民周知。

皇太子被废，时人称为“异常之变”。消息传到东邻朝鲜，也被称为“莫大之事变”。

废黜太子没有给康熙帝带来安宁，恰恰相反，储位空虚燃起了其他皇子觊觎神器的野心。

康熙帝一生有三十五子，除早殇而未在《玉牒》中以齿序列者之外，长成的阿哥共二十四位。康熙四十七年爆发木兰事变时，最小的二十阿哥胤祎才三岁，而有可能被皇父选中、继为皇太子的诸阿哥俱为庶出，若以年齿、地位而论，则大阿哥胤禔有一定优势。

胤禔时年三十七岁，已受封为多罗直郡王；除了他，诸阿哥中只有三阿哥胤祉封诚郡王，四阿哥胤禛等只有贝勒爵号。法国传教士白晋离开中国时，胤禔还未封王，据白晋的描述，胤禔非常英俊、聪明，“皇帝十分宠爱这位皇子”。大阿哥有资格争储还不仅是他个人所具备的条件，在他背后，也如废太子胤礽一样，有一个根基深厚的政治集团，其首领就是与索额图齐名的另一权臣明珠。明珠姓纳拉氏，他的一个妹妹，即胤禔的生母惠妃纳拉氏，他与胤禔乃舅甥关系，因此拥戴胤禔夺嫡自然不遗余力。明珠下面也聚集了一大批满汉大臣，如大学士余国柱、户部尚书佛伦及大臣葛思泰等。明珠集团权势煊赫不让索额图，以致“要做官，问索三”的下句即“要讲情，问老明”。康熙二十七年（1688 年）康熙帝罢斥明珠后，皇长子党受到严重打击，但胤禔的支持者仍大有人在，而且都是实权人物，在此只举出时为领侍卫内大臣的鄂伦岱、一等侍卫隆科多这两位皇帝的姻亲就足以说明问题了。康熙四十七年秋，康熙帝行围木兰，为预防太子暗害，特命胤禔负责御前警卫。胤礽被废，给大阿哥一种错觉，似乎皇帝属意于他，因此不免蠢蠢欲动。康熙帝明察，在垂泪废太子同时，当众警告胤禔：“朕前命直郡王胤禔善护朕躬，并无欲立胤禔为皇太子之意。胤禔秉性躁急愚顽，岂可立为皇太子？”这无异于给大阿哥争储当头一棒。胤禔幻梦破灭，而又势不容宿敌胤礽复出，遂改而拥戴八阿哥胤禩继为太子。

胤禩无疑是康熙帝诸子中最具实力的储位竞争者。他是康熙帝第八子，其生母良妃卫氏系“辛者库”贱籍出身。所谓“辛者库”，就是籍没内务府为奴的人，但胤禩娶了安郡王岳乐的外孙女为妻，这就使他在争储中可以得到妻族的有力支持。事实上，由于皇太子胤礽暴虐专横，礼贤下士且才气横溢的八阿哥早已得到了皇族内外的普遍好感和广泛支持。康熙四十二年（1703 年）六月，裕亲王福全病危，康熙帝特地从塞外赶回北京看望这在世的惟一兄长时，福全力荐胤禩“有才有德”。此外，九阿哥胤禟、十四阿哥胤禵也都党附胤禩。胤禵在“木兰事变”时年纪尚轻，而胤禟已二十六岁，在支持胤禩夺嫡上表现极为露骨，此人亦有做皇帝的野心，私下里说自己出生时“妃娘娘曾梦日入怀”，又称“梦见北斗神降”；不过，他把宝押在胤禩争储成功，自己攀龙附凤尽享人间荣华富贵上。由于“木兰事变”后大阿哥胤禔被康熙帝宣布无继为皇太子之份，故而原来皇长子党中的实力人物如鄂伦岱、顺安颜、揆叙等人几乎全部倒向了胤禩，这就使胤禩集团阵容更加强大。当康熙帝在木兰拘执太子时，曾有杀掉太子之意，负责看守废太子的胤禔见时机已到，急忙向皇父举荐八阿哥胤禩说：“胤礽所行卑污，大失人心，相面人张明德曾相胤禩后必大贵。今欲诛胤礽，不必出自皇父之手。”胤禔忘乎所以，而精明的康熙帝却体察出皇子圈隐伏一个针对太子的阴谋，回京后立即命追查张明德其人其事；结果使他大吃一惊，也证实了胤禩等早已蓄谋夺嫡的野心。

据张明德供称，他曾对大阿哥说，皇太子暴戾，我手下有能飞檐走壁者十六条好汉，现有二人在此，可来见王。张明德又供，曾给八阿哥胤禩看相，称其“丰神清逸，仁谊敦厚，福寿绵长，诚贵相也”。鞫讯张明德，还审出欲行刺皇太子一事，不仅大阿哥知悉，而且八阿哥、九阿哥、十四阿哥等也都了解内幕。

鉴于以上情况，康熙帝在料理完废黜皇太子事后，立即集中精力以粉碎蓄谋夺嫡的胤禩集团。康熙四十七年九月二十八日，即以废皇太子事诏告全国的第四天，康熙帝当着诸皇子面斥责胤禩道：“八阿哥到处妄博虚名，人皆称之，朕何为者？是又出一皇太子矣！”翌日，又召众皇子至乾清宫，命将胤禩锁拿，交议政王大臣会议审理。由于事起仓促，加以胤禟、胤禵公然出面党护八阿哥，几乎演成了一出喋血宫廷的父子仇杀惨剧。

皇父先告谕诸子锁禁胤禩的原因：“废皇太子后，胤禔曾奏称胤禩好。大宝岂人可妄行窥伺者耶？胤禩柔奸性成，妄蓄大志，朕素所深知。其党羽早相要结，谋害胤礽，今其事皆已败露。”说到这里，胤禟以为皇父欲杀八阿哥，随撺掇胤禵出面讲情，胤禵于是奏称：“八阿哥无此心，臣等愿保之。”

皇父怒不可遏，厉声斥责：“你们两个要指望他做了皇太子，日后登极，封你们两个亲王么？你们的意思说你们有义气，我看都是梁山泊义气！”胤禵不服，发誓并无此心，难免言辞激烈，和皇父冲撞起来。康熙帝怒气冲天，拔出佩刀对胤禵说：“你要死，如今就死！”心地善良的五阿哥胤祺跪抱皇父，众皇子又叩首恳求，康熙帝收回佩刀，命诸皇子将胤禵责打二十大板，然后将胤禵、胤禟逐出。

胤禩集团阴谋的败露，给予了康熙帝心理上极大的震撼。其结果是，胤禩集团受到沉重打击恰恰为废太子胤礽集团的东山再起提供了一个宝贵契机。康熙帝对废太子的感情天平上，爱逐渐压过了恨。

康熙帝废斥东宫时，未尝没有杀太子之心。皇帝近臣李光地曾以“废太子不妨，杀太子不可”进谏。李光地时任大学士，是著名理学家，此人天资敏锐，侍皇帝讲学，析理颇能入微，故很受眷宠。特别是在争储的派系斗争中，李光地极为审慎，持超然态度，故更得康熙帝尊重。有一次，皇帝专门和他探讨了废太子“素行”转变的原因，康熙帝说：“朕看二阿哥的样子，不过是为鬼物所戏而已；不然，何至言行悖谬到如此地步。”李光地对曰：“二阿哥贵为天潢之胄，鬼物何敢相犯？”接着申说：“人情尊荣就会骄狂，安舒就会放纵，一旦骄狂放纵，理智则日渐昏昧，开始时不过贪图眼前安逸，接着便厌恶正人君子。听到善言规劝，便如芒刺在背，待人接物，自会惶惑颠倒，以恶为善，以善为恶，发展到极端，就好像有鬼物之类附在身上一样。”谈到这里，李光地似乎把二阿哥素性变坏的道理说得再透彻不过了。可惜康熙帝并没有真正听进去，他与其相信二阿哥的变坏是周围环境使然，莫若把它看作是一种纯粹的器质性精神病变，但他又不能科学地解释病因，于是只好归诸“鬼物所戏”。

不幸的是，事态的发展使康熙帝更坚信自己判断的正确。康熙四十七年十月十五日，三阿哥胤祉向皇父告发了大阿哥胤禔雇用巫士谋害胤礽一事。据胤祉揭发，他的牧马厂里有个叫巴汉格隆的喇嘛，自幼习医，能为咒人之术。大阿哥知道后，即传巴汉格隆密议，他们之间形迹十分诡秘。康熙帝闻之，即命追查，而巴汉格隆等很快招供，称直郡王（胤禔）“欲咒诅废皇太子，令我等用术镇魇是实”。十月十七日，掘出了巴汉格隆所埋“镇魇物”十余处。据废太子身边人向康熙帝奏称：“是日废太子忽似疯颠，备作异状，几至自尽。过此片刻，遂复明白。废皇太子亦自惊异，问诸宦侍：‘我顷者作何举动？’”此时，适逢康熙帝患病，听到废太子被魇胜一事，心中不禁悲喜交集，慨叹不已。一个多月来的伦常剧变使这位五十五岁的老皇帝已近于精神崩溃，他认为追本穷源，大阿哥胤禔实为不可饶恕的祸首，而其他阿哥俱可宽宥。十月二十三日，康熙帝从南苑回到宫中，先召见了八阿哥胤禩，既而两次召见废太子胤礽，胤礽对皇父说，以前诸多事情自己竟全然不知。康熙帝遂完全相信胤礽“实被魇魅而然，无疑也”。他又恨又愧，动情地说：“自有废太子一事，朕无日不流涕。顷幸南苑，忆昔皇太子及诸阿哥随行之时不禁伤怀。今召见废太子，胸中亦不更有郁结矣。”康熙帝告诫身边大臣：“自此以后，不复再提往事！”

大阿哥胤禔自然厄运难逃。十一月初一，康熙帝命革去胤禔王爵，即于其府中幽禁，其上三旗、镶蓝旗所分佐领及包衣佐领分给十四阿哥胤禵等人。二十六年以后，即雍正十二年（1734年），这位倒霉的王爷死于禁所。在康熙帝晚年储位竞争中，大阿哥胤禔是第一个被淘汰出局者。

但康熙帝还不打算立即恢复胤礽皇太子名位，理由是“其语仍略带疯狂”。实际上，他想从容试探在朝大臣的态度。这一年十一月十四日，他召来满汉文武大臣齐集畅春园，告诉他们，近来渐觉身体虚弱，特别是找不到代朕听理政务之人，以致心气不宁，精神恍惚，故而令诸臣于诸阿哥中除大阿哥之外，举奏一人为皇太子。康熙帝特别郑重地表示：“众议谁属，朕即从之。”但诸大臣众议的结局实在令他丧气，他们共举八阿哥胤禩为皇太子。康熙帝当众食言，谕称：“八阿哥未尝更事，近又罹罪，且其母家亦甚微贱，尔等其再思之！”

谋诸在朝群臣的企图失败了，康熙帝又不愿由自己倡言把亲手打翻在地的废太子胤礽重新扶起来，他只能乞灵于天地、祖宗。群臣公议的第二天，康熙帝同亲幸大臣们说：

孝庄太皇太后在日，爱朕殊深。升遐以后，朕常形梦寐，奇异甚多。近日有皇太子事，梦中见太皇太后颜色殊不乐，但隔远默坐，与平时不同。皇后亦以皇太子被冤见梦。且执皇太子之日，天色忽暗，朕于是转念，是日即移御馔赐之。进京前一日，大风旋绕驾前，朕详思其故，皇太子前因魇魅，以至本性汩没耳。因召至左右，加意调治，今已痊愈矣。

既已痊愈，还有何说？诸臣请皇帝即赐乾断，颁示谕旨。翌日，废太子胤礽解除禁锢，他当着皇父、诸兄弟以及文武大臣之面表示："凡事俱我不善，人始从而陷之杀之。若念人之仇，不改诸恶，天亦不容。今予亦不复有希冀，尔等众人若仍望予为皇太子，断断不可！"

祥和之气至少在表面上又充溢于宫中，康熙帝心里感到十分舒畅。胤礽恢复皇太子名号仅仅是时间问题了。

康熙四十八年（1709 年）初，追查去年满朝文武何以一致举荐八阿哥胤禩为皇太子事的结果，使皇帝震怒不已，从而也把胤礽再次推上了皇太子之位。

此前在畅春园文武大臣共议举荐胤禩为皇太子已引起康熙帝警惕。据查，当时操纵会议的是阿灵阿、鄂伦岱、揆叙及王鸿绪，他们先私相计议，然后与诸大臣沟通，"书'八阿哥'三字于纸，交内侍梁九功、李玉转奏"。阿灵阿系康熙帝初辅臣遏必隆之子，时官理藩院尚书；鄂伦岱是"舅舅"佟国纲长子，长期担任卫戍皇宫的领侍卫内大臣；揆叙是明珠之子，任翰林院掌院学士兼工部侍郎；王鸿绪为户部尚书——他们拥戴八阿哥的意向具有极重的分量，故而满朝文武惟其马首是瞻。但康熙帝觉得他们背后似乎还有更有权势的支持者，他首先怀疑到马齐。

马齐时任武英殿大学士，在诸大学士中行走在前；有他在场，很难说得上"公议"。以此，康熙帝在畅春园会议时特别交代"议此事，勿令马齐预之"。及至康熙四十八年正月追究此事的幕后主使时，另一汉大学士张玉书出来揭发："是日满汉诸臣奉旨齐集，马齐、温达（是为另一满大学士）到在臣先。臣问马齐、温达：'何故召集诸臣？'马齐云：‘命于诸阿哥中举可为皇太子者。’臣又问：‘所举当谁？’马齐云：‘众意欲举胤禩。’臣等因亦同行保奏。”据此，康熙帝认定马齐暗中操纵，马齐不服，竟拂袖而去。康熙帝气得当夜未进晚膳，次日早膳也吃不下去。

康熙帝怀疑的另一个对象，是重臣“舅舅”佟国维。佟国维的姐姐是康熙帝生母，他的长女又嫁给康熙帝，即孝懿皇后，故而他既是皇帝舅舅、又是岳父。当康熙帝为皇太子事焦思灼虑未得善策时，这位因年事已高业已解任的贵戚却上奏催促皇帝当机立断，他说：“此事于圣躬关系甚大。若日后皇上易于措处，祈速赐睿断；或日后难于措处，亦祈速赐睿断。”康熙帝认为，佟国维此奏是对他施加压力，使诸阿哥及大臣、侍卫、官员等惶惧不安，而“中心宽畅者，惟大阿哥、八阿哥耳”；因此，当畅春园会议时，“一闻舅舅所奏之言，众皆恐惧，欲立八阿哥为皇太子，而列名保奏矣”。

马齐与佟国维是否真如康熙帝所言，亦为胤禩一党，似乎缺乏足够证据，然而，康熙帝通过这一案件的深入追查，却深感自己本不欲立为皇太子的八阿哥胤禩在朝中根基之深厚、羽翼之丰满，以致本应由皇帝独断的皇位继承人大事竟受到掣肘。他怒不可遏地斥责道：“今马齐、佟国维与胤禩为党，倡言欲立胤禩为皇太子殊属可恨，朕于此不胜忿恚！况胤禩乃缧绁罪人，其母又系贱族。今尔诸臣乃扶同偏徇，保奏胤禩为皇太子，不知何意？岂以胤禩庸劣无有知识，倘得立彼，则在尔等掌握中，可以多方簸弄乎？如此，则立皇太子之事，皆由于尔诸臣，不由朕也！”

经过这一番周折，康熙帝决定立即扶起按照己意所立的二阿哥胤礽。

康熙四十八年三月初十，经昭告天地、宗庙、社稷之后，正式授胤礽册宝，复立其为皇太子。同一天，大封皇子，三阿哥胤祉、四阿哥胤禛、五阿哥胤祺都被封为最高宗室爵号——和硕亲王；七阿哥胤祐、十阿哥胤䄉被封为多罗郡王；九阿哥胤禟、十二阿哥胤裪和十四阿哥胤禵被封为固山贝子；八阿哥胤禩前已复封为多罗贝勒。

康熙四十七年九月，从塞外刮起的一场风暴总算过去了，但天空并未如昔日那样阳光灿烂。朵朵乌云仍在涌动，并重新聚集在一起。一场新的暴风雨不久又将降临。

皇太子胤礽在康熙四十七年九月被废，从根本讲，是皇权与羽翼日丰的东宫势力矛盾激化的结果；同时，皇太子与诸皇子的矛盾，也是胤礽失去皇父欢心，以致被废斥的重要因素。到康熙四十八年三月，在以上诸矛盾并未得到根本解决的情况下，仅以胤礽“暴戾狂易之疾”已然“平复如初”为由，匆匆忙忙放胤礽出来，这又怎能不重演太子暴戾怨望，诸皇子结党排陷太子，皇帝既无法调和太子与皇子间的冲突，又时时为太子的威胁而忧惧那昔日一出出旧戏呢？胤礽复立太子，八阿哥胤禩的党羽阿灵阿竟讲“不愿存活”，并与九阿哥胤禟在一起互相叹息。重新得到皇太子名号的胤礽急着当皇帝，心里也不满足。据朝鲜方面所得的情报称：“闻太子性甚悖戾，每言古今天下，岂有四十年太子乎？”到康熙五十年（1711年）诸种矛盾交织在一起，终于掀起了一次不亚于康熙四十七、四十八年之际的政治风暴，其结局导致皇太子二次被废，并最终彻底地结束了他的政治生命。

康熙五十年，也就是本书主人公乾隆帝弘曆来到人间这一年，政局从十月起便动荡起来。

首先是都察院左都御史赵申乔具疏参劾翰林院编修戴名世私刻文集，语多狂悖，康熙帝晚年最大一起文字狱——《南山集》案由此而发。这一大案从表面上看无疑是清廷镇压汉族反满民族思想的事件，但其背景却十分复杂。据雍乾之际萧奭所撰《永宪录》，掀起《南山集》案的竟是皇太子胤礽，是他将《南山集》中所谓“悖逆”之语摘出，进呈皇帝。赵申乔出面发难。是否受太子指使现在虽缺乏佐证，但至少可以说，赵申乔与东宫之间有着千丝万缕的联系，这一点下面还会提及。问题在于，胤礽为什么偏偏选在这个时机发动此大狱呢？

就在《南山集》案发的同一月内，发生了两件令人瞩目的事，《清圣祖（康熙）实录》关于第一件事是这样记载的：

十月乙亥（二十日）；步军统领托合齐以病乞假，命一等侍卫行走隆科多署步军统领事。

托合齐是一位值得重视的人物，不仅是因为他掌握着卫戍京师的大权，而且他是皇太子党的中坚分子。此人原为胤礽乳母之夫凌普的下属，他的妹妹系皇帝的妃子定妃。当政局十分微妙的时刻，宣布太子死党托合齐因健康原因“乞假”，似乎已透露出康熙帝对自己安全的深深忧虑。这从以下事实可以得到初步证实。十月二十七日，康熙帝在畅春园大西门内箭厅召集诸王、贝勒、贝子、公及文武大臣，当众审讯与皇太子结为党援的都统鄂缮及尚书耿额、齐世武等。康熙帝对鄂缮等手握兵权的八旗实力派党附皇太子早有所闻，而且掌握了部分证据，但此次廷讯却极为艰难，鄂缮等最后只承认在家中会饮。康熙帝则断然指出：“以酒食会友，有何妨碍？此不足言。伊等所行者，不在乎此！伊等欲因皇太子而结党者，何也？皇太子，朕之子，朕父子之间并无他故，皆伊等在其间生事耳。此辈小人，若不惩治，将为国之乱阶矣！”这次廷讯最后只能以锁拿鄂缮、耿额、齐世武等暂且告结，并没有达到康熙帝的预期目的，揪出这个掌握兵权的阴谋集团的后台。

皇太子胤礽在这个阴谋集团行将彻底败露前夕，挑起《南山集》狱案，以转移康熙帝的政治注意力，不能不说是“围魏救赵”的一着妙棋。事实上，随着《南山集》案情的深入，包括尚书韩菼、侍郎赵士麟、御史刘灏、庶吉士王汪汾等当朝大臣、官员，以及汉族名士方苞、汪灏等三四百人统统被攀扯进去。这已忙得康熙帝无暇他顾，不意在江南又爆发了张伯行与噶礼互参案。

康熙五十一年（1712 年）二月，江南巡抚、著名清官张伯行参劾两江总督噶礼贿卖举人，得银五十万两。噶礼毫不示弱，反参张伯行“挟私毙命”“纵盗殃民”等七大罪。其中第六款罪云：“刑部行提戴名世案内作《南山集》序之进士方苞，向系伯行好友，竟不差一官一役提拿；且《南山集》刻板，方苞收藏，苏州书肆印行三千余部，伯行岂得讳曰不知，乃并不追问。其背恩党恶，罪六也。”噶礼，康熙帝乳母之子，也属太子一党。此人贪婪横蛮，但办事干练，原居山西巡抚时，适逢康熙帝翠华西幸，皇帝询问太原知府赵凤诏噶礼居官如何，赵凤诏以“噶礼为山西第一清廉官”入奏。康熙帝以赵凤诏系品行端方的赵申乔之子，断不会欺君，故而擢升噶礼为两江总督。鉴于以上复杂的背景，噶礼反劾张伯行包庇《南山集》逆案人犯，很难说没有与皇太子、赵申乔挑起的《南山集》大案南北呼应，把水搅浑，进一步扩大事态，从而转移皇帝注意力，缓解京中太子党羽所受压力的阴险用心。

从康熙帝对《南山集》案与张伯行、噶礼互参案的处理来看，他似乎已感觉到了这背后有着某种阴谋。五十一年正月，刑部等衙门对《南山集》一案作出了严厉判决：戴名世凌迟处死；已故方孝标所著《滇黔纪闻》有“大逆”语，应开棺锉尸；戴、方两族俱照律缘坐；为《南山集》写序、刊刻以至贩卖者依律治罪。康熙帝则至为慎重，据说刑部的谳词“五上，五折本”，最终除戴名世处死外，对受株连者都做了从宽处理。至于张、噶互参一案，尽管钦差大臣的判断对张伯行不利，康熙帝仍以其“居官清正”，予以保全。

当然，康熙帝对上述两大案处理有多方面的考虑，但不可忽视的是康熙五十、五十一年之际，随着审查皇太子党“会饮”一案的深入，皇帝已深感太子党阴谋的严重性，这无疑影响他对《南山集》及张、噶互参案作出了不利于皇太子及其党羽的判决。

《南山集》案甫结，康熙帝立即点出太子党结党“会饮”案的主犯是原任步军统领托合齐。康熙五十一年四月，他谕示大学士等：“托合齐行事悖乱，又在鄂缮家不时请人会饮，其中亦有惧彼而往者，亦有结成党羽以威吓人者。”康熙帝命宗人府会同刑部将有关案犯严加审讯，如果巧辩，即行刑讯。翌日，各案犯俱招供，胤礽党羽中这批握有兵权的危险人物全部被革退，鄂缮等被拘禁，托合齐则暂未处理。至本年十一月，这个太子党首领以别事拟处极刑——凌迟处死，后以其于监所病故，锉尸扬灰。

康熙帝在处置托合齐结党“会饮”大案时，完全清楚其背后靠山正是皇太子胤礽，因而在审结此案时，一针见血地指出："此等事俱因胤礽所致。胤礽行事，天下之人，无分贵贱，莫不尽知。若果以孝为本，以仁为行，天下之人，皆知系朕之子，必无异心，何必求此等人保奏。"这最后一句话很耐人寻味。求武人集团"保奏"自己无异心，太子之有"异心"，已昭然若揭。有"异心"而托合齐等结党欲保其无异心，恰恰证明了这些野心家也不同程度地卷入了太子的逆谋。

康熙帝敏感地觉察出，皇太子以武力为后盾的逼宫戏就要开场了！这是一场狭路相逢的生死较量，就看谁下手迅疾而果断。康熙帝解除托合齐兵权，把其他危险分子逮捕拘押，就已注定了太子失败的命运。太子挑起《南山集》案，其党羽噶礼在江南桴鼓相应，只能是垂死挣扎。托合齐结党会饮案一审结，皇太子的政治生命也就进入倒计时了。

康熙五十一年十月初一，康熙帝亲书朱谕，向诸王大臣宣布"将胤礽仍行废黜禁锢"。实际上，宣谕的前一天，即九月三十日，皇太子就已被拿下。在宣布废黜皇太子的朱谕中，康熙帝故作轻松地说："前次废置，朕实愤懑；此次毫不介意，谈笑处之而已。"他还告诫诸王大臣："日后若有奏请皇太子已经改过从善，应当释放者，朕即诛之！"十月十九日，废太子胤礽被禁锢于大内武英殿之西的咸安宫。从这一天起，这位皇帝惟一的元后嫡子就再也没有看见过高墙外的世界。

皇太子胤礽再度被废时，本书的主人公，雍亲王第四子弘曆才一周岁两个月，但自"木兰事变"后接踵发生的宫廷剧变，对这个孩子日后的命运产生了决定性的影响。从某种意义上也可以说，弘曆以默默无闻的雍亲王府庶子，继皇四子胤禛之后竟能登上皇帝宝座，追本溯源，盖皇太子不克自持，自甘堕落。易言之，胤礽若清静守正，则帝位绝无四阿哥胤禛及其子弘曆之份。

二　在变幻莫测的争储棋局中度过孩提时光

康熙帝在自己生命最后一段日子里究竟为什么改变了以十四阿哥胤禵承统的初衷，而由四阿哥雍亲王继为嗣皇的念头又何以日占上风，以致在他告别人世的最后一刻才仓促决定把帝位传给皇四子呢？在康熙帝去世之前的一两年里，究竟发生了什么意外的，而又不为人们所觉察的重大变故，最终改变了由十四阿哥承继大统这一合乎常理、顺乎舆情的结局呢？看来，在决定本书主人公乾隆帝未来命运的雍正帝继位这一重大事件的背后，还有某些隐藏得更深的秘密未被揭示出来。

康熙帝毅然再废皇太子胤礽时，不仅决心不允许胤礽复出，也绝不想择立其他诸皇子任何一人为皇太子。近四十年，特别是近年来大故迭起，给他的教训太深刻了。如果说太子废而复立之时，他还未能抓住全部问题的关键；那么，此时的他则已悟出，皇太子既立，则必不能久安其位。“古今天下，岂有四十年太子”，不能说没有道理；而且，皇太子的特殊地位，必然招致诸皇子的排挤倾陷，势必造成朝臣朋分角立，国无宁日。康熙帝为处置诸子夺嫡争储的不息争斗，心血耗尽，创巨痛深。种种惨痛教训，归结一句话，就是必不可效法汉家制度明立太子。这样说，并不意味着康熙帝并不理会皇位继承人这件大事，何况他已是年届花甲、身体每况愈下的老人，继统的问题更不允许疏忽大意。康熙五十六年（1717 年）十一月，康熙帝六十四岁了，自感身体大不如前，恐怕一时不讳，所以预先将早已准备好的《遗诏》内容梗概向诸皇子及王公大臣宣示，关于立储一节，他是这样讲的：

> 今臣邻奏请立储分理，如乃虑朕有猝然之变耳。死生常理，朕所不讳。惟是天下大权，当统于一。十年以来，朕将所行之事，所存之心，俱书写封固，仍未告竣，立储大事，朕岂忘耶？

立储大事，康熙帝的确未曾一日释怀。据雍正帝日后追述，康熙帝在世时还和大臣们讲过：“朕万年后，必择一坚固可托之人，与尔等作主，令尔等倾心悦服，断不致贻累于尔诸臣也。”雍正帝这样说，显然是以“皇考”心目中“坚固可托之人”自命。从再废太子以后的情形看，康熙帝确实在默默地考察身旁诸皇子，但他并未自始至终地属意于哪一位，也可以说，没有哪一皇子（包括皇四子雍亲王胤禛在内），成为康熙帝完全满意的嗣皇人选。康熙帝最后十年，明争暗斗的争储棋局移步换形，实在太变幻莫测。这位老皇帝可能只是在告别人世的最后一刻，才仓促决定把帝位传给四阿哥胤禛。如此说来，究竟有哪几位皇子曾在康熙帝脑际驻留，考虑过选择他作为“坚固可托之人”呢？

当康熙五十一年再废太子之际，三十五岁的三阿哥诚亲王胤祉似乎最有希望继立为太子。雍正帝日后就曾说过：“从前二阿哥废黜之后，允祉居然以储君自命，私谓庄亲王（皇十六子胤禄）：‘东宫一位，非我即你。’”三阿哥能“以储君自命”，正表明在一段时间里，其他皇子无法与其竞争。

胤祉早在康熙三十七年（1698 年）即与大阿哥胤禔同封郡王，四十八年复立太子时又晋封诚亲王。他在皇子派系斗争中，似乎倾向于皇太子，但总的来看，党派色彩不浓厚，仅仅是同二阿哥胤礽感情好一些而已。因此，太子废立风波中，他在皇父心目中的地位并未受到损害。康熙帝之所以看好胤祉，重要的原因在于，三阿哥是个才学优长、精通算法的儒雅皇子。康熙五十二年（1713 年），康熙帝命胤祉率庶吉士何国宗等于热河行宫修辑律吕、算法诸书，随后又命其于畅春园蒙养斋立馆，一时英才如陈梦雷、杨文言、梅瑴成等相继入馆。陈梦雷，福建侯官人，以文学受知于康熙帝，康熙帝命侍诚亲王邸，任胤祉师傅。此时，陈梦雷年事已高，康熙帝特赐“松高枝叶茂，鹤老羽毛新”联语以褒奖之。在陈梦雷的协助下，胤祉主编成一套继《永乐大典》之后的又一部大型类书，康熙帝为其赐名《古今图书集成》。杨文言，字道声，又名道升，江南常州人，擅天算绝学，先由陈梦雷引入诚邸，帮助胤祉修成《历律渊源》。在储位不定的微妙年月，胤祉多方延揽饱学名士，并倚重其修书以博得皇父欢心，这本身难免带有很浓的政治意味，因而自会招致怀有野心的其他皇子之忌恨。

胤祉在皇父心目中的地位因康熙五十六年败露的孟光祖诈骗案受到了相当的影响。孟光祖是镶蓝旗逃人，他以三阿哥名义巡行各省进行诈骗，长达数年之久。四川巡抚年羹尧向其馈送银子、马匹，江西巡抚佟国勷亦馈送绸缎、银两，而且都未向皇帝奏闻，直到直隶巡抚赵弘燮举发，才戳穿了孟光祖的骗子嘴脸。作为诚亲王胤祉的属人，孟光祖是否实系受到主子派遣，康熙帝不打算深究。不过，有人以三阿哥之名招摇撞骗，而地方大吏又多匿不上闻，这不能不使康熙帝有所警觉。

总的来看，康熙帝在世之日，一直与三阿哥有着比较融洽的父子亲情。每年康熙帝都要驾幸诚亲王邸园一两次，就其总数而论，幸三阿哥邸园之多，似为其他皇子所不及。当然，三阿哥胤祉将来继承皇位亦有不利之处。他的年龄偏大，安邦治国的政治才能似嫌不够。此外，在争储的激烈角逐中，胤祉几乎没有死党，显得缺乏实力。因此，当有更有力的竞争新手头角崭露后，三阿哥在皇父心目中的形象就会逐渐暗淡下来。

十四阿哥胤禵正是康熙帝风烛残年之际冉冉上升的一颗耀眼新星。

诚然，胤禵在八阿哥胤禩夺嫡的明争暗斗中因党护八阿哥被皇父斥为有"梁山泊义气"，以至与皇父顶撞，几乎被当众砍杀。不过，后来康熙帝还是原谅了这个血气方刚的青年。复立太子时，胤禵仍封贝子，在得膺封爵的诸皇子中以他年纪最轻；而他的兄长十三阿哥胤祥却没有得到宗室爵号，可见皇父对他青睐有加。与三阿哥胤祉比较，胤禵的优势显而易见。康熙帝再废太子，无意明立储君之际，胤禵二十四岁，风华正茂；更重要的是，他能够得到宫廷内外除了幻想废太子卷土重来的复辟派以外最广泛的支持。可以说，八阿哥胤禩在夺嫡反复较量时结成的全班人马，由于"一荣俱荣、一损俱损"的利害关系，几乎都会改而支持新的领袖胤禵。八阿哥胤禩虽竭尽全力摧毁了他通向帝位的最大障碍——太子胤礽，但同时也过早地暴露了他的野心和种种弱点。康熙帝说他"柔奸性成，妄蓄大志"；说他出身贱族，受制于妻，绝不允许于“太子之外再出一太子”，实际上剥夺了他的皇位继承权。九阿哥胤禟在胤禩集团中偿位望不高，难以继为领袖。在这种情况下，十四阿哥胤禵地位蒸蒸日上，至康熙五十七年（1718年）被皇父超擢为王，任命为抚远大将军，朝野上下几乎无人怀疑他是皇帝心中最理想的储君。

康熙五十六年，准噶尔蒙古策妄阿喇布坦汗派兵侵扰西藏，藏地陷入混乱。翌年春，康熙帝命西安将军额伦特赴援，侍卫色楞谕青海蒙古以兵来会，甫入藏，全军覆没。康熙帝闻报，即以皇十四子胤禵为抚远大将军，率大军援藏，同时令“其纛用正黄旗纛，照依王纛式样”。十一月十五日，抚远大将军王胤禵出师，康熙帝亲往“堂子”行礼，祭旗纛，鸣角，并御太和殿，授胤禵大将军敕印。凡随征之亲王以下，俱戎服，随大将军骑马出天安门，其他诸王大臣俱蟒服至德胜门送行。出师礼仪之隆重，无异于御驾亲征。人们难免议论十四阿哥简在帝心，功成之后，立为皇太子无疑。胤禵同党兴高采烈，胤禟多次去胤禵府上，嘱其早日成功，得立为皇太子。胤禵也说：“皇父年高，皇太子这个差使想来是我的。”胤禟又对他的亲信门客秦道然讲：“十四爷现今出兵，皇上看的很重，将来这皇太子一定是他”，又说，“十四爷若得立为皇太子，必然听我几分话。”

康熙帝看好十四阿哥胤禵的舆论似乎一直持续到皇帝崩逝。然而，就在争储棋局的“官子”阶段，窥伺神器已久的弘曆之父、皇四子雍亲王胤禛暗中积极活动起来，使万众瞩目的皇统继承结局发生了出人意料的逆转。

其实，细想起来，素来被人忽视的四阿哥胤禛成为数十年储位之争的最后胜利者也是合乎情理的。

康熙帝诸子从小多养育在外，或在皇太后宫中，或在内务府总管、内大臣等家中，惟四阿哥一直留在皇父身边亲自抚育，也许是接触较多的缘故，康熙帝与四阿哥有相当好的感情基础。不过，也恰因旦夕相见，皇父对这个头发卷曲，语速极快的孩子也看得更透。他不喜欢四阿哥“喜怒不定”的毛病，屡屡告诫他要“戒急用忍”，以至四阿哥已长大成人，康熙帝还提及他的“喜怒不定”。康熙三十七年（1698年），四阿哥胤禛首次得到了多罗贝勒封爵，那一年他二十一岁。他的三位兄长，其一是太子胤礽，另两位胤禔和胤祉，却都封了多罗郡王，胤祉仅大他一岁；和他同时被封为贝勒的几个兄弟中，八阿哥比他小三岁。这样看来，在皇父眼里，四阿哥地位并不突出。胤禛被重视的最初机遇，是皇太子的初次被废。

胤禛虽与胤禵一母同胞，但二人的政治态度却大相径庭。胤禵属八阿哥一党，胤禛则稍稍倾向于皇太子。康熙四十七年九月初，塞外“木兰事变”时，胤禛并不在场；及康熙帝还京，担心废太子被负责监禁的大阿哥胤禔暗害，于是特命胤禛同胤禔共同监护。当时废太子被拘禁在上驷院旁的蒙古包里，颈上戴着锁链。康熙帝在告祭天地废黜太子前，将亲拟的文告给废太子看，胤礽竟发牢骚说：“父皇要废就废，何必告天？”康熙帝很生气，谕示胤禔，此后胤礽有话不必代奏。嗣后胤礽又说：“父皇若说我别样的不是，事事都有，只弑逆的事，我实无此心，须代我奏明。”胤禔拒绝转奏。胤禛则认为此事重大，对胤禔说：“你不奏，我就奏。”胤禔只好向皇上奏明。康熙帝听了，命取下禁锢胤礽的锁链。此事给康熙帝留下了很深印象，过后他曾对诸皇子及王公大臣说：“前拘禁胤礽时，并无一人为之陈奏，惟四阿哥性量过人，深知大义，在朕前为胤礽保奏。”胤禛十分机警，他不愿意人们以太子党视之，所以立即奏辩道：“臣奉皇父谕旨，谓臣屡为废皇太子胤礽保奏，臣实无其事，皇父褒嘉之旨，臣不敢仰承。”胤禛力争在你死我活的诸皇子朋分角立的倾轧中持不偏不倚的立场，这也是康熙帝所欣赏的。再有，康熙帝自废斥太子，精神上受到沉重打击，身染沉疴，胤禛随侍在旁，奉汤侍药，令康熙帝十分感动，所以他夸奖四阿哥：“爱朕之心，殷勤恳切，可谓诚孝。”康熙帝在病中，心情非常苦闷，胤禛能频频请安，嘘寒问暖，看来是小事，但对极重仁孝的康熙帝来说，这正是将来作为嗣皇的首要条件。由此看来，康熙帝许以胤禛“诚孝”，对他日后的命运至关重要。

总之，在皇太子废而复立、旋立旋废的政局动荡中，与失败得最惨的大阿哥胤禔、八阿哥胤禩和废太子胤礽相比，四阿哥胤禛受益独多。

康熙五十一年，太子被永远废黜之后，储位竞争以新的形式、新的格局展开，而四阿哥胤禛堪称最精明的一个竞争者。他的精明，首先是他在深刻总结大阿哥、二阿哥、八阿哥失败教训的基础上，对自己面临的形势作了极为透彻的分析；他的精明还在他基于对形势的正确判断，制定了切合实际、卓有成效的争夺储位的政策和策略。而这一切都是在暗中进行的，因此觊觎皇位的竞争对手们谁都没把四阿哥放在眼里。

康熙五十二年，雍亲王胤禛门下谋士戴铎给主子秘密写了一封长信，开首便是对形势的分析和基本对策：

> 主子有尧舜之德，奴才受格外之知。当此君臣利害之关终身荣辱之际，虽一言而死，亦可少报知遇于万一。皇上有天纵之资，诚为不世出之主。诸王当未定之日，各有不并立之心。处英明之父子，不露其长，恐其见弃；过露其长，恐其见疑。处众多之手足，此有好竽，彼有好瑟；此有所争，彼有所胜——此皆其所以为难。孝以事之，诚以格之，和以结之，忍以容之，而父子兄弟之间，无不相得。我主子天性仁孝，皇上前毫无所疵。其诸王阿哥，俱当以大度包容，使有才者不为忌，无才者以为靠。昔东宫未事之秋，侧目者有云："此人为君，皇族无噍类矣！"此虽草野之谚，未必不受二语之大害也。奈何以一时之小忿，而忘终身之大害乎?

到底是旁观者清！当第一轮争储大战刚刚落下帷幕时，把错综复杂的战局分析得如此精辟的人，恐怕只有雍邸谋士戴铎一人而已。四阿哥欲想取得最后胜利，从根本上讲，就是要处理好与皇父、与诸兄弟的矛盾。胤礽、胤禩等的失败，在于对皇父"过露其长"，对兄弟则威逼过甚。戴铎为主子规划的对付皇父及诸兄弟的策略可概括为"孝以事之，诚以格之，和以结之，忍以容之"十六字要诀。他觉得还有必要加以申说，上述密信第二段专讲如何做皇帝"左右近御之人"的工作，"素为皇上亲信者不必论，即汉官、宦侍之流，似应见而俱加温奖"。戴铎的明智过人，还在于他深知仅靠皇帝、诸兄弟以及争取"臣民之公论"还不够，争储关键时刻还得有实力，有布置好的死党鼎力相助。这些死党要从“本门之人”中及早物色培养，且看戴铎高论：

> 本门之人，岂无一二才智之士？但玉在椟中，珠沉海底，即有微长，何由表见？顷者奉主子金谕：“许令本门人借银捐纳”，仰见主子提拔人才至意。更求加意作养，使本门人由微而显，由小而大，俾在上为督、抚、提、镇，在内为阁部、九卿，虽未必人人得效，而或得二三人，未尝非东南半壁也。

戴铎在这封密信的末尾还不忘叮嘱：“当此紧要之时，诚不容一刻放松，稍为懈怠”，千万别让“高才捷足者”把帝位夺了去。

雍亲王胤禛在这件密启上作了如下批语：

> 语言虽则金石，与我分中无用。我若有此心，断不如此行履也。况亦大苦之事，避之不能，尚有希图之举乎？至于君臣利害之关，终身荣辱之际，全不在此。无祸无福，至终保任，汝但为我放心。凡此等居心言语，切不可动。慎之！慎之！

戴铎呈胤禛密启共十件，以上为第一启。胤禛即位后，令戴铎汇录原启并所蒙批谕，成折存档。他的用意很明显，不过表明自己在藩邸时并无为帝雄心，更无争储的阴谋。因此，胤禛的批语（姑且相信其未加改窜）多是些言不由衷的话，需要反看才行。他说当皇帝是“大苦之事”云云，就是虚伪透顶的假话；把戴铎这件密启誉为“金石”之言，却无意中暴露出他内心深处的真实想法。戴铎思维缜密、见解深刻，密启所示，无疑对胤禛日后争夺储位有巨大帮助，考察其大大小小的举措，都颇与戴铎上述提纲挈领般的建议相合。但是，胤禛与戴铎又有不同，前者长于行动，因为胤禛是政治家；后者精于思考，因为戴铎是理论家。戴铎在谈到实施计划时，虽突出强调要掌握好“度”，过犹不及，而他自己恰恰显得急躁，上述密启说什么“当此紧要之时，诚不容一刻放松”云云，就流露出这种情绪。而胤禛根据自己对时机的判断，则坚信决战尚在遥远，眼下切忌显山露水，轻举妄动，重蹈废太子、八阿哥覆辙，因此告诫戴铎："切不可动，慎之！慎之！"胤禛对时机算计之精准，是戴铎所万万不及的。

康熙五十一二年之际，雍亲王胤禛至少在表面上给人们以这种印象：他正在虔诚地、专心致志地从师章嘉活佛，而且通过自身体验，达到了大彻大悟的境界。胤禛做了皇帝之后，曾生动地描述过自己是如何透悟"三关"的：

> 圣祖（康熙帝）敕封灌顶普慧广慈大国师章嘉呼土克图剌麻，乃真再来人，实大善知识也。梵行精纯，圆通无碍。西藏、蒙古中外之所皈依，僧俗万众之所钦仰。藩邸清闲，时接茶话者十余载，得其善权方便，因知究竟此事。壬辰（康熙五十一年）春正月，延僧坐七，二十、二十一随喜同坐两日，共五枝香，即洞达本来。方知惟此一事实之理，然自知未造究竟，而迦陵音乃踊跃赞叹，遂谓已彻元微，笼统称许。叩问章嘉，乃曰："若王所见，如针破窗纸，从隙窥天，虽云见天，然天体广大，针隙中之见，可谓遍见乎？佛法无边，当勉进步。"朕闻斯语，深洽朕意。

以上是为"初步破参"，下面讲"透重关"：

> 二月中，复结制于集云堂，着力参求。十四日晚，经行次，出得一身透汗，桶底当下脱落，始知实有重关之理。乃复问证章嘉，章嘉国师云："王今见处虽进一步，譬犹出在庭院观天矣。然天体无尽，究未悉见。法体无量，当更加勇猛精进云云。"

最后讲自己如何不经意间踏"末后一关"：

> 明年癸巳（康熙五十二年）之正月二十一日，复堂中静坐，无意中忽踏末后一关，方达三身四智合一之理，物我一如本空之道，庆快平生。诣章嘉所礼谢，国师望见即曰："王得大自在矣！"朕进问更有事也无？国师乃笑，展手云："更有何事耶？"复用手从外向身挥云："不过尚有恁么之理，然易事耳。"

以上是胤禛追述自己参究因缘始末。正当太子复废之会，门人戴铎密启争储全面规划之时，胤禛如此举动，可以理解其意在自己无心逐鹿，亦可理解其净心学佛，以践行皇父“戒急用忍”的告谕。不管如何理解，他把自己打扮成看破红尘的世外人，正是为了掩护日益加紧的储位之争。

康熙五十五年（1716年）秋，戴铎从杭州起身，往福建赴知府之任，在报告他完成胤禛所托给闽浙总督满保送东西这一使命后，话锋一转，说：“奴才路过武夷山，见一道人，行踪甚怪，与之谈论，语言甚奇，俟奴才另行细细启知。”胤禛很感兴趣，在这件密启（戴铎第三启）上批道：“所遇道人，所说之话，你可细细写来，做闲中往来游戏。”年末戴铎遵命复函云：“所遇道人，奴才暗暗默祝，将主子问他，以卜主子，他说乃是一个‘万’字，奴才闻知，不胜欣悦。其余一切，另容回京见主子时，再为细启知也。”这里已涉及当时国家最高权力最终归属的最敏感话题。为了绝对机密，戴铎做了几个放土特产的匣子，其中田石图书一匣，是双层夹底，内藏上述密启。胤禛很满意，在戴启上批示：“人如此做事方是，具见谨慎。所遇道人，所说之话，不妨细细写来。你得遇如此等人，你好造化！”胤禛说自己把当皇帝视为“大苦之事，避之不能”，亲近喇嘛僧，以富贵闲人自居；而又一再让雍邸门人打听武夷道士卜测自己何为一个“万”字，岂非自相矛盾？其实，胤禛谋夺储位之心甚切，但要做得谨慎周密，绝对不能让皇父及诸兄弟察觉。戴铎对此心领神会，所以更积极地为实现主子的目标而行动。

康熙五十六年，京城内外又风传皇帝欲立皇太子。这是由于皇帝病势加重，身体消瘦，容颜憔悴，足背浮肿，艰于行走，卧床近五旬之久。他可能自觉不久于人世，所以事先留下《遗诏》。在这种情况下，拥戴废太子的朝臣又蠢蠢欲动，九阿哥胤禟也对其亲信、西洋人穆经远说：“外面的人都说我和八爷、十四爷三个人里头有一个立皇太子，大约在我身上居多些。”远在福建的戴铎风闻京中形势对胤禛不利，因此急忙为主子筹划退守之计。他在五十六年所上密启中说：

奴才数年来受主子高厚之恩，惟有日夜焚祀，时为默祷，静听好音，不意都门颇有传言。奴才查台湾一处，远处海洋之外，另备一方，沃野千里。台湾道一缺，兼管兵马钱粮，若将奴才调补彼处，替主子屯聚训练，亦可为将来之退计。即奴才受主子国士之知，亦誓不再事他人也。

戴铎把形势估计得很严重，准备一旦其他皇子入承大统则不惜以武力割据台湾。但胤禛自有判断，立即给戴铎迎头泼了一盆冷水，在戴启上批道："你在京若如此做人，我断不如此待你也。你若如此存心，不有非灾，必遭天谴。我劝你好好做你的道罢！"胤禛斥责戴铎，是怕他在时机不到时轻举妄动。

胤禛的谨慎不仅表现在他善于制造假象蒙蔽皇父及诸兄弟，还在于他不露形迹地培植党羽。

康熙五十七年，诸王争储风声日紧，十四阿哥胤禵被命为大将军王，形势对胤禛更加不利。戴铎认为有必要提醒主子加紧延揽人才。他在第九件密启中说：

又闻十四王爷虚贤下士，颇有所图，即如李光地之门人程万策者，闻十四王爷见彼，待以高坐，呼以先生。众王如此，则奴才受恩之人，愈觉代主子畏惧矣，求主子刻刻留心。此要紧之时，诚难懈怠也。

胤禛见了，颇不以为然。批道："程万策之傍，我辈岂有把屁当香闻之理！"程毕竟文人之辈，胤禛当香闻的是武夫，这一点和东宫太子、二阿哥胤礽专抓兵权的做法可谓不谋而合。

众所周知，胤禛笼络到的两个最有实力的人物是年羹尧与隆科多。年羹尧为雍邸旧人，其妹是雍亲王侧福晋，康熙四十八年（1709年）任四川巡抚，五十七年（1718年）升四川总督，六十年（1721年）任川陕总督。年为胤禛死党，这无须多说。隆科多如何为胤禛所网罗，则并不很清楚。雍正帝即位之初，在批谕年羹尧奏折时曾说：

舅舅隆科多，此人朕于尔先前不但不深知他，真正大错了！此人真圣祖皇帝（康熙帝）忠臣，朕之功臣，国家良臣，真正当代第一超群拔类之稀有大臣也。

由此看来，胤禛与隆科多相知较晚，似乎在康熙帝病危以前也谈不到深交；但胤禛既处心积虑争储，像隆科多这样掌握京师警卫大权的第一重要人物是绝不可能忽略的。隆科多是佟国维第三子，与康熙帝既是表兄弟，又是姻兄弟。就政治倾向而论，隆科多最早支持过大阿哥胤禔，胤禔彻底垮台后，佟氏一门多转为八阿哥胤禩之党，而隆科多似乎党派色彩较淡；康熙帝第二次废太子前，剪除其死党托合齐兵权即命一等侍卫隆科多署理步军统领事，不久即实授，而且终康熙之世，隆一直担任此要职。这表明，康熙帝对隆科多的忠心绝对信任。清制，步军统领掌京城九门锁钥，统帅八旗步军营两万余官兵，以及巡捕营步骑五千余。因此，步军统领一职皇帝要从满洲亲幸大臣中特简。隆科多最终转向胤禛，是胤禛日后坐稳皇位的关键。除年、隆之外，在朝臣中，胤禛和复起的大学士马齐也建立了良好关系，这一点在下面还要提及。

胤禛对皇位所抱的野心，以及为争取未来皇位所付出的努力，都不在其他皇子之下，但他极善韬晦，因而，尽管他暗中进行着积极而扎实的争储准备，但并未暴露任何声迹。康熙帝以为他仁孝可嘉，无党无偏，与诸兄弟能友好相处；野心勃勃的兄弟们也误以为他无心问鼎，不把他视为竞争敌手；朝野舆论也把这位雍邸中性喜谈禅说道的富贵闲人忽略了。在有希望继为皇帝的候选人名单里，竟没有四阿哥。

康熙五十一年十月再废皇太子胤礽之后，究竟哪一位皇子才是康熙帝心目中“坚固可托之人”，康熙帝到底想把皇位传给谁？他直到弥留之前始终没有向众人宣说，也没有留下一件亲笔书写的传位于某阿哥的密旨。因此，对这个非同小可的问题的回答，在当时，乃至后世，见仁见智，都只能是推测而已。

不过，如实地说，就当时朝野舆论来讲，十四阿哥胤禵无疑是康熙帝首选的皇位继承人。这一舆论趋向，似与康熙帝命十四阿哥为“大将军王”后三四年的想法吻合。假如没有意外重大变故，十四阿哥理所当然地会成为继康熙帝之后，清朝入关后第三代皇帝。

然而，历史偏偏开了一个不小的玩笑。四阿哥雍亲王胤禛竟如赛场意外杀出的一匹黑马；这位未曾被人看好，自己又表示无意问鼎的富贵闲人却成了数十年储位竞争的最后胜利者。今天，人们尽可以举出种种理由，诸如胤禛精明、仁孝、无党无偏，以至书法精湛，因而受到康熙帝的眷顾；胤禛善于玩弄两面派手法，蒙蔽了父皇和野心勃勃的兄弟；雍禛暗中罗致安插了一批掌握要害部门的武人，关键时刻都派上了用场，等等，这些确实都是他得以承继皇统的根据。但是，在康熙帝去世之前一两年，究竟发生了什么意外的、而又不为人们所觉察的重大变故，最终改变了由十四阿哥胤禵承继大统这一合乎常理、顺乎舆情的结局呢?

在决定乾隆帝弘曆未来命运的雍正帝继位这一重大事件背后，还有某些隐藏得更深的秘密。

三 “乾隆八字”和雍正帝嗣位

从种种迹象推测，自康熙六十一年春天康熙帝遣回十四阿哥胤禵，见到了“有英雄气象”的爱孙弘曆后，就逐渐把胤禛父子作为一个整体，对大清帝国的命运作了长远的考虑。处于弥留之际的老皇帝又反复权衡了胤禛、胤禵、胤祉这三个最有希望的皇子的长短优劣。可以设想，促使康熙帝做出最后抉择的正是在自己心目中具有非同寻常分量的“胤禛第二子”弘曆。从这个意义上，也可以说，弘曆在康熙帝决定大清帝位传承上，起到了举足轻重的作用。换一个角度讲，康熙帝在弥留之际，一言而决，规划了清王朝此后的百年大局。

据清官方权威说法，圣祖康熙帝崩逝前夕之所以下决心将帝位传给皇四子雍亲王胤禛，一个重要的原因是圣祖相中了胤禛之子弘曆，即后来的乾隆帝，认为其福大命好，故默定弘曆为胤禛之后第三代皇帝。此说最早见于裕陵《神功圣德碑碑文》。

裕陵是乾隆帝陵寝，位于遵化马兰峪东陵陵区内。嘉庆四年（1799年）九月，乾隆帝葬于此。裕陵前矗立的神功圣德碑记录了乾隆帝一生的丰功伟业，其中对乾隆帝承继皇统这样述及：

> （乾隆帝）年十二，随世宗（雍正帝）初侍圣祖，宴于牡丹台，一见异之曰："是福过于予。"厥后扈驾避暑山庄及木兰行围，恭承恩眷，辞见上（乾隆帝）制《纪恩堂记》，于是灼然有太王贻孙之鉴，而燕翼之志益定。

"燕翼"，典出《诗经·大雅·文王有声》："诒厥孙谋，以燕翼子。""太王贻孙"云云，用的也是故典。史载周朝奠基人太王古公亶父三子：长子太伯、次子虞仲和少子季历。季历生子名昌，太王独垂青昌这个孙子，说："我世当有兴者，其在昌乎！"太伯、虞仲了解父亲"欲立季历以传昌"的心曲，就跑到荆蛮之地，文身断发，让季历承继周祚。季历之子姬昌随之为国君，一手完成灭商大业，他就是三代圣主周文王。

裕陵《神功圣德碑碑文》引"太王贻孙""燕翼诒谋"的故典，并明确说康熙帝初见皇孙弘曆便异之曰"是福过于予"，其涵义显而易见；即以太王亲定其孙周文王，比喻圣祖康熙帝默定皇孙弘曆为第三代皇帝。因此，可以说该碑文是最早表述康熙帝默定弘曆未来帝位的一种正式的官方说法。

人们尽可以批评此说，但始立于嘉庆初年，至今仍屹立于苍松翠柏环绕下的裕陵神功圣德碑，真实地记录了那一时代人们对乾隆帝在康雍之际皇统递承上举足轻重地位的认知。

上述裕陵《神功圣德碑碑文》提到了两件事：其一，十二岁的弘曆在圆明园牡丹台第一次觐见祖父康熙帝；其二，弘曆以皇孙随扈康熙帝避暑山庄及木兰行围。这两件事都发生在康熙帝六十九个春秋人生之旅的最后一年，前者在康熙六十一年（1722年）三月，距康熙帝崩逝八个月，后者则距康熙帝之死不过三五个月光景。

下面先来看牡丹台康熙帝与乾隆帝弘曆祖孙初次的相见。

康熙六十一年（1722 年）暮春时节，圆明园内百花吐艳，姹紫嫣红。此园在康熙帝驻跸的畅春园以北约一里许，是康熙帝赐给四阿哥雍亲王的一座园子。康熙帝特为其题额“圆明园”。三月十二日，雍亲王奏请皇父临幸圆明园观赏牡丹。再过六天就是康熙帝六十九岁万寿了，康熙帝欣然允准。京城西北郊皇子赐园虽多，而皇帝不时临幸的只有三阿哥诚亲王胤祉和四阿哥胤禛的园子。因为储位之争，自康熙四十七年以来，康熙帝经常抱病在身。最后几年，他身体状况更坏，头晕频发，手指颤抖，足部浮肿，心中十分苦闷。四阿哥既请游园赏花，皇帝自很高兴。赏花之处是一座楠木结构，覆以青、蓝两色琉璃瓦的宽敞屋宇，庭前种了牡丹数百株，屋后则是一排排青青古松。每逢春夏之交，这里各色牡丹争相怒放，最称园中盛景，故名之曰“牡丹台”。康熙帝此次临幸牡丹台初不过家人聚会、赏花散心而已，不意却发现了“弘”字辈百余名孙子中出类拔萃的一位——胤禛第四子弘曆。

弘曆本行五，他上面有弘晖、弘昐、弘昀和弘时四位兄长，但二哥弘昐不到三岁夭折，没有载入《玉牒》，故而《玉牒》上弘曆以雍亲王胤禛第四子称。不过，牡丹台第一次觐见皇祖时，他的大哥弘晖、三哥弘昀也先后早殇；因此，留给皇祖最初的印象是弘曆排行老二。当天，随弘曆谒见皇祖的还有他的五弟弘昼，弘昼比弘曆小两个多月，个头却差了一大截，而且处处显得局促不开展。弘曆身材修长，皮肤白皙，天庭饱满，下巴略显尖了一点，而他那双像秋水一般澄澈明亮的眼睛流露出的聪慧、灵气，一下子便把皇祖的目光吸引了过去。最令老人家惊异的是，这个小孙子谈吐举止安详凝重，讲出话来也极得体。对一个十二岁小孩子来说，初次经历这么大的场面，可真的难为了他。凭着丰富的阅人经历，康熙帝直觉这个皇孙气象非凡。及至回跸畅春园后，他找机会向雍亲王详细询问了弘曆的种种事体，随后又把弘曆的生辰八字要了去。三月二十五日，万寿节刚过，康熙帝再次驾临圆明园，宣谕将雍亲王第四子弘曆带回宫中养育。

一月之中，两幸雍亲王赐园，这里蕴涵着异乎寻常的意义。对弘曆来说，自不待言，它使默默无闻的雍邸庶子脱颖而出，成为他日后继承皇位的政治资本；就是对康熙帝晚年扑朔迷离的争储棋局而言，它也将给予重大影响。《清圣祖（康熙）实录》对此亦作了如下记录：

（六十一年）三月丁酉（十二日），皇四子和硕雍亲王胤禛恭请上幸王园。进宴。

三月庚戌（二十五日），皇四子和硕雍亲王胤禛恭请上幸王园。进宴。

幸雍亲王赐园不能说是异事，重要的是，康熙帝为什么在见到弘曆后，决定把他养育宫中。

上面说过，康熙帝诸子，多养于外家。皇孙辈而养于宫中者，在弘曆之前，有废太子胤礽第二子弘晳。弘晳极受皇祖喜爱，以至朝鲜来中国的使臣说："皇长孙颇贤，难于废立云。"又说："或云太子之子甚贤，故不忍立他子而尚尔贬处云矣。"在他们看来，废太子胤礽有可能复出，原因在于康熙帝以"皇长孙"弘晳颇贤。这种看法有一定道理。囚系中的胤礽已四十多岁了，深谋远虑的康熙帝选择皇位继承人，不能不把目光放得更长远一点，因此在胤礽的废立问题上，他关注弘晳的品德。弘曆继弘晳之后，是已知的近支皇孙中惟一享有"养育宫中"特殊待遇的孩子。其时，弘曆之父胤禛四十四岁，康熙帝会不会有类似的考虑呢？据云，弘晳颇贤，那么弘曆究竟凭什么博得皇祖的青睐呢？

牡丹台初见，弘曆无疑给康熙帝留下了深刻的印象。但弘曆的生辰八字之奇，更令皇祖大为惊异。

"乾隆八字"深藏宫中。清亡之后开始整理清内阁大库档案，故宫博物院文献馆首批向社会公布的珍贵档案之一便是"乾隆八字"，与"乾隆八字"同时公布的还有命相术士批语。这个批语，是康熙六十一年，即十二岁的弘曆初见皇祖那年留下的。下面节录其部分内容：

乾隆八字：

辛卯（康熙五十年）

丁酉（八月）

庚午（十三日）

丙子（子时）

批语：此命贵富天然，这是不用说。占得性情异常，聪明秀气出众，为人仁孝，学必文武精徽。幼岁总见浮灾，并不妨碍。运交十六岁为之得运，该当身健，诸事遂心，志向更佳。命中看得妻星最贤最能，子息极多，寿元高厚。柱中四正成格祯祥，别的不用问。

照命相家的说法，“乾隆八字”，天干庚辛丙丁，火炼秋金，是天赋甚厚的强势命造，术语称为“身旺”；地支子午卯酉，局全四正，男命得之，为驷马乘风，主大富贵。因此说，以命相而论，“乾隆八字”罕见的好。

庄练先生在《中国历史上最具特色的皇帝》一书中说，吴相湘先生曾在故宫档案“乾隆八字”上见有康熙帝的批语：“此命富贵天然，这是不用说的，惟幼年总见浮灾。”但《掌故丛编》公布“乾隆八字”时，并未以按语或加注形式说明批语系康熙御笔。不过，上述批语无论康熙帝手批也罢，其他精通子平学的术士所批也罢，现在至少可以推断康熙帝在康熙六十一年春曾看过“乾隆八字”。上述“乾隆八字”批语后有这样一句话：“今岁壬寅，流年天喜星坐命，天福星守限，四季祯祥，喜福安宁。”康熙六十一年岁次壬寅，可见“乾隆八字”系该年所批。“天喜星”“天福星”云云，皆星相家术语，言占卜对象弘曆壬寅岁流年大吉，四季祥顺。

种种迹象表明，这年暮春，弘曆以皇孙初谒皇祖于圆明园，以及弘曆的八字经康熙帝寓目，都是经雍亲王胤禛精心策划而实现的。

雍亲王胤禛想把自己儿子弘曆送到皇父身边养育是早有预谋的。乾隆帝晚年临幸避暑山庄所写的《游狮子园》一诗小注透露了这样一段故事：“康熙六十年我十一岁，随皇考（胤禛）至山庄观莲所廊下，皇考命我背诵所读经书，不遗一字。当时皇祖近侍在旁环听，都很惊异。皇考始有心奏皇祖令我随侍学习。”原来，工于心计的雍亲王早就考虑把自己这个聪慧可人的儿子送到皇父那里“随侍学习”；不仅如此想了，而且有意识地让康熙帝的近侍“在旁环听”弘曆的朗朗背诵，通过这些“左右近御之人”把信息传递上去。这年十一月，抚远大将军王十四阿哥，也就是弘曆十四叔，胤禵奉召还京，嗣后竟无立为皇太子之命下。胤禛遂加快步伐，于是有第二年春三月牡丹台弘曆初谒皇祖之一幕。借这个机会，胤禛才有可能进一步向康熙帝展示弘曆的八字，而他事先早已算准“此命贵富天然”，出奇地好。

雍邸蓄有星相术士，胤禛本人亦精于此道，具体事例俯拾即是。雍正帝即位不久，曾自作主张，将年羹尧之长子年熙过继给隆科多为子。雍正二年（1724年）六月十五日朱批年羹尧奏折，他向年作了如下说明：

> 朕已谕将年熙过继与舅舅隆科多作子矣。年熙自今春病只管添，形气甚危，忽轻忽重，各样调治，幸皆有应，而不甚效。因此朕思此子非如此完的人，近日着人看他的命，目下并非坏运，而且下运数十年上好的运。但你目下运中言刑克长子，所以朕动此机，连尔父亦不曾商量，择好日即发旨矣。此子总不与你相干了，舅舅（隆科多）已更名“得住”，从此自然痊愈健壮矣。

像雍正帝这样看了年羹尧的命，又看了年子之命，且笃信到一旦将病危的年熙过继给他人即“自然痊愈健壮”的人，自然会琢磨自己亲子之命。

值得一提的是，胤禛的兄弟们在对命相的迷信上，有过之而无不及。八阿哥胤禩“每访得九流术士有些异样的，便令心腹人招至家中，藏之密室，到打发去的时节，便叫送他银子或一百两或两百两不等，这种人也多得紧……”。胤禩的党羽阿灵阿说主子八字“庚戌己丑丁未壬辰”与前代帝王相同，有君主的福分。三阿哥胤祉将周昌言私藏家中，“拜斗祈攘，阴为镇魇”。大阿哥胤禔、九阿哥胤禟的迷信已如上述。最有意思的抚远大将军十四阿哥胤禵，康熙五十八年（1719年）驻军西宁时竟被一个绰号叫“张瞎子”的算命先生骗了。雍正年间，胤禵获罪，牵连了张瞎子，审讯时有以下一段记录，饶有风趣：

问："张瞎子，允禵的八字如何叫你推算，你如何算来，允禵又怎样喜欢赏你，还向你说些什么话？一一从实供来！"

（张瞎子）供："我名叫张恺，系陕西临洮府人，原会算命。康熙五十八年内，本府知府王景灏从西宁军前差家人王二达子来叫我。我于九月二十日到了西宁，见了王景灏，他向我说，有个'戊辰甲寅癸未辛酉'的八字，你算算看！我算了一算说，这八字是假伤官格，可惜身弱了些！他说：我告诉你，这就是十四爷的八字，他是最喜奉承的，若叫你算时须说他元武当权、贵不可言，才合他的意思哩！他是要悄悄在旁听着的，你记着要紧。我答应了。到二十七日，王景灏又着家人三儿送我到大将军门口，有个刘老爷领了进去，先叫我算了一个'庚申戊寅丙子戊子'的命，又算了一个'甲子甲戌庚申己卯'的命，又算了一个'戊辰甲寅癸未辛酉'的命。我说这庚申的命不大好，这甲子的命好些，总不如这戊辰的命更好。旁边的人问怎么好？我说这个八字元武当权，贵不可言。随即赏了我三两银子打发出来了。到了第二日，听得是大将军叫王知府亲自领我进去，旁边有人说你给大老爷磕头，我随即磕了头。地下铺了一块毡子，叫我坐下，就有人问我说：你昨日算得戊辰的果然好吗？我说这命是元武当权，贵不可言，将来定有九五之尊，运气到了三十九岁就大贵了！旁边人说：大人说你说的很对，又赏了我二十两银子出来了。我原是图得几两银子，奉承是实。"

暗中窥伺神器的这班王爷们做梦都想当皇帝，而现实又处在白云苍狗、诡谲险恶的争储迷局之中，他们不能掌握自己的命运，因此急于乞求星相术士，以预知天意。当时上层以至整个社会上上下下弥漫着迷信命运的浓厚气氛，雍亲王胤禛有意利用弘曆的好八字达到自己的政治目的是完全可以想象的。问题的关键还在于康熙帝到底信不信这一套。

康熙帝晚年自称："朕之生也，并无灵异，及其长也，亦无非常。八龄践祚，迄今五十七年，从不许人言祯符瑞应，如史册所载景星庆云、麟凤芝草之贺，及焚珠玉于殿前，天书降于承天，此皆虚文，朕所不敢，惟日用平常，以实心行实政而已。"康熙帝确是比较务实而尊重科学的英明帝王，但也难免有迷信荒唐之处。初废太子后，康熙帝就怀疑胤礽为鬼物所凭，及至查出胤禔用喇嘛僧整“魇胜”，遂当众说：“朕初谓魇魅之事，虽见之于书，亦未可全信。今始知其竟可以转移人之心志也。”在这一点上，他不如李光地的看法更接近科学。可能康熙帝愈到暮年，愈多迷信。下面举一件朱批奏折为例：

臣年羹尧再奏：臣陛辞之日，奉旨令臣到京着罗瞎子推算，钦此。臣到京后，闻知其人在京招摇，且现今抱病，臣是以未往见伊，理合附奏，非臣敢于违旨也。臣不胜战栗之至。

朱批：此人原有不老诚，但占得还算他好。

康熙六十年六月初九日

年羹尧时为四川总督。五月，康熙帝在避暑山庄命其兼川陕总督事，山庄陛辞时康熙帝交代他到京“着罗瞎子推算”的是什么事，已不得而知。不过，从“朱批”口气推测，康熙帝让罗瞎子算过不止一次，所以说“占得还算他好”。

凡人迷信，影响甚微；王公大臣笃信命运，至多会激起巨大的政潮；皇帝在用人行政，特别是做出与宗庙社稷攸关的重大抉择时，如果也求诸星相术士的解说，那么，迷信则会对某一时期历史进程的局部面貌起着决定作用。

裕陵《神功圣德碑碑文》所述“（乾隆帝）年十二，随世宗初侍圣祖，宴于牡丹台，一见异之曰：‘是福过于予’”一节似隐含了康熙帝惊异于弘曆生辰八字之绝佳这样的意思在内，但如果说康熙帝仅凭弘曆八字便默定这位皇孙为入关后第四代皇帝并由此决定以胤禛继位，那就未免太荒唐了。历史不会如此简单化，康熙帝也决不会如此轻率肤浅。看了弘曆的年庚八字后，这位阅人甚富的老皇帝心中自然有所触动，但他还要实地考察这个稚气未脱的小皇孙。

康熙帝的人生之旅行将结束，在仅余的短短的八个月中，这位垂暮的老皇帝和他的爱孙弘曆在避暑山庄朝夕共处，渡过了五个月的宝贵时光。如果说康熙帝见到弘曆的八字是第一个历史偶然性，那么避暑山庄祖孙的亲密相处，则是第二个历史偶然性。对于年幼的弘曆而言，前者是不由自己操控的幸运，而后者则是能够加以善处的机遇。

下面再来看《神功圣德碑碑文》所述弘曆随扈避暑山庄，以及木兰行围时，康熙帝与弘曆祖孙之间看似平常的一些小事。

康熙六十一年四月，康熙帝出巡塞外，皇孙弘曆随驾扈从。

弘曆六岁时即随父亲雍亲王去过避暑山庄，不过那时皇祖还不知有这么个孙子，他的孙子百十成群，毕竟太多了。此次则不然，在夏秋两季五个月的时间里，他同慈祥的祖父几乎天天在一起，避暑山庄三十六景，山林苍莽的木兰围场，到处都留下了祖孙二人相依为伴的身影。

避暑山庄南部，有一组据岗临湖的宫殿，沿石级而下，可直达湖岸，开窗眺望，湖光山色尽收眼底；而殿南则是数百株茂密的古松，轻风吹过，便听得涛声阵阵，四周愈加显得清幽宁静，因此这座宫殿被康熙帝亲题为“万壑松风”。康熙帝驻跸山庄期间，常在这里处理日常政务。此次弘曆就住在“万壑松风”殿旁的“鉴始斋”。皇祖批阅章奏，他“屏息侍旁”，引见官吏，“承颜立侧”；到传膳的时候，皇祖不忘分赐爱孙他最喜欢吃的食品；祖孙俩钓鱼归来，皇祖也总想着让弘曆带几条鲜鱼给他住在狮子园的父亲雍亲王胤禛送去。有一次，弘曆正在书斋中专心读书，忽然听到皇祖喊他名字，凭窗一望，只见御舟已停泊在晴碧亭畔，急忙出室沿着陡峭的山路向湖边跑去；到了晴碧亭，皇祖一把将气喘吁吁的弘曆揽在怀里，不停地说：“有点闪失可怎么得了，有点闪失可怎么得了！”

“万壑松风”以北，散布着大大小小几十个湖泊。每当夏日，荷花盛开，碧波之上，红白相映，煞是好看。而观赏荷花的最好去处则是濒如意湖边的一座方亭——“观莲所”。一次弘曆随侍皇祖到了这里，皇祖指着玻璃窗外的荷花对他说：“会背《爱莲说》吗？”弘曆心里可乐了，他七岁启蒙读书，父亲请的师傅是名翰林福敏（《清高宗（乾隆）御制诗集》自言“七岁从师始读书”；《清高宗（乾隆）实录》记“六龄就学，受书于庶吉士福敏”）。福敏此人端方正直，严若秋霜，但教育学生，深得循循善诱之道。弘曆记性绝顶，读书过目不忘，一日功课，半天就背得滚瓜烂熟，而福敏先生却总不让放学，说是五弟弘昼还不会背，做哥哥的岂有先走之理？于是又提前布置第二天功课，弘曆老大不高兴。不过几年下来，弘曆倒多读了不少书，《诗经》《尚书》、“四子”自不在话下，就是古文名篇也有不少可以朗朗成诵。眼下皇祖让背的《爱莲说》他不仅会背，而且会讲，皇祖津津有味地听着，赞不绝口。又有一次，也是在观莲所，皇祖亲洒宸翰，“运腕力如撑海岳，挥毫形似舞龙鸾”，把个弘曆看呆了。皇祖回顾弘曆说道：“喜欢吧！”于是写了一条长幅，一条短幅，弘曆拿出随身带的一把扇子，皇祖又随手在上面题了首诗，一起赐给了他。

进入避暑山庄正门，就是行宫正殿“澹泊敬诚殿”，康熙帝每于御门引见的日子，在殿前空旷地带阅射。在弘曆眼中，皇祖的善射，为群臣所不及。皇祖细心地向弘曆传授要领，弘曆也为皇祖争气。一次阅视，连中五矢，皇祖喜出望外，赐给他一件“黄马褂”，还到处夸这个孙子少有祖风。皇祖还让十六阿哥胤禄教弘曆火枪技法。弘曆初次试射，一枪就把百步之外的一头羊击毙，皇祖见状，甚为喜悦，特将名为“花神”和“旧神”的两杆火枪赐给弘曆。

八月初，秋高马肥，正是狩猎的好季节，康熙帝离开了山庄开始行围。十二岁的弘曆骑着经过特殊调教的驯良小马，一身戎装，紧随皇祖身边。过了崖口，只见一片连绵起伏的沙岗，这便是第一围场——永安莽喀。待合围之后，康熙帝用火枪击向一头大熊，大熊应声仆地，但虞卒们不得皇上之命，谁也不敢近前。过了好半天，大熊毫无动静，康熙帝私心想让这个爱孙得个初次入围毙兽的令名，于是让身边侍卫护送弘曆上前补射几箭。不料，弘曆刚翻身上马，那头受重伤的大熊又猛地起身扑了过来，康熙帝立即用虎枪将其击毙。这件事，令康熙帝后怕不已，回到武帐，连连对照拂弘曆的和妃瓜尔佳氏说：“这孩子命贵重，这孩子命贵重，要是到跟前熊扑过来，那成何事体？”

康熙帝对弘曆的逾格宠爱，王公大臣，特别是争储有望的皇子们看在眼里，不知心里是什么滋味。对于一个十二岁的孩子来说，弘曆只觉得自尊心得到了极大的满足。他不是不知道，“弘”字辈皇孙百余人中，论聪明才识、好学博闻，实不乏其人；而皇祖之爱却独钟于己，这是何等自豪的事！当然，得意之余，他的幼小心灵有时也会泛起一丝疑云：为什么皇祖如此偏爱自己呢？木兰行围后回驻山庄时发生的一件小事，使心中的疑团更难解了。

那次康熙帝到雍亲王胤禛赐园狮子园时，弘曆亦随侍前往。没想到，皇祖此次之行，特别要看一下弘曆生母相貌，因此到园后即让弘曆嫡母乌拉那拉氏“带其生母来见”。弘曆生母即雍邸“格格”钱氏，由于身份低下，康熙帝从来没有见过她。钱氏被带来后，皇帝端详一番，赞不绝口道：“有福之人，有福之人。”为什么皇祖来狮子园专门要看弘曆生母，为什么看后连称“有福之人”？而且，皇祖也不止一次对弘曆说过：“你福泽恐怕超过我”的话。

在避暑山庄与皇祖相处的日子，给弘曆一生留下了无法磨灭的印象。随着年龄增长，地位改变，他反复回味皇祖说他“伊命贵重”“福泽较厚”“福过于予”，说自己生母为“有福之人”这些话，及登上皇位就讲：“予幼龄仰蒙皇祖恩眷，养育宫中，俾得日侍左右，亲聆训言。盖圣鉴洞烛至今，隐有付托之意。”到了晚年，乾隆帝更是屡屡提及牡丹台初谒皇祖和避暑山庄那段难忘的岁月，一再说皇祖的逾格眷爱“似已知予异日可以付托”。为了表示不忘皇祖天高地厚的隆恩，乾隆帝特在圆明园牡丹台（后更名“镂月开云”）和避暑山庄“万壑松风”两处各题一匾，额曰“纪恩堂”；前者记受皇祖之恩的开端，后者记受皇祖之恩的实迹。

至于康熙帝是否有这样明确的想法，现在还举不出确证。只能说，康熙帝所谓弘曆“伊命贵重”“福过于予”“福泽较厚”的根据，恐怕除了直接观察外，就是弘曆的年庚八字。

《尚书·周书·洪范》谓“五福”：一曰寿，二曰富，三曰康宁，四曰攸好德，五曰考终命。康熙帝预颁的遗诏中提到：“五福以考终命列于第五者，诚以其难得故也。”前四福，不言而喻，康熙帝已尽有之，惟结局能否善终为其所忧虑。看弘曆八字批语，有云：“此命贵富天然”“为人仁孝”“寿元高厚”，已囊括所谓“五福”，又有“妻星最贤最能”“子息极多”之类的占语，宜乎康熙帝称其福大命好，超过自己。当然，这也只能是推测。因为康熙帝并没有明确说过弘曆在未来皇统递承上应有的位置。

裕陵《神功圣德碑碑文》所述弘曆入承大统的表述为乾隆帝后世子孙所遵奉。嘉庆十二年（1807年）修竣的《清高宗（乾隆）实录》把这种看法予以明确的肯定。该书开宗明义即说：

> 上（乾隆帝）之福祚久长，良由圣祖深爱神知，默定于前；世宗垂裕谷诒，周注于后；用以继绳一体，锡天下臣庶无疆之庥。

上述官方说法在当时满洲贵族圈内有广泛影响。请看礼亲王昭梿《啸亭杂录》中《圣祖识纯皇（乾隆帝）》一节：

> 纯皇少时，天资凝重，六龄即能诵《爱莲说》。圣祖初见于藩邸牡丹台，喜曰："此子福过于予。"乃命育诸禁廷，朝夕训迪，过于诸皇孙。尝扈从之木兰，圣祖枪中熊仆，命纯皇往射，欲初围即获熊之名耳。纯皇甫上马，熊复立起，圣祖复发枪殪之。归谕诸妃嫔曰："此子诚有福，使伊至熊前而熊立起，更成何事体？"由是益加宠爱，而燕翼之贻谋因之而定也。

上述看法，关系皇统递承的内幕，这是何等严重的事体！溯及渊源，盖出于乾隆帝登极后屡屡申说的"伊命贵重""福过于予""隐有付托"云云，但这些话，乾隆帝几乎都是在《清高宗（乾隆）御制诗集》的诗注中断断续续、零零散散述及，从未在正式谕旨郑重其事讲过此事。因为他深知，兹事体大，不仅关系皇父形象，也关系到康雍之际那场极其微妙的储位之争。再者，康熙帝之所以"深爱神知"年近十二岁的稚孙弘曆，并隐有付托之意，其主要根据，不外这个小孩子的骨相和八字。个中奥秘，不能一点不谈，否则，后世子孙就永远不可能了解这段皇统继承内幕。因此，只在《御制诗集》诗注中闪烁其词讲什么"福""命""隐有付托"之类的话，但又不宜毫无保留地全亮出来；因为仅凭长相八字决定未来的嗣皇，总难免被人指为荒诞不经。况且，迷信这东西犹如一柄双刃剑，踞帝位者固然可以利用来吹嘘自己是真命天子，而草莽英雄亦可以用它大造推翻朝廷的舆论，汉光武帝刘秀渲染谶纬中有“刘秀”“赤九”（汉高帝之九世孙）等预言，张角也利用谶纬打出了“苍天已死，黄天当立”的旗号。乾隆帝熟稔历史，且精于治术，对迷信这柄危险的双刃剑舞弄得非常地道。他信八字，讲迷信，东巡、南巡不绝于途，而西巡则至中州而止。平准的空前胜利，陕甘总督黄廷桂已受命积极筹备皇帝西巡，但乾隆帝始终未予践行，盖因其生辰八字显示西方于其不利。有时命将用相举棋不定，乾隆帝也求诸星相术士对命运的解说。乾隆三十七年（1772 年）六月，清军木果木大营被大小金川袭破，大学士、定边将军温福阵亡，小金川得而复失。八月，乾隆帝命阿桂为定西将军，主持进剿大小金川战役，在做出此项重大决策时，乾隆帝“命看阿桂八字”，据称阿桂“命运现在正旺”，故有是命。诸如此类的事，乾隆帝都做得极其隐秘，当然不会见诸经过反复推敲的钦定官书；不仅如此，自己暗中深信命相占卜的乾隆帝，却不准旁人了解此道。乾隆后期遍及全国的查办禁书运动中也把“天文占验”之书列为禁毁重点。他密谕各省督抚说：“此等天文占验、妄言祸福之书，最易混淆人心，自未便存留在外！”乾隆帝对迷信矛盾错杂的心态，也许能够说明他为什么在皇统递承问题上含而不露，点到为止。正是基于上述分析，我们认为雍正帝继位之谜之所以未能轻易猜破，是因为它背后隐藏的某些诸如“乾隆八字”这类蕴含深意的细节至今还未引起人们足够的重视，而这恰恰是至关重要，且被雍正帝、乾隆帝这两位当事人有意隐匿起来的关键情节。

当然，强调“乾隆八字”对康熙帝最后决定皇位继承人时所起的作用，还应把这件事放在当时特殊的历史环境中，联系康熙帝崩逝前一两年间事机的转换，以及由此而引起的康熙帝立储思路的变化，做一综合分析，才容易令人信服。

在仪表俊伟的皇孙弘曆进入康熙帝眼帘前的一半年里，争储棋局最大的改变莫过于“大将军王”十四阿哥胤禵地位的下降。不过，由于这一变化极其隐秘，极其微妙，难于被人觉察；因而，只有在最上层少数几个有切身利害关系的人中，才真正感受到了它的冲击。

康熙五十七年十一月，十四阿哥胤禵以“大将军王”率师出征，在朝野上下看来，争储棋局业已明朗化，胤禵继为嗣皇已指日可待。然而，这位以“皇太子”自命的抚远大将军驻节西北三年，并无显赫功绩可言。康熙六十年十月，皇帝允准胤禵回京请旨的要求，令其将大将军印交与平郡王讷尔素，于年底来京。十一月二十六日，胤禵到京，皇帝指示方略似乎用了太长的时间，六十一年四月才命其仍回青海军中。

胤禵回京，本来是立为皇太子的一个机会，但在滞留京师的五个月中，皇帝并未提及此事。胤禵“立了大功，早正储位”希望的破灭，令八阿哥胤禩、九阿哥胤禟十分沮丧。胤禟曾语其亲信秦道然：“皇父明是不要十四阿哥成功，恐怕成功后难于安顿他。”他们的态度，反映了看好十四阿哥的上层舆论又发生了微妙变化。及至十四阿哥二次出京，离开风烛残年、朝不保夕的皇父，人们难免会想，皇帝若真心欲立胤禵为皇太子，为什么让他远离身边，长驻西北边陲呢？雍正帝继位后批驳胤禵为康熙帝所定之皇位继承人时说：“皇考春秋已高，岂有将欲传大位之人，令其在边远数千里外之理！”平心而论，这相当有说服力。

需要进一步探讨的是，康熙帝为什么对十四阿哥胤禵的看法有了改变，究竟什么原因促使康熙帝开始考虑胤禵之外的皇位继承人呢？

就现在能够看到的证据而言，似乎是胤禵在驻师西北时的所作所为令康熙帝大失所望。据胤禟的门客秦道然讲：

> 原任巩昌府知府从西边来，说十四爷初到时声名还倒很好，后来开门纳贿，索诈文武官员钱财，手下人又索诈多人，因此声名不大好，人人抱怨。

秦道然当时在九贝子胤禟府里，对远在数千里之外的胤禵的劣迹都有所了解，时刻廑念十四阿哥的康熙帝不可能毫无风闻。这固然影响了胤禵在康熙帝心目中的形象，但康熙帝的另行设计皇位继承方案，恐怕更多的还是基于对他身后政局稳定的考虑。

康熙六十年确实发生了一桩令康熙帝忧心忡忡的大案——王掞私议

覆储案。

王掞出身于江苏太仓一个世代簪缨的望族，祖父就是前明万历年间赫赫有名的大学士王锡爵。此公力主册立明神宗长子朱常洛（日后即位称明光宗）为太子，故而称名于世。正是由于这一点历史渊源，康熙帝晚年官居大学士的王掞也以“当言天下第一事”自命。这所谓“天下第一事”，就是争国本，具体来讲，则是不屈不挠地争取废太子胤礽的复出。

康熙五十六年（1717 年），康熙帝头晕频发，形神憔悴，预感将不久于人世，遂召集群臣亲自口述身后所颁遗诏，这一来，又使悬而未决的立储问题紧迫起来。王掞急不可待，于当年五月间“密奏建太子，恳恳数千言”。康熙帝将王掞密奏留中不发，等到冬天，皇太后佟氏病重，康熙帝身体状况也急剧恶化，诸皇子争夺储位随之也进入了白热化阶段。御史陈嘉猷等八人联名上疏促请立太子，词意与王掞密奏大同小异。康熙帝再不能无所表示，他对大学士等宣谕：“陈嘉猷等以朕为忘之矣，此等大事，朕岂有遗忘之理？该御史等奏请立太子分理国政，天下之事，岂可分理乎！”坚决拒绝将废太子胤礽放出，重新立为太子。

以王掞为首的汉大臣、官员争取胤礽复出的努力失败后，紧接着又有一班废太子的满人党羽纠结起来开始活动，出面的是翰林院检讨朱天保。康熙五十七年正月，他密奏复立胤礽为皇太子，奏折称：“储位重大，未可移置如棋，恐有藩臣傍为觊觎，则天家骨肉之祸，有不可胜言者！”康熙帝览奏至此，“唏嘘久之”。此时，皇八子胤禩及其党羽暗中策划，极为活跃，九阿哥胤禟即扬言：“外面的人都说我和八爷、十四爷三个人里有一个立皇太子，大约在我身上居多些。”朱天保奏折所说的觊觎储位的“藩臣”，盖指胤禩及皇八子党。揆度康熙帝“唏嘘”的缘故，似为他深以身后“天家骨肉之祸”所忧虑。现实就是如此残酷，经营数十年、已固结成盘根错节、俱荣俱损之状的废太子党和皇八子党势同水火、不共戴天——废太子胤礽复出，继为嗣皇，则胤禩、胤禵、胤禟，以及揆叙、阿灵阿、王鸿绪等死党必无噍类；而胤禩等执神器、掌乾坤，胤礽及废太子党羽也难逃灭顶之灾。但康熙帝最后还是为阿灵阿所言“朱某之疏，为希冀异日宠荣地步”所动，权衡之下，觉得放出胤礽，威胁即在目前。因而康熙帝将朱天保及其姐夫戴保立斩，他的父亲、原兵部侍郎朱都讷等“从宽免死”，分别交步军统领，“永远枷示”。

朱天保一案对康熙帝的刺激极深。如何“保全骨肉”，看来是垂暮之年的皇帝时时萦回心头的一个必须解决而又难于索解的头等大事；这个案件的结局也给了企图令废太子东山再起的复辟派以当头棒喝。然而，年逾古稀的大学士王掞心犹未死，他时刻在寻找机会为废太子复出而豁出老命，做最后一搏。

康熙六十年，是皇帝继位周甲庆典，被“永远枷示”的原侍郎朱都讷蒙恩开释，这给了王掞极大鼓舞，他让心腹之人先去游说极受康熙帝敬重的户部侍郎张伯行，说“刚从太仓中堂（指王）处来，以老先生为至尊所重，目下六十年庆贺，当行复储一事，宜特疏昌言”。老于事故的张伯行心知复储一事非同小可，不敢带这个头，但又不愿直拒其说，支吾了一通，就躲了开去。至二月初，张伯行被钦点为会试副总考官，王掞遂决心独上密折，请复立胤礽为皇太子。不知是暗中串通，还是偶尔巧合，王掞密奏后不到一个月，又有陶彝等十二名御史联衔恳奏“皇上独断宸衷，早定储位”。康熙帝联系前次五十六年王掞与御史陈嘉猷等前后奏请复立皇储一事，断定王掞顽梗不化，故伎重施，震怒之下，手书谕旨：

> 六十年大庆，大学士王掞等不悦，以朕衰迈，谓宜建储，欲放出二阿哥。伊等借此邀荣，万一有事，其视清朝之安危休戚，必且谓与我汉人何涉。二阿哥两次册立为皇太子，教训数十年，不能成就。朕为宗社及朕身计，故严行禁锢，所以不杀者，恐如汉武帝之后悔，致使后人滋其口舌也。

在这件手书朱谕中，康熙帝痛斥王掞“凶顽愚昧，一无所知”，“意欲动摇清朝”，龙颜之愤怒，可想而知。据说王掞待罪宫门，奉旨回奏，周围竟无一人敢给他笔砚。这位望八之年的老先生在料峭的春寒中，“就宫门阶石上，裂生纸以唾濡墨”，书写覆奏：“臣蠢，信古太笃，妄思效法古人，实未尝妄嗾台臣共为此奏。”此时，距皇帝六十八岁生日只有几天了，康熙帝命暂停议罪。万寿节刚过，康熙帝即命将王掞私议覆储案内有关人犯谪戍军台，姑念王掞年老，命其子王奕清随获罪诸御史代往，为父赎罪。

康熙帝处置此案之严厉，举朝震骇。他盛怒的原因，与其说是王掞与诸御史结为朋党，莫若说是王掞此举可能“动摇清朝”。的确，“放出二阿哥”，则康熙帝余生岌岌可危；更重要的是，胤礽解除禁锢，犹如放虎归山，树大根深的复辟派必然卷土重来，自己身后骨肉相残，国无宁日，势所难免；易言之，继续严行圈禁废太子，正是“为宗社及朕身计”。联系此时康熙帝命在京城之北昌平郑家庄一带盖造城垣以为圈禁废太子居所，不久又令八旗每佐领下派出甲士一人驻防郑家庄，可见他已在处心积虑地安置自己去世后废太子胤礽的合适去处了。

康熙六十年，王掞私议立储案不仅使康熙帝更加坚定了永远不让废太子复出的决心，而且也让他更加坚信，废太子集团与胤禵、胤禩皇八子集团在数十年反复拼杀的殊死争斗中结下的深仇大恨是绝对无法消弭的。王掞、朱天保等人的冒死一搏，正反映出由于十四阿哥、“大将军王”胤禵地位的蒸蒸日上，胤禵、胤禩集团摘取最后胜利果实的日子已近在咫尺。如果说不让废太子复出是为“宗社及朕身计”，那么，不让胤禩死灰复燃，在康熙帝看来，对大清江山及爱新觉罗皇族具有同等严重的意义。应该说，康熙帝对八阿哥胤禩阴险的夺嫡野心和巨大的政治能量早有入木三分的认识，在对比他与废太子的不同时就曾明确说过：“此人之险，实百倍于二阿哥也！”正是基于这样的认识，所以他在康熙五十三年（1714 年）冬宣布：“朕与胤禩父子之恩绝矣。”他悲观地向自己的儿子们预言：“朕日后临终时，必有将朕身置乾清宫，而你们束甲执刃争夺之事也！”如今，废太子党与胤禩皇八子党短兵相接的战斗就要打响，既已决定将废太子党的首领胤礽永远地圈禁在警备森严的郑家庄驻防城，康熙帝就不能不对陷入胤禩集团过深、党派色彩过浓的十四阿哥胤禵是否为适宜的未来皇位继承人重新加以考虑了。

在康熙帝晚年隐然对立的两大政治营垒中，胤禵的党派色彩的确太浓厚了。在夺嫡斗争白热化的时候，他不过是胤禩集团的一员干将；而太子再废、胤禩争储无望、皇父对他爱有独钟以后，则很快上升为胤禩集团的新的领袖。胤禵以“大将军王”名号出征时，九阿哥胤禟日至其家，二三更方回，“所商之事，总是要胤禵早成大功，得立为皇太子”。胤禵则嘱咐胤禟说：“皇父年高，好好歹歹你须时常给我信息。”日后胤禟买通康熙帝身边的太监陈福和李坤，“叫他伺察圣祖喜怒动静，不时通知他”；得到消息，就派亲信姚子孝去西宁“大将军王”行辕密报。他们最关心的是国家最高机密——皇帝的身体状况，据胤禟的亲信秦道然讲：“到圣祖欠安时，闻得要差人去通信。”

王掞私议覆储案发生的当年冬天，康熙帝召十四阿哥胤禵回京，又很快将其遣回，这件事在胤禩集团中引起很大震动。他们开始从负面推测“皇父明是不要十四阿哥成功”，这似乎真实地反映了康熙帝此时思路的转向。是不是可以这样设想，从此时起，康熙帝脑际中萦回已久的、在他撒手人寰后如何才能“保全骨肉臣工”的念头越来越强烈起来。照此思路发展下去，重新规划立储方案，在废太子胤礽与胤禵、胤禩这两个不共戴天的皇子集团之外；另行物色其他皇子人选，则是逻辑推演的合乎情理的归宿。这样一来，表面上始终没有卷入夺嫡及此后争储漩涡的四阿哥胤禛的身影，自然会频频映入康熙帝的脑海，受到格外重视。雍正帝即位后一再向王公大臣夸示：“皇考知朕无所偏倚，断无杀戮之事，方以大统付朕”；“皇考灼知朕之为人行事，爰付大位，盖因朕心地仁慈，无朋党偏私，能明大义，可以保全尔等也”。剔除其吹嘘成分，似有真实的一面，不可全然抹杀。

当然，如此分析并不是说康熙六十、六十一年之际，康熙帝已坚定属意四阿哥胤禛。实际的情况更可能是，这位对宗社大计极富政治责任感的暮年皇帝仍在胤禛、胤禵和胤祉，以至其他年轻皇子之间举棋不定。但可以说，康熙帝此时的心理天平已经开始由十四阿哥胤禵向四阿哥胤禛倾斜。恰在此时，由于胤禛处心积虑的安排，弘曆在圆明园牡丹台初觐皇祖康熙帝。以此为契机，弘曆这位关键角色闯入争储棋局，康熙帝的心理天平终于倒向作为一个整体的胤禛、弘曆父子。

在有限的余生中，康熙帝因深爱皇孙弘曆，由胤禛继为嗣皇、弘曆为第三代皇帝的战略规划的轮廓在他心中日渐明晰起来。

人们或许要问，除了清朝官方的文献档案尚能支持这一说法外，能不能提供其他比较客观的可靠证据呢？下面就引证一件东邻朝鲜的史料并与《清圣祖（康熙）实录》对照加以说明。

康熙六十一年十一月十三日，康熙帝从热河回銮两个月后，猝然崩逝于畅春园。《清圣祖（康熙）实录》是这样记述康熙帝崩逝及传位胤禛的：

> 甲午（十三日），丑刻，上疾大渐。命趋召皇四子胤禛于斋所，谕令速至。寅刻，召皇三子诚亲王允祉、皇七子淳郡王允祐、皇八子贝勒允禩、皇九子贝子允禟、皇十子敦郡王允䄉、皇十二子贝子允祹、皇十三子允祥，理藩院尚书隆科多至御榻前，谕曰：'皇四子胤禛人品贵重，深肖朕躬，必能克承大统，着继朕登极，即皇帝位。'皇四子胤禛闻召驰至，巳刻，趋进寝宫，上告以病势日臻之故。是日，皇四子三次进见问安。戌刻，上崩于寝宫。

康熙帝崩逝，雍正帝在向全国公布遗诏的同时，亦向各藩属国派出敕使传讣。朝鲜闻讯，立即命远接使金演前往迎接。当年十二月，金演从清敕使的"译舌"（翻译）那里得到了如下情报：

> 康熙皇帝在畅春园病剧，知其不能起，召阁老马齐言曰："第四子雍亲王胤禛最贤，我死后立为嗣皇。胤禛第二子有英雄气象，必封为太子。"仍以为君不易之道，平治天下之要，训诫胤禛。解脱其头项所挂念珠与胤禛曰："此乃顺治皇帝临终时赠朕之物，今我赠尔，有意存焉，尔其知之！"又曰："废太子、皇长子性行不顺，依前拘囚，丰其衣食，以终其身。废太子第二子朕所钟爱，其特封为亲王。"言迄而终。

这条朝鲜史料信息量极大，而最值得重视的是，弥留之际康熙帝对“阁老马齐”口授遗嘱：“胤禛第二子有英雄气象，必封为太子”，为《清圣祖实录》所无。这一关键情节是否可信？

这里所说的“胤禛第二子”系指弘曆，因雍亲王长子弘晖、次子弘昀，以及未齿序的弘盼均早殇，惟三子弘时尚在。“有英雄气象”云云，对一个十二岁的小孩子来说，做如此判断似乎有点玄奥，然而了解了康熙帝悉知弘曆八字，又屡言其福大命贵，而弘曆确也聪颖过人、仪表非凡，也就不难理解了。难以理解的是，何以即将瞑目的康熙帝竟坚信“（弘曆）必封为太子”呢？这很可能是康熙帝临终前对胤禛的郑重嘱托，而胤禛亦奉命惟谨，保证恪遵皇父遗命。九个月后，雍正元年八月十七日，雍正帝亲书“立皇四子弘曆为皇太子”密旨，完成秘密立储典仪。事实证明，康熙帝的预期和雍正帝的承诺圆满兑现。由此体味雍正帝当时说的一番话，“（圣祖）于去年十一月十三日仓促之间，一言以定大计。圣祖之精神力量，默运于事先，贯注于事后，神圣睿哲，高出乎千古帝王之上”，也就不难理解其中的深意了。

上述朝鲜史料还提到康熙帝临终遗嘱命废太子胤礽、皇长子胤禔“依前拘囚，丰其衣食，以终其身”，“废太子第二子朕所钟爱，其特封为亲王”，也在雍正帝继位后一一兑现。大阿哥胤禔、废太子胤礽依旧圈禁，分别在雍正二年（1724 年）和十年（1732 年）死于监所。据雍正帝自述，胤礽在禁锢的最后几年中，他时时“遣人赉予服食之类”，以致胤礽临终前涕泣说：“我本有罪之人，得终其天年，皆皇上保全之恩也。”康熙帝钟爱的皇长孙弘皙，雍正帝则先封理密郡王，雍正六年（1728 年）晋封亲王。再谈一点细节，朝鲜史料提及康熙帝临终“解脱其头项所挂念珠与胤禛”；关注康雍之际政局的有心人——“江都草泽臣”萧奭的《永宪录》也记载康熙帝临终前，“以所带念珠授雍亲王”。《永宪录》多有不经见的珍贵史料，向为治史者所推重。

有人以为朝鲜史料缺乏可靠性。诚然，朝鲜人确实对中国政事如雾里观花，缺乏深入准确的了解，甚至还搞到了一些假情报，但却不能因此全盘抹杀朝鲜史料的价值。有人说，上述史料源于雍正帝党羽为其合法即位制造的舆论，不足凭信。这样说也过于武断。上述这条形成于康熙帝去世一个月光景的朝鲜史料记载了当时皇位继承的关键情节，或为日后历史所证实，或在其他史料得到印证，其可靠性是不容轻易否定的。

当然，人们还可以说受托康熙帝末命的“阁老马齐”未见于《清圣祖（康熙）实录》及其他记载，由此而怀疑这条朝鲜史料为人杜撰。这的确是其可疑之处，但并非无法解释，下文还会对此做出说明。

总之，康熙帝最后决定雍正帝继位虽在仓促之间，但并非匆匆做出的草率决定。康熙帝早就说过：“一事不谨，即贻四海之忧；一时不谨，即贻千百世之患”，“立储大事，朕岂忘耶”？再废太子后，胤礽、胤禩这两个最有希望入承大统的皇子继大阿哥胤禔之后也被淘汰出局。此后，他考虑过三阿哥胤祉、四阿哥胤禛，但他更看好十四阿哥胤禵。胤禵有年龄较轻的优势，有带兵才能，又经历了数年军旅生涯的磨砺，如果康熙帝早一年去世，皇位可能会落在胤禵手里。然而，从种种迹象推测，自康熙六十一年春天康熙帝遣回胤禵，见到了“有英雄气象”的爱孙弘曆后，他逐渐把胤禛父子作为一个整体，对大清帝国的命运做了长远的考虑。弥留之际的老皇帝又反复权衡了胤禛、胤禵、胤祉这三个最有希望的皇子的长短优劣：胤禵年富春秋且才具最优，但陷入胤禩一党过深，若继为嗣皇，难于保证不对废太子及其党羽进行报复清算；胤祉党派色彩甚淡，且为人仁孝，长于天文、算学，但治国之才稍显不足；在康熙帝眼中，胤禛对父亲诚孝，在诸兄弟中无恩怨纠葛，亦无朋党偏私，既易为兄弟们所接受，也可望掌权后会保全骨肉臣工，但才能或不及胤禵，且年龄偏高。促使康熙帝做出最后抉择的正是在自己心目中具有非同寻常分量的胤禛之子弘曆。

从这个意义上，也可以说“有英雄气象”的弘曆在康熙帝决定帝位传承上，起了举足轻重的作用。易言之，康熙帝弥留之际，一言而决，规划了清王朝此后百年大局。

当然，也不宜过分夸大这种作用。在中外学者中，有一种“康熙帝因宠爱乾隆帝而传位于雍正帝”的观点，显然也不尽符合历史真实。须知康熙帝是从诸皇子中挑选皇位继承人的，而不可能以皇孙弘曆德才兼备、命相大贵为由而选中其父胤禛作嗣皇。这种违反常理的说法，既贬低了雍正帝，也贬低了康熙帝。真理有时再向前迈出一步，就会变成谬误。揭示并强调弘曆在雍正帝入承大统中的重大作用，有助于人们了解那一特殊历史时代的宫廷斗争的全部内幕，但如果超过一定的“度”，也令人难以信服。

四　皇父雍正帝赐肉一脔：对皇太子身份的自我认知

三阿哥弘时无疑是弘曆皇储地位的最大威胁，如果他寿命绵长，也是弘曆嗣位后最严重的隐患。雍正帝从自身痛楚的经验中总结出，与其让他们兄弟骨肉相残，不如自己在世时痛下决心，永绝后患。弘时之死，意味着弘曆从“幼岁浮灾”彻底解脱了出来。这一年他十七岁，展现在面前的是一条通向最高权力的康庄大道。

康熙六十一年十一月十三日深夜，康熙帝的遗体载于肩舆从畅春园运回大内，奉安于乾清宫，新皇胤禛在步军统领隆科多护卫下先行回到紫禁城。

京城很快遍传皇帝晏驾，一时号哭震天，如丧考妣；同时，流言蜂起，人心汹惧。隆科多下令关闭京城九门，诸王“非传令旨”，不得进入大内。在京的西洋传教士马国贤是这样回忆当时紧张气氛的：

> 1722年12月20日（西历），晚饭后我在皇上叔父的屋子里正和安吉洛神父聊天，我听到一种低沉连续的嘈杂声，仿佛是夹杂着从皇宫中传出来的一些声音。由于了解一个国家的风俗，我立即把门锁好，并对我的同事说，不是皇帝死了，就是北京爆发了武装叛乱。为了证实我自己关于动乱原因的猜测，我爬到寓所墙上，这墙位于一条大路旁边，我惊讶地见到无数骑兵互相谁也不说话，正向各个方向狂奔。我终于听到在我脚下有几个人说，康熙皇帝驾崩了。后来我听说御医们断定皇上患的是不治之症后，他便下旨任命第四子胤禛作皇位继承人。

被刚刚去世的皇祖内定为未来皇太子的弘曆这时住在畅春园中一座

名为澹宁堂的居所，在那里度过了有生以来最悲痛、最恐怖的一夜。他对眼前所发生的天崩地坼般的剧变包含的意义，几乎茫无所知。

十一月二十日，胤禛在太和殿登极，正式即帝位，改明年为雍正元年。

京师九门在关闭了六天之后，重新开启，人心渐渐趋于安定。

随后不久，弘曆由畅春园移入大内宫中居住，开始了长达十三年的皇子生活。在这十三年中，皇父雍正帝恪遵康熙帝临终遗嘱，很快密立弘曆为皇太子，并以非常的手段，维护其皇储地位。在这十三年中，四阿哥弘曆潜心向学，大体接受了古代圣主明王的思想和治术，为他临御天下臣民做了理论修养的准备。

雍正元年（1723年）初，春耕将举，雍正帝前往天坛大飨殿举行隆重的祈谷大典。这天是正月十一，即所谓“上辛日”。即位后初次郊祀，雍正帝向上天祈求年谷顺成之后，又默默上告穹苍：百年之后，将以皇四子克承大宝。祈谷礼毕，雍正帝还宫，把弘曆召到养心殿，“以肉一脔赐食”。雍正帝这个人做什么事都要经过深思熟虑，反复斟酌，哪怕一点儿小事也每每寓有深意。他有意把献给上天的小牛肉带回宫中，单单赐给弘曆一人，让他慢慢去品味。弘曆到底是皇祖、皇父两代选中的聪明绝顶的皇位继承人，日后忆及此事，曾谈到他当时已悟出皇父深意。

雍正帝通过单独赐肉给弘曆做了暗示之后，就开始思索如何正式封弘曆为皇太子。在这件事上，殷鉴未远。康熙帝立储之误有三：其一，太子失教；其二，太子立而复废，旋废旋立，失之乖张；其三，对雍正帝来说，最为抱憾不已的是，皇父毕竟没有留下一纸亲书的、命其为嗣皇的确凿凭据。雍正帝心中以为，自己绝不会重蹈前面覆辙，一定要明诏册立弘曆为太子；然而，如何郑重地封弘曆为皇太子，又不为包括弘曆在内的皇子们及朝中王公大臣所知呢？这件事真让他伤透了脑筋。经过八九个月的反复推敲，雍正帝终于解开了这道难题，他开创了在中国历代前无古人的秘立皇储制度。

雍正元年八月十七日，雍正帝把总理事务王大臣、满汉文武大臣及九卿召到了乾清宫西暖阁，事先他已把亲笔书写的“立皇四子弘曆为皇太子”的传位谕旨密封于锦匣之中，待诸王大臣齐集，遂宣布立储大事。先说去年十一月十三日圣祖于仓促之间一言以定大计，自己不及圣祖精神力量默运于事先、贯注于事后的“神圣睿哲”，但神器至重，不可怠忽，又不可如昔日圣祖因“二阿哥之事”身心交瘁。那么，到底如何是好呢？且看雍正帝独出心裁的办法：

> 圣祖既将大事付托于朕，朕身为宗社之主，不得不预为之计。今朕特将此事亲书密封，藏于匣内，置之乾清宫正中，世祖章皇帝（顺治帝）御书“正大光明”匾额之后，乃宫中最高之处，以备不虞。诸王大臣，咸宜知之。”

随后，命群臣退朝，只留下总理事务王大臣怡亲王胤祥、廉亲王胤禩、大学士马齐和舅舅隆科多四人，当着这四人之面，将盛有传位密旨的锦匣收藏在“正大光明”匾额后面，全部秘密立储仪式至此完毕。

秘密立储，顾名思义，并非不立储，而是不明诏立储，即不将立何人为皇太子向天下臣民宣布。皇储不能不立，否则大事一出，极易被人指为授受不明；但立储又需绝对机密，诸王大臣不知所立者何人，被立的皇子亦不知所立者是自己。雍正帝以为，只有如此，才可避免康熙帝晚年在立储一事上的种种失误；也只有如此，才是对四阿哥弘曆最大的爱护和保全。

妥善地处理了立储大事，雍正帝终于可以告慰亡父的在天之灵了。不过，经审慎思考，他决定采取一种含蓄的方式。

秘密立储后三个月，康熙帝周年忌辰在即，雍正帝降旨命皇四子弘曆往祭景陵。康熙帝陵寝在京东遵化昌瑞山顺治帝孝陵之旁，名曰“景陵”。雍正元年九月圣祖梓宫奉安地宫后，初逢周年大祭，雍正帝却让一个年仅十三岁的小孩子前往主祭，这确是十分耐人寻味。《清世宗（雍正）实录》对此有如下记载：

十一月己丑（十三日），圣祖仁皇帝期年大祭，上亲诣奉先殿行礼，复诣寿皇殿，瞻拜圣祖仁皇帝御容，行礼尽哀。上命皇四子弘曆祭景陵。

翌年十一月十三日，康熙帝再期忌辰，雍正帝“仍命皇四子弘曆祭景陵”。

以皇子或诸王代祭祖陵，在雍正帝之前，不乏其例；但由像弘曆这样少未更事的皇子主持皇祖“期年大祭”和“再期忌辰”的祭典，恐怕是绝无仅有的。雍正帝这样安排用心良苦：皇祖生前钟爱皇孙弘曆，临终前又郑重嘱托必封为皇太子，如今皇祖夙愿已偿，由弘曆前往主祭，而自己留在京师瞻拜亡父遗容，默默祝告，不是更妥帖周到吗？但他一再做出这样的安排却深深刺痛了另一位皇子的心。

这位皇子就是三阿哥弘时。弘时出生于康熙四十三年（1704年），比弘曆大七岁。其生母李氏在雍邸时系侧福晋，雍正帝即位后册封为齐妃。弘时之兄俱早殇，因此雍正帝诸子，以他年长。弘时居长，且生母名分较高，无论从哪方面考虑，弘曆也不应后来居上，所以他怎么也咽不下这口气。这种不公平的待遇，并非初次。弘时于康熙五十八年（1719年）成婚，一妻二妾，六十年，妾钟氏生一子，名永珅，是为雍亲王胤禛长孙。不料康熙帝封皇三子诚亲王胤祉之长子弘晟、皇五子恒亲王胤祺之长子弘昇为世子时，单单漏掉了弘时。对于一个娶妻生子的成年人来说，怎能不感到耻辱，不心生愤懑呢？恐怕在此之前，雍亲王胤禛对弘时、弘曆的爱憎好恶业已有所流露，而做父亲的心有所偏，又往往会酿成亲生骨肉间的仇隙，更何况弘时、弘曆兄弟并非一母所出。是否可以这样推测，雍亲王府中的四阿哥弘曆幼年生活不很如意，母亲钱氏是身份寻常的“格格”，上有年长七岁、并不友善的哥哥，特别是康熙帝大封诸王世子而独有弘时向隅，他们兄弟之间利害冲突已趋激化。这怎能不令胤禛忧心忡忡？

大约在雍正元年、二年弘曆奉命两祭景陵之际，雍正帝与弘时的关系逐渐发展到了决裂程度。这从弘时的师傅王懋竑的遭际可窥出一点迹象。王懋竑是江苏宝应人，“精研朱子之学，身体力行”，康熙五十一年（1712年）进士。雍正元年，雍正帝召王懋竑与漳浦宿儒蔡世远同来京，授王懋竑翰林编修，“命在三阿哥书房行走”。但王懋竑做弘时师傅时间不长，第二年便丁母忧去官。临行，雍正帝召见，嘱咐他：“治丧毕即来京，不必俟三年。”官员丁父母忧，例应居家守制；丧服未满，即令任职者，称为“夺情”。凡夺情，必有极为特殊的需要；皇帝出此举，要经慎重考虑。如今雍正帝命王懋竑治丧毕即来京，说明他对三阿哥弘时的教育是重视的，认为王懋竑是个不可须臾离开的好师傅。但是，当王懋竑于雍正三年居丧未满二十七个月即返回京师时，雍正帝似乎又觉得无所谓了。《清史列传》王懋竑的传记记云：

> 明年（雍正三年）入都，谢恩毕，遂以老病辞归。

雍正帝竟也恩准了。由此推测，此刻弘时已不需要王懋竑的谆谆化导。在王懋竑离京还籍的一两年间，雍正帝与弘时之间究竟发生了什么变故呢？

嗣后，雍正四年（1726年）二月十八日，雍正帝在革除允禩宗籍所降的一道谕旨中曾提及弘时之事：

> 弘时为人，断不可留于宫庭，是以令为允禩之子。今允禩缘罪革去黄带，《玉牒》内已除其名，弘时岂可不撤黄带？着即撤其黄带，交与允祹，令其约束养赡。

雍正帝即位后，令诸兄弟名字上一字“胤”，改为“允”。允禩，即康熙帝第八子胤禩。清制：宗室系金黄带，故宗室又俗称“黄带子”。撤黄带，即革除宗室籍。上述谕旨提到，在弘时因允禩株连而撤去黄带以前，他已过继给他的八叔允禩为子，理由是其“为人断不可留于宫庭”。弘时在雍正帝即位后亦随其父母搬到宫中居住，尽管他已娶妻生子，但未予封爵，故未分府另居。雍正元年王懋竑奉召来京，“命在三阿哥书房行走”，亦可证其时弘时尚在宫中。但雍正三年王懋竑在丧期未满即还京时，雍正帝之所以不需要他继为皇子弘时师傅，是因为弘时已过继给他的八叔为子，从宗法上讲，雍正帝与弘时已不存在父子关系，“三阿哥书房”随之裁撤，自然无须王懋竑“行走”了。

这样，推断三阿哥弘时出宫入允禩府邸在雍正二三年之际，大致是不会错的。问题是弘时“为人”何以“断不可留于宫庭”呢？

按皇室制度，亲王之嫡子方可请封为世子，庶出的阿哥弘曆是没有资格封世子的，但雍正帝仍要压抑为侧福晋所出的弘时，这怎能不让这个血气方刚的年轻人怒火中烧。看来雍正帝偏爱弘曆早已酿成了侧福晋李氏一房与“格格”钱氏一房之间的仇怨，弘时显然出身较高而偏遭冷落，他心里该有多大的委屈！乾隆帝“幼岁总见浮灾”，有很大可能是他这位不怀好意的三哥弘时人为制造的，让这个还不知道如何保护自己的小孩子继续住在雍亲王府中很令胤禛和康熙帝不放心，这大概是促成康熙帝将弘曆立即携回宫中养育的另一个原因。

雍正帝与弘时的父子恩怨，原本是中国古代一夫多妻制大家庭中司空见惯的事情，但到雍正帝君临天下，作为皇帝遗产的集中体现——皇位，其争夺之惨烈，手段之诡谲，影响之巨大深远，又绝非一般人家的伦常之变可同日而语。从康熙帝晚年争储混战中厮杀出来、眼下为储位之争的余波搞得焦头烂额的雍正帝对此有着最深切的理解。他绝不允许康、雍之际的噩梦重演。弘时在彻底绝望后铤而走险，并坚决地加入皇父政敌允禩的强大营垒之中，恐怕是雍正三年以后最令雍正帝愤懑且忧惧的事了。以雍正帝的个性而言，绝不会顾念父子亲情而手软，他必定会出以非常之手段，坚决维护弘曆的皇储地位。

然而，论者以为弘时为雍正帝所杀，目前似难定论。

从雍正帝旨谕的口气揣测，似乎并未抓到弘时什么把柄，所以说他“为人”如何如何；况且过继其八叔为子，也谈不到惩戒。让他出宫，仅表明雍正帝对他“留于宫庭”的担忧。联系康熙六十一年弘曆离开雍亲王府，被养育宫廷；联系雍正帝对八字的迷信，雍正帝以“过继”这种方式遣弘时出宫，恐怕主要考虑的是弘时“为人”可能危及已密立的皇储弘曆的安全。

究竟为什么要过继给自己的政敌允禩为子呢？康熙帝曾责备允禩受制于妻，是以尚未生子。《清史稿·皇子世表》载允禩一支亦无后嗣。这可视为一个原因，但雍正帝十二弟允祹时年四旬，亦无子嗣，何以不过继给允禵呢？看来这里还大有文章。

孟森先生认为，弘时的遭遇在于卷入了雍正帝即位后手足相残的政治纠纷，他同情被父亲残酷迫害的诸叔伯，加以个人行为不谨，有所流露，最终酿成了父子绝情的伦常剧变，这种看法是有道理的。

平心而论，雍正帝即位之初并无屠戮兄弟的预谋。康熙六十一年十一月十四日，大行皇帝大殓毕，雍正帝颁布的第一道谕旨是“命贝勒允禩、十三阿哥允祥、大学士马齐、尚书隆科多总理事务”；第二道谕旨是召十四阿哥、大将军王允禵驰驿来京奔丧；第三道谕旨是“贝勒允禩、十三阿哥允祥俱封为亲王。二阿哥之子弘皙，封为郡王”。可见，他是想通过重用允禩、赐封弘皙郡王向康熙帝晚年势同水火的两大政治势力作出友好姿态，希望他们与新君合作，把初政的局面稳定下来。在雍正帝内心，自以为他与皇太子党、皇八子党并无宿怨；非但无怨，允禩等倾倒太子，恰为自己扫清了为帝的障碍，“为渊驱鱼，为丛驱雀”，竟可称为有功。如今又出以公心，示以赤诚，未必不能得到诸兄弟的鼎力襄助。但他忽略了一个并非不重要的事实：觊觎皇位已久的诸兄弟几乎一致认定皇父不可能传位于四阿哥胤禛。因而，从雍正帝即位那一天起，他的继位合法性便受到了质疑和攻讦。流言不胫而走，有谓“先帝欲将大统传与允禵，圣躬不豫时，降旨召允禵来京，其旨为隆科多所隐，先帝宾天之日，允禵不到，隆科多传旨，遂立当今”；有谓“圣祖皇帝原传十四阿哥允禵天下，皇上将‘十’字改为‘于’字”，亦有谓“圣祖皇帝在畅春园病重，皇上就进一碗人参汤，不知何如，圣祖皇帝就崩了驾，皇上就登位”。更为严重的是，储位竞争的失败者悻悻不平，无论如何亦不能接受“黑马”胤禛获胜的事实。九阿哥胤禟听到胤禛继位的消息，即突至胤禛之前，“箕踞傲慢而坐，意甚叵测”。十四阿哥胤禵从西宁回京即散布说：“如今我之兄为皇帝，指望我叩头耶？我回京不过一觐梓宫，得见太后，我之事即毕矣！”雍正帝为时势所激，不得不改变和谐各方的初衷，很快对政敌施以血腥镇压。雍正元年二月他表示：即位以来，“朕之弟兄及诸大臣，一切过犯，无不施恩宽宥”，但众人并不知感，“百日之内，淆乱朕心者百端。伊等其谓朕宽仁，不嗜杀人，故任意侮慢乎？此启朕杀人之端也”。

雍正帝杀机一动，遂于数年间将其政敌分化瓦解，铲除殆尽。雍正二年革郡王允䄉爵，禁锢宗人府；屡责廉亲王允禩结党营私，存心狡诈；三年命革去允禟贝子爵；四年革允禩、允禟黄带子，削宗室籍，随即将允禩圈禁高墙，又提解允禵至京，禁锢寿皇殿。当年，允禟、允禩先后死于禁所。几年间，伴随着雍正帝兄弟间骨肉相残的惨祸，朝中大狱迭起，群臣觳觫。而这一切波及宫廷之中，则不能不激化雍正帝与弘时之间的旧怨。弘时从自己的遭遇出发，很可能深深地同情被皇父残酷迫害的诸叔伯辈，雍正帝亦正是据此将弘时过继与允禩为子。

这种做法并不新奇。当年康熙帝认定大学士马齐暗中操纵朝臣公同保举八阿哥胤禩为皇太子，马齐被免死后，“即交胤禩严行拘禁”。揆其用意，似在对胤禩加以考验，亦在使二者构成连坐关系，更利操纵。如今雍正帝将政治态度倾向于允禩的弘时过继为子，恰与康熙帝手法如出一辙。事实亦恰如雍正帝所愿，当雍正四年允禩缘罪革去黄带不久，也正好以弘时为允禩之子，将其一并挑去黄带。一年后，弘时去世，时年二十四岁。论者多以为弘时不是被雍正帝诛戮，就是被赐令自尽了。从现存档案看，弘时挑带后，交与允祹约束养赡，还没有足够证据说雍正帝杀了他。但即便排除雍正帝手毙其子这种可能，这个帝梦成空的皇子也是抱着与自己生身之父不共戴天的仇恨郁郁而终的。

弘时无疑是弘曆皇储地位的最大威胁，如果他寿命绵长，也是弘曆嗣位后最严重的隐患，雍正帝从自身痛楚的经验中总结出，与其兄弟间骨肉相残，不如自己在世时痛下决心，永绝后患。所以，他先将弘时遣出宫中，继而挑带削籍，不承认他是爱新觉罗宗室子孙，最终于自己在世之时，看到弘时永远地退出了逐鹿问鼎的政治舞台。

雍正帝对弘时的无情，正是对祖宗付托的宗庙社稷的有情，正是对已密立为皇太子的弘曆的深情。

弘时之死，意味着弘曆从“幼岁浮灾”中彻底解脱了出来。这一年他十七岁，展现在面前的是一条通向国家最高权力的康庄大道。

雍正五年（1727年）确是弘历大吉大利的一年。这年七月十八日，弘历与皇父选中的名门闺秀富察氏在皇宫西二所举行了大婚典礼。西二所，全称应是乾西二所。乾清宫东西两路各为两条长长的巷子，在长巷两旁分居东西六宫，是为妃嫔所居。东西六宫之北即为乾东五所和乾西五所，所谓“西二所”，就是西路储秀宫以北的乾西五所中的第二所。弘历初随皇父搬入大内，住的是毓庆宫，与富察氏成婚时新房即在西二所，此后至即帝位前大约七八年间，弘历与富察氏都住在这里。因此，日后乾隆帝对西二所十分珍重，将其升格为重华宫，大加修葺。

皇子时期的弘历，妻妾虽多，但与嫡福晋富察氏感情最融洽。

富察氏与弘历成婚时十六岁，皇父雍正帝选她作已密定为皇太子的弘历的嫡福晋，是把她作为未来的皇后考虑的。人品、性情、相貌等自不用说，雍正帝最重视的是富察氏的娘家。富察氏父亲名李荣保，前面屡屡提及的马齐就是她的二伯父。富察氏之所以被选中为弘历的嫡福晋，似乎有雍正帝以富察氏一族雄厚的外戚势力翼护弘历这样深远的政治考虑在内。

富察氏一族是康熙、雍正时代根基深厚、权势显赫的满洲世家。富察氏曾祖哈什屯以军功授一等男爵；祖父米思翰康熙时任户部尚书，以力主撤藩名震天下；到父亲李荣保、大伯父马斯喀、二伯父马齐、三伯父马武这一代权势益隆，其中马齐尤受康熙帝倚重，授武英殿大学士，亲书“永世翼戴”匾额赐之。康熙四十八年正月，康熙帝怀疑他怂恿众臣，谋立胤禩，马齐力辩自己无朋比怀私之事，最后一气之下，拂袖而去。康熙帝震怒之下，治马齐罪，李荣保、马武亦被株连，但日后康熙帝还是宽宥了马齐兄弟。康熙五十五年（1716年），马齐被复授武英殿大学士，富察氏一族蹶而复振。迨雍正帝即位，马齐被任命为四名总理事务王大臣之一，与另一名外姓总理大臣隆科多相比肩。在卫护胤禛嗣位上，马齐同样有巨大贡献。上引朝鲜史料记载，康熙帝临终前召大学士马齐谕以胤禛为嗣皇、弘历必封皇太子，可见对他寄托了极大的期望。雍正帝对兄弟臣工喜怒无常，善始善终者极其罕见；而能宠眷不衰的，诸兄弟中当推怡亲王允祥，勋戚大臣则无过于马齐。由于有以上的政治背景，富察氏被选为弘历的嫡福晋，即未来的皇后，绝不是偶然的。

值得一提的是，富察氏一族在乾隆朝以后族之故，一门朱紫，出将入相，更臻于鼎盛之势。而李荣保第十子、皇后富察氏之亲弟傅恒及其子福隆安、福康安兄弟尤煊赫。雍正帝欲以富察氏这一满洲勋戚世家“翼戴”其子弘曆的良苦用心总算如愿以偿。

五 告别宁静惬意的皇子生活

弘曆即将登上太和殿的皇帝御座，他那极富戏剧性的阿哥时代很快落下最后一幕。当弘曆手捧大行皇帝遗诏，读到“宝亲王皇四子弘曆秉性仁慈，居心孝友，圣祖仁皇帝于诸子孙之中最为钟爱，抚养宫中，恩逾常格”一节时，热泪不禁夺眶而出。古往今来，为帝为王者何啻千百，有哪一位像自己一样受到父祖两代拳拳重托！感戴父祖眷顾之深的同时，弘曆自觉肩上的担子太重了。自此以后，每逢皇父忌辰，必盥手焚香，将此遗诏恭读一遍，“以志思慕之诚，以凛继绳之重”。

弘曆登极后，对自己青少年的时光非常怀念。在《怀旧戏作》一首小诗中他对比今昔，“当年颇有少年心，上马飞驰下马吟。今日殷忧胜潇洒，壮怀减却沓难寻”，就真实地流露了这种心情。

对于乾隆帝而言，皇子时代的十三年，确是他活得最潇洒、最惬意的一段宝贵时光。乾隆帝不像他的曾祖父顺治帝和祖父康熙帝那样髫龄即位，没有天真烂漫的童年和少年；也不同于他的父亲雍正帝，青壮年时代窥伺神器，机关算尽，直到四十五岁，韶华已逝，才坐上了皇帝的宝座。他十三岁即被皇父密定为皇储，无须为此耗费精神；他的父亲因康熙帝晚年诸子卷入政治恶斗之殷鉴，也绝不允许他过早地与外间接触。雍正帝在处心积虑地维护皇四子弘曆皇储地位的同时，贯注精神于其教育，期望他在登极之前，具备作为一个帝王的足够资格。

雍正帝深知，要教育好皇子，首在慎选天下英贤为阿哥师傅。藩邸时期，只延请了翰林福敏一人教育弘曆、弘昼兄弟，后来显然已不够。

况且，弘曆学业的长进也实在快，亟需有老师宿儒为他讲解儒家经典中的深奥旨义，这似乎也是福敏不能胜任的。经过反复推敲，雍正帝选择了徐元梦、朱轼、张廷玉和嵇曾筠四位品行端方、学问博洽的名臣，并于雍正元年正月，在懋勤殿举行了肃穆庄重的拜师典礼。

师道尊严，皇子拜师，照清朝家法，彼此长揖而已。弘曆和弘昼两兄弟先后给各师傅深深一揖，徐元梦等亦还一深揖，上书房的读书生活遂正式开始。但这四位师傅中，徐元梦不久即得罪而去；张廷玉又忙于在内廷承旨书谕，很少在上书房露面；嵇曾筠后来也离京赴河督之任；惟有朱轼常至书斋为弘曆兄弟讲授。对弘曆而言，懋勤殿拜师虽有四位，令他终生念念不忘的只有朱先生一人而已。

朱轼，字若瞻，号可亭，故而乾隆帝名之曰“可亭先生”。他是江西高安人，康熙三十三年（1694 年）进士。此人为官清廉，负一时重望，学问也好，经学造诣尤深。乾隆帝日后说他：“汉则称贾董，宋惟宗五子。恒云不在言，惟在行而已。”由此可以概见其治学的特点。朱轼对乾隆帝一生影响深远。如果说福敏使弘曆饱读经史诸子的话，那么，朱轼则帮助他慢慢地咀嚼、消化，把几千年积累下来的中国古代文化精华，特别是儒家的政治思想、道德规范吸吮进来，变成这位年轻的皇子——未来的皇帝血肉之躯不可分离的部分。每当弘曆听可亭先生娓娓不倦地阐述经旨，谆谆教诲读书立身在行不在言时，心里总是泛起阵阵暖意。雍正十年（1732 年），朱轼病重，回籍调养期间，弘曆在《春日寄朱可亭先生五十二韵》一诗中表述了对先生学问道德的由衷敬佩和为弟子者深深的怀念：

先生方抱病，静室独安眠。
当代穷经彦，清时守道贤。
事君欣际遇，奉职佛仔肩。
…… ……
早岁承纶綍，成童授简编。
芳规看表帅，函丈获周旋。
义府优游永，春风坐卧便。

赋诗闲检韵，味道细烹泉。
每自威仪谨，从知学问全。
董生醇治术，朱子续心传。
十载如旬日，高山复大川！

乾隆帝对恩师的感情是深挚绵长的，直到古稀之年，他仍在深情地回忆着五十多年前聆听可亭先生讲课时那种“如坐春风中”的愉悦心情。朱轼对乾隆帝一生，特别是初政时的乾隆帝影响至深，袁枚在为朱轼所写的《神道碑》中说：

公（朱轼）奉世宗（雍正帝）诏，侍皇上（乾隆帝）青宫最久。皇上登极未一载，仁言圣政，重累而下，九州八陔，靡不异音同叹，庆尧舜复生；然则，公启沃之功可以想见。

上书房中另一位让弘曆终生不忘的师傅是蔡世远，尽管他未于懋勤殿拜师。蔡世远，字闻之，福建漳浦人，康熙四十八年（1709 年）进士。雍正元年雍正帝为三阿哥弘时择师王懋竑的同时，亦召这位闽南名儒来京，分到四阿哥书房行走。蔡世远曾助李光地纂《性理精义》，是服膺宋儒的理学家，尤长于古文，故专门教弘曆兄弟古文。弘曆印象最深的是，闻之先生常常操着浓重的闽音说：“古人云，为人一世有三不朽，此乃立德、立功与立言。立言虽列立德、立功之次，又谈何容易？司马迁、韩愈以立言而不朽，他们堪称深得为文之道。学古文当以昌黎为宗，只有理足才可以载道，只有气盛才可以达词。”弘曆深深受教，终生将其奉为作文圭臬。弘曆与闻之先生共同渡过了八个寒暑，雍正九年（1731 年），蔡世远抱病告休，弘曆寄诗问候：

一线阳回节近春，先生独卧病兼贫。
釜漂白水薪为桂，帘卷寒风雪作银。
未识命车期几日，已经伏枕过三旬。
药炉静对无余事，应有新诗付锦鳞。

书斋十载接辉光，屈指睽违一月长。
试问炉锤何忽忽，可知岁月亦堂堂。
腰围定减冬前带，发际应添镜里霜。
伫待春风重坐卧，新知旧学总商量。

蔡先生刚离开书房一个月，弘曆就是如此想念！想蔡老先生读到这位年轻弟子寄来的充满拳拳真情的诗章时，不知会如何感激涕零。

青少年时代的弘曆师傅虽多，但他只推重三位先生：即奠定他一生学业基础的福龙翰先生、引导他了解了儒学真谛的朱可亭先生，以及帮助他掌握学以致用工具的蔡闻之先生。五十年后，乾隆帝在怀念他们的诗章中，依然不忘早已作古的“三先生”使自己“得学之基”“得学之体”“得学之用”。

上书房中，与弘曆同窗共读、感情最深的莫过于五弟弘昼。弘昼生母耿氏亦为藩邸“格格”，他仅小弘曆几个月，因此二人从小相伴，从九岁起又一同从师福敏，在雍亲王府“如意室”西间“乐善堂”一起读书习字。康熙六十一年三月弘曆养育宫中，还常常惦记着家里的五弟。弘昼之后，胤禛又添了第六子福宜、第七子福惠、第九子福沛，但这三个孩子都先后夭折，待雍正帝第十子弘瞻出生时，弘曆、弘昼兄弟已二十出头了，他俩对宫中称为“圆明园阿哥”的十弟弘瞻感情都较淡薄。因此，当雍正元年正月懋勤殿拜师时，只有弘曆、弘昼兄弟二人，但后来弘曆二十四叔允祕和平郡王福彭亦先后奉旨读书内廷，成为弘曆的同窗学友。

允祕虽称叔辈，但比弘曆兄弟还小五岁。他是康熙帝的小儿子。英雄暮年，眷爱幼子，允祕从小亦甚得父亲钟爱。康熙帝畅春园弥留之际，雍亲王胤禛三次进见，很有可能也受到皇父善视幼弟的嘱托。雍正帝即位，将允祕视同己子，命入上书房读书，后与弘曆、弘昼兄弟同日封亲王。在书房中，允祕虽小，弘曆却对他十分敬重，他在《奉题二十四叔父裕德轩三十韵》一诗中称其“性情恒静正，体貌更恭温”；谈到他们叔侄二人的书房生活时说：“数曾相赏析，几度易寒暄。讲学欣同幄，延师更一门。晓晡常并席，岁腊偶开樽。联骑趋香陌，轻舟泛御园。”可见他们的关系是异常亲密的。

弘曆另一位同窗知己是平郡王福彭。福彭是老平郡王讷尔素长子，讷尔素得罪，雍正帝以福彭袭爵。福彭稍长于弘曆，康熙时即养育宫中，雍正六年又奉皇帝旨意入内廷伴读。对一个远支宗室来说，诚为异数。弘曆称赞福彭“器量宽宏，才德优长，在书室中与之论文，每每知大意，而与言政事，则若贯骊珠而析鸿毛”，在诗中把他许为“知音”。雍正十一年（1733 年）秋，福彭奉命挂帅西征，弘曆亲往清河送行，并赋诗以志其事：

宗翰临戎剑气寒，来廷屈指觐呼韩。
秋风惯拂征人面，马上何须回首看。
武略文韬借指挥，书斋倍觉有光辉。
六年此日清河畔，君作行人我独归！

由于平郡王福彭与曹雪芹有很近的一层亲戚关系，所以有的传说讲，曹雪芹幼时经福彭介绍，与弘曆亦有过交往。姑不论这传闻是否可信，有一点可以肯定，即曹雪芹通过福彭对雍正帝、乾隆帝父子及那一时代的宫闱秘事有很深的了解，这无疑有助于人们理解千古不朽的名著《红楼梦》的时代背景。

人们还说，弘曆在上书房读书时有一个身份特殊的同学——三世章嘉活佛若必多吉。严格地讲，这是不准确的。若必多吉于康熙五十六年（1717 年）生于甘肃凉州，雍正元年大兵赴青海平定罗卜藏丹津叛乱，以若必多吉为二世章嘉活佛阿旺罗桑却丹的转世灵童，星夜护送京师。二世章嘉活佛系雍正帝在藩邸时直透三关的恩师，因此他的转世灵童若必多吉到京后，备受雍正帝爱护崇敬，多次赐给金银绸缎珠宝，让他时时诵读大藏经《甘珠尔》。就在这个时候，弘曆曾奉皇父之命与章嘉活佛一起学经，结下了无上法缘。弘曆即位后，命章嘉活佛若必多吉管理京师寺庙喇嘛，后来授予“振兴黄教大慈大国师之印”，这似乎与弘曆在皇子时代与其共同学经不无关系。

弘曆读书勤奋，上书房的功课完毕，回到家中，仍在自己的小书房口不停诵，手不停披，他深深地沉浸在读书的乐趣之中。紫禁城的家——西二所有书屋“乐善堂”和“抑斋”；圆明园的家——长春仙馆的书房亦名“乐善堂”，这是一个十分清静的读书之处。弘曆在所写的《乐善堂记》中写道：“余有书屋数间，清爽幽静。山水之趣，琴鹤之玩，时呈于前；菜圃数畦，桃花满林，堪以寓目。颜之曰‘乐善堂’者，盖取大舜乐取于人以为善之意也。”至于西二所的书室命名曰“抑斋”，乾隆帝后来解释说：“夫予向之所云‘抑’者，不过欲退损以去骄吝，慎密以审威仪，所为敬业乐群之事耳。”

弘曆天分甚高，用功又勤，所以得到老师同学的交口赞誉。朱轼说他：“精研《易》《春秋》、戴氏礼、宋儒性理诸书，旁及《通鉴纲目》《史》《汉》，八家之文，莫不穷其旨趣，探其精蕴。”弘昼则说：“吾兄于问寝视膳之暇，每有所得，发为文词。日课文一首，虽退居私室，亦不敢自懈，手披心绎，欲力追古作者。”福彭对他的评价更高：“皇四子问安视膳之余，耳目心思一用之于学，考合古今，微论同异，虽单词支义必条分缕析，铢黍弗差，每为文，笔不停辍，千言立就，而文思泉涌，采翰云生。”而在弘曆个人，并不认为自己如何超群，他的孜孜向学，似是发自心底的对读书的热爱，且看他《读书乐》一诗：

周孔未云远，典籍良具陈。
深造乃有得，面墙终自沦。
伊余本下学，敢忘书史亲。
转念学海阔，未易窥涯津。
汲古乏修绠，贻诮腹笥贫。
昌黎读书篇，字字堪书绅。
况复饶至味，好与结芳邻。
乐意寓静观，优游期日新。

通过师傅教导、同窗切磋，以及自己的理解探究，弘曆初步构建起以儒家价值取向为标准的伦理道德系统。他服膺孔子，推崇宋儒，在诗文中阐发“内圣外王”之学。从弘曆当时的思想倾向来看，他坚信儒家“仁政”“德治”，认为“治天下者，以德不以力”；处理君臣关系，他则主张虚己纳谏，君臣交赞。对于孔子“宽则得众”的格言尤为心折，在《宽则得众论》一文中他写道：

> 自古帝王受命保邦，遐迩向风，薰德沐义，非仁无以得其心，而非宽无以安其身，二者名虽为二而理则一也。故至察无徒，以义责人则难为人；惟宽，然后能并育兼容，众皆有所托命……诚能宽以待物，包荒纳垢，宥人细故，成己大德，则人亦感其恩而心悦诚服矣。苟为不然，以褊急为念，以刻薄为务，则虽勤于为治如始皇之程石观书，隋文之躬亲吏职，亦何益哉！

在历代帝王中，唐太宗是这位皇储崇拜的偶像。他在评唐太宗的史论中赞美这位“三代以下特出之贤君”：“虚心待物，损上益下，用致天下之盛。即位之后，励精图治，损己益人，爱民从谏，躬行仁义，用房玄龄、魏徵之俦，君臣相得，不敢怠遑；用致贞观之盛，令德善政，不可殚述。”

人们可能认为，弘曆讲“宽则得众”，批评“褊急”“刻薄”“至察”，以及不满秦皇、隋文，赞美唐太宗，是不是有感而发；具体地说，他是否用隐晦的方式来表达自己对皇父残害手足、为政严猛的不满？虽不能排除这种可能，但对年轻的皇子弘曆来说，这主要还是在书斋中坐而论道，泛泛发挥对“仁政”“德治”“虚己纳谏”等理想化儒家政治的理性认识而已。而且，弘曆也认为“宽”要有一定的限度，否则，便会沦于柔懦，柔懦为害之巨，不下于刚暴。在《汉元帝论》一文中，弘曆对此有如下阐述：

> 自古亡国之君，或失于刚暴，或失于柔懦，刚暴者，其亡速；柔懦者，其亡缓。亡速者，一知其将危，而济之以宽和，犹或可救于末路；亡缓者，日甚一日，沦胥以渐，虽有贤者，亦无以善其后矣。故刚暴之亡国也，或聚敛诛戮之已甚，众叛亲离，而祖宗之德泽未泯，身虽亡而国祚有不

绝者焉。柔懦者，或权臣，或国戚，或宦寺，或女谒，大权一失，威福下移，身虽苟安于一时，而至子孙未有不亡者，是柔懦之亡国又甚于刚暴也。

由此可见，弘曆在即位之前虽倾向于宽仁，但并未趋于极端。因此，他为政之初，不过以宽作为一种策略手段，以矫正雍正帝严猛政治留下的种种遗患。在积累了越来越多的政治经验后，他的政策走向便由宽转严，但又时时注意把握分寸，不为已甚。折中刚柔，以严为主，宽严相济，成为乾隆帝一朝的政治特色。这与他在皇子时期即领悟到的帝王南面之术的精奥不无关系。

弘曆十三年的读书生活又是丰富多彩的。他一生对诗文书画的“结习”就在这时养成。弘曆作诗为文，都是蔡世远指点入门的。学画则多与二十一叔允禧相互探讨切磋。允禧与弘曆同生于康熙五十年（1711年），比弘曆大半岁多一点儿。这位天潢贵胄承袭宗室艺术基因，自幼善书画，所画山水笔致超逸，水墨花卉亦极富雅韵。雍正十二年（1734年）允禧作《山静日长图》，弘曆为题诗云：

吾叔乃诗翁，裁句清且好。
近复参画禅，颇懂画中道。
高斋长日暇，为我濡毫扫。
即景绘为图，笔法特高老。
一峰插天青，波面池亭小。
峰腰瀑布飞，旁畔清流绕。
更无别妆点，写意殊了了。
我闻诗兼画，妙品古来少。
摩诘真迹无，元稹清风渺。
吾叔乃升堂，况值青年早。
从知天授奇，不凭人力巧。
嗟我学画法，年来曾探讨。
高山但景仰，兴洽林泉杳。

从诗中可以看出弘曆对允禧画技的由衷钦佩。此后，他又寄诗向二十一叔索书画，诗中亦有“琼瑶乞并缣缃惠，景仰还斯步后尘”之句。

除诗文书画之外，皇子时代的弘曆还有各方面的广泛兴趣。他喜欢田猎校射，喜欢春秋郊游，读书闲暇还下围棋、坐冰床、玩投壶，饲鹤养鸽，烹茶品茗，鉴赏古玩，甚至对斗蟋蟀也饶有兴味，且看他的《斗蟋蟀》一诗：

乘闲偶作壁上观，沙场不见戈戟攒。
当前勇力先手搏，怒气奋张敌胆寒。
阔颡修腰振两翼，牙排利锯目如墨。
羽林十二汉家郎，虫达功高居第一。

值得一提的是，乾隆帝在青少年时代欣赏西洋器物，不失对新事物的好奇心。他在《千里镜》一诗中是这样描写望远镜的：

谁欤巧制过工倕，玩景何须出绮帷？
视远惟明元在我，鉴空无碍却凭伊。
光如水月初圆际，了若湖山尽历时。
闻道离朱能烛眇，还疑千里未曾窥。

弘曆也喜欢摆弄西洋“奇物”自鸣钟，有诗云：“铜轮铁弦凡几重，机轴循环运其中。应时滴响声春容，挈壶无所施其功。精巧绝伦疑鬼工，倕班流汗难追踪。异哉兹物无始终，周历昼夜春与冬。悬置几上胜金镛，晚报日昳晓嵎东。”

“深忆十年事，心静一碗茶。”这是弘曆的自白。皇子时代十三年，对弘曆来说，确是轻松而惬意的。然而，令乾隆帝终生追怀不已的世外桃源式的美妙日子即将结束了。雍正帝的身体状况日呈不支之势，他已开始考虑让弘曆早日熟悉治国安邦的种种军政事务了。

雍正七年（1729 年）冬天，身材魁梧的雍正帝终因不堪勤政过度和精神紧张的双重压力病倒了。翌年三月后，他寒热时发，夜间不能入寐，病势转重；及至五月顷，一度好转；但到六月间，又见危象。为慎重起见，他特召大学士张廷玉及弘曆、弘昼兄弟等，面谕遗诏大意。此刻的雍正帝见到年已二十的内定皇储弘曆，心中真是百感交集，一言难尽。

雍正帝以敏锐的政治嗅觉体察到了弘曆因浸染汉文化过深而显得略为仁柔的弱点。病中的他曾在朱批中密谕鄂尔泰："倘（朕）心力之所不能，无可奈何之事，亦不得不为预备；不然，则朕为天地列祖之罪臣矣。皇子皆中庸之资，朕弟侄辈亦乏卓越之才，朕此血诚，上天列祖皇考早鉴之矣……书至此，卿自体朕之苦情矣。"弘曆后来亦承认："皇考尝以朕为赋性宽缓，屡教诫之。"不过，雍正帝对自己亲自制定的全封闭式皇子教育所培养起来的皇储弘曆总体还是满意的。就在他重病之际，预颁遗诏中亦特别强调，严刻为政，乃为整饬人心风俗之计，俟诸弊革除之后，仍可酌复旧章。从中已透露出由严猛而渐转宽缓的政策趋向。因此，雍正帝虽对弘曆的某些政治倾向有不放心之处，但并未动摇对弘曆的信心。

雍正帝对弘曆的教育用心良苦。他是弘曆青少年时代一位不可忽视的导师；是不具师傅之名，但给予弘曆一生深刻影响的最重要的导师。

在弘曆的眼中，皇父不苟言笑，凛若秋霜。他经常见到皇父的身影出现在书房，听到皇父向师傅详悉询问皇子们的课读情况。弘曆二十岁那年，皇父来到书房为弘曆亲自题写了一副对联："立身以至诚为本，读书以明理为先。"弘曆以此为题，专门写了两篇时文，阐发自己对联语的理解。不久，皇父又来书房题写了唐人赵嘏的两句诗。雍正帝书法潇洒飘逸，遒劲有力，素为弘曆所敬服。他为此特写诗以纪其事。

当然，在弘曆眼中，父亲也并非永远板着面孔，令人望而生畏。尽管政务繁剧，雍正帝仍有空闲谈佛说道。他不仅自号"圆明居士"，还为弘曆取名"长春居士"，为弘昼取名"旭日居士"，为福彭取名"如心居士"。雍正帝屡屡阐发儒、释、道三教同源，因为他深知佛教对政治另有妙用，所以他也不时向弘曆等皇子指示禅宗妙谛，弘曆稍有心得，他就欣悦地与僧人讲述。不过，当时弘曆已意识到帝位非己莫属，用世之心正热，因而对怡神养性的禅理似乎没有多大兴趣。

雍正帝对弘曆的影响之深刻，往往在于潜移默化的、不易察觉的方面。像很多有个性的男孩子最初对父亲往往持批判态度，及至中年以后，竟惊异地发现自己思想、性格，以至言谈举止越来越像父亲一样；在弘曆此后漫长的生涯中，似乎也从矫正皇父为政之苛开始，最后又回到了皇父的老路上。不过，这是在更高层次上的回归。

弘曆即将身着朱轼等名儒为他精心裁制的“内圣外王”的华衮，以一副仁慈宽厚的面目君临天下；但切莫忘记，他的骨子里已经深深打上了满洲文化的烙印，在他内心深处保留着皇父雍正帝的政治基因。

雍正十一年（1733 年）二月，弘曆被封为和硕宝亲王；同日，五弟弘昼亦封和硕亲王，赐号“和”字。弘曆之封为“宝”亲王，因即将入承大宝，这是不言而喻的。“和”字也寓有深意，这里寄托着雍正帝的殷切期望。雍正帝一向以为弘曆、弘昼同气至亲，实为一体，两兄弟若能诚心友爱，休戚与共，自然和气致祥，有利于社稷江山的巩固。雍正十三年（1735 年）五月，雍正帝又命皇四子宝亲王弘曆参与办理苗疆事务。三个月后，雍正帝崩逝，遗诏命“宝亲王皇四子弘曆为皇太子，即皇帝位”。

随着弘曆登上太和殿的皇帝御座，他那极富戏剧性的阿哥时代终于落下了最后一幕。当弘曆手捧大行皇帝遗诏，读到“宝亲王皇四子弘曆秉性仁慈，居心孝友，圣祖仁皇帝于诸子孙之中最为钟爱，抚养宫中，恩逾常格”一节时，热泪不禁夺眶而出。古往今来，为帝为王者何啻千百，有哪一位像自己一样受到父祖两代拳拳重托！感戴父祖眷顾之深的同时，弘曆自觉身上的担子太重了。自此以后，每逢皇父忌辰，必盥手焚香，将此遗诏恭读一遍，“以志思慕之诚，以凛继绳之重”。在人生旅途过半、政治生涯亦过半时他曾说：“予小子自践祚以来，敬惟古帝王所以凛承付托者，不过于其考或偶于其祖，若予，则皇祖、皇考付托所洊重，言念及此，自视常若不足，遑敢弛朝乾夕惕之志？故凡出治临民，罔不尽心筹度，日慎一日。”

承继父祖遗志，不负皇祖、皇考两代深恩重托的崇高使命感，是助推乾隆帝成就功业的最大力量，也是他日后漫长人生中最重要的精神支柱。乾隆帝这种积极、主动地通过国家权力满足自己使命感和责任感的帝王人格，将为此后六十三年的中国历史打上深刻烙印。夸示宏伟，追求超迈千古的中国帝制文化取向，本无可厚非；但伴随而来的好大喜功、急功近利，甚至流入“外仁义而内多欲”，则是具有此种帝王人格者的痼疾。过往岁月，屡见不鲜，乾隆帝将何以自处，且拭目以待。

古人云，礼乐之兴，俟以百年。清朝自顺治元年（1644年）定鼎燕京到雍正十三年皇帝辞世，已近百年。大兴礼乐的机遇历史地落在了新皇帝弘曆头上。

乾隆时代开始了，大清王朝的历史将翻开新的一页，中国历史也将随之翻开新的一页。

第三章

乾纲独揽

人们心目中的内阁大学士堪比宰相，而乾隆帝则以为大谬不然！他索性一语道破，大学士乃“备位纶扉”，不过“委蛇奉职、领袖班联”而已。乾隆帝早就向群臣宣示过：“朕躬临御四十六年以来，于何事借为大学士者之参赞乎？”“我大清朝乾纲坐揽。”“事无大小，何一不出自朕衷独断？”。“乾纲独揽”或“乾纲独断”，是乾隆帝常常挂在嘴边的话，当时人们听惯了似乎不觉得怎样。其实，要是在汉唐盛世，谁这么讲，大家一定以为是骇人听闻的奇谈怪论。唐太宗曾说过：“以天下之广，四海之众，千端万绪，须合变通，皆委百司商量，宰相筹画，于事稳便，方可奏行。岂得以一日万机，独断一人之虑也！”

在“乾纲独揽”的极端专制体制下，竟也缔造出不逊于汉唐盛世的康乾盛世，这又该如何解释呢？

一　遵循秘密立储制平静继位

雍正十三年（1735 年）八月二十三日凌晨一时许，雍正帝在圆明园崩逝，身边重臣则立即在灯下聚首，密议迫在眉睫的传位大事。张廷玉说，大行皇帝当日密封之件，想来不会多，各处仔细翻检，外用黄纸封固，背后写一“封”字者，必是立储密旨。不一会儿，总管太监捧出黄封一函，当众打开，“皇四子宝亲王弘曆为皇太子即皇帝位”十六个遒劲朱字赫然入目。就在这一瞬间，君臣名分已定。

雍正十三年八月二十三日，雍正帝去世，在全国一片平静的气氛下，皇四子弘曆即皇帝位，顺利完成了国家最高权力的交接。

雍正帝四十五岁即位，身体状况一直非常好，但常年“昼则延接廷臣，引见官弁，傍晚观览本章，灯下批阅奏折，每至二鼓三鼓”，终至积劳成疾。据雍正帝自述，自雍正七年（1729年）冬“身子就不大爽快，似疟非疟”，到第二年“三月以来，或彻夜不成寐，或一二日不思食，寒热往来，阴阳相驳”，但仍然坚持接见廷臣，办理事件，批谕折奏，引见官员，到四月底五月初曾一度出现病危迹象。这是雍正帝自即位后初次大病，而且持续时间相当之长。雍正帝向他的心腹云贵总督鄂尔泰透露了起因：“朕今岁违和，实遇大怪诞事而得者。”至于遇到了什么“大怪诞事”，雍正帝在鄂尔泰折子上朱批：“卿或明年或后岁来陛见时当面细详再谕。”这年夏秋间，得道士贾士芳调治，雍正帝病情有所好转，但很快又以病情受到贾士芳控制，将其逮治处斩。经过此次变故，雍正帝对口诵经咒的调治失去了信心，尔后服食过医生钟元辅所制药饵及据说有“奇验”的“乾坤正气丹”，身体状况向好。十月初五日，雍正帝特命鄂尔泰赍折家人进宫瞻仰金颜，这个叫保玉的家奴返回云南昆明时禀告鄂尔泰：“亲见万岁佛爷脸面十分丰满。”总而言之，雍正七年冬至八年秋间雍正帝一场大病，从此元气大伤。在他病剧之际，曾将传位大事当面交待给大学士、军机大臣张廷玉，说为防不虞，随身还带有亲书传位密旨一件。雍正九年（1731年），鄂尔泰由云贵总督任上内召主持军机处事务；翌年，雍正帝又把他与张廷玉找来讲了大事既出的应对之策，并说此事除你们二人之外，其他无一人知晓。

传位密旨大事安排妥帖后，早已密定为皇太子的四阿哥弘曆其秉性又令雍正帝有所忧虑，他的心境恐怕与当年的唐太宗有着极其相类之处。

贞观二十三年（649年）四月，唐太宗病危，特将长孙无忌和褚遂良召入卧内，嘱托说：“太子仁孝，公辈所知，善辅导之！”由于深知太子李治性格柔弱，一代英主唐太宗是怀着对宗室与社稷深深的忧虑离开人世的；他的忧虑很快就被无情的事实所印证。

一千多年过去了，当雍正帝意识到自己将不久于人世，也因四阿哥弘曆的赋性宽缓而陷入了与唐太宗相似的苦恼。他寄希望辅佐年轻皇帝的是倚信最专的股肱大臣鄂尔泰和张廷玉。

雍正十三年八月二十日，雍正帝开始感觉身体不适，但仍在圆明园召见军机大臣口述旨意，大学士、军机大臣张廷玉跪聆谕旨时并未感到有什么异常迹象。不料二十二日深夜张廷玉刚刚入睡，就有太监、侍卫前来传旨，宣召甚急，于是起身整衣赶到圆明园，三四拨太监早已提着灯笼等在园子的西南门，待趋至皇帝寝殿，只见皇四子宝亲王、皇五子和亲王侍于御榻之旁，泪水涟涟，先已赶到的原任大学士鄂尔泰、领侍卫内大臣丰盛额及御前大臣、军机大臣讷亲等肃立一旁，神色凝重。雍正帝已深度昏迷，太医进药全从嘴角流出，所以临终没有任何遗嘱交待。至二十三日凌晨一时许，雍正帝崩逝，宝亲王、和亲王一旁捶胸顿足哭嚎且不表，这里鄂尔泰、张廷玉等皇上生前最亲信的大臣则立即在灯下聚首，密议迫在眉睫的传位大事。

鄂尔泰、张廷玉先后徐缓沉重地对各位重臣讲，大行皇帝虑事周密，非人所及，除大内乾清宫“正大光明”匾后缄藏有正式传位谕旨之外，另亲书传位密旨一道，常以随身。这件大事曾谕示我二人，此外无有知之者。这件旨谕看来藏在圆明园寝宫，急应请出，以正大统。重臣们向宝亲王、和亲王请示后，立即传圆明园总管太监询问。总管回称，万岁爷在日从未谕及此事，我辈真的不知密旨放在何处。张廷玉指示说，这样吧，大行皇帝当日密封之件，想来不会多，各处仔细翻检，外用黄纸封固，背后写一“封”字者，就是此旨。不一会儿，总管捧出黄封一函，当众打开一看，上面赫然写着“皇四子宝亲王弘历为皇太子即皇帝位”十六个遒劲的朱字。

就在这一瞬间，君臣名分已定，和亲王及各位重臣随即匍匐在地，宝亲王弘历尚沉浸在皇父去世这撕心裂肺的痛楚之中，只觉眼前一片空白，竟没说出一句话。待他稍稍镇定下来，脑海中最先浮现祖父康熙帝慈祥的面容，不禁悲从中来，号啕大哭，任鄂尔泰、张廷玉怎样劝慰也抽泣不止。

对于宝亲王弘历来讲，眼前迟早要发生的这一幕不能说一点儿预感也没有，但作为一个二十五岁的年轻人，当父祖两代人真的把大清江山的重担放在他的肩上时，又觉得太突然，太沉重了！

“回宫吧！”弘历温和但又不失威严地说。

皇太子及鄂尔泰、张廷玉等连夜奉大行皇帝黄舆自圆明园返回大内，紫禁城的警备交果亲王允礼先行严密布置。进宫后，内侍将雍正元年（1723 年）八月缄藏于乾清宫“正大光明”匾后封函取下，捧至皇太子前。皇太子命将封函恭呈黄案之上，等庄亲王允禄、果亲王允礼、大学士张廷玉、原任大学士鄂尔泰等王公大臣都到齐了，才让打开封函，大家跪阅一遍，与大行皇帝随身所带传位密旨核对无误；然后，由十六叔庄亲王允禄恭宣大行皇帝遗命诏旨：

> 宝亲王皇四子弘曆秉性仁慈，居心孝友，圣祖皇考于诸孙之中，最为钟爱，抚养宫中，恩逾常格。雍正元年八月间，朕于乾清宫召诸王满汉大臣入见，面谕以建储一事，亲书谕旨，加以密封，收藏于乾清宫最高之处，即立弘曆为皇太子之旨也。其后仍封亲王者，盖令备位藩封，谙习政事，以增广识见。今既遭大事，着继朕登基，即皇帝位。

八月二十三日当天，即将登上皇位的太子宣布，遵皇考遗命，命庄亲王、果亲王及大学士鄂尔泰、张廷玉辅政，总理一切事务。第二道旨意是召在浙江海塘工程上的大学士，也是自己最尊敬的老师朱轼回京办事，准备大用。待朱轼到京，命在总理事务王大臣处协同办事。

二十四日，宣布遵照皇父生前谕旨，命张廷玉、鄂尔泰日后配享太庙。这是雍正八年（1730 年）六月雍正帝留下的谕旨。谕旨特别指出，张廷玉以汉臣之身被此不世出异数，乃是“纂修《圣祖仁皇帝实录》宣力独多，每年遵旨缮写上谕悉能详达朕意，训示臣民，其功甚钜”。鄂尔泰则是“志秉忠贞，才优经济，安民察吏，绥靖边疆，洵为不世出之名臣”。皇太子命将此旨缮入大行皇帝遗诏，以昭郑重。

眼前大事既已安排妥帖，下一步是择吉举行皇帝登极大典。

弘曆将是清朝入关后第四代皇帝，也是遵循雍正帝创立的秘密立储制继位的第一位皇帝。弘曆以雍亲王府庶子密立为皇储而君临天下，与中国历代王朝立嫡立长、明诏立储的皇位继承制迥然不同，这件历史大事深深打上了满汉帝制文化交相融合的印记。

雍正十三年九月初三日，在大内太和殿举行登极大典。

当天黎明，百官齐集于朝，皇太子弘曆派遣大臣分别祭告天地、宗庙、社稷后，身着素服缓步走到乾清宫大行皇帝梓宫前，行九拜礼，恭敬默告皇父即将受命即皇帝位。随后更换礼服，赴太和殿，升座，即皇帝位。王公以下文武各官、朝鲜等国使臣，进表行庆贺礼。因在国丧期间，不宣表，不作乐。在向天下臣民颁布的登极诏中，二十五岁的新皇帝仍念念不忘皇祖、皇父如天之恩："朕自冲龄即蒙皇祖抚育宫中，深恩钟爱，眷顾逾常，皇考圣慈笃挚，训迪有加。"

登极诏宣告，以明年为乾隆元年。

一个将在中国历史上留下深刻印记，长达六十余年，以"乾隆"命名时代开始了。

皇祖、皇父对他们的嗣子嗣孙充满了殷切期待，海内臣民也对新皇帝充满了殷切期待；年轻的乾隆帝将何以告慰父祖，俯顺民心，迈出至关重要的第一步呢?

二　春江水暖

对皇父的严猛政治素来有所保留的年轻皇帝即位之初，即召待罪云南的杨名时来京，称赞他"学问纯正，品行端方"；继杨名时之后，李绂、蔡珽、谢济世等所谓"科甲朋党案"的受害者也陆续官复原职或另有任用。乾隆帝想以甄别雍正帝蓄意制造的一桩桩冤案，代皇父偿还旧债，重新开启全新的政治局面。

乾隆帝登极后第十一天，降旨召回受到雍正帝迫害、待罪昆明七年之久的原任云南巡抚杨名时来京，谕旨中说："杨名时为人诚朴，品行端方，皇父在世时原欲召令来京，未曾降旨。"乾隆帝以这种特殊的方式为雍正年间影响广泛深远的杨名时冤案昭雪，不能不给朝野带来相当大的震动，关注政局走向的大臣官员以至绅衿士庶且惊且喜，奔走相告。可以这样讲，当时人们正从这一意想不到事件中最早感受到政治风向微妙的变化。

杨名时，字宾实，又字凝斋，江苏江阴人，康熙三十年（1691 年）进士。名时出理学名臣李光地门下，光地讲课时曾说："将来汉人杨宾实未可量也。志气强毅，临事有担当，外面却如田夫野老，甚好。"这几笔素描对杨名时再传神不过了。杨名时崇奉程朱理学，但与当时人鄙夷嘲弄的假道学绝不一路，他时时处处重在躬行实践，总是想尽最大的力气做好治国安民的实事。他的好友徐用锡说，名时提督顺天学政，"虽流金之暑，见其阅卷，所着白布衫渍汗成浅皂色，不暇易，秉烛至夜分不卧，群笑其自取苦也"；为直隶巡道，细大必亲，无留狱，无隐情，乡民颂为"包公在世"。素来鄙薄道学的实学家李塨惟独青睐于杨名时，康熙帝也说："杨名时实好官，不徒清官也。"康熙帝晚年对清官的看法有所改变，认为"清廉"固然重要，但不能"徒尚操守"，重要的是能干事，只有操守好，又能干事的才称得上"好官"。在康熙帝的眼中，杨名时既是操守好的清官，又是能干事的好官。能得到康熙帝如此评价实在不易。

雍正帝居藩时与杨名时没有来往，即位后，在相当长的一段时间，君臣间的关系尚称融洽。雍正帝公开褒奖杨名时"清操夙著""和平安静"，是皇考留下的好巡抚；杨名时则称颂雍正帝是"孜孜爱民"，"日月之光明，照临不遗于一隙"的好皇帝。不过，雍正帝觉得杨名时"太软些"，魄力不够，有些洁己好名、瞻徇下属的毛病。尽管如此，他对杨名时还是格外看重，刻意加以笼络；因为他科名早，名气大，士林视之为科甲领袖。雍正三年（1725 年）九月，杨名时晋兵部尚书，仍管云南巡抚事；十月，升任云贵总督，照旧兼任云南巡抚。宣布任命前，雍正帝还在杨名时的请安折上亲切地批谕："朕安。你好么。朕要用你总督，勉为之！"杨名时跪读皇上朱批，百感交集，由衷以为"人臣荣幸何以复加"！第二年，雍正帝又让杨名时转为吏部尚书，命仍以总督管理巡抚事。杨名时一生仕途至此达到了巅峰。

真是天有不测风云。就在杨名时感到可以大有作为以报君恩的时候，他与雍正帝短暂的蜜月期戛然而止，随之而来的就是从一生的巅峰骤然跌入低谷。

当时及后世的人多认为杨名时遭此厄运是因为李卫的陷害，比如全祖望、卢文弨、彭绍升等都说由于李卫“阴间”而酿成此案。“阴间”，用今天话讲，就是暗地里打小报告陷害人。翻检一下现已刊行的《雍正朝汉文朱批奏折汇编》，里面确有浙江巡抚李卫倾害杨名时的密折。他在雍正四年（1726年）十一月二十日密折煞尾时突然笔锋一转，向主子揭发了昔日在云南共事时的上司杨名时所谓“偏徇”“欺罔”等情弊。雍正帝喜出望外，在李卫密折折尾朱批：“一派真诚！可谓一德同心之封疆大臣，朕实嘉而幸庆焉。止务‘密’之一字为要。”为什么如此兴奋又特别强调保密呢？因为这时他已决定要对杨名时严加惩创。

为什么雍正帝突然翻脸要整杨名时呢？他以为，“士习吏治，自唐宋以来不可问矣”；而正当他在“力挽此数千百年之颓风”、洗荡科甲积习的关键时刻，杨名时竟敢跳出来和他叫板。

雍正四年七月，也就是李卫具折揭发杨名时前四个月光景，雍正帝降下一道谕旨，指责杨名时等五位督抚操守虽清，但模棱悦众，总是想做“好好先生”，染上了圣贤深恶的“乡愿”习气。希望他们向勇于任事、敢于破除情面、严厉整饬官民的田文镜和李卫等武健型的模范督抚学习，再不要做“同流合俗之乡愿”了。雍正帝的意图是期望督抚改掉身上的科甲积习，排除贯彻他改革路线上的人事的阻力，因此不能把这通谕旨看作整肃杨名时的信号。杨名时若能识相而隐忍不言，或者以官僚惯有的圆滑，向皇帝表示诚心受教，勉力改正，也许此事很快就会淡化，至少不会被皇上选中作为打击科甲习气的靶子。然而，“无一言一事不出于中心之诚”的杨名时做不到。他把“乡愿”看得太严重了！孔子说过，“乡愿，德之贼也”，对这类“居之似忠信，行之似廉洁，众皆悦之”的虚伪者深恶而痛绝之。别的都好商量，对杨名时来说就是不能违心地承认自己是“乡愿”；即使皇上这么说，也得和皇上掰扯掰扯。

杨名时为此付出改变了自己一生命运的巨大代价。

雍正四年九月四日，杨名时针对上谕的指责具折申辩。他说圣贤痛恶乡愿，为人臣者怎能不知切戒？但圣贤也痛恶“佞与利口、无礼、不逊及徼讦为智直”等诈伪之流。雍正帝何等大智慧，岂能听不出杨名时的弦外之音，看不透杨名时有抵触之心？他认定杨名时不但不承认自己是乡愿，还借题发挥，用圣贤所恶“讦以为直，徼以为知，不逊以为勇者”，旁敲侧击为朝廷深许的“实心任事，不避嫌怨”如田文镜、李卫等“公忠体国”的大臣。雍正帝觉得杨名时这个人太可恶，过去竟没看透他，于是随手在杨折上朱批：“朕已悉你所影射之人。但可以不必。乡愿之咎尚未承认，如何又扯出如许多闲话？不必在此舞唇舌、弄讥讽，徒自取轻于朕耳！”

杨名时万万没有料到，这次自辩，彻底改变了皇上对他的看法。日后雍正帝对他的股肱大臣鄂尔泰解释为什么要兴动大狱整杨名时之际直言不讳地说：“杨名时大可恶人也！五年来朕以至诚格之，怎奈其狼子野性，毫不知感畏。朕整理科甲积习，杨名时挺身乐为领袖，抗违朕意，即一字一言，皆怀诡谲强梁，一味讥讽。”雍正帝对杨名时恨得咬牙切齿，说：“此辈假道学，实系真光棍！诚为名教罪人、国家蛊毒！若不歼其渠魁，恶习万不能革！”

李卫的告密折子正是在这节骨眼上递到御前，这无异于给雍正帝提供了“歼其渠魁”的突破口。雍正帝指示他再详细写一个参劾杨名时罪状的折子来，但“不必落名”。李卫遵旨冥思苦想，百计罗织，又写了一个匿名的密折，嗣后新任云南巡抚朱纲与钦差侍郎黄炳前往云南会审杨名时的根据，便是皇上发下的这个“不落名”的参折。

雍正帝决意整杨名时，与当时他感到汉人科甲朋党对皇权构成严重威胁的政治大环境大有关系。

从雍正四年九月蓄意整杨名时，政局又开始剧烈动荡起来，短短的四五个月间连续发生了查嗣庭日记案、汪景祺《西征随笔》案和谢济世参劾田文镜等大案，雍正帝在基本上解决了阿其那（胤禩）、塞思黑（胤禟）、年羹尧、隆科多等满洲权贵集团这些最危险的政敌后，逐渐把政治注意力转向了汉人科甲朋党对皇权的威胁，特别是从查抄有关案犯的文字作品中，暴露出一部分汉族士人、士大夫“不服本朝”、讥讽君上的敌对情绪。

雍正四年十月十六日，雍正帝当面训斥大学士、九卿、翰林、科道等大臣官员说：“狂妄无忌惮之徒往往腹诽朝政、语含讥讪为尚，甚者笔之于书，肆其诬谤，如汪景祺、查嗣庭今已败露，尔等众中保无有似此者乎？”其实，汉人的民族敌对情绪并没有雍正帝看得那么严重，他之所以疑神疑鬼，是因为他是满洲，处于占人口绝大多数而且文化上更优越的汉人的包围之中，内心深处不免潜藏着身为“夷狄”的自卑，惟恐被饱学硕儒所轻视，尤其畏惧被居心叵测者暗中讥讽。雍正帝在批谕直隶总督李绂的密折时坦言：“朕非大言不惭、纵情傲物、以位以尊胜人之庸主，莫将朕作等闲皇帝看，则永获益是矣。”在批谕杨名时密折时也说：“非朕苛刻，向来尔等之春秋笔法，朕所深畏，一字之意，朕不能忽也。”由于政局的动荡，雍正帝脑子里满汉民族矛盾的弦绷得过紧，杨名时的意思有的被他误会了，有的被他夸大了，有的则被他故意加以歪曲，然后煞有介事地安上可怕的罪名，达到打击“渠魁”杨名时、进而扫荡千百年科甲积习的战略意图。

从雍正四年九、十月间雍正帝盯上敢于在奏折中叫板的杨名时，到当年十一月明旨痛斥他“怙恶不悛，大奸大诈”，李卫的告密折子又及时地提供了必要的炮弹，种种机缘凑合在一起，发动惩创杨名时一案的时机业已成熟。雍正帝开始调兵遣将，加紧部署，准备在万里之遥的云南开辟另一个打击科甲朋党积习、“歼其渠魁”的战场。

但被派往云南的钦差大臣黄炳和接替杨名时做云南巡抚的朱纲奉旨审案却很不顺利。李卫提供、经雍正帝批发的匿名参折本来就没有什么有分量的东西，三审两审，大部分又都缺乏证据，倒是忠厚得近于鲁拙的杨名时主动交待曾收受下属两个金杯、四匹绸缎。朱纲如获至宝，向雍正帝报告可以将杨名时问成死罪了。这简直在开玩笑！包括雍正帝在内的当时人都清楚，如果收了下属一对金杯、几匹绸缎之类的礼就依法处绞，那么，随便拉出一个督抚、藩臬、道台、知府，以至县官牧令杀掉都绝对没错儿。看来，要整倒杨名时靠李卫告密折子肯定不行，只好另辟蹊径。

朱纲在与黄炳会审杨名时案的同时，又按照雍正帝的部署，以新任云南巡抚的名义题参杨名时徇隐废弛、藩库不清等情。杨名时明白在劫难逃，就承认“贻误瞻徇”，“无可申辩”；但雍正帝又降旨斥责他“巧诈居心”，认罪态度不好。杨名时不承认不行，承认也不行，这逼得他倔强的老脾气又犯了，回奏说“若巧诈居心，是诚大逆不道，罪不容诛”，再审，杨名时仍“坚供不承”。在专制淫威下，杨名时什么都可以包下来，就是“巧诈居心”不能认。作为一个诚实的学道者，杨名时毕生以诚为安身立命的根本。诚，是他无论如何不能背弃的道义上的承诺，是他宁可抛弃生命也要坚守的“认罪”底线。僵持之下，刑部阿附圣意，援据“挟诈欺公律”拟名时“斩监候”上奏。不认“罪”就“挟诈欺公”，要砍掉脑袋，古今哪有如此法条？雍正帝终于退让了，降旨称：“杨名时别案尚多，‘居心巧诈’之罪就宽免了吧。”

所谓“别案”，就是上面说的朱纲与黄炳正在会审、同样也处于胶着状态的钦案。尽管刑部最后同意钦差审案大臣所拟的“依律拟绞”，雍正帝权衡再三，决定还是把案子挂起来不了了之为好。但案子轰轰烈烈办了那么久，总不能就这样不了了之吧，怎么也得找个台阶下。雍正帝有办法，降旨说“杨名时俟各案清结之后，再降谕旨”。“清结”什么？就是勒限一年，追还杨名时所欠公款银五万八千两。

这五万八千两银子又从何说起呢？还是杨名时自己主动交待的。他说康熙六十、六十一年（1721 年、1722 年）巡抚衙门共得过盐规银、税规银和平余银约计八万两。那时还没发养廉银，各级地方官俸禄微薄，全靠收受陋规以为办公、日用之资，况且杨名时早在雍正元年已经条分缕析、明明白白地将到任以来得过各项规例银的数目及如何开销向皇上汇报过。雍正帝是明白人，朱笔批示：“凡所取与，任尔等为之。”也就是说，同意杨名时自行处置这部分相沿陋规。朱纲全然不顾这一切，必欲于死刑之外，科以杨名时无法承受的重罚。在拟绞之后，朱纲与黄炳又联衔奏陈，杨名时所得银八万两，经核查，除用于弥补银厂亏缺约二万八千两可以不计之外，“仍应于杨名时名下勒限一年，追银五万八千四百三十九两”。雍正帝深知，以杨名时为官之清，一时绝对拿不出那么多钱。果然不出他所料。据说，雍正帝开恩减为三千两后，杨名时“先取邸中物，并脱夫人之簪珥以充数，估值不满白银二百两也”，仍旧差得远。所以，杨名时案被雍正帝挂起来后就一年年拖下去无法结案，终雍正之世，杨名时一直“待罪”云南。

这个连雍正帝都觉得办不下去的案子在全国不得人心，影响很坏。凡有正义感的人都对杨名时的遭遇暗抱不平，而李卫、朱纲之流则为人所不齿，甚至朱纲调任福建巡抚、离开省城昆明时，还得靠雍正帝密谕云贵总督鄂尔泰采取措施，设法弹压，不准士子起哄送瘟神。乾隆帝当时在宫中读书，对此通过他的老师、闽人蔡世远也有所风闻，他问过杨名时究竟是怎样一个人，蔡世远回答得很干脆："今世而时时有尧舜君民之念者，江阴一人而已。"杨名时，江苏江阴人也。

乾隆帝即位之初，打算替父亲来收场，偿还这笔欠下的旧账，就说"皇考（雍正帝）原欲召令来京，未曾降旨"，自己"仰体皇考圣意"，召杨名时来京，另有任用；又说杨名时"学问纯正，品行端方"，实际上委婉地平反了父亲蓄意制造的一桩在全国影响恶劣的冤案。

继杨名时之后，李绂、蔡珽、谢济世等科甲朋党冤案也得到昭雪。

谢济世，号石霖，广西全州人，康熙五十一年（1712年）进士，雍正四年（1726年）以翰林院检讨授监察御史。这年年底，刚当上御史不久的谢济世就上本参奏河南巡抚田文镜，说他有"营私负国，贪虐不法"等十大罪。御史是天子耳目，负有监察百官的职责。谢济世以御史身份露章弹劾一个巡抚不是什么大不了的事，但雍正帝却以为他和直隶总督李绂桴鼓相应，暗中结为朋党。

李绂，字巨来，号穆堂，江西临川人，康熙四十八年（1709年）进士。雍正帝即位，对李绂很看重，让他担任吏部侍郎，调任广西巡抚，雍正三年（1725年）又由广西巡抚调升直隶总督。李绂入京觐见时，曾当面向皇帝告发河南巡抚田文镜贪虐不法，负国殃民，特别强调田文镜蹂践读书人，诬害科甲出身的州县官员黄振国、邵言纶，汪諴等人。李绂是年羹尧的政敌，当时年党刚被搞垮，雍正帝想方设法笼络他，让他任地位非同一般的直隶总督，而一旦与田文镜起了冲突，情势却开始不利于李绂了。

田文镜原是汉军正蓝旗人，从县丞之类的佐杂，跃升成封疆大吏，全靠雍正帝一手提拔。他非科甲出身，上下周围没有师生、同年为依傍调护，惟知报答天高地厚的圣恩。雍正帝认为像田文镜这样的人才最公忠可靠，在官场中孤立无援恰是他可贵之处。在李绂与田文镜的冲突中，雍正帝从自己的政治判断出发，容易偏向田文镜一边。加以李绂密参田文镜时，在没有调查清楚的情况下，就说信阳知州黄振国已被田文镜监毙灭口。田文镜抓住这一点，反过来说黄振国、邵言纶、汪诫与李绂是所谓“同年”，即同是康熙四十八年进士，以此证明李绂结党营私，偏袒同年。田文镜知道雍正帝最恨臣工结为朋党，而汉人自隋唐以后，往往借同年、门生、座主、故旧等关系朋比为奸，党同伐异，所以有意大作“同年”的文章，把他与李绂互参的个人之间的是非恩怨，夸大成科甲官员相互朋比而诬害他。偏偏在这当口又杀出了一个御史谢济世，也指名道姓地参劾田文镜，说田种种苛刻，为邵言纶、汪诫、黄振国辩护，与李绂所讲一一吻合，丝丝入扣。雍正帝大为警觉，又联想到黄振国原是兵部尚书、左都御史蔡珽的下属，而李绂受知于帝又得力于蔡珽的荐引，由此又怀疑李、蔡互相党庇。根据种种迹象，雍正帝判断，谢济世受李、蔡的暗中指使，出偏师声援日渐处于不利地位的李绂和蔡珽。

蔡珽，字若璞，号禹功，籍隶正白旗汉军，出身于赫赫有名的武人世家，但到他这一代不幸弃武从文，于康熙三十六年（1697 年）考中进士，又入翰林院深造，在康熙帝晚年担任过翰林院掌院学士，又外放巡抚四川。雍正初，川陕总督年羹尧恃宠而骄，气焰熏蒸，蔡珽身为四川巡抚就敢于和他分庭抗礼。雍正帝整年党，蔡珽成了得力干将。但好景不长，李绂、田文镜互参案发，谢济世又卷了进去，雍正帝怀疑与李、谢有着千丝万缕联系的蔡珽是幕后主使者。这还了得！科甲文人盘根错节、相互声援，其危害难道下于年羹尧党和隆科多党么？雍正帝选定谢济世为突破口，非要把谢济世与李绂、蔡珽的朋党关系搞个水落石出。于是，他下令夺谢济世官，交大学士、九卿等“严刑讯问”。

雍正帝这样怀疑，自有他的道理，但谢与李之间确实不存在指使与被指使的关系，怀疑蔡珽为隐在幕后的“大奸大诈之人”，更缺乏根据。谢济世之所以决心参劾受到皇帝偏护的田文镜，完全是激于一时义愤，骨鲠在喉，不吐不快。

此前，为搞清李绂与田文镜互参的是非曲直，雍正帝特派刑部侍郎海寿、工部侍郎史贻直为钦差大臣，到河南就地调查审理黄振国等案，随行的有一个刑部员外郎，叫陈学海。陈学海是谢济世的好朋友，他从整个审讯过程中得出了田文镜种种欺罔的结论，但两位钦差海寿和史贻直却没有完全如实向皇帝奏明。回京后，陈学海私下里把实情告诉了谢济世，大概他的勇气不很够吧，谢济世挺身而出，冒险搏击圣眷正隆的疆臣田文镜。谢济世没有受到李绂的指使，他怎么能说违心的话栽害李绂呢？所以，当刑部尚书励廷仪让他招认指使者是谁时，他昂首朗声回答："确有其人——那就是孔、孟！济世自幼读孔、孟之书，应当忠谏。见奸不击，非忠也。"不管怎样用刑，谢济世也不承认有指使者。两个月过去了，刑部等衙门还是审不出个究竟，只好以谢济世"显系"听人指使，要结朋党，扰乱是非，奏请将他立斩。

问题上交到雍正帝，他感到很为难。批准杀掉谢济世，缺乏证据，况且自古以来皇帝以杀谏官言官为戒，于是只好把大小臣工都找来，济济一堂，听他的辩解。雍正帝说，谢济世与李绂所奏完全符合，说明"必有大奸大诈之人暗中指使"，其目的是"令朕有杀言官之名"，他不上这"大奸大诈之人"的圈套。谢从宽免死，发往阿尔泰军前效力赎罪。至于"大奸大诈之人"到底是谁？为什么不作深究？雍正帝也说不出所以然，只能含糊其词地说，如追究起来，不胜株连。这种辩解实在太拙劣，皇帝难于下台的窘态活脱脱地暴露在群臣面前。在场有个叫姚三辰的，官左中允，聆听皇帝训话时，脸上流露出了不以为然的样子。雍正帝恼羞成怒，立即把他革了职，理由是姚三辰的"词气神色，不以朕为然，必是查嗣庭、汪景祺的同类"。查、汪是浙江人，姚三辰不幸也是浙江人，又不善于控制自己面部表情，雍正帝便把一腔无名火发泄在他身上了。

对谢济世的最后处置，有点儿近于儿戏。刑部拟斩立决，雍正帝从宽发往阿尔泰军前效力赎罪。如此处分之后，雍正帝心里很窝囊。他之所以整谢济世，是想查出他与李绂组织上的联系，从而彻底粉碎李绂、蔡珽、谢济世等科甲出身官员组成的朋党集团。结果谢济世攻不动，舆论对皇帝如此做法又颇有反感，所以这件事在雍正帝心中留下了一块病，就他的性格而论，是绝不会善罢甘休的。

再说被发往军前效力赎罪的谢济世，雍正帝硬把他打成朋党分子，他觉得很冤枉。事实上，存在一个李绂、蔡珽为首的科甲朋党集团，本来就是皇上的臆断；退一步讲，即使有，谢济世也不是这个集团的成员。他参奏田文镜之举是出于独立思考的个人行为，只不过与李绂参劾田文镜之举不谋而合罢了。雍正帝硬要把谢济世打成科甲朋党，在找不到任何证据的情况下，又把他发遣西北，这件事使他陷入了深思：皇帝如此听不得不同的意见，这对国家社稷不是什么好事。他是一个儒学修养很深的人，对他来说，从儒家经典中很容易找到人君应当虚心纳谏的根据。来到戍所后，大将军、平郡王福彭对他优礼有加，让他能够从容思考著述。

雍正七年（1729 年）初，负责监视谢济世赎罪表现的振武将军锡保向雍正帝报告，谢某仍不安分，他私注《大学》，“毁谤程朱”，并把谢济世《大学注释》稿本一并恭呈御览，请求皇上降旨处理。雍正帝反复审阅了谢济世对《大学》这部儒家经典的注释，见其中有“拒谏饰非”云云，就联系起李、蔡、谢暗结党援倾陷忠良的未了往事，想当然地认定“拒谏饰非”暗含讥讪，表面上是注释经文，实际在骂皇帝，发泄深藏于胸的隐恨。

雍正七年（1729 年）六月，雍正帝通过内阁向群臣颁发了一道谕旨，首先举出谢对《大学》的一段注释——“拒谏饰非，必至拂人之性，骄泰甚矣”。联系雍正四年谢济世因参奏田文镜而治罪一事，雍正帝说：“谢济世为此发往军前效力，不思痛改前非，反而借注经责难朕拒谏饰非，违反人性，骄恣专横。试问谢济世：数年以来，为朕进谏者何言？朕所拒者何谏？所饰者何非？除处分谢济世党同伐异、诬陷良臣之外，尚能指出一二事否？”谢济世的罪，锡保所参“毁谤程朱”倒在其次，他借注经发泄对君上的怨恨，犯的是悖逆大罪。刑部遵旨将谢济世定为即行斩决。

随后，雍正帝宣布，谢济世在阿尔泰军前供认当年参奏田文镜，确实出于“李绂、蔡珽之授意”，据此，命将李、蔡二人交刑部讯取确供，“傥再支吾，即加刑讯”！谢济世是否如此招供，不得而知，退一步讲，即使他供认了，是否出于刑逼，也大有疑问。显而易见，雍正帝制造这起“私注经书”文字狱，真正的目的是要把前两年处于胶着状态的打击科甲朋党的斗争继续推展下去。

雍正八年（1730 年）初，雍正帝批准的处决谢济世的刑部文书驰送到了振武将军锡保的幕下，谢济世同因撰写《通鉴论》而得罪的陆生楠俱判处死刑，即于阿尔泰军前当众正法。行刑的那天，先斩跪在一旁的陆生楠，陆的脑袋滚在地上，谢济世正引颈待戮，锡保却宣称奉旨“谢济世从宽免死，交顺承郡王锡保，令当苦差效力赎罪”。这显然是雍正帝的恶作剧，让谢济世体验一下死神降临时的恐惧，自己也能尝到报复的快意。

对李绂的处理，与谢济世有异曲同工之处。据说，廷讯时雍正帝声色俱厉审问李绂，李绂面不更色，镇定地回答：“臣罪当诛，乞即正法，以为人臣不忠者戒。”在一旁听审的大臣都吓得汗流浃背，而李绂泰然自若，没有半句求生乞怜之语。刑部先拟了斩决，待决的死囚李绂却很坦然，在监狱里每日读书，吃得饱，睡得香，同监的罪犯见了，称他为“铁汉”。雍正帝没办法，赦免了他的死罪，令他去干纂修《八旗通志》这桩闲差去了。

蔡珽的罪状更吓人，共有十八款，其中涉及他做四川巡抚时受贿白银六万余两、黄金九百多两，刑部判的也是死刑，雍正帝命改为监候待决。他一直在狱中待到新皇帝弘曆即位，才被放出来。

雍正帝蓄意制造李绂、蔡珽和谢济世科甲朋党案，目的是摧毁可能存在的威胁皇权的朋党，借此制造恐怖气氛，彻底扫荡千百年来在士大夫中根深蒂固的科甲习气，以顺畅地推行他的政治主张。但他为什么不从肉体上干脆消灭敢于和皇帝尊严对抗的李绂、谢济世等人呢？为什么总是把刀放在他们的脖子上，用死来吓唬一下，又恩出格外，刀下留人呢？雍正帝的确惯于用死来慑服人，但如此揣度他的用心，似乎过于肤浅，也把事情简单化了。

专制君王容不下有个性、有骨气的诤臣，他们要的是只知效忠君王而不知有别的生存目的的奴才。但专制君王又有昏君和有作为的帝王之别，雍正帝属于后者，是一个有着强烈使命感而又很有作为的专制君王。他期望臣工首先要具备田文镜、李卫那样的“公忠”，同时还要有敏达干练的办事能力；他绝对不能容忍像李绂、谢济世这样立朝棱棱、铁骨铮铮的大臣，却又想对他们百般挫辱，待他们对自己“五衷感佩”“心悦诚服”彻底驯顺之后，再重新起用，以充分发挥其聪明才智，当作忠实又能干的奴才。雍正帝在擢升直隶总督未久的李绂密折上曾这样教训说："你实不及朕远矣，何也？朕经历处多动心忍性，非止数年几载。若与朕一心一德，心悦诚服，朕再无不教导玉成你的理；若自以为记载数篇腐文，念诵几句史册，以怀轻朕之心，想将来悔之不及！当敬而慎之，五衷感佩可也。"这真正是雍正帝的心里话！当时，著名史家全祖望在雍正帝蓄意打击所谓科甲朋党时已是二十几岁的成年人了，可以称为雍正帝制造的一系列冤案的见证者。他说雍正帝不杀李绂，是因为"其性刚，意欲痛有所摧折而令其洗心革面，而后复用之"。他把雍正帝看得真透。

但人的秉性就和他的面孔一样，是很难改变的。所以，终雍正之世，谢济世一直待在阿尔泰戍所效力赎罪；蔡珽蹲在刑部大牢每年朝审都拉出去陪斩，然后又拉回来牢固监禁待明年秋后处决；李绂稍微好一点儿，据说每天坐着一辆瘦马拉的破车到修书局规规矩矩上班。

乾隆帝即位，发布召原任尚书杨名时从云南来京另有任用的谕旨不久，又赐李绂侍郎衔，召原任御史谢济世从大西北来京。谕旨的用词低调得再不能低调："李绂着赏给侍郎衔，管理户部三库事务"；"调原任御史谢济世来京引见"。但此举在朝野引起的反响却比为杨名时平反大得多。对蔡珽的处置则是宣布无罪开释，八年后，蔡珽以旗下闲散郁郁而终。为什么对蔡珽的处理与李、谢有所不同？可能乾隆帝考虑到，蔡珽有难于洗刷的收受巨额贿赂的污点，不纯粹是皇父雍正帝以莫须有罪名迫害的政治犯。

谢济世还没启程还京，就敏感地觉察出政治气候已有微妙变化。他心情激动地为他在流放地的庇护人——北路参赞大臣、内大臣钦拜草拟了奏请禁止臣下用奏折告密的折稿，大意说：要想天下太平、政治清明，就必须言路畅通，让大家有讲话的渠道。然而，要想收开言路之益，就应该先除开言路之弊。当前开言路还有什么弊病吗？有，那就是用奏折告密。放任密奏，小人就可以借此谗害君子，小臣就可以借此摇动大臣。告密者用的是匿名折子，被告发的还蒙在鼓里，哪有可能申辩？如此下去，上下相忌，君臣相疑。为此，陈请自今除军机之外，皆用露章，不许密奏。即或论列政策得失，指责皇上品德作风，如魏徵之于唐太宗，后人赞美魏徵之能谏，未尝不在赞美太宗之胸怀宽广。君子的过失，有如日月之食。有了过失，人人看得见；改了，也人人看得见。还遮遮掩掩用密折干什么？废止告密折子以后，言路仍当责成于有建言专责的六科给事中和十三道监察御史。怎么责成呢？一是不言有罚，一是言者无罪。如此言路大开，弊端立革，必将使天下后世谓我乾隆帝治下为宽大无忌讳之朝，岂不盛哉？岂不美哉？

谢济世、杨名时等正派人士都是雍正年间密奏之制下的受害者，谢济世从儒家政治理念出发，反对雍正帝的秘密政治、独裁倾向。他的政治理想是像唐太宗贞观之治那样，众正盈朝，公开发表包括匡正君德在内的各种意见，君王虚心纳谏，择善而从。年轻的乾隆帝很欣赏谢济世起草、以钦拜名义写的这个奏折。他当时对皇父雍正帝所搞的一套有看法，对儒家理想主义政治很向往，特别希望缓和一下皇父在时那种君臣间的紧张关系，营造起一种“君明臣贤”的开明政治局面。据说乾隆元年（1736年）春天，平郡王福彭入觐，乾隆帝还称赞“钦拜有古大臣风”。福彭告诉皇上，钦拜的折子是谢济世代为起草的。乾隆帝对左右说：“果不出朕所料也。”

谢济世来京后仍以御史用，他的心情很舒畅，因为恢复原职无异于是非终于论定。对于谢济世这样的书生来说，这大概是最为快慰的事了。事态的进一步发展，使他益发振奋。田文镜其人究竟如何，新皇帝到底表了态。田文镜已于雍正十年（1732年）死去了，乾隆帝即位后，降谕责备田文镜“苛刻搜求”“匿灾不报”，河南人民重受其困。随后又说，鄂尔泰、田文镜、李卫这三个皇考最称许的人中，田文镜不及李卫，李卫又不及鄂尔泰。乾隆帝能讲到这种地步已很不容易，因为搞不好会被人指责为尽翻雍正旧案；而作为嗣皇帝，这么迅速地改变先皇用人行政路线更容易被人目为最大的不孝。抚今追昔，谢济世对新帝的感戴之心尤非他人所及。

与起用谢济世的同时，乾隆帝还发布了“召署河东监政孙嘉淦来京，以侍郎用”的谕旨。

孙嘉淦，字锡公，号懿斋、静轩，山西兴县人。早年家境贫寒，经过刻苦奋斗，康熙五十二年（1713年）中进士，点翰林。雍正帝初即位，他上疏论列“亲骨肉”等敏感政治问题，激怒了皇帝，雍正帝被激怒，认为翰林院哪还容得下这等狂生？幸亏大学士朱轼替他讲了些好话，说孙嘉淦狂则诚狂，胆量令人佩服，这样他才未被逐出翰林院。孙嘉淦四十刚过，就以敢言人不敢言出了名。此后遇事，他每每有所陈奏，雍正帝不高兴，说其“迂阔琐碎”，不便实行。雍正十年（1732年）抓他个过失，命革职拿问，刑部拟了斩罪，雍正帝加恩免死，对大学士们说：“孙嘉淦性气不好，但不要钱，就去银库当差吧！”这话说得很透。孙嘉淦刚气逼人，不为专制帝王所喜。乾隆帝在藩邸时就常听人讲有个叫孙嘉淦的山西人很正直，敢讲话，所以即位之初，立即把他从河东盐政上召回，先安排当吏部右侍郎，很快擢升都察院左都御史，统管纠察百司。乾隆帝想，孙嘉淦连皇帝都不怕，还怕大臣官员吗？

孙嘉淦的“性气”还是改不了，他的“敢言”首先是对皇上的。经过雍正朝的坎坷和贬职后的冷静反思，他针对国家权力过分集中和政治迷信蔓延朝野的教训，上了著名的《三习一弊疏》，对掌握国家最高权力的统治者是如何在不知不觉中一步步走上专制独裁的原因，从人性弱点和帝王心理角度作了堪称前无古人的深刻论析。

孙嘉淦开头高度赞扬了气象一新的乾隆帝初政。他说，数月以来，捧读上谕，仁心仁政，恺切周详。凡臣民之心所想而口不敢言者，皆已行之矣；如果说还有该说的话，那就只有皇上之心而已。我皇上之心，仁孝诚敬，加以明恕，难道还有可议的吗？孙嘉淦说，当下虽说心无不纯、政无不善，但从将来着眼，惟望我皇上能自觉防患于未然。自古以来，治乱之循环，如阴阳之运行；坤阴极盛而阳生，乾阳极盛而阴始。事当极盛之际，必有阴伏之机。其机藏于至微，人不能觉，而及其既著，遂积重而不可返。故当阴伏之机尚未显露之时，即应明察而杜绝之。

孙嘉淦接着从“听”“看”“想”三方面讲皇上的心是怎样不知不觉潜移默化的。他用“三习”这个提法，“习”的本意是，像鸟的翅膀那样一次次重复摆动，这里大概是“习惯于”的意思。

第一“习”是“耳习”。讲的是君主开始听得进逆耳忠言，尔后，颂扬话一次一次听，听多了，听惯了，最后连臣下谄媚得不够动听悦耳都会遭到罢黜的前后演变过程：

> 主德清，则臣心服而颂；仁政多，则民身受而感。出一言而盈廷称圣，发一令而四海讴歌。在臣民原非献谀，然而人君之耳，则熟于此矣。耳与誉化，非誉则逆。故始而匡拂者拒，继而木讷者厌，久而颂扬之不工者亦绌矣——是谓耳习于所闻，则喜谀而恶直。

第二“习”是“目习”。讲的是君主见到众正盈朝开始还心怀忌惮，臣工敬畏驯顺的样子一次一次看，看多了，看惯了，最后连阿谀逢迎得不够妩媚都觉得是触犯旨意的前后演变的过程：

> 上愈智则下愈愚，上愈能则下愈畏。趋跄谄胁，顾眄而皆然；免冠叩首，应声而即是。在臣工以为尽礼，然而人君之目则熟于此矣。目与媚化，非媚则触。故始而倨野者斥，继而严惮者疏，久而便辟之不巧者亦忤矣——是谓目习于所见，则喜柔而恶刚。

第三“习”是“心习”。讲的是君主开始还礼贤下士，如临如履，待经事既久，心想人才不过如此，大事亦并非难办，最后发展到心有所想而事则期于必成的前后演变过程：

> 敬求天下之士，见之多而以为无奇也，则高己而卑人；慎办天下之务，阅之久而以为无难也，则雄才而易事。质之人而不闻其所短，返之己而不见其所失。于是乎意之所欲，信以为不逾，令之所发，概期于必行矣——是谓心习于所是，则喜从而恶违。

分析完了君主心理全面演变的过程之后，孙嘉淦接着说：“三习既成，乃生一弊。何谓一弊？喜小人而厌君子是也。”为什么三习既成就“喜小人而厌君子”呢？

孙嘉淦解释说，进君子而退小人，不独明君深知必如此不可，就是末代君王何尝不明白其中的道理？况且，为君者都认为自己用的是君子，而不是小人。但事态发展的结局往往是小人布列要津而君子纷纷遭到罢黜，这又为什么呢？一句话，君王用才不用德。德者，君子之所独有，才则小人与君子共之，而且胜过君子。这是显而易见的道理。孙嘉淦进而说君王三习既成，则小人必然得志而君子必然遭到疏远乃至罢斥，原因就在于：

语言奏对，君子讷而小人佞谀，则与耳习投矣。奔走周旋，君子拙而小人便辟，则与目习投矣。即课事考劳，君子孤行其意而耻于言功，小人巧于迎合而工于显勤，则与心习又投矣。小人挟其所长以善投，人君溺于所习而不觉。审听之而其言入耳，谛观之而其貌悦目，历试之而其才称乎心也。于是乎小人不约而自合，君子不逐而自离。夫至于小人合而君子离，其患岂可胜言哉！而揆厥所由，皆三习为之蔽焉。

孙嘉淦说当前既无三习，更谈不到一弊，但恰恰要在这时郑重地提出这一问题的严重性；否则，三习已然铸成，即使有明察之士，也不敢说，或者说了，君王也听不进去。

那么，当前怎样才能“预除三习，永杜一弊”呢？孙嘉淦开出的药方是“不在乎外，惟在乎心”：

臣愿言皇上之心也。《语》曰：“人非圣人，孰能无过？”此浅言也。夫圣人岂无过哉？惟圣人而后能知过，惟圣人而后能改过。孔子曰：“五十以学《易》，可以无大过矣。”大过且有，小过可知也。圣人在下，过在一身；圣人在上，过在一世。

既然天下盛衰安危系于“皇上之心”，那么，能不能设法从外部约束规范这个“心”呢？孙嘉淦以为不行，因为“贤人之过，贤人知之，庸人不知。圣人之过，圣人知之，贤人不知。欲望人之绳愆纠谬，而及于所不知，难已”。连皇帝身边的最明哲的贤良大臣都不知道皇上的失误在哪里，所以孙嘉淦说只能靠皇上自己约束自己的“心”：

故望皇上之圣心自懔之也。常怀不敢自是之意，流贯于用人行政之间，夫而后知谏诤切磋者爱我良深，而谀悦为容者愚己而陷之阱也。耳目之习除，而便辟善柔便佞之态，一见而若浼。取舍之极定，而嗜好宴安功利之说，无缘以相投，夫而后治臻于郅隆，化成于久道也。不然而自是之根不拔，则虽敛心为慎，慎之久，而觉其无过，则谓可以少宽；励志为勤，勤之久，而觉其有功，则谓可以稍慰。夫贤良辅弼，海宇升平，人君之心稍慰，而欲少自宽，似亦无害于天下。而不知此念一转，则嗜好宴安功利之说渐入耳而不烦，而便辟善柔便佞者亦熟视而不见其可憎，久而习焉，忽不自知而为其所中，则黑白可以转色，而东西可以易位。所谓机伏于至微，而势成于不可返者，此之谓也。是岂可不慎戒而预防之哉！惟望我皇上时时事事常存不敢自是之心，而天德王道举不外于此矣。伏惟皇上包容而垂察焉，则天下幸甚！

孙嘉淦《三习一弊疏》婉转周折，析理入微，从帝王的耳、目、心之习，一直讲到国家的治乱兴衰。他热切希望春秋正富、汲汲求治的乾隆帝以圣人自期，“时时事事常守”，“不敢自是之心”。

这一奏折得到刚刚即位且开局十分令人振奋的乾隆帝的高度重视，乾隆帝也真诚地希望自己能够“时时事事”冰渊自凛，不陷入“三习”的陷阱。不可否认，乾隆帝在相当长的时间里为了大清的长治久安，也确实“常存不敢自是之心”。但人类本性和专制体制内在的逻辑力量还是把乾隆帝最终推上了孙嘉淦不愿看到的最坏的结局——朝野弥漫着浓厚的“出一言而盈廷称圣，发一令而四海讴歌”的政治迷信氛围，乾隆帝则成了不折不扣的“喜谀而恶直”“喜柔而恶刚”“喜从而恶违”的“高己卑人”“雄才易事”的专制帝王。

中国自古从国家长治久安着眼，高度重视君德的养成和匡正，宰相制的设计和以史为鉴的警戒，可以视为两条主要的实践途径。但自明太祖洪武废相，已宣告了宰相制从此绝迹于政治舞台，而《资治通鉴》作为帝王经典教科书，也似乎因为人们日渐悟出了“历史上最大的教训，就是人们从不记取任何教训”而失去了昔日的魅力。在这种情况下，孙嘉淦另辟蹊径，从剖析人性弱点切入，揭示出人主从开明走向专制的心理演变。他思想的深刻之处在于他以极其敏锐的洞察力，演绎出专制时代帝王道德不以个人意志为转移的沉沦全过程，从而给当时后世君主以生动而形象的告诫；而孙嘉淦思想的浅薄，也恰恰在于他把一切希望都寄托在君王的道德自省之上，彻底放弃了在帝王之心以外对国家最高权力如何制衡的理论探索。生活在雍乾之际的孙嘉淦看到的是连汉唐时期对皇权多少有些制约的宰相制也已残败殆尽，除了把全部希望寄托在“我皇上之心”，还有什么可指望的呢？

从杨名时到李绂、谢济世、孙嘉淦，都堪称清朝建立后新生代士人精英，与前朝遗民不同，他们的政治立场不反清，也不反皇帝。他们之所以在雍正朝惨遭迫害，是因为他们骨子里保留着能忧、能愤、能思虑、能作为、能有廉耻（龚自珍语）的中国古代士人的宝贵品格。名垂史册的孙嘉淦《三习一弊疏》恰能证明他们对国家命运思虑之深远，对君王的热爱之诚挚，他们的格局、担当与操守，同那些奴颜婢膝、明哲保身的大臣官僚相比，何止天壤之别！康熙帝看到这一点，故称“杨名时实好官，不徒清官也”；雍正帝看重这一点，所以不杀这些硬汉，而留给了密定的皇太子；乾隆帝登极，首先为这批政治冤案的罹难者平反正名，展现出全新的政治开明气象。

乾隆帝初政，万象更新，不仅给士人带来了丝丝暖意，而且仁政迭施，解除了一些地区扰民害民的苛政，使全国老百姓普受实惠。

乾隆帝登极恩诏宣布，各省民欠田赋，凡超过十年以上者，概予蠲免。随即又降旨，命于恩诏外，将雍正十二年（1734 年）以前，各省田赋实欠在民者，一并豁免。但蠲免积欠田赋，实惠落在有地纳粮的业主，而佃户、雇工享受不到皇上恩露。乾隆帝也想到了这些社会最底层者，为此，特降旨说，朕临御以来，加惠元元，惟无业之贫民，终岁勤动，未被国家之恩泽。朕视天下业户、佃户，皆吾赤子，恩欲其均也。业户受朕惠者，十捐其五，以分惠佃户，亦未为不可。

各地方的公共工程，如河防、堤岸、闸坝等等，定例由国家拨款开销，但在执行中，各省往往按田亩派捐，口口声声讲出自小民之愿，实际大都是上司因节省钱粮起见，授意属员为粉饰之计。相沿日久，官吏借端苛索，民间所费比所派之数成倍甚至几倍增加。乾隆帝从反映民生疾苦的奏折中了解到，山东挑挖运河，每年有派帮民夫工食银五万三千四百余两；江南松江海塘岁修，有每亩捐钱五文；京口挑挖运河，每年于苏州、松江、常州、镇江、太仓等府州，照额征漕粮正耗米协解银三千八百余两；苏、松、常、镇、太、通（州）六府州应修河渠闸坝，令长洲等三十三州县按亩派钱五文、三文、二文不等，以供大修，并令每亩又酌量捐钱，以为岁修；四川岁修堤堰，令每亩派银一二厘不等；直隶运河挑浅，于天津等州县每亩帮银一厘。为此，乾隆帝命从乾隆元年（1736 年）开始，一概革除以上各款，合计免去派捐银大约十万余两。此后挑挖运河等项公共工程需用银两，命该省督抚核实奏明，于国家财政内酌量动支，报部核销。

雍正年间为缓解民食日渐艰难、国家实行鼓励垦荒的政策，因而全国垦田面积迅速突破八亿亩，达到了清前中期的最高峰。但这种积极的垦荒政策把垦荒多少作为考核官员政绩的一个重要指标，各级地方官或者迫于上级的压力，或者为突出自己在任时的业绩，往往以无报有，以少报多，因而也带来了不少弊端。问题最大的是河东总督田文镜治下的河南省，四川、福建、广西等省也程度不同地存在虚报垦田的问题。

乾隆帝在藩邸时就多少风闻垦荒之弊，即位后朝中大臣及外省大吏密折奏事也集中于此。其中讲得最恳切的是乾隆帝最尊敬的老师、已受命担任协办总理事务的大学士朱轼。朱轼在条陈中请求皇帝降旨速罢河南开垦。他说：河南地势平衍，百姓秉性淳朴，勤于耕穑，哪里还有什么未垦之田？未垦之地大都是些盐碱砂碛之区而已。据闻河南各属广行开垦，一县之中，有报开几百亩、上千亩，以至几千亩的，全省总数大概有几十万亩。经细加访闻，才知道所谓开垦者，并非实有可耕之地，不过督臣田文镜及接任之王士俊授意地方官多报开垦；于是各属迎合上司，指称某处隙地若干，某处旷土若干，造册申报上司。据其册籍，按其数目，报多者升官奖励，报少者严批申饬，或找个借口，参上一本。地方官畏其权势，希望得到上司欢心，哪管日后官民受累，以致互相攀比，报垦纷纷。其实所报之地，不是河滩砂砾之区，就是山冈多石之处。另外，河堤所在，当留余步，古人所谓不与水争利者此也；一旦开以阡陌，垦以犁锄，于河防亦所未便，弊端显然，所以知其不可也。目下行之，不过枉费民力，其害犹小；若数年之后，按亩起税，指盐碱地为膏腴，勘沙石田以上税，恐怕小民鬻儿卖女也缴纳不起。不知任事之人何以收场？乾隆帝立即降旨禁虚报开垦，谕旨称："朕见各省督抚题报开垦者纷纷不一，至于河南一省，所报亩数尤多，而闽省继之。经朕访查，其中多有未实，或由督抚欲以广垦见长，或由地方官欲以升科之多迎合上司，而其实并未开垦，不过将升科钱粮，分摊于现在地亩之中，名为开荒，实则加赋，非徒无益于地方，而并贻害于百姓也。嗣后各该督抚若不痛洗积弊，仍蹈前辙，必从重处分，不稍姑贷。"

随后撤河东总督建制，命总督王士俊解任，来京候旨。特降旨晓谕豫民："河南地方，自田文镜为巡抚、总督以来，苛刻搜求，以严厉相尚，而属员又复承其意指，剥削成风，豫民重受其困。而后王士俊接任河东，不能加意惠养，且扰乱纷更，以为勤干能事，借垦地之虚名，而成累民之实害。彼地民风淳朴，先后遭督臣之苛政，其情亦可悯矣！"解决河南严重的虚报垦荒问题后，乾隆帝又通行各省，将雍正年间报垦地亩认真复查一遍。如果有虚报地亩，一律从政府册籍中开除。

总的来看，乾隆帝即位后很想当一个宽厚仁慈、实心爱民的好皇帝，当一个青史垂名的开明贤君。汉族士人往往用"从谏如流，求贤若渴"；"仁言圣政重累而下"；"甫数月而囹圄几空，未逾年而恩膏已遍"之类的由衷赞颂之词描述他们心目中政治的春天，老百姓中间也流传着"雍正钱，穷半年；乾隆钱，万万年"的谚语。这些大致能反映出那一时期最高统治者的政策由严猛向宽缓调整的事实。

乾隆帝初政的政治开明和体恤民生，在坚持开放南洋贸易上也有集中体现。

中国东部和东南部濒临大海，明代以今婆罗洲以东称"东洋"，以西称"西洋"。入清以后，西洋的概念有所变化，系指濒临大西洋的欧陆国家和地区，在西洋和东洋之间，又有所谓"南洋"，泛指今马来半岛一带广阔的水域，康雍乾之际南洋主要指噶喇吧（今印度尼西亚雅加达，荷兰人占领后改名为巴达维亚）和吕宋（今菲律宾吕宋岛马尼拉）。早在宋元时期，中国与马来群岛诸国便存在着贸易往来，自明中叶西方殖民者从葡萄牙、西班牙、荷兰等相继东来，中国与南洋传统的商业贸易活动的规模有了进一步发展，闽广江浙的商船来往于中国东南沿海与吕宋、噶喇吧之间，不仅独力支撑着中西（西班牙）、中荷间接贸易，而且在中国——巴达维亚——荷兰和中国——吕宋——西（西班牙）属墨西哥的世界贸易格局中发挥着重大作用。同时，有越来越多的闽广等地人民搭附商船前往南洋各地谋生，成家立业，从事各项经济活动。明清鼎革，清廷厉行海禁曾使中国与南洋贸易受到暂时的遏制，康熙中解除海禁后，南洋贸易很快出现了新的高潮，并一直持续到康熙帝晚年下令严禁闽广等省商船前往南洋贸易时。

康熙帝禁南洋贸易，表面理由是“内地之米偷漏出洋，卖与外洋海贼”，其深意则在防范“外国夷人”与留居海外的众多汉人相勾结，颠覆清朝统治。正如闽人庄亨阳所指出的：“设禁之意，特恐吾民作奸勾夷，以窥中土。”但禁南洋贸易直接摧残了闽广沿海经济和民生。雍正初，闽南漳浦人蓝鼎元论及南洋之禁的危害最为痛切，他说：“闽广人稠地狭，田园不足于耕，望海谋生十居五六，沿海居民造作小巧技艺，以及女红针黹，皆于洋船行销，岁收南洋诸岛银钱货物百十万入我中土。南洋未禁之先，闽广家给人足，既禁以后，百货不通，民生日蹙，有以四五千两白银所造之洋艘系维朽蠹于断港荒岸之间。一船之敝，废中人数百家之产，其惨目伤心可胜道耶！”

面对禁南洋贸易存在的种种窒碍和危害，雍正帝经过反复权衡，于雍正中正式批准福建总督高其倬“复开洋禁”的奏请。这样，康熙帝晚年开始的历时十年之久的禁南洋贸易，正式弛禁。

乾隆帝即位第五年，发生了荷兰殖民当局屠杀巴达维亚华侨的“红溪惨案”，南洋形势突变。

康熙帝晚年，仅爪哇岛上巴达维亚及其近郊已有华侨万余人，当地荷兰殖民当局开始下令禁止华人入境。至乾隆五年夏天，荷印总督和东印度委员会又下令逮捕一切“形迹可疑”的华侨，一律押往锡兰（今斯里兰卡）做苦工，华侨人心惶惶。从农历八月十七日开始，荷兰士兵和暴徒开始疯狂屠杀和洗劫华侨，纵火焚毁华侨的住宅；到九月初二日屠杀停止时，已有万余名无辜华侨被杀，鲜血染红了巴城的溪流，故人称这次惨绝人寰的事件为“红溪惨案”。

第二年七月，福建水师提督王郡、署闽浙总督策楞等先后具折密奏南洋噶喇巴荷兰当局“杀戮在彼贸易汉人”之事，策楞等奏请禁止中国商民前往南洋贸易。乾隆帝接阅策楞等奏折，于八月十一日召见军机大臣时谕示将策楞等奏折交议政王大臣会议，让他们就是否禁南洋贸易提出咨询意见。

清初承明旧制，“机务出纳悉关内阁，其军事付议政王大臣议奏”。乾隆初期，军机处建立有年，凡机密重务乾隆帝都发交军机处议奏，禁南洋案却绕开了军机处而交议政处议覆，此中奥秘何在？按乾隆六、七年间兼议政大臣衔的王大臣依次是：裕亲王广禄，平郡王福彭，慎郡王允禧，大学士、首席军机大臣鄂尔泰，大学士福敏，大学士查朗阿，尚书、军机大臣讷亲，尚书、军机大臣海望，协办大学士、尚书三泰，尚书、军机大臣班第，尚书来保，尚书哈达哈，尚书、军机大臣纳延泰，左都御史杭奕禄和总督仓场户部侍郎塞尔赫共十五人，另兵部侍郎舒赫德亦与议。这十六位王大臣清一色满蒙旗籍，汉大学士张廷玉（兼军机大臣）、陈世倌和徐本（兼军机大臣）因没有议政大臣头衔，自然被排除在议政王大臣会议之外。乾隆帝与康熙帝用心相同：禁南洋案系议论防范外洋汉人与西洋夷人勾结、保证大清江山长治久安的国家战略大事，因此只能在政权最核心层进行。由此可见，乾隆帝虽未就洋禁发表长篇谕旨，但他将禁南洋案交议政王大臣提出咨询之意表明他对此高度重视；但不能不说，皇帝及全部议政大臣，对东南沿海以至南洋形势并不了解。恰在此时，乾隆帝接阅了御史李清芳的奏折。

原来，早前内阁将策楞等主张恢复禁南洋的奏折循例发抄，议政处还未曾议覆，廷臣已遍知此事。李清芳是福建人，他于乾隆六年八月二十五日上《敬陈管见折》，举出不可恢复洋禁四大理由：一是出洋商船贸易，往东洋者十之一，往南洋者十之九，凡江浙闽广四省海关税银多出于此，一加禁遏，则四省海关税额必至亏缺，每年统计海关税银收入损失不下数十万两；二是大凡民间贸易，皆先时而买，及时而卖，预先蓄积，年年流通，今若一旦禁止，商旅必至大困；三是内地贩往外洋之物，多系茶叶、桔柚、瓷器、水银等货，易其朱提（西班牙银圆）而还，禁之则内地所出土产杂物多置无用，而每岁少白银数百万两，一二年后必致东南经济凋敝、民生困窘；四是每年出洋商船不下数百艘，每船中为商人、为头舵、为水手者几及百人，统计数十万众，皆不食本地米粮，若一概禁止，则此数十万人不惟糊口之计、家室之资一时不能舍旧图新，因转而待哺，内地米价必加增长。李清芳奏折使乾隆帝开始深切了解恢复禁洋的严重危害，特别是最后一条“刺激米贵”，给当时为米价居高不下而焦虑不安的皇上留下深刻印象。乾隆帝破例将李清芳奏折作为策楞禁南洋主张的对立意见批交“议政王大臣一并议奏”。

李清芳，字同侯，福建安溪人，大学士李光地族孙、河臣李清时胞兄，此人堪称生长于东南海滨的中国最早一批得风气之先者，他所表达的见解不能仅仅看作个人意见；准确地说，是与南洋贸易利益攸关的闽籍缙绅群体意见的反映。事关福建地区经济民生，李清芳奏折不同于仅从政治角度考虑的署闽浙总督策楞，乾隆帝重视并将其及时批发议政处，对关系国家重大利益的禁洋争议的深化无疑起到了关键作用。

至九月初六日，议政大臣裕亲王广禄等遵旨议覆，指出“南洋商贩，不止福建一省，其江浙广东等处亦有往彼贸易商船”，请将此案敕交闽广江浙督抚妥议具奏。乾隆帝于当日用满文批谕“依议”，军机大臣奉旨将策楞等奏折和议政大臣意见一并寄发闽广江浙督抚，就是否禁止南洋贸易发表自己的意见。这样，利益攸关的东南沿海的封疆大吏也参与了军国大计的讨论。转过年来，乾隆七年二、三月间，两广总督庆复遵旨覆奏，他从广东的实际情况出发，建议包括噶喇吧在内一切南洋贸易毋庸禁止。三、四月间，署闽浙总督策楞等覆奏，仍主禁南洋贸易，但态度有所软化，在附折奏片中称：“倘蒙恩不忍以噶喇吧一岛之猖狂概禁南洋别国，臣等仰恳皇上天恩，特降谕旨。”七月，新任闽浙总督那苏图、浙江巡抚常安覆奏，主张部分禁止南洋贸易。八月，两江总督德沛覆奏，他反对只禁噶喇吧贸易的折中方案，主张仍开放南洋贸易。以上各督抚的奏折，乾隆帝都先后在召见军机大臣时命发交原议政王大臣及兵部议奏。当年十月初五日，议政王大臣遵旨召开会议，他们全面审议了各督抚的不同主张后，向乾隆帝提出了总结性的咨询建议："将南洋一带仍准其照旧通商，以广我皇上德教覃敷、洋溢四海之至意。"看来，议政王大臣认为，"红溪惨案"后，留居海外的汉人与"外夷"勾结的可能性可以忽略，而东南沿海地区的经济发展与社会稳定成为最后决策的主要依据。乾隆帝随即降旨允准，仍继续雍正帝以来开放南洋贸易的政策。

历时一年多的关于是否恢复禁南洋的重大决策活动，乾隆帝广泛地听取了方方面面的意见，特别是最了解当地实际情况的闽籍御史李清芳及东南沿海各督抚的意见，又经过了由满洲亲贵大臣组成的议政处反复讨论，最后由乾隆帝拍板定案。整个过程不温不火，不骄不躁，节奏清晰，层次分明，民生疾苦、地方利益得到了比较充分的反映，不同意见，尽管是品级卑微的御史的意见，也受到高度重视。

三　峥嵘初露

乾隆帝初政以宽缓矫正皇考严猛的政治走向，证明雍正帝对他秉性仁弱的担心并非过虑；但雍正帝毕竟没有完全看透弘历，在仁慈宽和一面的掩盖下，四阿哥骨子里还浸透着列祖列宗强毅阴鸷的另一面，在残酷的政治较量中，后者很快就会苏醒，并成为阅历日丰的皇帝的主导性格。

朝中并非所有人都看好新皇帝的开局，更何况在偌大的政治航船试图调整航向之际，乾隆帝的手法毕竟不够老到。这就难免授人以柄，说先皇尸骨未寒，他的不肖子孙乾隆帝就迫不及待地全面翻案。

这个带头攻击乾隆帝"翻案"的，就是因虚报垦荒被解除河东总督职务的王士俊。

原任河东总督王士俊被召来京后，潜伏了一段时间以窥测政局的变化，他很快嗅出年轻的新皇帝在纠正雍正朝方针政策时又遇到了新的问题。这个精敏的老吏没有感觉错，乾隆帝在即位几个月后就觉察出由于调整力度过猛过大，已经造成了新的政治不稳定；而要稳定国家最高权力交接中的政局，就必须保持皇父政策的连续性。

乾隆元年（1736年）上半年，皇帝围绕“治道贵乎得中，矫枉不可过正”，对大学士鄂尔泰、张廷玉讲了这样一番话：天下之理，惟有一中。中者，过犹不及。过宽则以严相调剂，过严则以宽相调剂，正道是宽严相济。皇考临御之初，见人心疲玩，诸事废弛，官吏不知奉公，宵小不知畏法，势不得不加意整顿，以除积弊。但臣下误以圣心在于严厉，诸凡奉行不善，以致政令繁苛，大为闾阎之扰累。然则皇考之意果如是乎？朕即位以来，深知从前奉行之不善，留心经理，不过欲减去繁苛，与民休息，而诸臣又误以为朕意在宽，遂相率而趋于纵弛一路。若循此以往，不知省改，势必至禁令废弛，奸宄复作，良善受欺，风俗渐就浇漓，将皇考十三年教养整理之苦心，功亏一篑。此朕心所大惧者，不得不恳切告诫！谈过之后，又命鄂尔泰、张廷玉将上述旨意各书一道，密寄各省督抚。

这是乾隆帝第一次提出“矫枉不可过正”，并刻意将皇父之本心与臣下奉行不善带来的弊端作了区分，提醒他的股肱大臣及封疆大吏重视宽大政治可能存在的弊端。随后，乾隆帝又在江苏巡抚顾琮“酌平盐价”一折批谕：“目前奏折诸臣，一则曰‘请宽某件’云云，再则曰‘请宽某件’云云，不知今日之请宽者，即向日之一则曰‘请严某件’云云，再则曰‘请严某件’云云者也。朕意当今之政，莫若谨守皇考十三年以来之整理，而向日一二奉行不善过于苛细者，渐次缓改，则吏治而民安；毋庸我君臣汲汲皇皇，今日曰宽此，明日曰宽彼，以至群相怠玩，百弊丛生，必至激朕又有不得不用其严之时，则非天下臣民之福也。”

乾隆帝上述旨意只在极小的范围内为人所知，但王士俊已有所风闻。乾隆元年年中，发表了王士俊署理川抚的新任命。他陛辞请训时又进一步摸了皇帝的思想动向，经过悉心揣摩，确信自己的判断无误，就在离京赴任后上折密陈四事，他说：雍正朝政治确实过于严刻，但原因在于大臣官员奉行不善，并非先帝整饬的过错。何况雍正八年（1730年）后，已日渐平和。今天已属事后，对以往过当之处只应该密切直陈，或旁引曲喻，俟一二年间，不动声色而徐徐加以变更方为稳妥。但现在有一批逢迎谄媚之辈、少年新进之流，动口就敢指斥某事为雍正某年某月奉旨云云，甚至有人竟对众扬言“今日只须将世宗时事翻案，即系好条陈”之语，传之天下，实在骇人听闻。

乾隆帝看了王士俊的条陈，盛怒不已。这倒不是王士俊条陈的内容，而是作为先皇时“奉行不善”的典型人物王士俊如此谈则居心实不可问！如果因王士俊上了条陈就降旨检讨即位以来政策偏失倾向的话，那么，蛰伏已久、蠢蠢欲动的王士俊之流必将群起反扑，其结果则是新政的成果被全盘否定，自己的形象受损倒在其次，弄不好政局可能因此而失控。想到这里，乾隆帝不禁倒抽一口冷气，立即将王士俊原折发大臣、九卿公同阅看。

没想到大家不摸皇帝的底，没有一个人率先作出反应。乾隆帝深知，在这个牵一发而动全身的重大问题上，不能有半步退让，丝毫含糊，必须由他亲自表明自己的态度，于是立即降旨痛斥王士俊居心巧诈，借直言之名，遂一己之私，并揭出王士俊密折要害在于攻击“朕之翻案也”。

御史舒赫德首先响应，封章特参王士俊。舒赫德说：王士俊奸顽刻薄，朝野尽知。他在河东总督任内，勒令州县捏报垦荒，苦累小民等劣迹，无不败露。近日巡抚傅德又指参数款，闻者无不快心。我皇上至仁如天，还望其改恶向善，曲赐矜全，不料王士俊丧心病狂，妄发悖论，请明正其罪，不宜让他出任四川巡抚，为封疆大吏。

乾隆帝随即在养心殿召见王公大臣、九卿科道等，逐条批驳王士俊所陈四事。针对所谓“翻案”他表示：从来为政之道，因时制宜，宽猛互济。圣祖（康熙帝）深仁厚泽，垂六十余年之久，晚年有法网渐弛、风俗渐玩之势。皇考加意振饬，使纲纪整肃，弊革风清，又怎么能说是翻圣祖之案？皇考初政峻厉，至雍正九年、十年以来，人心已知法度，吏治正渐澄清，为政渐趋于宽简。遗诏中就有“向后政务，应从宽者，悉从宽办理”的话。可见皇祖、皇考与朕之心，原无丝毫间别。王士俊乃訾为“翻驳前案”，是诚何言？是诚何心？

经法司审理，请照大不敬律，将攻击皇上“翻案”的王士俊即行处斩。乾隆帝命改斩监候，秋后处决。第二年正月，特旨释王士俊为民，饬令回籍。

一场政治风波虽然过去，乾隆帝的心湖却久久不能平静。他开始反思执政一年以来推行宽仁政策的利弊得失：崇尚宽大，则诸弊丛生，民生转受其累；稍事振作，则长苛刻之风。言路壅塞，则恐耳目壅蔽，利弊不知；而恳切咨询，则假公济私者多，实心忠爱者少，苟且塞责者多，直陈时务者少，不仅不足以集思广益，且足以淆乱是非。年轻的皇帝深感为君之难。

乾隆帝的反思并没有使既定的宽仁政策骤然逆转，但他显然在政治上开始日渐成熟起来，并试图探索在继承皇父十三年整饬成果的基础上，以“宽严相济”的方针处理眼前纷然杂陈的棘手问题。颇有儒家理想主义色彩的乾隆帝已经意识到为君不易，实践之难，他开始在宽严之间探索合适的度，试图走出一条更加务实的为政之路。这条道路可能与皇父走过的轨迹越来越接近。

乾隆四年（1739 年）秋冬间，一场蓄谋已久的宫廷政变被乾隆帝以不流血的方式平息了。

乾隆帝即位之初，施恩宗室，先以雍正年间被迫害致死的八叔允禩、九叔允禟之子孙为皇祖血脉，命给与红带子（清制，宗室系黄带子，觉罗系红带子），收入皇室家谱《玉牒》。随即命将十叔允䄉、十四叔允禵从禁锢的高墙中释放。谕旨称：“从前允䄉、允禵狂肆乖张，不知大义，罪戾种种，皆获罪皇祖之人。我皇父因恐其在外生事，复罹重谴不得已加以拘禁，乃委曲保全之大恩也。今朕即位，念二人收禁已经数年，定知感皇考曲全之恩，悔己身从前之过。”不久，又赐允䄉、允禵辅国公虚衔。对三阿哥弘时，念兄弟之谊，乾隆帝也命一并收入《玉牒》之内。对雍正年间获罪宗室采取的宽大政策，极大地缓和了皇族内部的紧张关系，特别是皇帝十四叔允禵并未因受到雍正帝长期残酷迫害而迁怒于亲侄乾隆帝。被释放后，他似乎已看破红尘，表现得安安静静，晚年更皈依佛道，乾隆二十年（1755 年）以恂郡王卒。

乾隆帝怀着“敦睦固本，加恩九族”的真诚愿望，希望感化皇族内部的潜在的对手，这其实和他的父亲初即位时的策略是一致的。平心而论，雍正帝即位之初，并无屠戮手足的预谋。康熙帝大殓毕，第一道谕旨是“命贝勒允禩、十三阿哥允祥、大学士马齐、尚书隆科多总理事务”，第二道谕旨是召十四阿哥允禵驰驿来京奔丧，第三道谕旨是允禩、允祥俱封为亲王，二阿哥废太子允礽之子弘晳封为理郡王。可见，雍正帝出以至诚，向康熙年间争夺储位的不共戴天的两大派——皇八子党和废太子党都作出了善意友好的姿态，期望诸兄弟以至全体宗室捐弃前嫌，协力襄助，共同开创大清国家全新的局面。但“树欲静而风不止”，政治是残酷的，基于利害根本冲突的历史积怨往往不能被感化而消弭。乾隆帝开始也想代父偿还旧债，从而使雍正年间受到伤害的宗室王公能够捐弃前嫌。他也确实收到了相当的效果，感召了康熙年间皇八子党的核心人物和他们的后裔；而始料不及的是，雍正年间不少既得利益的近支宗室王公却以庄亲王允禄为核心结成了一个与年轻的新皇帝隐然对抗的政治集团，他们与废太子允礽之子理亲王弘晳暗中互相串联，行踪诡秘，蓄谋不轨。

庄亲王允禄是乾隆帝的十六叔，康熙年间以年纪尚轻没有过深涉入储位之争，雍正帝即位后对他采取笼络策略，封庄亲王。乾隆帝即位，特命允禄总理事务，又赏亲王双俸，兼与“额外世袭公爵”。在乾隆帝诸叔中，庄亲王允禄可谓恩遇最隆。

以允禄为核心的政治集团主要成员有宁郡王弘晈、郡王弘昇、贝勒弘昌、贝子弘普和镇国公宁和等乾隆帝的叔伯兄弟。弘普与宁和都是庄亲王允禄之子，弘普在乾隆元年封贝子，宁和则得了那个“额外世袭公爵”，这两个人也可称为受恩于乾隆帝者。弘昌与弘晈参与其中更不易理解。他二人是乾隆帝十三叔怡贤亲王允祥之子，允祥与雍正帝关系非同一般，雍正帝称其为“自古以来无此公忠体国之贤王”，去世后令配享太庙，还打破祖制，命怡亲王王爵世袭罔替，就是所谓“铁帽子王”。弘晈于雍正八年（1730 年）封宁郡王，弘昌则于乾隆初由贝子晋封贝勒。弘昇是乾隆帝五叔恒亲王允祺的长子，康熙末封世子，但这亲王世子到雍正五年（1727 年）八月时被削去了——其时乾隆帝三兄弘时非正常死亡，弘昇的被革去世子看来很耐人寻味。不过，乾隆帝即位后，将其赦宥，封郡王，用至都统，还受命管理火器营事务；他暗中参与反对乾隆帝的党派活动，也是匪夷所思。

理亲王弘皙与庄亲王允禄及其他弘字辈的兄弟则不然。他们潜藏异心，心怀怨望并付诸行动，则不难解释。弘皙可能是这个集团真正的中坚和灵魂。弘皙是废太子允礽第二子，颇为皇祖康熙帝所钟爱，允礽太子不废，大清江山和爱新觉罗宗社这偌大家产理所当然地将由他承受。可惜天不由人，皇位落在了胤禛、弘曆这一支，这个帝梦成空的皇孙同弘曆三哥弘时一样，对弘曆的继位，也有着难以咽下的恶气；不同的是，弘时是在弘曆即位未成事实之前，被迫强咽下了这口气，而弘皙则是在弘曆即位既成事实之后，不吐这口恶气不快。

乾隆帝对这个潜怀敌意的政治集团有所觉察是在继位第三年，只因缺乏足够的证据，才迟迟没采取行动。等到乾隆四年（1739年）秋冬之际，有人告发弘皙等与庄亲王“结党营私，往来诡秘”，乾隆帝才下令查讯此案。经过宗人府的一番审办，最后奏请将允禄、弘皙、弘昇革去王爵，永远圈禁，弘皎、弘昌、弘普、宁和俱革去本身爵号。宗人府在拟罪请旨的奏折上，特别指出理亲王弘皙在听审时“不知畏惧，抗不实供”。值得注意的是，乾隆帝在最后裁决此案时，说庄亲王允禄“乃一庸碌之辈”，弘昇不过“无藉生事之徒”，弘昌则“秉性愚蠢”，弘晋则“所行不谨”，弘皎“乃毫无知识之人”；而所列弘皙罪行之严重、居心之险恶，则不大相同：

> 弘皙乃理密亲王（废太子允礽）之子，皇祖时，父子获罪，将伊圈禁在家。我皇考御极，敕封郡王，晋封亲王，朕复加恩厚待之。乃伊行止不端，浮躁乖张，于朕前毫无敬谨之意，惟以谄媚庄亲王为事；且胸中自以为旧日东宫之嫡子，居心甚不可问，即如本年遇朕诞辰，伊欲进献，何所不可？乃制鹅黄肩舆一乘以进，朕若不受，伊即将留以自用矣。

说白了，就是这位“旧日东宫之嫡子”，仍期望有朝一日，取乾隆帝位而代之。但乾隆帝所举“于朕前毫无敬谨之意”，以及进鹅黄肩舆一节，恐怕还不能构成弘皙有篡位野心的罪案。因此，在处置弘皙时，也只是革去亲王，免于圈禁，仍准其在京师以北昌平界内郑家庄的王府居住。到此为止，允禄、弘皙等结党一案，尚不能视为意图推翻当今皇帝的“悖逆”大案，只不过弘皙有政治野心而已。

这是乾隆四年十月间的事；到十二月，案情急转直下。有一个叫福宁的人，是弘皙亲信，到宗人府首告弘皙有弥天大罪。乾隆帝震怒，令平郡王福彭、军机大臣讷亲严切审鞫。在审讯有关案犯时，巫师安泰的口供最骇人听闻。据安泰供称，他曾在弘皙府中作法，自称祖师降灵，弘皙随即向其问了以下几个问题，请神灵回答：

> 准噶尔能否到京？
>
> 天下太平与否？
>
> 皇上寿算如何？
>
> 将来我还升腾与否？

后三个问题活画出一个企图东山再起的政治失意者的嘴脸，这并不难理解。而提问“准噶尔能否到京”？正可见其居心叵测！

雍乾之际，京师旗人畏准噶尔如虎，谈准噶尔色变。这大概源于雍正九年（1731年）在和通泊的一次几近全军覆没的惨败。准噶尔，牧地在汉唐西域一带，明朝名之曰“瓦剌”。瓦剌强悍的骑兵多次进薄京城，明朝中叶，竟发生了明英宗被瓦剌俘虏而去的惊天动地大事件。入清之后，瓦剌称准噶尔，长期以来是清廷最强劲的敌人。康熙年间康熙帝三次亲自出塞，远征朔漠，揭开了与准噶尔长达七十年的战争序幕。中间，雍正帝在位十三年间几乎无时不处于对准噶尔紧张的备战、开战与谈判之中，而“雪压沙场鼓声死，主将知名半成鬼”的清准大战就发生在阿尔泰山东侧、科布多西北约五百里的和通泊。以大将军傅尔丹为首的北路清军三万余人中计被围，副将军巴赛战死，副将军查弼纳力竭自尽，将士战死无算，陷于敌者近万人，只傅尔丹率残兵二千人突围逃回科布多。此役之后，八旗对准噶尔长期存在恐怖畏惧情绪。被称为“满洲苏武”的正黄旗满洲护军冠裳保十余年后从准噶尔逃归，乾隆帝召见垂询，汉臣汪由敦作《归卒歌》云：“当年征发若云屯，何幸生还拜主恩”；“记来旧事总依稀，说到交锋胆犹战”。十八个春秋过去了，和通泊惨败的阴影还未消散。乾隆初年，如果准噶尔再度逼近京师，又该当如何。弘皙惟恐天下不乱，召喇嘛僧问卜“准噶尔能否到京”，这使乾隆帝怎能不震怒？

更为严重的是，弘皙不仅睥睨新皇，窥伺神器；而且已开始付诸行动。经平郡王福彭等继续审出，弘皙仿照管理宫廷事务的内务府之制，设立了掌仪司、会计司，俨然以影子皇帝自居！所以乾隆帝怒不可遏地斥责弘皙“昏暴鄙陋”“居心大逆”，罪恶较昔日之允禩、允禟“尤为重大”。经福彭等初拟，复经大学士鄂尔泰等会同九卿满汉文武大臣覆议，合词奏请将弘皙革去宗室，即行正法。乾隆帝加恩免死，命拿交内务府总管，在景山东果园永远圈禁，其子孙亦革去黄带，从宗室中除名，但给与红带子。庄亲王允禄等涉案的宗室王公都得到了宽大处理。随着昔日东宫嫡子弘皙被永远圈禁于阴森蔽日的高墙之中，从康熙帝晚年开演的宫廷争储大戏也落下了最后一幕。

总的来看，乾隆帝与其父雍正帝残杀手足不同，对以弘皙为核心的“逆案”，最大限度地采取了低调处理的手法，因而也没有再留下冤冤相报的后遗症。

在平息了弘皙等宗室王公对自己皇位的挑战之后，乾隆帝把政治注意力转向了来自另一方面——朋党倾向复萌——对皇权的威胁。

清初诸帝有惩于晚明朋党乱政加速亡国的教训，十分警惕臣下标榜门户、朋比党援。雍正帝即位初年颁示《御制朋党论》，开宗明义曰：“为人臣者，义当惟知有君。惟知有君，则其情固结不可解，而能与君同好恶。”而人臣一入朋党，乃各徇其好恶，“乱天下之公是公非，作好恶以阴挠人主予夺之柄——朋党之为害，一至是哉”！一言以蔽之曰：天下臣工必须以皇上好恶为好恶，以皇上是非为是非。而《御制朋党论》通篇要旨则在，朋党的最大危害是“阴挠人主予夺之柄”。雍正帝为日后发动一波又一波大辟朋党运动，树立起了方方正正的理论大旗。

雍正帝对碾压朋党极有经验，实践也极富成果。终雍正之世，可谓乾纲独断，官场肃然。大臣自然不敢专擅结党，群小也都以奔走权门、互相瞻徇为戒。自古以来，与封建官僚政治共生的朋党痼疾似乎已成了历史的陈迹。雍正帝去世不久，新即位的乾隆帝便觉察到有些苗头不对，但他碍难下手，因为大小臣工的故态复萌，门户分争，暗中较量，不过是表面现象，而根子却在先帝最倚信的两位大臣鄂尔泰和张廷玉的身上。

被雍正帝誉为“不世出之名臣”的鄂尔泰姓西林觉罗氏，满洲镶蓝旗人，康熙三十八年（1699 年）中举，以后多年充任宫廷侍卫，当过几年内务府员外郎这样的小官，仕途很不得意。到了四十岁，连他自己都认定这辈子发迹无望了，就作诗自嘲云：“看来四十犹如此，便到百年已可知。”却不料突然柳暗花明，时来运转，刚登上帝位的雍正帝对他十分赏识。从此，他平步青云，历任封疆，雍正十年（1732 年）更由云贵总督任上召拜保和殿大学士，而且位居首席，一下子盖过了入阁多年且在政府中地位最高的张廷玉。

比起鄂尔泰，张廷玉的仕宦生涯可说一帆风顺。他出身于安徽桐城一个簪缨世族，父亲张英极受康熙帝尊宠，官拜大学士。鄂尔泰正蹭蹬官场时，张廷玉早已中进士，点翰林；康熙五十五年（1716 年）就身列九卿，当上了二品大员礼部侍郎。雍正帝即位，身为汉臣的张廷玉更受到有清一代罕见的眷顾，在鄂尔泰入阁前，他已位居内阁首辅，又兼任首席军机大臣，是不折不扣的真宰相。鄂尔泰后来居上，实际是恢复清朝崇满抑汉的一贯做法。张廷玉虽无话可讲，心里岂无怨忿？他这一腔怨气只能向鄂尔泰发泄。鄂、张二人就这样结下了梁子。

乾隆帝初政，尊重耆旧，鄂、张一起被任命为辅政大臣，并公布了先帝遗诏，准鄂、张身后“配享太庙”。配享太庙，是为臣者无以复加的荣誉，从大清开国到雍正朝整整一百年，能身列太庙两庑配享的只有武勋王扬古利、怡贤亲王允祥等十二人，其中无一汉臣。可惜，张廷玉与鄂尔泰都没有十分珍重这旷世恩典，两家都各有一批私人，竟闹起了门户之争。科名早、资历深的张廷玉看不起鄂尔泰，鄂尔泰的地位高于张廷玉，也不买他的账；两人同在军机处值班，常常是谁也不理谁，甚至终日无一语。非但如此，张廷玉还不时寻鄂尔泰的纰漏说些阴阳怪气的挖苦话。一日暑热难忍，鄂尔泰把大帽子脱下来环顾左右道：“此帽置于何所？”张廷玉笑答：“此顶还是在自家头上为妙。”为此，鄂尔泰脸色不好看了几天。鄂、张位高权重，他俩闹意见，争高下，下面臣僚看得分明，于是替自己打算，依自己好恶、师承之别，分投鄂、张门户之下。在鄂、张眼里，不比雍正帝，乾隆帝是个仁慈宽厚之主；而从年纪来讲，他们都称得上乾隆帝的父执辈，又都做过四阿哥宝亲王的老师，种种因素凑合在一起，才敢重演朋分角立的故技。

而乾隆帝对他们的容忍是有限度的。乾隆五年（1740 年）四月，群臣被召来听取一道词气严厉的谕旨，他们被警告不得逢迎权臣，妄行揣摩。乾隆帝说，鄂尔泰、张廷玉二人谅必不敢有党援庇护之心，而无知之辈却在下面胡乱揣度，“满洲则想依附鄂尔泰，汉人则想依附张廷玉”，这里面不只是些微末小官，还有尚书、侍郎级的大员。在谕旨的结尾，乾隆帝责问群臣：“你们如此作为，把鄂、张认作大有权势之人，可以操用舍之柄，那把朕视为如何之主？”朋党与皇权势不共存，聪明的臣工已开始意识到问题的严重性，雍正朝血腥镇压朋党纷争的阴影又隐然出现了。

不过，乾隆帝所谓“满洲则想依附鄂尔泰，汉人则想依附张廷玉”，即以民族成分划分隐然存在的鄂、张两大派，却未必尽与事实相符。

与鄂尔泰关系密切的的确不乏满洲权贵，他的几个官至都统、将军、总督、巡抚的子侄鄂容安、鄂宁、鄂弼、鄂实、鄂昌等子弟兵自无须说，朝野闻名的满洲大吏尹继善也是他的姻亲，而且关系非同一般。尹继善夫人是鄂尔泰的侄女，贤淑能诗，一次侍鄂、尹两公小饮，鄂尔泰说，我一天天老了，中枢事务繁重，何日得抽身是好？还没等尹继善答话，她竟正色说，我只听圣人说过“事君能致其身”，其次才是明哲保身，哪里听过“抽身”一说。尹继善听了，只是莞尔一笑。尹、鄂同为满洲科甲，气类相通，加以姻亲一层，看来相聚之时是可以讲掏心里话的。

鄂尔泰满洲亲友如是，而汉大臣与其结好者更指不胜屈。封疆大吏中张广泗、张允随等是他总督云贵时的部属，将军级的回族人哈元生等则是旧日袍泽，据说哈元生到鄂家“供扫除之役，若仆隶子弟然”。阁臣中为鄂派中坚的当推三朝元老史贻直。值得注意的是，雍正年间在士人中名节素著而遭到政治迫害的几位大臣倒多与鄂尔泰保持着较好的关系。杨名时为鄂尔泰在云贵任上的同寅，彼此互相尊重，相处得很融洽；及杨落难，鄂尔泰提供了力所能及的保护。方苞遭际康、雍、乾三世，负天下盛名，与其相交最深者，据当时史家全祖望讲，除杨名时外，有鄂尔泰、李绂、蔡世远、魏廷珍、顾琮、梅瑴成和陈世倌等。还有一个叫胡中藻的内阁学士，堪称鄂门干将，专与张廷玉一派为敌，所写诗中用“谗舌”“青蝇”讽喻张廷玉和张派大将张照乃专在人君前进谗言的小人。由于胡中藻的偏激，给鄂尔泰身后及其家族带来很大灾难，此是后话，这里按下不表。总而言之，这些以气节标榜的士人之所以意气相投，被人视为一个圈子，似乎都与雍正帝倚重的权臣张廷玉、蒋廷锡有些芥蒂，也都与雍正帝青睐的大吏田文镜、李卫格格不入。乾隆帝即位，耆旧凋零，物是人非，但恐怕昔日复杂的人事纠葛也多延续到了新朝。由此来考察依附鄂尔泰的官场人物大概不至离谱。

乾隆时“依附”鄂尔泰的除汉族士大夫之外，还有在当时最负盛名的怪才郑板桥等人。板桥性情耿介，疾恶如仇，傲岸人生，真有些浮云富贵、粪土王侯的豪气，有时他对皇帝的虚伪竟也敢无情地予以揭露。乾隆十一年（1746 年），郑板桥出任潍县县令，正赶上山东连年灾荒。乾隆帝爱民心切，板桥《思归行》诗中也说：“帝心轸念之，布德回穹苍。东转辽海粟，西竭湘汉粮。云帆下天津，艨艟竭太仓。金钱数百万，便宜为赈方。”可是，赈灾的力度如此之大，为什么百姓还是“十日卖一儿，五日卖一妇”，逃荒关东，触目皆是饿殍遍野的凄惨景象呢？大概当时最有见识的人把这一切都归咎于吏治腐败和下层小吏，而郑板桥偏不这样看，在将皇上仁慈与百姓依然卖儿鬻女、啼饥号寒加以强烈对照后，他在诗中发出一连串的犀利的质问：“何以为赈前，不能为周防？何以既赈后，不能使安康？何以方赈时，冒滥兼遗忘？”这无异于向以皇帝为首的专制体制发难，试问古来有几人有此胆量，有此眼光？大约就在这时，郑板桥毅然辞官而去；也正是在这时，他写了《挽老师鄂太傅五首》，痛悼刚刚辞世的“老师”鄂尔泰。郑板桥是乾隆元年（1736 年）进士，那一科鄂尔泰是会试主考官，故而有“老师”之称。第一首诗有“上方一夜调丹药，七校春风送紫泥。其奈巫阳下霄汉，钧天有诏竟先赍”，对他的座师鄂尔泰给予了极高的评价。第五首“布衣屡卧平津阁，远泪难挥杜曲花”，则足见受知之切和感恩之深。像郑板桥这样世所罕见的愤世嫉俗、刚肠劲气的士人为何惟独心折于鄂尔泰呢？这不能不让人深思。鄂尔泰晚年诗有“多生结习只怜才”之句，而雍正初官江苏布政使时，在苏州建春风亭，会诸名士，诗歌唱和，结集为《南邦黎献集》。总的来说，鄂尔泰这个人可能不免刚愎自用的毛病，但比较正派，又深受汉文化的熏陶，风度儒雅，爱才如命；因此，他周围聚拢的人脉网络恐怕不乏汉人吧。

如果说鄂尔泰有点儿汉化，那么，似乎可以说张廷玉有点儿满化。张廷玉在翰林院深造时学的是“国语”，因而能纯熟地用满语奏对，用满文述旨，这倒在其次，主要是他“能与君同好恶”，加以为官过于圆滑谨慎；因此，雍正年间除了常熟蒋廷锡之外，他身边几乎罕见正直醇厚的汉人挚友，相反，为一时舆论所重的所谓“四巡抚”——杨名时、李绂、陈世倌和蔡珽，倒是张、蒋二人合力排击的对象。张廷玉也容不下不依附自己的人才。乾隆元年（1736 年），朝廷继康熙帝之后再开博鸿制科，淹通经史的桑调元、顾栋高、程延祚、沈彤、牛运震、沈炳震，擅长文章诗赋的厉鹗、胡天游、刘大櫆、沈德潜、李锴，其他如全祖望、裘曰修、钱载等，一时绩学能文之士，都未能入选，颇失士林之望。本来奉旨阅卷的并非张廷玉一人，还有鄂尔泰和邵基，但人们则把考试不公的责任一股脑儿推到张廷玉一人身上，说是科“张廷玉主试事，托慎重之名，苛绳隘取”。这样讲，可能有点儿冤枉张廷玉，但至少可以证明，张廷玉在当时最有才华的士人中形象不佳，否则，大家也会去数落鄂尔泰和邵基。当然，他为宦多年，宠眷之优非他人可比，也会有不少同年、门生及故吏前来趋附。这里主要说一下日后被乾隆帝称为张廷玉“得意门生”的汪由敦。

汪由敦，雍正二年（1724 年）进士，是科张廷玉首次担任会试主考官。汪、张同为江南人，张廷玉一脸福相，汪由敦为富家塾师时就被算命先生预言日后必登大位，不仅相貌，二人的长处和作风也极相近，都以记忆绝顶和嘴巴谨饬为君王所赏识。张廷玉承旨书谕为他人所不及，汪由敦则被乾隆帝誉为“任职本谨愿，书谕夙夜效”的亲臣近臣。不过，汪由敦性情似乎更为平和，没有他的座师那样深的心机。当时史家和诗人赵翼与汪由敦同在军机处，相知最深，他说，汪由敦胸襟很宽大，从不掩人之所长，在士人中有很好的口碑。汪由敦古文之学最深，当时馆阁后进群奉为韩、欧。迨汪由敦去世，自视甚高的赵翼悲痛不能自已，称：“公死，天下无真知古学之人，而翼无复知己之望。”汪由敦之所以能得到乾隆帝的信任，长期担任军机大臣，不能说与张廷玉的提携无关；但主要还是靠他自己，靠自己的才干与温和的性情。乾隆帝挽汪由敦诗云：“赞治尝资理，论文每契神。”他说的是心里话。

另一个被乾隆帝目为张廷玉私人的是梁诗正。梁与汪其实很相近，都长于文学，书法端楷，也都没有党同伐异、锋芒毕露的派性。梁诗正被同僚戏称为“五清居士”。因为他一生所领吏部尚书、大学士、掌院学士，加上上书房、南书房等兼差，都是极清要之地。但张派人物中确实有激愤难平、咄咄逼人者，那就是上面提到的张照。

张照资历很老，康熙四十八年（1709年）点翰林，那时乾隆帝还没出生。雍正后期张照被派去经理苗疆事务，从此与鄂尔泰结下死仇。起初倒不怨鄂尔泰，张照错会雍正帝意旨，一到贵州就懵懵懂懂地致函哈元生，令搜求鄂尔泰经理不善处，结果反被鄂尔泰的铁杆哈元生狠狠参了一本，张照这也是咎由自取。乾隆初命罢职治罪，当时鄂尔泰以大学士总理事务，想置之死地，幸亏乾隆帝在藩邸时已参与苗疆事务，深悉其中委曲周折，赦免了张照。有了这样过节，张照对鄂尔泰的仇恨终身未能化解，在诗中还流露出对乾隆帝的不满，以为乾隆帝受了鄂尔泰的蒙蔽才加害于他。在这样背景下，张照成了张廷玉门下最具派性色彩的私人。顺便提一下，乾隆帝极推重张照的书法，称其“书有米之雄，而无米之略。复有董之整，而无董之弱。羲之后一人，舍照谁能若”？对他涉入鄂、张门户之争深为惋惜，在《怀旧诗》中说张照“性敏才本高，未免失行薄”。

总的来看，乾隆初鄂、张门户的分野并不像乾隆帝所描述的那样“满洲则想依附鄂尔泰，汉人则想依附张廷玉”，而主要以门生座主的师生关系为转移，这一点雍正帝早已点破，不知乾隆帝为什么偏要以民族成分不同加以解说。就汉人而论，恐怕从雍正时代开始到乾隆帝初政，的确存在着隐然对立的两大派，一派以气节相尚，很有些为雍正帝深恶痛疾的科甲习气。鄂尔泰至少在雍正时很倾向于这一派，或者说这一派人物对鄂尔泰都有相当好的印象。另一派的首脑人物在雍正时是桐城张廷玉和常熟蒋廷锡，他们以柔媚谨饬、长于文字以结主知，受到雍正帝专宠，礼绝百僚，王公亦折节致敬。乾隆帝当政之初，前一派受压抑者如杨名时、谢济世、李绂、孙嘉淦、方苞等借翻雍正旧案之风稍起，可惜维时不久，老成相继凋谢，而后一派主将蒋廷锡早已物故，张廷玉在乾隆帝心目中的地位也今非昔比。然而，两大派各以鄂、张为首，各有私人，互不相能的格局并没发生根本改变。到乾隆五、六年光景，政治气候已开始发生逆转，乾隆帝对鄂、张暗中斗法已越来越无法容忍，他急于寻找打击这种不利乾纲独揽的突破口。

乾隆六年（1741 年）四月，有个叫仲永檀的御史上折参奏步军统领鄂缮，说他收受俞姓富户贿赂白银一万两。此事牵涉到一桩财产继承案的纠纷。为工部承揽建筑工程的凿匠俞君弼富而无子，病故之后，他的义女婿许秉义急忙出头主持丧事，并嘱托同宗、内阁学士许王猷遍邀朝中大臣前往吊唁，企图借此大造声势，与俞君弼嗣孙俞长庚争财产继承权。俞长庚感到形势对自己不利，就设法找更硬的门路，最后打听到盐商范毓馪平素与步军统领鄂缮往来甚密，就托范送给鄂缮银子一万两，嘱托其设法关照。俞长庚的银子果然管用，经鄂缮的“照拂”，承审的法司作了有利于俞长庚的判决，将许秉义论罪如律，并革许王猷职。

不知怎的，这件案子的内幕叫御史仲永檀刺探到了，就上了一个密折揭发鄂缮收受俞长庚贿银一万两。仲永檀在密折中又别有用心地奏称，风闻前往俞家吊丧者不止九卿，“大学士张廷玉系差人送帖者，徐本、赵国麟俱系亲往跪奠者，又有詹事府詹事陈浩在彼陪吊，送往迎来，奔走数日”。轻轻一笔，把张廷玉等当朝最体面的大臣牵连了进去。

仲永檀，乾隆元年（1736 年）丙辰科进士。乾隆帝一想，这一科的主考官为大学士鄂尔泰，立即明白了此案肯定与鄂尔泰、张廷玉派系倾轧大有关系，于是特命怡亲王允祥、和亲王弘昼，大学士鄂尔泰、张廷玉、徐本，尚书讷亲、来保秉公查审。当然，先要查清楚鄂缮是否受贿，至于“吊丧”等款虽事关派系之争，恐怕难于深究。

在审查鄂缮的过程中，乾隆帝曾亲自鞫问鄂缮，希望他主动坦白。鄂缮被主子的推诚相见所打动，以为承认了皇帝就肯定网开一面，因此自认实收贿银一千两，但过后鄂缮一想，受贿八十两就要掉脑袋，又推翻了原供。这样，鄂缮在轻忽中犯下了“欺君”的滔天大罪，乾隆帝一怒之下，将鄂缮革职，拿交刑部严审，很快坐实了鄂缮受贿的事。在处理鄂缮受贿案的过程中，乾隆帝内心很不平静，自言：“朕为此事，数日以来，寝不安席，食不甘味，深自痛责；水弱之病，朕实蹈之，若再不明彰国法，则人心风俗，将来何所底止？”决定严惩鄂缮的朱谕乾隆帝是垂泪写的，可见他在反省秉政以来政策得失时的痛苦心情。经王大臣等会议，以鄂缮应拟绞立决具奏，乾隆帝命从宽令其在家自尽。

鄂缮时以兵部尚书兼步军统领，是为乾隆朝第一个被处死的一品大员。

鄂缮被处死了，但仲永檀所参张廷玉以大学士之尊差人往俞家送帖吊丧，大学士徐本、赵国麟亲往跪奠等款却查无实据。赵国麟素来讲道学，把自己的名誉看得比什么都重，仲永檀以“风闻”之事凭空污人清白，哪里肯罢休？就赌气向皇上乞求退休，回山东泰安老家。这时乾隆帝已超擢仲永檀为佥都御史，不久又晋升其为左副都御史，赵国麟急于告老为名，还带着发泄对皇帝处理此事有失公平不满的意味。乾隆帝原想此案处理以赐令鄂缮自尽了结，并不想深究仲永檀参奏鄂缮旁及张廷玉等人的背景，不承想赵国麟竟跳出来不依不饶，非要还他一个清白不可，照这样下去还了得！于是，他先将赵国麟降二级调用，留京候补，赵国麟不知收敛，还一再以病乞休，乾隆帝索性将其革职，命在咸安宫效力行走。

从鄂缮受贿案到大学士赵国麟一再受挫，大概一年多的时间里，乾隆帝并非不知仲永檀“醉翁之意不在酒”，但御史职责所在，就是做皇帝的耳目爪牙，搏击权奸贪墨，况且皇帝此时关注的是压抑张廷玉在朝势力的膨胀，故而有意超拔以利用与张派对立的仲永檀。

但仲永檀好景不长，随着张廷玉派的大大收敛，乾隆帝打击重点的转移，他的末日也就到来了。

乾隆六年四月，鄂派干将仲永檀参奏鄂缮激起一连串风波，张廷玉感到风声渐紧，遂屏息敛迹，处处以太平宰相自居。仲永檀自超升左副都御史后却忘乎所以，言行率意，与鄂派人物私下串联不慎败露。原来，他上折参劾乐部大臣张照时，竟先找鄂尔泰大公子鄂容安密议，乾隆帝赫然震怒，命将仲、鄂俱革职，拿交慎刑司，令庄亲王允禄、履亲王允祹、和亲王弘昼、平郡王福彭，以及大学士张廷玉、徐本，尚书讷亲、来保等审明具奏。

鄂容安，雍正十一年（1733 年）中进士时还不到二十岁，随即以翩翩贵公子入值军机处，成为国家军政中枢最早一批军机章京。乾隆初，擢詹事府詹事。詹事，正三品，号“小九卿”。鄂尔泰见儿子超升太快，就上疏固辞。乾隆帝说，鄂容安与张廷玉之子若霭，皇父在世时命在军机处行走，本想造就成才，以为国家栋梁。朕继而擢用，卿就不必以己意一再推辞。鄂容安小皇帝三岁，看来乾隆帝对他抱有莫大期望。但鄂容安行为不谨，特别在事涉朝廷朱批密折制度时竟敢漠视除皇帝与具折人之外绝不可有第三人知之的成规，私下里与仲永檀就参张密折往复磋商，而且此中隐情竟渐渐传入皇帝耳中，乾隆帝怎能不震怒？

经庄亲王允禄等王大臣审讯，仲永檀很快招供确实曾与鄂容安密商参人，而鄂容安亦供认不讳。王大臣拟以泄露机密事务之律上奏。乾隆帝以为仲、鄂二人往来亲密，仲于未奏之前先与鄂商谋，既奏之后，复行照会，显系“结党营私，纠参不睦之人”，王大臣等拟罪失于轻纵。仲、鄂之案改由王大臣会同三法司——刑部、都察院和大理寺另行严审。

此案的性质至此急剧升级，看来乾隆帝拟深究鄂容安、仲永檀之外有无操纵指使者，奉旨审讯的王大臣不敢再敷衍了事，很快审出“仲永檀参劾张照一事，实由其座师鄂尔泰指使”的重要情节。事态严重至此，王大臣立即奏请刑讯仲永檀、鄂容安，并将鄂容安之父大学士鄂尔泰革职拿问。乾隆帝则认为仲永檀、鄂容安交结之事情迹已明，无庸刑讯。鄂尔泰亦不必革职。但为此案发布的谕旨词气异常严厉，乾隆帝说，仲永檀如此不端之人，而鄂尔泰于朕前屡奏其“端正直率”，显系党庇门生，对其长子鄂容安也未能训其谨饬。朕不忍以此事深究，若以此事深究，不但罪名重大，鄂尔泰承受不起，而国家也少一能办事之大臣。鄂尔泰应该自思：朕从前能用你，今日能宽你，难道将来独不能重治你的罪么？着交部议处，以示薄罚。至于仲永檀，乃“依附师门”，“暗结党援”，情罪甚属重大；鄂容安向言官商量密奏之事，情罪亦无可逭。王大臣及三法司可定拟具奏。奏未上，仲永檀卒于狱中。鄂容安论戍，乾隆帝命从宽免发台站，仍在上书房行走。

仲永檀之死一事，后世传说很多。礼亲王昭梿及姚元之都说仲永檀是在狱中被张照下毒所杀，其说未必可信；但仲永檀之非正常死亡，确系一大疑案，对此朝野多有所传闻，它从一个侧面反映出乾隆帝初政以来朝廷隐然对立的鄂尔泰、张廷玉两大派系矛盾的激化。乾隆帝对此深有触动，晚年怀旧，记张照之诗仍云：“使生前明时，标榜必致错。本朝无所施，小哉张与鄂。”他在诗注中还说，“张照即张（廷玉）所喜鄂（尔泰）所恶者，张广泗即鄂所喜张所恶者，余非不知。既不使一成一败，亦不使两败俱伤”，“在余心自有权衡”，这的确是实话。不能说乾隆帝有意制造鄂、张两派之间的矛盾，但他即位后很快就意识到皇帝正可借其互不相能之势，操纵其间，左右开弓，使其互相制约，倒不失为抑制权臣擅政、强化皇权的一招妙棋。乾隆六、七年的政潮表明，新皇帝的帝王平衡术已日臻纯熟。

逐渐收紧对朝廷内部控制的同时，对西洋天主教，乾隆帝也从开放教禁转而为严厉禁教。

乾隆元年（1736年）五月初三，刚刚即位不久的乾隆帝来到了圆明园。他从福园门入园，沿着一条小溪信步向东走去。已经是绿荫密布的仲夏时节了，这里却能不时见到绽着红色、粉色、黄色、蓝色花朵的南国花卉。穿过曲径蛇行的山间小路，在幽岩仄石尽处，几栋形制古朴的屋宇豁然展现在他的面前，这就是圆明园四十景之一的“洞天深处”。这天乾隆帝到此，是想看看如意馆中的画工们如何作画。他来到郎世宁画案前，正要观看他的着色用笔时，这位深受皇帝器重的宫廷画师突然跪在皇帝面前，哀求他缓和教禁。

严禁在中国传播天主教，并非始于乾隆帝。

自从明朝晚期意大利人利玛窦来华传教，到康熙初，受洗入教的中国人已有大约二十万；康熙三十一年（1692年），清廷下令允许民人自由信奉天主教。然而，罗马教廷对天主教耶稣会士们采取的尽量适应中国人传统观念习俗的变通的传教方式颇不以为然。康熙四十四年（1705年），铎罗作为罗马教廷特使来到中国，传达教皇禁止中国教民祭孔祀祖的命令，被康熙帝断然拒绝。康熙帝谕示铎罗："西洋人如反对敬孔祭祖，就很难留居中国。"铎罗不听皇帝劝告，离京南下，竟然向中国教民公布了教皇的禁令："不许祭孔、祭天，不许供牌位，不许以天或上帝称天主；有违犯者，即时应受'弃绝'处罚，教皇与特使保留赦免权。"康熙帝勃然大怒，即时差人到广州传旨，将铎罗圈禁于澳门，不准返回西洋。

康熙五十九年（1720年）冬，教皇特使嘉乐又奉命来华重申罗马教廷禁令。康熙帝在九经三事殿接见了他。嘉乐向皇帝行三跪九叩大礼，呈上教皇的表章，康熙帝亲手赐酒一爵，然后缓缓地发问：

"朕看过你们西洋图画内有生羽翼之人，是何道理？"

嘉乐直觉皇帝提出的问题有些蹊跷，但又无暇深思，就如实回答道："这不过是寓意：'天神灵速，如有羽翼'，并非真有生羽翼之人。"

康熙帝接下说："中国人不解西洋字意，故不辨尔西洋道理；尔洋人不解中国字义，如何妄论中国道理之是非——朕此问即此意也。"

这位教廷使节这才如梦方醒，悟出了老皇帝劈头问什么"生羽翼之人"的深义，暗想自己使命的结局不会比铎罗好多少。果不其然，康熙帝随即斩钉截铁地告谕嘉乐："尔教王条约，与中国道理大相悖戾。尔天主教在中国行不得，务必禁止！"康熙帝还说，西洋传教士中除愿意效力内廷，且有一技之长者，及年老有病不能回去之人外，其余在中国传教的西洋人，交嘉乐一律带走。至此，清廷与罗马教廷的关系彻底破裂。这时郎世宁来中国已逾五年，他工西洋画法，又属于自愿留居中国的传教士，因此继续留在宫廷，但按康熙帝谕旨，这些人只可"自行修道，不许传教"。

如果把康熙帝禁止西洋天主教在中国传布置于纵深的历史背景下考察，这一举措无疑更具有正当的理由。

明朝后期，渡海而来的金发碧眼的西洋人留给中国人的最初印象并不美好。最早自欧洲直航东方的是葡萄牙（佛郎机）人，不久，中葡发生武装冲突，中国人开始领教西洋火炮——佛郎机炮的威力。明嘉靖三十二年（1553 年），葡萄牙人侵占了中国领土澳门，揭开了西方来华血腥殖民史的第一页；接踵其后，荷兰人于明天启四年（1624 年）侵占了我国东南宝岛台湾；明崇祯十年（1637 年），第一艘英国船只闯到广州，炮轰虎门。对于这些以海盗面目出现在中国的西洋人，连正直的欧洲人也说："所有这些所谓和平商业先驱者的行为，与其说合乎文明人之道，毋宁说同于盗贼。他们不仅应驱逐于帝国之外，而且应由中国当局加以剿灭。他们飘忽于中国南部海岸，掠夺焚毁乡镇与城市，杀死和平男女及幼孩以百数十计，而后安然航海离去。或者登陆以后，以最暴戾残忍的手段，强迫当地中国人为他们建筑堡垒，掳掠妇女，抢夺本地人所有任何贵重之物，违犯一切礼仪与人道之信条。"

雍正帝即位后，继续厉行禁教政策，除少数传教士准许留居北京，在内廷和钦天监工作外，各地传教士一律驱逐到澳门，各省教堂一时拆毁尽净，京师的教堂也改为医院，堂中的圣像、圣龛全被焚毁。这一切郎世宁都看在眼里，忧心如焚，他想等待时机，规劝最高决策者能回心转意。

郎世宁，意大利人，名约瑟·迦斯提里阿纳，十九岁时加入了天主教的一个教派——耶稣会，开始为教堂作画，技艺日臻精湛，后来为耶稣会向海外传教的计划所激励，自告奋勇前往中国。康熙五十四年（1715 年），郎世宁抵达澳门，随即奉命进京，以三跪九叩大礼觐见康熙帝。迨雍正帝去世，新即位的年轻的乾隆帝以仁慈宽厚甚得美誉，如今他竟踱到了郎世宁面前，郎世宁岂能放过这天赐良机！于是他跪求缓和教禁。

"朕未尝阻难卿等信奉的宗教，不过禁止旗人信教而已。"乾隆帝态度和蔼，略略沉吟之后，他又说："此类事卿不要干预，日后只管静心作画就好。"

郎世宁唯唯称是。

十天后，宫廷内的西洋传教士们又被召集在一起。他们意外地听到了一个有限地开放教禁的谕旨："惟禁旗人信教，他皆不问，教士亦得自由信奉。"

各省官员感到风向开始改变，于是对传教活动采取了宽容的态度，迫害教士、教徒之事一时几近于绝迹。

郎世宁此举在教中评价甚高，《燕京开教略》一书赞誉他"片言之功，有胜于千百之奏疏"。

对西洋艺术，乾隆帝极为欣赏，有时甚至到了痴迷的地步；而对作为西洋艺术载体的西洋传教士们，他的态度则极其复杂。

西洋传教士们不远万里来到中国，并非想充当供皇帝消闲的弄臣，而是希望利用身怀绝技，取得皇帝的信任，以实现自己的宗教信念。正如一位来华英国使臣所说："这些传教士的行为简直是不可理解的！他们抱着与绝大多数人不相同的人生目的，远离自己的祖国和亲人，终身留在异国来改变他们从来没有见过的人们的信仰；在工作中还要甘冒危险，忍受迫害，牺牲享受，运用才能毅力，甘受屈辱，学习外国知识或其他技能以求得掩护；一切为了能在一个一向闭关自守的、认为抛弃祖先坟墓是一种罪行的国家里，克服其对外国人的偏见，得一立足之地来宣传他们信仰，而绝不为的是个人利益。"

郎世宁就是这群身处异邦的人们之中，在精神、毅力、韧性和策略意识方面最为杰出的一位。他之所以忍辱负重地在清宫中默默效力达半个世纪之久，为的就是影响以至改变这个古老帝国的最高主宰的政策，从而为他的同志——那些深入穷乡僻壤、拯救亿万异教徒灵魂的传教士们——提供一个比较宽松的传教环境。

看来，郎世宁取得了成功。

然而，乾隆帝的宽容是有限的。十年后发生的所谓"福建教难"，使他重新回到了其父祖厉行禁教的老路。

乾隆十一年（1746年）六月二十六日深夜，闽北一个偏僻小县福安破获了一起西洋教士秘密传教的案件，神父费若望被捕。两天后，另外两名神父——德方济各和施方济各也被缉获。在酷刑拷问之下，他们供出了福建教区主教系白多禄，现在福宁府城。

白多禄，又名桑主教、桑斯主教，西班牙人，属天主教的多明我会，三十五岁时来福建传教，雍正年间被驱逐出境，暂寄广州，后来教皇命他代理福建主教。乾隆初，教禁有所缓解，白多禄遂潜回福建，暗中主持该省教务。白多禄得知费若望被刑后，主动到官府自首，另一个叫华若亚敬的神父也随即投案。福建巡抚周学健得到地方官禀报，立即向乾隆帝奏称拿获西洋教士五名，请求严办。

周学健以维护纲常，仇视洋教著称。他在奏折中渲染白多禄等洋教士"招致男女，礼拜诵经，以番民诱骗愚氓，设立会长，创建教堂"等种种不法之事，引起了乾隆帝的重视，并由福建一省如此，推想到外国传教士亦必潜赴他省传教，于是密谕各省大吏："如有以天主教引诱男妇，聚众诵经者，立即查拿，分别首从，按法惩治；其西洋人俱递解广东，勒限搭船回国。"

这道密旨所谓"查拿""惩治"云云，不过针对中国教民而已；对西洋人，乾隆帝仍遵循康熙、雍正时既定的政策：递解广东，驱逐出境。

但周学健却不愿意恪遵旨意了结福建教案，他打算通过酷刑逼供，罗织白多禄等洋教士更多罪状，以打动皇帝，厉行教禁。在他的督责下，从七月十一日以后大小审判多达九十四次，白多禄等每次均受重刑。周学健遂再次折奏福建教案的严重性：

> 查西洋人精心牟利，独行教中国一事，不惜巨金。现据白多禄口供，澳门共有八堂，一堂经管一省，每年由西班牙国拨出银款，运交吕宋（即今菲律宾）会长，再由吕宋转运澳门各堂散给。又西洋风土原与中国相似，独行教中国之夷人，离别亲人，绝其嗜欲，终身为教廷传教，甚至忘身触法，略无悔心。至于中国民人一入其教，信奉终身不改，且有身为秀才、监生而坚心背离儒道者。又如男女情欲，人不能禁，而归教之处女，终身不嫁，细加察究，亦有幻术诡行。

乾隆帝阅折到此，不免怦然心动。他无论如何想象不到天主教竟有如此蛊惑人心之魔力。周学健奏折的后半又云：

> 前于福安各教堂内搜出番册一本，详审得知凡入教之人，已能诵经坚心归教者即给番名（按指教徒领洗时圣名，或西班牙式的名字），每年赴澳门领银时，用番字册报西班牙国王，国王按册报人数多少加赏。现在福安从教男妇计二千六百余人。若以白多禄等数人行教，而福安一邑已如此之多，合各省计之，何能悉数？

周学健据此而认为白多禄等西洋人断难加以宽宥，解送回国，而请旨“将白多禄等按律定拟，明正国典”！

乾隆帝觉得周学健据福安一县教徒多至两千余人，而推定全国“何能悉数”，有点儿危言耸听，于是用朱笔在周折上批了“未免言之过当”几个字，而对周学健所请“明正国典”，却难于决断。如果真的“明正国典”，那么，周学健所列白多禄各款，定是死罪，而处死洋教士，消息传到海外，于自己名声毕竟不好；如果不抓住白多禄案件，予以严惩，又实难煞住天主教日益蔓延之风。权衡再三，乾隆帝最后还是倾向于后者，随手在“未免言之过当”后面，又加上“然照律定拟，自所应当”这样的朱批。

周学健接到“应当”的批谕，立刻提白多禄等五名洋教士亲审，十二月十八日最后一审，全部核拟死刑。第二年四月十七日，刑部覆核、皇帝照准的“白多禄主教死刑，立即执行”的钉封文书到达福州，五月二十四日部文公布，两天后白多禄被处斩。傅玛弟亚神父和一些教友行贿将尸骸收葬，周学健侦知，令改葬于义冢。费若望等四名洋教士的死刑暂缓执行，仍牢固监禁，待当年秋审处决。

但乾隆十二年秋审，费若望等四神父仍列入“缓决”，看来他们或能幸免一死。不料，乾隆十三年初发生的一件意想不到的事，终于把他们推向了不归之路。

自从白多禄主教被处死后，在吕宋的天主教会即设法将其遗骨讨回安葬。福州将军新柱得知这一情况后，于乾隆十三年初向皇帝密报：“吕宋夷商来闽，问及天主教案内被诛杀之白多禄，欲将骨殖讨回。”乾隆帝对此极为重视，他对远隔重洋的吕宋得悉内地详情，更为警觉，为此特令传谕闽浙总督喀尔吉善：“天主邪教传自外番，煽惑愚民，所在多有。如今，虽稍加惩创，仍不可不留心防范。吕宋远隔重洋，何以得知？看来，显然有内地民人为之传递信息。”

乾隆帝特别提醒喀尔吉善：“闽省为海疆要地，嗣后一切外番来往之处，都要严密督察，不得任其透漏。”

喀尔吉善奉旨后，对内外勾结的漏洞做了调查，并立即奏报：“吕宋为天主教聚集之地，内地百姓在彼处甚多，难免不发生传递信息之事。”乾隆帝进一步指示他，今后务将沿海各口严密防范，禁止内地民人私自前往吕宋。

不过，海口尽管实力稽查，把费若望等长期关在狱中的风声也难免泄露出去。因此，从乾隆十三年四月起，官府对他们监视更严，不准亲友前来探视，到五月，四名洋教士脸颊都被刺上了“斩犯”二字，这预示着当年秋审他们的末日即将来临。

当年秋，乾隆帝终于做出决定，将监候待决的费若望等四名传教士在狱中秘密处决。为了防止消息外逸，这项绝密旨意下达时都没有通过军机处，而是让请训陛辞回闽的福州将军新柱将旨意直接传达给闽浙总督喀尔吉善立即执行，然后，以“瘐毙”（在监狱中正常死亡）奏闻。

但没有不透风的墙，据天主教方面描述四教士之死的《流血记》记述：

> 是年秋，刑部重定四人为死刑，十月，再度延缓执行之令到达福州时，周学健已调往苏州，继任巡抚陈大受亦仇视洋教，乃分别于是年十月二十八日约请各大吏签署证明，谓西洋教士四人系病死狱中。德（方济各）神父系十月某夜勒死于狱中；华（若亚敬）神父在闽县监狱，于某夜以石灰塞住五官，使其窒息而死；费（若望）、施（方济各）二神父则同被绞死于狱中。

费若望四神父同时“瘐毙”了；天主教人士把账记在了不遵奉刑部“缓决”命令的仇教的陈大受身上。

以福建“教难”为标志，乾隆帝的缓解教禁为查办天主教所代替，其手段之残忍恶辣，竟超过了乃父乃祖。

以福建“教难”为起点，血雨腥风的“教难”立即由沿海一隅迅速波及其他省份。

白多禄等在福建被捕的第二年，江苏昭文县亦查获了在民间秘密传布天主教的意大利传教士谈方济和葡萄牙王安多尼（又名黄安多），江苏巡抚安宁以谈方济和王安多尼“宣传邪说”，诱惑八县居民，请旨将其处以绞刑。到乾隆十三年秋，皇帝决定将此案照福建教案一例办理，为此密谕安宁：

> 谈方济，王安多尼等若照化外人犯罪处绞，反而像对外夷民人故为从重，若久禁囹圄，又惟恐滋生事端，不如今其瘐毙，不动声色，而隐患可除。从前福建白多禄一案，将首犯正法外，其余拟斩监候之费若望等四人，已然如此办理，今王安多尼、谈方济二犯，亦应照福建之案速行完结。

乾隆帝生怕安宁不领会此中奥妙，在密旨中特别叮嘱安宁：“应于接到谕旨之日，即传司、府，密谕遵照办理，不得稍稽时日，以致泄露其监毙绞犯官员。”就这样，王安多尼、谈方济同日在苏州狱中被绞死，安宁等竟以这两名西洋传教士“在监病故”为由，报告刑部此案了结。

在江苏南京，稍后又有西洋王神父被囚，已定绞罪，蒙恩递解澳门，驱逐出境的案件；其他如四川、山西、山东、江西、广西、湖南都发生了大大小小的仇教事件。

天主教人士认为，这次遍及全国的教难的罪魁祸首实为福建巡抚周学健。当乾隆十三年周学健在江南河道总督任上因为犯了孝贤皇后丧内百日不准剃头的禁令，又被查出了种种贪污劣迹，遭到乾隆帝赐令自尽时，教内人士额手称庆，说是“天主之罚”。

终乾隆之世，教禁虽时紧时松，但作为一种政策，未发生根本变化。在乾隆帝看来，天主教尚不同于阴谋推翻满洲统治的“邪教”。因此，当国内阶级关系、民族关系相对缓和时，查办天主教秘密传布的行动就比较温和，而当阶级矛盾、民族矛盾激化时，则随即转趋严厉。对天主教，乾隆帝考虑到了它“煽惑愚民”、有碍于“世道人心”这一意识形态方面的问题，但更主要的是从政治高度着眼，惟恐西洋人潜入内地，煽惑汉人，内外勾结，颠覆清朝的统治。特别使他不安的是，国内对清朝统治心怀不满的汉族人民有可能借助西洋的力量，达到推翻清廷的目的。

日后败露的马朝柱以“西洋”为基地密谋反清大案，给了乾隆帝极为强烈的刺激，这里暂留下节详谈。

四　大不称心的乾隆十三年

乾隆十三年，岁在戊辰，是中国龙年，又适逢闰年，七月之后，又闰七月。看过四阿哥弘曆“八字”的命相家早就预判这一年诸事不顺，皇帝深信不疑。日后乾隆帝坦言：“朕御极之初，尝意至十三年时国家必有拂意之事，非计料所及者。”

乾隆十三年（1748 年）还未开年，已天降凶兆。令乾隆帝内心深受震撼的是，孝贤皇后所出而仅存的嫡子皇七子永琮竟死在了乾隆十二年除夕。可以说，皇帝是抱着“是福不是祸，是祸躲不过”的忧惧、惶惑而又无奈的复杂心情进入危机四伏的龙年的。

果然不出所料，乾隆十三年大故迭起。乾隆帝遇到的几乎全是糟心棘手之事。暮春时分，皇帝结发妻子孝贤皇后富察氏病逝于东巡途中的德州水次，享年只有三十七岁。金川战事损兵折将，又陷于胶着状态。乾隆帝的心境坏到了极点，他寻找一切可以发泄的借口。他以国丧期间“违制剃头”的罪名杀了江南河道总督周学健和湖广总督塞楞额，又以玩兵养寇、贻误军机将金川军前统帅张广泗拿交刑部治罪。新的统帅、经略讷亲前往主持金川战事非但没有任何起色，前线的状况反而越来越糟。结果是张广泗被即行斩决，而讷亲则被命以其祖遏必隆刀于营门正法，令军前将弁士卒共见之。

乾隆帝在全国臣民面前几乎变了一个人。当他在西苑南海瀛台亲讯张广泗时，这个沙场百战、杀人不眨眼的大将军竟吓得瑟瑟发抖：“但知皇上慈仁，不知皇上英武。”乾隆帝深受触动，说：“朕闻之，深当抱愧。

朕临御天下十三年，本想与大小臣工共臻宽和之治，而结果事与愿违，大臣轻慢，民风浇漓。正如古人所言‘水懦民玩’，朕当以为深戒！”

就在乾隆帝大不称心的十三年，皇父留下的顾命老臣张廷玉又出来乞求退休归里，他那郁结已久的怨气终于得到发泄的机会。

乾隆七年（1742 年），鄂尔泰的门生左副都御史仲永檀以“依附师门，暗结党援”瘐毙狱中。身居朝臣之首的鄂尔泰经此一番打击，虽说有惊无险，但从此屏息俯首，小心翼翼，于乾隆十年（1745 年）四月病故，总算全节而终。鄂派官僚一时群龙无首，已不能构成大患，乾隆帝遂把注意力转向了张廷玉。

张廷玉的辫子可不像鄂尔泰那样好抓。张素以周密谨慎见称，平生信奉“万言万当，不如一默”八字箴言，从不多说一句话，自然很得专制君王的欢心。乾隆帝比较鄂、张时说：“鄂尔泰慎密之处，不如张廷玉。”但后来却真应了“智者千虑，必有一失”这句老话，张廷玉到底还是栽在不慎上，大概是命该如此吧。

乾隆十三年（1748 年）初，一次借召对政事的空闲，张廷玉以年力衰迈为由，恳请皇上允许他退职还乡。这一年张廷玉已经七十七岁，他的弟弟翰林张廷璐早已告老致仕了。当年送别弟弟的时候，白发苍苍的张廷玉尚为国事终日劳碌，心中百感交集，曾作诗送云：

七十悬车事竟成，轻车远称秩宗清。
几人引退能如愿，先我归休觉不情。
图籍开缄珍手泽，墓田作拱好躬耕。
阿兄他日还初服，拄杖花前一笑迎。

“悬车”，是辞官家居的意思，张廷玉心中早有此念。乾隆帝即位之后待他虽说恩礼隆重，非他人所及，但他深深感到像雍正时代那样受到专宠的日子已经一去不复返，皇帝真正倚信的，先是满洲勋贵讷亲，后来则是世家勋戚傅恒。乾隆六年（1741 年），刘统勋疏称张廷玉的桐城宗族姻亲遍列庙堂，权势过盛，竟得到皇帝的首肯，张廷玉那时心中就充满了失宠的滋味。此后，乾隆帝又一再以“警惕朋党复萌”为名，严词训诫鄂、张收敛行迹，更使他觉得危险日益迫近。花开自有花落日，张廷玉岂不知人间盛极而衰的道理，但他没有在庙堂江湖之间选择的自由，无奈之下，笔端才流出了“几人引退能如愿”的哀怨之句，可能他得祸之根苗这时已经种下，但他并不自觉，还在幻想着不久的将来张廷璐“拄杖花前一笑迎”他这位“阿兄”荣归故里。

可能张廷玉命中就该有此一劫，他偏偏选在乾隆十三年龙颜不悦的时候以老病乞休。

果然，君臣之间谈得不很融洽。

“卿受两朝厚恩，又奉了皇考遗命配享太庙，怎么可以归田终老？”乾隆帝稍有愠色。

张廷玉似乎心气也不顺，回奏不免有和皇帝叫板的意味：“宋明两朝配享诸臣也有年老乞休先例，且七十悬车，古今通义。”

“不然。如果说七十必令悬车，为什么史籍又有‘八十杖朝’之典？诸葛武侯鞠躬尽瘁，又当作何解释？”乾隆帝态度凝重，语气也更咄咄逼人。

张廷玉毫无觉醒，紧跟着回奏：“诸葛受任军旅，臣得优游太平，未可同日而语。”

“又不然，”乾隆帝毫不客气地顶回去，“既已身任天下之重，又怎么能以天下承平而自求安逸？为人臣者都以尔为例，年高则奉身而退，谁还肯为国家办事？”

话已至此，张廷玉只好缄口不语。第二天，乾隆帝又把头天君臣谈话纪要以明发谕旨的形式宣布，并解除张廷玉兼管吏部，搞得张廷玉进退失据，狼狈不堪，从此不敢再提乞休。

第二年秋冬时节，张廷玉精神大减，体力益衰。乾隆帝命军机大臣前往探视，张廷玉借机婉转乞归，表示可否暂辞廷阙，让他回桐城老家，待后年皇上南巡时，再赴江宁迎驾。军机大臣如实奏闻，乾隆帝似乎也动了恻隐之心，就准了张廷玉原官离休。并说：眼下天寒地冻，等来春冰雪消融再舟行归里岂不更好。张廷玉很高兴，但静下一想：身后还准不准配享太庙，皇上没提，而下面与自己不对付的大臣对此颇有非议，就更放心不下。隔天，他专门前往宫中请见，跪在地上哭求皇上作出承诺，遵循雍正帝遗诏。乾隆帝觉得他得寸进尺，得陇望蜀，且迹近要挟，心里十分反感，但还是勉强应允了。这是乾隆十四年十二月初九的事。第二天，乾隆帝颁发了准许张廷玉原官休致，准其身后配享太庙的谕旨。在此之前，有大学士兼军机大臣徐本因病奉特旨致仕回籍，乾隆帝并赋诗篇以宠其行。这次临到张廷玉了，乾隆帝也写了七律一首赐之：

造膝陈情乞一辞，动予矜恻动予悲。
先皇遗诏惟钦此，去国余思或过之。
可例青田原侑庙，漫愁郑国竟摧碑。
吾非尧舜谁皋契，汗简评论且听伊。

明初功臣刘基，字伯温，浙江青田人。“可例青田原侑庙”，意在安慰张廷玉可参看身后配享太庙的刘基。魏徵封郑国公，贞观十七年（643 年）卒，唐太宗亲制碑文，后怀疑魏徵有结党之嫌，将亲撰墓碑仆毁。张廷玉乞求乾隆帝重申雍正帝遗诏时，说依附鄂尔泰的大学士史贻直在下面散布张廷玉不应配享，乾隆帝用“漫愁郑国竟摧碑”故典以打消张的疑虑。平心而论，乾隆帝内心深处虽然早已蕴蓄着对张廷玉的不满以至厌恶，但诗中既有“先皇遗诏惟钦此”，也就等于给张廷玉吃了定心丸。乾隆帝大面上做的可谓仁至义尽，无可挑剔，下面就该轮到张廷玉向皇帝表示发自内心的十二万分的谢恩之情了。谁承想，张廷玉竟在这关系自己一生晚节的最关键时刻失算了。他将要为此终生追悔莫及！

时当腊九腊十，正是一年最冷的日子。可能因天气严寒，张廷玉竟没亲去谢恩，而是派儿子去了。张廷玉这本不该有的天大的疏忽立即被乾隆帝抓到了。十二日，他命军机大臣写旨令张廷玉明白回奏：“你究竟愿意归老，还是愿意承受配享恩典？”这道严旨当天并没有明发，除了承旨的两名军机大臣傅恒与汪由敦之外，群臣自然无由而知。第二天黎明，滴水成冰，却见张廷玉踉踉跄跄跑到内廷，匍匐申谢。

乾隆帝顿起疑心，显然有人向张廷玉透漏了军机处的消息。傅恒与张廷玉素无渊源，绝无可能。汪由敦是张廷玉门生，汪的协办大学士和入值军机就是由张的力保。再者，头天命写旨时，汪由敦立即免冠叩首，替张廷玉求情，说如果明发上谕，张廷玉则罪无可逃。就是为此，乾隆帝才迟迟没在当天降旨。思前想后，乾隆帝决定借此不失时机地打击张廷玉及依附于他的羽翼。

十二月十三日当天，乾隆帝即通过内阁明发上谕，先是痛责张廷玉：你十三日既能跑来谢恩，为什么十二日不来？你到底是愿意归老呢，还是愿意配享太庙？又批评汪由敦先在军机处以师生私情舍身相救张廷玉，继而又向张廷玉通风报信。接下去的谕旨词气更加严厉："朕为天下主，而令在廷大臣因师生而成门户，在朝则倚恃眷注，事事要被恩典，及去位而又有得意门生，留星替月，此可姑容乎？……张廷玉纵忍负朕，朕不忍负张廷玉。然军机重地，顾师生而不顾公义，身为大臣，岂应出此？汪由敦协办大学士连同尚书着一并革去，以为顾师生而不顾公义者戒！张廷玉亦一一明白回奏。"

张廷玉遵旨覆奏称并未得汪由敦私下通信。乾隆帝不满意，降旨说：即使万一不是汪由敦送信，也必有军机处司员、中书等人送信。并针对张廷玉在朝与史贻直夙有嫌隙，既经休致，又援引素日相好之门生汪由敦以照应自己的利益这件事，向全国臣民宣谕：大臣等分门别户，衣钵相传，这岂是盛世所有之事？我大清朝乾纲坐揽，朕临御至今十有四年，事无大小，何一不出自朕衷独断？即月选一县令，未有不详加甄别者，难道大学士一官而不慎重详审，听张廷玉援置私人的吗？谕旨仍令张廷玉一一明白回奏。

无路可退的张廷玉以"请交部严加议处"覆奏，大学士、九卿遵旨议以张廷玉应革退大学士职衔，并削去伯爵，不准回籍，留京待罪。乾隆帝似乎不愿意搞得这么绝情，这么剑拔弩张，就降旨说：张廷玉之罪，固然在于不亲至谢恩，而尤在面请配享，其面请之故，则由于信朕不及，此其所由得罪于天地鬼神也。张廷玉所长不过勤慎自将，传写谕旨，朕诗所谓"两朝纶阁谨无过"耳。平心论之，张廷玉实不应当配享。只是朕之允许张廷玉退休回籍，原本就是优老特恩，明谕刚刚颁布，朕不食言。张廷玉大学士一职是皇考时简用，至今二十余载，朕亦不忍加之削夺。配享恭奉皇考遗诏，朕到底还是不忍罢斥。至于他的伯爵，则使朕所特加，着削去伯爵！

张廷玉虽然保住了大学士和身后的配享，但被削去伯爵，在大小臣工面前颜面尽失。乾隆帝觉得心中的恶气还没吐干净，他还要伺机抓住张廷玉的破绽，在他回籍以前再狠狠教训他一下。

第二年开春，张廷玉以为乾隆帝答应他回归故里的时候到了，就没多加思考，奏请南归。当时皇长子定安亲王永璜之丧刚过初祭，乾隆帝就以张廷玉"曾侍朕讲读，又曾为定安亲王师傅，而乃漠然无情，一至于此"，命张廷玉自行具折回奏应否配享。乾隆帝说：今日详阅配享诸臣名单，其中如费英东、额亦都诸臣，都是佐命元勋，汗马百战，其中鄂尔泰配享太庙，已觉过优，但他尚有开辟苗疆、平定乌蒙及经略边陲之劳绩；而张廷玉，在皇考时仅以缮写谕旨为职，这能算什么经邦治国的勋迹，凡娴于笔墨者都能轻松胜任之。自朕御极十五年来，张廷玉不过旅进旅退，毫无建白赞襄。上年朕许其休致回籍，张廷玉竟奏称恐身后不获蒙配享之典，要挟朕一言为券。为何如此急不可待？说穿了，就是信不过朕。仅此一点，其居心已不可以对天地鬼神，又怎么可以冒赝配享之大典？设使皇考尚在，见张廷玉今日之行为，也必将收回成命。张廷玉不但得罪于朕，而且得罪皇考在天之灵！乾隆帝命将这道谕旨及配享诸臣名单令张廷玉阅看，应配享，不应配享，让他自行具折回奏。

此时，张廷玉才如梦方醒。他立即回奏，乞罢臣配享，并治臣罪。经大学士等议奏，张廷玉不仅应罢配享，而且大学士职衔也应一并革去。乾隆帝命照所议罢配享，但免革大学士，总算给张廷玉留了一点面子。但他这一劫还没完全过去。

不久，发生了四川学政朱荃匿丧赶考，贿卖生童，并勒索新生规礼的案件。张廷玉与朱荃结为姻亲，给乾隆帝又提供了一个敲打张廷玉的口实。谕旨称：朱荃在雍正年间为大逆吕留良、严鸿逵案内之人，张廷玉以两朝元老，严鸿逵案缮写谕旨皆出其手，难道不知朱荃其人，竟公然与为姻亲，是诚何心？在雍正年间，他必不敢如此，即在他平日谨守远祸之道，也不当出此；而当朕即位之后，张廷玉竟肆无忌惮至于此极，其负皇考圣恩为何如，其藐视朕躬为何如！乾隆帝命将所有恩赐御笔、书籍及寻常赏赉物件全部追缴，并令张廷玉速行明白回奏。

“追缴”一事由内务府总管德保总负其责，这位皇家奴才做的极彻底，竟将张廷玉家产也一并查抄。连乾隆帝都觉得太过分，命给还家产，但收回在京护国寺官房。张廷玉则遵旨奏称：自与朱荃结亲以至今日，如在梦昧之中，并无知觉。今伏读上谕，如梦方醒，恐惧惊惶，愧悔欲死，乞将臣严加治罪。经吏部议革去职衔，交刑部治罪。奉旨从宽免其革职治罪。受朱荃一案株连，张派两位大臣尚书梁诗正、汪由敦也命革职留任，在侍郎任内效力赎罪。

可怜张廷玉三朝侍君，五十年如一日，冰渊自凛，竟因一时糊涂，触犯逆鳞，最终还是削伯爵，罢配享，灰溜溜地回到桐城老家，哪里还有人敢“拄杖花前一笑迎”呢？

乾隆十三年，乾隆帝真是诸事不顺，张廷玉配享案发生同时，又有江苏巡抚驻地苏州抢米民变。这年四月，正当青黄不接之际，苏州因米价扶摇直上，终于引发了饥民抗官暴动。

苏州府城及附郭的长洲、元和与吴江三县人口总计超过一百五十万，工商业之发达在全国首屈一指。康熙时，“阊门内外，居货山积，行人水流，列肆招牌，灿若云锦”；到乾隆时更是“人居稠密”,“万家灯火”，其繁华程度，不让京师。附近各府县，地居富庶的长江三角洲和太湖周边地区，水网交织，气候适宜，素有“苏湖熟，天下足”的民谚。但从康熙帝晚年以来，那里的米价就从每升七文（一个制钱叫一文，一千文合白银一两）逐渐涨到十来文；而到乾隆十三年春夏之交，更飞涨到十七文以上。米价持续上涨的直接原因是，当年二月间阴雨绵绵，总无放晴之日，田土稍低的地方多有积水，而四月初四、初五两天，苏州、松江、常州、太仓、徐州、通州等府州，又都先后降雹成灾。经此水浸雹伤之后，麦收绝难指望，米价随之顿时加涨。苏州府城之内数十万人口，多为工商游手，米粮消耗巨大，靠的是周围产米各州县源源接济；而附近州县则害怕商人运米出境，会引发本地米价上涨，于是自发地组织起来截留运米之船。青浦就发生了所谓“刁民”阻截客船、打坏米店房屋器物，以至官府衙役被乱石击伤的严重事件。吴江更有人鸣锣聚众，将米船踩沉，以阻止米谷外运。消息传来，苏州城内的米价格更是一日数涨，嗷嗷待哺的苏州城内贫民越发人心浮动，急切盼望官府能够出面采取措施抑制米价。

四月十四日这天，有个叫顾尧年的血性汉子，自缚双臂，插竹粘纸，上写“无钱买米，穷民难过”八个大字，前赴江苏巡抚衙门哭诉，要求官府勒令米铺减价出售。一路上市井中贩夫走卒及佣工食力者，前呼后拥，到巡抚衙门跟前时，已汇成一片怒涛起伏的人海。巡抚安宁自以为体统尊贵，不肯亲自出面化解平息，却采取强硬手段，命将顾尧年等为首闹事者拘捕，发交长洲知县郑时庆究治。当这位郑县令查问还有哪些“伙党”时，尾随而至人群早已拥进县衙，大喊释放顾尧年，混乱之中，打毁了县堂暖阁的隔扇，局面失去控制，而郑县令则躲在冷僻处，吓得不知所措。倒是随后赶到的署理苏州知府姜顺蛟见过世面，他让大家先安静下来，说自己立刻向抚台请示。于是愤怒的人群又跟着他拥向了巡抚衙门，加上围观的、趁势起哄的，人山人海，呼号震天，把抚辕外的栅栏通通挤倒，踩了个稀巴烂。巡抚安宁见百姓竟敢造反，遂下令营兵出动，持械镇压，当下拿获闹事者华龙等三十九人。与此同时，顾尧年的伙伴陆高、吴宝乘乱将监禁在长洲县衙的顾尧年等抢出，逃匿而去。

第二天，安宁向乾隆帝密奏苏州民变，奏折中对“刁民”的凶横极尽渲染之能事，说什么“刁民顾尧年倡首喧闹，及交县审讯，众人复肆横抢犯。署府姜顺蛟直奔抚署，以致众人追逐，挤破栅栏，经标兵拿获三十九人，众始四散”。四月二十六日，江苏按察使翁藻又缮具密折，汇报苏州发生的抗官抢犯事件，同时奏称顾尧年及抢犯之陆高等一并拿获，现正从重究拟，以严儆刁风。

乾隆帝于五月初六接到安宁奏报，他深感事态严重，甚至考虑在苏州添设驻防八旗，以震慑“素属浇漓浮动”的吴中之民；但眼下的急务是必须立刻刹一刹那里刁民的戾气，而奏效最快的办法首推将为首闹事的一两人当众杖毙。照乾隆帝的想法，在起事之初，群情汹涌，众犯不服拘拿，强梁哄闹，则杖毙数人，可以挫其凶悍之气，使早为解散。因此，他下达给安宁的廷寄十分严厉，谕旨称："刁民聚众抗官，大干法纪，最为地方恶习，不可不亟加整顿！"随后，乾隆帝命军机大臣传谕安宁，令其审明实在主使及为首要犯，"立即杖毙，以儆刁徒，断不可轻纵"！

五月二十七日，黑云压地，天光惨淡，为民请命的顾尧年、陆文漠和华龙三人被五花大绑押到苏城通衢闹市，当众杖毙，场面惨烈，观者如堵。随即，历数诸犯罪行的告示遍贴城乡。正像乾隆帝所预料的，民情宁帖，被鲜血吓怕了的"颠连而无告"的穷民都成了皇上可以矜怜的"善良自好者"。

一切都很理想，就是血肉横飞、犯人辗转哀号于乱棍下求死不得的场面太过残酷，难免被私议为草菅人命。乾隆帝经过反复斟酌，又命刑部制定惩治聚众抗官要犯的严切条例。刑部遵旨很快议准："嗣后直省刁民聚众殴官，积至四五十人以上者，为首者照例拟斩立决，仍照强盗杀人例枭示；其有同谋聚众，转相纠约，下手殴官者，系同恶相济，亦应照光棍例，拟斩立决。各督抚遇此等案件，如实系首恶，即一面具奏，一面正法枭示。"

在顾尧年等被杖毙前的一段时间里，善良的苏州百姓还幻想皇帝能把两江总督尹继善派来调查事实真相，以使顾尧年等得以从轻发落。他们苦于没有任何正当的渠道反映民意，就采取了散发匿名传单的办法。在顾尧年等人被捕的第四天，苏州大小街巷一夜之间出现了许多匿名传单，矛头都集中于巡抚安宁，其中一份类乎民谣的传单，两句十四字："吉甫如来天有眼，禄山不去地无皮。"安宁肚子里墨水有限，但也看懂了"禄山"云云，骂的正是自己。至于"吉甫"是谁？安宁一头雾水，就急急忙忙地将匿名传单抄录在一起，附在自陈"镇抚无术，请交部严加治罪"的奏折后面，恳乞皇上睿裁。

乾隆帝一看就明白"吉甫"暗指两江总督尹继善。《诗经·大雅》两处提及受到人们赞颂的"尹吉甫"其人。尹继善在吴民中口碑甚好，其时总督两江，驻地距苏州不远的江宁，此"吉甫"除尹继善外还有谁？但是否命尹继善就近前往苏州会同安宁镇抚那里的刁民并处理顾尧年一案，乾隆帝却一时难以决断。原因是他对尹继善有看法。

尹继善，姓章佳氏，满洲镶黄旗人，父亲是大学士尹泰，生母姓徐，江宁人，是尹泰的小妾。尹继善出生于康熙三十五年（1696年），雍正元年（1723年）不到三十岁以满洲考中进士。这还不奇，奇的是五年后就擢升江苏巡抚，此后更官运亨通，先是署理两江总督，后又调任云贵、广西总督。虽说如此，尹继善却从来不被时人列入雍正帝最亲信的“模范”督抚之列。尹继善为政为人的确与雍正帝的“模范三督抚”有别。此人白皙少须，慈眉善目，性情宽和，待人谦恭，精通诗文，因此特别适于在人文渊薮、民风柔弱的江南主政。他在那里如鱼得水，“视江南为故乡，渡黄河而心开”。绅衿庶民对他同样有好感，据说“每闻公来，老幼奔呼相贺”。乾隆帝即位后，对尹继善十分欣赏，特别是满洲科甲本来就如凤毛麟角，而尹继善的才能又如此出类拔萃，于是先调陕甘，后命总制两江。不过，日后乾隆帝对尹继善的毛病越看越不顺眼。他觉得尹继善沾染汉人习气过重，诗歌酬唱，杯酒留连，渐失满洲本色；更令人忧虑的是，其所到之处，上和下睦，同僚属员交口称赞，仁政迭施，绅衿士庶颂声如潮，人人但知有尹制军惠政，而不知有浩荡之皇恩。这令乾隆帝十分警觉。他以为，到处做“好好先生”的尹继善渐渐沦入了皇父曾屡屡痛斥的“洁己邀誉之清官巧宦”一流。而满洲最严主奴名分，强调奴才对主子时时应怀有一腔血诚。尹继善的忠君，就应一心一德，惟知有君，实心任事，整饬地方，无视舆论，不避嫌怨，即使在官场同僚孤立无援，怨谤丛集，也在所不计。尹继善身上却总有改不掉的“市惠、好名”的毛病，当苏州民变爆发，那里的刁民又望眼欲穿期待尹继善时，乾隆帝怎能不犹豫难决呢？

一般的情况下，乾隆帝绝不会曲从“刁民”之意。因为这样一来，会助长他们挟制官长之风。但眼下情况特殊，他经过反复权衡，还是决定命尹继善前往苏州。他认为苏州形势严峻，不可轻忽，群情激奋，众怒难犯，如果安宁一味强势镇压，百姓积怨之余，铤而走险，难免激成更大事变。当务之急，是平息暴戾民情；而使百姓能静听官府处置，则非素得民心的尹继善前往苏州不可。

五月十四日，乾隆帝命军机大臣传谕尹继善立即前往苏州，一面弹压地方，务令百姓宁帖；一面会同安宁，查办此案。在谕旨中，乾隆帝严厉警告尹继善，不得“沽名邀誉，违国家之宪典，博刁徒之感颂”；不得“依违观望，纵恶长奸，卸其责于安宁，以为与己无涉”。如果尹继善不听告诫，仍然怀挟私心，邀取虚誉的话，“朕耳目所及，自有照察，不特刁徒不可幸免，即尹继善首领也难保也”！

在传谕尹继善的同时，乾隆帝又命军机处给安宁发去另一道廷寄，指示他办案原则是恩威并济，具体来讲，就是“将主谋首恶，凶横不法，立行杖毙数人，其余附和之众，或有随从观看，误被拿获，及仇扳株累人等，亦不可不为之区别”。乾隆帝还不忘关照安宁：人情叵测，“巡抚公事出入，更当留心加以防范，以备意外疏虞”。在乾隆帝看来，安宁在严厉处置苏州刁民聚众事件中并无不妥，在他受到匿名传单恶毒攻击时，正需皇上出面加以特殊的呵护。不难看出，所谓尹继善与安宁“会同”查办顾尧年案，实际上是借尹继善昔日的令名麻痹和软化群情汹汹的苏州百姓，而真正忠实执行乾隆帝杀一儆百、恩威并重意旨办案的则是巡抚安宁。

“不去地无皮”的安宁，不仅没有失去皇帝的信任，而且稳稳地待在巡抚任上；“吉甫如来天有眼”，则成了绝大的讽刺！尹继善确实被盼来了，但令苏州百姓绝望的残酷现实是，五月二十七日杖毙顾尧年、陆文漠和华龙那天，正是由两江总督尹继善和江苏巡抚安宁共同临场监刑。

乾隆十三年，苏州因米价腾飞引发的聚众抗官暴动不是偶然的孤立事件。安宁和尹继善在处理顾尧年案的同时，对青浦和吴江的民变，同样采取了杖毙这种血腥手段加以镇压。而此前江西、陕西、河南、安徽、福建等省也都先后发生因米价昂贵，穷民聚众哄抢、闹赈抗官的重大案件。地处江南最为富庶地区的苏州的民变，只不过使如何应对米价上涨的问题更紧迫起来而已。

米价持续上涨引起社会不稳由来已久。民以食为天。粮价昂贵势必影响社会稳定，自然引起了康熙帝、雍正帝的严重关注。乾隆帝初政，米贵问题更其突出，而天公又不作美，正是中原地区水旱灾害集中多发期，以致他一再说：“十年九忧旱。”这位年轻的皇帝真诚地以“养民”为己任，不仅屡屡发布“政在养民”“爱养百姓”的旨谕，而且采取各种切实措施，期望能稍稍缓解米价腾贵给百姓带来的压力。乾隆十年（1745 年），国家粮食储备稍有充裕就宣布普免全国各省应征田赋地丁银（农业税）共计二千八百二十四万余两。这是个什么概念呢？当年全国财政总收入不过白银四千五百万两，而普免的田赋就占了岁入六七成。这需要下多大决心，需要何等魄力！到乾隆十二年（1747 年），米贵的问题越发严重起来，乾隆帝又发动各省督抚都来参与讨论，让他们各抒己见，据实陈奏米价持续上涨的原因以及制止米价上涨的应对之方。乾隆帝诚恳地说：为什么米价连岁递增，有长无落？为什么到处皆然，丰歉无别？“朕反复思之，不能深悉其故，亦未得善处之方。”正当这场上层空前的“米贵”议论还在进行之时，苏州发生了顾尧年倡众抗官案。对一向关切民生的乾隆帝来说又面临一次考验。

虽说这十几年来乾隆帝爱民的初衷并未改变，但对爱什么民，如何爱民，他的思想正发生深刻的变化。

随着执政经验的积累，乾隆帝对“爱民”逐渐有了新的理解。爱什么“民”要做具体分析。孔子讲：“仁者，爱人。”这个“人”，是无须加以区分的同类，是男女老幼、亲疏远近、千差万别的一切个体的人的抽象意义上的总概念。他的私淑弟子孟子进一步讲：“民为贵，社稷次之，君为轻。”这个“民”，当然也是无须加以区别的作为“邦本”的“民”。乾隆帝则认为，对民要区别对待。苏州聚众抗官事件发生后，他特别告诫安宁：所谓“爱民”，切不可笼统言之，“朕所矜怜者，颠连而无告者也，善良自好者也，是宜加恩保护；至于聚众抗官，目无国宪，乃王法之所必诛，岂可稍为姑息？惟当立置重典”！他明确地把“民”分成良民和刁民两类，对前者应该爱，应该保护，对后者则要出以铁腕手段予以坚决惩处和镇压。

为什么要“爱民”？儒家的思想家、政治家常以舟喻君，以水喻民，说“水可载舟，亦可覆舟”；这是从居安思危考虑，时时为自己敲起警钟，很显然出于巩固统治的利益需要，承认“水”（即“民”）颠覆失去天命人心的腐朽朝廷的合理性。乾隆帝也讲君与民是舟和水的关系，但他从来都刻意回避“水”“亦可覆舟”这层内涵。乾隆帝把“君民一体”说得直截了当，也很功利：“人主不能离民而成其治。”这种说法处处都是君主的主动行为，“民”永远是被爱、被怜悯的对象，永远是被动承受者，哪里还谈得到实在活不下去被迫揭竿而起呢？乾隆帝讲的爱民，总是说什么“厚民生，纾民力，加惠于兵丁，施恩于百姓”，“厚”“纾”“加惠于”“施恩于”，等等，一言以蔽之，人主施恩于百姓也。当然，如果能够切实做到这一点，草民真的要罗拜舞蹈，山呼万岁了。但在理论上这里存在一个极大的缺陷：如果作为一个国家统治基础的“民”有“越轨”行为，不能“成”人主之“治”了，影响了社会的稳定，从逻辑上则必然推导出这种“民”不仅不在人主“爱”之列；不惟不能爱，而且“乃王法之所必诛”！问题在于，究竟什么行为算“越轨”，只能由乾隆帝钦定。这就十分危险。苏州地区青黄不接，米价翔贵，顾尧年背着“无钱买米，穷民难过”的纸标前往官府请求抑制米价上涨，这谈何越轨？但他却被作为“刁民”之尤杖毙了！

十余年严峻的执政实践，把乾隆帝年轻时柔软慈仁的心碾压得粗糙了，坚硬了。他从各地接二连三发生的民变中竟然得出了这样的结论：自己过去太爱民了，为政太宽了，结果把老百姓惯坏了。且看他在苏州顾尧年案发生后的表态：

> 愚民动则汹涌喧哗，甚至殴官伤役，骄悍之风，竟成痼习。揆厥由来，总因朕保赤心殷，伊等有恃无恐。且地方小有水旱，有司匿灾不报者，朕必重其处分，而抚绥乏术者，督抚亦加参处。刁民缘此挟制长官，不但不知敬畏，一若地方官之去留，可操之由己。

“水懦民玩，朕所深戒！”乾隆帝这一时期常将此挂在嘴边，并以此作为政治方针由宽转严的根据。他越来越坚信，不得已而法外用刑，看起来猛如烈火；但老百姓被震慑不敢犯法，这才是对民的最大的爱护。在处理顾尧年案时他讲：“从来诘奸乃以禁暴。皇考时，因直隶地方劫盗案多，定为不分首从皆斩之例，二十年来，强劫稀少。又皇祖时，因旗人中屡有斗殴仇杀之案，定为满洲殴杀满洲，立即处斩之例，其后此风渐稀。可见明罚敕法，全在因时制宜，而辟以止辟，乃帝王经世之大用。”乾隆帝抬出父祖康熙帝、雍正帝的治民方针，这很令人深思。为什么从即位之初叠施仁政、爱养生民，经过十几年转了一圈，他又恢复到皇考、皇祖的恩威并重、宽严相济的路线呢？为什么和圣贤先王思想理论越来越背离了呢？

刚即位时，乾隆帝因为念的儒家书太多，又受到朱轼、蔡世远等正统大儒的熏陶，政治上不免有些天真，想当历史上的圣君明主，对老百姓实行宽仁之政。但经过长时间政治历练和认真思索，他逐渐悟出：儒家在君民、君臣这两个关系国家稳定、天子地位的根本问题上的政治理念，理想主义色彩太重，不切实际，在政治实践中扞格难行。经过痛苦的反思，他认为还是得用父祖的那一套，其实就是满洲长期积累而卓有成效的控驭奴仆的手段。经此大彻大悟的乾隆帝，对汉民虽然讲的多是些仁心仁政的儒家语汇，其实那里早已被满洲的“主奴名分”改造过，早已浸透了满洲文化的思维方式和行为方式。

偏偏在君民、君臣关系渐趋紧张之际，又破获了以“西洋”为反清基地的马朝柱悖逆巨案。

乾隆十二、三年光景，安徽与湖北交界的崇山峻岭之中，有一个名叫马朝柱的年轻人与白云庵和尚正修开始在种山烧炭的流民中组织反清活动。马朝柱原籍湖北蕲州，后来移居下江霍山县，他声称自己十六岁时做过一个奇怪的梦，梦中有神人指点，其师在护国寺，醒后依梦中恍惚印象，寻到霍山火星堂，见到庙内佛像与梦中相符，于是向庙僧询问，方知此庙原名护国寺。庙僧见他仪表非凡，就让他去找金山寺杨五和尚肉身；及见到杨五和尚，又与梦中所见无异。马朝柱还向人们宣传，他二十岁时又梦见桐城万山九龙洞地方有兵书、宝剑，随即他前往洞中，果如所梦，随即取出。后来，他又在霍山铁炉地方得到一柄法剑，以及镇天旗、展魂旗等几面旗帜。为了向信徒们表示自己有外路人马相助，马朝柱又在信徒中散布：“西洋出有幼主，名朱洪锦，系前明后裔；有大学士张锡玉、大将吴承云，系吴三桂子孙；李崇爵即李开花，统兵三万七千为辅，随时可以杀回。”

原来，康熙中期以后，满汉之间的民族矛盾虽然开始缓和，但蓄意反清者仍常常打着“反清复明”的旗号。马朝柱和他的哥哥马朝仕等最亲近的一伙人在一起密谈时，常常念道："清朝祖皇帝是从山海关外边来的，满洲兵的来历也不明不白"；"吴三桂在康熙朝差点得了天下"；"造反的李开花其实没有死，不然官府为什么通缉他"；"大学士张廷玉也和今上皇帝闹翻了，现正在桐城老家"云云。马朝柱从一开始在民众中的宣传就带有强烈的反满、反清的政治色彩。他杜撰出朱洪锦是明朝皇帝后裔，现在西洋，并奉之为"幼主"，又抬出吴三桂的子孙吴承云、与今上有了裂痕的张廷玉名字相类似的张锡玉，以及雍乾之际揭起反清义旗而失败后不知所终的李开花，这些都是马朝柱核心集团周密思虑的结果。然而，惟有"西洋"二字不可索解。"西洋"究竟指的何处，而借指"西洋"用意又何在呢?

乾隆十五年（1750年）初冬，马朝拄又想出了一个震慑徒众的绝招：他事先在罗田县铁柜沟山洞里把铜镜、铜枪、旗伞之类的玩意儿埋藏好，在十一月趁月光正明带徒众前往游观，入洞取出各物，人们惊愕不已。马朝柱乘机大肆渲染道："这是一面金镜，能照耀天下，见人三世；这是遮天伞，能行雾中，三时可抵西洋。"马朝柱还告诉大家："幼主朱洪锦很快就要在西洋起事，复兴明朝。"众人听后纷纷出银上名，歃血吞符，表示要跟马朝柱起事反清。就这样，马朝柱聚起了越来越多生计无着的贫民。到乾隆十六年，为了烘托有"西洋"相助的气氛，马朝柱设法把族弟马邦念的妹妹哄上山寨，对众宣称她是西洋幼主朱洪锦的聘妻，让大家呼其为"娘娘"，向她叩头。而后，又暗中购置蟒袍、袍褂、顶帽，说是西洋颁赐。但当马朝柱拿出向手下展示时，众人见蟒袍是戏班行头，袍褂、顶帽又是清朝的官服，私底下议论纷纷，令马朝柱和他的亲信十分不安。马朝柱于是和新入伙的江湖郎中胡济修密商，乃作《诏书》一道，交给一个叫孙林万的刊刷备用，然后告诉众人："西洋"从云雾中颁诏来楚，应到黄鹤楼去迎接。这年十一月二十五日，胡济修奉命赴武昌黄鹤楼，将西洋发来的《诏书》百余张取回，对众宣读，人心始定。马朝柱随即将《诏书》分发各处，又撰拟了"统掌山河，普安社稷，既受天命，福禄永昌"十六字作为大印的印文。从这时，反清起事气氛日益浓烈，马朝柱随即设立山寨，打造兵器，购买硝磺，以至皖、鄂交界一带流言四起。马朝柱的密谋也很快被地方官侦知，两江、湖广督抚大员一时云集鄂、皖边界，调兵遣将，分路围剿。

乾隆十七年（1752 年）四月，马朝柱见大势已去，乘夜远遁，僧正修、胡济修等党羽二百余名陆续被捕获，这次未遂的反清阴谋就这样被镇压了。

诡异的马朝柱反清案对乾隆帝震动极大，他一而再、再而三地严谕两江总督尹继善、湖广总督永常：务必查明“西洋”到底在何处？朱洪锦、张锡玉果否在那里屯兵三万？结果却是线索纷繁、愈查愈乱。有的党羽经不住跪链、打板、夹棍的刑拷，就胡乱供称“西洋”在四川峨眉山，乾隆帝命军机处立即密谕川陕总督策楞：“所称西洋，据供指四川峨眉山上西洋寨，而非海外国土。着悉心查访，以日行六百里速行奏闻。”策楞不敢怠慢，随即将查访结果奏报：“经访之老民，按之图志，并无西洋寨之名，凡与峨眉山连界的乐山、洪雅、清溪等县，以及峨眉县属之山村、庙宇，逐一检查，并无西洋寨丝毫踪影。”

乾隆帝当然不满意。而这个“西洋”究系何处，恐怕连其杜撰者马朝柱也不甚了了，加以他的徒众随口乱攀，就更如云山雾照，缥缈无踪。

从种种迹象揣测，乾隆帝认定马朝柱所称西洋系“海外国土”、马朝柱案有西洋背景的可能性最大。据当时在中国内地秘密传教的西洋人记载，在对马朝柱持续多年的全国性搜捕中，“一切欧洲人（即西洋人），都被看成了这个叛逆的同伙，而受到逮捕和迫害”。

乾隆帝的推断可能是不错。马朝柱密谋反清的那几年，正是“教难”从福建蔓延到江苏等地之时。马虽与天主教看来没有什么瓜葛，但这个铤而走险的年轻人很有可能听说过西洋教案，他敏锐地觉察出，官府既然残酷镇压西洋人，西洋自然是朝廷可怕的敌人，于是杜撰出幼主朱洪锦出在西洋云云。马朝柱万万预料不到，为此潜入内地的西洋传教士竟被波及，受了池鱼之殃。

马朝柱案如同乾隆十六年（1761 年）的孙嘉淦伪稿案、乾隆三十三年（1768 年）的割辫案，对乾隆帝来说，始终是个必欲解开而终生不得其解的谜。此案的首犯马朝柱这个神秘人物在全国海捕二十余年之久而未获，“西洋”也就成了伴随乾隆帝挥之不去的梦魇。

让人难以理解的是，西洋艺术令乾隆帝心驰神往，而“居心叵测”的西洋人却使他忧虑重重，以至到了疑神疑鬼的地步。仔细推究一下，似乎又可以解释得通。在乾隆帝内心深处，似乎与他的祖父康熙帝一样，存在着基于对西洋的深切了解而产生的畏惧。这是考察乾隆帝“西洋观”不可忽略的另一维度。

西洋人最初留给中国人以深刻印象的，既有着儒服、说汉语、平易近人而上知天文、下知地理的传教士，也有操着威力无比的“红夷”大炮在海上剽掠的海盗。尽管二者表现迥异，然而中国的有识之士还是通过他们得出了西洋不可小视的结论，从而开始对海外“夷人”刮目相待。

乾隆间，在军机处长期入值的军机章京赵翼有一次去京城宣武门天主堂（俗称南堂）拜访钦天监监正刘松龄（生于斯洛文尼亚的天文学家）等西洋传教士，他看了堂中所供的貌如美少年的天主像，欣赏了“绘于壁而突出”的所谓“线法画”，听了手风琴演奏圣乐，还饶有兴趣地登上了“观星台”，用“千里镜”眺望西郊玉泉山，他惊异地发现，“宝塔近在咫尺间，砖缝历历可数”……这一切域外之物给予他强烈冲击。因此在诗文中多次谈及此行观感。在《同北墅、漱田观西洋乐器》一诗中，赵翼这样抒发他参观后的感慨：“始知天地大，到处有开辟。人巧诚太纷，世眼休自窄！”

这个地位不高的军机章京只不过从中西文化交流的一个狭窄窗口中窥视了一下域外世界，便能抛弃固步自封的偏见，给后人留下了“世眼休自窄”这有如暮鼓晨钟般的警句。不能说乾隆帝的见识在赵翼之下，也没有理由断定他真的以为西洋处处不如中国。他的不幸在于，他出于政治方面的考虑，不愿承认西洋在科学技术方面已有过人之处，盲目以所谓“天朝上国”自居；而对西洋各国的虚骄则窒息了他不断探索、不断求新的进取精神。

五　从“五阁臣”看乾隆帝的乾纲独揽

乾隆帝晚年写诗怀念鄂尔泰、张廷玉、傅恒、来保、刘统勋等官居极品、身兼首席军机大臣的内阁大学士，诗题《五阁臣》极讲究，诗句和诗注也字斟句酌，绝没有附会“相国”之类的意味，而刻意称之为“阁臣”。日后他说得很明白：“朕躬临御四十六年以来，于何事借为大学士者之参赞乎？”大学士不过“备位纶扉”，“委蛇奉职、领袖班联”而已。

乾隆四十二、三年间（1777—1778 年），乾隆帝为生母崇庆皇太后守丧，游幸活动自然全部取消，各项仪典也做了最大程度的简省。这样一来，他在紧张忙碌的军国重务中终于有了大段的闲暇。人是渐渐地静下来了，而居藩时的老师和执政以后陆续作古的大臣却不觉一个个地浮现于脑海。他到了已近“知天命”的年纪，乾隆帝的心情又格外平和，正好可以抛却昔日的恩恩怨怨，为最值得纪念的臣子做一小结。转过年来，他终于完成了《怀旧诗》组诗二十三首。

开头是题为《三先生》的三首诗，追念他毕生尊敬的三位老师朱轼、蔡世远和福敏，接下来便是《五阁臣》五首。在任用过的二三十位身兼军机大臣的大学士中，特别选定鄂尔泰、张廷玉、傅恒、来保和刘统勋五人。这至少可以证明，就秉持中枢的“阁臣”而言，在乾隆帝的心目中，最可倚任且有作为的当推鄂尔泰、张廷玉等五人而已。

乾隆帝临御天下之初，谦恭宽和，尊重耆旧。身受先皇顾命且担负总理事务王大臣的鄂尔泰和张廷玉在那段时间颇有宰相风姿。据乾嘉之际的洪亮吉说：乾隆初年，皇帝宵旰不遑，勤求至治，其时众正盈朝，皇帝身边重臣如鄂尔泰、张廷玉、朱轼、孙嘉淦等皆侃侃以老成师傅自居。洪亮吉因参与编纂《清高宗（乾隆）实录》，得以调阅前朝档案，他见到年轻的乾隆帝“一日朱笔细书，折成方寸，或询张、鄂，或询孙、朱，曰某人贤否，某事当否，日或十余次”，鄂、张等大臣也能“随时随事奏片，质语直陈”。乾隆帝《怀旧诗》将鄂尔泰列为“五阁臣”之首，称赞他“有古大臣风”，为其他阁臣所不及。这个评价如果用在乾隆帝初政时的鄂尔泰，还比较接近事实。雍正帝在世时，鄂尔泰入阁并不早。雍正十年初，他从云贵总督任上内迁保和殿大学士，十三年兼军机大臣，直到乾隆帝即位，如《怀旧诗》所言，才“深加倚任”，以备左右顾问。乾隆帝看重他的是，“性严正”而足以“镇百寮”。但如上所述，鄂尔泰的权势在他的大公子鄂容安泄露密折事件后已大为削弱，他的地位早已被乾隆帝有意培养的少壮派新锐讷亲所取代。

《怀旧诗·五阁臣》列为第二的张廷玉，先于雍正三年（1725 年）已署大学士，八年（1730 年）兼军机大臣，入阁早于鄂尔泰六七年，兼军机大臣早五年，整个雍正朝，受雍正帝眷顾独专。乾隆帝即位，“倚任原非轻”，但他与鄂尔泰地位几乎同步下降，不仅往昔“述旨信无几，万言顷刻成”这一最为雍正帝称道的特长已无用武之地，还因配享太庙一事触犯逆鳞，竟屡遭严谴，受尽侮辱，最后灰溜溜地回到家乡桐城。

总的来看，鄂、张二公晚年也还相当识相。他们都能尽敛锋锐，敬畏事主，夹紧尾巴做个太平阁臣；而乾隆帝也把他们视为前朝鼎彝、群僚巨擘，至少从表面上给予了最高礼遇。乾隆九年（1744 年），乾隆帝亲往参加重修翰林院落成仪式，大学士、掌院学士鄂尔泰和张廷玉位居群臣班首，率翰林学士等至阶下行三跪九叩大礼毕，乾隆帝命赐宴款待，朝臣凡由翰林出身者全部参加。据记载，皇帝“召鄂、张等十三人至御座前赐酒，谕曰：‘时当阳月，和煦如春，天心䜣恰，朕与诸臣交庆之。’”群臣顿首称贺，然后宣示诗题，君臣分韵赋诗，最后“颁赐诸臣《乐善堂全集》《性理精义》各一部及绮绢茶果有差”。在文人学子看来，这可能是鄂、张最后一次风光无限地“领袖班联”。这一年，鄂尔泰六十五岁，距他的辞世不过一年光景；张廷玉大一些，七十三岁，大约五年后被放逐回里。

傅恒被列在了《怀旧诗·五阁臣》的第三位，如果讷亲不被意外杀掉的话，这个位置本来应该是属于这位满洲勋贵的。讷亲，满洲镶黄旗人，曾祖额亦都十九岁跟随太祖努尔哈齐起兵，身列佐命元勋“五大臣”之首；祖父遏必隆，征战骁勇，顺治帝死，为顾命大臣。雍正中讷亲袭公爵，未久升御前大臣，擢军机大臣，为雍正帝所倚重。乾隆帝即位，以讷亲出身贵胄，年轻有为，晋一等公，在军机大臣中，“惟讷公亲一人承旨”，被皇帝称誉为“第一宣力大臣”。而讷亲少年得志，自恃出身勋贵，皇上眷注优隆，难免飞扬跋扈，擅作威福，终至落得身首异处的下场。傅恒与讷亲迥异，他生来就是福命，除了晚年稍不走字，可谓雍容首辅二十余年。傅恒出身满洲勋戚世家，“年少长于”乾隆帝，又是为皇帝敬重的结发妻子孝贤皇后亲弟，因此与皇帝有着特殊的亲密关系。他白天在军机处时被召见承旨，晚膳后皇帝与他常有要事相商，近臣称为“晚面”。乾隆朝六十年，堪称臣子独一无二的“异数”。乾隆帝称赞：“傅恒在纶扉二十三年，日侍帷幄，诚荩素著。”这是五阁臣中的最高评价。但真的翻检起来，傅恒的“勋绩”实在有限。《怀旧诗》中提到的第一次金川之役“凯旋赞黄阁，章服三锡晋”云云，傅恒实际是借岳钟琦的赫赫威名暂时平定了金川而已，根本不值得乾隆帝煞有介事地“赐以红宝石顶、金黄带、四团龙补服以示宠异”。倒是“西师”平定准噶尔一役，傅恒在朝议纷纭之际，坚定支持乾隆帝用兵，确有宰辅气度。《怀旧诗》称其“西师两用兵，同心却众论。坐谋无不协，用蒇大功建”，并无太多溢美之处。但乾隆帝以“社稷臣”为自己小舅子的盖棺定论，却未免有些名不副实。傅恒伴君一世，不过时时以“勤慎敬畏”自警，因此他的命运比鄂尔泰、张廷玉都好得多。他的一帆风顺除了皇帝宠眷专一外，恐怕还得益于他天生的为人谦和厚道，僚属多有称颂不算，就是与他并无什么来往的士人精英中口碑也好。乾隆三十五年（1770年）秋，傅恒于征缅之役失利后郁郁病卒，远在江南、与傅恒平生并无深交的诗坛领袖袁枚写了四首题为《傅文忠公挽词》的七律，且看第一首：

捧日雍容三十年，一朝星陨紫微边。
恩虽外戚才原大，病为南征死更贤。
忍见圣躬亲奠酒，更无内相力回天。
夕阳望断貂蝉影，羽骑黄门尽黯然。

袁枚感戴傅恒什么呢？原来他写过一首哀悼鄂容安战死疆场的诗，结句是“男儿欲报君恩重，死到沙场是善终”。傅恒对此极为欣赏，说：

“岂料袁才子竟有此心胸，我真想和他见上一面呵！”袁枚知道后，“心中知己之感，恻恻不忘”。

《怀旧诗·五阁臣》排在傅恒后面的是来保。诚如乾隆帝诗中所云：来保并“无赫赫名”，但他是皇祖、皇考留下的内务府忠实老奴，康熙中自库使擢侍卫，雍正时升任内务府总管。乾隆帝有时闲闲问起康熙间事，他都能娓娓道来。由于伺候过三代主子，凡宫中及巡幸、行围诸典早已熟烂于胸。此公尤善相马，乾隆帝作《相马歌赐来保》，其中有云“伯乐善相马，车下老骥出。今岂无其人，来保称第一。”来保能从马群中一眼分辨出哪匹是良马，有时坐在军机处听到外面一两声嘶鸣，便能判断马之优劣，连皇帝的御骑也由他遴选，所以诗中又说来保：“心端德自优，万中无一失。天闲云锦群，一顾靡不悉。为余辨骊黄，六飞协安吉。”来保于乾隆十三年以武英殿大学士入值军机处，此时正经历着乾隆帝执政以来中枢班子的大调整，乾隆帝着意培养的首揆讷亲被杀，傅恒擢为首席军机大臣，来保也一下子上升为第二位军机大臣。自此，他一直尾随傅恒之后，勤慎奉职自效，乾隆二十八年（1763 年）以八十四岁高龄卒于位。此前，因来保诚笃厚重，他的家族蒙皇帝特恩，早已由内务府包衣抬入了正白旗满洲。比起傅恒，来保似乎更无显赫政绩可言，乾隆帝为什么将他一定放在最值得自己追念的“五阁臣”中呢？恐怕不单单是因他善于相马。或许，由“崇满抑汉”体制决定，来保之外，实在找不出更合适的兼军机大臣的满洲大学士，乾隆帝不愿五阁臣中汉人占据多数。

《怀旧诗·五阁臣》中刘统勋殿后。乾隆帝说：“汉大学士之足资倚任者，张廷玉而后，有刘统勋。”

刘统勋，山东诸城人，雍正二年（1724 年）进士。父亲刘棨在康熙年间官至四川按察使，以清廉闻名于世。雍正帝去世前，命刘统勋到教育皇子的上书房当差，因此他也当过四阿哥弘曆的老师；但《怀旧诗》说得明白，“其时学亦成，云师而实友”，并没真的把他当老师看待。总因有这层关系，乾隆帝对他的人品有着相当的了解。乾隆六年（1741 年）四十三岁的刘统勋被皇帝任命为纠弹百官的左都御史。他对朝中形势作了深入分析，也悉心揣摩了皇帝的政治意向，做出的判断是，先皇雍正帝留下的老臣渐滋结党擅权倾向，而新帝着力提携培养的大臣如讷亲又权力过重，用事过锐，不及时抑制，日后也可能恃宠而骄，重演雍正时年羹尧、隆科多故事；而这一切都源于初政的皇帝缺乏政治经验，对待臣工过于宽厚仁慈，以致朝中群臣未能如雍正时震怖匍匐于皇权之下。这年四五月间发生的仲永檀参劾鄂缮受贿案，特别是乾隆帝对此案的处置手法，使刘统勋进一步确认皇帝已开始动手解决初政以来日渐突出的朝臣隐结党援、朋分角立问题。在反复权衡利弊之后，刘统勋决心一搏，连上两件密折，参劾根基深厚的三朝元老张廷玉和红得发紫的满洲勋贵讷亲，这给乾隆帝留下了一生难以磨灭的印象，也为刘统勋日后高升铺平了道路。乾隆三十八年（1773 年）十一月十六日刘统勋猝死，消息传出，天子震悼，赐谥“文正”。乾隆朝六十年，以“文正”为谥者，惟刘统勋一人而已。《怀旧诗·五阁臣》之所以高度评价刘统勋“遇事既神敏，秉性原刚劲。得古大臣风，终身不失正”，盖源于此，而其“十余年黄阁”业绩实不足道。

不应忽略，以上被乾隆帝称之为“阁臣”的五位内阁大学士，均是他执政四十余年间人们心目中权势煊赫、勋业彪炳的“宰相”。从上文提到的袁枚诗称傅恒为“内相”和下文尹嘉铨著书“称大学士、协办大学士为相国”就可略知一斑。但五阁臣之首鄂尔泰在乾隆帝笔下，不过“深加倚任”；张廷玉等而下之，“倚任原非轻”；刘统勋是张廷玉而后，“汉大学士之足资倚任者”；来保专长在相马，乾隆帝不好意思再说什么对他如何“倚任”；傅恒“在纶扉二十三年，日侍帷幄”，倚任最专，原因不过是“诚悫素著”，或如乾隆帝在其他场合所讲：“傅恒任大学士最久，亦仅以悫忱勤职自效。”那么，人们眼中堪比宰相的大学士，乾隆帝日后索性一语道破，乃“备位纶扉”，不过“委蛇奉职、领袖班联”而已。个中道理，乾隆帝早就向群臣宣示过：“我大清朝乾纲坐揽”，“事无大小，何一不出自朕衷独断”。《五阁臣》诗题讲究，诗句和诗注字斟句酌，绝对没有附会“相国”之类的意味。乾隆帝不以大学士比附古代宰相，也严厉禁止别人说什么“相国”，谁说了，被抓住了，就是杀头的罪状。

撰写《怀旧诗》后两年，原大理寺卿尹嘉铨因著书“狂悖”被杀，他的一条大罪就是在书中称大学士、协办大学士为“相国”。乾隆帝为此宣谕国中，大加发挥：

> 我皇祖圣祖仁皇帝、皇考世宗宪皇帝暨朕躬临御四十六年以来，无时不以敬天、爱民、勤政为念，复于何事借为大学士者之参赞乎？……昔程子云“天下之治乱系宰相”，此祇可就彼时朝政冗者而言，若以国家治乱专倚宰相，则为之君者，不几如木偶旒缀乎。且用宰相者，非人君其谁为之？使为人君者，深居高处，以天下之治乱付之宰相，大不可也。使为宰相者，居然以天下之治乱为己任，目无其君，此尤大不可也！

谕旨批评“程子”“天下之治乱系宰相”，颇引人瞩目。程子，即宋儒程颐。他曾说：“中常之君，无不骄肆；英明之主，自然满假。此自古同患，治乱所系也。故周公告成王，称前王之德，以寅畏祗惧为首。自古以来，未有不尊贤畏相而能成真圣者也。”嗣后，人们讲“天下治乱系于宰相”，皆本程颐。乾隆帝论相之处多多，惟独这通直指程子的旨谕最为犀利雄辩，气势如虹，堪称一篇挞伐以儒家政治理念建构的君相体制的战斗檄文。

孔子心目中，最理想的政治局面应当是，圣人以德化民，垂拱而治。而关键在于得贤臣分任众职：“昔尧舜听天下，务求贤以自辅。”先秦最后一位大儒荀子继承孔子思想，但他不像孔子那样把理想政治寄托于三代以前，而是直截了当地说：“君者，论一相。”选好了相，就能达到“天子不视而见，不听而聪，不虑而知，不动而功，块然独坐，而天下从之如一体，如四肢之从心”这一出神入化的最高境界——“大形”；否则，以一人之心力，“大有天下，小有一国，必自为之然后可，则劳苦耗悴莫甚焉”。非但人主不胜劳神苦形，而且事情也办不好。是以荀子把他的政治思想凝练为“主好要，则百事详；主好详，则百事荒”这一屡为后人据以劝谏事必躬亲之君王的警句。至宋儒程颐总结古往今来国家治乱，指出惟有君主“尊贤畏相”，或可遏制皇权恶性膨胀。他立论以相权制衡君权，阐发“天下治乱系于宰相”，对深化先儒政治思想做出了突出贡献。诚然，他们都未提出具有规范意义的君相制，但作为一种儒家政治文化的价值取向，对后世中国政治体制的建构与权力运作，以及士人意识中对皇权应有的限定与制衡，则产生了极其深远的影响。

秦汉以来，朝廷大体是按“皇帝——宰相（丞相）制”的模式构建的。当然，在皇帝专制时代，像汉唐“圣君贤相”那样的开明专制并不多见；但作为一种理想的政治局面，却是一代代君臣心向往之的。左丞相陈平朗朗对汉文帝曰：“宰相者，上佐天子理阴阳、顺四时，下育万物之宜，外镇抚四夷诸侯，内亲附百姓，使卿大夫各得任其职焉。”你看，陈平把宰相的权力说得几乎无所不包，宰相不仅统百官、总万事，还是掌握最高行政权力的天子辅臣，而且负有近乎玄妙的调和阴阳重任。陈平发挥孔荀儒家政治理念，向皇帝发表了堪称有史以来第一篇宰相地位的宣言书。秦汉以降以迄明初，一千五百年间，宰相名号虽屡有变化，相权的盈缩历代也不可一概而论，但司宰相之职者“佐天子，总百官，治万事”，“佐天子，理万几”的特殊地位却没有根本变化。到宋儒程颐时，宰相的地位更提升到了关系国家治乱安危的高度。儒家文化政治理念之深入人心，以至明洪武废相后，人们还总有挥之不去的“宰相”情结，坚信程子“天下治乱系于宰相”之说不可移易。

然而，“君相制”最大的缺陷在于君主与宰相的权限缺少现代法律意义上的明确界定，运行起来，不是皇帝随便侵夺相权，就是权相、奸相窃弄君权，造成政治的不稳定。明太祖朱元璋毅然决然废掉通行了一千五百年的宰相制，同时宣称“事皆朝廷总之”，即皇帝总揽天下大小政务并最后决断。但他很快领教了个中滋味，每天处理日常政务不说，光批阅奏札就有几百件，无奈之下，只好把翰林院的文臣召入内廷当秘书。这样逐渐就有了总汇天下政事的内阁，宰相制也有点借尸还魂的意思，内阁首辅大学士夏言、严嵩、高拱、徐阶把持政柄且不说，到张居正，竟俨然以汉唐古相自居，一时威权震主，结果祸发身后。

总之，明太祖虽然首倡“事皆朝廷总之”宏论，但经过有明二百余年的政治实践，他和他的子孙却没有找到实现这一目标的具体路径，皇帝总揽朝政不仅彻底落了空，还闹出了晚明天子怠政，阉宦窃权，阁臣狼狈，言路嚣张，朋党乱政，国家统治效能急剧下降，以至社稷倾覆的惨祸。

继明而兴的清朝皇帝从定鼎燕京沿袭明制就开始了重建国家机构，特别是中枢机构的艰难探索。他们胸中绝对没有现成的蓝图，也不像汉族士大夫恪守什么神圣古训，只是确定了最终目标——被推崇为“治隆唐宋”的明太祖主张的“事皆朝廷总之”，设定了校正前进方向的反面参照物——明祖子孙怠荒懒政及由制度性缺陷而酿成的朝政嚣杂纷乱，然后就一路“实行”起来，摸索前进了。而康熙帝于不经意间创行奏事折子，竟迈出了关键的一步。

奏事折子，通称奏折，俗称折子，正规地说，是自下而上的官文书。说得明白一点儿，就是大臣官员给皇帝打的秘密报告。开始时，康熙帝不过想了解下面真实的情况，于是在外放的亲信奴才请安折子上信手用朱笔批谕：“前任巡抚品行如何？”“近来省里议论京城事乎？”等等。日子一久，他越来越感到臣下密折奏事的必要。他说：“天下大矣，朕一人闻见岂能周知，若不令密奏，何由洞悉？”又曰：“凡督抚许上折子，原为密知地方情形，四季民生，雨旸如何，米价贵贱，盗案多少等事。”为参核信息真伪，康熙帝有时还命大吏密奏封疆以外情报，他直言不讳地说：“若浙江巡抚奏秋成八分，其福建从浙江过者询之，或云十分，或云六七分，一有参差，便可知其虚实矣。”这样，密折奏事就渐渐成了康熙帝掌握事关政风民情，乃至国家安全的制度化重要渠道。总督和巡抚是一省或数省的最高军政首长，他们在第一线，相对而言，最了解下情，因此先后奉特旨可以奏折子。有时，这些人希望在地方上实施改革之类大举措，想先探听一下皇上的口风，就借上密折之机，将事情原委先讲清楚，最后说“奴才受恩深重，不敢不据实直陈，并抒管见，伏祈主子睿鉴施行”云云。如此一来，凡地方有所兴革，君臣间往往先通过密折和朱批反复磋商推敲，酝酿得差不多可以揭锅了，皇帝再命有关部院或九卿议奏，最后一锤定音。国家不少大政方针，不少带有革新性质的政策，就是这样确定下来的。雍正帝继位后，这类奏事折子很快构成了全部奏折主体部分，奏折制度渐趋完备，皇帝遂得以及时掌握事关国家安危治乱的重要信息；而信息的搜集、处理和反馈以及信息真实性、全面性、系统性，超过了以往任何朝代。这一点极其重要，它有助于朝廷重大事务的决策，避免或减少失误，一旦发生失误，也能及时启动纠错机制。

奏折制度通行，还促成了清初以来政治体制的重构，将极具特色的新的中枢机构——军机处推上了历史舞台中央，同时辅以内阁和满洲传统的议政处（议政王大臣会议），共同组成清代国家军政中枢。

雍正时折奏权有了进一步扩大，而雍正帝往往在每一件重要奏折都认真做了朱笔批示——就是人们说的“朱批”。起初，雍正帝身强力壮，精力充沛，经年挑灯夜战，不批完当日折子不歇手，以至积劳成疾，渐渐感到穷于应付。特别是雍正八年（1730年）冬对准噶尔开战后，军书旁午，件件皆须皇帝发纵指示。一下子，明太祖废相后遇到的、中国专制政体、政务繁剧与君主精力有限的固有矛盾又凸显出来。雍正帝慢慢摸索出来一个简捷的办法，让张廷玉、蒋廷锡等几位最亲信的大学士从紫禁城东南隅外朝文华殿对面的内阁跑到内廷值班，随时听候宣召，自己口授旨谕，由他们写旨。这样一来，处理军国重务的效率就空前提高了。这几个亲信大学士就是最早的军机大臣，他们最初值班的地方在乾清门外西边，不过板屋数间，人们习称“直庐”，这就是后来枢垣所在的“办理军机处”前身；随后又迁入隆宗门内，以其地近皇帝所居养心殿，便于宣召。乾隆帝即位，特命改建瓦屋，北屋一排是军机大臣值班之处，南屋是军机章京的值房。头天晚上，乾隆帝把各省督抚和各部院及科道言官等的折子都看了，对若干件请示重大军政事务的折子只朱批“即有旨”“另有旨”“已有旨了”“有旨谕部”之类三五个字，留待次日召见军机大臣时办理。每天凌晨天还没亮，军机大臣先已到了与养心殿一墙之隔的军机处值房，内奏事处太监发下经皇帝阅批过的奏折，军机章京分送军机大臣翻阅。乾隆帝每天五六点钟起床，早膳后召见军机大臣。看过了皇帝一早交发奏折的军机大臣一听太监“叫起儿”，便由首揆带头鱼贯而入，到皇帝面前跪聆某一折子所请示问题的口谕。起初，张廷玉“述旨信无二,万言顷刻成”，承旨拟旨一手包办，后来拟旨则交给军机章京。军机章京运笔如飞，片刻之间写好旨稿，呈军机大臣审核无误，即恭呈皇帝审订。稍有不妥，乾隆帝则朱笔加以增删，也不必再誊清。赫然入目的朱笔改写字迹更见得谕旨经皇上亲自改订，这样，一件千数百言的正式谕旨转眼间就完成了。这种由内廷寄发，因此称为“廷寄”的谕旨加封盖上军机处银印，交兵部再加封后，发国家驿站、军台驰递，根据事情紧急程度，或“马上飞递”，即日行三百里，或四百里，或五百里，或六百里，或六百里加急，都在信函上标明，指示军机方略的廷寄最快的日行千里。就这样，军机处一上午一直处于十分紧张的状态，往往头一批谕旨还没办完，太监又来“叫起儿”。到正午时分，该发外地的廷寄都办妥交与兵部，该交内阁及各部院办理的谕旨或朱批奏折也发到各衙门去了，一天的“班务”到此结束。军机处协助皇帝办理这样大事，人员却少得出奇，而且都是兼差，名义是“在军机大臣上行走（或学习行走）”“在军机章京上行走”之类非常准确传神的说法。军机大臣通常六至八员，奉特旨从内阁大学士和各部尚书、侍郎等皇帝最倚信的重臣中调任，军机章京也是从各部院精干司员及内阁中书临时借调而来，总共二三十人而已。就这三四十个十分了得的大小秘书、隆宗门内南北两排不起眼的平房，在皇帝的指挥督责下，一上午竟井然有序地处理了国家所有重大、紧急、机密的军政大事。平日，军机处人员散值后还需留下军机章京值日兼值夜，以备皇帝紧急召见。如有军报驰递宫门，虽夜半乾隆帝必起身亲览，立即宣召值夜军机章京指示机宜，军机章京从起草、作楷到进呈，往往需要两三个钟头，但见皇帝“犹披衣待也”。乾隆帝经常巡幸在外，军机处乃以“行在军机处”随扈，政务紧张程度甚至超过在宫在园（圆明园）之时。皇帝常于马上降旨，军机大臣即令军机章京歇马缮撰，驰至顿宿之尖营进奏，由皇帝御笔改定。即使元旦、万寿节等大节日，也不能完全放松，眼前的戏剧歌舞令人赏心悦目，但军机大臣还不时来皇帝面前承旨。军机章京管世铭的《万寿节纪实诗》有云：“鱼龙散乐列琼筵，视政如常倍觉虔。一曲仙韶听未阕，重臣三对御床前。”至于日常无须特别保密、不那么紧急的，且有成例可循的军政事务则总汇到沿袭明制的内阁去办。军机处建立后，由未被调到军机处当差的大学士在那里主持。他们把四方章奏详审后，先用墨笔仿皇帝口吻批一种或几种意见附在章奏之上，供皇帝去选择，这叫“票拟”；经皇帝认可，“票拟”的意见即由朱笔改写，连同章奏本身，就成了朝廷正式红头文件，下发京内外衙门遵照执行。雍正年间，国家军政中枢重在军机处，内阁中枢地位下降，有人说内阁处理的不过是些“寻常吏事”，其实也不尽然。乾隆中，每年经内阁票拟的各部院本章就有六千余道，无一不是国家大小军政事务。皇帝一般在晚膳后审阅内阁本章，偶尔发现“票拟”有误，便小题大做将有关大学士狠狠训斥一通；所以，在内阁办事的大学士、学士们虽不比到军机处当值荣显，但都兢兢业业，谁也不敢丝毫懈怠。内阁协助皇帝处理了天下头绪纷繁且专业性极强的诸多事务，皇帝就可以集中精力和时间，借助入值军机的军机大臣和军机章京们之力，有序处理国家紧急机密的重大事务。

康、雍、乾三帝经过百年持续不断的艰难探索和缜密思考，终于构建起以君主个人之力独揽繁剧朝政的国家中枢——军机处和内阁，一举解决了明太祖“事皆朝廷总之”的理政难题，加以廷寄、奏折及驿传联络朝廷与地方，雍乾之际的政治体制组织架构严整、协调、灵活、高效，以皇帝为核心的君主专制中央集权制趋于完备。就此而论，乾隆帝所谓“我大清朝乾纲坐揽”，不能算浮夸吹嘘。

专制集权政治体制组织架构的完备，只是国家统治效能强大的前提，至于这一优势能否得到实现，或能实现到何种程度，则取决于国家中枢权力的运作机制。

中枢权力运作机制集中体现在诸凡政务的处理，特别是军国大计的决策，其整个过程一般经过皇帝谕示议题——交由九卿等廷臣或督抚等地方大吏等会议议奏——廷臣或督抚等遵旨议覆——最后由皇帝钦断执行的常规程序；皇帝也完全可以不经众议、无须大臣参与而独断的非常规程序，即所谓“圣衷宸断”。

以康熙后期至乾隆初期的禁南洋贸易案为例，从严禁到弛禁、从封闭到开放，其间朝廷决策几经反复：康熙帝事前既没有征询东南沿海督抚的意见，也未经交付大学士、九卿、科道合议，即仓促独断，颁布禁南洋贸易令；雍正中，皇帝将福建总督高其倬《复开洋禁折》批交怡亲王允祥与大学士、九卿等共同会议，王大臣议覆请开南洋商贩，雍正帝允准实行；乾隆初年，署闽浙总督策楞密折奏请再禁南洋，因事关国家安全，皇帝批交“议政王大臣速议具奏”，随即又将闽籍御史李清芳反对全面禁南洋一折交“议政王大臣一并议奏”，议政王大臣以此案攸关东南沿海各省，奏准交闽广江浙督抚妥议具奏，迨各该督抚陆续奏到，乾隆帝再交付议政王大臣等议奏，经裕亲王广禄等王大臣会议，奏请维持雍正帝既定方针，仍准南洋“照旧通商”，乾隆帝降旨准行，开放政策未发生逆转，自康熙帝晚年以来一波三折的禁南洋案至此画上了一个圆满的句号。

从以上中枢权力运作机制看，乾隆帝讲的“乾纲独揽”“乾纲独断”，既指朝政一般经过众议，最后由皇帝裁断的常规程序，也有如康熙帝的平三藩、禁南洋和乾隆帝平定准噶尔、处理中英首次通使那样力排众议或无须众议的非常规程序“圣衷宸断”。后者在康、雍、乾时代一百余年间并不多见，而常规程序则是通行的、普遍的、大量的，连皇帝也不肯轻易违反的理政决策常规，这有现存清代军机处、宫中及内阁等浩如烟海的档案为证。乾隆帝说“事无大小，何一不出自朕衷独断”，从一切朝政最终皆由皇帝钦断执行来看并不错，但他说“朕躬临御四十六年以来，于何事借为大学士者之参赞乎？”则背离事实，大错特错。试问，历时一年多的坚持开放南洋的决策，从朝中大臣到地方督抚，从议政王大臣到科道言官，乾隆帝借为“参赞”者有多少？汉大臣张廷玉为什么能身被“异数”配享太庙？乾隆帝自己称其两大功勋之一就是“述旨信无二,万言顷刻成”，这不是“参赞”又是什么？军机大臣、军机章京数十年如一日的承旨、拟旨，又何一不是参赞其间？不要以为“乾纲独断”是乾隆帝坐在养心殿，事事拍脑门儿决断，如果真是这样，那就真像唐太宗所说的：“日断十事，五条不中”；“以日继月，乃至累年，乖谬既多，不亡何待！”

其实，雍、乾之际的朝政议事和军国大计决策常规，与唐太宗凡事“皆委百司商量，宰相筹画，于事稳便，方可奏行”的治国理念、政治实践，在通过众议以力求规避国家政务失误与皇权高度集中相统一的实质上，并无区别；至于交由哪个国家机构、众议采取何种程序，也都没有严格的法律规范，而完全由皇帝作风、经验和某一时期的政治需要决定。如果说二者有所不同的话，在形式上清代常规议事流程更灵活，更实用，更具有可操作性，更张弛有度、收放自如；因为它要应对比汉唐时代更大、更复杂的内外变局，倒不是康、雍、乾三帝比唐太宗格外高明。

总之，雍正年间日趋完备的政治体制、组织架构和常规运作机制，有助于最大限度发挥国家权力集中、高效的强大优势，对国家和民族做出了积极的历史性贡献。这就不难解释，为什么在极端君主专制体制下出现了不逊于汉唐盛世的康乾盛世。

问题在于，既然古代宰相对皇权的制度性约束已荡然无存，而朝政议事和军国大计决策机制由皇帝一手操控，一切只能寄望于“皇上之圣心”（孙嘉淦语），这就很危险了。

可以检讨当时关系中国国运的对外开放还是封闭这件大事的决策。

康熙五十六年，康熙帝独断，禁止南洋贸易，绝非一时的孤立事件。身历康、雍、乾三朝，对其间政治气候冷暖有切身体验的方苞论及康熙帝晚年为政风格时曾说；“时上（康熙帝）临御天下已五十年，英明果断，自内阁、九卿、台谏，皆受成事，未敢特建一言。”京外熟谙东南环海形势与地方民情的闽籍广东副都统陈昂对禁南洋虽持异议却不敢直言，直到临死上遗疏谓其子曰：“未有能悉此利害者，即知之又莫敢为民请命，我今疾作，终此而不言，则终莫上达矣。”廷臣“皆受成事，未敢特建一言”，地方大员“又莫敢为民请命”，人之将死才敢跟皇帝讲真话，盖慑服于康熙帝自恃的所谓“英明果断”，这就是当时极端专制黑暗面的生动写照。

雍正帝继位，一改其父晚年专制独断作风，亲笔朱谕向两广总督孔毓珣求教：“朕实不达海洋情形，所以总无主见”，并委托其“博访广询，谨慎斟酌其至当奏闻”。乾隆帝初政，如临如履，惟恐失误，一日之中朱笔细书，折成方寸，或咨询张廷玉、鄂尔泰，或咨询朱轼、孙嘉淦，“曰某人贤否，某事当否？日或十余次”。可见，雍正帝，继之以乾隆帝，纠正康熙帝晚年独断禁南洋的失误，也绝非一时孤立的事件。同样是皇权不受制衡的极端专制，可以因皇帝的开明而呈现政治和煦的气象。

雍正帝晚年在决断军政大计前对众议非常重视和自觉坚持。当时，继续出兵准噶尔蒙古，抑或遣使议和，是关系重大的头等军务。雍正帝反复斟酌，自言“二者均难遽定”，故特召西北两路统兵将军来京与军机大臣等悉心计议，结果意见仍然分歧。雍正帝以兹事体大，“理应博采众议，详慎筹划”，遂命满汉文武大臣共同会议，“各陈己见，据实具奏”。此时距他以五十七岁辞世，大约一年光景。

与雍正帝有所不同，乾隆帝初政的开明逐渐向专断转化。乾隆中限制西方国家来华贸易的广州单口通商的决策，就是在未经廷议，也没有很好协调广东与江浙等沿海省份利益关系的情况下，由皇帝采取非常规决策程序“圣衷宸断”的。至乾隆五十八年，英使马戛尔尼首次来华谈判中英贸易，其时中国还具有足以同这个西方最强大的国家相抗衡的实力。应考虑如何通过外交手段争取到中国最大的利益，将主动权掌握在中国一方。但乾隆帝压根儿就不打算跟这帮不懂“礼仪”的野蛮人打交道，更谈不到考虑应采取何种策略以维护中国的核心利益。他在做出如此重大决策时不仅没有交大学士、九卿、科道及各省督抚议奏，也没有交军机大臣等统治集团最核心层会议，而是以天朝大皇帝“敕谕英王”的口吻将英方提出的要求，不合理的与合理的，一股脑儿地全部回绝，随即有礼貌地将英国使臣推出国门。对当时中国社会经济发展具有深远影响的中英贸易谈判，就这样以简单草率的方式关上了大门。如同康熙帝一样，乾隆帝这时也“临御天下已五十年”，他的“英明果断”的专制威权更远远超乎其祖父。他讥讽唐太宗的纳谏为沽名钓誉，把襄赞政务的大学士视为赘疣。在这样极端专制的政治环境，出现对西方贸易决策的两次重大失误绝对不是偶然的；在这样极端专制的政治环境，即使遵循常规议事程序，信息的全面、真实也要大打折扣。臣下信奉“万言万当，不如一默”，议政又怎么能充分深入？

纵观康、雍、乾时代的中国政治，在皇帝比较开明的前提下，朝政议事和军国大计决策往往失误较少，而不受任何权力制约的皇帝很难始终如一地保持开明的为政作风，一旦转而好自专断，拒谏饰非，以致群臣缄口或阿谀顺旨，就可能因重大决策错误埋伏下危及国家与民族前途命运的巨大隐患。

大清国势在乾隆时代达到鲜花着锦、烈火烹油的全盛。曾几何时，即无可奈何花落去，无可挽回地走向衰败。草蛇灰线，早已隐然伏脉于“乾纲坐揽”或曰“乾纲独断”之中。

第四章

盛衰之间

弘曆出生第二年，即康熙五十一年（1712 年），他的祖父康熙帝向全国臣民宣布：现在库帑充裕，从明年起，不再征收丁银（人头税），此举不止有益于民，亦国家一大“盛事”也。史家从此就把这一赋役史上的重要改革称为“盛世滋生人丁，永不加赋”，史家艳称的康乾盛世亦由此发端。

乾隆二十四年（1759 年）岁末，当平定准噶尔取得最后胜利的报捷红旗驰抵京师时，乾隆帝感慨地说：“乃者关门以西，迄乎大漠，虽亘古不通之境，究以国家全盛余力而定之。”承继父祖余烈，乾隆帝终于将国势推到了全盛的巅峰。

乾隆五十八年（1793 年），来华英国特使马戛尔尼并未受惑于乾隆帝刻意渲染的国家繁盛、军备整饬的表象，而以敏锐的洞察力窥破了古老中国的虚弱本质，得出了“清帝国好比一艘破烂不堪的头等战舰”的结论。

乾隆帝堪称中国古代最后一个盛世由盛而衰全过程最权威的当事人和见证者。

一　西师与南巡

“西师”的锋芒指向准噶尔，而宏观的战略意图则在于广袤的蒙藏边远地区的稳定；“南巡”的意趣似乎专注于江浙，其实它蕴涵着驾驭整个汉族人民的深远用心。康、雍、乾祖孙三代英主百年间紧紧抓住这两件头等大事不放，北边凭倚蒙古这个忠实可靠的盟友，挟政治军事之优势，以北制南，镇抚人口占全国百分之九十以上、文化优越的汉人；南边则依托汉族中原地区源源不尽的富厚人力、物力和财力，跃马塞外，彻底制服关系国家战略全局的准噶尔，使中国广大地区实现了百年的和平与安定，也给中华民族子孙后代留下了疆域辽阔、人口众多的多民族统一国家的丰厚家底。

乾隆四十九年（1784 年），第六次南巡——也就是最后一次南巡——即将回銮时，乾隆帝在杭州颁发了一篇重要的历史文献——《南巡记》，总结即位五十年来一共做了两件大事：一件是“西师”，另一件是“南巡”。乾隆帝一生文治武功不暇细数，在《南巡记》中，“西师”何以被列为悠悠万事中的头等大事，乾隆帝并没有加以申说。为了解他内心深处的想法，就有必要先把“西师”的原委说一下。

明朝晚期，北边强盛一时的蒙古分裂为漠南蒙古、漠北蒙古和漠西蒙古三大部落。清入关前，漠南蒙古先已归附了清朝，成为清军征服中原地区无比强劲的盟友。漠南蒙古大致相当于今天的内蒙古，在她北面是漠北蒙古，其牧地在今蒙古人民共和国一带，当时称为“喀尔喀”，是明代蒙古中兴之汗达延汗的后裔。喀尔喀从西向东分又为扎萨克图汗、土谢图汗和车臣汗三部。扎萨克图汗部隔阿尔泰山与漠西蒙古毗邻。漠西蒙古入清后称为“厄鲁特”，在明代则称“瓦剌”。厄鲁特的牧地东起阿尔泰山，西至斋桑泊，南起伊犁河谷，北到鄂毕河、托博尔河上游，又分为准噶尔、和硕特、杜尔伯特、土尔扈特和辉特等部。清初准噶尔部在噶尔丹汗领导下，逐渐统一了厄鲁特，又控制着天山南路清人称为“回部”，实际是信奉伊斯兰教的维吾尔族居住的广阔地区，势力强盛；因此，清人就把厄鲁特也称为准噶尔。准噶尔一方面遏制了正在向东进行殖民扩张的俄国对中国土地的侵掠，捍卫了中国西北边疆地区的安全；另一方面又怀有雄心壮志，欲继成吉思汗之后完成统一蒙古大业，进而与清朝争夺天下，这就不能不成为刚刚在中原地区立住脚跟的清朝最危险的强敌。

康熙初，喀尔喀扎萨克图汗与土谢图汗部之间大起刀兵，为准噶尔提供了东进一统蒙古的难得良机。康熙二十九年（1690 年），强劲的准噶尔骑兵在攻破喀尔喀扎萨克图汗部与土谢图汗部之后，兵锋南指，逼近漠南蒙古乌兰布通，京师震动。康熙帝亲自率兵出古北口，揭开了与准噶尔长达七十年战争的序幕。乾隆帝说的“西师”，实际上最早应发端于此。康熙时曾三次出塞亲征漠北，最后准噶尔汗噶尔丹兵败走死布彦图河畔，而喀尔喀则全部归附清朝，与漠南蒙古一起成为清朝皇帝进一步完成祖国大一统的强有力的盟军。终康熙之世，清朝与准噶尔的冲突并没有止息，而双方争夺的焦点在西藏，特别是对喇嘛教大教主达赖喇嘛的控制权；因为他们都十分清楚，谁控制了西藏和达赖喇嘛，也就控制了笃信喇嘛教的实力强悍的众蒙古。

噶尔丹败死后，准噶尔并没有放弃与清朝皇帝争夺中华共主的雄心。此时准噶尔汗已经换成了噶尔丹的侄子策妄阿喇布坦。康熙帝晚年，策妄阿喇布坦出兵穿越茫茫戈壁占据拉萨，西藏陷于混乱；康熙帝毅然出兵安藏，将准噶尔驱逐出藏，并护送六世达赖喇嘛从青海入藏坐床。这样，清朝就进一步巩固了在西藏和青海蒙古、喀而喀和漠南蒙古的统治，但与准噶尔之间你死我活的斗争还远未结束。康熙帝把他消灭准噶尔的遗愿留给了他的子孙去完成。

整个雍正朝十三年几乎是在对准噶尔的备战与决战中度过的。雍正初，大将军年羹尧平定青海罗卜藏丹津叛乱，实际上是康熙帝的出兵安藏的继续。罗卜藏丹津兵败后又投奔准噶尔，使清准关系更趋恶化。雍正帝对准噶尔战略地位的重要性非常清楚，正如他在心腹重臣鄂尔泰密折上朱批所讲的：准噶尔不比俄罗斯、安南等外国。准噶尔一日不平定，西藏事一日不能安稳；西藏料理不能妥协，众蒙古就难免怀有贰心——此实为国家隐忧、社稷生民忧戚所系。所以圣祖康熙帝明察事之始末利害，立意灭取准噶尔、安定西藏者，圣知灼见，不得已，必应举者也。

基于如此清晰的对战略大局的判断，雍正帝知道与准噶尔的一场生死决战必不可免。因此，在平定罗卜藏丹津之乱后，便积极而稳妥地从军政体制、经济财政以至兵马粮草等多方面进行了秘密的备战工作。雍正七年（1729 年），命西北两路大军出征准噶尔，但战争尚未开始，准噶尔先发制人，突袭清军西路军营，第二年又在和通泊大败北路清军；清军损兵折将，为之气夺。准噶尔骁将大小策零敦多布乘机率大兵进袭喀尔喀，情势空前危急，幸亏喀尔喀赛因诺颜部郡王、额驸策凌率训练有素、军纪严明的蒙古军在雍正十年（1732 年）取得光显寺大捷，击杀准噶尔万余人，“河水数十里皆赤”，这才勉强挽回败局。经过光显寺一役，准噶尔元气大伤，请求议和。经清准双方反复交涉谈判，直到乾隆帝即位才划定游牧界限，准噶尔保证不越过阿尔泰山，清方保证喀尔喀不越过扎卜堪。这样，清准这两个死对头就保持了相当长一段不稳定的对峙状态，双方之间的贸易虽有所发展，但彼此不共戴天的基本态势并未改变。

乾隆十五年（1750 年）准噶尔发生内讧，一批批数以万计的准噶尔人众陆续投向清朝，乾隆帝适时抓住了这一天赐良机。

策妄阿喇布坦汗之后，先是噶尔丹策凌继为准噶尔汗。乾隆十年（1745 年），噶尔丹策凌去世；他的嫡子，年方十岁的策妄多尔济那木扎勒第二年嗣汗位。乾隆十五年晚些时候，乾隆帝得到确切情报称，策妄多尔济那木扎勒为其属下所拘禁。原来噶尔丹策零去世时遗有三子一女——长子喇嘛达尔扎，庶出；次子策妄多尔济那木扎勒，嫡出；幼子策妄达什；女儿乌兰巴雅尔。因策妄多尔济那木扎勒汗年岁幼小，就由其姐乌兰巴雅尔代管政务。策妄多尔济那木扎勒即汗位后淫乱昏暴，乌兰巴雅尔时加规劝，策妄多尔济那木扎勒不但不听，反疑乌兰巴雅尔，将其拘禁。乾隆十五年夏，策妄多尔济那木扎勒密谋欲将其兄喇嘛达尔扎谋害，结果事机不密，乌兰巴雅尔之夫赛音伯勒克与准噶尔大头目联合，起兵将策妄多尔济那木扎勒擒住，刺瞎他的双眼，送往阿克苏囚禁起来，随即立喇嘛达尔扎为大台吉。据乾隆帝得到的情报，当下准噶尔“诸台吉皆觊觎大位，各不相下，喇嘛达尔扎篡弑得国，其危亡可立待”。

果然不出所料，乾隆十七年（1752 年）十一月，大策凌敦多布的孙子大台吉达瓦齐起兵突入伊犁，杀死喇嘛达尔扎汗，自立为准噶尔汗。消息传来，乾隆帝开始调兵遣将加紧备战，但公开发布的谕旨仍说“我大国断无乘乱兴师之理”。十八年冬，准噶尔杜尔伯特部台吉车凌、车凌乌巴什、车凌孟克——即所谓“三车凌”——苦于内乱不已，率所部三千余户、一万余人，离开长期住牧之额尔齐斯河归附清朝。这件事使乾隆帝最后下决心对准噶尔开战，以完成父祖两代“灭取准噶尔”的未竟之业。

乾隆十九年五月，乾隆帝密定明年两路进剿准噶尔。他对军机大臣说：“准噶尔内乱已有数年，外部又有哈萨克为难，这正是他们人心离散，而在我恰逢可乘之机。朕意机不可失，明年准备两路进兵，直逼伊犁，即将三车凌等分驻游牧，众建以分其势。此从前数十年未了之局，朕再四思惟，有不得不办之势。”“不得不办”，其实就是雍正帝说的“不得已，必应举者”，可见他们祖孙三人在平准的战略重要性的认识上是一脉相承的。乾隆帝和军机大臣计议已定，立即开始紧张备战各项事宜，计划兵分西北两路，北路派兵三万名，西路派兵二万。按每兵需马三匹计算，共马十五万；另需驼一万六千只、羊三十万。至于粮饷，数目更为庞大，大概从内地购买军粮每石需银一两上下，而万里迢迢运到前线费银竟高达二十余两。由于这次进兵主要用满洲、蒙古兵，所以又密谕此次剿办准噶尔，所有关系军机事件，俱用“清字”，即满文具奏，以确保军事机密不外泄。不过，明年具体进兵时间还没有最后确定。两个月后，准噶尔辉特部大台吉阿睦尔撒纳等率辉特、和硕特和杜尔伯特部众两万余人归附，乾隆帝认为“阿睦尔撒纳乃最要之人”，对他率三部人众来降大喜过望，决定加速进兵准噶尔。

原来阿睦尔撒纳在达瓦齐夺位称汗后，以自己雄厚实力向达瓦齐提出南北分辖准噶尔，为达瓦齐所拒。乾隆十九年四月，达瓦齐出兵分两路夹击阿睦尔撒纳；阿睦尔撒纳三战皆败，暂驻博罗塔拉地方。六月，达瓦齐亲率兵三万至阿睦尔撒纳游牧之地，阿睦尔撒纳不敌，遂与杜尔伯特台吉讷默库、和硕特台吉班珠尔率众向内地运动。七月初抵达北路喀尔喀，遣人通报到境，请求内附。乾隆帝命军机大臣寄信定边左副将军策楞，即将阿睦尔撒纳安插于阿尔泰山以东，并为其提供保护。同时又密谕策楞，说朕闻阿睦尔撒纳之为人，诡诈反复，全不可信，故防范不可不周。

阿睦尔撒纳来归更加坚定了乾隆帝大举进兵准噶尔的决心。他认为已经到应该向统治集团最核心层交底的时候了。十月中，乾隆帝特召见满洲王大臣说：“朕于准噶尔，开始并无利其土地人民用兵之意，今岁辉特台吉阿睦尔撒纳等又领数万众投诚；朕以天下大君，焉有求生而来者不为收养之理？再者，达瓦齐，作乱之人，今即收纳其数万众，虽目前不见得敢兴兵来犯，而日久力足，必又蠢动，侵我边圉。与其费力于将来，不若乘机一举平定准部，将三车凌、阿睦尔撒纳安置原游牧处，使边境永远宁谧之为得也。准噶尔之事，历有年所，因机无可乘，故大勋未集。今事机已值，无烦大举，以国家之余饷，两路并进，不过以新降厄鲁特之力，少益以内地之兵，即可成积年未成之功。”

乾隆帝内心十分清楚，满洲王大臣自雍正末和通泊惨败后，都患有严重的“恐准症”；所以，必须先打消他们的疑虑，以期得到他们的理解和支持。乾隆帝特别对他们说，这次用兵只不过“以新降厄鲁特之力，少益以内地之兵，即可成积年未成之功”，目的也在于解除他们的忧虑。据乾隆帝日后讲，当年决策用兵平准，他是很孤立的，支持他的只有大学士、首席军机大臣傅恒一人而已。乾隆帝在最困难的时候能得到傅恒的有力的支持，对此，他始终念念不忘。

阿睦尔撒纳安顿好之后，乾隆帝召他来避暑山庄觐见，时间已近十一月。阿睦尔撒纳一行还在路上，大约需十二三天才能抵达，而皇太后的寿辰是十一月二十五日，必须在接见阿睦尔撒纳后从避暑山庄及时返回京城庆祝。所以，乾隆帝就想早一点赶到热河，故离京后并站兼行，三日即驰抵避暑山庄。十一月十二日，阿睦尔撒纳、讷默库等率众至广仁岭恭迎乾隆帝车驾。十三日，乾隆帝在避暑山庄万树园大蒙古包赐阿睦尔撒纳等宴，与宴者有宗室王公、蒙古王公、文武大臣等。嗣后，连日赐阿睦尔撒纳等宴。又降旨加封阿睦尔撒纳亲王，为“辉特额尔德尼诺颜部落”盟长。据礼亲王昭梿《啸亭杂录》记载：乾隆帝与阿睦尔撒纳行的是亲密的抱见礼，“皇上从容抚慰，并赐上驷与之乘，亲与其分较马射，并以蒙古语询其变乱始末，赐宴而退。阿悚然，时冬月严寒，阿逆汗下如雨，退告其下曰：‘真天人也，敢不慑服！’”

总之，热河召见，乾隆帝给了阿睦尔撒纳相当高的礼遇，意在笼络怀柔新降之准噶尔大小头目。但乾隆帝在避暑山庄驻留期间，主要还是与阿睦尔撒纳密议用兵征伐达瓦齐方略。阿睦尔撒纳当面陈述进兵准噶尔的具体规划，乾隆帝初已降旨赏给阿睦尔撒纳等八旗上三旗旗色（正黄、镶黄、正白）大小旗帜，以为进兵时的标志，但阿睦尔撒纳最后说服了皇上，明年进兵时仍用阿睦尔撒纳“旧纛”，理由是“使彼处人众易于识认，投降甚便”。是用满洲旗纛，还是用阿睦尔撒纳蒙古“旧纛”，乾隆帝与阿各自心机都很深，但乾隆帝最终还是答应了阿睦尔撒纳的请求。这就种下了第一次平准之役大获全胜不久，突然出现准噶尔全境叛乱的大起大落局面的因由。

乾隆二十年（1755年）二月，西北两路出师，平准之役开始，也是乾隆帝日后所说的“西师”正式拉来开了帷幕。在此之前，乾隆帝已任命班第为定北将军，阿睦尔撒纳为定边左副将军；永常为定西将军，先已投诚的准噶尔台吉萨喇尔为定边右副将军；阿兰泰为北路参赞大臣，鄂容安为西路参赞大臣。阿睦尔撒纳率北路哨探兵六千名比原定出发日期提前三天从乌里雅苏台军营开拔，八天后，定北将军班第即率察哈尔兵三千名衔尾而进。萨喇尔率西路哨探兵也比原议提前三天从巴里坤军营进发，定西将军永常随后率兵跟进。两路军各二万五千人、马七万匹，各携两月粮，约期两路会师于伊犁东北的博罗塔拉河。

自大军出师，前锋副将军阿睦尔撒纳、萨喇尔皆以故准噶尔台吉建其“旧纛”先进，准噶尔各部落望风归附，大军几乎没有遇到什么抵抗，因而进军极为迅速。四月，西北两路大军会师，随即大军开进伊犁。五月初，大军渡伊犁河。准噶尔汗达瓦齐拥众万人退据格登山，结营固守，但军械不整，马力疲惫，众心离散，弥漫着失败的情绪。清军两路逼近格登山，阿睦尔撒纳派翼领喀喇巴图鲁阿玉锡等带兵二十二名连夜往探达瓦齐踪迹，阿玉锡等突入敌营，敌众如惊弓之鸟，自相践踏，一哄而散。达瓦齐仅率二千余人窜往天山南路回部地区，不久，为乌什伯克霍集斯所擒，呈献清军大营。

出兵未及半载而兵不血刃克定伊犁，举国为此欢欣鼓舞。乾隆帝也慨然兴叹：“朕筹办之初，亦未敢遽信大功计日可就。”于是，大封有功之臣，赏阿睦尔撒纳亲王双亲王，班第、萨喇尔以下俱封赏有差。大学士忠勇公傅恒“协心赞画”西陲用兵，再授一等公爵。其实，大军之所以神速取得全胜，说穿了，就是蒙古部众并不认为清军“灭取”准噶尔来了，他们箪食壶浆叩马迎接的是打着准噶尔旗纛的准噶尔大台吉阿睦尔撒纳和萨喇尔。乾隆帝“欲借其声威，以收速定准噶尔之效”的目的确实达到了，但危机也恰恰在大军全胜、共同的敌人达瓦齐被擒送京师后迅速凸显了出来。

乾隆帝在进兵前已开始筹划占领准噶尔全境后的善后之策，他打算将准噶尔分为辉特、和硕特、杜尔伯特和绰罗斯四卫拉特，以阿睦尔撒纳为辉特汗，班珠尔为和硕特汗，车凌为杜尔伯特汗，另外的绰罗斯汗一时还找不到合适人选，这无非是传统“众建以分其势”防止准噶尔再度崛起成为西北一大劲敌的思路。而老奸巨猾的阿睦尔撒纳岂能看不透这点，但大敌当前，他还要利用清朝的援助以壮大自己声威。乾隆帝与阿睦尔撒纳暂时能在打击达瓦齐上结为联盟，阿睦尔撒纳也愿意暂时为皇帝麾下之将。现在准噶尔全境平定，阿睦尔撒纳自以为清军并未出什么力，平准之大功既为自己独有，那么，总统整个准噶尔则非己莫属。他私下里向将军班第试探：“我等四卫拉特与喀尔喀不同，若无总统之人，恐人心不一，又生变乱。”班第立即密奏，请乾隆帝特降谕旨，令阿睦尔撒纳速行入觐，早定四部封汗之事。乾隆帝对阿睦尔撒纳反复狡诈、志不在小早有觉察，接到班第密报，也想调虎离山，加以处置，但事情做急了反而可能激出变乱，于是密谕班第：阿睦尔撒纳不无希冀侥幸之心，若急遽遣回，恐其生疑，不若仍遵前旨，暂留彼处驻扎办事，酌定规模后，再令其兼程入觐。班第以解决阿睦尔撒纳事不宜迟，就催促皇帝及早采取断然行动，乾隆帝则以为尚无阿睦尔撒纳“图占准噶尔确据”，于是温旨令阿睦尔撒纳即行入觐，命班第等亦宜婉言晓谕，使其起程前来，毋致惊疑。直到六月二十八日，乾隆帝察觉事态严重，才以阿睦尔撒纳“图据准噶尔已无疑义”，与其俟其变乱，莫若先发制人，密令定北将军班第：阿睦尔撒纳尚未起程入觐，即行擒拿，在军营正法；如已动身，则另行办理。

很快，乾隆帝得到班第密奏，说阿睦尔撒纳已于七月初七日起程入觐，但起行之日，即行住宿，显然故意拖延。乾隆帝断定，阿睦尔撒纳势必在塔尔巴哈台一带游牧处逗留，班第等加意探访，一得信息，即遵旨令萨喇尔、鄂容安带兵擒治。

阿睦尔撒纳自奉旨自军营尼楚滚启程入觐后，就与他的亲信党羽日夜密议潜逃。他之所以没有立即采取行动而千方百计在路上拖延，是对皇帝仍抱有希望，总觉得乾隆帝可能让自己总统准噶尔。到八月中旬，旨仍未下，阿疑事已中变。据俄国史料记载，阿睦尔撒纳这时又“截获了由北京下达给将军们的命令”，阿睦尔撒纳自己也说，八月十九日“行至乌隆古地方，闻有拿我之信”，于是将其定边左副将军印信交与同行之喀尔喀王额琳沁多尔济，翌日，阿睦尔撒纳并不经由正路，绕道从额尔齐斯地方抢掠。额琳沁多尔济即率兵往追，然阿睦尔撒纳早已由额尔齐斯河间道飘然北逸。

乾隆帝于木兰行围中获悉阿睦尔撒纳逃遁的信息，立即命将军班第相机办理。不久，接到乌里雅苏台办事大臣莫尔浑等奏报，拿获阿睦尔撒纳遣至其扎布堪游牧处通信的们都等人。原将军永常又奏，阿巴噶斯、哈丹抢掠西路玛纳斯河三处台站、扎那噶尔布游牧；阿睦尔撒纳领兵直犯伊犁，并欲骚扰巴里坤；班珠尔、普尔普抢掠台站。乾隆帝对阿睦尔撒纳叛逃至此已深信不疑，于是命永常仍为定西将军，调兵剿除。

阿睦尔撒纳潜逃后，遣人四出煽乱，伊犁众喇嘛、宰桑蜂起响应。八月二十九日，定北将军班第、参赞大臣鄂容安率军从伊犁撤出后退至乌兰库图勒，为叛乱的厄鲁特围住剿杀，班第力竭自尽；鄂容安本书生，腕弱，刀不能下，令其仆刺腹而死。萨喇尔走至崆吉斯河，为厄鲁特宰桑锡克锡尔格所执。

平准之役的主要敌人达瓦齐遂转换为昔日盟友阿睦尔撒纳。

阿睦尔撒纳倡乱后，准噶尔地区局势混沌不明，但乾隆帝未改封四卫拉特汗之初衷。当年九月在避暑山庄封四卫拉特汗：噶勒藏多尔济为绰罗斯汗，车凌为杜尔伯特汗，沙克都尔曼济为和硕特汗，巴雅尔为辉特汗；并开始整饬前线军心不稳的状态。将怯懦退缩，增援班第不力的永常革职，解京治罪，授策楞定西将军，扎拉丰阿为定边右副将军，筹办再次进兵伊犁，同时部署北路遥为声援。

乾隆二十年（1755 年）年底，乾隆帝接受噶勒藏多尔济、沙克都尔曼济、巴雅尔等卫拉特汗建议，决策明年正月进兵，并向全国臣民宣谕用兵准噶尔始末。在谕旨中，乾隆帝针对平准以来臣下当面虽不敢表示反对而多退有后言指出：上年定议用兵，举朝率多疑议，及伊犁平定，则以为事出意外。闻阿睦尔撒纳负恩逃叛，又以为究不可办。今闻伊犁宰桑悔罪擒贼，或又以为恐未必然。人心风俗，一何怯懦至此！此朕所以愧且惧也。可见，当阿睦尔撒纳叛乱、军前主将或陷敌殉难，或获罪罢黜时，潜伏已久的反对平准的声音又有所抬头，这使乾隆帝十分恼怒。

更令乾隆帝暴跳如雷的是，军前将领误报拿获阿睦尔撒纳，以至进退失据，几乎难以下台。

乾隆二十一年（1756 年）二月，乾隆帝自圆明园启銮，往谒孔林。途中接到擒获阿睦尔撒纳红旗捷报，乾隆帝未加深思，命改程往谒地在直隶易县的雍正帝陵泰陵告捷，并以平准军务告竣，颁谕宣示中外。不料，车驾刚刚进入山东境，才得知道策楞所报阿睦尔撒纳被擒一事竟属误报。当清军还沉浸在祝捷的欢庆之中，阿睦尔撒纳已远远摆脱追兵，由库陇癸岭遁入哈萨克境内。盛怒之下，乾隆帝命拿解将军策楞、玉保等治罪，以西路专任达尔党阿、北路专任哈达哈，令二人领兵擒拿阿睦尔撒纳。

这年年中，发生了喀尔喀郡王青滚杂卜的撤驿之变，北路自十六驿至二十九驿一时尽撤，进入准噶尔追剿阿睦尔撒纳的清军后方补给线被切断，军报不通，喀尔喀也出现了“溃乱”之势。八月，乾隆帝知难而退，以“天时渐寒”“马力疲乏”为由，降旨西北两路暂停深入哈萨克。闰九月，又明发谕旨，宣布俟一二年后再相机酌办阿睦尔撒纳。原已降旨定于本年进行的二度南巡，以江苏等省水灾降谕停止。

但准噶尔形势还在继续恶化，已降服清朝被封为卫拉特汗的准噶尔大台吉等见撤驿之变遽起，喀尔喀骚动，入准清军处境岌岌可危，遂于这年初冬群起暴乱。准噶尔全境复陷于纷乱之中，第一次平准之役至此进入最困难的阶段。厄鲁特反复无常，忽降忽叛，令乾隆帝大为震怒，他开始考虑改变设四卫拉特汗分治准噶尔的既定政策。为此，他密谕军前将领：“厄鲁特等似此辜恩背叛，必应尽行剿灭。”明发谕旨，向全国臣民通行晓谕厄鲁特全境叛乱，以及必须彻底灭取准噶尔的决心：

> 厄鲁特贪残好乱，反复狡诈，固属准夷常性，然亦由阿睦尔撒纳未经擒获之故。所谓叛贼一日不获，则伊犁一日不安，边陲之事一日不靖者，正为此耳。朕办理始意，亦惟欲按其四部分封四汗，众建而分其势，俾之各自为守，以奉中国号令，聊示羁縻而已。乃伊等蠢愚无知，不能承受太平之福，以致自干剿戮，实非朕之本怀，岂此中实有天意，故非人力所能与耶？今即重烦兵力，得以永靖边圉，揆之事机，尚应断然为之，岂有已成之功，转为弃置之理？

随着对准噶尔政策的急剧改变，清军开始不分青红皂白剿杀厄鲁特，而尚无叛迹之和硕特汗沙克都尔曼济及其属众首先成为清军刀下之鬼。沙克都尔曼济所属有一千余户、约七八千人，先已奉旨暂住西路军营巴里坤地方，准备明春再迁回故地。乾隆帝屡降旨谕示军前大臣，若厄鲁特稍有可疑，即行剿灭，并密示参赞大臣雅尔哈善：倘沙克都尔曼济稍有可疑，亦当乘其不备，先行剿灭。十二月十六夜，彤云密布，大雪纷扬，雅尔哈善以沙克都尔曼济与已叛乱的扎那噶尔布通，显有叛逆形迹，乘夜派兵至其游牧，沙克都尔曼济热情接待。夜深，趁厄鲁特熟睡无备，雅尔哈善发兵掩杀，据称“斩贼众四千余，以杜后患”。乾隆帝以雅尔哈善“办理甚属奋往”命交部照军功议叙，给雅尔哈善内大臣衔。

和硕特汗沙克都尔曼济是否真如雅尔哈善所称“显有叛逆形迹”不无可疑。据礼亲王昭梿所记：

> 雅尔哈善故书生，不敢保（沙克都尔曼济不叛），时饷正乏，而沙克都尔曼济请粮不休，雅患本军缺粮而又赍敌，遂令裨将阎师相率五百人入其垒，若失路借宿者，沙屠羊以待。中夜大雪，阎曰：“此擒吴元济时也！”遂以笳为令，袭其卧庐，尽歼全部四千余人。沙被杀时，残灯未灭，其妻睡梦中惊起，不忍其夫之戕于乱刃，裸而抱持之，如两白蛇宛蜒穹庐中，以至于死。雅以沙谋叛被杀报，上封雅为一等伯。雅归朝日，拜

其祖祠，叹曰："李广以杀降不封侯，至于失道自刎。今我罪逾于广，而反膺五等之爵，祖宗蔑血食矣！"其后果以失机被诛。上于庚戌中咏西域诸故事，犹及雅之滥杀云。(原文如此)

乾隆二十二年（1757年）三月，以亲王成衮扎布为定边将军、车不登扎布为定边左副将军，兆惠为定边右副将军等率兵，从西北两路起程，清廷第二次出兵进剿准噶尔。乾隆帝谕示："此次专为剿灭叛乱之众厄鲁特"，并一再密谕驻巴里坤大臣：大兵进剿后，凡厄鲁特前赴巴里坤投诚者，"即将伊等头目先行送赴京师，所属人众亦随即移至内地，俟过巴里坤后，其应行剿戮者即行剿戮，所余妻子酌量分赏官兵"。嗣后，凡投至巴里坤之厄鲁特及由军营解到之厄鲁特，俱解送至嘉峪关内"再行分别办理"。所谓"分别办理"，即将丁男集体屠杀、妻孥尽没为奴。

清军此次大举深入并没有遇到厄鲁特强有力的抵抗，原因是叛清的厄鲁特内部又开始互相仇杀起来。再有，厄鲁特向不出痘，其时则痘疫横行，死亡相望。定边右副将军兆惠乘厄鲁特内乱和瘟疫流行，率兵奋力进剿，再克伊犁。

前此，阿睦尔撒纳因与哈萨克不睦，又闻清军撤回，遂乘厄鲁特纷纷叛乱之机，先已返回准噶尔布崆地方，并在博罗塔拉地方会集众厄鲁特，各宰桑共愿推举阿睦尔撒纳为大台吉。阿睦尔撒纳随即遣人往哈萨克求助。参赞大臣富德闻讯带兵追袭，阿睦尔撒纳望风而遁。兆惠、富德拿获阿睦尔撒纳之侄达什车凌，追问现在阿之踪迹，据称或仍往哈萨克，或逃入俄罗斯。此时厄鲁特因内讧和瘟疫已不能构成清军的大敌，乾隆帝遂将此次用兵由剿灭叛乱之众厄鲁特转为先擒首逆阿睦尔撒纳，命成衮扎布、兆惠两路大兵克期会合，并力擒获阿睦尔撒纳。

阿睦尔撒纳在清军参赞大臣富德率前队官兵追剿下，只带二十余人仓皇往投哈萨克，富德深入哈萨克逐捕。五月三十日，清军前队追剿至爱登苏，哈萨克兵迎战，侍卫奇彻布中鸟枪阵亡。经鏖战数次后，哈萨克兵举玛尼纛四杆，遣人告称我等因仓促不知大国之兵，是以拒战，随即撤兵。哈萨克汗阿布赉及其弟阿布勒比斯遣使至军营，问安请罪，并献马二匹，告称：“倘阿贼入我境，必行擒送。”

阿睦尔撒纳并不了解形势突变，仍率残众往投哈萨克汗阿布赉，阿布赉欺骗他说明早相见，而暗中散其马匹牲口，阿睦尔撒纳警觉，同妻子及亲信数人仓皇逃去。走投无路之下，阿睦尔撒纳渡额尔齐斯河逃往俄国塞米巴拉特要塞，请求准许加入俄国籍。

从五月上旬起，清廷理藩院就援引《中俄尼布楚条约》《中俄恰克图条约》不得收容对方逃人的条款，再三致函俄枢密院，如阿睦尔撒纳逃入俄国，俄方应立即遣还中国。同函还附有俄边境地方长官写给阿睦尔撒纳邀其归顺俄国四封书信原件。第一封信系俄历 1756 年 8 月 1 日俄国奥伦堡省省长伊凡·涅米耶夫等写给阿睦尔撒纳者，大意是：“今尔意欲使我等为尔转告我女皇请恩资助，则望尔现在到达后，即相机而行。若尔果逃往哈萨克避难，则不论何日，确有机会，欲来我奥伦堡省亦可。”前线清军副都统顺德讷也奉命往见俄西伯利亚总督，请俄方遵约擒献阿睦尔撒纳。俄方以阿睦尔撒纳坠河殒命支吾推诿。乾隆帝谕示副将军兆惠：搜查逆贼阿睦尔撒纳身死实据尚非紧要，察访阿睦尔撒纳投入俄罗斯与否，并在各僻处搜查，乃为紧要。很快，乾隆帝获悉阿睦尔撒纳已逃往俄罗斯确信，于是命理藩院行文俄国枢密院追索。

因索取阿睦尔撒纳与俄关系渐趋紧张，乾隆帝就此咨询诸王大臣，而“盈廷之议，颇有以伊犁既已平定，不必穷追为言者”，盖恐饬索过严，以致又启边衅。这令乾隆帝非常失望，降旨说：“集思广益，固期于事有济；若徒筑舍道旁，不若姑置之，待朕之自为应机决策耳。”

乾隆二十二年（1757 年）八月，阿睦尔撒纳患天花在俄国病死。俄方派人到中俄边境，告称阿睦尔撒纳已拿送固伯喇纳托尔监禁，不久出痘病故，请清廷差人前往塞楞格城或恰克图边界验看。乾隆帝命喀尔喀亲王桑寨多尔济遣人速往恰克图验看，并将阿睦尔撒纳尸体解送京师。经亲王齐巴克雅喇木丕勒前往验尸，见阿睦尔撒纳尸肌肉尚完，面貌宛然，确实无误，但俄方拒不交尸。乾隆帝遂以既详验无疑，尸体解送与否可不必深论。二十三年正月，以阿睦尔撒纳身死异域，乾隆帝命通行晓谕全国臣民，宣布平定准噶尔大功告成。

厄鲁特部落当强盛时共计二十余万户，六十余万口。礼亲王昭梿说，经平准之役，“凡病死者十之三，逃入俄罗斯、哈萨克者十之三，为我兵杀者十之五，数千里内遂无一人。”（原文献如此）

当平准战争接近尾声时，乾隆帝就明谕：“西师不可中止，叛乱之天山南路回部必须征讨。”乾隆二十四年（1759 年）冬，清军越境至巴达克山国，将已死于该处的大小和卓木兄弟首级索回函送京师，依附准噶尔叛乱的回部被平定。

自乾隆十九年（1754 年）准噶尔内讧，乾隆帝命将出征起，历时五年、拓地二万余里之准回之役，或称“西师”，至是以全面胜利而告终。

乾隆二十四年十月二十三日，平定回部奏捷到京。第二天，乾隆帝颁发了《御制开惑论》，全面回顾了“西师”成功始末，并诚恳向天下臣民表示：“顺天者昌，逆天者亡”，朕怎能恃功而夸张？况且，五载以来，屡危而屡平，愈变而愈康，结局如此，不是大幸事吗？除了深深感念昊苍保佑，以兢兢业业、凛凛皇皇，不负皇祖、皇父两代重托之外，还有什么可说的呢？

因准噶尔全局大定，诸王大臣请加上尊号，乾隆帝并未接受。他举出皇祖康熙帝在三藩之乱平定后“廷臣请上尊号，尚未允行”的先例说：我皇祖圣德神功，超越万古，戡定殊勋，炳于史册，今以数载间运筹决策之劳，克全我两朝挞伐绥遐之略，返衷自问，只能说没有辜负皇祖、皇父的重托而已。

处于盛世巅峰的乾隆帝仍念念不忘“持盈保泰”，由衷地想把国家鼎盛的局面永远保持下去。

现在再来看乾隆帝为什么把“西师”列为自己一生所做的头等大事？

准噶尔在清朝治国方略全局具有特殊的重要地位。武力强劲的准噶尔部雄踞西北，有雄心也有实力与清廷一争中国的主人。其兵锋所向，一是南向西藏，挟持达赖喇嘛以号令众蒙古；一是东向喀尔喀和漠南蒙古复兴蒙古统一大业。对清朝来说，准噶尔不是什么肘腋之患，而是腹心之患。不彻底消灭准噶尔，西藏就永无宁日，尊奉喇嘛教的大漠南北的蒙古各部也就永无宁日，被康熙帝倚为长城的蒙古不能安定，清朝也就失去了统治占人口百分之九十以上、具有悠久文化历史传统的汉族的最可靠的盟友，处于被南北夹击的危险态势，真可谓生死存亡，系于西北准噶尔一隅，这是何等严重的事体！乾隆帝在战略思想和治国方略上与康熙帝和雍正帝是一脉相通的。他继承父祖遗志，最终完成了平准伟业，自我矜夸的“十全武功”竟有七次——两次金川之役、两次平准之役、一次回部之役和两次廓尔喀之役——都与蒙藏有关。在取得对廓尔喀入侵西藏的自卫反击战胜利后，乾隆帝专门写了《喇嘛说》，进一步从理论上阐明了“兴黄教”的重大意义。他说：为什么要尊奉保护达赖喇嘛和班禅额尔德尼？“盖中外黄教，总司以此二人，各部蒙古一心归之，兴黄教，即所以安众蒙古，所系非小”。乾隆帝晚年把“西师”列为一生所做头等大事，是经过深思熟虑、反复权衡才下笔的。可以说，这是他们祖孙三代百年思考和实践的精辟总结，也是对他后世子孙规划治国方略应遵循的原则的谆谆训诲。

从中国国家大一统的历史长河看，乾隆帝又是如何定义“西师”的重要地位呢？这涉及“西师”的性质是对外侵略扩张，还是重整故国山河的问题。

乾隆二十二年（1757 年）春夏间，投诚复叛的阿睦尔撒纳在清军追击下逋往哈萨克，清军遂深入哈萨克逐捕，哈萨克兵迎战不敌，右部哈萨克汗阿布赉及其弟阿布勒比斯遣使至军营“问安请罪”，阿布赉汗“情愿以哈萨克全部归顺，永为大皇帝臣仆，随具托忒字《表文》并进马四匹，遣使亨集噶尔等七人入觐”。事闻，乾隆帝以准噶尔全局奏功在望，宣谕国中曰：“哈萨克即大宛也，自古不通中国。昔汉武帝穷极兵力，仅得其马以归，史册所载，便为宣威绝域。今乃率其全部倾心内属，此皆上苍之福佑，列祖之鸿庥，以成我大清中外一统之盛，非人力所能与也。”就当时大势而论，对收纳逋逃、对抗入境清军而战败的哈萨克，借国家全盛兵威，一举将其纳入中国版图，易如探囊取物，更何况阿布赉汗“情愿以哈萨克全部归顺，永为大皇帝臣仆”；但乾隆帝认为，哈萨克与内属的喀尔喀与厄鲁特历史背景不同，无须也不应纳入中国版图，而宜以外藩属国相待。他的思路在上述明发谕旨中表述得十分清晰：

> 哈萨克越在万里之外，荒远寥廓，今未尝遣使招徕，乃称臣奉书，贡献马匹，自出所愿，所谓归斯受之，不过羁縻服属，如安南、琉球、暹罗诸国，俾通天朝声教而已，并非欲郡县其地，张官置吏，亦非如喀尔喀之分旗编设佐领。即准噶尔初归时，不过欲分为四卫拉特，令自为理，哈萨克自非准噶尔近接西陲之比也。

乾隆帝对哈萨克的政策是经过深思熟虑、前后一贯的。两年前，当西北两路出师准噶尔，就已确定政策的大致方向："大功告成后，若哈萨克人等投诚前来，将伊大头目酌量赴京入觐，赏给官爵，其所属之人，仍于原游牧安插，不必迁移；倘竟不归诚，亦不必用兵攻取。"简言之，归顺固当受之；否则，亦悉听其便。当清军深入右部哈萨克并取得对哈萨克军决定性胜利之后，情况比预计顺利得多，但乾隆帝没有被胜利冲昏头脑，滋长吞并哈萨克、对外征服扩张的念头，而仍循着既定对外政策原则，比照"安南、琉球、暹罗诸国"，将哈萨克视同"藩属国"，而并非欲"郡县其地，张官置吏"，亦非"如喀尔喀之分旗编设佐领"。随后，循照右部哈萨克"照旧安居，不易服色，不授官爵，不责贡赋"之例，陆续归附清朝的左部哈萨克、东西布鲁特、巴达克山、爱乌罕等通通成为清朝的"外藩属国"。

随着平准大业的完成，"自古不通中国"的域外哈萨克等原与准噶尔毗邻的中亚各国陆续成为中国藩属国，这些国家与中国的边界具体如何划分可看有关谕旨。乾隆二十二年（1757 年）诫谕哈萨克阿布赉汗："当知准噶尔全部悉我疆域，宜谨守本境，勿阑入侵扰；厄鲁特等或间有率游牧窜入尔境者，尔缚献首恶，收其属人，尚属可行。"由此可见，乾隆帝确认并认真践行自守的中国疆界不是无限的，昔日准噶尔与毗邻中亚外国的边界，即为中国边界的最后界限；另一方面，也要求对方国家约束部众，不得侵入中国疆土。乾隆帝关于中国边界的立场是坚定的，也是合情合理，有历史依据的。

为什么准噶尔故地所至就是中国疆域的最后界限呢？因为清朝皇帝从来不把准噶尔等边疆地区少数民族所建立的“国家”视为外国，准噶尔等周边少数民族也从来没有自外于“中华”。中国古代儒家“华夷之辩”的命题确有歧视“四夷”的意涵，但正如唐人李大亮所言，“中国百姓，天下本根；四夷之人，犹于枝叶”，古代有识之士从来都认为“四夷”和“中国”是同根共生、连为一体的参天大树。乾隆帝确认中国边界的原则，从渊源上说，既传承和发扬了其列祖列宗的家法，又具有深厚的中国历史文化内向性的古老传统，事实上也与自古以来中国就是多民族国家的历史相符合。从中国古代数千年统一的多民族国家形成的悠久历史看，乾隆帝继其父祖遗业，推进并完成国家大一统伟业，不过是重整故国河山，把理应属于中国的土地和人民纳入中国的版图；一旦大一统实现，一旦大军在特殊情况下越界深入到外国境内并实现既定战役战术目标后，则立即主动撤军回到自我约束的本国疆界之内，而专注于中国疆域内的稳定巩固与各民族的凝聚生息。在中国强盛的岁月里，康熙帝谆谆告诫他的后世子孙：“外藩朝贡，虽属盛事，恐传至后世，未必不因此反生事端。总之，中国安宁，则外衅不作，故当以培养元气为根本要务耳。”这话说得何等之好！不仅足以廓清指责盛清对外侵略扩张种种说法的谬误，对后世国人也可谓明鉴高悬，警钟长鸣。

康熙帝在位期间六次南巡，乾隆帝法祖，同样南巡六次。乾隆帝在《南巡记》中把“南巡”与“西师”并列为一生所做的两件大事，可见南巡重大意义。

“南巡”，不是一般意义的巡视江南。“南”者，特指江浙两省。南巡为什么限于江浙，南巡江浙对维护全国安定究竟有什么战略意义呢？

要确立并稳定对汉族人民的统治，千头万绪，从何抓起？康熙帝和乾隆帝认定：关键在能否使江浙地区的汉人，特别是那里汉族士人士大夫归心帖服。为什么？因为江浙才是华夏文化正统所系。中国古代政治、经济、文化重心最早在黄河流域，但经过晋末永嘉之乱、唐朝中期安史之乱以及女真金朝武力征服北半个中国等战乱，经济中心渐渐南移到江浙等地区；随着衣冠士人纷纷举族南渡，自然也把华夏传统文化带到了那里，文人们在优裕的物质生活滋养下，在南国青山绿水、春风秋月的催化下，更把华夏文化推向了新的高峰。明清进士、高官多南产就提供了一个具有说服力的例证，连乾隆帝也承认江浙是“人文渊薮”，《四库全书》总共修成七部，按乾隆帝的指示，有三部放在江浙，供那里文人就近浏览。

但康、雍、乾三位皇帝对江浙士人、士大夫的猜忌防范之用心又最深。这一方面是，清初征服江南时实行诸多如“扬州十日”“嘉定三屠”之类的惨绝人寰的屠城，理所当然地激起了汉族人民世代难平的民族敌忾情绪；另一方面，则在汉人“华夷之别”畛域太深，这种错误观念在华夏文化正统江浙地区尤其强烈，尤其牢不可破。清朝入主中原，满族人当了皇帝，今天看来没什么了不起，都是中国人，但那时则认为“中原陆沉”，“日月无光”，“夷狄盗窃天位”。是可忍，孰不可忍！所以乾隆帝在说江浙是“人文渊薮”时，又常骂那里“风俗易嚣”，人民难治。如果仅仅江浙一隅也好办，在“士为四民之首”的古代，华夏文化正统所在的江浙士人领袖对清廷的态度可是关乎整个汉族人心向背、清朝治乱安危的头等大事。所以，康熙帝、乾隆帝的六下江南虽不能说完全没有游山玩水、松弛身心的成分在内，也不能说他们完全没有关切民生的善良愿望，但主要还是基于明确的治国方略的考虑，千方百计想怎样才能把那里的汉族百姓、士人，尤其是那些知识精英安抚好。为此，他们祖孙特地在明太祖孝陵前三跪九叩，频频接见声望夙著的江南耆老宿儒，风尘仆仆地跑到各处阅视河工海塘，更不去说那些豁免江南（包括江苏和安徽两省）、浙江民间田赋积欠以及赐举人、增学额等等显而易见的羁縻笼络的举措了。

“西师”的锋芒具体指向在准噶尔，而宏观的战略意图则在于广袤的蒙藏边远地区的稳定，从更长远的历史角度是最后完成国家统一大业；“南巡”的意趣似乎专注于江浙，其实它蕴涵着驾驭整个汉族人民的深远用心。中国自古就是一个由汉族聚居的中原地区与少数民族散居的边远地区共同组成的多民族国家，二者之间存在着自然形成的扯不断的经济文化纽带，但这并不等于自然地会出现一个统一的多民族的国家，这里还需要一条政治纽带。以往历朝历代的统治者大多没有把这条纽带做好，有的甚至根本不想做，康、雍、乾时代的英主们则放出了宏远博大的战略眼光，做成了一端是“西师”，一端是“南巡”的精致而坚韧的政治纽带，百年间咬住这两件头等大事不放，北边凭倚蒙古这个忠实可靠的盟友，挟政治军事之优势，以北制南，镇抚人口占全国百分之九十以上、文化优越的汉人；南边则依托汉族中原地区源源不尽的富厚人力、物力和财力，跃马塞外，彻底制服关系国家战略全局的准噶尔，迅速平息在西藏发生的动乱。无庸讳言，康、雍、乾三位皇帝追求的是夯实爱新觉罗皇族千秋万代的帝国基础，但在客观上，也就顺应了数千年来中国历史发展的趋势，锻铸了超迈千古的大一统丰功伟业。

汉、唐以开疆拓土的赫赫伟业著称，辽、西夏、金、元踵而继之，最后由清总收其功，对这一伟大的历史功绩无论给予多高的评价也不过分。平定准噶尔蒙古是关系完成统一大业的关键一环，清军打得极其艰苦，结局也极其惨烈，得来不易的“西师”最后胜利一举拓地二万里，奠定了今天中国的版图。中国古代多民族统一国家经历了漫长的历史进程；至此才最后完成并真正巩固起来。乾隆帝说：这是“以国家全盛余力”完成的。用今天的话讲，就是倚靠“全盛”的综合国力支撑实现的。

盛清的综合国力有哪些主要表现呢？

首先，人口突破三亿，达到历史上的最高峰值。

乾隆六年（1741 年），国家开始实行在内地省份各州县依据保甲门牌统计户口的新制度，这一年年底统计的人口总数是一亿四千三百四十一万余人；过了二十一年，也就是乾隆二十七年（1762 年），首次突破两亿；到乾隆五十五年（1790 年），又突破三亿。半个世纪里人口总数翻了一番，这在中国人口史上是空前的。

中国古代第一个全国性的人口统计数字接近六千万，是西汉末平帝元始二年（公元 2 年）的记录。从那时起到南宋绍熙年间人口实现第一次翻番，达到一亿，历经近一千二百年。从南宋的一亿人口到 17 世纪中叶适中的估计一亿五千万人，增加百分之五十，则用了四百五十年。

而 18 世纪一百年间中国人口首次突破三亿，速度之快，是前所未有的；而且在一个世纪中，人口呈直线上升趋势，也与此前波浪式增长迥然有别。中国今天人口的基数以及在整个世界人口格局中所占的地位是乾隆时代最后奠定的。

在农业人口占全部人口绝大多数，农业作为决定国家命脉的支柱产业的古代，人口数量历来被视为国家兴旺富庶的最重要的标志。事实也是如此。南宋时期是中国经济发展的一大高峰，明朝隆庆、万历年间是又一个经济发展的新高峰。康乾盛世一百年农业、手工业、商业和对外贸易又上了一个新台阶，随之而来的是中国人口总数出现了第三次最高峰值。在康乾时代，两三亿人口是当时那个农业社会可以承载的。从积极的方面看，那一百余年间，人口持续快速增长无疑是将盛世推向巅峰的主要推动力之一。当时，国家以十亿亩上下的耕地养活了近三分之一的世界人口，而能长期保持国家发展和社会稳定，又谈何容易。

其次，经济发展，城镇繁荣，在世界经济格局中中国经济规模长期处于领先地位。

康、雍、乾时代，世界经济全球化的进程已经越来越加快了步伐，中国的制造业在整个世界经济中具有特殊重要的地位，绸缎、生丝、瓷器、茶叶等独步世界的商品不仅销往南洋、日本、中亚等周边国家和地区，而且远销俄国和欧美。一直到乾隆帝辞世的 18 世纪末，中国在世界制造业总产量所占的份额仍超过整个欧洲五个百分点，大约相当英国的八倍，俄国的六倍，日本的九倍。中国经济体量在世界总份额中占到将近三分之一。那时，中国在世界经济中的地位还可以从一个叫贡德·弗兰克的研究结论得到印证，这个德国学者写了一本名为《白银资本——重视经济全球化中的东方》的书，书中说：直到 19 世纪之前，“作为中央之国的中国，不仅是东亚纳贡贸易体系的中心，而且在整个世界经济中即使不是中心，也占据支配地位”。弗兰克在这本书的中文版序言中热情洋溢地写道：中国人让出全球经济上的中心地位不过一百五十年或六代人的时间，中国的经济成就不是基于西方模式获得的，当今天世界已经再次“调整方向”的时候，中国已准备占据她直到

1800 年以后一段时间为止，“历来”在世界经济中占据的支配地位。

再次，国家财力雄厚，盛世巅峰期户部银库所存白银常年在六七千万两上下。

银库是户部三库之一，为天下财赋总汇，各省征收田赋、漕赋、盐课、关税以及各项杂赋等除留本省支用外，凡起运至京的，全部存入银库。需要说明的是，户部银库的储备并不等于全国白银总储备，因为各省藩库以及各地盐道库、粮道库也留储部分白银。但户部存银数的消长，无疑是全国经济财政状况的最重要指标之一。当时全国每年财政总收入大约在白银四千几百万两，也就是说，户部存银相当国家岁入约一倍半的样子。乾隆时代国家财政储备的雄厚与以往各朝代相比是空前的，就有清一代二百六十八年而言，也堪称达到了顶峰。

最后，盛清时代的中国，不仅在周边各国，而且在海外西洋都有比较美好的形象。

当时西方人主要是通过在华西洋传教士以及来华商人、旅游者的观察、描述了解中国的，儒家经典经他们之手也开始翻译到西方，而传递到那里的种种信息总是令人对这个文明悠久的东方神秘之国无限神往。他们对来自中国的精美绝伦的丝绸、瓷器、漆器、服装、家具，以至轿子、壁纸、折扇等爱不释手，佩服之至，也印证了来自遥远东方的种种传闻。这样就出现了欧洲，主要是法国的“18 世纪中国热”。公众的兴趣和上流社会的时尚一时钟情于古老中国的文化和艺术，德国莱布尼茨，法国伏尔泰、魁奈等著名思想家都对中国的政治、社会、文化、学术及民众的道德，以至帝王官员的品行才干给予了高度评价。魁奈说：“幅员辽阔的中华帝国的政治制度和道德制度建立在科学和自然法的基础之上，这种制度是对自然法的发扬”，“因而能够防止君主作恶，能够保证他在合法的行政管理中拥有做好事的最高权力”。伏尔泰认为中国是世界上治理得最好的国家，他说：“（中国）一省一县的文官被称为父母官，而皇帝则是一国的君父。这种思想在人们心中根深蒂固，把这个幅员广大的国家组成一个大家庭正因为全国一家是根本大法，所以中国比其他地方更把维护公共利益视为首要任务。因此，皇帝和官府始终极其关心修桥铺路，开凿运河，便利农耕和手工制作。”直到乾隆盛世落下帷幕的时候，周历半个中国的英国使臣斯当东仍高度评价中国“国势的隆盛是超越千古的”；当代美国史学家魏斐德也称赞当时清朝是“疆域辽阔、文化灿烂的强大帝国”，“无论国内还是国外，都再没有真正的对手能够向清朝的统治挑战”。

由此看来，乾隆帝自诩的“全盛”，不尽是妄自尊大的虚夸。当然，这样讲并不意味着那时的中国是什么到处花团锦簇、歌舞升平的人间天堂，乾隆盛世老百姓的日子过得仍然十分艰难，遇到天灾，纵有国家赈济，仍不免饥民载道，路有饿殍。乾隆五十年（1785 年）中原大旱，当年冬天奇冷，著名史家赵翼诗中记载的黎明前饥民簇拥一团冻死在施粥厂门前的惨状，正是那个时代的真实写照。

那些远在欧洲的西方人对中国的观察更是流于肤浅，很有些雾里看花的味道。欧洲那时正处于社会变革和思想启蒙的时代，伏尔泰等一派人物基于对中国浮泛的印象来阐发和论证他们的政治思想体系，这样自然添加了许多理想化的色彩。上面引述伏尔泰等人赞美中国的话，并不是要论证康乾时代的中国就那样好，那样十全十美。

从最高统治者那一面而言，他们面临千百年未有之大变局，问题多如茧丝牛毛，遇到的困难、挫折，以至失败踵接不断，诸多亘古未见的难题摆在面前。以儒家理论为指导的传统治国方针政策有的已经过时，已经行不通，全凭自己在实践中去摸索。但无论如何，康熙、雍正、乾隆三位皇帝总是能够牢牢驾驭住在风浪中颠簸的中国这条硕大无朋的舰只，朝着他们心目中预定的航向前进。当乾隆帝晚年逐渐感到力不从心，全局开始失控时，尽管他千方百计加以粉饰，百年盛世仍走到了尽头。所以，在看乾隆帝所谓“全盛”时，既不要相信旧史家常说的什么“海内富庶，家给人足”，“四海宁晏，万方来朝”之类的溢美之词，也无须用那个时代俯拾即是的黑暗面，和种种人所共鉴的不足和缺失，全面抹杀它在中国历史上曾有过的辉煌。总的来看，那个时代确实存在国家强盛、社会安定、经济繁荣、文化昌盛的事实；作为中国，在世界折射出的投影比较美好，也是很自然的。

二 风起于青蘋之末

乾隆三十九年(1774年)临清之变勃发于国家承平百年、国势如日中天之际，它通常被视为清代由盛转衰的节点。当风起于青蘋之末、刚刚出现盛衰变化迹象的时候，乾隆帝却无视国家根基深层次的隐患，粗暴打压言路公忠体国的不同意见，在治国理政的一些重要方面开始偏离了正轨。

乾隆三十九年（1774年）秋，自康熙年间三藩之乱后平静了百年之久的中原大地第一次发生剧烈震动。震中在山东西北部一带，朝野上下都有程度不同的震感。

浙江绍兴文人俞蛟当时正客居鲁西北交通要冲临清州，他以目击者的身份对事变做了全程报道。震前先兆他是这样记述的：

> 五月间，四乡忽起讹言：“清水教主召聚训练，择八月二十八日起事矣。”或问：“起事为何？”曰：“杀官，劫库藏。”察之，每村果有贼目数人，教习拳棒，声言饮水一瓯，可四十九日不食，因名其教为“清水教”云。时犹未知渠魁为王伦也。

俞蛟说的清水教是在山东、河南、直隶等省盘根错节、流传久远的一个秘密教门，两年前已被朝廷破获。

乾隆三十七年（1772年）春天，山东濮州（今河南省濮阳县）人谌梅等携带“邪书”至河南临颍一带传教被查获，根据这一线索，究出濮州人王中为倡教之教首。河南巡抚何煟迅速以密折向朝廷报告，乾隆帝对此事非常重视，命直隶、山东方面迅将王中等严拿务获，并查搜各犯家中有无不法字迹。蔓延河南、山东、直隶数省，隐秘极深的清水教由此暴露。

三月初，教首王中被捕，并查出他所传“邪书”内有不少暧昧词句。山东巡抚徐绩准备以此为突破口，揭开清水教的内幕。徐绩诘讯王中：邪书中“平明不出周刘户，近在戊辰己巳年”如何解释？王中十分机警，供称“平明”为“天明时运气流转”，讲的是练习气功宜于晨起之时。徐绩又问：那么“也学太公渭水事，一钓周相八百秋”，该是隐含造反之心吧？王中供称：不然，“太公”“八百秋”云云，说的是劝人行善，多行善事就能像姜太公那样长寿。徐绩没有审出究竟，只得将审讯过程、问供记录及王中“邪书”一并奏呈。

与此同时，河南巡抚何煟先以王中“传布邪教”拟绞立决具奏，等待刑部和乾隆帝批复执行。王中邪教一案至此还被河南、山东地方政府认定为妄言祸福、敛钱渔色、夜聚晓散、男女混杂之类的寻常邪教，所以把王中视为邪教为首者拟立行绞决。

徐绩密折及所附王中“邪书”递到御前，乾隆帝反复察看“平明不出周刘户，近在戊辰己巳年”一句，总觉得王中所供不能自圆其说。经仔细辨识，才发现“明”字左半边“日”业经挖补改写，乾隆帝断定其原字必是“胡”字无疑。如果判断无误，那么，“此案并非寻常邪教”，显系蓄谋推翻大清朝的悖逆重案，而王中之上必当有周、刘两姓更大的教首。乾隆帝立即命军机大臣传谕山东巡抚徐绩将王中暂行停决，这一天是四月十三日。但此旨到达山东时，王中已于四月十五日凌晨被绞杀于荷泽。

王中的线索突然断了，此案在乾隆帝督责下并未中止根究，并很快证实他之前判断的确凿无误。

五月初，河南巡抚何煟奏称：据案犯李孟炳所供，“王中还有老教主刘姓，住山东曹州府单县东门城里。刘姓是个监生，祖上做过官的人，皆称为‘山上主儿’。家中现在行教，又有先天、中天、后天称呼。王中是其分支行教的人”。教主姓刘，乾隆帝为自己过人的明察兴奋不已，随即命山东巡抚徐绩迅速缉拿“刘姓”教首。徐绩即将单县刘姓教主即刘省过捕获，并从其家卧房地下起获埋藏银一万二千四百二十七两、金二两五钱。这巨额财产全是入教的教徒几百文、几百文地奉献给教主多年积攒下来的。

清水教原名八卦教，康熙初年，山东单县人刘佐臣倡立五荤道、收元教，编造《五女传道》等经卷，分八卦收徒。他是八卦教第一代教首。刘佐臣之后，他的儿子刘儒汉、孙子刘恪作为第二代、第三代教首承袭传行此教。刘省过是刘恪之子，衣钵相承，接充第四代教首，但教名已改为清水教了。除单县刘姓家族外，山东菏泽王姓家族、河南商丘部姓家族，也都是八卦教清水教显要世袭传教家族。经过对刘省过等人的严刑审讯，又陆续破获离卦、震卦、坎卦等八卦教主要头目，从而首次揭开八卦教隐秘内幕。

这一年八月，奉旨将拟以凌迟之教首刘省过改为斩立决，其弟刘省慜、长子刘铨即刘大洪，也从宽改斩候。至秋审，刘省慜处斩，刘铨仍监候待决。清水教在蔓延过程中遭到严厉镇压，暂时沉寂下去了。

这次王伦借以发动反清起事的秘密教门虽然被目击者俞蛟认定为清水教，但据《清代八卦教》作者马西沙的研究，认为王伦的清水教与正宗清水教不同，只能认为是清水教一个旁支。尽管如此，王伦还是继承了清水教不同于寻常秘密教门的反清反满的政治传统，他的秘密传教活动在特殊背景下激发为反清武装起事绝非偶然。

王伦，山东阳谷人，貌魁岸，多智谋，有过人的组织才能。乾隆十六年（1751 年）曾从阳谷人张既成入教，三十六年（1771 年）开始收徒十八人。从此，借气功医病，多有效验。王中注意物色病人中精悍强壮者，看好了病，不要钱。这些人感恩不尽，纷纷要当王伦的义子、义女以报德。这样，一批游侠亡命、盐贩赌徒、衙役书吏、走马斗械者纷纷入伙充当了教门骨干。王伦被称为“收元之主”，政治野心越发膨胀，日渐滋长聚众起事，欲从堂邑（今聊城市西北堂邑）、临清，进取直隶一带，或可改朝换代，称帝称王。乾隆三十九年（1774 年）春夏之交，王伦认为发动起事的时机已趋成熟，于是派出骨干四处以练习气功拳棒为名，召人加入清水教，加紧反清起事的准备。

这年春天，山东荒旱，入夏后仍雨水不济。麦收是没有指望了，大秋庄稼长势也不好，而地方官粉饰太平，妄报收成有七八分不算，还额外加征。农民无以为生，纷纷扶老携幼流入直隶境内乞食。民众蓄怨久矣，对官府的不满迅速发展到愤怒以至绝望，没有逃荒的饥民很多聚集于清水教大小教首周围，而堂邑张四孤庄和王伦所在的寿张党家店则是教徒汇聚的中心。

八月初，清水教即将起事的消息不胫而走，与阳谷毗邻的寿张知县沈齐义听到风声，准备会同游击赵福前往严拿邪教。事机紧迫，王伦决定提前举事，扬言八月之后有四十九天大劫，从了我都可免死。随即与“军师”梵伟、“正元帅”王经隆和“元帅”孟灿等密议，定于八月二十八日半夜子时起手显道，并预言其时有大风雨。到二十七日，王伦在寿张党家店已聚有数百人，王经隆奉命传集堂邑同教到寿张会合。

八月二十八日五更，寿张、堂邑清水教同时起事。梵伟所带六七十人在城内入教书役等接应下，拥入寿张县城，围住文武衙门，抢劫仓库，占据城池，知县沈齐义被杀。第二天，教众迎接王伦入城，王经隆也率众来会。二十八、二十九日两天恰逢风雨大作，王伦预言被证实，人们越发迷狂，所过之处，归附的人也越来越多，寿张、堂邑、阳谷、临清一带已聚集了两千余人。九月初，王伦教军陷阳谷。阳谷教徒本来就很多，而且胥役都是羽党，故破城极易；很快又攻克堂邑，破城之后，杀官劫库，开监放囚，声言“只杀官劫库，不杀百姓”。教军这时已聚集数千人之众，又劫获大车数百辆，用来安置家属，随军行进。王伦见已攻得的寿张、堂邑、阳谷三处城垣或低矮残损，或修理未完，所以都放弃了，他打算攻得临清州新城或东昌府（治所在今聊城市）等坚固城池，以安顿随营家属。

到乾隆中期，中原腹地不见刀兵已近百年；王伦教军遽起，攻城略地，故而畿辅震动。

九月初五日，乾隆帝接获山东巡抚徐绩六百里加紧奏报，获悉变起仓卒，徐绩及布政使国泰带兵从东昌一路进发，兖州总兵惟一带兵从东阿一路进发，会同剿捕。当时乾隆帝正在口外行围，驻跸张三营行宫，急命传谕徐绩曰：“此等奸民，实为罪大恶极！”此案情罪甚为重大，即当按“叛逆”办理，非寻常纠众抗官可比。一经擒获到案，即应迅速审明，将为首者立时凌迟，其同恶相济之逆党亦即应斩决，必须多办数人，俾众共知儆戒！又命传谕军前将领：俟破王伦贼营后，查系首犯及济恶逆犯者，即当全家处斩，余亦照律缘坐。随后又谕示徐绩：寿张当水路之冲，且为回空粮艘所必经，该抚须将此案迅速办妥，勿使南下漕艘稍有阻碍。

作了应对突发事变的紧急部署之后，乾隆帝开始考虑山东与直隶、河南、江苏三省临界，以山东本省兵力尚无把握迅速平息叛乱，而周围三省或徘徊观望，一旦乱贼截断漕运，或突入直隶、逼近京畿，则后果不堪设想。两天后，密令大学士兼军机大臣舒赫德即速启程，以督视南河为名，由天津驰往临清调度指挥平定王伦起事。随即，又命江督高晋亲赴徐州一带，调兵堵截；并调京中健锐、火器营一千名，令额驸拉旺多尔济、左都御史阿思哈带领前往山东会剿王伦。

与此同时，王伦教军的势力迅速发展蔓延。

九月五日，王伦屯兵临清城南柳林。当日傍晚，巡抚徐绩檄兖州总兵惟一及河东河道总督姚立德兵于五鼓时分合兵赴柳林剿贼。其时，上面提到的绍兴文人俞蛟正在临清新城内；他说：商民见官兵大队出动，“谓以抚镇大员，剿乌合之草寇，直摧枯拉朽耳！皆引领盼捷音”。

六日黎明时分，徐绩提兵至小邓家庄，探知王伦已不在柳林，遂令乡民引路追赶，至树林茂密处，王伦军放火阻挡，经官兵打退，复有两千余众从两腋蜂拥而来，将徐绩围住。总兵惟一督兵从旁策应，徐绩四面冲杀而走，惟一则不知跑到哪里。六日上午，俞蛟记述：“余正与诸同人酌酒衙斋为欢，孰料捷音未奏，而贼反于初六日巳刻临城下矣！”

王伦军渡过没有设防的闸河，将临清新城团团围住，先攻西门，后攻南门，并于城外纵火，用牛车拉秫秸、火药，焚烧城门。城上以劈山炮、佛郎机、过山乌轰击，王伦军伤亡惨重。自此，白昼潜踪，每至夜分仍围攻不止，但终未能攻破临清新城。据俞蛟所记，王伦军有“邪术”，能使官军“炮不过火”，或“铅丸将及身即堕地”，守城官兵皇骇不安；幸亏一老弁出奇计，“急呼妓女上城，解其内衣，以阴对之，而令燃炮”，这才破了“邪术”，“一时兵民欢声雷动，贼为之夺气”。

王伦攻临清新城不下，乃率领大队及车辆、妇女、辎重，于九月十二日移屯运河东岸旧城之内。临清旧城地势广阔，居民稠密，惟城墙塌毁已久，王伦命将车辆阻塞街道巷口以备抵御官兵。其时，附从王伦及被裹挟者已不下万人。随后，兖州总兵惟一、德州驻防城守尉格图肯率军与王伦兵交战于临清旧城外，惟一、格图肯败回东昌。王伦乘势欲阻断漕运，就派人抢夺运粮漕船，搭建浮桥，并在浮桥两岸分守，堵截官兵。时值九月中旬，回空漕船除已过临清六十八帮外，未过者俱留于临清以北，不敢南下。

关系“天庾正供”的漕运被教军截断，乾隆帝闻讯震动，而此时偏偏又有个叫李漱芳的给事中出来奏称临清“奸民滋事”系年成歉收、地方官讳灾所激而成：

> 山东省寿张县奸民聚众滋扰一案，臣于三四月间即闻进京人传说，各路上因雨泽稀少，麦收歉薄，行旅车马，动辄十数人围绕，不能行走。所冀者秋收在迩，可资接济。迨五六月后，虽节次得雨，总未透足。岁既不登，而地方有司又复粉饰相沿，收成分数捏报七八分不等。抚字无闻，催科日亟，以致不法之徒乘机起衅。虽曰“奸民”，其实大半皆无告之饥民，激而成之也。

李漱芳奏折中还提到，山东一带饥民扶老携幼，迁徙流移至京师西南的卢沟桥时，地方官竟派兵弁拦截，不准北上，是有意不使皇上了解灾情之重。

李漱芳并不否认确有“奸民”操纵惑乱于其间，但不能因此无视所以激成大的变乱，还有地方遭灾和吏治不良的原因。他在此刻奏陈自己的看法，是出于对无告饥民的深切同情，希望暴力镇压时不要玉石俱焚；特别是应当于军事镇压的同时，赈恤灾民，改良吏治。显然，李漱芳也是从维护统治秩序稳定出发的；但乾隆帝认为李漱芳的意见荒谬之至，而且武断地认为他说的山东被灾云云也全都不是事实。乾隆帝对侍值的军机大臣于敏中、福隆安说：奸民敢于聚众叛逆，劫库杀官，此等倡乱逆匪难道不应及早剿平？无论贼匪是否饥民，即使饥民敢于造反谋逆，国法也不能宽宥！李漱芳此折转代奸民饰词诿罪，止图为一己沽名，而置顺逆大义于不问，是诚何心！至于李漱芳所称山东被灾之说，殊不足信。乾隆帝考虑到李漱芳奏折如果在这时宣发，恐怕会产生“眩惑愚民，殴之从贼”的消极影响，于是命军机处将李漱芳原折封存，等到事定之后另行办理。山东是否受灾一事，则仍寄交钦差大学士舒赫德等就近访查具奏。

这时，钦差大学士舒赫德已驰抵德州，准备调发天津绿营及沧州驻防八旗兵到齐后，与巡抚徐绩等定期会剿王伦。舒赫德部署分路会剿枯守临清旧城的王伦教军的计划是：舒赫德、拉旺多尔济率兵从德州出发，攻临清东北；徐绩自东昌一路进兵，攻其东南，阿思哈率京兵二百往会徐绩助剿；直隶总督周元理遣兵攻其西北；河南巡抚何煟遣兵攻其西南。

九月二十三日，周元理属下玛尔清阿率先直趋临清北水关浮桥西岸，将浮桥烧毁，王伦西走之路被截断；随即，各路官兵合围临清旧城，除有部分教军溃围逸出外，王伦等千余人俱在旧城内固守。舒赫德分派各路官兵入旧城搜剿。乾隆帝特谕示会剿王伦军前将领：临阵被获之犯，断不可稍为姑息，必当尽行骈诛；即系徒手随行，并无抗拒实迹者，亦当分别发往伊犁、烟瘴，不宜复留内地。

自合围临清旧城后，官兵连日搜剿，挨屋逐户严查，下及地窖、水沟，无不遍加寻觅；城内所杀尸身，填塞街巷，人马行走，几无驻足之处。沿河一带，浮尸满岸，其巷内教军车辆，半皆焚毁，牛骡倒毙甚多。九月二十九日，官兵探知王伦在汪宅大楼之后一间小楼上，因楼房甚高，又无梯可上，遂将小楼团团围住。其时，王经隆等见官兵跳上围墙，欲入楼擒拿，乃劝王伦投降。王伦称："我宁可烧死楼上，断不肯投降！"随即将堆积在周围的乱纸、坏木点燃自焚。王经隆跳楼被捕，梵伟、孟灿等也先后被拿获。据舒赫德所奏，自二十三日进剿以来，"杀死贼众不下一二千人，其余活口并直隶、河南两省擒捉送到者一千七百八十八名，又自寿张、阳谷、堂邑三县解到临清者，共计一千二百名，已随时讯问正法"。王经隆、梵伟、孟灿等教首以颠覆朝廷被凌迟处死且不说，无数被王伦裹挟的民众也以"附贼"之罪处斩，他们的妻女幼子或给功臣之家为奴，或给披甲人为奴，个别被释归乡里的竟不见容于桑梓。据当时人记载："朝廷虽下宽大之诏，而闾阎之明大义者，咸拔刀砍地曰：'吾乡不容此逆种，再遗他日之害。'尽杀之，虽孩提无得免者。"

乾隆三十九年八月以后，鲁西北百姓合该有一场"大劫"；但这场"大劫"并不是清水教渠魁王伦预言的"黑风雨"之类的自然异变，而是乾隆帝以至地方那些所谓“明大义者”的刀兵之劫！野心勃勃的王伦等一批清水教教首和骨干分子惑众起事，给无辜百姓带来了灭顶之灾。

暴动平息，乾隆帝认为可以处理“不知顺逆大义”的言官李漱芳了。

李漱芳所奏山东本年麦收浅薄、地方荒歉是否属实，是判定临清民变性质的关键，也是最终如何处理李漱芳的依据。乾隆帝理所当然地对此高度重视，他在用兵镇压叛乱的同时，就命军机大臣密谕钦差大学士舒赫德与直隶总督周元理对“山东是否受灾一事”就近查访。尽管在密谕中乾隆帝已经断定“所谓山东被灾之说，殊不足信”，为“就近查访”的结论定了调子，但舒赫德仍很快回奏说：“审讯贼党孟灿等，究其起事之由，据供因年岁歉收，地方官妄行额外加征，以致激变。”而据权威的官修编年史《清实录》，也有本年春夏“山东亦甚缺雨”，“济宁上下运河盼雨甚殷”的片断记载。《清实录》还记载，当年春间乾隆帝降旨也说过：“今年山东省雨水短少，较畿辅尤甚”，命巡抚徐绩“不得稍有讳饰”。所有这一切都可以证实：乾隆三十九年山东西部，即寿张、堂邑、阳谷一带春夏确实干旱歉收。至于地方官讳灾粉饰，额外加征，则是乾隆朝中后期司空见惯之事。

待临清平定，乾隆帝特向全国臣民发布旨谕，断言“贼党孟灿所供本不足据”。又称据“被贼掠去，后从贼中脱出来京”的寿张县捐纳吏目杜安邦所言：“寿张收成实有对半，各处俱有储藏，并非荒歉，该县民人亦无曾经告灾之事。”这道谕旨仍命舒赫德会同新任巡抚杨景素再行查奏。

皇帝既然已经明明白白说“贼供本不足据，此必逆匪等自揣叛逆罪重，捏造此言”，还再查奏什么呢？舒赫德等只得顺着皇帝的口径很快回奏山东从无歉收加征之事，他说：“贼匪王伦起事之由，实系邪教谋为不轨，前孟灿所供岁歉加征激变之说，详悉访问，毫无影响，且别犯亦从无所供及此者，实系孟灿深恨地方官查拿严切，欲加祸以泄私忿，故尔混供。”

实质问题被强行掩盖下来，下面就可以理直气壮地公开处分李漱芳了。

乾隆帝再度明降谕旨说：李漱芳听到王伦叛逆之事，就妄言饥民聚众滋事，这无异于给乱民提供了造反的口实，真不知李漱芳是何肺肠！李漱芳当逆贼倡乱之初，不察实情，造作无稽之谈，转为乱民饰词卸过，尚可谓之人类乎？即治以袒贼惑众之罪，也罪有应得；但朕从不肯因言民隐之事加罪科道，惟是李漱芳识见如此，心术如此，若令其复居言路，实足为世道人心之害！于是将李漱芳降为礼部主事。

乾隆帝将李漱芳置于礼部闲曹后仍耿耿于怀。四年后，礼部员外郎缺出，吏部尚书永贵请以李漱芳升补，乾隆帝说：永贵专擅沽名，涉明季党援朋比之习。李漱芳没升官不说，连永贵也因此被革去吏部尚书的红顶子。后来，李漱芳郁郁而终。

其实，李漱芳与乾隆帝的分歧并不在于邪教“奸匪”该不该严加惩治、暴力镇压，也不在于“饥民”有没有权利闹事以至造反，在严惩邪教“奸匪”与饥民造反即乱民这一根本点上，君臣看法完全一致。但在邪教“奸匪”利用饥民对朝廷的不满情绪而煽动组织他们对抗朝廷复杂的情况下，李漱芳凭着自己的良知，勇敢地站出来，为无告的饥民请命，期望皇上能够正视现实中确实存在着激而成变的岁歉和加征，在处理眼前暴动时能对居心叵测的邪教“奸匪”与良可悯恻的无告饥民在政策上区分对待；从长远看，则讲究社会救济措施和改良吏治状况遏制腐败，以使邪教难于惑众。如果这样理解的话，李漱芳在乾隆三十九年国家开始出现危机征兆的时候，提醒最高统治者及时关注发自地层深处、国家根基的震撼，他的一腔忠爱之忱又有什么错呢？

不幸的是，乾隆帝偏偏不这样理解。他认为，在奸匪乱民企图颠覆国家社稷的关头，李漱芳不分“顺逆”，一脚站到了逆党一边，替他们说话，为他们辩护。所以乾隆帝难掩内心的巨大愤怒，骂李漱芳不齿于人类！按照这样的逻辑，乾隆帝绝对不能接受“岁歉加征”之说，为此，他武断而蛮横地抹杀了现实存在的铁的事实，从而得出临清反清暴动是清水邪教一手策划与煽动起来的判断。照这样的逻辑推下去，如果没有王伦的邪教以及其他纷然杂出、变幻诪张的种种邪教的蛊惑，芸芸众生就永远是帖服的顺民，大清江山将万世永固。乾隆帝强调对邪教严厉镇压的一面并没有错，他的失误在于忽视了邪教滋长蔓延的温床，因此未能把它视为需要标本兼治、综合治理的系统工程。

乾隆三十九年临清之变勃发于国家承平百年、国势如日中天之际，通常被视为清代由盛转衰的节点。当风起于青蘋之末、刚刚出现盛衰变化迹象的时候，乾隆帝却无视国家根基深层次的隐患，粗暴打压言路公忠体国的不同意见，在治国理政的一些重要方面偏离了正轨。二十年后，当他把帝位内禅给自己的儿子嘉庆帝时，看到的是铺天盖地农民反清大风暴，这次受到冲击的已不是三四个州县，而是中原地区湖北、四川、陕西等整整五个省，只不过这次“官逼民反”的反清大起义涂上了“白莲”色彩而已。

三　挑战盛世第一人——尹壮图

乾隆帝晚年的心境是极其复杂的。站在千古盛世的巅峰，他每每顾盼自雄，踌躇满志，自以为古今多少帝王，没有哪一个能赶得上自己；但内心深处又不无忧虑，以乾隆帝的阅历和智慧，他何尝不明白世上绝没有亿万斯年长盛不衰的一姓皇朝。

乾隆帝晚期，国家表面上仍不失一派太平繁盛景象。但在华丽的盛世外衣掩盖下，则是一副痼疾缠身的衰老身躯。不能说乾隆帝对大清王朝早已显露出来的后半世光景没有丝毫觉察，但他似乎更愿意千方百计地粉饰太平，更愿意听到人们对他取得的超迈千古的文治武功的颂扬。

第一个给陶醉在歌舞升平梦幻中的乾隆帝敲响警钟的是内阁学士尹壮图。

乾隆五十五年（1790 年）十一月，鲜花着锦、烈火烹油的皇上八旬万寿节刚刚落下帷幕，尹壮图这个忠鲠的云南佬就上折请停罚议罪银。他说，近来督抚获罪，不即行罢斥，只不过罚银数万以了结；如此一来，就给了那些胆大妄为的督抚贪污索贿提供了借口，而清廉自爱者交不出议罪银，只好求属下帮助，日后遇有亏空营私，谁还敢追究？督抚贪腐，盖源于此。尹壮图请皇上下旨永停罚议罪银之例。

尹壮图提到的败坏吏治的“罚议罪银”究竟是怎么一回事呢？

罚议罪银是乾隆中期以后一项秕政。以往人们认为罚议罪银制度可能是和珅替乾隆帝策划出来的；其实，罚议罪银完全是乾隆帝的独出心裁，而且可以追溯到乾隆中期。乾隆二十八年（1763年）揭发出乾隆帝最小的弟弟果亲王弘瞻私下托江南织造及税务监督替他购买蟒袍、朝衣和戏子。乾隆帝不便深究：就命军机大臣传谕涉事的税务监督萨载“自行拟罪”，萨载回奏称：“自愿纳赎银一万两，仰乞圣恩宽限，匀作二年交全。”这件事可能是日后罚议罪银制度的开端。督抚中第一个奉旨罚议罪银是两江总督高晋，因为他的弟弟高恒犯了贪污罪，那是乾隆三十三年（1768年）的事。此后，督抚等大臣议罚银两之案不绝于书，仅乾隆四十三年（1778年）驻南疆办事大臣高朴走私官玉大案被牵涉其中，奉旨自行议罪、罚议罪银两的督抚、织造、税关监督等就有杨魁、舒文、萨载、寅著、高晋、勒尔瑾、毕沅、西宁、巴延三、王亶望等多名大员。和珅的发迹并弄权在乾隆四十五年（1780年）后，罚议罪银这件坏事不能扣在他头上；但自乾隆五十年（1785年）前后由他接管此项替皇帝敛财的机密事务后，罚议罪银才堪称制度化。

罚议罪银以各省军政首长总督、巡抚为主要对象，皆所谓“坐拥厚廉”或家业素封者。议罚的原因多为溺职、徇庇之类的轻微过误，如河南巡抚毕沅以“未能迅速搜获要犯”，自请罚银二万两；陕甘总督勒尔瑾以失察客商走私玉石自行议罪缴银四万两——这些还勉强算得上罚出有名；也有的实在算不上什么过误，说出来令人喷饭，如河南巡抚何裕城不小心，香灰弄脏了朱批奏折，惶惶不可终日，于是自请罚银三万两，连乾隆帝都觉得有点儿不好意思收那么多，降旨给他说：“没有那么严重，加恩宽免银二万两。”何裕城心里还是不踏实，又奏请“除臣遵旨先缴银一万两外，其余二万两应再仰恳鸿仁，准臣仍行陆续解交内务府充公”。罚议罪银少则万两，通常三万两上下，多的到五万两、八万两。督抚养廉在两万两上下，如为官清廉，是经不起这么罚的，但乾隆帝知道他们都另有生财之道，所以敢狮子大张口；督抚于养廉之外的收入怎能与外人道？所以议罚时往往装穷，说什么“奴才之产计值不过二万两，一时变卖又恐不能得价，今次赎罪银两恳圣主天恩，俯准奴才每年于养廉银内扣解银五千两，分作四年完缴”云云。

罚议罪银的程序一般为乾隆帝通过军机大臣或亲信奴才密谕有所谓过误者“令其自行议罚”，过误者遵旨自行议罪银若干万两，“以稍赎罪愆于万一”；若乾隆帝以为足以蔽辜，即于奏折上批一“览”字，表示默认；否则令自行再议，直到他满意罚银数目才算了结。不过，越到后来，未曾奉旨议罚而主动自请缴银“稍赎罪愆”的事例就越发多了起来，如乾隆四十六年（1781 年）按察使袁鉴缘事降调，奉旨留江南候旨，袁鉴自请两江总督代奏：“外任十年以来共计积存银三万两，不敢私留肥橐，情愿呈缴充公，以期借赎前愆。”乾隆四十八年（1783 年），湖北巡抚姚成烈缘事应降调，奉旨：“从宽免其革任。”姚成烈奏：“皇上施恩逾格宽免革任，实为微臣梦想不到，感极涕零，百身莫赎，不揣冒昧叩恳天恩，准臣罚缴银三万两，分限三年，解交内务府。”由奉旨议罚到主动议罚，表明罚议罪银有泛滥之势。

议罪罚银之初，何处收缴似无定制。不过，随着罚议罪银事例的增多，不论是内务府包衣官员，还是正身旗员；也不论是满官，还是汉员，一般都知道奏请“解交内务府以充公用”。“解交内务府”，即内务府所辖银库，这不是国家户部银库，权且把它视为皇帝“小金库”；“公用”云云，则为皇家自行开销的种种费用。乾隆初年，内务府入不敷出，遇有急事，只好靠户部银库接济。迨至乾隆中期，在大造圆明园等皇家园林以及满足皇室种种挥霍的同时，内务府却奇迹般地实现了扭亏为盈，其属下广储司、圆明园造办处等银库岁岁盈积，时时拨借户部银库。这一微妙变化，很能说明乾隆帝聚敛贪欲的滋长，同时也透露出大清帝国由盛转衰的最早消息。

罚议罪银从乾隆中期开其端，到乾隆五十年代，已存在了二十年左右光景。在乾隆帝宠臣、理财专家和珅主持下，其运作极其机密，但世上哪有不透风的墙，因此在官场上层这又是几近公开的秘密，谁都知道它祸害无穷，但谁也不肯说，谁也不敢说，不料竟由尹壮图发难了！

乾隆帝见了尹壮图的折子非常恼火。罚议罪银是几乎尽人皆知的事实，不能矢口否认，硬封尹壮图的嘴，但如此大可恶之人怎能轻轻饶过？不给点儿颜色看看，群起效尤那还了得！经过反复权衡，乾隆帝决定先公开承认罚议罪银，再设法难为尹壮图。于是，乾隆帝将包括尹壮图在内的大小臣工召来，他说：尹壮图奏请永远停止罚银之例，固属不为无见，殊不知人才难得。各省督抚难免偶有过误，因一时无人而又非贪污受贿之罪，从爱惜人才起见，往往弃瑕录用，量予从宽，但不能不有所警戒，就命自请议罚，用示薄惩，罚缴的议罪银也都留为地方工程之公用，以利一方百姓；再者，哪一个贪纵营私的督抚不绳之以法能以罚银而幸免？说到这里，乾隆帝语气骤然一转，开始严厉质问尹壮图：你说胆大妄为的督抚究竟指谁？你说逢迎上司者又是何人？你说借端勒派以致库帑亏空有何实据？指实奏来，不得以道路风闻，邀取敢言虚誉！

让一个京中清要的内阁学士为地方大吏索贿受贿、昏夜苞苴提供实证，这不是刁难还是什么？大家都知道尹壮图触犯了逆鳞，不免为他捏了一把汗。但尹壮图镇定自若，他决定把所见所闻，无论皇帝爱听不爱听，全抖搂出来。据说："草疏之夜，秉烛危坐，竟夕抄录。其弟尹英图代为之危，屡窥其户。壮图笑曰：'汝照常困眠，不必代兄忧虑，区区之头，早悬之都市矣！汝代余养老亲之天年可也。'"

尹壮图覆奏的折子不长，但字字千钧："各督抚声名狼藉，吏治废弛，臣近来经过直隶、山东、河南、湖广、江浙、广西、贵州、云南等省，但见商民半皆蹙额兴叹，而各省风气大抵皆然。若问勒派逢迎之人，那些上司属员昏夜授受时，外人岂能得见？臣自难于一一指实，只能以道路风闻漫形奏牍。"在奏折结尾，尹壮图请皇帝简派满洲大臣同往各省密查亏空。

乾隆帝读到"商民半皆蹙额兴叹"一句时怒不可遏，他用朱笔颤抖地在一旁批写："竟似居今之世，民不堪命矣！"这个年过八旬的老人容不得任何人给来之不易的国家全盛局面抹一点儿黑。在怒气稍稍平息之后，乾隆帝的心底又莫名地生出一种未尝体验过的不能为人理解的情绪。第二天他向臣工宣谕：

> 朕临御五十五年，爱养百姓，普免天下田赋四次，普免各省漕粮二次，为数何只万万？小民具有天良，方将感戴之不暇，何至蹙额兴叹、相聚怨訾？朕已年过八旬，综揽万几，自谓勤政爱民，可告无愧于天下，而天下万民亦断无泯良怨朕者。现距归政之期，仅有数载，犹于召见内外大小臣工时，以朕办理庶务情形时加咨访，而大小臣工无不称朕精神强固，办事日益勤励。若如尹壮图所奏，则大小臣工等皆系虚词献谀，面为欺罔，而朕五十余年以来，竟系被人蒙蔽，于外间一切情形，全然不知。

该谕旨最后令尹壮图将所奏直隶等省亏空者何处，商民兴叹究系何人，将名姓一一指实具奏！这次口气更其严厉，说："尹壮图不可徒以空言无实，自蹈欺罔之咎也！""欺罔"君上是死罪。尹壮图"建言"的结局可能正像他做了最坏的准备那样，"区区之头，将悬之都市矣"！

天下岂有如此荒唐之事！尹壮图在茫茫人海中哪里去找那个曾皱过眉，或叹过气，或对盛世说三道四的人？以帝王之尊如此露骨地刁难捉弄大臣，恐怕在历史上并不多见。乾隆帝可能感觉有点儿过分，于是斟酌：尹壮图不是奏请派满洲大臣去各省密查亏空吗？好，就派满洲侍郎庆成等前往山西等省盘查仓库，还让庆成"带同尹壮图"前往盘查，"以服其心"。这难道不公正吗？其实，乾隆帝早就说过："各省仓库即或偶有亏短之初，一闻钦差启程信息，早已设法弥补，名曰盘查，仍属有名无实。"

尹壮图彻底绝望了。他刚到山西，即自称措辞失当，业已倾心帖服。但是不行，庆成非要切实盘查不可，但这位满洲大臣又不急为盘查，惟恐地方官们还没准备好，他先到名胜古迹之处看雪景，然后再赴封疆大吏、亲朋好友接风的盛宴，等库藏挪移满数，毫无破绽，然后开仓请钦差核查，故而所至皆无亏空。尹壮图再次向皇帝认罪，奏称大同府仓库整齐，并无亏缺，太原可想而知，似不必前往盘查，可否恳恩即令回京待罪。乾隆帝降旨说不行，因为尹壮图折内所指原不止山西一省，现山西查无亏缺，恐不足以服其心。庆成应"带同"尹壮图顺道前往直隶、山东及江浙等省切实盘验。乾隆帝特嘱咐：不拘省城及各府州县，尹壮图要往何处，即带同前往盘查。

到这年年底，直隶、山东的仓库都盘查完毕，结果不用说，省府州县各属仓库俱属充盈。至此，尹壮图彻底认罪，他向乾隆帝奏称："经过各州县地方，见商民乐业，百姓俱极安帖，毫无蹙额兴叹情势。"然而，乾隆帝还是不依不饶，让庆成带他再到江苏查一查，看一看。这样一来，就开年到了乾隆五十六年（1791年）新春，尹壮图向皇上奏称：所到之处，不仅仓库绝无亏短，督抚夙称廉谨；而且从苏北走到苏南省会苏州，正当新年庆贺之时，但见"闾阎丰裕，溢巷摩肩，携豚沽酒，童叟怡然自乐"。这一次，乾隆帝骂他前后矛盾，居心巧诈，命革职交与庆成带回京城，交刑部治罪。

尹壮图解京后，大学士、九卿遵旨审讯，据说尹壮图"伏地碰头痛哭，战栗悚惧"，自请从重治罪。大学士、九卿等援照"挟诈欺公，妄生异议律"，问拟斩决具奏。乾隆帝彻底制服了不知天高地厚，敢于多嘴多舌的尹壮图，气出够了，继而可以在全国臣民面前显出自己的大度。他降旨称尹壮图虽逞臆妄言，亦不妨以谤为规，不值遽加之重罪，命免死以内阁侍读用。不久，改礼部主事，尹壮图即以奉养老母为由，回到家乡云南蒙自。八年之后，乾隆帝去世，嘉庆帝亲政，即降旨将尹壮图冤抑昭雪，并请老人驰驿至京，准备擢用。嘉庆帝说："前因原任内阁学士尹壮图曾奏各直省仓库多有亏缺，经派令庆成带同尹壮图前赴近省盘查，彼时各督抚等冀图蒙蔽，多系设法挪移，弥缝掩饰，遂致尹壮图以陈奏不实降调回籍，此皆朕所深知。"到底，是非自有公论，当然此是后话。

乾隆帝晚年，朝野侧目的尹壮图案就这样戏剧般地落了幕。回看乾隆帝为此前后降旨合计不下数千上万言，反复强调的是尹壮图不仅诬蔑朕躬，而且诬及盛世，诬及万民。好像他不仅是为自己辩护，更重要的是为被尹壮图诬蔑的天良未泯的亿万民众而辩护，最后当举朝皆曰尹壮图可杀时，乾隆帝又"以谤为规"，宽大为怀，对尹壮图只作了降级处分——所有这一切操弄，似乎勉强挽回了圣主的颜面。

乾隆五十六年二月初七，也就是审结尹壮图案不过一月的光景，举行了一次翰詹大考。清制，皇帝对翰詹官员的定期考试，称"翰詹大考”。凡翰林出身官员，詹事府少詹事以下，翰林院侍读学士以下，每十年左右，临时宣布召集考试。这次翰詹大考，少詹事、江苏仪征人阮元经乾隆帝亲加擢拔，定为一等一名。大考要写一赋一疏，赋题为《拟张衡天象赋》，疏题为《拟刘向封陈汤甘延寿疏》，还要引申说与“今日同与不同”；也就是说，比较一下汉朝古事与今日有哪些相同，有哪些不同。阅卷大臣见阮元赋写得博雅，未看出疏的好处，就置于一等第二名，列在吴省兰之后。乾隆帝看过卷子说：“赋第二名比第一名好，疏更好，是能作古文者。”亲改擢一等一名。所谓“疏更好”，阮元日后自己解释说，“实因‘三不同’最合圣意”。且看阮元写的古今“三不同”：

> 臣伏见我皇上奋武开扬，平定西域，拓地二万余里，凡汉唐以来羁縻未服之地，尽入版图，开屯置驿，中外一家，岂如郅支、呼韩叛服靡常，杀辱汉使哉？此其不同一也。我皇上自用武以来，出力大臣，无不加赏高爵，或有微罪，断不使掩其大功，下至末弁微劳，亦无憾焉，未有若延寿等之有功而不封者。此其不同二也。我皇上运筹九重之上，决胜万里之外，领兵大臣莫不仰承圣谟，指授机宜，有战必克。间有偶违庙算者，即不能速蒇丰功，又孰能于睿虑所未及之处，自出奇谋，徼幸立功者？此其不同者三也。

似乎不必过多解释，乾隆帝所说的“赋第二名比第一名好，疏更好，是能作古文者”；其实，并不是能不能做古文的问题，而是阮元的“三不同”“最合”老年帝王需要臣民颂扬的“圣意”。乾隆帝有意无意地引导臣下不断提高歌功颂德的水平，像尹壮图那样责难的声音固然听不进去，就是露骨的吹捧和陈词滥调的谄谀而“颂扬之不工者”（孙嘉淦《三习一弊疏》）也不行。他需要的是阮元“三不同”式的发自内心、别出心裁、入情入理、含蓄蕴藉的赞美。

晚年的乾隆帝已经离不开臣民颂扬的滋养和安慰，他需要陶醉在一种悠悠然、飘飘然的虚幻境界，使自尊心得到满足；他之所以离不开这种颂扬，还因为只有如此才能使自己振作起来并排遣以至麻醉心中的焦虑、困惑与无奈。

不应忽视，尹壮图揭露盛世光环掩盖下商民生计艰难的黑暗面，确实深深触动了乾隆帝内心的隐忧。在最后了结此案向全国臣民公开发表的谕旨中，乾隆帝第一次流露出对前景不甚乐观的低调情绪。他说：国家承平日久，生齿日繁，物产只有此数，而食用日渐加增。康熙年间朕在冲龄时，就听到过小民有度日艰难之语；如今又过了七十余年，户口滋生何止三倍五倍；当时一人衣食之需，今天要供二十人之用，“欲使家给人足，比户丰盈，其势断有所不能！”不久，乾隆帝又以人口剧增通谕百姓：百余年太平盛世，人口日渐繁滋，上年户口之数各省奏报民数共三亿多口，比康熙年间二千三百多万计增十五倍有奇。生之者寡，食之者众，以一人耕种而供十数人食，民间财富已不能如以前那样充裕。如此下去，朕甚忧之！应该说，乾隆帝为解决人口激增粮食不足确实付出了真诚的努力，也采取了诸多切实措施，如鼓励边远省份山区丘陵开荒、再三再四普免全国田赋、大兴农田水利，以至尝试解除矿禁，等等；但到晚年回过头来看，还是不能让天下百姓温饱。在推不出其他善策以养民的焦虑、困惑与无奈之余，只能“蒿目怵心呼天佑”（乾隆帝诗作《民数谷数》）了。

平心而论，人口膨胀这一亘古未见的世纪难题，不仅乾隆帝无解，其他有识之士也拿不出什么好办法。洪亮吉称得上当时能独立思考也颇有见识的士大夫精英，对“治平之民”的前景也很悲观。他当时任贵州学政，著《意言》二十篇，其中《治平篇》也对人口剧增表示忧虑。他说：户口比三十年以前增加了五倍，比六十年以前增加了十倍，比百年、百数十年以前增加了不止二十倍。但新垦田亩不过增加一倍，充其量不过增三倍五倍，是田与屋之数常处其不足，而户与口之数常处其有余也。洪亮吉的思路与乾隆帝一致，在垦荒赈济、兴修水利之外，他也提不出什么像样的办法，竟说什么只有靠水旱灾荒和瘟疫流行来减杀过剩的人口。

尽管如此，面对尹壮图批评千疮百孔的“盛世”，乾隆帝并非完全无所作为。

晚年乾隆帝的历史责任可能恰恰就在他仅仅停留在于内心的焦虑、困惑和无奈。当他自以为比古往今来的帝王都做得好，自以为应该受到万民感戴和称颂的时候，为什么不能更全面更深入地检查一下，除了人口膨胀、耕地不足之外，还有哪些原因使老百姓得不到他宣传的实惠以致生活每况愈下呢？乾隆帝为什么不能反躬自问，尹壮图所指斥的败坏吏治的议罪银与自己的聚敛欲望有什么直接关联？为什么像废除议罪银之类一转移间就可办得到的事偏偏要百般推诿，哓哓置辩？为什么不能雷厉风行地解决尹壮图指出的普遍存在的各省仓库亏空？更重要的，在世界大势已经发生巨变、中国面临千百年未有之大变局时，空前严重的人口压力，除了按照以往帝王圣贤的训条和经验缓解外，是不是应该用更开放的眼光探寻更富创造性的解决途径呢？诸如制约经济发展的瓶颈——僵化的财政经制如何突破？“不加赋”祖训家法如何变通？这些如茧丝牛毛般纠结在一起的麻烦事，以乾隆帝的格局、智慧和权威，有的可以解决，有的可能解决得比原来好一点儿，有的则不能苛求他——但所有这一切，在他主宰国政的最后七八年间，并未能予以正视，更谈不到着手解决了。问题的严重性还在于，到乾隆时代结束时，已不是能不能做到“家给人足，比户丰盈”的问题，苗民起义率先在湘黔川三省交界地区爆发；而引发苗民揭竿而起的一个根本原因就是，在人口压力下，流徙到贵州、湖南、广西一带的被称为“客民”的汉族移民对苗人田地的巧取豪夺，更大规模的农民起义则在湖北、四川、陕西毗邻的深山老林酝酿中，那里百数十年来已聚集起楚、粤、赣、皖、黔等省“以数百万计”的被耕地不足剥离出去的流民。这些失去昔日田园的依傍，被抛到社会边缘的苦难群体正借助秘密教门——白莲教的组织蓄势待发，乾隆帝传位嘉庆帝的内禅大典刚刚落幕，他们就打着“官逼民反”的旗号呼啸而起，用武器批判的方式无情地撕碎了康乾盛世华丽的外衣。

四　从广州单口通商到中英首次通使

事情的进展完全出乎乾隆帝的预料，在觐见礼仪上，他第一次碰到了野蛮而倨傲的外夷的有力挑战；对于马戛尔尼来说，也毫无思想准备，觐见皇帝的三跪九叩的礼仪将成为他无法逾越的鸿沟。当马戛尔尼充满信心地告别英伦三岛来华时，他怎么也想象不到，此次筹划多年的出使活动，竟因拒绝叩拜这个高度自尊的东方君主而徒劳往返。

乾隆二十年（1755 年）四月间，一艘外洋船只由南而北向宁波港靠近，浙江水师提督武进升得报立即率船前往拦截。经查，船上有赤发碧眼的洋人五名，其中一人操着半生不熟的中国话说：他中国名字叫洪任，也叫洪任辉，这首船是英吉利商船，船长叫“蛤蜊生”，想到宁波买湖丝和茶叶。武进升听了很高兴，当年康熙帝结束清初海禁，开放广州、厦门、宁波和松江（初驻华亭，后移驻上海）四个对外通商口岸时，虽说未对外来洋商往哪个口岸做买卖加以限制；不过，西洋商船习惯集中在广州一口贸易，轻易不来江浙口岸，这次西洋商船从天而降，无异又有滚滚银子将流进当地文武官员的腰包，所以立即加以妥善安置，同时密折奏闻。武进升是一省绿营最高首长，所以有具折奏报重大紧急机密事务的资格，他向乾隆帝奏称，有往宁波贸易的“红毛夷船”一只到港，船内装银元、洋酒等，欲往宁波置买湖丝、茶叶等货，查“红毛夷船”多年不至，今既远来，自当体恤稽查。

武进升所谓“红毛夷”是不准确的。明朝晚期，西方殖民者最早来中国的是葡萄牙和西班牙人，那时中国人还搞不清他们是何方神圣，就管他们叫“佛郎机”；随后荷兰人接踵而至，又对其起了“红毛夷”的绰号。武进升所称的“红毛夷”不是荷兰人，而是英国的子民，具体来说是垄断了英国对华贸易的英国东印度公司属下的商人。当时，英国实力蒸蒸日上，已经取代了荷兰和法国这些老牌殖民国家海上霸主的地位。在西洋国家对华贸易格局中，英国也开始扮演绝对主要的角色。“蛤蜊生”率船开辟宁波口岸的四年前，即 1751 年，就有不少于十八艘西洋船只抵达广州黄埔与中国通商，其中英国商船九艘，占了一半，荷兰四艘，法国、瑞典各两艘，丹麦一艘。此后九年，即1764年，欧美各国输入中国的商品总值近二百万两白银，其中英国货就占了一半多。以海上霸主自居的英国，自然有一种孤傲自大、居高临下的气势。他们对中国粤海关的种种限制已觉得忍无可忍，所以英国东印度公司早就打算摆脱广州口岸，热望重新开展宁波的贸易，并发出详细训令指示船只航行的方向，另外特指派在广州商馆担任“通事”的洪任辉随商船前往宁波。这就是乾隆二十年令武进升喜出望外的英国商船的由来。

乾隆帝毕竟持重沉稳得多。他对一向在广州贸易的洋船忽然前往浙江不以为意，对“红毛夷船”带来的银元和洋酒也不感兴趣，却对武进升奏折中无意提及的一笔——“番梢并小厮四十名，俱无发辫”——大为警觉。拖在脑后的一条辫子可是区别汉人对大清顺逆的显要标志！夷船上的水手竟有四十名没有发辫，究竟是中国人还是化外番人？他们和红毛夷勾搭在一起意欲何为？因为这艘“红毛夷船”是三月份从广东澳门启航的，乾隆帝立即命军机处传旨两广总督杨应琚查奏。看来，乾隆帝从一开始就把国家安全的考虑放在了压倒一切的地位。不过，这一次他过于敏感了。杨应琚很快查明覆奏，说内地民人前往澳门贸易的，从无剃去发辫之事，这次赴宁波贸易洋船内的“番梢并小厮”虽然住居澳门，但查系“番人”，故未留发辫。

乾隆二十年，英国东印度公司先后有两艘船抵达宁波并获利而归，这给了英商极大鼓舞。第二年，又有一艘英国东印度公司商船收泊宁波旗头洋。武进升上船一看，这船比头年的大很多，艄公水手就有一百余人；船舱中货物不多，大概只是些多罗哔叽、海参、白藤之类，而装满白花花银元的箱子竟有三十八只，每个箱中装有银元四千枚，全是用来购买生丝、绸缎、茶叶、瓷器的。还是懂点儿中国话的洪任辉做翻译，船的名字仍然古怪，叫“噶喇吩”。武进升安顿好英国人做买卖后，如实奏闻。没想到，这次乾隆帝的态度却起了微妙的变化。

乾隆帝决定对英国商人设法北上开辟宁波贸易的企图加以防范，为此命传旨闽浙总督喀尔吉善：

向来洋船进口，俱由广东澳门等处，其至浙江之宁波者甚少。近年乃多有专为贸易而至者，将来洋商熟悉此路，进口船只不免日增，是又成一市集之所。允许洋商贸易，宁波本与广州澳门无所区别，但如在宁波多一市场，恐积久留居内地者愈来愈多。海滨重地，殊非防微杜渐之道。

这“海滨重地”四字，最能反映乾隆帝决策时的真实想法。江浙一带，汉人于清兵入关后反抗最烈，而清兵动辄采取“屠城”这最野蛮的手段加以镇压威慑，“扬州十日”“嘉定三屠”是其中最惨烈者。嗣后，那里的汉人士民虽屡遭镇压，但反清的民族意识如烧不尽的原上之草，逢到气候适宜便又滋长蔓延开来。因此，乾隆帝坚持认为，江浙一带民风最为“浇漓”，因而那里稍有风吹草动，便不能不首先从清廷统治稳定的政治高度着眼，采取周严对策。如今，心怀叵测的洋商到宁波意图开辟新口岸，宁波、定海一带与夷商素有瓜葛的牙行、船户，以及会两句夷语的“通事”又蠢蠢欲动。官府已查得安徽婺源县生员汪圣仪到处为前来的夷商包揽生意，闹得地方人人皆知；还有一个叫郭端的宁波府定海县人，从前曾在广东与夷商做过买卖，懂得规矩，又会夷语，这两年英国商船来宁波，就是他操持寻找货源、从中说和，并代向官府完税的。如果再姑息放任，势必又要形成一个夷人聚居的澳门，而结果必然是洋人与汉民杂错相处，不利“海滨重地”的安定。正是基于“防微杜渐”的考虑，乾隆帝让喀尔吉善预为留意“如何稽查巡察，俾不致日久弊生”。

时隔未久，两广总督杨应琚又密奏：来粤海关贸易的洋船比往年大为减少，这进一步促使乾隆帝考虑采取切实措施对英商企图加以遏制。他首先想到的是经济手段，于是指示喀尔吉善会同杨应琚参照粤海关现行则例，将浙海关税率酌量加重，以达到让英商“不期禁而自不来”的目的。他特别告诫喀尔吉善等人：“此非意在增税，宜知之。”第二年初，新修订的浙海关现行税则出台，正税较之粤海关增加一倍。乾隆帝很满意，降旨称：“浙民习俗易嚣，洋商杂处，必致滋事，若不立法禁绝，恐将来到浙者众，宁波又成一洋船市集之所。”

没想到，英国东印度公司的商船照来不误。转过年来，就是乾隆二十二年，陆续又有洋船进入宁波港。英国人极有商业头脑，知道丝茶主要产地在江浙和闽皖一带；就生丝而言，英商每年所采购占整个欧洲进口量的百分之八十以上，而就近采买可以大大降低成本；再者，他们不怕中国海关提高正税，而真正怕的是粤海关那些多如牛毛的陋规，以及连规费之名也没有的莫名其妙的勒索。浙江巡抚杨廷璋对洋鬼子的意图吃得很透，他向乾隆帝密奏：广东洋行包买包卖，把持刁难，所以洋商不愿意去，如果改往南洋各国，茶叶、丝绸、瓷器又非彼处所产，"是以来浙，只求准我贸易，愿照新例纳税"。这还有何说？乾隆帝本不稳定的心理再次发生动摇。他决策准许英商来浙贸易，并指示喀尔吉善和杨廷璋，将来定海一关即照粤关之例，选用内务府官员充任宁（波）台（州）道道员，督理浙海关事务。此后夷商"赴浙赴粤，皆可准其所适"。这样一来，浙海关与粤海关便一体对英商开放。

全球经济一体化的最早趋势已向紫禁城里的天朝皇帝发出了明白无误的信息，值得庆幸的是，乾隆二十二年即公元 1757 年年中，乾隆帝终于克服"汉人难治"的政治偏见，做出了符合世界发展潮流、顺应市场规律、有利于中国社会经济结构良性调整的正确决策。

可惜好景不长。仅仅数月之后，乾隆帝就断然宣布，今后只准洋商到惟一的对外口岸——广州——进行贸易。

乾隆二十二年广州单口通商，是乾隆帝对西洋各国贸易政策转变的一大关键。

英国方面哀叹：这意味着"准许在中华帝国东部口岸贸易的时期宣告结束"！

乾隆帝的态度何以翻覆如此之快，如此之剧烈？英国东印度公司方面最为敏感，他们以为："广州地方当局对北京当局有重要影响，由于他们体验到日益增长的对外贸易所生的利益，必然渴望将其独占。"他们还说：英国商人开拓浙江口岸的计划"受到广州方面的督抚的强烈反对，据说，他已决定袒护'广州人'"。

这个"广州方面的督抚"就是原任两广总督、后调闽浙总督的杨应琚。他针对浙江方面对粤海关洋行"包买包卖，把持刁难"的非议，上奏辩解：

> 粤省现有洋行二十六家，遇有番人贸易，无不力图招致，办理维谨，并无嫌隙。惟番商希图避重就轻，收泊宁波，就近交易，便宜良多。若不设法限制，势必渐皆舍粤赴浙。臣再四筹度，不便听其两省贸易。

这里所说的“洋行”，又有所谓“十三行”之称，它创始于康熙二十五年（1686年），刚开始叫“洋货行”，充当行商的须是身家殷实之人，并且要领取由国家颁发的“给帖”，享有外贸特权。西洋商船来到澳门，必须通过十三行商人才能进行贸易活动。在粤海关的监督下，他们既作为中西贸易的中介，又是国家控制外国来华商人、保证海关税收的关节。从表面上看，官府似乎没有直接插手中外贸易，但粤海关监督特由皇帝派遣自己亲信家奴内务府官员担任，赴任时除有正式委任《敕书》之外，还领有皇帝“精微批文一道”，因此地位特殊，谁也不敢小视。粤海关监督除了通过洋行控制外国商人，还特许一些有皇家背景的“皇商”以经营外贸的特权，《红楼梦》里“丰年好大雪，珍珠如土金如铁”的薛家即属此类。另外两广总督、广东巡抚以及驻防的广州将军也都把对外贸易视为取之不竭的财源，特别是可以通过洋行商人贱价采购西洋奇珍，进献主子以固宠；皇帝也不时通过他们指名索要精美“洋表亭”之类恭进。乾隆帝对粤海关洋行“包买包卖，把持刁难”早有了解，对广州方面地方大员、内府包衣、皇商行商固结而成的盘根错节的既得利益集团的内幕也并非全然不晓；但他深知，粤海关经营七八十年而完备的对洋商的监控系统，绝不是浙海关一朝一夕能够建立起来的。

反复权衡利弊之后，乾隆帝最后还是回到了对国家安全具有压倒一切重要地位的基点，在阐述广州单口通商的理由时，明确无误地表示此举意在“浙省海防得以肃清”！

广州单口通商是关乎中国对外贸易走向的一个转折点。

18世纪中，当对外贸易对中国内地，特别是东南沿海地区的经济发展具有越来越强劲的助推力时，如果乾隆帝坚持定见，一言而决，将浙海关与粤海关一体对外开放的话；那么不仅华南地区，连中国经济重心华东地区，都会受益匪浅。此时，距离下个世纪的中英鸦片战争、宁波、上海等五口通商将及百年，而乾隆帝所确定的继续对外扩大开放的国策是他后世子孙所绝对不敢翻更的。从这个意义上讲，由经济地理格局的合理调整所带来的将是中国国家综合国力的持续稳步提升。

然而，乾隆帝的一念之差，竟铸成了令后人追悔不及的历史遗憾！

不要事后诸葛，说这是什么历史的必然。大概像乾隆二十二年广州单口通商这样历史的偶然性在起作用的事例并不多见；但这一次，人们确实可以清晰地看到一个已近“知天命”的中国统治者走到了十字路口，左顾右盼，迟疑不决，在最后一刻却不幸地向历史的歧途迈出了关键性的第一步。后人总是习惯地认为历史上一个重大事件的发生是各种因素作用的“必然”结果；其实，如同今天一样，事情的发生和发展是存在多种可能的。恰恰因为我们是“后人”，知道某一重大历史事件发展的结局；所以，总是想当然地认为既成结局是预先注定要发生的。可以设想，如果今天的我们是乾隆帝治下的一个臣民，当乾隆二十二年年中皇帝决定开放浙海关时，我们就能预测几个月后必然会发生翻覆吗？今天，在回顾这一段难忘的历史时，最好谨慎从事，而不要陷入历史的宿命论。

认真审视究竟有哪些偶然因素在影响着乾隆帝做出关系中国命运的重大决策时，就不难发现，正是官商勾结的强大的既得利益集团从广东一隅地方利益出发，暗中起着几乎决定性的作用！他们的代言人就是把地方利益说得冠冕堂皇的广东封疆大吏杨应琚。

在统治者一念之差决定国家命运的时代，这是典型的“庸臣误国”。

乾隆二十二年十一月朝廷颁布了“嗣后口岸定于广州”“不准进入浙江海口贸易”的正式谕旨后，英国东印度公司并没有放弃继续开辟宁波等浙江口岸的努力；董事会经反复考虑决定采取派人与中国最高当局直接沟通的方式，希望能够打破贸易困境。这项难以实现的使命决定由洪任辉去完成。

乾隆二十四年（1759 年）六月初，洪任辉等驾驶着一艘名为“成功”号的七吨重小船离开澳门来到了浙江定海，清军水师令其返棹回粤；洪任辉又请求浙江方面的官员能够转呈给乾隆帝《禀帖》一件,《禀帖》内容是控告粤海关监督的，也被拒绝。此事经浙江巡抚庄有恭奏报皇帝，乾隆帝认为：浙江地方所办很好，并命将庄有恭的奏折抄寄两广总督李侍尧阅看，令其召集在澳门、广州的夷商，重申禁令。

出乎乾隆帝意料的是，倔强的洪任辉并未听从浙江水师“返棹回粤”的命令，而是掉转船头，径直开向了天津大沽口，并对登船查问的大沽营游击赵之瑛说：“我一行十二人，跟役三名、水手八名。我系英吉利国四品官，向在广东澳门做买卖，因行商黎光华欠我本银五万余两不还，曾在官差衙门告过状，不准；又在总督衙门告状，也不准；又曾到浙江宁波海口呈诉，也不准。今奉本国公班衙派我来天津，要上京师申冤。”洪任辉买通了驻地武官，将控告的呈词递到了直隶总督、长芦盐政、天津道，以及天津知府等衙门，在递交的呈词中列举了粤海关监督李永标“勒索陋规”“纵容家人吏役勒索”等等劣迹。“洋鬼子”越海告御状这件大事看来是难以消弭了。

乾隆帝得到长芦盐政官著和直隶总督方观承奏报，并阅看了洪任辉呈词后，十分重视。一个外国商人竟赴京告御状，这无疑是有玷国家颜面的事，乾隆帝十分恼火，立即指示：“此事涉及外夷，关系国体，务须彻底根究，以彰天朝宪典。”同时，他命令给事中朝铨带同洪任辉驰驿赴粤，传旨福州将军新柱赶往广州，会同两广总督李侍尧主持审理这一涉外大案。

当年七月初，天津地方官来到洪任辉暂时居住的一间庙宇，告诉他乾隆帝的命令业已下达，兹派出钦差大臣前往广州审理此案，洪任辉要立即做好准备，明早随同一道南下。来人还询问：洪任辉在宁波是否有中国人唆使前往天津告状。原来乾隆帝已开始怀疑有江浙奸商暗中替英国人出谋划策，他密谕李侍尧、新柱及朝铨：“如其中有浙省奸牙潜为勾引，代夷商捏砌款迹、怂恿控告情事，此奸宄之尤，当即行正法示众”；“如李永标款迹属实，即应在彼正法”；“番商立意把持，必欲去粤向浙，亦不可不申明国宪，示意限制”。

九月，新柱等遵照乾隆帝的指示，拟出初审意见。他们几乎逐条批驳了原告洪任辉的控词，但亦认为被告粤海关监督李永标“虽无额外加征，但到任以来，不能实力查察，以致家人、书役恣意滥索，实难辞咎”。根据“不枉法，本官知情者同罪”这一律条，李永标应判处杖一百、流三千里的刑罚。经刑部核议，乾隆帝批准，李永标被革职抄家，依律杖流。至于黎光华拖欠洋商货款一案，则决定没收其原籍家产，按股匀还。案件处理至此，应该说还是就案论案。但乾隆帝并未止于此，他再次从政治高度审视“洪任辉赴京呈诉案”所蕴涵的全部内容，决定给予这个一意孤行的英国人以必要的惩戒，而惩治他则必须找到适当的罪状。当然，这并不难。

在洪任辉前往天津海口呈控时，乾隆帝就怀疑有内地奸人代拟呈词。钦差大臣新柱等首先认定是徽商汪圣仪。此人系婺源县生员，洪任辉在宁波做买卖时，汪圣仪就借过洪的资本，并替其包揽生意；禁止宁波贸易后，汪圣仪仍来广州，替洪任辉在江浙采买货物。但当要逮捕这个带买办色彩的人物时，他已跑掉了。后来新柱又根据广州府张嗣衍等人的举报，审出为洪任辉代拟呈词的是四川人刘亚匾。于是，刘亚匾以“为外夷商谋砌款”之罪被判处死刑。洪任辉则以“勾串内地奸民，代为列款，希图违例别通海口”，本应发遣远方，“因系夷人，不便他遣”，从宽在澳门圈禁三年。

十月十七日，按照乾隆帝的旨意，两广总督李侍尧传齐了在广州的外国商人，宣布对洪任辉“放逐澳门三年，期满即回英伦，永远不得再来中国”的判决。为了渲染恐怖气氛，李侍尧宣谕完毕，即喝令将那个倒霉的川人刘亚匾提到公堂之上，并当着洋商们的面，将其拉出去砍掉了头颅。洋商们惊魂未定，李侍尧又告诫说：“内地物产丰饶，难道需要远洋一点点不急之货？尔等日后不要轻举妄动，安安静静在广州一处贸易！”

“洪任辉事件”后，已收紧的西洋贸易政策执行得更加强硬。当年十二月，朝廷公布了旨在对来粤夷商严加管束的《防范外夷规条》，规定洋商不准在广州过冬，洋商到粤，令寓居行商管束稽查，严禁内地商人借贷洋商资本，严禁外夷雇人传递信息等。

乾隆二十七年（1762 年）十月，洪任辉监禁期满释放，为中外瞩目的这一重大案件画上了句号。经过洪任辉案，由广州单口通商所开启的清朝严加限制对外贸易政策的走向已绝然不可逆转；而英国商人经过此番挫折，也开始偃旗息鼓，不再直接对抗中国的贸易管制。但是，影响中英贸易的症结依然存在，随着英国工业革命全面展开推动经济飞跃发展，开辟商机无限的中国市场的欲望也越来越强烈。英国政府加紧准备通过外交途径，与主宰中国的乾隆帝进行一次最高峰谈判。

乾隆五十七年（1792年）八月初十日，在地球另一端，以乔治·马戛尔尼勋爵为特使的由军事、测量、绘图、航海、医护等各方面随员百余人组成的庞大访华使团，分乘英海军部特派配置六十四门火炮之皇家军舰“狮子号”及“印度斯坦号”等船舰，由英吉利海峡朴茨茅斯港扬帆出发，开始了穿越大西洋、印度洋到太平洋，前往中国的漫长航行。这个使团打着为乾隆帝补祝八旬万寿的旗号，因此，随船带来了经过精心选择的各种贵重礼物，这些货物装了整整六百箱。

马戛尔尼勋爵具有丰富的外交阅历。此人生于1737年，曾担任过英国驻俄国彼得堡的特使、格林那达总督和印度马德拉斯圣乔治要塞总督兼管理会主席。临行前，英外交大臣亨利·邓达斯特训令此次外交行动应至少达到如下目的：摆脱广州官吏对贸易的限制和勒索；获准江浙一带靠近商品产地的口岸；废除或降低进口货物关税；准许在沿海某个岛屿有一个便利的商站；把英国产品从各口岸引入北京以鼓励中国人消费英国货，以及在法律上给予英国东印度公司在华代理人以安全保障；此外，还要与中国探讨中英两国在各自首都派驻使臣的可能性。关于谈判的策略，邓达斯训示要有妥协的精神、灵活的态度，甚至在礼仪问题上，只要不损害国王陛下的尊严，不降低使臣本人的身份，也可以按中方的要求行事，“莫让礼节琐事妨碍我们博得皇帝及其大臣们的欢心，以致不能得到本可得到的好处”；如中国方面提出禁止鸦片走私时，“必须让步，而不要冒丧失其他主要利益的危险”。如何在较不重要的问题上做出妥协，以换取国家根本的、长远的利益得以实现，英国特使马戛尔尼深谙此道。

在马戛尔尼使团启程之际，英国政府就决定将这一重大外交举动及早通知中国，以避免产生不应有的误会。于是，由英国东印度公司董事长培林爵士给两广总督发出正式函件，该函件是以平等的口气写的，主要内容是：

> 前闻中国皇帝八秩正寿，原冀侨居广州之臣民应派委员赴京祝嘏，乃嗣闻祝嘏委员未克及时遣派，良用歉仄。兹欲与中国皇帝发生友谊，并增进两国之邦交，扩充两国人民之商业，决定派遣马戛尔尼充特派大使，其人贵胄显秩，历任国家要职，德行才能兼赅具备，兹以全权代表敝国君主聘于中国皇帝御前，并代致其恳切之情。

信中特别提到：英王陛下赠送中国皇帝礼物多品钜制精工，甚为珍贵，从广州长途跋涉至京，恐路上招致损伤，故将乘坐英王陛下特派船只直航天津港口上岸，请将上述情况转呈北京。

当年九月，培林函件经东印度公司驻广州专员波朗呈交署理两广总督郭世勋。两个月后，乾隆帝便从广东方面获悉英国使臣“梯海来航，进呈贡物”，并看到了由郭世勋转呈的培林《原禀》。当看到英国人“情词极为恭顺恳挚”的《原禀》“译稿”时，乾隆帝非常兴奋，当下向军机大臣表示：“自应准其所请，以遂其航海向化之诚。”随即，他命传谕沿海各省督抚，当“英吉利贡船”泊岸时，要先期派定统兵大员带领官兵列营站队，“旗帜务必鲜明，甲杖务必精粹”，以在西洋“贡使”面前显示天朝的威严。乾隆帝在谕旨中强调，英国贡使航海远来，不能与缅甸、安南近边藩属国相比，一定要悉心予以妥善照料。

可以说，乾隆帝自得知英吉利“入贡”的消息，便以相当大的热情关注于如何接待这个“初次观光上国”的英国使团。然而，必须指出，乾隆帝对马戛尔尼使团此行外交使命误解太深，这里已埋下了导致两个东西方大国首次通使失败的种子。

乾隆帝的误解，在很大程度上要归咎于郭世勋对马戛尔尼使命不正确的描述。他在乾隆五十七年九月呈递给皇帝的一件奏折中说，有几个英国商人前来禀称：“该国王因前年大皇帝八旬万寿未及叩祝，今遣使臣马戛尔尼进贡。”郭世勋还将英商《原禀》随奏折一起呈上御览。这件由郭世勋安排人译出的《原禀》如此表述：

> 英吉利国总头目官总管贸易事百灵（即培林）谨禀请天朝大人钧安。我国王兼管三处地方，向有夷商来广贸易，素沐皇仁。今闻天朝大皇帝八旬万寿，未能遣使进京叩祝，我国王心中惶恐不安。今我国王命亲幸大臣公选妥干贡使马戛尔尼前来，带有贵重贡物进呈大皇帝，以表其慕顺之心。愿大皇帝施恩远夷，准其永远通好……因贡物极大极好，恐由广东进京，水陆路途遥远，致有损坏，令其径赴天津，为此具禀，求大人（指郭世勋等）代奏大皇帝，恳祈由天津海口或附近地方进此贡物。

这件显然经过中方“通事”的曲译和郭世勋精心润色的所谓《原禀》，当然不能准确传达英国政府遣使来华的本意。而乾隆帝竟一厢情愿以此为根据，兴致勃勃地期待着携有贵重贡物“慕顺”朝觐的“远夷”。当马戛尔尼以一个平等国家的使节身份出现，还要同天朝上国谈什么公使驻京及诸多贸易要求后，他怎能不失望以致愤怒呢？

中英首次通使，还有比误解更难于逾越的障碍吗？

应该说，为迎合天朝皇帝盲目虚骄的心理而有意曲译外域文书的伎俩，并非两广大吏郭世勋所独擅，而是官场中与外夷打交道时通行的笔法；比这更严重的是，与外事相涉的地方文武大员向乾隆帝报告外夷的言行、态度、举止时，莫不秉承粉饰、模棱，以至凭空臆造、肆意撒谎的惯技——似乎大家都摸准了天朝大皇帝盲目虚骄的心态，谁也不想捅破这一层纸，于是就联手一起糊弄。

在下面即将展开的二百年前中英首次通使这一关系着中国历史命运的外交事件的描述中，我们将会不止一次地观赏到可以印证上述说法的种种花絮。

乾隆帝为了把接待英国贡使的场面搞得盛大而热烈，决定让马戛尔尼一行参加于乾隆五十八年（1793 年）秋在热河避暑山庄举行的八十三岁万寿大典。但皇帝既要接受英使的觐见，就存在一个无论如何也无法回避的英使行觐见礼的至关重大的问题。

中国周边的藩属国使臣觐见大皇帝的礼仪是行最隆重的，对他们来讲也是最屈辱的三跪九叩大礼，即连续重复三回下跪、每回下跪都重复三次以头叩地的动作。这是习以为常的通例，就是乾隆十八年（1753年）葡萄牙使臣巴哲格来华觐见皇帝，也不能以“西洋人”而有所权变。正是在这种背景下，乾隆帝对英使觐见礼仪并未特别在意，他一直以愉悦的心情等待着英国贡使匍匐自己的脚下。

然而，事情的进展却完全出乎乾隆帝的意料，在觐见礼仪上，他第一次碰到了野蛮而倨傲的外夷的有力挑战；对于马戛尔尼来说，也毫无思想准备，觐见礼仪将成为他无法逾越的鸿沟。当充满信心地告别英伦三岛时，他怎么也想象不到，此次筹划多年的出使活动，竟因拒绝叩拜这位高度自尊的东方君主而徒劳往返。

英国使团所乘舰只于乾隆五十八年六月十八日驶抵大沽口，登陆后，特使马戛尔尼受到了直隶总督梁肯堂和乾隆帝特命负责接待来使的钦差——长芦盐运使徵瑞的隆重欢迎。然而，英使还没有到北京，就在觐见皇帝的礼仪上与钦差徵瑞产生了纠葛。问题的发生是由乾隆帝发给徵瑞的一道密旨引起的。乾隆帝在密旨中指示徵瑞，以自己的名义婉转开导该使臣遵守天朝法度、觐见时行三跪九叩之礼。皇帝的话是这样说的：

> 徵瑞应当于无意的闲谈时，婉词告知，各藩属国到天朝觐见进贡者，不只陪臣俱行三跪九叩首之礼，即使国王亲自来朝者亦同此礼。如今尔国王遣尔前来祝寿，自然应遵守天朝法度。

乾隆帝还特别交待徵瑞，听说西洋人有“用布扎腿”的“国俗”，因此开导时不妨说明：

> 虽然尔国俗俱用布扎缚，不能拜跪，但尔叩见时何妨暂时松解，等到行礼后再行扎缚，亦属甚便。若尔等拘泥国俗，不行此礼，殊失尔国王遣尔航海祝寿进贡之诚，而且也让外藩使臣讥笑，恐怕在朝引礼大臣也不会答应。

徵瑞奉旨，果然反复婉言开导，他还告诉英国使臣说：为了避免不习惯，临时失仪，最好预先充分演习。

这些絮絮叨叨的规劝令英国使臣啼笑皆非，马戛尔尼对徵瑞解释，不是什么扎腿不扎腿，而是“一个国家代表的行动，不只是他个人的问题，而是代表整个国家的。任何一国的臣民对他们君主所行的礼节，绝不能要求外国代表也照样做，前者表示屈服和顺从，后者表示尊敬和友谊，二者是有严格区别的”。但马戛尔尼不愿意在礼仪问题上闹得太僵，以致还没见到皇帝真容外交使命便夭折了，因此他提出一个折中的办法：假如中国方面坚持要他向皇帝下跪叩头，他同意可以下跪来表示自己对皇帝的尊敬，但这样做要附有一个先决条件，“一位同特使身份、地位相同的中国官员，必须朝衣朝冠在特使携来的英王陛下御像前也要行同样磕头礼”。马戛尔尼还告诉徵瑞，这个附加条件非常重要，为了避免由于误解而发生不利影响，还应有一份正式的《备忘录》。

对于徵瑞来说，马戛尔尼这一番话实在太强硬，太狂妄了。如实向乾隆帝奏报，肯定会受到软弱无能的申斥，乌纱即使可保，至少也要换个差一点的顶子。聪明伶俐的皇帝家奴又玩起了“含糊模棱”的老把戏，他向主子奏称：“英吉利使臣等深以不娴天朝礼仪为愧，连日学习，渐能跪叩。”对英国方面觐见礼仪《备忘录》，徵瑞则一直揣在兜里，直到马戛尔尼一行到了热河，他未加任何说明，便将《备忘录》原封退还给了英方。

这时已到了七月下旬，距离乾隆帝在避暑山庄过万寿节的日子已经很近。七月二十七日，马戛尔尼一行七十人从北京出发，其中四十人是卫队，另外留下的几十人在圆明园装置带来的一些庞大的仪器。当使团通过古北口附近的长城时，使团的巴瑞施上尉对这条重要的军事防线作了极为详尽的调查，经他观察测量，得知长城“城墙当中是泥土，两边护堤壁是石头砌的。城顶平台是方砖砌的。平台以上的护堤壁构成胸墙”。巴瑞施对长城的每个细微之处测量之后，都作了记录，下面仅引其关于“枪眼”的部分的文字：

从枪眼到雉堞的高度：二英尺

枪眼从里到外的宽度：二英尺

枪眼与枪眼之间的距离：九英尺

枪眼：高一英尺、宽十英寸、内岸深四英尺、内岸与内岸之间距离九英尺，枪眼窥孔和城墙垒道同一水平，从此向下倾斜，可以在距离城墙底几码之外看到敌人。这样距离用火器射击比使用弓箭更适宜。

具有讽刺意味的是，当英国军官光天化日下观测记录中国国防要塞的结构时，乾隆帝却一心惦记着如何使英吉利贡使就范，如何敦促他们觐见前要练习到拜跪娴熟。然而，由于钦差徵瑞的有意隐瞒，乾隆帝一直被蒙在鼓里，直到当大学士和珅出面，在避暑山庄与英使最后落实觐见礼节时，才发现英方根本不同意三跪九叩。乾隆帝很快了解到了实情，他指示徵瑞最后再压一下，如果不行，可以询问英国方面有什么主张。徵瑞又一次来访英使，马戛尔尼提出：他可以按照谒见英王陛下的礼节——“一足跪地，一手轻轻握着国王的手而以嘴吻之”——觐见中国皇帝。徵瑞听了，似乎很满意，告辞去了。不久，徵瑞又衔命而至，与马戛尔尼展开了一场妙趣横生的对话：

徵瑞首先告诉英国人：“皇帝已做出了最后决定，觐见时特使等人可以行英国之礼。”这位徵大人说到这里稍稍停顿了一下，接着说道：“不过，照中国风俗来说，拉着皇帝陛下的手来亲个嘴儿，总不是个道理。请务必免去此礼，不如改为双足跪下为好。”

马戛尔尼表示难以从命。

在会见中，马戛尔尼还表露了蕴蓄已久的不满，他说：“中国人把英王礼品写成‘贡品’字样，已经混淆了二者的界限。”事已至此，有关觐见礼仪的马拉松式的反复辩论彻底陷入僵局。

这一天是八月初六，距离乾隆帝万寿也只有七天而已。乾隆帝对英国使团的热情骤然变冷，他通过军机处下达了及时降温的一道道密旨：预定对英使团“所有格外赏赐”一概撤掉；万寿节过后，“即令该使回京”；京中不必准备招待他们的戏剧；留京王大臣接见该使臣时，不必起立，只须预备几凳令其坐在一旁……理由很简单，乾隆帝直截了当地说：“此次该使臣等前来热河，于礼节多未谙悉”，“似此妄自骄矜，朕意实为不惬”！在密旨中，乾隆帝向最亲信的大臣们再次阐述了驾驭外夷之道：“朕于外夷入觐，如果诚心恭顺，必加恩待，用示怀柔；若稍涉骄矜，则是其无福承受恩典，同时即减其接待之礼，以示天朝体制——此驾驭外藩之道宜然！”看来，马戛尔尼“骄矜”的举止言行，深深地伤害了乾隆帝高贵的尊严。

一时间，避暑山庄乌云密布。一位在华传教士写道：“由于大使阁下不愿屈从中国礼仪，皇帝勃然大怒，立即下谕，令英使即刻返国，并带回携来的礼品。”这话虽与事实不尽一致，却可以使人真实地感受到乾隆五十八年八月初六那天山雨欲来风满楼的紧张气氛。

然而，一夜功夫竟然云开雾散！

英方八月初七日的记载是：“礼仪争端既已圆满解决，中堂（和珅）接见特使的时候，虽保持了他的尊贵身份，但态度十分坦白和蔼”，“双方对会谈情况俱感满意，特使回到任所之后，皇帝及和中堂都遣人送来水果和蜜饯食品”。

中方的记载同样洋溢着轻松与惬意。八月初七日乾隆帝下达留京王大臣的密谕称：“该使臣等经军机大臣传谕训诫，颇知悔惧，本日正副使前来，先行谒见军机大臣，礼节极为恭顺。今既诚心效顺，一遵天朝法度，自应仍加恩视，以遂其远道瞻觐之诚。”

难于化解的礼仪之争顷刻间便奇迹般地焕然冰释了。乾隆帝说：对方“一遵朝廷法度”，这暗示着英吉利使臣要向皇帝三跪九叩；但英国人对礼仪争端的“圆满解决”则另有自己的解释——英国人行的是单腿下跪之礼。

据英国使团副使斯当东的记载，八月初十那天乾隆帝在避暑山庄万树园大御幄首次接见英使的情况是这样的：

> 太阳刚刚出来，从远处传来音乐声和人的吆喊声，说明皇帝快要驾到了。不久以后，皇帝从一个周围有树耸立的高山背后，好似一个神圣森严的丛林中出来。皇帝坐在一个无盖的肩舆中，由十六个人抬着走，舆后有

> 警卫执事多人手执旗伞和乐器。皇帝衣服系暗色不绣花的丝绸长褂，头戴天鹅绒帽，形状同苏格兰军帽有些相似，帽前缀一巨珠，这是他衣饰上所带的惟一珠宝。皇帝进大幄以后，立即走至只许他一个人用的御座前面的阶梯，拾级而上，升至宝座，和中堂和另外两位皇族紧靠在皇帝旁边跪着答话。特使马戛尔尼身穿绣花天鹅绒官服，缀巴茨骑士钻石宝星及徽章，上面再罩一件掩盖四肢的巴茨骑士外衣。通过礼部尚书的引导，双手恭捧装在镶着珠宝的金属盒子里面的英王书信于头顶，至宝座之旁拾级而上，单腿下跪，简单致词，呈书信于皇帝手中。皇帝亲手接过，并不启阅，随手放在旁边。皇帝很仁慈地对特使说："贵国君主派遣使臣携带书信和贵重礼物前来致敬和友好访问，我非常高兴。我愿意向贵国君主表示同样的心意，愿两国臣民永远友好。"

据斯当东的观察，在接见英使的整个过程，"自始至终皇帝看来非常愉快自如，绝不像外间描写的那样阴郁沉闷。他的态度很开朗，眼睛光亮有神"。斯当东的儿子年仅十二岁，能讲几句中国话，作为使团的"见习童子"，被马戛尔尼介绍给了乾隆帝。乾隆帝立刻让小斯当东来到御座前，听他讲了几句汉语。斯当东记述道："或者由于这个童子的讲话使皇帝满意，或者见他活泼可爱，皇帝欣然从自己腰带上解下一个槟榔荷包亲自赐与该童。"

英国使臣在觐见乾隆帝与预定参加八月十三日皇帝万寿的盛大节日之间的三天里，曾由大学士和珅亲自陪同，游览了中国最大的古典园林——避暑山庄，向导可能是遵照皇帝的旨意，特别向使团的成员们展示了各处宫殿中陈设的种种巧夺天工的机器人、机械动物等大型玩具，为此，还引发了一段不愉快的插曲。据斯当东所记，当走到一处陈列"自动弹簧机器"的地方，英国人曾有礼貌地随着大家捧场赞扬，在一旁的福康安将军"非常高兴地询问英国是否也有这种机器，当他被回答说，这些东西就是从英国运到中国的，他脸上立刻露出败兴神情"。英国人通过和珅、徵瑞、福康安等人的接触，得出"中国大臣们，比皇帝本人更坚持中国居于其他国家之上的这种过时的陈旧观点"。

八月十三日，是乾隆帝八十三岁寿辰。据马戛尔尼的日记记载：这一天“步入万树园，到了皇帝的御幄”前祝寿；而斯当东却记述，皇帝寿辰那天，庆祝典礼在一个庙宇形状的大殿里举行，“特使及随从行深鞠躬礼。大家同朝一个方向叩拜，而皇帝本人，则如天神一样，自始至终没有露面”。

英国使臣觐见礼仪据上述马戛尔尼和斯当东所记，概括地讲就是：首次觐见“单腿下跪”，祝寿时“行深鞠躬礼”。

清官方权威的编年体史书《清高宗实录》的记载则是：

> 万寿节。上御澹泊敬诚殿，扈从王公臣官员及蒙古王、贝勒、贝子、公、额驸、台吉，并缅甸国、英吉利国使臣等行庆贺礼。御卷阿胜境赐食。

比较而言，清官书的记载要平实得多。值得注意的倒是，清官书中回避了英国使臣如何行礼这一至关重要的细节，万寿节这次没提，首次觐见也只是：“上御万树园大幄次，英吉利正使马戛尔尼、副使斯当东等人入觐。”

马戛尔尼是否向乾隆帝三跪九叩，时至今日仍是中外学者颇为关切而又未能取得共识的一桩历史疑案。

这次重大历史事件的中方当事人之一，随扈热河的军机章京管世铭在他的题为《癸丑（乾隆五十八年）仲夏扈跸避暑山庄恭记》组诗中的一首这样写道：

> 献琛海外有遐邦，生梗朝仪野鹿腔。
> 一到殿廷齐膝地，天威能使万心降。

诗后，有管世铭自注：“西洋英吉利国贡使不习跪拜，强之，止屈一膝。及至引对，不觉双跽俯伏。”

按管世铭所讲，未开化的英国贡使对跪拜“朝仪”曾予以坚决抵制，所以说他们“生梗朝仪野鹿腔”，经施加压力后，允诺“止屈一膝”，亦即马戛尔尼、斯当东所说的“单腿下跪”，这与马戛尔尼觐见前中英双方礼仪之争情节相符；但管世铭接下去又说，到了正式觐见时，英国使臣为皇帝“天威”所震慑，吓得“双跽俯伏”，即双足下跪上身俯伏，这一说法历来被主张“叩头说”者引为力证。若以情理推断，出现管世铭所描述的“双跽俯伏”的“奇迹”可能性微乎其微。应该承认，管世铭的诗虽短，却是清方关于这次礼仪之争最有价值的历史文献，它的可信程度极高，基本内容又与英人记载有吻合之点，只是留下一个不能令人信服的理想化的尾巴。这恐怕只能归之于一个对西洋怀有成见的中土士大夫的时代局限性吧！

管世铭的诗似乎难于确证英国人磕了头，中国方面其他支持“叩头说”的证据也不太经得起推敲。如《乾隆五十八年英吉利入贡始末》所载：和珅奏折中有关于觐见礼仪的安排是英吉利使臣“行三跪九叩头礼”。不过，需要指出，和珅奏折不过是清方在觐见之前一厢情愿的安排，对英使显然没有约束力，很难证明英使确已照此规定行事。再如，日后嘉庆年间英使阿美士德再次来华时嘉庆帝曾说过：“乾隆五十八年尔使臣行礼悉跪叩如仪，此次岂容改异？”这是嘉庆二十一年（1816年）七月初八日《致英王国书》所言，该当何等郑重！联系到嘉庆帝当马戛尔尼避暑山庄觐见时以皇子身份随观，也堪称重要的当事人之一，这条证据更值得重视。但是，嘉庆帝的重臣对此又有不同看法。历任封疆的孙玉庭在嘉庆帝因英使阿美士德坚决不磕头心情不快时曾宽慰皇上：“乾隆五十八年英夷贡方物，使至京，已不能效中国礼拜之仪。其大班司当冬（斯当东）尝于广东巡抚署拜领大皇帝赏物，弓身俯伏，臣亲见之。译者曰‘俯伏者’，夷礼之免冠顿首也。”照孙玉庭当着嘉庆帝面的说法，马戛尔尼并未行“中国礼拜之仪”。

如果说，支持“叩头说”的中方证据不够坚强；那么，马戛尔尼、斯当东拒绝行三跪九叩大礼这种西方普遍接受的说法是否就能站住脚了呢？

英国方面的资料几乎众口一词地说，马戛尔尼觐见时没有向乾隆帝叩头，他单膝跪地，昂首挺胸；但并非参加觐见的英使团人员没有不同的声音。先来看斯当东之子小斯当东的从未出版的日记：

9 月 14 日（即农历八月初十日），我们排列在皇帝将要经过的路边，他坐在十六个人抬的金黄色的轿子里，当他从我们面前经过时，我们单膝跪地并俯首向地。

请注意，小斯当东这里说的是“单膝跪地并俯首向地”。细心的法国汉学家盖廷杰发现，原来写的“触地”一词被小斯当东划掉了。

再看这个孩子关于万寿节那天英国人如何行礼的描述：

我们早早就到了大殿，在过厅里等了一阵，然后就到了内院，在那里看到了二三百名排成行的大员。接着我们听到了庄严的乐曲；随着一声令下，我们单膝跪地，俯首向地。我们与其他大员和王公大臣连续九次行这样的礼，所不同的是，他们双膝跪地而且俯首触地。

“触地”和“向地”，一字之差，关系匪浅！究竟是英国式的鞠躬，还是中国式的磕头？全在这一字之差。

“向地”，是强调没有触地磕头，这无疑印证了马戛尔尼为首的英国使团大部分成员的说法；但这个小孩子又说，“我们单膝跪地，俯首向地”，“连续九次行这样的礼”——显然，与他父亲以及包括马戛尔尼在内的多数英国人又有差异。

盖廷杰高度评价小斯当东日记的史料价值：“这位马戛尔尼的侍童，在从未出版的日记中，以小学生的笔调和歪歪扭扭的字体，以他的童稚与天真，记下了英使与皇帝见面的情景。”他由此探究二百年前中英首次通使这一重大历史事件的真相。为避孤证之嫌，这位法国国家科学研究院研究员又举出另一位证人——此人名文带，是英国使团的一个秘书，作为马戛尔尼亲戚，他也留下了一部未刊日记，其中关于首次觐见皇帝经过情景的记载如下：

当他从我们面前经过时，有人命令我们面朝王公大臣排好队，我们依照当地习惯行礼致敬，九次下跪。

这里所说的“九次下跪”为小斯当东“连续九次行”，“单膝跪地，俯首向地”这样的描述至少提供了部分佐证。

盖廷杰认为历史的真相是：“九曲膝，九鞠躬，这就是英国人用以替代三跪九叩的行礼方式，这也就是双方用以打破礼仪问题僵局而一致同意的中西合璧的礼仪。”

关于英国使臣是否向乾隆帝叩拜的争议，还可以参考第三方朝鲜来使的说法。乾隆五十九年（1794 年）春，朝鲜冬至兼谢恩正使黄仁点向本国发回情报，据称：“咭利国俗称红毛国，在广东南，水路屡千里之外，数十年来不通中国，昨年始入贡。而其人状貌黄毛鬈发，丑恶狞悍，朝见之时，不知礼数。”“朝见之时，不知礼数”，这一记载回避了对磕头还是没有磕头的准确认定。它确实可以支持英国人未按规矩三跪九叩之说，但并不能证明马戛尔尼、斯当东等英方多数人的说法，因为不行叩拜礼并不意味着行的一定是向英王所行之礼，还存在可供选择的其他折中方案；如果联系清官书也回避了英使觐见时所行礼仪这一重要情节的话，所谓“不知礼数”云云，是否用“九曲膝，九鞠躬”，即“九次单腿曲膝下跪，伴随着九次鞠躬”来解释更接近事实真相呢？

如果事实真相确实如此，那么，也可以说，中英礼仪之争的缓和是双方都做出让步的结果。

乾隆五十八年八月初六还阴霾密布，雷霆将至，而八月初七便突然雾散云收，日丽风和，其中奥妙何在？恐怕还是中英双方的外交家在各自妥协的前提下找到了彼此都能接受的折中方案。英国人喜出望外，说“礼仪争端既已圆满解决”，乾隆帝则称英吉利使臣“诚心效顺”。不过，这不能说是一个双赢的结局。英国人坚守住了英国臣民觐见英王单腿下跪、深深鞠躬礼节的底线，只是在量的方面作了退让；在拒不磕头这一实质问题上，他们赢了，既没有损害英王陛下的国家尊严，也没有降低使臣的尊贵身份。对乾隆帝来说，英国人却没有“一遵天朝法度”行三跪九叩大礼，只是争取到了让这些“不知礼数”野蛮人连续九次重复下跪顿首，从而不至于在大庭广众之下过分与众不同，或者说，不至于让他太丢面子；但无论如何，这群倔强的洋鬼子到底也没有向他磕一次头，其后果是何等严重！乾隆帝想借西洋强国英吉利使臣觐见的不可多得的机会向国内臣民和藩属各国显示天朝上国的威严，同时以中国的强大富庶、无所不有而夸耀于英国这两个预期的目标都落空了。强压在这位具有无上尊严的东方君主胸中的愤怒是可想而知的。他虽然暂时隐忍，至少在表面上对英国来使仍保持了雍容气度；但英国使臣还期望乾隆帝能够施以什么实在恩惠，就简直是白日做梦！

乾隆帝尽管使出浑身解数，终究未能降服傲慢的马戛尔尼。万寿节庆典刚刚结束，英国使团便被打发回了北京。乾隆帝认为他们来华祝寿、进贡的全部使命业已完成，趁早赶紧走人；而马戛尔尼则以为他的真正使命尚未开始。

马戛尔尼此行所抱希望甚大，在首次觐见乾隆帝第二天，即八月十一日，他就拉住和珅，想进入实质性的谈判，但他发现和中堂根本无心同他谈这些节外生枝的啰唆事，马戛尔尼在日记中写道：

> 他说祝贺皇帝寿辰的日子已经临近，而且杂事繁忙，必须在圣驾离开热河前处理完毕。他像与我初次晤谈时那样一再对我说，他希望到了圆明园之后能常有机会见到我，以增进彼此的友谊。我由此断定，他一开始就决定不在热河与我商谈正事。

岂止在热河，和珅从没打算在任何地方与马戛尔尼谈什么所谓的“正事”！

八月二十三日英国使团回到北京，二十八日马戛尔尼终于抓住和珅，向他说明此行来华目的的几个要点，但“中堂以其惯有的机敏，规避就我费尽心机向他提出的这几点进行讨论。他把话题引向我的健康状况，并向我解释：皇帝命我立即回程，是出于对我的健康的关心，不然的话，皇上很乐意让我再住一些日子”——马戛尔尼无可奈何。

这位老练的英国外交家实在不是善于打太极拳的和中堂的对手，他已经没有耐心也没有时间再拖延下去，于是根据本国政府的训令，向和珅直截了当地提出了六项要求，请中国政府考虑：

第一，请中国准许英国商人在舟山、宁波和天津三处贸易。

第二，请准许英国商人在北京设立一个货栈，以便买卖货物。

第三，请于舟山附近海域指定一个未经设防的小岛，给英国商人使用，以便英国商船到了该处可以停泊，存放货物，并允许英国商人居住。

第四，请于广州附近，准许英国商人有上述同样的权利，及其他较小的权利。

第五，请特别优待从澳门运往广州的英国货物，免予纳税，或从宽减税。

第六，请中国海关公布税则，以便英国商人依照中国所定的税率切实纳税。

马戛尔尼还利用参加宴会的机会，一再向和珅提出英中两国互派使节、各自在对方首都开设使馆的建议。他感到和珅好像不感兴趣，“以赏赐物件来打断我的话头”，或“顾左右而言他”。

英国使臣的全部要求，经和珅全部转奏乾隆帝。乾隆帝震怒之余，则把所有一切要求——合理的与不合理的、对中国有利的与不利的、平等友好的与侵犯中国主权的，一概加以断然拒绝。

九月初三，马戛尔尼所率英国首次访华的庞大使团由军机大臣松筠陪同离京，和珅等朝中大臣送行到城门。再说什么都是多余，对马戛尔尼日前提出的六项要求的答复全写在乾隆帝给“英吉利国王”的《敕谕》中。不过，对英国使臣来说，《敕谕》的内容还秘而不宣。和珅命差官将皇上的《敕谕》以及赏赐物品清单直接驰送特使远在浙江沿海的船上。英国人隐约感到：“这封信对特使所提的要求绝对不会有利。”

一点儿也不错。乾隆帝以毫无商量余地的口气向英王宣示：

> 英使驻节北京，“此事断断难行”！
>
> 所请宁波、舟山、天津泊船贸易之处，“皆不可行”！
>
> 所请天朝京城另立一行，收贮货物，“更断不可行”！
>
> 所请舟山地方一小海岛，以供商人停歇，收存货物一节，“天朝尺土，俱归版籍，疆址森然，即岛屿沙洲，亦必划界分疆，各有专属”，“此事尤不便准行”！

英商免税、减税一节，“西洋各国均属相同，亦不便将尔国上税之例独为减少”。

公布税则一节，粤海关向有定例，“毋庸另行晓谕”。

在这件《敕谕》结尾，乾隆帝以天朝上国大皇帝君临天下的口吻训导英国国王：“尔国王惟当善体朕意，益励款诚，永矢恭顺，以保乂尔有邦，共享太平之福。”

乾隆帝的一腔怒火终于爆发出来。

马戛尔尼开始品尝与天朝大皇帝较劲儿的苦果。

尽管乾隆帝比傲慢的英国使臣表现出了更妄自骄矜的可笑态度，但仍无法完全掩饰这次英国使团首次来华在他内心深处引起的震撼，特别是英国“贡物”带来的强烈冲击。

英国方面在筹备遣使访华时，对赠送乾隆帝礼品的选择真可谓煞费苦心。考虑到钟表一些华而不实的奢侈品，中国已经堆积如山，而对像乾隆帝这样一个“上了年纪的君主来说，能发挥实际而耐久作用的现代科学技术方面的东西应当使他更感兴趣”，而“天文学是素被中国尊重的一门科学，中国政府对它非常重视。最近的改良的天文仪器及最好的天体循环模型标本等物应当是中国人欢迎的礼品”。从这种思路出发，一座名为“布蜡尼大利翁大架”的天体运行仪被列在了礼品的首位。为炫耀大不列颠海上霸主的地位，他们又将新式的榴弹炮、迫击炮，以及连发步枪和手枪列入礼品之中。除此之外，为刺激中国人购买英国货的欲望，还准备了“英国名厂”制造的大量最新产品。这些礼品概括地说，包括大型天文、地理仪器，钟表，乐器，武器，轻便马车和船只模型，等等。以下综合各方面的记载，将乾隆帝及其臣下眼中的英国十九种“贡品”逐一介绍：

第一件，西洋布蜡尼大利翁大架一座，又名天文地理音乐大表，准确地说，叫天体运行仪。高九尺八寸，宽一丈一尺七寸，深一丈三寸。从仪器上可以准确地模仿地球的各种运动、月球绕地球的运行，还可以看到太阳运行的轨道、带四颗卫星的木星、带光圈及卫星的土星等，如遇日食、月食及星辰变化，可显现于仪器之上；另附有时辰钟，随时记录观察时的年、月、日、时和分。据说，这件大型天体运行仪是欧洲最精美的，代表了英国天文学和机械学的最高水平，它所设计的天体运行情况可适用一千多年。

第二件，座钟一架，又称地理运转全架，有天文器具，指引地球与天上日月星宿一起运动，对学习天文者有益。

第三件，天球全图一架，仿空中蓝色，有金银做成星辰，内有银丝，分别天上各处度数。

第四件，地球全图一件，准确地说，是一个地球仪。天下万国、四洲、山河、海岛都画在球上，从上面可以清晰地看到各国的国土和首都，更有航海路线及画出的西洋船只。

第五件，杂样器具十一盒，又称“指引月光盈亏”，可推测及指引日月色之变，可先知天气如何。

第六件，试探气候架一座，可以“测看天气阴晴”。

第七件，铜炮、西瓜炮共八门。据安置英王礼品的内府官员奏称，英国人说：“为操兵之用，并有一小分红毛国兵，现随贡使前来，若是大皇帝喜欢看西洋炮法，可以在御前试演，炮法奇巧。”

第八件，军器共十箱，有长短“自来火”枪、刀剑等，其刀剑据说能削钢铁。

第九件，椅一对，高约五尺，人坐在上面，自能随意转动。

第十件，益力架一座，高约六尺余，人扯动时，增益气力，早晚运动，陡长精神。

第十一件，自燃火一架，又称“大火镜”，准确地说，是帕克透镜。透镜由大玻璃制成，火轮周围七尺六寸，紧对阳光，不但能烧草木，且能熔化金银铜铁。

第十二件，杂样印画图像，即铜版画。据称内有“红毛英吉利国王全家人像，并城池、炮台、堂室、花园、乡村、天主堂、船只各图”。

第十三件，彩灯一对，系玻璃镶金做成，高六尺五寸，径四尺，挂在殿上，光影四悬。

第十四件，丝毛金线毯，精致房间铺用。

第十五件，大毡毡，大殿上铺用。

第十六件，车二辆，“暖车”“冷车”各一，高九尺，宽六尺，通长两丈，四轮独辕，俱有器械，可以转动，“敬献大皇帝万岁御用”。

第十七件，马鞍一对，金黄颜色，十分精致，“特进大皇帝乘用”。

第十八件，西洋金银船，系红毛国大战船模型，高约五尺余，长约五尺余。据英国使团介绍，欧洲其他国家都承认英国是世界上最强大的海洋国家，因此英王陛下想在给皇帝陛下派遣使团的同时，派遣几艘最大的船只以示敬意，但鉴于黄海里有暗礁，欧洲的航海家又根本不熟悉这段航路，英王陛下不得已派遣一些较小的船只。这件英王陛下赠送皇帝陛下的大型战船模型系仿照英国最大的、装备一百一十门大口径火炮的“皇家号”做成的。

第十九件，杂货一仓，据称系红毛国物产，内有哆啰呢羽纱、哆啰呢哔叽、杂色毛货等毛制品及千里镜（即赫歇耳望远镜）两架。

八月二十六日，乾隆帝从热河返回京师，他没有进城，而径直前往陈设英国“贡品”的圆明园，并让英方操作人员当面演示各种仪器。

乾隆帝对英国人最得意的大型天体运行仪——“布蜡尼大利翁”之漠然令马戛尔尼十分失望。这种态度在乾隆帝所作《红毛英吉利国王差使臣奉表贡至诗以志事》一诗中表露得更为明显：

博都雅（即葡萄牙）昔修职贡，英吉利今效荩诚。
竖亥横章输近步，祖功宗德逮遥瀛。
视如常却心嘉笃，不贵异听物诩精。
怀远薄来而厚往，衷深保泰以持盈。

对这首诗，乾隆帝做了如下注释：

此次使臣称该国通晓天文者多年推想所成，测量天文地图形象之器，其至大者名“不腊尼大利翁”一座，效法天地转运，测量日月星辰度数，在西洋为上等器物。要亦不过张大其词而已，现今内府所制仪器，精巧高大者，尽有此类。朕以该国遣使远涉重洋，慕化祝厘，是皆祖功宗德重熙累恰所至，惟当益深谨凛。至其所称奇异之物，只觉视等平常耳。

诚然，“内府”的确能够制造出诸多性能尚佳的天体运行仪，但不能不承认，中国古代曾独步世界的天文学已经落后于西方。此时，英国工业革命方兴未艾，瓦特发明蒸汽机也有十年，在数学、物理、机械等近代科学技术领域西方也超过了中国。以乾隆帝的精明，他是不可能把“布蜡尼大利翁”“视等平常”的，“益深谨凛”也许无意间透露出他内心深处的惶恐和不安。乾隆帝耳边再次响起皇祖康熙帝七十年前的预警——“千百年后，西洋恐为中国之累”；不过，这一次他感觉那浑厚的声音格外震撼自己的心弦。

在参观英国人精心准备的“贡品”时，中国官员还不时出现一些令人啼笑皆非的花絮。随行的英国天文学家为乾隆帝表演用“帕克透镜”去熔化一枚铜钱时，和珅竟用它来点他的烟斗，并随口提出了几个莫名其妙的问题：“可以用这个透镜去火攻敌人的城市吗？”“阴天时它们如何起作用？”但和大人的兴趣很快又转移到其他奇巧物件上，他并不想听使团人员的回答。一个太监竟伸出手想试试“帕克透镜”的火力，只见他匆忙把手缩了回来，引起在场者哄堂大笑。

乾隆帝并不像和珅及小太监那样浅薄轻佻。据英副使斯当东的记载，当乾隆帝看到把一枚铜钱放在“帕克透镜”的焦点，很快被熔化时，马上得出了这样的结论：“无论透光镜，还是望远镜，原料都是玻璃。同一种东西，通过西洋人的技巧，而做出了功能不同的仪器来。”“皇帝对新鲜事物锐敏深刻的观察和理解能力，给英国使团成员留下了很深的印象。”

斯当东还说：在诸多贡品中，一艘装着一百一十门大炮的“皇家号”军舰模型引起了乾隆帝极为浓厚的兴趣。他详细地询问在场帮助安装的使团人员关于军舰的机械零件等细节，以及英国造船工业究竟达到了怎样的水平。特使向乾隆帝展现这一西方头等强国科学技术最新成就时，他那安详而雍容的面部表情掩饰了内心的焦虑不安，在场的英国人“深深感到皇帝莫测高深”。唯独马戛尔尼目光如炬，看穿了乾隆帝内心深处的幽隐：“康熙皇帝的继承人”不能看不到西方科学技术的优势，然而，“没有找到消除这种优势的对策”之前，“不想让中国人了解情况”。英国特使把这一切归因于乾隆帝过于“自负”。与乾隆帝的自负形成鲜明对照，同一时代的赵翼参观天主教教堂即发出“始知天地大，到处有开辟。人巧诚太纷，世眼休自窄”的感慨。这只有二十字的小诗可能至少有三个思想亮点：承认中国之外另有不逊于中华的文明存在；西洋科学技术有独到长处；应该反思传统华夷观的局限性，睁开双眼看世界。乾隆帝的胸怀和眼界总不该低于这个军机处的司员。

接着再看乾隆帝如何应对体现英国最高科技水平的海军舰队。

参观英国“贡品”的次日，乾隆帝在极其机密的国家中枢——养心殿军机处密谕军机大臣：“英吉利在西洋诸国中，最为强悍，该国王奉到《敕谕》后借词生事，不可不防。”桀骜不驯，最终也不肯低下那颗高傲头颅的英国使臣，已让他在热河丢了面子；更可怕的是，英国又是在西洋诸国中最为强悍者。乾隆帝已开始担忧马戛尔尼访华一无所获可能引起的意外后果。

九月初一，乾隆帝惟恐乘军舰而来的英国人回航时在沿海潜行占据岛屿，遂命军机大臣立即传谕沿海各督抚：

> 该督抚等督饬各营汛，于英吉利使臣过境时，务宜铠仗鲜明，队伍整严，使其知所畏忌，弭患于未萌。今该国有欲拨给近海地方贸易之语，则海疆一带营汛，不仅须整饬军器，并应筹画防务。即如宁波之舟山等处海岛，以及广东澳门附近岛屿，皆当相度形势，先事图维，毋任英吉利夷人潜行占据。该国夷人虽能熟悉海道，善于驾驶，但便于水而不便于陆，且海船在大洋，亦不能进内洋也，果口岸防守严密，英夷断不能施其伎俩。

乾隆帝清楚地向他所倚任的为数有限的满洲重臣们表示：国家远洋制海权已经丧失给了英吉利夷人；但这位长于陆战的最高统帅，依然幻想在内洋与大陆长胜不败。

1793年，乾隆五十八年，当海上霸主联合王国把中国当成一个强大的、独立的主权国家给予足够尊重，期望通过平等的外交谈判打开对英贸易严格限制的时候，中英谈判的主动权在中国一方，乾隆帝主宰的朝廷有没有可能对国家和民族的命运做出比较明智的选择，也就是通过与英国使臣的折冲樽俎，达成有利于发展综合国力、能够在即将面临的残酷的国际竞争中立于不败之地的种种妥协，以维护国家根本、长远利益呢？

答案是肯定的。

英国人一而再派出使臣来中国，就是要与我们谈判的。既要谈判，就要双方都有所妥协。英国在认定了自己根本利益之所在后，甚至打算放弃眼前重大利益鸦片贸易，在包括觐见礼仪在内的其他方面也准备采取灵活的态度。遗憾的是，中方并没打算做出实质性的回应，没有在诸如开放宁波、天津等口岸、改革对外贸易体制等方面做出无损于己，却有利于本国社会经济结构调整、综合国力提升的让步。而是以天朝大皇帝“敕谕英王”的口吻将英方提出的要求一股脑儿地全部回绝，随即有礼貌地将英国使臣推出国门。对当时中国社会经济发展具有深远影响的中英贸易谈判，就这样关上了大门。

表面上，乾隆帝讲什么区区中英贸易不过是天朝上国单方面对英夷施以恩惠，他敕谕英国国王：“天朝物产丰盈，无所不有，原不借外夷货物以通有无。特因天朝所产茶叶、磁器、丝觔为西洋各国及尔国必需之物，是以加恩体恤。”事实真的如此吗，中国真的有底气关闭国门全面禁止海外贸易吗？清初的确实行过一段严厉海禁，“片帆不许出洋”，结果整得财源枯竭、兵饷匮绌、百姓困苦、国用不纾，历任江宁、湖广巡抚的慕天颜在《请开海禁疏》中一针见血指出，全部问题的症结就在禁海，“穷变通久之道，不必求之天降地出，惟一破目前之成例，曰开海禁而已”。全面禁海行不通，康熙帝晚年有限的禁海——禁南洋贸易也行不通，雍正中被迫开禁，乾隆帝即位初期又闹禁南洋，御史李清芳力陈洋禁摧残闽广商民生计；翰林编修蔡新则眼界更开阔，计虑更深远，他以为闽广两省“所用皆番钱（西班牙银圆），统计两省岁入内地约近千万，若一概禁绝，东西之地每年顿少千万收入，不独民生日蹙而国计亦绌，此重可忧也”！蔡新（1707—1800 年）也是闽南人，几乎和乾隆帝同龄，又是皇帝“三先生”之一蔡世远的侄子，乾隆四十八年官拜文华殿大学士，两年后退休回到自己家乡；乾隆帝写给他的诗中有“喜卿桑梓堪娱老，怜我旰宵未息肩”之句。乾隆帝当年拍板坚持雍正以来开放的南洋政策，距中英首次通使不过五十年光景，重要当事人还在，这段历史总不会遗忘。乾隆中，乾隆帝决策广州单口通商，是对外贸易政策逆转的重要信号。马戛尔尼空手而归，表面上看，似乎英国人对三跪九叩的坚决抵制极大地激怒了高度自尊的大皇帝；问题的实质则在于，主宰中国命运的乾隆帝把爱新觉罗皇统的延续和大清江山的稳定看得至高无上，有意无视中西贸易，特别是中英贸易对中国经济、财政、金融全面深刻的影响，粗暴拒绝与英吉利使臣的谈判，从而痛失了这次宝贵的历史机遇。

既然海外贸易攸关国计民生以至国家民族命运，那么，就应追问，究竟什么原因造成此次关系全局的决策失误，乾隆帝对此应付负什么责任？

雍正帝英年而逝，乾隆帝不幸高寿，五六十年间由初政的政治开明逐渐向极端专制转化。乾隆五十八年，英国特使马戛尔尼首次来华主要使命是什么，乾隆帝一直被下面奏呈的虚假信息所糊弄。直到当年八月二十六日返回圆明园时，他还坚信英吉利“航海祝寿进贡之诚”，二十八日才得知英方还有实质性的六项要求，此时距马戛尔尼离京只有不到五天。仓促之下，乾隆帝不仅没有交大学士、九卿、科道及各省督抚议奏，也没有交满洲亲贵和军机大臣等统治集团最核心层会议，就以天朝大皇帝“敕谕英王”，单方面强行结束了对中国社会经济发展具有深远影响的中英贸易谈判。就在马戛尔尼觐见乾隆帝的三年前，内阁学士尹壮图往返京师与云南原籍，一路有所观感，向皇上讲了几句实话，揭开了“盛世”几处疮疤，就差点掉了脑袋。在处理这轰动一时、影响深远的大案中，乾隆帝钳制人口、愚弄天下的淫威，以及暮年君主恃气虚骄的心态暴露无遗。正如五十年前孙嘉淦《三习一弊疏》推演的那样，乾隆帝晚年喜谀恶谏、喜柔恶刚、喜从恶违的由人性弱点决定的专制偏好，营造了弥漫朝野的“出一言而盈廷称圣，发一令则四海讴歌”的政治迷信，反过来又助长了乾隆帝高己卑人、雄才易事的自我膨胀。在这样极端专制的政治气候下，出现对中英贸易谈判决策的重大失误绝不是偶然的。

公元 1793 年，对英国同样重要。

“1793 年的大事，是马戛尔尼勋爵出使北京朝廷。”——《东印度公司对华贸易编年史》的作者美国人马士如是说。

邓达斯外相和马戛尔尼勋爵没有打开东方人口最多、体量最大市场的大门，未能达到用英国最新的科学技术成就突破乾隆帝心理障碍的目的；也未能达到向最强大的东方陆上国家的君主炫耀武力，令其慑服的初衷；结果适得其反，乾隆帝更加坚定了收紧并严格限制对西洋，特别是英国贸易的既定国策。

从英国这个西方霸主来说，想要在此时越过大洋对中国动武还稍嫌实力不足。马戛尔尼此行的目的落空了，但从另一角度看——他与中国的决策层核心人物有了一次广泛的直接接触。他走遍了帝国最富庶的东部地区，搜集了中国海岸线和其他国防要塞的珍贵情报资料——这次外交使命可以说又取得了意外的收获。这位英国勋爵并未受惑于乾隆帝刻意渲染的国家繁庶、军备整饬的表象，而以敏锐的洞察力窥破了古老中华帝国的虚弱本质，得出了与深居宫廷的西洋传教士截然不同的结论：

> 清帝国好比一艘破烂不堪的头等战舰，它之所以在过去一百五十年中没有沉没，仅仅是由于一班幸运的、能干而警觉的军官们的支撑，而它胜过其邻船的地方，只在它的体积和外表。但是，一旦一个没有才干的人在甲板上指挥，那就不会有纪律和安全了。

马戛尔尼所谓“幸运的、能干而警觉”的领航者，盖指康、雍、乾三代雄主；至于后康乾时代，他推测了英中关系在未来几十年的可能走向：“如果中国禁止英国人贸易或给他们造成重大的损失，那么，只需几艘三桅战舰就能摧毁其海岸舰队，并制止他们从海南岛至北直隶湾的航运。”大清战败波及的效应则是：“朝鲜人将马上会获得独立”，“从孟加拉只需稍稍鼓动，在西藏就会引起动乱”，“俄国将有机会在黑龙江流域建立统治权并攫取蒙古诸省”。一句话，清帝国分崩瓦解，灰飞烟灭。

他还预言："英国从这一变化中，将比任何其他国家得到更多的好处。"

这位英国勋爵已经勾勒出半个世纪后中国被西方列强宰割瓜分的触目惊心的场景了！

乾隆帝以及帝国精明的大臣、满腹经纶的中国知识精英同异质于中华文明的西方文明的接触还刚刚开始，他们完全想象不到，一个优胜劣汰、弱肉强食的时代即将开始。这个世界将没有任何正义和公理可言，通行的规则是强权政治和实力外交，只不过要披上什么"贸易自由""主权国家平等""永恒正义"之类的漂亮伪装。

乾隆五十八年十二月九日，马戛尔尼特使率领的英国使团乘坐的风动力"狮子号"军舰从广州黄埔启碇，破浪回国。

近半个世纪后，当乾隆帝的爱孙道光帝旻宁当政时，蒸汽动力的英国军舰又驶向了广州；但这次，他们不打算与中国进行平等贸易谈判，更不是什么朝拜中华帝国君主的和平使者，而是要用大炮轰开对英国贸易严加管制的中国关门。

第五章

铁腕惩贪

乾隆年间贪贿之盛与惩贪之严，是长期以来人们颇有兴趣的话题。晚清薛福成就说过：乾隆帝英明，“执法未尝不严，当时督抚如国泰、王亶望、陈辉祖、福崧、伍拉纳、浦霖之伦，赃款累累，屡兴大狱，侵亏公帑，抄没资产，动至数十百万之多，为他代所罕睹”。结果却诛殛愈众，贪风愈甚，他以为：“非其时人性独贪也，盖有在内隐为驱迫，使不得不贪也。”这所谓“在内隐为驱迫”，到底是指什么呢？究竟有什么难于明言的内在原因驱迫他们置严刑峻法、身败名裂、家破人亡于不顾，“不得不贪”呢？

一　对贪官大开杀戒

以永行停止侵盗、贪婪“完赃减等”条例为起点，乾隆年间的从严惩贪才真正走上了较为健全的法制轨道。此后凡官吏侵贪，不败露则已，一旦上司、科道纠参，或下属详揭，而被查实贪污白银一千两或索受贿一百二十两以上，法司一律照例拟死，鲜有幸免刑戮者。乾隆三十年后，督、抚、藩、臬所谓地方大吏侵贪立案查处者共一二十起，其中明正典刑或赐令自尽的近二十名，平均一年就有一名省级军政大员因侵贪或徇庇侵贪而被正法，这是前代所罕见的，也是有清一代所仅见的。

雍正至乾隆初，贪官墨吏鲜有被正法者，原因是他们被依法定为死罪后，有“完赃减等”条例可以保其逃避刑诛。所谓“完赃减等”，简言之，就是贪官污吏依法拟死后，如果在三年之内将赃款全数退赔，则可免死减等发落；三年仍未赔完，“死罪照原拟监追”，以待来年秋审、朝审，分别核拟请旨。自雍正三年（1725 年）“完赃减等”条例定例以来，此类侵贪官犯绝少在秋、朝审时入于“情实”而被奉旨处决，往往一次混入“缓决”，即为成案。这些年年被秋、朝审列入“缓决”而拉到刑场走一趟又活着回来的官犯，京城上下习称“老缓”。显然，“完赃减等”条例的制定，朝廷主要算的是经济账，重在追赔还帑，并未顾及整肃吏治、维护国家法律的尊严。

乾隆帝即位之初，为政以宽缓矫正雍正朝的严猛，一时天下有“尧舜复生”的美誉。在惩治侵贪上，法司每遇侵贪官犯辄予宽纵。在清代法律术语中，“侵”指官吏侵盗国家钱粮，罪名是“监守自盗”；“贪”则指官吏收受、索要下属或部民财物，罪名是“枉法赃”和“不枉法赃”。乾隆帝在谕旨中把侵、贪的含义作了明确的界定：“渔利于民者，贪也；蠹蚀于官者，侵也。”如果与现代刑法加以比附的话，“侵”略同于贪污罪，而“贪”略同于受贿罪。自乾隆元年（1736 年）始，“监守自盗钱粮一千两以上，拟斩”则作为“正例”一直沿用不改。就法律本身而言，《大清律例》对贿赂罪的惩治要严于贪污罪，“枉法赃”至八十两即绞，“不枉法赃”则一百二十两绞。本来惩治贪污已很宽大，又附有更宽的“完赃免死减等”，这又怎能震慑贪官、整肃吏治呢?

由于惩贪不力导致刑政趋于废弛的倾向很快引起了乾隆帝的警觉。他从司法实践中发现了惩贪立法不严的痼弊，并准确地指出，“完赃免死减等”条例乃一切问题的症结所在，此例不加删除，则从严惩治侵贪的立法精神便无从贯彻。经过一段时间的酝酿，他终于下定决心，将“完赃免死减等”之例永行停止。

乾隆六年（1741 年）三月，乾隆帝谕及山西布政使萨哈谅和学政喀尔钦婪赃时说：“皇考整饬风俗，澄清吏治十有余年，始得丕变。今不数年间而即有荡检逾闲之事……言念及此，朕实为之寒心。”又说：“务崇宽德，朕之本性，然遇有贪官污吏，朕亦断不肯姑容也！”鉴于侵贪案件日渐增多，而犯官只要限内完赃，俱减等发落，乾隆帝以为如此处置“殊不足以惩儆”。当年九月，他遂降旨命将乾隆元年以来侵贪各案人员实系贪婪入己、情罪较重者，“发往军台效力，以为黩货营私者之戒”。乾隆十二年（1747 年）九月他又降旨，命嗣后“凡二限已满，照原拟监追之犯，九卿于秋审时核其情罪，应入情实者，即入于情实案内，以彰国法”。该谕旨称：“因例内载有分年减等，逾限不交仍照原拟监追之语，至秋审时概入缓决，外而督抚，内而九卿，法司习为当然。初不计二限已满，既入秋审，自当处以本罪，岂有虚拟罪名，必应缓决之理？即在本犯，亦恃其断不拟入情实，永无正法之日，以致心无顾忌。不知立法减等原属法外之仁，至限满不完，则是明知不死，更欲保其身家。此等藐法无耻之徒，即应照原拟明正其罪。”

此时，乾隆帝虽尚未打算停止“完赃免死减等”条例，但已通过上述谕旨向无力完赃或有力而故意延宕的侵贪官犯发出严重警告；而且言出法随，于乾隆十四年（1749年）秋审将戴朝冠、刘樵和朱江三名侵亏人犯正法。在宣布处决戴朝冠等的明发谕旨中，乾隆帝虽表示嗣后凡犯侵贪即应按律治罪的决心，但仍明示天下臣工：“权不改勒限之例，若后来侵贪者复多，必照此旨办理。”

作为掌握最高立法权的乾隆帝既深知“完赃免死减等”条例对吏治的严重危害，又何以未能及时予以删除呢？这其中自有他的为难之处。前面已经述及，清律立法惩贪首先考虑的是追赔亏帑，同时对侵亏人犯，特别是侵盗仓库钱粮者格外宽纵。矫正重帑项并不很难，真正难于破除的倒是倾向于宽待贪员、姑息贪污的根深蒂固的传统观念。欲停止“完赃免死减等”条例，则必先破除其立法之法理根据。

自汉代以来，中国古代法律即深受儒家思想的影响，立法的准则是以礼入法，礼法合一。乾隆帝在十四年秋审谕旨中就提到当时有所谓“律载贪罪（索受贿赂罪）重于侵（贪污），必有深意”之说，而其“深意”，即立法所据的儒家思想。《礼记·大学》有曰：“与其有聚敛之臣，宁有盗臣。此谓国不以利为利，以义为利也。”宋儒朱熹对此句的解释是：“君子宁亡己之财，而不忍伤民之力。故宁有盗臣，而不畜聚敛之臣。”这就是说，对国君而言，与其让“聚敛之臣”刻剥百姓财产，宁可包容“盗臣”侵贪国家财产。明、清正律惩治贿赂（贪婪）重于贪污（侵盗），监守自盗入己千两以上方拟斩，且附有“完赃免死减等”条例，其立法根据，即所谓“深意”；说穿了，就是“与其有聚敛之臣，宁有盗臣”这样一句似是而非的儒家古训。

乾隆帝一生能够成就诸多超迈古今的伟业，与他饱学而又不尽信书，特别是并不处处墨守儒家教条，而注意从已经变化了的实际情况出发决定方针政策有关。他惩治贪污、贿赂之严，古今史家俱有公论。然而，乾隆帝以铁腕手段惩治贪官，与他治学上摆脱了“好名泥古”也有直接关系。乾隆帝从开始严惩贪污以来就清醒意识到，从根本上讲，这不是法律问题，而是法理问题；因此他一再降旨，表示对“与其有聚敛之臣，宁有盗臣”这条古训的不同见解。乾隆十四年（1749 年）九月的谕旨称：

> 夫谓“与其有聚敛之臣，宁有盗臣”者，乃重为聚敛者戒，而非为盗臣者宽。盗臣与聚敛，厥罪惟均。不独聚敛之臣不可有，即盗臣亦岂当有哉？……论者又谓“律载贪罪（索受贿赂罪）重于侵（贪污），必有深意。”是大不然。夫侵盗帑项，与勒索所部财物，虽并列刑章，而库帑之关系重大，人无不知，乃身为职官，敢侵帑而漫无顾忌，则虐取所属，恣饱贪壑，自必无所不为。”

不久，乾隆帝又进一步申谕：

> 向来锢习，以为“宁盗毋贪”。此在为上者爱民之深，权其轻重，谓与其厉民，毋宁损上。以是重言人臣之不可贪耳，而岂忍以盗待臣子哉？为臣子者，又岂以盗臣自处哉？人徒知渔利于民者，贪也；蠹蚀于官者，侵也。援例傅罪，轻重判然。不知贪者固有害于下，而侵者实无所畏于上。以无畏之心，而济之以无穷之欲，则派累以肥橐者有之，因事而勒索者有之，甚至枉法而受贿者有之。朝廷之府库且所不顾，更何民瘼之可矜，何民膏之足惜？

乾隆帝翻驳古训，指斥“宁盗毋贪”为“锢习”，谆谆垂戒，不啻三令五申，由此亦可见渗透到法律中的姑息贪污的儒家立法精神何等牢不可破。他对“宁有盗臣”奇谈怪论的批驳切中要害，其逻辑上的结果必然是从立法入手，改变对贪污的包容；而“完赃免死减等”条例乃一切问题的症结之所在，此例不加删除，则从严惩治侵贪的立法精神便无从贯彻。经过充分酝酿，最终下定决心，将“完赃免罪减等”之例永行停止。

乾隆二十二年（1757年）秋审将届，在审阅湖南官犯招册时，乾隆帝发现原任布政使杨灏以限内完赃，归入缓决，不禁怒火中烧，“手战愤栗”，遂下令将原拟之湖南巡抚蒋炳交部治罪，三法司及与审之九卿、科道等一律交部议处，杨灏则于湖南即行正法。在宣布此事的明发谕旨中，乾隆帝严厉指出：“藩司大员狼藉至此，犹得以限内完赃，概从末减，则凡督抚大吏，皆可视婪赃亏帑为寻常事……限内完赃，仍得保其首领，其何以饬官方而肃法纪耶？”

第二年九月，乾隆帝为从立法上根本扭转贪污腐败愈演愈烈之势，断然决定将“侵亏入己完赃减等例”永行停止。谕称：“律令之设，原以防奸，匪以计帑，或谓不予减等，则孰肯完赃，是视帑项为重，而弼教为轻也……嗣后除因公挪移及仓谷霉浥情有可原等案，仍照旧例外，所有实系侵亏入己者，限内完赃减等之例，着永行停止！”法司遵旨将原例删除，在《刑律贼盗·监守自盗仓库钱粮》本律之后，新添附例：“凡亏空钱粮，除因公挪移及仓谷霉浥等案，仍照旧例办理外，其实系亏空入己者，虽于限内完赃，俱不准减等。”乾隆二十五年，又将“所有例内枉法赃限内全完减等之条永行停止”，以画一“立法惩贪之道”。

至此，历经二十年之久曲折反复的过程，乾隆帝终于克服重重阻力，将纵容、姑息贪污贿赂，放纵吏治腐败的“完赃减等”条例从《大清律例》中予以删除，而代之以完赃亦不准减等的新例。此后，他又坚持定见，不为浮议所动，终其一生，“完赃减等”旧例未能复立。

以永行停止侵盗、贪婪“完赃减等”条例为起点，乾隆年间的从严惩贪才真正走上了较为健全的法制轨道。此后，凡官吏侵贪，不败露则已，一旦上司、科道纠参，或下属详揭，而被查实贪污白银一千两、索受贿一百二十两以上，法司一律照例拟死，鲜有幸免刑戮者。乾隆三十年后，督、抚、藩、臬所谓地方大吏侵贪立案查处者一二十起，其中明正典刑或赐令自尽者有近二十名，他们是陕西巡抚和其衷、福建巡抚李因培、贵州巡抚良卿、湖南巡抚方世俊、广西巡抚钱度、四川总督阿尔泰（阿尔泰另有贻误军务罪）、云贵总督彰宝、浙江巡抚王亶望、陕甘总督勒尔谨（勒尔谨另有贻误军务罪）、甘肃布政使王廷赞、山东巡抚国泰、山东布政使于易简、闽浙总督陈辉祖、江西巡抚郝硕、两广总督富勒浑、闽浙总督伍拉纳、福建巡抚浦霖、福建布政使伊辙布和福建按察使钱受椿。平均一年即有一名省级军政大员因侵贪或徇庇侵贪而正法。再看州县贪官，乾隆四十六年甘肃通省冒赈婪赃大案除督、抚、藩等先行正法外，当年及第二年秋审、朝审照“侵盗钱粮千两以上拟斩”正例被判死刑者共有一百零二员，执行斩决者前后共五十六犯，基本是州县级官员。一件贪污案办下来，数十名州县官骈首就戮，这些都是前代所罕见的，也是清代所仅见的。至于书吏、胥役婪赃，一经发觉，即按律抵法。对侵贪案件，乾隆帝往往视为大案要案，亲自督责按律定拟、从严惩处。

从废止“完赃减等条例”到乾隆周甲禅位嘉庆，大约四十年间是人们公认的清代二百六十八年惩贪最严厉的一段时期。此前狱中的“老缓”多未能明正典刑，故极少见贪官被杀。及至嘉庆帝亲政之始，即降旨将乾隆二十三年“侵亏完赃不准减等”条例删除，新定条例除恢复了雍正三年完赃可以减等发落旧例的精神外，又大大向后倒退了一步，规定“三年限外不完，死罪人犯永远监禁”。这无异于明文规定贪污罪最高刑为无期徒刑，在司法实践中科刑所据的“侵监钱粮入己数满一千两以上者拟斩”的正例也就成了具文。对这条恢复“完赃免死减等”旧例的新并条例，光绪年间任刑部尚书的律学家薛允升一针见血地批评说：“此以侵欺之罪为轻，而以帑项为重也。”他还指出：“乾隆年间侵贪正法者不少，此例定后，绝无此等案件”，此乃“刑典中一大关键也”。

纵观乾隆朝的惩贪立法，不乏可指摘之处；不过，就其大局而论，乾隆朝仍堪称有清一代立法惩贪最为严厉、也最有建树的一段时期。乾隆帝以其务实精神和深厚学养，准确地抓住了“完赃免死减等”条例这一关乎惩贪全局的要害，然后以极大的魄力除旧布新，从而使原本设为空虚不用的律例具文真正发挥了震慑贪官污吏的威力。乾隆中期以前吏治相对比较清明，康乾盛世渐至巅峰状态，是与重视惩贪立法密切相关的。就这一点来说，乾隆帝很了不起，不能因为那时贪风炽烈、政治腐败而一笔抹杀他立法惩贪的功绩。

二 “从来未有之奇贪异事”

乾隆四十六年（1781年），在国势如日中天之际，竟然发生了一起被乾隆帝称之为“从来未有之”奇贪大案。此案自封疆大吏以至州县牧令近六十人以“侵盗钱粮”罪被砍掉了脑袋（其中一次在京师菜市口就有二十余名贪官骈首就戮），此外，免死发遣黑龙江、新疆者五十七人，奉旨查抄者一百六十五人，其他判处徒、流，以及革职留用、追罚银两者更不暇细数，甘肃全省县级以上官员几乎无一幸免。这是前代所罕见的，也是有清一代所仅见的。

乾隆四十六年（1781年），甘肃发生了苏四十三领导的反清起事。兰州城被围，情势危急。陕甘总督勒尔谨因贻误军机，被解至京城在刑部候审。乾隆帝派钦差大学士阿桂、尚书和珅率兵前往甘肃镇压。阿桂向乾隆帝奏报筹办“剿匪”情形的密折中言及：“本月（六月）初六日，大雨竟夜，势甚滂沛。初七、初八，连绵不止，直至初九日始晴。”尚书和珅亦奏：“一入首站，即遇阴雨。”这两位大臣所奏雨水情形与甘省大吏所奏常年被旱之情迥不相符。岂有年年均有旱灾，今年雨水独多之理？一向精明过人的乾隆帝顿时对甘肃实行已久的纳粮捐监打了一个问号。

甘肃捐监，由来已久。该省素来地瘠民贫，是全国最穷的省份之一。每年户部都要调拨巨额银两，采买粮食，赈恤灾民，供应当地满汉驻军，并接济新疆之需。为了节省国库开支，乾隆二十五年（1760年），朝廷特准甘肃及外省商民赴甘缴粮捐纳监生，以就地解决缺粮之急。监生，即国子监学生简称。甘肃口内外商民赴甘买来监生头衔后，并不要求千里迢迢进京入国子监读书肄业，而一旦捐纳监生，他们便同秀才一样，可以直接参加各省的乡试，也可以监生资格加捐官职。因此，捐监一途是当时富裕商民子弟入仕的终南捷径。加之甘肃开捐定价较低，每名只需麦豆四五十石，外省商民更是趋之若鹜。不料，该举措行之数年，诸弊丛生。经手的地方官吏借机贪污、挪用监粮，甚至干脆折收银两，更便于贪污中饱。乾隆帝只好下令中止甘肃收捐。

停捐之后，户部仍旧每年拨银一百数十万两，解至甘肃采买粮食，然而甘肃大小官员仍为缺粮而叫苦不迭。乾隆三十九年（1774 年），陕甘总督勒尔谨奏请恢复捐监旧例，兼管户部的军机大臣于敏中从中斡旋，户部遵旨会议，以为可行，乾隆帝也很快允准了。鉴于以往积弊丛生，乾隆帝特意选调精明能干、善于理财的浙江布政使王亶望为新任甘肃布政使，专责办理该省收捐监粮事宜。

王亶望，山西临汾人，自举人捐纳知县，累任知县、知府、布政使。此公上任伊始，便向乾隆帝保证："随时随处实心实力，务期颗粒均归实在。"开捐半年，甘肃口内各州县竟收捐监生一万七千二百九十七名、捐粮达八十二万余石，这不能不引起乾隆帝的怀疑：甘肃民户艰窘者多，安得有近两万人捐监？若系外地商民到那里报捐，则京城现有捐监之例，众人何以舍近而求远？甘省向称地瘠民贫，户鲜盖藏，本地民众食用尚且不敷，安得有如许之多余粮供人采买？如果说商贾从他处搬运至边地上捐，则沿途脚价花费不菲，商人利析秋毫，岂肯为此重价捐纳？若收自近地，则边地素无储蓄，又何以忽然丰盈起来？乾隆帝百思不得其解，遂于乾隆四十年（1775 年）春特派刑部尚书袁守侗等人前往甘肃盘验库储实在情形，检验结果是所收监粮"俱系实储在仓，委无亏缺，并核对几年动用数目，亦相符合"。既然如此，乾隆帝也就暂时把这件事放在了一边。至乾隆四十二年（1777 年），王亶望因收捐卓有实效，省去每年部拨巨额白银烦费，且"弊绝风清，仓储充裕"，擢升浙江巡抚，离甘而去。王廷赞继任甘省布政使，专责捐监事务。

光阴荏苒，七年过后，统观甘省自乾隆三十九年开捐起，至四十六年（1781 年）上半年止，甘肃全省共捐监生近三十万名，按每名收本色麦豆四五十石来算，至少也在千余万石之上，扣除每年赈灾以及拨发军需所用，剩余也应有数百万石。然而，仅凭甘省现有仓库之数，岂能存贮如许多粮食？这始终是深存乾隆帝心中的一个疑团。

甘省连年具奏雨少被旱，百姓年年需要朝廷赈恤，何以惟独今年阿桂、和珅一入甘境，均称雨势连绵？这一背谬常理的事实使乾隆帝坚信其中必然有诈！联想现任甘肃布政使王廷赞不久前曾上奏认缴积存廉俸银四万两以资兵饷。又据和珅奏称："王廷赞莅任甘省藩司有年，其家计充裕，即使再加捐数倍，亦属从容。"由王廷赞的捐资助饷，进而又联想到王亶望不久前于捐办浙省海塘工程案内竟然捐银至五十万两之多。以二王有限的廉俸收入而论，这又如何解释？

乾隆帝由此怀疑王亶望、王廷赞所拥巨资必与折收捐粮、贪污中饱有关。

以上种种疑窦，促使乾隆帝下定决心：彻查这千余万石捐监粮下落！"千余万石"粮食是什么概念呢？按当时甘肃地区粮价计，小麦一石约值白银二两上下，以千万石约合白银二千万两，而当时每年全国田赋不过三千余万两。乾隆帝怎能不追查甘肃这六七年来收纳的巨额监粮的去向呢？于是，他传旨命钦差大学士阿桂、新任陕甘总督李侍尧严密访查，定要将王亶望、王廷赞因何家道充裕，是否于捐监一事有所染指查个水落石出。

就在阿桂、李侍尧奉旨在甘省严密访查王亶望、王廷赞办理捐监粮是否有染指分肥情弊之时，留京办事王大臣及刑部堂官也正奉旨严讯原陕甘总督勒尔瑾。

当刑部堂官英廉等人提讯甘省收捐监粮一事时，勒尔谨竟将数年来违例折银收捐之处作了供述："我从前奏请恢复捐监粮时，并无折银征收之事，后来风闻有折色（即收捐监生时不按规定实征粮食，而折成银两征收，故称"折色"）之处，因王亶望说无其事，遂误信以为真，直到王廷赞继任后告诉我王亶望在任时私收折色，我才知道。又恐各州县折色收捐不肯买粮，王廷赞说不如专交兰州府承办，后来大家公议每名捐监生收银五十五两，这笔款项即从首府分发，各州县并不解交经手。"

按说乾隆三十九年恢复甘省收捐监粮，原意是为充裕边地仓储而考虑的，发展至今日，竟公然以折色包捐且并未奏明，这实在是殊干例禁之事。从勒尔谨的供词来看，此事乃王亶望任藩司时怂恿办理，改收折色又出自他的主意，王亶望借此分肥入己昭然若揭。情弊既已发觉，不可不彻底根究！

与此同时，甘肃省藩司王廷赞也已到达热河候旨面询。行在军机处军机大臣会同大学士遵旨询问了王廷赞。王廷赞也痛快地供称；王亶望时早已改收折色，并不是自我任内开始的。因当时各州县办理捐银数多寡不齐，就决定每名捐生收银五十五两。由于各省赴甘捐监之人全部聚集省城，不肯散赴各县报捐，因此改归首府兰州。

这段时间，案情在南方也有所进展。闽浙总督陈辉祖一面乘王亶望自海塘工所进省料理应缴银款之时，率同司道官员并赴王亶望寓所，逐细检查涉及甘省折色收捐底簿及同僚属往来的字札，并将王亶望一切财物逐加检点，封贮管守，以便日后作为其舞弊贪婪证据；另一面则秘密传讯王亶望至署衙，敬宣谕旨，王亶望见状立即伏地叩首，痛哭自咎。经再三诘问，王亶望总以立意在捐多粮多，便见能事，以致一任通融办理，而且称自己具有人心，并无分肥入己情弊。王亶望毕竟是狡猾的老狐狸，他的供述令总督陈辉祖感到十分无奈。不过陈辉祖认为自己的讯问也并非无益，即王亶望虽坚不承认借此分肥，但其纵容属员改收折色已罪不容恕，因此陈辉祖决定再拖一拖，俟钦差侍郎杨魁到杭州后，再一同严审。

乾隆帝得知这一审讯结果，心中十分不满。王亶望在甘省藩司任上，道府系属何人？如何假捏结报？这些重要情节王亶望为何不据实逐一供明。主审陈辉祖不当即严切究讯，转称俟杨魁到浙再会同审问。气愤之余，乾隆帝命传谕申饬陈辉祖，并令其再行严讯王亶望，一定要将彼时道府何人，如何私收捏报各种弊情，逐一审明后覆奏。同时，乾隆帝还传谕阿桂、李侍尧将王亶望在甘省时，道府结报系属何人任内之事逐一确查具奏。

乾隆帝敏锐的洞察力，以及对案情进展的预见性确实非常人可比。在对王亶望的供词细加分析之后，他认为此中亦存破绽。捐收监粮原为仓储起见，今既称私收折色后仍行买粮补仓，由此可知该省粮食十分充足，何以每年又须赈恤？即便说甘省各府丰歉不齐，又何必辗转由官吏经手收买，致令短价勒买，官得便宜，而民仍受派累？另外，即便想收捐，亦应当听捐监之人自行交纳本色。或者捐监之人不致抑勒百姓，百姓仍能得贵价，何须官为包揽，以致弊窦百出。监粮一事本因甘省地瘠民贫，户部每年不惜以百十万赈济以惠养穷黎，如果以惠民之事而转为累民之举，徒令不肖官员借端肥己。此事关系甚大，况且弊情不发则已，今日既已发觉，自应追究到底，必令水落石出。

乾隆帝深知，此事积弊已久，甘肃通省大小官员无不染指有罪，他们自然会上下合成一气，蒙混隐瞒不肯实说。但即使是这样也不能因罚不及众，就以人多为借口而不彻底查办。从前之结报道府，此时已经升调人员也不难查明治罪。乾隆帝认为，如果阿桂、李侍尧果能以良心公平体察，实力细查，亦断无不水落石出之理。阿桂、李侍尧既为“中外最能办事之人”，二人于此事从未经手，也毫无回护之理。于是以六百里加紧廷寄传谕阿桂、李侍尧，根据以上线索，深挖细查，一有线索，即严加究审，务将此事如何舞弊分肥，如何冒销勒买各种情弊，以及向来蒙混出结之道府，逐一详细严加根究，令其底里毕露。

阿桂、李侍尧接奉廷寄，立即着手清查王亶望任内假捏结报的历任道、府、直隶州官员，这项工作进展得十分顺利。十几天过后，一纸名单已呈递到热河行在。下一步就要寻找突破口，乾隆帝指示阿桂、李侍尧：“臬司系局外人。”这无疑为侦破甘省侵贪大案指明了“捷径”。

六月二十七这天，阿桂、李侍尧派人“请”来时任甘省臬司的福宁，这位身负一省司法大权之要员出奇的老实，当阿桂将王亶望在浙江所供“风闻有折收之事，当即责成道府查禁结报”，以及甘省如何办理灾务一节向其询问后，福宁立即毫无掩饰地和盘托出。据福宁回禀：开捐之始，即系折色，并未交粮上仓，这一点王亶望是知情的。那时，王亶望总将“实收”（即空白的捐监执照收据）交兰州府存贮，给发各州县之多寡，全由藩司一人主政，他人无权过问。各省捐生全赴兰州报捐，而各州县也就近在省城兰州向报捐之人办理捐监手续，颁发监生执照。各州县仓廒全都建在当地，既然在省城收捐，岂能交本色粮食呢？这一点正是藩司知情折色的有力凭据。而各属所收折色银两，并未见其买补还仓，多系放银抵粮。即使事后盘查时各州县具文申报，道府按季出结，那其实也全是弄虚作假，虚应故事。通省如此，福宁我一人亦断不能从中梗阻。

福宁所披露的甘省办理灾赈的作弊隐情，就是各属报灾分数全由藩司悬定，或向总督禀报后藩司补取道员出结，或取空白由藩司填定，总督从未亲临监视。其中情弊已属显然！根据这一重要线索，阿桂、李侍尧检查了王亶望任内各属报捐实收及开销赈粮的原始账簿。从中发现，皋兰一县于乾隆四十年（1775年）报捐“实收”共有四千八百张，应当收纳监粮十九万一千九百余石，这一年即开销赈粮十五万五百余石，银一万七千二百余两；乾隆四十一年报捐“实收”八千张，应收监粮三十二万石，这一年即开销赈粮二十三万四千八百余石。其余各属虽参差不齐，大概都是多捐者赈粮必多，而其余无灾赈的地方则报捐亦少。由此可见，王亶望发给“实收”之多寡竟然与各属被灾之轻重不谋而合，其与属员通同侵蚀、任意开销之弊情已属确然无疑！

再进一步调查甘省上下是如何舞弊分肥的。阿桂查阅了福宁所提供的王廷赞写给他的书札，信中有前任藩司王亶望于额收公仓费银（简称公费银，即贮粮耗仓之费用）之外，各属请领每张“实收”时再收银一两，以给上下衙门吏役人等杂项之需等语。阿桂访查得知，每名监生需交公仓费银四两，其中二两解交户部，另二两作为上下各衙门书吏办公费所需，这笔款项在分支时每人自二钱至五钱不等。四两公费银是早已按例公开确定的数目，这笔定数不能算少，而王亶望又于公费银外议收杂费银一两。藩司这样做，显然是明知捐监一事弊窦多端，借此收拢众人，共同分肥，以塞其口。更有甚者，王廷赞继任后，于杂费银一两之外，每发一张“实收”又加索银一两。

经过紧张追查询访，阿桂、李侍尧深感王亶望办事狡黠且欲壑难盈，虽巧取甚多然形迹诡秘，此事不过首府首县数人经手，但只要细心查办，总会有进一步的线索。据有的属员讲，王亶望到任后不久即禀知总督勒尔谨，将蒋全迪奏调首府兰州任知府，承办捐监事务。而王亶望即将“实收”交首府贮存，转发各州县，并于杂费银一两内议给首府衙门三钱。这一点也正是他二人勾通舞弊的确凿证据。蒋全迪在兰州首府任内捐升道员，当地人亦言其得有厚资。此人现任浙江宁绍台道，据说也是由原浙江巡抚王亶望举荐升授，因此阿桂、李侍尧认为蒋全迪这条线索极具价值，必须根究确查。于是，他们立即请旨将蒋全迪革职并提解至京，令其与王亶望质讯。

乾隆帝闻知阿桂审案获得重大突破，极为满意，称赞阿桂、李侍尧为“中外最能办事之人”，并传旨留京王大臣、刑部堂官及行在军机大臣以及闽浙总督陈辉祖会同钦差杨魁，分别严刑鞫讯甘省的几名主犯——原总督勒尔谨，藩司王亶望、王廷赞，兰州知府蒋全迪，皋兰知县程栋，迅速获取口供，分头突破全案。

原任陕甘总督勒尔谨，满洲镶白旗人，乾隆四十六年因贻误军机，先已被解至京城，羁押于刑部大牢。七月十二日，乾隆帝从承德避暑山庄以日行六百里寄发谕旨，命刑部堂官委派能干人员，将勒尔谨解至行在加以审讯，并一再叮嘱沿途小心防范，迅速行走。十六日戌刻，勒尔谨被解至热河行在，军机大臣对如此大案不敢耽误，立即展开了对勒尔谨的审讯：

> 刑官诘问：你收受属员银两以及派人置买皮张的事，现据甘肃查办，各州县都已逐一供出，你晓得这种馈送之物属员是从哪里搞来的？若不是捏报灾赈、冒销监粮，他们肯给你吗？
>
> 勒尔瑾供：我在总督任上派买皮张的事情实是有的，即便是馈送银两，他们也巴不得我收受，但我除了以“帮贡”（即帮助上司为皇帝置办贡品）名义收了几家属员的银两，这总是我糊涂昏聩，辜负了天恩，只还求从重治罪，还有何辩呢？

对勒尔谨的审讯可谓十分顺利，下一步，还有待查明其他主犯的犯罪事实。乾隆帝为了让王廷赞更加放心吐供，还郑重地手写一道朱谕：“传谕王廷赞：伊之生死总在此番实供与否，令伊自定，朕不食言。”同时，让主持讯问的留京办事王大臣及刑部堂官当面宣读谕旨，并“令王廷赞亲眼阅看朱笔谕旨，以示朕之诚意”。然而，面对皇帝朱谕，王廷赞是否真正激发天良，不负皇帝一片苦心了呢？

经主审官再三严讯，王廷赞依然坚称：“折收监粮系照前任藩司王亶望所为依样办理，其中各州县于报灾时以轻报重及开报户口以少报多之处，则不能保其必无，若说捏报冒销，实在是没有的事。”看来，王廷赞铁下心来，自寻死路。

此时已至当年七月初，阿桂、李侍尧已从皋兰县方面获得重大突破，臬司福宁又和盘托出实情，甘省折捐冒赈一案的种种弊端业已真相大白。乾隆帝一面传谕刑部司员将阿桂的奏折交王廷赞阅看，看他此时还有何辩，并录取供词具奏，一面令刑部委派能干司员将王廷赞解至热河，交行在军机大臣会审。

在反复究讯王廷赞以期获得确实口供之时，乾隆帝还令有关督抚亲赴王廷赞原籍奉天及任所（兰州）查抄封存其资财，以便从另一个侧面找出审办王廷赞一案的证据。对王廷赞家产的追查可谓一波三折，跌宕离奇，其中牵涉株连人员之广、耗时之多、追缴之严酷，可谓查办甘省一案之最。

七月十一日晚，由刑部堂官委派的司员一路小心，日夜兼程，终于将钦定要犯王廷赞“安全”解至热河。第二天一早，行在军机大臣便遵旨将阿桂奏折内一切应询之处提审了惊魂未定的王廷赞。

诘问：王廷赞，你与王亶望前后接手，明明是有通同舞弊的事情，你还说没有吗？

供：我做过王亶望的属员，后来又接他的任，原是晓得王亶望这些贪婪舞弊之事的，但是王亶望行迹诡秘，无处寻他的确据。比如蒋全迪做兰州知府时，一切报灾及商议的事全是蒋全迪从中周旋，而后与王亶望狼狈为奸。这些事原是通省官员都知道的，但要指出哪一桩事是他二人通同办理，从中得赃多少，却又不能指实。但是我自己并没有通同舞弊之事。现在甘省正严切查办，哪一事可以遮盖得来的？

又问：你与王亶望前后交代，并知道他这些婪索属员及冒销捏报种种弊窦，而且还将“一千见面，二千便饭，三千射箭”等谣谚歌词向属员传说，你若是有良心的人，就应该密折参奏，而你始终替王亶望掩饰，自取重罪，是何意思呢？

供：这“一千见面，二千便饭，三千射箭”的口号是人人都知道的（馈送王亶望一千两白银只能见上一面，馈送两千两有望留吃一顿便饭，馈送三千两才会动真格的办事)。王亶望在任时，各州县传派家人守候省城，探听藩司信息，名曰“坐省长随”。这些人呼朋引类，出入衙门，无恶不作，并风闻凡有属员馈送王亶望金银时，就装入酒坛内用泥封好，由这些坐省长随送进。

对王廷赞近半个月的讯问，具有重要价值，它从另一个侧面也证实了王亶望折捐冒赈的舞弊实情。在乾隆帝看来，对此案首恶王亶望开刀的时机业已成熟。

与王亶望最早交锋始于乾隆四十六年闰五月。乾隆帝命传谕钦差侍郎杨魁同闽浙总督陈辉祖立即在浙江杭州提讯王亶望，一旦审明主要情节，即将王亶望拿交刑部治罪。六月，命传谕陈辉祖立即委派办事妥当之人将王亶望拿解刑部严审，并叮嘱沿途小心防护，不要让他畏罪自杀。等王亶望即将到京，又传谕刑部堂官，立即添派司员直接将王亶望提解热河。从杭州到行在热河，两地遥隔数千里，自六月二十九日起程，屈指算来已过去半个多月，乾隆帝急于获取王亶望确实口供，于七月十七命令行在军机处飞咨沿途各省督抚添派员弁迅速兼程，小心押送，毋稍迟滞，并转催浙江押解人员务必于七月二十五日以前将王亶望解至热河。王亶望如期解抵，军机大臣遵旨会同九卿、大学士立即开始了对王亶望的审讯。经过近一个月的长途解送，王亶望来到行在，他是否还敢像在浙江一样继续狡供呢？且看讯问时的情景。

刑官诘问：你任内收捐监粮如何不遵照奏定规条，即令属员私收折色呢？既然收了折色，自然无粮可贮，如何又请添建仓廒呢？这分明是扶同捏报，侵蚀国库钱粮。

王亶望供：勒尔谨奏请开捐之后，我才到藩司任上，那时我见报捐的人甚少，因思捐多则粮多，对仓储有益。如果全部令捐监人交纳本色，因甘肃地瘠民贫，买粮甚难，未免人们都苦于报捐，所以我就出主意令各州县全收折色银两。原想将这项银两发给各州县令他们买粮归仓，但这几年来并不买粮还仓，遇到散赈时就将这项银两分散，这仓廒就成虚设的了。

诘问：通省各州县报灾，你如何先与兰州府知府蒋全迪商定报灾分数，再分派各州县照你们所开的单子报灾？据首县程栋供称，每年灾赈内你令他多报一二万石粮食以补偿他各项支应，这一县如此，其余各报灾州县你又如何商量捏报呢？

供：甘省地瘠多旱，每年各州县都有报灾，皇上轸念灾民，凡遇报灾无不赈恤，原本要把这监粮散给百姓的，后因各州县都收折色，又不买粮还仓，所以到散赈时就把这项折色银两按百姓户口分给，到奏销时未免有多开户口的事情。我因兰州府蒋全迪是我心腹的人，所以与他商量。有州县待我好的，我就叫他把灾分报多些，有州县待我平常的，我就不准他多报。到了后来我竟酌定分数开单，分派州县照我列的单子开报，原想各州县因此就可多供应我的意思。这就是我该死的地方了。比如皋兰知县程栋，我待他本好，他又肯供应我，所以每年灾赈时我就令他多报一二万石粮这事是有的，至于别的州县我也有令他们浮开多报的，我记不清数目了。

又问：你在甘省令各州县设立坐省长随，探听信息。现据王廷赞供出，凡各州县馈送你金银等物，全由坐省长随送进。又据程栋供称，你署内一切支出应酬全令首县承办，每年需用万余两银子。又据陆玮、宗开煌、郑陈善、杨德言、闵鹓元等人供认，馈送你的银子共计四万四千余两。另外朱家庆供出，你收过他上万两银子，令其于报灾时多开捏报，这都是有凭据的。你做藩司时，民间对你曾有“一千见面，两千便饭，三千射箭”的说法，你到底在甘省得过多少银子，你可要据实供来。

供：我在甘肃时因各州县位置都十分分散，无法授意与他们，所以令各州县设立坐省长随，我遇有需索时即令人通知坐省长随，以便送信给各州县，所以各州县有馈送我的东西全由坐省长随经手，这是有的。我得过属员银两甚多，所以外人编个口号说我“一千见面，两千便饭，三千射箭”，总是因为我贪心太重，就置之不论。至于我署中每年一切花销用度大概不下二万两，原是向首县索取，只想于报灾时令首县多报就算补偿了他。至于陆玮、宗开煌、郑陈善、杨德言、朱家庆等人，他们全都馈送过我银两，算来也有几万两。此外各州县送我银子的甚多，实记不清了，这都是我的罪，还有何辩呢？

又问：你升用浙江巡抚，起身时有数百头骡马驮载行李，现在抄你家内除珠玉玩器、皮张、衣服等项不计外，竟有金银至一百余万两之多，这是从哪里得来的？你在浙江供出永和、大成两个铺面，其余银楼、粮食等铺面全部隐匿不报，这是什么意思？此外有无别项产业？你实在婪得多赃共有多少？你可要据实供来。

供：我在甘省婪索多赃，所有古董、衣服、皮张等物实在多得不计其数，所以起身时有数百骡子驮载行李。我在浙省交代家产财物时一时记忆不清，以致将在京银楼、粮食各铺面没有供出，此外我细细想来并没有别项产业了，我在甘肃藩司任内向属员需索的银两很多，但我此时实在记不清总的数目了，现在众人所供，都是有的。总之，我自己家资本来不多。所有现在查出银物大半婪索得来的。只求皇上将我即行凌迟处死，以为负恩贪黩者戒。

又问：你如此贪婪不法，与属员通同作弊，难道不怕日后犯事，就如此胆大么？

供：我做这种事，起初若想到今日被发觉也断不敢做，只是我贪心重了，想上下合为一气，各自分肥，又令道府出结存案，希冀可以日后蒙混，况且还有散赈可以借端掩饰，不至于败露出来，所以就大胆做了这昧尽天良的事，如今实在是天理昭彰，难逃国法，我也追悔莫及，还有什么可说的呢？总之承蒙皇上天恩，由知县擢用至藩司、巡抚，不能报效，却因贪心无厌，婪索属员，赃私累累，今为天道所不容，蒙皇上洞察以致败露，并据各属员已经尽情吐露，都有凭据，这就是我该死之处，还有何辩？

看来，王亶望于押解途中是彻底想通了，说亦死，不说亦死，索性彻底交代，早日解脱。

时至当年七月底，在乾隆帝亲加廷鞫质讯之下，甘省一案的王亶望等首犯、主犯均俯首认罪。刑部等依据各犯犯罪事实、证据，援引《大清律例》所载“侵盗仓库钱粮入己，数在一千两以上者，拟斩监候”这一惩办贪污罪正例，反复斟酌后，定拟如下：

王亶望身任藩司，于收取捐粮时起意贪赃入己，擅自做主令各属员私收折色，又公然捏报灾赈，肆意开销，得赃之数不可胜计；他还勒索属员馈送银两盈千累万，亦属罪不容诛。王亶望应照侵盗仓库钱粮入己数在一千两以上例，拟斩，请旨从重即行正法。

勒尔谨身为总督，却于王亶望婪赃舞弊之处视为膜外，并不确察参奏，形同木偶；又借端私受属员馈送银两，并派买皮张等物，任听家人扣价不发，实属昏庸贪鄙。王廷赞系接任藩司，发现收捐折色后仍然相沿旧弊，又于每张监生"实收"外添加杂费银一两，待奉朱笔谕旨开导询问，又始终狡赖不吐实情，更属可恶。勒尔谨、王廷赞均应照侵盗钱粮入己数在一千两以上例，拟斩，请旨从重即行正法。

乾隆帝当晚批阅了刑部等衙门的这道奏折，以三人罪有应得，王亶望着即处斩；勒尔谨影射侵肥、昏庸贻误，罪更难逭，着加恩赐令自尽；王廷赞以一名小吏擢用至藩司，受恩甚重，却于接任王亶望交代时，不仅不据实参奏，还效尤作弊。从前留京办事王大臣及刑部堂官审讯时，始终隐匿，狡饰不吐实情，究念其兰州守城有微劳，免其立决，着加恩改为绞监候，秋后处决，交刑部按例列入秋审。

谕旨传来，王亶望显得十分镇定，长叹今日之结局本已是命中定数。勒尔谨闻讯赐令自尽，立即伏跪在地，叩谢皇恩。此时的勒尔谨已万念俱灰，他似乎怀着对主子无限感激之情，辞别了人世。王廷赞因加恩改为绞监候，在热河已无可讯问之处，遂被刑部司员押解，踏上了回京路途。在刑部大狱，王廷赞将被牢固监禁几个月，待秋后施以绞刑。

九月，乾隆帝再次通过内阁通谕中外：甘肃捏灾冒赈一案，枉法营私，大小官员通同一气，"为从来未有的奇贪异事"！此实非常之罪，王亶望按律斩决无可复加，实觉罪浮于法，因此前已降旨将其子王裘等三人一并革职，发往伊犁充当苦差。王亶望还有幼子八人，俟其年至十二岁时，再行陆续发往伊犁。据山西巡抚雅德奏称，将王亶望幼子监禁在省城，恐外省官官相护，仍属有名无实，着雅德即将王亶望未发各幼子委派妥员小心解交刑部严行监禁，俟年至十二岁时，即由刑部陆续转发新疆。如果王亶望之子有在伊犁及中途脱逃等事，即于拿获地方正法。如此办理与首恶情罪大致相抵。

及至九月，已届官犯秋审勾决之期，王廷赞又因阿桂查奏有浮销赈粮脚价一项，罪上加罪，命在京即行处绞，其子嗣也照王亶望之例，被遣往伊犁充当苦差。

至此，甘省贪污巨案三名主犯均受到最为严厉的惩罚。这一处理结果震惊了朝廷内外大小官员，这些人当中凡有贪赃营私行为的均心惊胆战，暂时有所收敛，不敢肆行无忌；同时也可以看出，乾隆帝之所以如此迅速地处决了几名督抚一级的大员，也无异于向臣工明示，此案的处理到督抚而止，不再向上根究。如此一来，一大批因私受王亶望馈送而多年来为甘省冒赈婪赃“捂盖子”的京中权贵受到了乾隆帝的庇护，悬在人心中的石头立时落了地。

甘肃贪污巨案中还有一个不能不提的关键人物——兰州知府蒋全迪，他已于八月十七日中午被解至行在；当晚，乾隆帝阅看了刑部等衙门关于蒋全迪请旨即行正法的奏折，认为事实清楚、证据确凿、适用律例准确、量刑恰当，遂传旨将蒋全迪即行处斩。因蒋全迪并无子嗣，对其子嗣的惩罚也便毋庸置议了。蒋全迪从十七日被解至行在到十八日晚被处决，前后不过二日。甘省贪污巨案的第一阶段历时仅三个月，首恶俱已伏法。

在审讯处置王亶望、王廷赞、蒋全迪的同时，又展开了遍及全国的大规模查抄罪犯家产行动。

抄家，是籍没犯人家产的俗称，在清朝司空见惯，雍正帝甚至被他的政敌称为“抄家皇帝”。乾隆帝抄家手段之狠辣绵密较之雍正帝可谓有过之而无不及。他们何以如此热衷抄家呢？大概不外以下三端：其一，搜集犯罪证据，这个道理不难懂。清官不敢说家徒四壁，两袖清风，但至少不会太过富厚；而贪官必有说不清道不明来源的巨额家产。其二，抄家又是皇帝聚敛的重要手段，清制规定，抄家所获，凡金银珍宝一切贵重之物，例归管理皇帝家务的内务府，“和珅跌倒，嘉庆吃饱”的民谚就是皇帝宰白鸭以自肥的生动写照。其三，除经济目的外，有时抄家专注于嫌犯的书信、手稿、日记、诗文等，意在搜查其思想政治倾向的罪证，以为制造文字狱“证据”。

说到抄家，自然要推曹雪芹写雍乾时抄家事最为生动。《红楼梦》中《锦衣军查抄宁国府》一节对此有精彩描写。

类似宁国府这样被抄家的感受，在甘肃贪污大案中计有一百六七十个犯官及其数以千计的家眷都要细细地品味，大约在一年左右的时间里，“完了，完了！不料竟一败涂地如此”之类的绝望的哀号此起彼伏地回荡在大小城镇和偏远山村。

自乾隆四十六年秋将甘肃通省官员折捐冒赈案主犯王亶望、勒尔瑾、蒋全迪、王廷赞先后绳之以法，到第二年秋审最后结案，前后共用了一年零几个月的时间。这中间，又大致可分为两个阶段，先是处死情节特重、神人共愤的皋兰知县程栋等二十二名犯人，而后是将其余涉案罪犯一百余名分别处死或减等发落。

乾隆四十六年八月，阿桂，李侍尧已于兰州将贪污银数在千两以上、依律应拟死的六十六名官犯名单奏报皇上。乾隆帝思考再三，终究下不了将六七十名贪官一齐绑赴刑场，俱予斩首这样的决断。为此，特命传谕阿桂，应将本案各犯中侵冒银款数在二万两以上者，全部问拟斩决；其数在二万两以下者，问拟斩监候；数在一万两以下各犯亦应问拟斩候，请旨定夺。时至九月，大学士阿桂早已于一个月前遵旨将甘省一案交付李侍尧办理，起程赴河南督办河工，“三品顶戴管理陕甘总督”李侍尧接旨后，立即根据皇帝“法外施仁”旨意，分三等定拟现已解甘并查明确凿罪行的各犯罪名及应处刑罚：查明侵蚀银数在一千两以上的六十六名人犯中有二十人因侵蚀二万两以上拟斩，请旨即行正法；十三名人犯因侵蚀银数在一万两以上二万两以下被拟斩监候，入于本年秋审情实；三十名人犯因侵蚀一万两以下被拟斩监候，请旨定夺。

李侍尧拟罪奏折递到热河，乾隆帝降旨令军机大臣会同行在大学士、九卿核议，并交留京办事王大臣会同在京大学士、九卿、科道再行详加复核。与议的廷臣都认为案内各犯实属“情真罪当，法无可贷”，并按例定拟具奏。九月十五日，乾隆帝通过内阁明发上谕，正式宣布了犯罪事实已经查清的六十六员人犯的判决决定：所有案内侵冒赈银在二万两以上之程栋等二十犯，又冒赈不及二万两而任内有侵欺建仓银两之陈韶等二犯，照例予以斩决，着派刑部侍郎阿扬阿驰往甘省会同总督李侍尧传旨晓谕，监视行刑；其侵冒银在二万两以下闵鹓元等三十七犯，俱依拟应斩监候，统俟明年秋审情实官犯勾到时，请旨分别办理；其数在一万两以下各犯亦问拟斩监候，届时请旨定夺。谕旨结尾，乾隆帝不忘向全国臣民表白：“今酌核诸人罪情，仍不忍令其骈首受诛，就其中情节最重之程栋等二十二犯先予勾决，实因吏治民生关系重大，不得不办之苦心。”

十月初一日，刑部侍郎阿扬阿奉旨率同司员抵达甘肃省城兰州。初二日黎明时分，阿扬阿、李侍尧等人将在省城监禁的程栋等人犯提出，当堂宣读了明发上谕，以示皇上法外之仁，随后将各犯逐加绑缚，督率司员及司道等官押赴市曹，斩首处决。

时光流逝，转眼间到了乾隆四十七年秋朝审。八月，刑部将甘案内婪得银数在二万两以下者，问拟斩监候，入于本年情实勾决各犯分别请旨办理。乾隆帝通过内阁传谕中外：数十人骈首就戮，朕心实有所不忍。于是再次法外施仁，结果使应斩罪犯四十余名改为“免死发遣”。

甘肃通省官员折捐冒赈这一骇人听闻奇贪巨案自乾隆四十六年秋败露，至四十七年秋审办结此案，大约一年间陆续正法五十六员；免死发遣者四十六犯，其他判处徒、流，以及革职者更不暇细数。乾隆帝向天下臣民表示，所办“不免失之姑息，引以为愧。若再有愍不畏死、以身试法者，即当按法处治，断不能如此次曲为宽贷也”。

从甘肃通省官员贪污大案整个处置过程看，乾隆帝铁腕惩贪的基调不能否定，但结案不免虎头蛇尾。依律应斩官犯有一百余名，乾隆帝自称“不忍”看到他们“骈首就戮”，就一而再，再而三找出种种理由将其中半数免死减等发落。甘肃贪污大案还没处理干净，又揭发出了山东巡抚国泰贪纵大案，如果深挖下去的话，全省官员又有可能成覆巢之卵。这次和珅作为钦差大臣前往主持查办，跑到半道儿就接到皇帝密谕，说什么朕实“不忍”似甘省再兴大狱。乾隆帝究竟顾虑什么呢？用他的话说：一是“国体”，一是“朕之颜面”。所谓“国体”，说的是大清统治的合理性；“颜面”云云，则关系皇帝权威和尊严。这就是乾隆帝查办贪污大案时的矛盾心理。这种心理对从根本上杜绝政治腐败，至少遏止贪风愈演愈烈的势头，起着极其消极的作用。

王亶望贪污案的真相刚刚暴露，乾隆帝便立刻觉察出，酿成这起空前巨案的元凶另有其人，那就是不久前故去的前大学士兼首席军机大臣于敏中。

于敏中，江苏金坛人。乾隆三年（1738 年）这位年仅二十四岁的江南才子便蟾宫折桂，考中状元。此后四十年间，更以非他人所及的敏捷之才，和对“国语”（满语）的精熟，日益受到乾隆帝的赏识和宠眷。他在朝廷中的地位也随之扶摇直上，历任户部尚书，军机大臣、协办大学士、大学士等要职。

到乾隆三十九年（1774 年），由于傅恒、尹继善、刘统勋等老臣相继谢世，乾隆帝着力培养的勋戚福隆安还年轻未经历练，于敏中遂以大学士兼任首席军机大臣仍管户部事务。他的年纪比乾隆帝小三岁，无论是在朝廷，还是巡幸在外，都是御前须臾不可离的显赫人物，朝中重要决策有些是乾隆帝采纳他的意见做出的。于敏中当时虽无宰相、首辅之名，却是朝野尽知的京中第一权臣。这一年，甘肃恢复捐监旧例，而此后的四五年间正当于敏中炙手可热弄权之日，恰是王亶望贪污集团肆无忌惮，侵蚀国帑之时。如果说于敏中能廉直自持，甘肃贪污大案自然不能怀疑与他有什么瓜葛，更不能追究他的什么罪责；然而，于敏中的操守却实在大成问题。

年轻的于敏中步入中枢时，官场注重清正廉洁，风气较好。那是乾隆帝当政的前二三十年，大概称得上乾隆朝乃至整个清王朝的黄金时代。主持政柄的军机大臣，都以与外省军政大员交结为戒。大学士张廷玉虽接受督抚们馈礼，不过一旦价值超过银百两辄坚拒不纳。大学士讷亲为人苛刻，门庭阒然。大学士傅恒平易近人，但封疆大吏无人往其私寓拜访。至于在军机处办事的军机章京们，偶尔得到一件价值三十两白银的礼物，就会喜不自胜，以为生平未尝见过如此重礼。可惜，这种风气到乾隆中期以后为之一变，而导致这一转变的关键人物，据说就是于敏中。

乾隆四十四年（1779 年）十二月于敏中病故，丧事备极哀荣，但很快就大故迭起，使他四十年功名一落千丈。第一次打击来得非常之快，更可怕的是，危机是从他的家族内部爆发的。乾隆四十五年六月，于敏中的孙子于德裕到官府控告堂叔于时和将其祖父在京资产据为己有。乾隆帝十分重视，命大臣查办。查办的结果令人错愕，素有廉直之名的于敏中，其京中及原籍家产竟值银二百万两。当时在北京的朝鲜使臣向本国发回情报称："皇帝大怒曰：'朕任敏中数十年，知其为廉直，安得有如许巨赀？'命籍没其家产。"这份情报不尽准确，因为当时是以判定于敏中之侄于时和有罪，而籍没了他所侵吞的于敏中的财产；当然，也可以认为是变相籍没了于敏中数十年所积的不义之财。不过朝鲜使臣说皇帝震怒是完全可信的。一向十分自负的乾隆帝竟被貌似廉正的于敏中长期蒙蔽，怎能不怒火中烧?

古人常说"京官穷"，这有一定道理，因为他们俸禄少得可怜。然而其实又不尽然，京官中有相当一部分手中有权，因而不乏生财之道，他们捞外快主要是打外吏的主意。封疆大吏在地方上要兴办什么事（当然要有利可图，尽管打着为国为民的旗号），首先要疏通朝廷主管衙门，特别是在皇帝面前说得上话儿的朝中权要。所以督抚大员进京办事，都要带上一笔可观的银款，以及金珠玉玩之类的珍宝，用来馈赠分踞要津的京官，以取得他们的关照和通融。这就是人人尽知的"京官专以咀嚼外吏为事"。乾隆帝当然了解京中权要接受督抚馈赠的"秘密"，但于敏中竟然借此聚敛起价值二百万两的家私，实在太出乎他的意料了！所以借办于时和的罪，把于敏中家产几乎抄了个精光。于敏中的声名暂时保全了，但已遭到致命一击。此时距离乾隆帝决心查办王亶望贪污集团尚不到一年的光景。也可以说，于敏中的去世以及接踵而来的他的贪赃纳贿初步败露，使王亶望等大小贪吏污吏很快临近了末日。

乾隆帝也许体察到了舆论的动向，索性自己主动作出回答。乾隆四十七年十月，当杀掉了最后一批甘省贪官后，一道洋洋千余言的谕旨向全国臣民颁布了。上谕开头便说，当年甘肃奏请恢复捐监时，"大学士于敏中管理户部，即以若准开捐，将来可省部拨之烦，巧言饰奏，朕误听其言，遂尔允行"，承认了自己在这件事情上的失误。谕旨接下来说，"其时王亶望为甘肃布政使，恃有于敏中为之庇护"，以至放手大贪其污。乾隆帝把话说到了这一步，王亶望贪污集团真正罪魁究是何人，已昭然若揭。但谕旨接着笔锋一转，说于敏中宣力年久，且已身故，“朕不忍追治其罪”。于敏中身故，且万贯家私也查抄净尽，不追治其罪可以理解。关键在于，这道经过精心撰拟的谕旨，包庇了于敏中，特别是尚在朝中与于敏中一样屁股底下不干净的权要。他为什么要怂恿皇帝同意甘肃捐监的奏请？为什么庇护王亶望的违法乱纪？究竟得到了地方大吏哪些好处？应该说，乾隆帝此时并非不知底蕴，他掌握审办王亶望案全过程，他的判断当有充分的证据，却不愿向全国臣民彻底揭开于敏中为首的朝廷部院大臣如何收受贪墨大吏馈赠贿赂，如何假公济私、擅权玩法，如何内外勾结、朋比为奸的重重黑幕。甘肃贪污大案仅至匆匆处决王亶望、勒尔谨而中止向上根究，真正的元凶于敏中却以“宣力年久，且以身故”，不忍追治其罪为词，轻描淡写地遮掩了过去。

光阴荏苒，寒暑流易，到乾隆五十一年（1786 年）春间，乾隆帝把玩古董，为一件明朝嘉靖年间的古瓷触动情思，由嘉靖帝的昏庸想到权奸严嵩的专擅，由严嵩而忆及于敏中。为此乾隆帝再次颁发谕旨，指责于敏中借皇帝恩眷，招权纳贿，并联系甘省贪污大案，推断“于敏中拥有厚赀，亦必系王亶望等贿求赂谢”。这“贿求赂谢”四个字，言简意赅，一语道破了从地方到朝廷整个贪污网络纽结在一起的奥秘。

纵观乾隆帝对于敏中的处理，不能说他对从地方到中央整个贪污贿赂相互纽结的网络缺乏了解，只是在割除已经完全溃烂的甘肃“毒瘤”，面对国家中枢开始溃烂、地方政权正在迅速烂掉的时候，这位功业盖世、雄才大略的帝王已年逾古稀，他没有勇气、也没有魄力进行一次彻底的手术了。

问题的严重性恰恰在这里。乾隆四十六年顷于敏中与王亶望等上下勾结、通同作弊的黑幕被掀开一角又很快捂严之日，正是另一颗政坛“新星”和珅冉冉上升之时。和珅向下索贿，以二十万两白银为少，张口便是四十万！于敏中一生贪黩所聚敛的财货值银二百万两，与和珅相比，真可谓小巫见大巫。

和珅家产之巨，恐怕在中国古代堪称前无古人、后无来者。嘉庆帝刚亲政，即命锁逮和珅并籍家。据嘉庆四年正月十五日公布和珅罪款的谕旨："家内银两及衣物等件，数逾千万，且夹墙藏金二万六千余两，私库藏金六千余两，地窖内并有埋藏银两百余万两。"仅就金、银来说，这也是大大缩小了的数字，而古玩、玉器、字画等项更价值连城，很难估量，而且当时例不估值，一概没入内务府。日后，薛福成则记录了他寓目的"世俗传钞之本"《查抄和珅住宅花园清单》，据该清单，和珅被抄家产"共有一百零九号，内有八十三号尚未估价"，"已估者二十六号，合算共计银二万二千三百八十九万五千一百六十两"。薛福成以为"私家记载颇资耳食，难尽为凭"。不过，他又说："此单传抄已旧，余所见数本大致相同，断非凭空捏造。"传闻和珅一生敛财两亿白银，恐怕多有夸张。上述正月十五日和珅刚治罪即查抄出了"银两及衣物等件，数逾千万"，包括古玩字画、田房当铺以及其他贵重器物，和珅家产总计数千万两，大概算持平的估计吧。

如果把一切罪责、把政治腐败的全部原因都归诸个人，恐怕还不能找到全部问题的症结。

为什么这件大案从乾隆三十九年起被包容了六七年之久，为什么一个省数以百计的州县以上各级官员通同作弊而无一人挺身举发？这显然是不能用道德、良心之类属于个人品质的原因加以解释的。看来，政治体制上似乎也出现了严重弊病。

康熙初，储方庆讲天子设官："天下之官以数万计，而其大势常出于两途：六部操政柄，行之于督抚，下之府县，以集其事，此一途也；科道察部臣之奸，巡方制督抚之专，而推官实为之爪牙，此又一途也。"六部—督抚—府县可视为行政系统，主要是替皇帝分理地方事务，科道及巡方、推官则可视为监察系统，职责在于作天子耳目，监督、制约各级行政部门权力的行使。故而储方庆说："设科道、遣巡方、重推官，于人主甚有利，于群臣甚不便。"以上职官的设置，本于明制，但 17 世纪中到 18 世纪，历康、雍、乾三帝，总的思路却是不断限制和弱化科道及巡方、推官这一监察系统的权力。

在限制和弱化科道传统监察权的同时，清朝皇帝，特别是雍、乾二帝，不断探索建立一套更行之有效的新监察系统。这一新监察系统的突出特点是摒弃了由中央派出专职监察人员的传统规制，通过密折强化地方衙门之间的互相监察，即每一衙门都有监察之责，但同时也处于被监察的地位。

督抚作为各省最高军政长官，分别兼都察院左都御史衔或右副都御史衔，因而亦负有所辖省区最高的监察权。雍正帝训谕总督“澄清吏治，必本大公之心，虚怀察访”；训谕巡抚“一省之事，凡察吏安民、转漕裕饷，皆统摄于巡抚”。乾隆帝更明确说：“督抚简任封疆，察吏是其专责。属员之贤否，例应以时体察，汇折奏闻。”他们都强调督抚有“察吏”的专责，是以《清史稿·职官志》述及总督、巡抚职掌时，专门列出“察举官吏”“考核群吏”。督抚对下属官吏行使监察权的同时，也受到同官和下属的监督和制约。一是督抚之间相互纠察。乾隆帝对此说得很明白：“国家设立督抚，原为互相纠察，以维吏治而饬官方”，又说“督抚大员同在一省，有互相纠察之责。”二是督抚与驻防将军互相监督制约，将军虽无办理地方事件之责，但有密折奏事之权，且较督抚体统更尊，遇有地方仓库亏空、大吏贪赃营私，亦可专折奏闻。三是藩臬的制约。布按两司虽为督抚最高级“属员”，但可专折奏事，在很大程度上也是为了制约督抚之权。乾隆帝更明确地说：“两司均有奏事之责，若总督果罔上行私，赃款狼藉，自当据实上陈。”四是道府州县虽无奏事之权，遇督抚不公不法事亦可直揭部科。雍正帝即位之初即宣谕，督抚容隐对旗员道府州县的勒索，“许本官封章密揭，都察院转为密奏”。乾隆帝也屡屡申谕：“道府为方面大员……即有上司抑勒，何难直揭部科”，“各州县遇有上司押令报荒、勒索银两之事，原许直揭部科”。雍正帝惟恐被督抚参劾的属员或受屈抑，特谕：“嗣后道府以下、知县以上各官，有实在冤抑被降革者，仍令赴都察院具呈。”五是盐政、关差、织造等在地方的内府出差官员也可以充当皇帝耳目。乾隆帝明谕：“各省盐政、织造、关差等若以系属钦差，妄自尊大，或干预地方事务，则是自贻伊戚，固当治罪，至督抚等如有贪劣款迹，一有见闻，自应据实参奏，方为不负委任。”总之，这是一套别出心裁的以上司察劾下属为主，辅之以属员亦可以检举上司的严密而灵活的监察系统。如果这个系统正常运行，无论对强化皇权，还是澄清吏治，都具有重大作用。

事实上，雍正至乾隆中期半个世纪中皇权的不断加强和政治相对清明，也确实得益于康、雍、乾三帝苦心孤诣的设计。即使乾隆中期以后，政治迅速腐败，也可以历数一些贪污、贿赂大案是由于监察机制发挥作用而举发。如乾隆二十二年（1757 年）云贵总督恒文勒索属员案，系由与恒文同城的云南巡抚郭一裕密折参奏而开始查办；四十五年（1780 年）云贵总督李侍尧贪纵营私诸罪款，则是由原任云南粮储道海宁举发而败露。然而，乾隆中期以后，普遍存在的却是在官官相护下政治腐败的迅速蔓延，而最高统治者处心积虑设计的重重监督机制普遍失灵。甘肃通省官员贪污大案历时六七年之久，最能证明官官相护之风是多么牢不可破。

如前所述，这一集团性贪污大案的情节并不复杂。乾隆三十九年（1774 年），陕甘总督勒尔谨奏准甘肃恢复捐监旧例，新任藩司王亶望到任后，与勒尔谨商定改收折色，王亶望倚任“心腹”兰州首府蒋全迪，勾通舞弊，各州县报灾之轻重以及发给折捐银两之多寡，皆由王亶望、蒋全迪在省上商定，凡贿送银两多的州县便多开灾分，少送银子的便令少开灾分，于是各州县纷纷捏灾冒赈，侵吞赈银，以至于甘肃通省几无一好官。这种几乎是通省上下公开舞弊的腐败行为，只要监察系统某一环节能及时作出反应，便不难揭发出来，而事实却不然。

先看有相互纠察之责的总督与巡抚。乾隆中定制，陕甘总督管辖陕西、甘肃两省，驻扎兰州府，兼甘肃巡抚事，故甘省不另设巡抚，陕西设巡抚一员，驻西安。是以甘肃包括捐监在内的一切行政事务，皆由甘肃藩司主政，而同城的陕甘总督、邻近的陕西巡抚俱有监察之责。勒尔谨在折捐冒赈上与王亶望沆瀣一气，自不必论；而抚陕八年，且两署督篆的毕沅也未据实参奏，诚如御史钱沣于案发后参奏所言：“陕西巡抚毕沅前署督篆时，于该省折捐冒赈诸弊，瞻徇前政，畏避怨嫌，明知积弊之深，不容抉之自我。”

再看与藩司同级的臬司福宁的供述：“各属折色银两并未见买补归仓，多系放银抵粮，盘查既属具文，按季出结亦系虚应故事。通省如此，我一人亦断不能从中梗阻。”

上司与同官既不能履行监察之责，藩司王亶望与州县狼狈为奸通同作弊，就只能指望负有“访察属吏”之专责的方面大员道府了。道员与知府，是各省承上启下的地方权力机构。雍正帝训谕道员说：“凡府州县之廉洁贪污，俱宜细加察访，不时密详督抚，以凭举劾。”训谕知府则说：“知府一官，分寄督抚监司之耳目”，“盘查仓库，必须核实，不可视为故事”，“督抚举劾州县，必由尔之详揭，务须秉公持正”。甘肃通省官员通同一气，借折捐冒赈，大肆贪污，最有力的制约手段当来自道府的监察。因为违例改捐折色，势必无本色监粮，负责盘查仓粮的道府若不出结，骗局自然不攻自破，各省报灾，皆由灾民呈诉，地方官勘报后，须经道府逐层查勘，才能具报成灾分数，若无道府加结，捏报灾分便无从谈起；发放赈银、赈粮，也需道府监督核查，道府若不加结，州县谁敢冒赈？但六七年间，竟无一道府挺身而出，将此中积弊直揭部科。且听道府们的供述。

驿传道熊启谟供：“办理赈务，各州县径详藩司，灾之轻重、赈之多寡，皆由王亶望主持议定，亦不俟我查勘，惟于具奏后，补取道结备案。我见通省都是如此相沿出结，我一人实不能阻梗。”安肃道陈之铨供：“诸事由藩司主政，道府不能与藩司抗衡，州县视道府为不足轻重”，“遇有灾赈浮冒之处，其实散之数，多系放银抵粮，本管道府无从过问，通省已成积弊，一切文册皆由藩司核定，饬发州县照造，其道府应行盘查、奏销之印结，按期索取，道府亦遂依样率转”。肃州直隶州知州王妆地供：“在灾赈内捏增分数、浮开户口，上司原是知情，至道府加结、委员监散，这都是虚应故事。”钦差审案大臣阿桂所称：“道府、直隶州于所属收捐折色时，既出结于前，捏灾冒赈时又结报于后”，可作为甘肃通省道府监察机制全部失灵的总结。对王亶望一案，乾隆帝曾无可奈何地说过：“甘省王亶望侵冒监粮诸弊无人不知，而事未败露，竟无一人首先发觉，可见外省官官相护，牢不可破，实可寒心！”

应该说，各省督抚、藩臬、道府、州县上下联为一气，通同作弊，并非甘肃一省而已。山东巡抚国泰操守不佳，乾隆帝早有风闻，特于四十六年初令山东藩司于易简来京陛见，亲自询问，于易简坚称“国泰并无别项款迹，惟驭下过严，遇有办理案件未协及询问不能登答者，每加训饬，是以属员畏惧，致有后言”。乾隆四十七年国泰贪纵营私案发，乾隆帝对于易简“竟敢于朕前饰词容隐，朋比袒护”怒不可遏，特谕：“外省藩臬两司俱有奏事之责，遇有督抚不公不法之事，原准飞章上达，况经朕之睹面询问乎？若外省如于易简之欺罔，则督抚藩臬上下联为一气，又将何事而不为？”国泰操守不谨、山东州县亏空之事，身任长芦盐政、每年前往山东稽查运库钱粮的伊龄阿亦早有闻，但也同样没有据实入告。更让人难于理解的是，秉持中枢的廷臣也曲意包容国泰。据案发后乾隆帝讲：“国泰性情乖张，朕从前早有风闻，并据军机大臣阿桂、福隆安、和珅等密为陈奏，欲以京员调用消弭其事”，可见“官官相护”不仅为外省恶习，而且浸透于整个官场。

官官相护之习严重腐蚀了对各级权力机构的监督制约机制，这种牢不可破的官场痼习可谓是对贪污贿赂、以权营私等腐败行为的无所不在的保护伞。既然如此，官官相护之习何以如此牢不可破呢？

从表面上看，为官者既有共同利益，特别是自督抚、藩臬以至道府、州县上下百余名官员组成的一省或两省官僚集团，更具有特殊的利害关系。为了维护共同的利益，自然相互容隐，彼此袒护。以集团性大贪污案甘省官员折捐冒赈案为例，首犯王亶望入己百余万两白银固然分得了赃银最大份额，而贪污二万至十余万两的州县官即有近三十人，二万两以下、数百两以上者又有八十余人，侵冒或捏结受贿的道府大员十余人。王亶望被正法前自供：“我贪心重了，想上下合为一气，各自分肥，又令该道府等出结存案，希冀可以蒙混，况有散赈可以借端掩饰，不致败露出来，所以就大胆做了这昧尽天良的事。”可见，王亶望是有意地使下属分润一些赃银，以此固结这一庞大的贪污集团，期望案情不致败露。这可视为以上司为主导，上司与下属层层利害攸关，是以扶同徇隐、终无一人举发的典型案例。对此，乾嘉之际章学诚曾痛切指出：“州县为贪墨督抚累者，十八九矣。”

如果从监督机制存在的缺陷这一角度来看，则不能不说官官相护之习牢不可破与督抚权力的膨胀、省级第一把手权力太大不无关系。

自明迄清初，中央派出巡抚、巡方、巡察御史，以监督、制约督抚等地方大吏的权力，监察权是相对独立的。雍乾以来，为削弱和限制上述监察权力，从地方官员上下左右互相纠察的思路出发，另设新的监察系统，实际上是使行政、监察权力合而为一；其优胜之处在于事权统一，统治效能提高，而随之出现的弊端——督抚专权之下监察机制的失灵则日益暴露出来。

乾隆中期以后，督抚权力膨胀，对其属员的威慑力甚至超过皇帝，所以当时有“州县之畏督抚，过于畏皇法”的说法。为什么督抚有这么大的威势呢？袁枚解释说：“督抚南面而临，能荐人能劾人。”就是通省大小官员升迁荣辱以至生杀予夺大权都实实在在操在顶头上司总督、巡抚手中。所以当时就有人感慨地说：“天子有诤臣而督抚无诤吏。”为什么？犯颜直谏，弄得好，是魏徵，皇上称美，青史留名；弄不好，像比干那样被商纣杀掉，也能千古传为忠臣。惟独督抚属吏，被参被贬被杀，天下并不知其得罪的真正原因是什么。这样一来，督抚一手遮天，其下属道府州县为官之道不是想怎样为老百姓多干实事好事，因为老百姓的感受和评价如何与他们升官发财一点儿关系也没有。这些人甚至不必考虑如何忠君报国，因为什么国家，君王，统统都是些神圣但又虚幻的东西，他们整日算计的是如何把自己顶头上司伺候高兴了，比如县官吧，就要千方百计把本府府台、本道道台，特别是本省的督抚藩臬打点好。当然，这打点主要得靠银子。在这种体制下政治岂能不腐败？吏治岂能好得了？

平心而论，督抚权力太大这种局面的出现绝不是清朝最高统治者所期望的，他们设计了一整套地方行政、监督权力系统的初衷，恰恰在于制约督抚的滥用权力。既然如此，事态发展为什么又走到了自己的反面呢？

先来看雍正帝就皇帝—督抚—司道府县关系对总督的训谕：“朕视天下如一家，视臣邻如一体。尔等亦宜深体此意，以一家之心视两省，以一体之心视属吏，本之至公，用之至当，则上司之任使下僚，如身之使臂，臂之使指。”在训谕司道府等官时他又说：“督抚经理地方，必任用司道知府，犹朕统御天下，必任用在廷诸大臣……顾为督抚者势不能不于所属之司道府寄耳目、委腹心，必将遴选其能任事者而委任焉。”上述发自雍正帝肺腑的言论表明，他所关注的是建立一整套如“身之使臂，臂之使指”那样得心应手、运转灵活的朝廷—地方权力系统，而督抚在其中地位至关重要，他们对下属的关系就如皇帝对督抚、廷臣的关系。但从雍正帝的恳恳训谕中也暴露出他所构想的政权体制的严重缺陷，即督抚必须“本之至公，用之至当”，而何谓“公”，何谓“当”，本身是一个难于把握的道德范畴的问题，这里缺少的正是一个“相对稳定的、非人格化的和非政治性的规范与规程的体系这种意义上的法律概念”。正是在这样非法制的专制集权政治体制下，督抚不是为促进本地区的公共利益负责，而是对皇帝负责；道府州县也不是致力于本地的社会经济发展，而是对督抚负责。诚如嘉庆初御史贾允升指出的，“府州县官，为国养民者也，而今守令患在知有上司而不知有民”；亦诚如乾隆初御史曹一士所言：“今之督抚，明作有功之意多，而惇大成裕之道少，损下益上之事多，而损上益下之议少。”

总而言之，雍乾时代督抚对下属权力的强化以及官官相护之习更加牢不可破所导致的政治黑暗腐败是体制性的痼疾，企图通过建立一套完备而理想的监督制约系统从根本上加以救治，只不过是不切实际的幻想。甘肃通省贪污大案最后须经皇帝亲自揭开盖子，就是明证。

三　“外仁义而内多欲”

用“外仁义而内多欲”来状摹乾隆帝这个人也许最恰如其分了。他的外在形象在精心撰拟的煌煌上谕包装下，简直到了尽善尽美的地步；而其内心深处却有着强烈的、不可遏制的聚敛欲望。如果说乾隆年间地方大吏“有在内隐为驱迫，使不得不贪者”；那么，令他们苦不堪言、又苦不能言的最大“驱迫”正是来自乾隆帝本人。

嘉庆四年正月，太上皇乾隆帝刚去世，嘉庆帝亲政伊始，就首罢督抚贡献，并在谕旨中称：“大抵进贡一节，最为吏治之害！”并表示：“捐廉、罚银等事，朕必不为。”

为什么臣工贡献在乾隆年间“最为吏治之害”？

任土作贡，借以联君臣上下之情，备天子赏赉之用，自古而然，本无可厚非。清承唐、明等朝通例，各省每年或三贡，或二贡，所贡初不过各地方物，如川广药材、九江瓷器、江浙绸缎，乃至徽墨、湖笔、笺纸、瓜果之类，数量虽大，但例有定额。对进贡人的资格也有限制，各省只准督抚进贡方物，且不许动用公帑，必须自出养廉制办，而织造、关差、盐差等内务府官员"向系动用公项置买"。如能恪遵定例，此种贡献尚不会扰及吏治民生。

乾隆帝初政，律己尚严，进贡问题并不严重。然而，从乾隆十六年（1751 年）首次南巡及圣母崇庆皇太后六旬庆典之后，进贡方物之制日渐变质，至乾隆中期以后几乎成了败坏吏治的最大公害。为献媚固宠，臣仆们投皇上所好，夸多斗靡，争奇斗艳，纷纷以价值不菲的古玩、玉器、字画以及西洋奇珍充贡，其罗列之多，有所谓"必备九数"（从一九到九九，乃至十九）之说。进贡从每年两三次发展到万寿、元旦之外，端午、中秋、上元等节也要进贡，甚至皇太后"圣寿"也备物进献，其"胪列太多"，"甚有以金品充饰"。进贡方式除入阙朝贡外，新添所谓"路贡"，凡翠华巡幸，不仅沿途督抚、关差、织造等接驾进贡，而且远在广东、四川、湖广的督抚也驰进贡品，甚至致仕在籍的耆旧老臣纷纷趋往行在迎驾，进献珍品。二度南巡时，以礼部尚书衔在籍食俸的沈德潜一人就贡献了书画七件，内有董其昌行书两册、文徵明山水一卷、唐寅山水一件、王鉴山水一轴、恽寿平花卉一轴、王翚山水一轴。督抚等办贡所费不赀，由所谓"自行置办"发展为下属帮助"购买物件"，名曰"帮供"；而所谓"动用公项"办贡的盐差、关差、织造们，则无不令盐商、洋商出资代办。

乾隆中期前后变化最大的还在贡物本身，贡品中各地方物全部成了陪衬，而大宗的是价值巨万的金玉古玩和风靡一时的洋货。

内外臣工每逢年节、万寿，以办贡最费周折。乾隆帝雅好搜集字画古玩、金玉器物、西洋钟表，其审美意趣极为不凡，又有精审的鉴赏能力，因此为固宠而呈进的贡品必要投其所好。最上乘者，应该是寓意吉祥，体面大方，新颖别致而不流入奇技淫巧，富丽堂皇又能超脱俗套。这类贡品多出自南方，尤以苏州、广州两地为督抚等采办珍品必往之地。当时臣工每次向皇帝进献的数十种贡品中，总是以“如意”居首，取其吉祥如意之义。一柄整玉如意值银四千两，而若在玉如意上再镶嵌珍珠为饰，按其时广东珠价计算，重四分的珠子约值银四五千两，重五分的则需六七千两，像龙眼果那样重三钱的大珠竟值二万两。要想博得皇上一笑，仅如意一项恐怕督抚倾全年廉俸也买不起。当然，这是就最上乘的镶大颗珍珠的整玉如意极而言之，一般贡品的价值可参看乾隆帝晚年浙江盐道柴桢帮巡抚福崧所办各物的价银：珊瑚朝珠一盘五千六百两、密腊朝珠一盘二千两、白玉大炉瓶三事一份八千二百两、五百罗汉手卷一件六百四十两、一百二十花甲重周宋砚一方六百两、脂玉三镶如意二对一千六百五十两、白玉大梅瓶一件八千二百两、脂玉插牌合锦一件六千六百两、八音洋钟一对一千六百两——以上几件就需三万五千余两。另贡品中常见的龙袍龙褂一项，据在苏州为李侍尧办贡的云南河西县典史顾廷煊所述，龙袍褂九套仅工价银就高达二千零一十两。

乾隆帝公开提到“优于办贡”的是李侍尧和国泰。李侍尧任上究竟进献了多少珍品，已难统计完全。这里略举一例，乾隆三十六年（1771 年）十一月初八日，身任两广总督的李侍尧一次所进贡品多达九十种，下面列举其中一些以窥全豹：

镶洋表金万年如意一柄　金无量寿佛一尊　珊瑚朝珠一盘脂玉万年有庆一件　白玉祥禄寿三星一件　白玉长春壶一件　白玉蟠桃九熟一件　宋磁霁红花囊一件　定窑洗一件　嘉窑一统尊一件　成窑五彩瓶一件　定窑福禄尊一件　宋磁霁红瓶成件　定窑宝月瓶一件　明黄刻丝万福万寿龙袍一件　天青刻丝八团立水龙褂一件　明黄缎绣万福万寿龙袍一件　紫檀雕花宝座一尊　紫檀镶玻璃衣镜一对　紫檀雕花书隔一对　珐琅镶玻璃五屏风妆镜九座　珐琅镶玻璃手镜九对　东洋漆炕桌一对　洋镶钻石自行人物风琴乐钟一对　红玛瑙钻石珠花瓶式乐钟一对　洋镶钻石蟠桃推钟一对　洋镶钻石蟠桃表一对　洋油画小挂屏一对

李侍尧这次进贡的还有皇上未看上眼被“驳出”的玉器、宋元古瓷、龙袍、紫檀宝座、珐琅等七十四项，总计达数百件。乾隆四十五年

（1780 年），李侍尧与和珅互相倾轧，被和珅抓到把柄，乾隆帝命治罪籍家，结果抄出“黄金佛三座，真珠葡萄一架，珊瑚树四尺者三株”——“此是侍尧进贡物件而还给者也。”所谓“还给”，即皇上“驳出”的。

当然，像李侍尧这样出手阔绰，大办其贡的在各省督抚中恐怕是绝无仅有，别人都想向皇上尽孝心，但难有李侍尧那样财力。广州素称“腥膻之地”，当时官场俗谚有“运气通，选广东”之说，特别是两广总督下辖总管西洋贸易的粤海关，那里有的是家赀巨万的洋行商人“帮贡”，无须李总督破费。不过，经李侍尧这么一倡导，别的地方大吏乃至京中权贵顾虑皇上责怪自己对主子感情不深，也得打肿脸充胖子想方设法跟进。这样一来，就把本来意在联络君臣感情的“任土作贡”整变味儿了。

进贡成风，吏治败坏，时人都把责任推到李侍尧身上，说什么李侍尧“善纳贡献，物皆精巧，是以天下封疆大吏从风而靡”。这有一定道理，不过，内外大臣花样翻新，竞相攀比之风日盛，推波助澜者并非李侍尧一人。和珅所进“金佛一座长可数尺许”，福康安进贡之机械人玩艺儿巧夺天工，令人叹为观止。但这一切恐怕都不是乾隆中期以后进贡靡然成风的根本原因，因为说到底，还是古时那句老话——“上有所好，下必甚焉”。如果不是乾隆帝贪财好货，臣工又窥破了人主酷爱古玩字画、金玉珠宝的嗜好，如果不是乾隆帝把臣工是否进贡、贡品是否贵重华美作为忠君的重要标志的话，进贡之风岂能愈刮愈烈？

乾隆帝屡屡申斥臣下进贡，说什么“朕常时所用悉系朴素木器，不尚奢华，督抚等若惟夸多斗靡，妄费呈献，朕非特不以为喜，转觉其可惜，督抚等又何必为此耗费物力而不能见好之事乎”？又说什么“宫中服御，不用珠绣，又如象牙织簟，远不及寻常茵席之安适”，“珠宝饥不可食，寒不可衣，于实用有何裨益”？并三令五申：“嗣后各省督抚，除食品外，概不得丝毫贡献，违者以违制论！”这类申饬贡献的谕旨不下数十道，话都说得非常诚恳动听。偶尔还“掷还”几件如“雕漆镶嵌真珠花卉壁屏”之类的摆设，以增强宣传效果。但乾隆帝心中真实想法是什么呢？乾隆二十二年（1757 年）十二月，他在署两广总督李侍尧进贡折子上朱笔批谕：“此次所进镀金洋景表亭一座甚好，嗣后似此样好看者多觅几件；再有大而好者，亦觅几件，不必惜价。如觅得时，于端阳进贡几件来。”从英国等西方国家进口的“镀金洋景表亭”（今天故宫钟表馆里摆的多是这些玩意儿），一座不够，要“多觅几件”；已进的似乎还不够理想，“再有大而好者，亦觅几件”，且“不必惜价”。显然，讲自己如何朴素，如何不喜欢督抚进贡的煌煌谕旨是用作宣传的，对亲信奴才李侍尧讲的才是掏心窝子的真话。督抚大臣都何等精明，谁看不透皇上隐晦的心曲？于是，禁贡的谕旨愈频繁，词气愈严厉，群臣的贡品愈是争奇斗胜。乾隆帝归政前一年，仅广东督抚及粤海关监督即进贡七次，每次贡物类别不同，计有一百六十余项，贡品达数百件之多。仅两广总督长麟七月所进万寿节部分贡品就有：福寿万年如意一柄、玉长寿佛盒一座、镶嵌佛塔一座、镶嵌五供七珍一份、玉茗碗一对、玉翡翠洗一件、报刻八音乐钟一对、报刻自鸣钟一对、两针珐琅表二对、两针金表二对、金银线四百子、玉保合太和一件、玉欢天喜地瓶一件、玉长方式挂屏一对、玉炉瓶三事一份、玉瓶洗合锦玉百鹿山一件、玉温都斯坦合一件、四季长春盆景二对、太平有象一对……，此外，还有瓷、玉、雕漆古玩等件。督抚等内外臣工之所以敢于在屡戒进贡之后还如此竞相借贡争宠，是因为他们早已摸准了皇上贪求宝货永无厌止的心理，事实上他们揣摩得一点儿也不错。

下面再看令嘉庆帝深恶痛绝的“捐廉、罚银”。

乾隆年间，地方文职官员固定的、合法的经济来源除微不足道的俸银之外，惟养廉银而已。“捐廉”及与此相类的弊政“扣廉”“罚廉”之“廉”，指的就是养廉。

先说罚廉。养廉与俸禄不同，除数量悬殊之外，“俸因处分而可罚，廉则罚所不及”；因此，官员罚俸，例有正条，而罚廉并无明文规定。罚廉出现，则为乾隆帝独创。见于记载的最早罚廉显例是乾隆十八年（1753 年）江苏巡抚庄有恭因前在学政任内收受精神病患者丁文彬“逆书”而未奏闻查办，命“照伊学政任内所得俸禄、养廉数目，加罚十倍”。乾隆中期以后，罚廉比比皆是。乾隆四十七年（1782 年）督抚毕沅、陈辉祖和闵鹗元因徇庇亲属或失察邻封被“永行停支”所有职俸、养廉。五十二年（1787年）吏、兵二部覆奏，督抚中李世杰“因各营火药短少”停支养廉三年，刘峨、孙士毅、闵鹗元、毕沅、李封、雅德等俱有罚出养廉二年的处分。至五十八年（1793年）五月，乾隆帝在谕旨中对罚廉理由作出说明：“昨因伍拉纳未将福崧贪纵各款早为查参，已降旨停支养廉三年，以示惩儆矣。封疆大臣于僚属贪婪等弊漫无觉察，徇情隐饰，本应即予罢斥，因念人才难得，姑予从宽留任，若仍令坐享丰膴，实不足以示儆。且内外官员，原有罚俸处分，廉与俸事同一例，嗣后各督抚有咎应革职应行议罚者，着即自请停支养廉，不必另行议罚。”可见，罚廉主要对象是“坐享丰膴”的封疆大吏，它作为免于最重的行政处分——革职的替代手段，起着经济上予以重罚示儆的作用。

再说“扣廉”。扣廉也称“摊扣养廉”，被扣廉的官员并无应得之咎，而多为海塘、河工等工程款项因物料工价急剧上涨，国家原估拨款不敷支出，或军需开支不能报销的无着款项，由该地方“自请”摊扣养廉弥补。如乾隆四十年（1775年）浙东改筑鱼鳞大石塘，困工料物价“今昔不同”，原估工料银缺短约二百万两，除乾隆帝“恩赏”四十万两及抄家案等筹措数十万两外，浙江“通省各官每年应得养廉内各捐十分之二五，自四十六年（1781年）秋季起，分作二十年扣捐银六十万两”，福建亦照浙江例，自督抚至州县，于应得养廉扣十分之二五，分十年扣捐，共银三十万两。如乾隆帝以太上皇训政时，山东“漕汛大工，例价不敷之项，摊扣东省各官养廉”；嘉庆帝亲政之初，山东巡抚岳起以扣廉太多，奏请“按年坐扣十分之三，仍令领回十分之七”，嘉庆帝俞允，降旨说不令“通省枵腹从事”。由此推知，初定摊扣养廉之苛重。再看无着军需，台湾林爽文之役军需部臣不准报销共银一百七十九万余两，先经总督伍拉纳奏请，“统归于（福建）通省司道府厅州县养廉内分年摊扣归款”，魁伦继任总督，“照原摊每年额设养廉匀扣银三万三千四百余两之数，约至嘉庆二十五年方能扣出”。此外，第二次金川之役、两次廓尔喀之役等例难报销的军需支出，也由有关省份官员摊扣养廉归款。

至于捐廉，则以乾隆帝八旬万寿全国官员通同坐扣养廉最典型。平各省官员应交之项均按该省养廉银十分之二五摊扣，如直隶五万七千二百五十两、山东六万三千九百五十两，总计十九省官员为八旬庆典共交纳六十余万两白银。此外，两淮盐政、粤海关监督等“肥缺”交纳得更多，他们孝敬主子的银两已远远超过了额设养廉。

与“罚廉”有某些相似之处、但性质绝不相同的罚“议罪银”，即嘉庆帝所说的“罚银”，也是乾隆帝独出心裁。

罚议罪银开始于乾隆中期，议罚的对象以督抚、盐政、税关监督、织造为主，议罚人员皆“坐拥厚廉”或家业素封者，可供乾隆帝一宰。罚议罪银的程序一般为乾隆帝通过军机大臣或亲信奴才密谕有所谓过误者“令其自行议罚”，过误者遵旨自行议罪罚银若干万两，“以稍赎罪愆于万一”，若乾隆帝以为足以蔽辜，即于奏折上批一“览”字，表示默认；否则令自行再议，直到皇帝满意才算了结。所罚银两以“解交内务府”为通例。罚议罪银详见本书第四章“盛衰之间”。

在谈过还算有规可循的罚议罪银和罚廉后，附带举几例乾隆年间无以名状的滥罚。江苏巡抚闵鹗元之弟同知闵鹓元在甘肃冒赈贪污大案中被查出侵帑至一万九千八百两之多，乾隆帝命闵鹗元代为“十倍罚出”，即罚十九万八千余两。这还不够，闵鹗元对其弟知情不举，奉旨查问时又吞吞吐吐，除降为“三品顶戴”外，命其“自行议罪”，闵鹗元只好“仰恳皇上”再准他罚银四万两。这位倒霉的闵鹗元每年万把两养廉银，用来偿付那些莫名其妙的罚项已属杯水车薪，不久连这笔养廉银也被皇帝“永行停支”了。据说原来以廉洁自重的闵鹗元，后来也不顾廉耻，“苞苴日进，动逾千万”了。江苏绅民对他没好印象，散播谣谚嘲笑他“伪仁伪义三品留，江苏巡抚无补苍生”。闵鹗元变法儿筹措来的近三十万两罚银，大都被指定缴到内务府，而里面大部分来自江苏民脂民膏。滥罚还可以举出乾隆四十七年（1782 年）总督陈辉祖抽换入官财物一案，李封、巴国柱、李承邺、周曰璜、王杲等司道府县官员因馈送过陈辉祖金两、金器，分别罚银三万两至八万两不等。四十九年（1784 年），江西巡抚郝硕婪赃案内，该省各府州县七十余员以馈送郝硕银两，“经军机处议照馈送银数分等倍罚”，共罚银近十七万两。

当时并非没有人公开指责败坏吏治的罚议罪银，但乾隆帝文过饰非，百般为自己辩解。乾隆五十五年（1790年），为回答尹壮图对罚议罪银的责难，乾隆帝说什么朕之简用督抚不易，因一时无人，又犯的不是侵贪徇庇之过，从爱惜人才起见，弃瑕录用，量予从宽；还说什么，即或议罚，皆留为地方工程公用；甚至督抚等“禄入丰腴”，也成了罚议罪银的理由。贵为九五之尊的乾隆帝竟然如此理直气壮地狡辩，不是要封禁悠悠众口又是什么？

乾隆帝宰督抚大吏时，常说他们“禄入丰腴”“坐拥厚廉”，这样讲也没大毛病。雍正初年对固有的薪给制度作了根本性的改革，地方文职官员除俸银外，加给养廉银。养廉银数在原有俸银数十倍至百数十倍，自乾隆十二年（1747年）调整后，总督大体在一万五千两至二万五千两，巡抚在一万两至一万二千两。就当时的物价水平而言，白银一两能买一百六十斤至二百斤大米，在“物阜民丰，百物皆贱”的雍乾之际，督抚养廉看上去确是“坐拥厚廉”。不过，地方文官必要的、正常的开销极其可观，若非精打细算，仅靠廉俸，断然难以为继；而绝大多数官员又断难如此，只好通过各种名色的陋规补苴。内阁学士尹壮图忆述乾隆三十年以前，廉俸之外，各有陋规，尽足敷公私应酬之用；故而官员有为官之乐，正是养廉银定制初期，物价不高，风气淳朴，吏治较为清明的“乾隆盛世”的真实写照。乾隆中期以后，物价持续上涨，本已勉强维持办公、日用之资的养廉日渐贬值。嘉庆间，熟悉国家岁出岁入的桂芳指出：“康熙、雍正以及乾隆之初，民间百物之估，按之于今，大率一益而三，是今之币轻已甚矣。”如桂芳所言，物价上涨约百分之三百，这就意味着银钱贬值为原有的三分之一，从而导致督抚等地方文职官员的养廉银大幅缩水。“坐拥厚廉”云云，成了莫大讽刺。另一方面，向皇帝进贡以及罚议罪银、罚廉、捐廉的压力又越来越大。犹如绳索两头同时发力，隐为驱迫之下，督抚大吏最直接、最有效的办法就是向下属伸手。

李侍尧办贡名气最大，压力也最大。乾隆四十二年，刚到云贵总督任上就下令将原来派委各处办事的官员一律撤回本任。鲁甸通判素尔方阿当时正管着肥缺乐马银厂，担心回本任，不意进见时李总督说：银厂出息多，这你心里明白，眼下总督虽说体面，但大也有大的难处，和你明说吧，撑起这个大架子着实不易，还得靠大家帮。我顶住架子不倒，你们多多少少都能有好处，遇到麻烦，也有照应；我倒了，谁也别想好。你既管银厂，每月帮个一两千也不为多。素尔方阿很感激李总督让他继续管理银厂事务，情愿出银孝敬李总督，当时连说是，是。但素尔方阿管厂以来，所出矿砂不旺，盈余自然有限，每月进一二千两银子实在做不到，就讲好了打趸儿送。乾隆四十三年九月，李总督差家人张永受进京，素尔方阿备下银子五千两，让家人送到昆明东北四十里的板桥驿，当面交给张永受收存。到了四十四年二月间，李总督差人往苏州办贡，说是缺银子，让大家帮他一帮，素尔方阿又送去三千两银子，另外还给了李总督家人张永受、刘七十两人门包银共一百六十两。这次帮贡，还有广南府知府汪肇奎。汪肇奎进见总督时，李侍尧开门见山说：现在正打发人去苏州办贡，大概需银一万六千两，素尔方阿他们已应允出银了，你也要帮我一帮。汪肇奎下去问素尔方阿为什么答应帮银子。素尔方阿说：你没看见李总督那副凶神恶煞的样子，若不依从，往后难免祸患，送几千银子求个破财免灾吧。汪肇奎想也对，和李总督这种骄戾成性的人没道理可讲，也就筹措了两千两银子送进去。此外，临安府知府德起送二千两，东川府知府张珑送得多，大概四千两。按察使汪圻先送过三柄金如意给李总督，后来因为议论公事时没完全依顺李总督，李总督一怒之下，把他私下馈送的金如意当着好多属员的面掷还给了他。当时巡抚孙士毅也在场，弄得汪圻做不成人；不久，李总督让大家帮贡，汪圻就把那三柄金如意变卖了，凑了五千两银子送去，二人的关系才见缓和。据当时来中国的朝鲜使节风闻，“大抵（李）侍尧贪赃中，五之三入于进贡”。督抚究竟如何婪索下属，下属又如何帮贡？李侍尧云贵总督任上鲁甸通判素尔方阿、广南府知府庄肇奎等的经历体验，提供了这一完整操作过程的生动注脚。

云贵总督李侍尧以“帮贡”为名婪索下属官员，绝不是个案。乾隆年间，特别是中期以后侵贪大案多与进贡、捐廉罚银有关。山东巡抚国泰以办贡、为其父赎罪自请捐廉四万两，不敷开销，恣意勒索属员；江西巡抚郝硕以“进京盘费”及罚交海塘银两不敷，勒派通省属员八万两；其他大吏如巡抚阿思哈、卢焯，以及督抚恒文、良卿、方世俊、钱度、彰宝、王亶望、勒尔谨、陈辉祖、伍拉纳、浦霖等侵贪各案也都与办贡、罚银有着直接关联。

章学诚说："州县为贪墨督抚累者，十八九矣"，这有无数案例可证。当然，乾隆年间封疆大吏中也有洁身自爱、硁硁自守者，而章学诚认为，这类督抚对吏治的败坏也推脱不了责任："督抚大吏，公私墨误，议罚缴养廉，动逾数万，罚赔之类，往往累数十万，虽清廉督抚，不能不取给于属吏。至东抚有犯，后调西抚事发，是东省之殃贻西省矣。或历数省督抚，一旦议罚过重，一省力不能办，而他省门生故吏处当道者，势自不能坐视，是一省之殃累数省矣。大抵操守愈清，则求助愈急，以家囊无可应诛求也。其为清廉督抚所累，未尝无什一二也。"章学诚，乾隆四十三年（1778 年）进士，虽终生治学，但与官场人物有广泛接触，他冷眼旁观乾隆中期后吏治败坏，所见有旁人所未及之处。

如果说，道府州县贪污贿赂，督抚无论清贪皆难辞其咎；那么，驱迫督抚婪索下属官员又该谁负责呢？这个问题很敏感，当时大家心里都明白，但谁也不能说，谁也不敢说。嘉庆帝刚亲政，太上皇尸骨未寒就首罢督抚贡献，并降旨表示"捐廉、罚银等事，朕必不为"，这真的很了不起。"在内隐为驱迫"的臣工贡献和捐廉、罚银，"最为吏治之害"。封疆大吏们苦不堪言，又苦不敢言，若追究责任，惟皇父乾隆帝一人而已。子曰："三年无改于父之道，可谓孝矣。"大清又高标"以孝治国"，这是何等严重的事体！嘉庆帝能一身担当，毅然决然反其父之道而行之，盖进贡和捐廉、罚银，他认为乃非仁义之道。

惩治贪污腐败，贯穿了乾隆帝一生，其晚年败笔显而易见，而其间可圈可点处也所在多有。

在乾隆帝君临天下的半个多世纪中，从维护大清根本的、长远的利益出发，他绝不允许贪官污吏剥民自肥，毁掉国家的根基。他多次明确向全国臣民表示："朕之严于待墨吏，乃所以安民也"；"(贪官）恣饱欲壑，置民瘼于不问，此而不办，何以肃吏治而儆官常"；"此等劣员，多留一日则民多受一日之残，国多受一日之蠹"……他在谕旨中郑重申明："干犯法纪之人，莫如悖逆、贪污二者，法断无可纵。"对于吏治的清浊、闾阎的苦乐，以至官场中种种情弊，乾隆帝通过密折制度、引见垂询及巡幸时省方问俗，还是比较清楚的。因此，乾隆帝即位后，以从严立法惩贪为起点，数十年间执法力度之大、持续时间之久，在中国古代堪称绝无仅有。乾隆帝中期以后政治腐败、贪风炽烈原因是多方面的，严重的政治、经济、社会问题，诸如地方军政首长督抚权力太大、人口膨胀、物价上涨、风尚奢靡、官吏道德水准下降……种种新的矛盾接踵而至，乾隆帝确实遇到了他的列祖列宗，乃至中国古代诸帝所未曾遇到的难题。不幸的是，乾隆帝本人又是聚敛无厌、挥霍无度的帝王，他晚年的种种秕政更直接刺激了侵贪的泛滥。而一切原因最主要的是极端专制不可克服的痼弊，具体表现是不受制约的皇权过度膨胀，政治体制矫正惩贪失误的纠错机制完全失灵。这一切因素叠加在一起，互为因果，彼此激荡；其结果是，康乾盛世的帷幕尚未落下，清朝的统治已散发出浓重的腐败气味迅速衰落下去。

第六章

密布文网

鲁迅说过，文字狱是清朝“文化统制”中“辣手的一种”，人们“吓得不再开口了，计画居然成功”。

文字狱，即以文字治罪且已成狱案，又称“文祸”“书祸”等。与以言论治罪有别，制造文字狱意不在钳制舆论，而在禁锢思想，故其本质是不以行为本身而以当事人的思想倾向作为定罪的依据。文字狱在中国由来已久，而清朝统治者以少数民族入主中原，对防禁汉族臣民产生反满反清思想不遗余力，对整饬“风俗人心”也异乎寻常地重视；加之皇权无以复加地膨胀，以及满洲“主奴名分”文化的深远影响，是以清朝文字狱的酷烈超过了以往历代王朝。有清一代，若论文网之绵密、文祸之频繁、手段之恶辣，则以乾隆帝当政时为最。

一 “圣天子开文字之禁”

经过十年风吹雨打，烈日暴晒，高悬在京师闹市的汪景祺等人的头颅早已枯朽，皮肉和发辫剥离殆尽，只剩下白森森的几颗骷髅在凄风苦雨中晃荡。乾隆帝对此早有所闻，但皇父尸骨未寒，自不宜主动采取纠正前朝弊政的高调举动。如今既有大臣从有碍观瞻着眼，奏请将汪景祺等人的首级掣杆掩埋，所以立即降旨命“照所请行”，接着又命赦免了被发遣边外的汪景祺及查嗣庭的亲属。

乾隆帝刚刚即位，左都御史孙国玺就奏请将悬挂在京师菜市口的汪景祺等六名犯人的头颅“掣杆掩埋”，理由讲得很委婉，说是“京师为首善之区，菜市口又京师之达道，列树枯骨于中途，不惟有碍观瞻，且不便服贾之辐辏”。

这里提到的汪景祺是何许人也？为什么他的头颅被长期悬挂在南城闹市的杆子上呢？

汪景祺是雍正朝第一个以文字之故被杀的人。究其原因，是他党附年羹尧，雍正帝力矫朋党之弊，就拿他开了刀。汪景祺，号星堂，少年轻狂，尔后潦倒文场数十年，康熙五十二年（1713 年）才考取了举人功名，故而心中躁热，急于速化。雍正二年（1724 年），他离京前往陕西布政使胡期恒处“打秋风”。胡是年羹尧的死党，年羹尧时任川陕总督，佩抚远大将军印，圣眷正隆，权势炙手可热。汪景祺借胡期恒这层关系，上书年羹尧自荐，为得到年的青睐，信中极尽阿谀谄媚之能事，说历代名将郭子仪、裴度、韩琦、范仲淹等，比起年大将军，“不啻荧光之于日月，勺水之于沧溟”。在这封自荐信快煞尾时，汪景祺还肉麻地说，如果不能瞻仰“宇宙第一伟人”年大将军金面，则“此身虚生于人间”。年羹尧看后，心里很受用。就这样，汪景祺成了年的入幕之宾。不料，年羹尧好运不长，从雍正三年（1725 年）起，雍正帝就开始究治年及年党，理由是年恃宠而骄，擅作威福，植党营私。当年九月，命将年羹尧从杭州将军任上解京治罪。在查抄年寓时，发现了汪景祺所写的《读书堂西征随笔》，雍正帝阅后，恨得咬牙切齿，挥笔在该书封面上批写：“悖谬狂乱，至于此极！惜见此之晚，留以待他日，弗使此种得漏网也。”果然，当年十二月，刚处决了年羹尧，便把“此种”汪景祺照大不敬律立斩枭示。

“大不敬”，系《大清律例》中所谓“常赦所不原”的“十恶”重罪之一。汪景祺为什么坐以“大不敬”呢？请看罗列的汪的罪款：《读书堂西征随笔》中诗句“皇帝挥毫不值钱”，意在讥刺圣祖康熙帝；该书还载有讥诽康熙帝的尊谥不应称“圣祖”，非议雍正的年号用“正”字，有“一止之象”等内容；其《功臣不可为》一文责备人主猜忌，以檀道济、萧懿比年羹尧。雍正帝心里很清楚，汪景祺如果仅止吹捧党附年羹尧，自然罪不至死。所以不惜从他的《读书堂西征随笔》中罗织出诽谤先帝、本朝的罪状，再加上“大不敬”的吓人罪名，然后堂堂正正地置之重典。“大不敬”罪刑罚极重，不只立斩，还要“枭示”。“枭示”，亦称“枭首”，即砍下人头，悬杆示众，多用于犯强盗罪者，其他恶逆重犯，也有用枭首刑的，汪景祺即属此例。按照雍正帝特旨，汪景祺的头颅要长期悬挂在宣武门外最热闹的菜市口。菜市口既是刑场，又是大道通衢，将头颅挂在那里，南来北往的人见了，特别是那些南边来的汉族士大夫和普通读书人见了，怎能不触目惊心呢？

经过十年风吹雨打，烈日暴晒，汪景祺等人头颅的皮肉和发辫早已剥离殆尽，只剩下白森森的几颗骷髅在凄风苦雨中摇晃。乾隆帝对此早有所闻，但皇父尸骨未寒，自不宜主动采取纠正前朝弊政的高调举动。如今既有大臣从有碍观瞻着眼，奏请将汪景祺等人的首级掣杆掩埋，乾隆帝便立即降旨命“照所请行”，接着又命赦免了被发遣边外的汪景祺及查嗣庭的亲属。当然，乾隆帝这一连串的举措对遏制有泛滥之势的前朝文字狱充其量不过是治标而已，但也向天下臣民发出了一个明确的信号。朝廷中，有人开始考虑通过健全法制，杜绝清初以来持续发生的文字狱悲剧，他就是监察御史曹一士。

雍正十三年（1735 年）十一月，曹一士经过深思熟虑，字斟句酌地草成《奏陈清查比附妖言之狱并禁挟仇诬告之事折》进呈乾隆帝。折中首先回顾了康熙帝晚年，特别是雍正帝即位以来，文祸肆虐带来的严重危害：“比年以来，闾巷细人不识两朝所以诛殛大憝（指戴名世和汪景祺）之故，往往挟睚眦之怨，借影响之词，攻讦私书，指摘字句，有司见事生风，多方穷鞫，或至波累师生，株连亲族，破家亡命。”结果“使天下告讦不休，士子以文为戒”，影响统治秩序和社会稳定。曹一士建议乾隆帝下旨命各省总督、巡抚全面检查以前是否有此类狱案，条列上请，以俟明旨钦定甄别；今后凡有检举诗文书札悖逆讥刺者，审无确凿形迹，即以所告本人之罪，依律反坐。乾隆帝刚刚即位，十分慎重，将曹一士的奏折发交刑部议奏，刑部也反复权衡；三个月后，议覆“应如所奏”。刑部不仅赞同曹一士的意见，而且补充了一条至关重要的建议：“承审各官有率行比附成狱者，以故入人罪论。”乾隆帝立即批准实行。

什么叫“反坐”？“坐”，就是按某项罪名治罪；“反坐”，简言之，即以某人控告他人的罪名反治某人罪。清律规定，凡故意捏造事实，向官府控告他人，使无罪之人被判有罪，罪轻之人被判重罪，告人者要按诬告他人的罪名，受到相应甚至加重的刑罚，称“诬告反坐”。曹一士这里说的是，如有人挑剔别人文字作品的瑕疵，诬告其“悖逆”，而审无“确凿形迹”的话，就“反坐”诬告者以“悖逆”之罪，依律凌迟处死，亲属缘坐。

诬告仇家，必欲置之死地而后快，在专制时代政治气候适宜时，最省事、最易得手的伎俩就是对诗词书札之类的文字吹毛求疵，扣上吓人的罪名。因为对文字字面意思的解释最易颠倒黑白，上下其手。雍正年间，翰林院庶吉士徐骏写了两句诗：“明月有情还顾我，清风无意不留人。”被人告发，说他“思念明朝，出语诋毁，大逆不道”，经刑部审讯，雍正帝批准，徐骏被杀掉了。“明月”“清风”，哪一个文人不曾吟诵过？徐骏却为此招来杀身之祸，这可怎么得了！看来只有望月结舌，临风缄口了。曹一士奏折的锋芒所向，就是徐骏案中这类专以挑剔文字罗织他人死罪的恶棍，只要“反坐”其中一个，跃跃欲试效尤者可能都会闻风丧胆。

什么叫“故入人罪”？即法官故意将无罪判为有罪，将轻罪判为重罪。清律规定，承审官“出入人罪”，凡不意误犯，处罚较轻；凡知而故犯，则要受到重惩。曹一士提出“反坐”，意在遏制起自民间的文祸萌生；而刑部覆议在文祸既发之后，提出“以故入人罪论”，意在从承审文字之狱的官府方面责成其慎重甄别，据实平反，否则就面临被处罚的风险，轻则罚俸降级，重则革职，丢掉乌纱帽。

随后，《大清律例》中遵旨增加了以下专门针对“以文字罪人”的条例：

> 有举首诗文书札悖逆者，除显有逆迹仍照律拟罪外，若只字句失检，涉于疑似，并无确实悖逆形迹者，将举首之人即以所诬之罪依律反坐，至死罪者，分别已决、未决，照例办理。承审官不行详察，辄波累株连者，该督抚科道查出题参，将承审官照故入人罪律，交部议处。

因此严格来讲，《大清律例》并无“以文字罪人”的法律根据；相反，《大清律例》却明确载有“以文字罪人”的诬告者要依律反坐、承审官有率行比附成狱者以“故入人罪”论的条例，那就是乾隆元年由御史曹一士奏请、刑部遵旨议覆、乾隆帝批准，随后在修订律例时增入《大清律例》的上述条例。

既然如此，清朝，特别是康、雍、乾三帝在位的一百多年间，何以制造了那么多的文字狱呢？问题就发生在究竟如何解释“形迹”这一核心概念上。

曹一士及制定上述法条的刑部官员，从无数摧残人性、钳制思想的血淋淋的文字狱案中隐隐约约地感觉到，不能仅凭诗词书札的字句失检定罪。曹一士强调必须有“确凿形迹”，《大清律例》中的相关律例也强调“确实悖逆形迹”为最后定案的依据。“形迹”一词，和今天法律意义上“行为”这一概念十分接近。这样来界定是否犯罪，可谓抓住了文字狱案定罪的要害。

雍正帝和中年以后的乾隆帝都堪称炮制文字狱的专家，他们总是把“朕从不以语言文字罪人”挂在嘴边，理直气壮地指斥文字狱罪犯有“种种叛逆实迹”。但他们所说的“实迹”是不是我们今天所讲法律意义上的“行为”呢？请看雍正朝著名的查嗣庭案：雍正帝声称治查嗣庭罪，并不是因为查嗣庭去江西典试时出的试题“维民所止”有毛病，如果是因为这件事，别人会说查嗣庭出于无心，“偶因文字获罪”；之所以杀查嗣庭，是因为他有“种种实迹”。这“种种实迹”原来就是抄查嗣庭家时发现的两本日记，里面记录着查嗣庭对已去世的康熙帝的种种不满，以及对雍正帝初政的一些微词。查嗣庭将自己所写的日记小心收藏，从来没有明示他人，如果不是雍正帝抄了他的家，可能谁也不知道他还有日记。因此，不能认定他有反清行为——当然这是今天的认识。这桩文字狱很有典型性，它表明雍正帝以至乾隆帝的逻辑很简捷，也很粗暴：凡是讥讽皇帝、诋毁清朝的人，不管有没有宣传煽动反清的行为，都认定为有“谋叛大逆”的“实迹”。罪名定得十分可怕，主犯凌迟枭示（已故者剖棺戮尸），亲属照律缘坐。清代文字狱特别多，与皇帝对“实迹”做如此强词夺理的认定实在有很大关系。

这样看来，至少在雍、乾之际，统治集团上层中有相当一部分人对“实迹”或“形迹”的解释，与雍正帝有所不同。那个摇头晃脑、吟风诵月的倒霉的徐骏，如果在乾隆初年被人举发，承审官就很有可能依法审查一下他究竟有没有“确凿（反清）悖逆形迹”；当然更有可能的是，没人敢以身试法，举发他“大逆不道”，清代文字狱史上也就见不到这个案子了。

曹一士等人强调，凡检举诗文书札悖逆讥刺者，应以“确凿形迹”定罪的法律意识十分可贵。专制时代文字狱林林总总，其本质特征则是不以作者的行为本身作为定罪依据，而仅从作品的文字推求作者的思想倾向将其置之以法。这里面固然有对文字吹毛求疵，加以歪曲荒唐解释的，甚至有作者文字本意在奉承人主而稀里糊涂获罪，但也有相当数量文字狱作为罪证的诗文、书札、日记之类确实存在不满以至讥讽诽谤皇帝及反满反清、妄议朝政的意涵。这后一种情况最难讲清楚，你说我是善意批评，当政者非说你是恶毒攻击。专制时代，皇帝“口含天宪”，你纵有一百张嘴也辨不清，很可能不让你说就把你杀了。1842 年，马克思针对普鲁士政府“书报检查令”中“对政府措施发表的见解，其倾向必须是善良的，而不是敌对的和恶意的”这句话，尖锐指出：“这样一来，作家就成了最可怕的恐怖主义的牺牲品。”原因很简单，法律没有规定客观标准，“倾向”究竟如何，只能由代表专制统治意志的法官去判断。那么什么才是法律定罪的客观标准呢？马克思明确指出：不应当是“当事人的思想方式”，而只能是当事人的“行为本身”。他说：“凡是不以行为本身，而以当事人的思想方式作为主要标准的法律，无非是对非法行为的公开认可。”所以，按照近现代法理和司法解释，一切针对思想倾向治罪的文字狱都是非法的，都是专制主义、恐怖主义法律的产物。在马克思之前一百年，曹一士及刑部大臣官员竟朦朦胧胧地感觉到此中的真谛，强调“确凿形迹”“确凿悖逆形迹”，实在难能可贵。

然而，非常遗憾，他们的认识不彻底，其所拟的相应法条也存在核心概念模糊及自相抵触之处，给日后乾隆帝及其子孙，还有那些专门揣摩皇帝风旨的伶俐官员们开了曲解这一条例的后门。你看，反对“以文字罪人”旗帜最鲜明的曹一士，竟认为康熙、雍正“两朝诛殛大憝”的戴名世《南山集》案和查嗣庭日记案这样再明显不过的文字狱处置正确，不容翻案，他所反对的以文字罪人并不包括“圣祖”和“世宗”发动的这两起典型的文祸；如果有人反问，戴名世和查嗣庭到底有什么反对或推翻清朝的图谋和行动的“确凿形迹”？曹一士又该如何回答呢？刑部议覆、乾隆朝新入律的条例尽管反对以文字定罪，但又特别声明“有举首诗文书札悖逆者，除显有逆迹，仍照律拟罪……”那么，包括刑部在内的各级司法衙门：文人著书写史故意讪谤君上或指斥清朝，但没有相应行动，构成不构成“显有逆迹”？不知法司又该如何作答。说到底，当时包括曹一士这样能独立思考、正直敢言的人物在内，谁也不敢，也不能期望通过健全法制约束最高统治者制造文字狱的手脚。如果乾隆帝和他的子孙认为政治上确有制造文字狱的强烈需要，他仍然会以“显有逆迹”而放手大搞文字狱；当然，乾隆元年新帝即位伊始，他真诚地不想这么做。

乾隆帝初政，能够称得上文字狱的大概只有谢济世私注经书案一件。谢济世在雍正朝因为私注《大学》，“心怀怨望”，险些丢了脑袋。物换星移，朝代更迭，他的积习却难以改变，仍旧在那里注经，仍旧不用程、朱的注释。乾隆帝对此早有不满，到乾隆六年（1741年）终于感到不宜再宽容下去了，于是亲自揭发了这件事，下令查办。但他与雍正帝不同，没有说谢济世有政治倾向问题，只说他“迂”，至于他的居官操守。乾隆帝说：“朕可保其无他也。”从乾隆帝对谢济世的批评来看，保全的意思是十分明显的。在最后结案时，乾隆帝特向天下臣民郑重表示：“朕从不以语言文字罪人。”谢济世本人仍做他的原官湖南粮道，不过，被指为“自逞臆见，倡为异说，肆诋程朱”的谢注经书则不便存留于世，所以连同书板，一把火全都烧了。

乾隆朝初期十几年间，看来思想界之所以比较开放，文字狱之所以几近绝迹，有这样几个原因：一是乾隆帝本人对雍正朝峻急严猛的统治方针带来的弊端有比较清醒的认识，为缓和统治集团内部的紧张关系和知识分子的对立情绪，为政以宽缓为主调，相应地采取了一系列措施，放松了对文化思想的严密禁锢。再就是初政伊始，兢兢业业，惟恐失误，既真诚求谏，又虚心纳谏，是他六十余年政治生涯中作风最开明的时期。还有，乾隆帝即位以后相当长的一段时间里，阶级矛盾、民族矛盾和统治阶级内部矛盾相对缓和，社会气氛比较宽松。当时江南歌谣有“乾隆宝，增寿考；乾隆钱，万万年”之语，与雍正后期“雍正钱，穷半年”的民谚形成了鲜明的对照。

二　精神病患者文字得罪被千刀万剐

乾隆十八年六月十四日正午，署理山东巡抚杨应琚亲临法场监刑，面色死灰、口中喃喃的钦定逆犯丁文斌在济南被当众千刀万剐，凌迟处死。这是清朝开国一百年来，第一个因文字获罪而被处以极刑的精神病患者。

乾隆十六年前后，轰动朝野的伪孙嘉淦奏稿案成为政治气候由暖转寒的标志性节点。

从乾隆十五年七月有人假托素有正声的孙嘉淦之名撰成奏稿，到十八年二月朝廷停止追查伪稿作者、草率结案，全国各直省以至天子脚下及西南土司地方，人们都在传抄一份指斥乾隆帝“五不解十大过”的所谓“孙嘉淦奏稿”。这件空前的大案把酝酿中的社会危机无情地暴露出来。在长达两年半之久的追查伪稿编造者的过程中，乾隆帝疑神疑鬼，坐卧不宁，他开始怀疑伪稿是曾静、张熙余党所编造，后来又怀疑出自那些读书失志的文人之手，也怀疑过是被杀掉的原川陕总督张广泗的亲友故旧流落怨望，造谣生事。当查办伪稿正紧时，江南、湖广方面的大吏又密报马朝柱聚众起事，称马朝柱散发诏书和檄文，说“西洋出有幼主，名朱洪锦”，麾下猛将如云，谋臣如雨。乾隆帝不胜惊骇。他仔细推敲马朝柱“伪诏”和“伪檄”的文字，认为二者的“文气心思”与伪造的孙嘉淦奏稿很相似，伪稿的撰造者是马朝柱也未可定。总之，突发的伪稿案使乾隆帝深受刺激，一纸伪造的奏稿竟把全国搅得动荡不宁，人心淆乱，而且矛头直指今上皇帝。乾隆帝总结伪稿案的深刻教训，决心大力强化对臣民思想的整肃和控制。

乾隆十八年正月，伪稿案接近尾声，乾隆帝特降旨：“此等奸徒，传播流言，诪张为幻，关系风俗人心者甚大，不可不力为整饬。”日后，乾隆帝反复告诫各省督抚，“断不可稍为姑息，致贻风俗人心之害”；“正人心而厚风俗，何可稍存观望”；“为世道人心起见，不得不明示创惩，以昭炯鉴”……意在促使地方大吏从政治高度认识整饬风俗人心的重要性。所谓风俗人心，乾隆帝有时亦称世道人心，盖指人的思想和社会风气。从乾隆帝使用这一词语的具体场合分析，它既包括部分汉族士人的反清反满民族思想，也包括朦胧的反专制民主意识、统治集团中的某些不满情绪，以至学术“异端”，等等。在乾隆帝看来，整肃风俗人心是关乎清朝统治安危的严重问题。

整饬风俗人心的重要性，雍正帝早有明确阐述。浙江总督程元章曾用奏折向雍正帝密报；据淳安县生员吴雰的揭发，告假回籍的宛平县县丞吴茂育刊刻的《求志篇》有问题。程元章调来该书翻检后认为：吴茂育“语言感慨，词气不平，肆口妄谈，毫无忌惮”，特别是书首序文只写“癸卯九月”，而不书“雍正元年”，更干法纪。程元章力图证明吴茂育包藏祸心，不承认清朝正统地位。雍正帝看了奏折后十分满意，在程元章的折子上批示：“嘉是览之！”接着大段论述程元章好在哪里。雍正帝说：盗贼明火执仗，是有形的，地方官即使想掩盖也势所不能；至于那些专以文字蛊惑人心的“匪奸”，如地方官不留心访察，尽可置之不问，很难败露。而权衡二者，“匪奸”之为害国家、淆乱人心，“甚于盗贼远矣”！这一段文字是雍正帝从他发动的吕留良文字狱中总结出来的重要经验，也是清朝皇帝大兴文字狱的理论依据。

经过十余年的治国执政历练，乾隆帝全盘接受皇父的思想，而且认识得更深刻，措施也更有力。对伪孙嘉淦奏稿一案，乾隆帝不惜倾全国之力，历时两年又八个月余，必欲将其查个水落石出，正是基于一切“奸徒”若要推翻清朝统治，则首先要制造舆论以惑乱人心这样一种认识。既然最高统治者如此重视“风俗人心”对巩固大清江山的特殊重要作用，各级地方官员对文字作品中反映出来的危险思想倾向岂敢掉以轻心？在追查伪稿案的恐怖气氛中，疯子王肇基触犯文网的天大冤案就这样被炮制了出来。

乾隆十六年八月，山西巡抚阿思哈密奏，拿获介休人王肇基一名，此人前往官府呈献诗联，其中有“毁谤圣贤，狂妄悖逆”之处。警惕性甚高的阿思哈在折中又称：伪造孙嘉淦奏稿一案，王肇基“迹涉可疑”。乾隆帝谕示阿思哈：“速行严密讯鞫，务得确情，按律问拟，毋得稍有漏网。”阿思哈连忙提王肇基亲自审讯，王肇基供称：今年欣逢皇太后万寿，小子呈献诗联，不过尽我小民之心，想讨皇上喜欢。阿思哈又问：诗联后叙语何以毁谤圣贤，狂吠悖谬？王肇基茫然不知所措，半晌才说：“我何敢有一字讪谤？实系我一腔忠心，要求皇上用我，故此将心里想着的事，写成一篇呈献的。”阿思哈再问其与伪稿案的关系，王肇基瞠目结舌，严诘之下，所供语无伦次，让人一头雾水。阿思哈只好以“此人似属疯癫，与伪稿案并无关涉”覆奏。乾隆帝接奏，承认王肇基“竟是疯人而已”，但这场闹剧至此并未结束，乾隆帝又通过军机大臣谕示阿思哈：“此等匪徒，无知妄作，毁谤圣贤，编造时事，病废之时尚复如此行为，其平昔之不安分，作奸犯科，已可概见，岂可复容于光天化日之下！”

不能“容于光天化日之下”，就只能从肉体上将其消灭了。怎么消灭？《大清律例》载，死刑分斩、绞两种，犯“十恶不赦”重罪的死囚则适用凌迟极刑。还有一种处决人犯的方式叫“杖毙”，亦称“笞杀”“棰杀”，即用竹杖击打犯人致死的刑罚，不载于律例，也不用通过正常法律程序层层审转、刑部备案，只需督抚密奏，皇帝允准，即可执行。因此杖毙被认为是法外之刑，只是在小民聚众闹事、事态难于控制时，才将为首者于闹市通衢杖毙之，以迅速镇压民众暴戾之气。王肇基显然不属于这类情况，但乾隆帝特交代阿思哈，将“疯人”王肇基“立毙杖下，俾愚众知所炯戒”！

这样，不仅一个王肇基被当众杖毙了，而且开了一个极坏的先例。乾隆盛世，精神病患者以文字获罪，轻则杖毙，自此案始。这里说的“轻则杖毙”，并非说刑罚轻，就其残酷程度而言，杖毙较立斩和立绞要重的多，与极刑凌迟可称不相上下。章士钊在《沈荩》一书中描述了清末奉慈禧太后之命被杖毙的反清志士沈荩的惨状：“（狱卒）乃拽荩，以竹鞭捶之，至四时之久，血肉横飞，惨酷万状，而未至死，最后以绳勒其颈，而始气绝。”刽子手们不停地用竹鞭抽打死刑人犯，竟至八个小时之久；而犯人还没有气绝，分明是看准了不打要害之处，这和慢慢地千刀万剐究竟有什么区别？！

时隔不到两年，人们就真的看到凌迟以文字获罪的精神病患者的明正典刑盛况了。

乾隆十八年（1753年）六月十四日正午，署理山东巡抚杨应琚亲临法场监刑，面如死灰、口中喃喃的钦定逆犯丁文斌在济南被当众凌迟处死。

这是清朝开国一百年来，第一个因文字获罪而被处以极刑的精神病人。

丁文斌智能平常，品行无懈可击，只是一阵阵耽于遐想，或出语荒唐，因此被家人邻里呼为“痴子”。他原籍浙江上虞县，父亲死得早，随母亲在杭州长大。孤儿寡母，生活难以为继，他曾一度投靠叔祖丁芝田。丁芝田是个塾师，看文斌年纪稍长，教过他几本《论语》《孟子》，但这孩子自幼性格内向，孤僻多疑，不招人待见，丁芝田随教随辍，四书还没讲完便罢了手。到十几岁时，丁文斌又跟母亲往投哥哥丁文耀，文耀比文斌大十一岁，家住松江府华亭县，有时打烧饼卖，有时去面馆帮工，勉强糊口。家中凭空添了两张嘴，虽说是至亲，嫂嫂秦氏还是不满意，不免常有怨言。文斌母子俩只好常常外出佣工，炊煮服役，什么下贱活儿都干，路途再远，只要有人雇用也从不推辞。

乾隆十二年（1747年），在艰辛与屈辱中操劳了一生的母亲病死了。失去了相依为命的慈母，丁文斌的精神受到极大的创伤，终日闷闷无语，面壁出神。不久，他又染上了抽烟的毛病，常常在烟雾缭绕中想入非非。侄子们讨厌他，开始叫他“痴子”；文斌为此气得不成，但也无可奈何。他生来弱小，不能像哥哥那样卖力气为生。好在他小时候毕竟喝过墨水，认识些字，诗曰子云、圣经贤传之类还能讲解几句，加以写得一笔不错的字，所以在他头脑清楚的时候，总还有个把小户人家送子弟给他教。这样，母亲去世后的两三年里，他断断续续地过了些安稳生活，不幸后来精神越来越不正常，“痴子”越叫越开，蒙馆这条谋生之路也就断了。实在没有饭吃，他就在家中给路人算命测字，去米铺给老板舂米，到茶馆帮人烧火拉风箱，聊以糊口。渐渐的，他在本县混不下去了，就到苏州等地写对子送给店家，讨几文钱。断炊之日，他难免不顾斯文，沿街乞讨，受尽了白眼和凌辱。

虽然过的是猪狗般的日子，可丁文斌却偏偏有数不尽的非分之念。三十几岁的汉子，没有妻室，难免渴望异性的温情，也常常被难忍的性欲所煎熬。在本县董恒山开的茶馆中拉风箱的半年里，董家年方十五的姑娘着实让丁文斌心醉神迷，他拼命压抑折磨着自己的欲念。极贫至贱的现实不准丁文斌对董家小姐有所奢望，他就暗中编织些五彩缤纷的才子佳人之类的故事聊以自慰。当然，丁文斌最渴望的是钱，大发其财，一夜之间变成富翁，但现实哪有如此的幸运？他不甘心，就精心设计了制钱的式样，取什么名目呢？“乾隆通宝”不能用，也不敢用，搜索贫乏头脑里那些支离破碎的典故，最后确定为“太公九府钱”；自己心中暗喜，不过，毕竟不能拿去用。丁文斌想来想去，总算弄明白了，为什么穷，为什么被人轻贱？说到底，还是没权势。讲权势，世上至高莫如皇帝，接了帝位，金银财宝，名誉尊严，以及成群的美如天仙的妃嫔，一切都有了。当皇帝，享尽人间荣华富贵，是丁文斌吞云吐雾之际最令他心驰神往的缥缈幻影。他饥肠辘辘地沉耽于绚丽的遐想之中，这使得被强行压抑的欲望得到暂时满足；但眼前冷酷的现实总是无情地将幻想的泡沫撞得粉碎，每当他从幻梦跌回冷峻的现实世界时，他总感到锥心般的痛苦和绝望。

丁文斌的处境太可悲，甚至比他身边的平头百姓还可悲。他读了几句书，因此滋生了种种奢望，总想着“黄金屋”“千钟粟”和“颜如玉”，不时还做着“朝为田舍郎，暮登天子堂”之类的美梦。不幸的是，他资质平常，缺少一副机能健全的大脑。究其原因，不能排除由某种遗传因素所致；但自幼颠沛流离的生活、慈母遽尔逝去的强烈刺激、长期持续纠缠的精神苦痛，无疑加剧了他先天性的大脑器质性疾病。总之，丁文斌比身边的劳苦大众，比许多落魄书生的命运更为凄惨，他既不能用自己的体力，也不能以自己的文墨之长去谋取一件勉强糊口的差事。

接近中年的时候，丁文斌精神疾患的种种症候越来越明显了，他渐渐丧失了调节和控制自己行为的能力，丧失了对自己行为后果的认知能力。早在母亲去世前，丁文斌就时不时地听到身旁有人对他讲话，奇怪的是，周围竟空无一人。自母亲离他而去，这种带有指令性口气的声音在耳边出现得更频繁了。他同别人讲过几次，但谁能相信他的疯话呢？久而久之，丁文斌开始确信这声音来自冥冥上苍，是“上帝”对他的特殊眷顾，于是虔诚地照“上帝”的旨意去行动。乾隆十三年（1748年），母亲死去的第二年，丁文斌“受到上帝的启示”，开始埋头著述，转过年来就完成了《文武记》两本、《太公望传》一本，趁着江苏学政庄有恭到松江府按试，他跪在路中拦轿，把书献给了庄大人。庄有恭点过状元，丁文斌相信，只有他才看得出自己的道德学问。可惜拦舆献书之后，竟如泥牛入海，杳无音信。

在贫困与焦躁的煎迫下，“上帝”的声音又频频出现在耳边，这次是命他将旧作改写为《洪范》和《春秋》。他陆陆续续地做了些增删订补的工作，并遵照“上帝”之意，把每章之后的“丁子曰”统统改为“天子曰”“王帝曰”。丁文斌何以从“丁子”成为“天子”“王帝”呢？原来他自认为这也是“上帝”的安排。年幼时，丁文斌曾随叔祖丁芝田去过一趟山东曲阜的孔府，听过衍圣公孔广棨讲尧舜之道，心里便想：“老衍圣公能守尧舜之道，自然应该居天子之位。我小时候蒙老衍圣公传过尧舜之道，不和传位于我一样么？”不久，他耳边又常响起“上帝”的声音：“老衍圣公见你讲道论学，与舜无异，故传位于你，还把他两个女儿一起许配给你。”丁文斌乐不可支，觉得既受位于尧，自当以“天子”“王帝”自居；既接受了帝位，就得定国号、年号，另颁一部《时宪书》，让天下臣民尊奉新朝正朔。从乾隆十六年起，他赶修出一部《钦定时宪书》，把国号定为“大明”——他并非有什么“复明”的政治野心，不过取《大学》“明明德”之意，年号则用“天元”。这一年孔广棨已死去六年，丁文斌想自己即位也自然有六年，因此《时宪书》上写的是“天元六年”。过了两年，丁文斌检讨政绩，很惭愧，经请示“上帝”后，决定改国号为“大夏”，取“行夏之时”的意思，改年号为“昭武”。所有改动之处都写在“天元八年”，即“昭武元年”的《钦定时宪书》里。

乾隆十八年春夏之交，哥哥丁文耀与旁人搭伙往杭州卖鳝鱼去，丁文斌没人可怜，连饭也没得吃，无可奈何之下，凑了一两多银子，北上山东曲阜，打算将所著之书呈交衍圣公，或许能得到他的赏识。五月二十八日，丁文斌走到曲阜孔府。衍圣公孔昭焕听守门人役禀报，说有亲戚丁文斌携书求见，不胜惊诧，心想哪有这门子穷得像叫花子似的丁姓亲戚，料定来者不善，遂命门役搜出《洪范》《春秋》和《钦定时宪书》旧册几本，看到“大明”“大夏”“天元”“昭武”字样，急命将丁文斌拿下，发交曲阜县羁押，随即密札山东巡抚杨应琚查办。衍圣公有专折奏事特权，孔昭焕将诸事料理妥帖后，又缮具密折一件，向乾隆帝直接陈报此怪诞狂悖之事。

署理山东巡抚杨应琚六月初二日接到孔昭焕密札，当时他正在兖州府鱼台县查捕蝗蝻，见有投递逆书的要案，不敢稍有延误，一面命曲阜县令迅将逆犯丁文斌就近严密解送兖州候审，一面连夜星驰兖州。在杨应琚亲自主持下，审讯自六月初四日开始，但令杨应琚和参审的刑官们哭笑不得的是，原来此人整个一疯子，一场虚惊！且看当时问供纪录的片断：

> 刑官问：“你既敢著作逆书，谋为不轨，一定有主谋的人，还该有羽党助你的人，还不实说吗？”
>
> 丁供：“小子原不愿做这事，实是上帝之命，无奈何，并没有什么主谋之人，哪里还有羽党？现在衣食不充，百分穷困，哪里还有人帮助？叫小子从何处供出呢？”
>
> 刑官问：“据你说上帝命你的话，到底他在哪里？如何命你？敢是另有一人暗地里挑唆你吧！”
>
> 丁供：“上帝是上天，如何有人？小子实是蒙上帝时时启迪，常在身边说话，别人不能听闻的。”

刑官们大惑不解，难道会有这等怪事？看来必得动刑了：“你说的都是荒唐之言，明明将主谋、羽党之人不肯供出。”“夹起来！”夹棍是早经准备好了的，发声喊，便动起了大刑。

夹棍是法定刑具，看起来简单得很，由三根木梃和绳索构成，但威力十分了得，故有“三木之下，何求不得”之说。清律规定，中间一根木梃长三尺四寸，两旁木梃各长三尺，上圆下方，在三根木梃相合之处，各凿成圆窝四个，用绳索穿起。动刑时夹在男性犯人的小腿上，逐渐发力，勒紧绳索，犯人疼痛难熬，只得乱供一通。其结果往往造成终身残废，甚至胫骨折断，登时殒命。夹棍号称“大刑”，清律规定，人命、强盗等重案方准酌用夹棍，但刑官为逼出他们要的口供，往往滥用夹棍。

丁文斌体质本弱，哪里将得大刑伺候？他痛苦呻吟：“小子并没有主谋、羽党，不能供出，实是上帝之命。如今受刑，也是上帝带累的。供不出来了……求松夹，求松夹……”话音未落，就昏死了过去。

杨应琚为宦多年，阅历甚富，类似丁文斌这样的怪人还是有所见闻。对丁文斌所供身边常有旁人听不到的莫名其妙的声音这一关键情节，他也宁肯信其有。然而，著作逆书，建国称王，怀恋汉人朝代“大明”“大夏”，关系非浅，且供证确凿，只能照“大逆”律条严办。

六月初七，杨应琚命结束审讯，当天即缮具奏折两件，向乾隆帝做了全面的汇报。

第一件奏折叙述拿获、审讯逆犯丁文斌的经过，最后定其罪案：“确查丁文斌建号称王，擅加封赠，伪造宪书、钱式，又敢肆为逆语，目无国法，诚属罪大恶极，当依大逆谋反律，凌迟处死，其亲属照律缘坐。”这是叙述罪案，照律拟罪的官样文章。

第二件奏折才是详加解释何以如此定罪量刑。杨应琚对丁文斌谋反大逆的动机做了如下分析：“臣揆查其情，丁文斌乃一至贫极贱之人，一旦稍习陈言，遂自诩为奇才异能无出其右，因而妄想富贵女色，痴心日炽，结为幻影，牢不可破，则肆其枭獍之心，狼号狗吠，无所不至。”然后笔锋一转，又说：“听其所言，不论何人俱知其妄。”照此说来，丁文斌确系疯人无疑，而且疯病的病因及症状都说得几近科学。但杨应琚如此说绝无为丁文斌开脱之意，而是想让乾隆帝确信，丁文斌的供词绝非支吾诈伪，也就是说，他谋反大逆仅只一人而已，确无党羽和主使之人。杨应琚不愧混迹官场多年的老吏，他深知钦办逆案，不容丝毫疏懈马虎，必须办得无枉无纵，结实可靠。把一个精神病患者定为谋反大逆，凌迟处死，分明是最大的冤枉，谈何“无枉”？这是今天讲的话。在杨应琚看来，“无枉”的意思是，不能刑拷太甚，把丁文斌逼得乱咬一气，最后收不了场，到头来自己难辞其咎；“无纵”最要讲究，如果被精明的乾隆帝看出丁文斌背后确有巨奸大慝没有审出来的话，这岂能吃罪得起？所以，他解释丁文斌犯罪原由时最下功夫。在这件奏折中，杨应琚还不忘向乾隆帝建议：“该犯气体瘦弱，亟宜早正典刑。”他担心丁文斌可能挨不到常规司法程序下定拟、批准行刑所需的时间了。

六月十一日，杨应琚的两件密折及逆犯丁文斌的供单一并飞递到京，在第一件奏折折尾，乾隆帝朱笔批示：“三法司核拟速奏。”乾隆帝对杨应琚在第二件奏折中提供的丁文斌业已垂危的情况极为重视。屈指算来，三法司（即刑部、大理寺和都察院）办理再快，刑部钉封文书驰递济南也需旬余；丁文斌一旦等不及而瘐毙狱中的话，一则太便宜他了，再则奸人匪类也不能咸受炯戒，达不到明正典刑的震慑作用。乾隆帝即命军机大臣寄信密谕杨应琚：“酌看该犯现在光景，若尚可等待部文，则候部文正法；如恐不及待，即照所拟，先行凌迟示众。”

丁文斌果然“不及待”了。六月十四日一早，杨应琚接奉上述廷寄谕旨，即亲赴济南臬司大狱察看，只见丁文斌语塞气短、奄奄一息，于是马上点派济南城守营参将万德、济南知府赵之采布置法场，放出警戒。午时，巡抚杨应琚供出王命旗牌，亲临监决。只见刑场四周万头攒动，观者如潮，八方人众争睹凌迟逆犯的盛况。

凌迟，亦称“寸磔”“脔割”“鱼鳞剐”等，俗称“千刀万剐”，清律名之曰“极刑”。凌，细也；迟，缓也。凌迟，即用零刀碎割，延长行刑时间，使犯人受尽痛苦而死的一种极其残酷的死刑。凌迟适用于“十恶”中的谋反、谋大逆、谋叛、恶逆等罪大恶极的犯人。清律载凌迟之法：“乃寸而磔之，必至体无完肤，然后为之割其势。”《明季北略》详记明崇祯十二年（1639年）八月二十六日在北京闹市凌迟大臣郑鄤的情景，大略如下：“黎明，脔割之旨乃下，（作者计六奇）与人同往西市（即甘石桥下西四牌楼）观刑。当时尚无一人，只有地方夫役据地搭厂，竖一有丫之木在东牌楼下。旧规：杀人在西而剐在东也。少停，行刑之役俱提一小筐，筐内俱藏贮铁钩与利刃，时出其刀与钩颖，以砂石磨砺之。辰巳二刻，人集如山，屋皆人覆，声亦嘈杂殊甚。郑鄤停于南牌楼下，坐筐篮中，科头跣足。少顷，从人丛中舁之而入，遥望木丫，尚闻其‘这是何说者’。于极鼎沸中，忽闻宣读圣旨，结句声高：‘照律应剐三千六百刀！’刽子手百人，群而和之，如雷震然，人尽股栗矣。炮声响后，人皆跂足引领，顿高尺许，拥挤之极，亦原无所见。下刀之始，不知若何。但见有丫之木，指大之绳勒其中。一人高踞其后，伸手垂下，取肝、腑二事置之丫巅，众不胜骇惧。忽又将绳引下，而峚阳（即郑鄤）之头突然而兴，时已斩矣。则转其面而亲其木，背尚全体，聚而割者如猬。须臾，小红旗向东驰报，风飞雷走，云以刀数报入大内也。午余，事完。天亦暗惨之极。归途所见，买生肉以为疮疖药料者，遍长安市。”

丁文斌终于如乾隆帝所愿“明正典刑”了，作为谋反大逆正犯的亲属，丁文斌兄丁文耀，侄丁士麟、丁士贤照律缘坐，本应立斩，经皇帝加恩，改为斩监候，秋后处决；丁文斌的另外两个侄子丁士良、丁士信未满十六岁，照例给功臣之家为奴。还有看过逆书的自然难逃法网。王素行以见逆书并不检举，照律打一百板子，流放到三千里之外的烟瘴之地。蔡颖达和徐旭初很侥幸，因为他们是在乾隆十五年前丁文斌尚未添入“逆语”时看的，所以定为“混看杜撰邪书”，照律杖八十；徐旭初系武生，因此衣顶也被褫革。

太上皇乾隆帝崩逝，嘉庆帝开始亲政，遂降旨：凡前此“书词狂悖案”内照大逆律缘坐的犯人一律开释。被叔叔丁文斌株连的四个侄子士麟、士贤、士良、士信都还活着，有的在充军之所，有的为人家奴，圣天子雨霖普降，他们终于重获自由。年轻时挥泪诀别，谁承想还有白首重逢的一天。

疯子丁文斌虽然被处以极刑，但与前此因献诗而被杖毙的王肇基一样，下至地方官吏，上至乾隆帝，都承认这二人确有疯癫之状。二者刑罚之所以有轻重之别，是因为丁文斌查有“悖逆实迹”，而王肇基不过“无知妄作”。丁文斌案发生之后，各地加强了对患有精神疾患的文人的管束，疯汉文字狱案呈上升趋势。至乾隆二十一年（1756年）刘德照逆帖案发生，情况又为之一变。

刘德照原籍直隶，后流寓山东濮州，家有妻子及年纪尚幼的子女三人。因年景荒歉，家中又遭火灾，穷苦不堪，靠推小车为生，不久，害眼病彻底断了生计。此人看过一点子平书，就胡乱写了一张叫《春秋建论词》的字帖，原想到京师献上，没准儿皇帝能赏个几十两银子。谁承想他刚走到德州就叫官府拿获，搜出字贴，署理山东巡抚白钟山看又是一个疯子自投罗网，就以其“迹类疯狂”奏闻。很快，官府又在刘德照家中搜出另外几张字帖，上面写着“兴汉兴明”“削发拧绳”之类有反清政治倾向的话。情况报上，乾隆帝很震惊，为此特向各省督抚发下谕旨，开首先说近来督抚往往以迹类疯癫奏请杖毙完结，若仅只词语不经，妄言灾祸，或生事地方，訾议官长，则杖毙已足蔽辜；接下去引刘德照一案，词气就严厉起来：“如讪谤本朝，诋毁干犯，则是大逆不道，律有正条，即当按法定拟，明正典刑，妻子缘坐，不得坐以疯癫，曲为原解，仅予杖毙。”刘德照自然难逃凌迟，妻子缘坐，为他“曲为原解”的巡抚白钟山也受到严旨训斥。

此后审鞠疯汉“逆案”也就有了固定的程式，极少见仅予杖毙的，更少见为这些可怜罪犯的亲属开脱的。

在科学尚未昌明的古代，如何确认真正的精神病患者是比较困难的。虽有煌煌谕旨，声明不得轻易“坐以疯癫”，可一旦碰到具体案件，还是难于做出判断。乾隆二十八年（1763年），福建有一个叫林时元的疯子因投递一张字帖被捕，闽浙总督杨廷璋亲加刑讯，让林时元解释字帖上所写“孔子张天师杨家府杨老令公龙翁龙母”是什么意思。林时元供称：有的是“梦中告知”，有的是“戏场看见”。杨廷璋据实上奏，乾隆帝大怒，降旨申斥杨廷璋说：“林时元如实系疯狂，自当不省人事，何以逐条登答，俱能圆融解说？”杨廷璋惊惧之下，连忙又提林时元严加刑讯，然后顺着乾隆帝的口气覆奏说：“该犯茹刑之下，亦知痛苦呼号，则诚非不省人事者可比。”刚愎自用的“圣主”断定疯子就当永远“不省人事”，开始还算明白的“能臣”一经点拨立即也自认糊涂，这君臣二人一起串演的审鞠疯汉文字狱的这出严肃正剧真令人啼笑皆非。

乾隆年间有个怪现象，精神病患者因胡涂乱抹而构成罪案的特别多，据不完全统计，此类罪案至少在二十起以上。这些粗知文墨的疯子与吕留良、戴名世不同，他们根本谈不到有什么民族意识和政治倾向，发病时终日神游于梦幻之中，随手乱抹几个不知所云的文字，结果照大逆律论罪，本人凌迟处死，亲属还要缘坐；侥幸得到从宽处理的，也多是斩立决或市曹杖毙。反观康熙、雍正两朝，尽管文网渐密，雍正帝还高度警惕以文字蛊惑人心的“匪奸”，却都不曾荒唐到罗织疯汉怪诞不经的文字。雍正八年（1730年），有个叫刘芳杰的疯子，一天忽发奇想，写了一个帖子求拜广西巡抚金铁，金铁一看红帖封面上赫然大书“真明天子刘芳杰拜”几个字，感到事体严重，就把刘芳杰看押起来，随即缮写密折向雍正帝报告，说疯犯他事可恕，惟刘芳杰光天化日之下竟以“真明天子”自居，应于“广众之中尽法处死，以儆地方所有疯人”。雍正帝却不以为然。他在金铁的奏折上批谕：“若实系疯病，何必至于死？”比较之下，雍正帝较之乾隆帝要明理得多。

就在那个近乎荒诞的时代，还有个别大臣、官员良心未泯。他们虽不敢为“逆迹”昭然的精神病患者辩解，但觉得被这些文疯子带累的家人亲属则太无辜也太凄惨。乾隆二十八年（1763年），在连续发生数起疯子文字逆案后，负责刑名事务的湖南按察使五诺玺给乾隆帝上了一个折子，先说定例疯病之人责成亲属报官，由官府亲发链铐交其亲属锁禁，立法已属周备。但例内专为疯病逞凶者而言，“更有一种粗知文义，赋性不顺，少因失意之事，始而佯作疯狂，继则疯迷罔悟，忽明忽昧，信口妄言，如醉如痴，任意书写，或捏造妖言，或逞其梦呓，事发到官，在本犯予以极刑，固所应得，而牵涉亲朋，缘坐家属，株连颇多”。接下去五诺玺说：这类疯犯不同于真正疯狂凶悍之人，其行迹虽然并无凶悍之状，而流毒更甚于行凶之人，请嗣后责成保甲、牌头、户首，留心稽查，应与疯狂之人“一律报明地方官，置备坚实链铐，严行锁固，谕令亲属人等不得给与纸笔，任其混写”。在五诺玺之前，原任湖南巡抚、后调任吏部尚书的陈宏谋也呈进《请锁锢疯人折》，用意也在疯人因文字获罪，罪止自身，不宜株连家人亲属。乾隆帝还是接纳了他们的意见，命传谕各省督抚：“向来此等疯人病发，原定有严加约束之例，但行之日久，地方官不能实力奉行，以至旋锁旋释，甚至任其拨弄笔墨，滋生事端，而匪人中实系丧心病狂者转以借词疯病，冀为玩法，于风俗人心甚有关系！嗣后遇有此等疯病之人，应预为严行看守防范，毋得稍有弛懈。”

“于风俗人心甚有关系”，一语揭示了乾隆年间接二连三发生疯汉文字狱的原因，就在于乾隆帝郑重其事地把疯病患者荒诞不经的文字视为世道人心之大害。五诺玺、陈宏谋陈奏之后，疯人文字狱虽有减少，但远未绝迹。

三　借胡中藻诗狱摧毁鄂、张朋党

雍正帝是借文字狱打击朋党的专家，乾隆帝在发动胡中藻案前，认真学习和研究了皇父炮制查嗣庭案的路数及全套本领，自信胜券在握，遂调兵遣将，分路出击。在总结本案时，乾隆帝对鄂尔泰、张廷玉各打五十大板。他说：“胡中藻依附师门，甘为鹰犬，视张廷玉等为寇仇；而张廷玉所用之人，也未必不以鄂尔泰、胡中藻为匪类。”嘉庆朝礼亲王昭梿认为乾隆帝之杀胡中藻的真正原因是“深恶党援”，由此而朋党敛迹，“时局为之一变”。

乾隆二十年（1755 年）前后，“圣明天子”治下的中国政治环境比较宽松的时代已一去不复返。

这时，朝中隐然对立的鄂尔泰和张廷玉两派的首领虽然已一死一去，但朋党恶习根深蒂固，牢不可破。在张廷玉因配享而失足之际，鄂派官僚集团隐然以大学士史贻直为首，蠢蠢欲动，企图借倾陷张廷玉而复起。乾隆帝认为：必须效法皇考杀一两个如汪景祺、查嗣庭那样的朋党习气甚深的人物，震慑臣工，才可望将朋党斩草除根，使其不复再如魑魅魍魉滋生于盛世。循着这样的思路考虑下来，乾隆帝暗中积极策划了一场摧毁朝中朋党的决定性战役，选中的靶子系已故大学士鄂尔泰的得意门生、内阁学士胡中藻，其战术的运用也高明之至。拿办胡阁学，是因为他写了一本书名很古怪的诗集——《坚磨生诗钞》。

胡中藻，号坚磨生，江西新建人，乾隆元年（1736 年）进士。选他为战役突破口有几个好处：其一，出身科甲，名列清华，官内阁学士，又兼了侍郎衔，论官品，不大不小；其二，胡中藻平日以鄂尔泰高足自居，对张廷玉系统的官僚视若仇敌，此人又与鄂尔泰侄子、历任方面大员的鄂昌等关系密切；其三，胡中藻曾出了一部名为《坚磨生诗钞》的集子，文辞险怪，尽可以拿来上下其手，罗织成罪。这第三点最为重要。自张廷玉还乡以后，乾隆帝就交代曾在军机处行走的蒋溥一项秘密使命——从《坚磨生诗钞》的字里行间推敲出胡中藻的狼子野心。罪状罗织起来不会太难，蒋溥没过多久便交了卷。但乾隆帝以为时机尚未成熟，故而一拖就是几年。

到了乾隆二十年年初，正值发动对准噶尔蒙古之役的国家重大关头，汉大臣官员对此举颇有非议。乾隆帝选择这一时机出手，蕴含多重考虑。

正月末到二月初，四天内乾隆帝三次向群臣吹风。正月二十九日，他重提张廷玉年老乞休旧事，降谕指责汉人喜欢沽名钓誉。谕中，乾隆帝闲闲地说起："朕昨日为增长知识，偶尔翻阅过去案卷，发现查嗣庭的日记中也有'难于乞身'之语……"既要"增长知识"，自然看什么书都可以，为什么偏偏翻档案？为什么一翻就翻到查嗣庭案的卷宗？乾隆帝要"增长"的是什么"知识"，增长这些"知识"要干什么？臣子们不明白皇帝葫芦里装的是什么药。翌日，乾隆帝又降下一道谕旨，告谕礼部，议奏已故大臣入名宦祠、乡贤祠时要出以公心，然后话锋一转，指向了朋党。皇帝说：徇情曲庇，就是党援门户的开端。过去皇考洞悉此等陋习，曾大力振刷，如查嗣庭、吕留良各案。今天有人胆敢故态复萌，朕非不能执国法以警奸顽！大小臣工要知道警惕呵。乾隆帝二月二日的谕旨是借着群臣进贡方物、祝贺自己四十五寿辰这件事，告诫大家不要学查嗣庭妄生疑义，制造谣言，腹诽心谤，甚至笔之于书。

乾隆帝谕旨一再点到的查嗣庭到底是怎样一个人呢？查嗣庭案究竟是怎么一回事呢？

查嗣庭是浙江海宁县人，康熙四十七年（1708 年）进士，雍正初先任内阁学士，很快升任礼部侍郎。据雍正帝后来说，他早就看出查嗣庭有叛逆之心，理由是他长了一副“狼顾之相”。何谓“狼顾”？相面家讲，有的人走路时回顾似狼，即头向后转一百八十度而身躯可保持不动，故称“狼顾之相”。这种人心术不正，往往心怀异志。雍正帝深信相面术，对此亦小有心得。既然雍正帝早知查嗣庭如此，何以查嗣庭在雍正初年仍官运亨通，深惬圣心呢？日后拿问查嗣庭时，雍正帝向群臣解释说：“查嗣廷向来趋附隆科多，隆科多曾经举荐，朕令在内廷行走，授为内阁学士及礼部侍郎。”这样一讲，固然撇清了自己对查嗣庭的信任之误，同时也就把为什么要罗织查嗣庭文字之罪的深层原因点破了。原来，隆科多是雍正帝粉碎年羹尧党之后，正在部署的下一轮打击朋党集团战役的首要目标。在隆科多的党羽中，清查出一个如查嗣庭这样知名度很高的人物，才可以先声夺人，钳制众口，为最后解决隆党做舆论准备。但如何下这一步棋，雍正帝颇费思索。

传闻查嗣庭书法极精，遐迩闻名，但从不轻易示人，更谈不到有什么大部头作品刊刻流传；要从文字中推求他的险恶居心，从而论拟罪名，是有相当难度的。这自然难不倒雍正帝，他首先调来查嗣庭任江西学政时出的试题，反复斟酌推敲，果然大可吹求。不过雍正帝还有顾虑，怕人说他治查嗣庭的罪是因为查嗣庭典试江西时出题有毛病，这样旁人会讲，查嗣庭或出于无心，“偶因文字获罪”。只有另辟蹊径，挖出查嗣庭的“叛逆实迹”，方能塞住悠悠众口。

这也不难，雍正帝遣一骑快马将十万火急的亲笔密谕递到杭州，催令杭州将军鄂弥达和浙江巡抚李卫“立刻速至查嗣庭家，将一应字迹抄录，书本尽行搜出，封固送部”。雍正帝还不忘叮嘱：“可在其家或墙壁、地窖中有藏匿者，亦皆留心详细搜检，不得泄露，另作走漏，尔等领罪不起！”查嗣庭家明处自不必说，房前屋后也掘地三尺，果然发现细字密写的日记两本，叛逆“实迹”彰明较著。雍正四年（1726年）九月，雍正帝传集大学士、九卿、翰詹、科道等在京大小臣工，当众公布从日记中摘出的查嗣庭的罪证：妄议圣祖康熙帝亲赐进士是“滥举”；多选庶常如蔓草；清书庶常复考汉书过于苛刻；殿试时不能按时完卷被黜革进士是“非罪”……如此等等，不一而足。大概怕这些分量还不够，雍正帝又举出查嗣庭日记中某些个人琐事及天气状况寓有春秋笔法，如康熙六十一年（1722 年）十一月十三日记皇帝崩逝，这没错，可没隔几天，查嗣庭又记“患腹泻，狼狈不堪”；雍正元年（1723 年）以后凡初一、十五朝会之日或皇帝祭奠之日，查嗣庭往往记当日“大风”“狂风大作”“大雨倾盆”“大冰雹”；热河偶发大水，查嗣庭记“官员淹死八百人，其余无数，雨中飞蝗蔽天”……雍正帝统统把这类无关大体、甚至鸡毛蒜皮的琐细小事无限上纲，大加渲染，硬说成“讥刺时事”“幸灾乐祸”“悖礼不敬”，查嗣庭当然逃不过被处以极刑、亲属照律缘坐的噩运。

显然，在雍正帝眼中，查嗣庭的日记白纸黑字，腹诽心谤，是足以定罪的确凿罪证；用他的话来讲，就是“种种叛逆实迹”。这话貌似有理，实际是站不住脚的。查嗣庭怵于清初以来频发的文祸，对笔墨文字谨慎到了极点，据说他的书房每晚房门紧闭，有人曾从窗缝窃视，只见他秉笔疾书，写完后，又爬上梯子，把所记文字藏到房梁上。纵使查嗣庭真的对现实政治不满，但如此慎之又慎地私记日记，秘不示人，又无相应的反朝廷行为，怎能构成“叛逆实迹”呢？动不动就仅凭文字便断为讥讽皇帝、诋毁本朝的“悖逆实迹”，这种强词夺理的逻辑在清初已见端倪，到雍正时大加发挥，普遍使用，与皇帝日益膨胀的无上权威结合在一起，日渐成为不可移易的真理、法司断案的依据。

乾隆帝在发动胡中藻案前，认真学习和研究了皇父炮制查嗣庭案的路数和全套本领，自信胜券在握，时机已到，遂调兵遣将，分路出击。

第一路：乾清宫侍卫哈清阿和理藩院侍郎富森前往江西新建逮捕胡中藻。二月二十六日天还没亮，即将钦犯胡中藻在梦中拿获，随即押往京师覆命。第二路：广西巡抚卫哲治于二月二十三日遵照军机处寄发的一道密谕，将胡中藻任广西学政时所出的试题及与人的唱和诗三十六首一并密封，专差驰送京师。第三路：陕甘总督刘统勋接到廷寄，查抄甘肃巡抚鄂昌的住所，将鄂昌与胡中藻往来应酬的诗文书信，以及其他讥讽朝政或嘱托公事的文字封固解京。刘统勋闻命即行，颇有斩获。第四路：谕令军机大臣阿里衮等提讯为《坚磨生诗钞》作序、刊刻的侍郎张泰开。种种布置都是在极其秘密的情况下进行的，待一切安排妥贴，万无一失之后，乾隆帝却好整以暇，于三月初六日离开圆明园，前往直隶易县恭谒泰陵。

三月十三日，乾隆帝从泰陵返京途中驻跸永定河附近的韩村行宫，突然召集大学士、九卿、翰林、詹事、科道聆听面谕。先从汪景祺、查嗣庭、吕留良几起大狱谈起，然后切入正题，他说："蒙我皇考申明大义，严加惩创，以正伦纪而维世道，数十年来，意谓中外臣民，咸知警惕"。而不意竟还有此等鸱张狺吠，"出身科目、厕身清要而鬼蜮为心者，借诗歌吟咏而肆其悖逆诋讪"。听到这里，群臣相顾失色，科甲出身的翰林们更把心提了起来。待乾隆帝点出乃是内阁学士胡中藻时，大小臣工才惊魂稍定，细听胡中藻的罪状。

罪状主要是从《坚磨生诗钞》中摘取的诗句，乾隆帝随引随驳：

胡中藻以"坚磨生"为号，表示自己操守坚定。乾隆帝质问："以此为号，是何居心？"

《诗钞》中有"一把心肠论浊清"之句，清、浊对用，胡中藻讲的是政治节操。乾隆帝胡搅蛮缠，气势汹汹地指斥："加'浊'字于国号之上，是何肺腑？"

胡中藻诗中有句："老佛如今无病病，朝门闻说不开开。"，乾隆帝硬说"老佛"是暗指自己，然后辩驳说："朕每日听政，召见臣工，何乃有'朝门不开'之语？"

胡诗有"那是偏灾今降雨，况如平日佛点灯"，意在颂扬蠲免善政。乾隆帝硬指意含讽刺，说："朕一闻灾歉，立加赈恤，何乃谓如佛灯之难觏耶？"

胡诗《孝贤皇后之丧》有"并花已觉单无蒂"，以并蒂花比喻帝后的恩爱。乾隆帝却认为作者暗指孝贤皇后干政，说"朕亦何尝令有干预朝政、骄纵外家之事？"

胡诗又有"其夫若父属，妻皆母道之"，把帝后比为父母，以表臣子忠爱之忱。乾隆帝勃然大怒，说："君父人之通称，'君'应冠于'父'上，曰'父君'尚不可，而不过谓其父之类而已可乎？帝后也而直斥曰'其夫'曰'妻'，丧心病狂，一至于此！"

胡诗还有“下眼训平夷”，乾隆帝认为是巧骂自己，根据是胡中藻出任学政请训时，乾隆帝曾面谕其论文取士应该以平正为优，胡心中不满，用“下眼”寓识力卑下之意。

胡诗还有“天所照临皆日月，地无道里计东西。诸公五岳诸侯渎，一百年来俯首同”。乾隆帝说：“诗句显然是讲岳渎蒙羞，俯首无奈而已。其丧心病狂，一至于此！”

胡中藻《述怀诗》有云：“琐沙偷射蜮，谗食狠张箕。”《贤良祠》又云：“青蝇投昊肯容辞。”乾隆帝质问：“此时于朕前进谗言者到底是谁？”

诸如此类罪证，乾隆帝不厌其烦，一口气列举了不下四十条，而几乎每一条都如上面所举的那样望文生义，百般挑剔，严词吹求，谬加指责。只有一条乾隆帝说对了，那就是《坚磨生诗钞》中有“记出西林第一门”之句。鄂尔泰姓西林觉罗，胡中藻平日以鄂门第一弟子自诩。乾隆帝抓住胡中藻这句诗痛斥他“攀援门户，恬不知耻”，算没有冤枉他。但这一条与其他大约四十条攻击大清与今上的悖逆大罪相比，实在微不足道。乾隆帝惟恐群臣不能仰体圣意，所以在面谕将近尾声时，又声色俱厉地说道：“朕见其诗，已经数年，意谓必有明于大义之人，待其参奏，而在廷诸臣及言官中，并无一人参奏，足见相习成风，牢不可破。朕更不得不申我国法，正尔嚣风，效皇考之诛查嗣庭矣！”杀胡中藻以振刷朋党恶习，才是这洋洋万言谕旨的画龙点睛之笔。

然而，比起“皇考之诛查嗣庭”，乾隆帝的水平还不够格。雍正帝毕竟抓到了查嗣庭责难和非议康熙帝的某些把柄，这在专制时代当然可以视为不敬之罪；雍正帝也曾指出查嗣庭所出试题暴露出其怨望之心，但又说不能光凭这一点治罪，否则会被人指责搞文字狱，由此可见他内心还有些忌惮。而乾隆帝要杀胡中藻，却拿不出一条像样的罪证，所以这出戏酝酿了好几年，临到出台，唱起来还是荒腔走板。胡中藻的诗不少是颂圣之作，乾隆帝却硬说是“鸱张狺吠”，恶毒攻击大清朝和当今皇帝，于是不顾帝王尊严，强词夺理，胡搅蛮缠。乾隆帝明明在搞文字狱，而且是那种捕风捉影、望文生义的最恶劣的文字狱，却还以“胡中藻之诗，措词用意，实非语言文字之罪”来强辩，结果必然是欲盖弥彰，越描越黑。尽管有这么多为难窒碍之处，乾隆帝为什么还要硬着头皮干到底呢？一句话，非如此不能震慑臣工，非如此不能树立绝对的专制权威。对专制帝王来说，做些顺乎天理、合乎民心的事以令人心悦诚服固然重要，但杀人立威则必不可少，而武断专横、践踏法制、罗织莫须有罪名乱杀人尤必不可少。因为只有这样，才能达到让天下臣民觳觫恐怖，噤若寒蝉，绝列服从的最高境界。胡中藻之难逃一死，奥妙尽在于此。胡中藻案以后，终乾隆之世，朋党彻底绝迹，也真的如乾隆帝所期望的那样，乾纲独断，彻底摆脱朋党梦魇干扰。

乾隆二十年四月十一日，奉旨"从宽"斩决胡中藻，但摧毁朋党的战役没有因此终结，而是进一步向纵深发展。

与胡中藻同案治罪的还有鄂尔泰之侄、甘肃巡抚鄂昌。前已命鄂昌原地候旨，胡案发动后，又革其巡抚职，锁解来京。陕甘总督刘统勋差使办得很得力，果然从鄂昌的书籍、信札中搜出了"罪证"：鄂昌有一首题为《塞上吟》的诗称蒙古为"胡儿"，还有一封信稿对堂弟鄂容安差往北路军营一事，叹息"奈何，奈何"。加上鄂昌平日与逆犯胡中藻论门谊、叙杯酒，治他死罪已经足够。乾隆二十年五月十七日乾隆帝宣谕："鄂昌身系满洲，世受国恩，乃任广西巡抚时见胡中藻悖逆诗词，不但不知愤恨，且与之往复唱和，实为丧心之尤！"《塞上吟》称蒙古为"胡儿"更是"自加诋毁，非忘本而何"？其他种种怨望，不一而足。与鄂容安一信有"奈何"之词，忘记淳朴旧俗，纯属满洲败类！然鄂昌未至如胡中藻之大肆讪谤，因而"着从宽赐令自尽"，总算赏了一个全尸。

清代罹文字之祸的满人寥寥可数，鄂昌是官品最高的一个。拿他陪斩，另有妙用。鄂昌出身满洲世家，但已经相当汉化，甚至沾染了相当深重的朋党习气。与鄂尔泰为同年举人的大学士史贻直实际上成了继鄂尔泰之后的鄂派首领，鄂昌效汉人之习，呼史贻直为"伯父"。史贻直见鄂昌任甘肃巡抚，便写信请托，替自己的儿子史奕昂谋个甘肃布政使当，鄂昌果然"鼎力玉成"，荐举"世兄"就任了甘藩。鄂昌的文学修养有限，但也学着汉士大夫杯酒流连，诗歌酬唱。在旗员中，鄂昌的所作所为具有相当的代表性，一些旗员仰慕汉文化，甚至涉身于门户之争，乾隆帝深为厌恶，但难于遍加痛创。鄂昌膺封疆重寄，集种种汉人朋党恶习于一身，又与逆犯胡中藻气味相投，自然为乾隆帝提供了最理想的靶子。在处理鄂昌的两个月之间，乾隆帝两次传谕八旗，务须保持尊君亲上、朴诚忠敬的满洲旧俗，杜绝一切玩物丧志的汉人陋习。乾隆帝警告说："今后如有与汉人互相唱和、较论同年行辈往来者，一律照鄂昌严惩不贷！"

因胡中藻诗狱被株连的还有已故的鄂尔泰，以及史贻直、鄂容安等。乾隆帝认为胡之酿成"悖逆"，鄂尔泰应负一定的责任，因为他过去对胡中藻独加赞赏，以此之故，命将鄂尔泰撤出贤良祠，"以为大官植党者戒"！史贻直为子请托，从宽以大学士原品休致，勒令回籍，闭户家居。鄂容安时为征准噶尔参赞大臣，大军定伊犁，论功行赏，独鄂容安向隅，原因是胡中藻与鄂昌往来唱和，鄂容安不为参奏。

从表面上看，胡中藻一案似以鄂派势力为打击目标，但实际上包括鄂、张两派在内的内外臣工无不受到震动。乾隆帝总结本案时，特别注意鄂、张各打五十大板。他认为，胡中藻依附师门，甘为鹰犬，视张廷玉等为寇仇；而张廷玉所用之人，也未必不以鄂尔泰、胡中藻为匪类。由此告诫群臣，要牢记这一事件的教训：朋党之弊起于群小妄为揣摩，互为水火；而群小朋分角立，又源于大臣怀挟私心，各存意见。在审理胡中藻案的过程中，张廷玉病故，遗疏送到御前，乾隆帝表示和鄂尔泰一体对待，仍准配享太庙，但又说明这是"遵奉皇考遗诏"。言外之意，鄂、张在本朝的所作所为，不足为训。

乾隆帝即位之初，用鄂、张辅政，地位冠于群僚，这是对大行皇帝的尊重，也是稳定政局的需要，但不符合专制时代"一朝天子一朝臣"的常规。年轻的皇帝渐渐感到一度消沉的朋党之争又有死灰复燃之势，皇权处处受到掣肘。经过胡中藻诗案，鄂、张的政治势力和政治影响洗荡殆尽，乾隆帝亲加擢拔的一代政坛新秀，如傅恒、兆惠、刘统勋、舒赫德、尹继善、阿桂、刘纶之辈，布列朝中要津。从此大小臣工俯首帖耳，唯命是从，再不敢分朋引类，拉党结派，互相角斗。诚如嘉庆朝礼亲王昭梿所言，乾隆帝之杀胡中藻，真正原因是“深恶党援”，由此而朋党敛迹，“时局为之一变”。

四　敢于抚哭叛徒的吊客

鲁迅曾深有感慨地说：“中国一向就少有失败的英雄，少有韧性的反抗，少有敢单身鏖战的武人，少有敢抚哭叛徒的吊客……”其实，中国自古以来杀身成仁、舍生取义、睥睨世俗、特立独行的硬汉前后相望，史不绝书；只是到了清朝，特别是雍、乾以后，才戛然而止。而这支民族精神队伍的殿军，就是齐周华。他真不愧是失败的英雄、韧性反抗的斗士、单身鏖战的武人、敢于抚哭叛徒的吊客，真不愧是中华民族的脊梁。但此后的中国，确实少有齐周华式的人物了。

乾隆三十二年（1767 年），浙东天台县又勃发齐周华“逆词”案。

为坚持真理而献身的齐周华死得足以使草木为之含悲，风云因而变色。乾隆帝不得不悚然而惊于作为一个整体的汉族士人薪尽火传的民族正气和不能屈服于专制淫威的刚烈。

齐周华的事迹还要从雍正年间的曾静反清案和吕留良文字狱说起。

雍正九年（1731 年），全国的读书人面临着一个关系到自己身家性命的严重抉择——他们必须迅速表态是否同意朝廷对逆犯吕留良的处置。

吕留良是一位具有强烈民族意识的大学问家，康熙二十二年（1683 年）已经去世，但他的思想在读书人中有着广泛而深远的影响。雍正六年（1728 年）秋，清廷破获了一起重大的谋反案，为首的湖南士人曾静被捕后，经过雍正帝的亲自开导和软化，交待出自己之所以蓄谋反清，是因为受到吕留良“华夷之别”思想的“蛊惑”，并转而颂扬清朝的深仁厚泽和皇帝的浩荡皇恩，表示俯首认罪，甘服极刑。雍正帝赦免了曾静和他的弟子张熙，却要追究已死去多年的吕留良对这起谋反案所负的责任。雍正八年十二月，朝中大臣秉承雍正帝的旨意，议定吕留良应照大逆律碎尸悬首，其子孙照律缘坐，所著诗文、日记尽行焚毁。雍正帝并没有立即批准廷臣拟议的判决，他有他的考虑。把吕留良从坟墓里拉出来，锉尸枭示，这有何难？真正难的是肃清他的思想在士人中产生的影响。如果读书人不能与吕留良在思想上划清界限，将来难免会出现第二个曾静，第三个曾静……清朝的统治还是不能长治久安。基于这样想法，雍正帝命将廷臣拟议的判决发交全国各级学校，让所有在学生监出具甘结，签字保证自己拥护朝廷对吕留良的处置。如不同意的话、雍正帝特别谕示："其有独抒己见者，令其自行具呈，该学政一并具奏，不可阻挠隐匿。"

持有不同意见的当然大有人在，但谁敢出来"独抒己见"呢？心中实在不平的就采取了张贴匿名字帖的办法。雍正九年二月初的一天早上，山西夏县县学西角门外，人头攒动，原来是围观墙上的一张无名字帖，只见上面开头便是一首小诗：

走狗狂惑不见烹，祥麟反作釜中羹。
看彻世事浑如许，头发冲冠剑欲鸣！

作者怕人看不懂，在诗后又加注解："曾静可杀不杀，吕晚村无罪坐罪，真古今一大恨事！"这就很明白了："走狗"乃指曾静，"祥麟"当然是吕留良了。由此可见，小诗作者认为朝廷对曾、吕二人的处理失当，并非与清廷势不两立。

山西巡抚觉罗石麟觉得事态严重，一面密饬司道及该州县作速将贴帖的"逆贼"查实拿获，一面具折密奏。雍正帝接阅石麟的奏折后，立即指示他"悉心根究，务令奸匪莫致漏网"。不是降旨准许士人"独抒己见"吗？为什么真的有人出来替吕留良辩护便指为"奸匪"，下令"根究"呢？原来，雍正帝的"独抒己见"云云，不过是个诱人的陷阱，是个引蛇出洞的圈套。明眼的人早就看透，所以各地生监纷纷具结，表示吕留良之罪罄竹难书，"律以大逆不道之罪，实为至当"。各省督抚学政也乐得省事，奏称"所属生监，各具结状，并无一人有异词者"。

就在天下士人望风披靡、雍正帝陶醉于全国彻底舆论一律的时候，不料竟杀出了一个单身鏖战的英雄，他不屑于隐名埋姓，而是以一介书生与整个朝廷展开了力量悬殊而光明磊落的论战。这个人就是浙江台州府属天台县生员齐周华。

台州自古产硬汉。明初不为燕王朱棣草即位诏书，并骂他是叛贼的方孝孺，便是齐周华邻县的宁海人。齐周华生来正直倔强，也很有点儿台州式的硬气。但雍正九年天台县训导王元洲奉命询问该县生监对处分吕留良的态度时，他的心里不无矛盾。吕留良也是浙江人，齐周华对他有乡梓之情，更重要的是对他的文章气节佩服得五体投地。朝廷对曾静、吕留良的处置，于情、于理、于法，都有大谬不然者，一个正直的人岂能随波逐流，做违心之事？但眼下如何表态，显然已远远超出了对某一个人的看法，而成为区分顺逆、检验士子政治立场的标尺。如果仗义执言，其后果不难想象。他想想，自己三十五岁了，上有父母，下有妻子，何况已经才名远扬，猎取功名并非难事，又何苦为直言而招祸呢？犹豫不定之际，齐周华便随着在学生监一起，敷衍了一份书面甘结，拥护将吕留良即行正法。

然而，齐周华的内心却感到不安。吕留良去世快五十年了，为何因曾静攀扯便使其冢中枯骨抛撒于光天化日之下，而其子孙也要充军于极边绝域？吕留良的《四书讲义》阐扬圣道，既精且详，为人所共睹，为何也要把它付诸昆冈烈火，化为灰烬？作为血性男子今日作违心之谈，明日有何面目立于人世？况且谕旨十分明白，准许“独抒己见”，学政亦不可阻挠隐匿。足见皇上也可能尚在疑似之间，举措未定。士子如都能坦诚具呈，令当道闻之，转奏天阙，或许可以感动圣心，挽回刑罚之误，枭曾之首，存吕之孤，则天下人心自然安服。如今人们既怀畏祸之心，自己正应当不计安危，率先作石破天惊之论。经过通前彻后的反复思虑，齐周华终于撰写了一本《独抒己见奏稿》，力为吕留良剖辩，并请皇帝加恩释放吕留良子孙，然后呈交县学训导王元洲，恳求代奏。王元洲万万想不到属下还有一个如此不识时务的狂生，他拒绝代奏。齐周华则坚持认定遵旨陈情，并无越轨之处，于是打点行装，北上京师，径赴刑部控告王元洲违旨抑阻所属生监独抒己见。刑部官员问明原委，深知事关重大，唯恐与吕留良一案纠缠在一起，于是采取了尽量消弭的办法，以齐周华违律越级控告，把他押解回省，交浙江巡抚程元章、学政帅念祖处理。程、帅二人研究了此案，认为问题的症结在于齐周华坚持“独抒己见”，但既为谕旨所允许，故而甚难措手。设若齐周华能够放弃自己骇人听闻的见解，自然无所谓王元洲阻抑之说。为釜底抽薪计，程元章和帅念祖决定此案宜由开导齐周华入手。

不料程、帅好话说尽，齐周华不为所动；继之以威胁，齐周华还是坚持遵旨陈情。无可奈何之下，程元章和帅念祖只得另辟蹊径。他们诬指齐周华呈控王元洲系挟嫌妄告，把他打入监牢。在狱中齐周华受尽折磨，竹杖打得他皮开血绽，重枷压得他死去活来，但都没使这个硬汉屈服。程、帅以齐周华挟嫌诬告问拟充军，具题请旨。正在等候部文之际，齐周华听说闽浙总督郝玉麟出巡台州，就派长子齐式昕前去诉冤。郝玉麟遂会同程元章将此事原委具奏。雍正帝批交刑部并案审拟，刑部经研商后覆奏，请将齐周华提至省城，严加锁锢，永远监禁。皇帝批准立即照此执行。

齐周华终于领略了皇上的“如天之仁”！戴着沉重枷锁的齐周华在杭州大狱中开始回味人生途路上的首次重挫。恰似刚做过一场噩梦，梦醒了，脑海中仍是一片混沌。原指望只要能上达天听，很可能于大局有所补救，而到头来才明白，皇上并不是真想听什么逆耳忠言。但皇上究竟何以如此坚持黑白颠倒的错误处置呢？他仍然大惑不解。在单枪匹马地败下阵来之后，他精神迷惘，苦不堪言，深深感到在皇帝的意志面前，自己的拼死一搏，不过如秋虫哀鸣，螳臂当车。虽说如此，齐周华并没有放弃自己的信念，也深幸自己经受住了一次严峻考验，到底不负为人坦荡的坚持。他在狱中自撰《祭吕留良》一文，把吕留良推崇为夷齐、孟子。伯夷和叔齐在亡国之后，不食周粟，饿死在首阳山上，不愧为历代中国士人心目中完美的楷模。孟子号称“亚圣”；他最讲臣节，诸如桀、纣一样的暴君，孟子主张毫不留情地加以诛戮。而眼前触目皆是匍匐于君权之下，廉耻荡尽、气节沦丧的庸碌之辈，满腔热血的莘莘学子也都成了明哲保身的市侩，这真让齐周华痛心疾首。他的《祭吕留良》一文既是对先贤的深沉悼念，也是自己矫矫志节的表白。

也许是看到齐周华还是太热衷世事，闽浙总督郝玉麟曾写了一副对联送给他：

物外有人闲始见，

山中可乐老方知。

这对联分明是劝齐周华看得开些，做个超然物外的闲人。若果真放弃信念，从此寄情山水，悠哉林泉，那么仙境般的天台山就是娱老的佳处呵！齐周华确实有点儿动心了，特别是在极度消沉之际，他曾自誓：如有蒙恩赦还的那一天，一定做个浪迹天涯的黄冠道士。

雍正十三年（1735年）八月，雍正帝猝逝，乾隆帝即位，齐周华真的被加恩开释了。但经过短暂的欣喜之后，他很快又陷入了苦闷和彷徨。

首先是曾静反清案很快起了反复，足以让齐周华出了一口郁积已久的闷气。新即位的乾隆帝很果断，他将先帝的遗训置之不顾，重新把曾静、张熙捉拿，凌迟处死。随后，他又陆续起用了素孚天下士人之心、而在前朝遭遇坎坷的正直大臣杨名时、李绂、孙嘉淦、谢济世等。新帝如此作为，齐周华感到振奋。当结束了四年铁窗生活，回到天台县城家中，齐周华虽说年逾四十，秀才也被革去，但仍在时事的激励下，不时想有所作为。特别是乾隆元年，与他齐名的堂弟齐召南高中博学鸿词科，点了翰林，供奉内廷，更使他那有些冷却下来的入世之心常常不能自已地躁动。

然而，随着事态的发展，齐周华开始迷茫了。乾隆帝重新处理曾静反清案是有限度的，吕留良的千古奇冤并没有理所当然地得到昭雪，皇帝坚持认为吕留良是个永世不得翻身的逆贼。查嗣庭等人的亲属都蒙恩从关外放还了，惟独吕留良的子孙仍在冰天雪地的戍所啼饥号寒。齐周华对乾隆帝平反的恩诏翘首以待，盼了一天又一天，看来已成了破灭的幻梦，他彻底绝望了。没过多久，朝局亦有微妙的变化，李绂左迁，孙嘉淦外放，谢济世又以母老乞求归养。齐周华敏锐地觉察出风头不对，他再次感到如雍正时的压抑。乾隆六年，谢济世因私著经书而险些获罪，结果虽未罪及本人，但谕旨很严厉，谴责谢济世“倡为异说，互相标榜，足为人心学术之害”。一叶知秋，齐周华预感寒凝大地之日已为期不远，深为怵惕，狱中的自誓不觉浮上心头。他决心远离繁嚣险恶的尘世，到大自然去求得内心的安宁。

就在乾隆六年，齐周华离家出走，开始了漫游天下的漂泊生活。此后的十余年间，他的足迹遍布全国名山大川，最后修道于武当山琼台观。在旁人看来，总以为齐周华悠哉悠哉，超脱得很，其实又有谁能了解他内心深处的难言之苦呢？这段时间，他给自己起了一些怪异的名号，如“忍辱居士”“懵懂道人”“尚古先生”“独孤损仙”，等等。从中不难窥出他的超然物外是多么不情愿，多么痛苦！面对着暗无天日的人间，齐周华感到自己渺小无力，而朝廷却拥有可怕的、强大的、有组织的力量，任意颠倒黑白，罗织周纳，可以在神圣与正义的煌煌旗号下，摧残和碾碎士人最可宝贵的信仰和骨气。更可怕的是，没有人拍案而起，没有人振臂反抗，听到的竟是一片颂扬圣明的赞歌。看透了这些却无力改变，又不能屈服，齐周华只得强制自己去做一个懵懂糊涂的人，含垢忍辱，自我贬损，离群索居，肆志山水，以保持心境的圣洁和安宁。

但像齐周华这样一个愤世嫉俗又关注人生和世事的耿介之士，怎能在世外求得心灵的宁静呢？乾隆十年（1745 年），齐周华由川入陕，翻越太白山，迤逦而下，来到了附省的长安县。不想，在此举目无亲的北国，竟与浙江德清人房明畴不期而遇，齐周华感到分外亲切。问起经历，原来二人不但同乡，且同因吕留良一案得罪。房明畴以“听闻逆犯吕留良邪说不首”而被流放到了陕西，最后被安插在长安县。他乡遇故知，齐周华真是大喜过望，自然这里面难免有几分苦涩的味道。当晚他就投宿在房明畴家中，酒酣耳热之际，齐周华说自己有些厌倦了，此行是想到华山寻个去处，做道士修养延年。他又把游太白山的诗给房明畴看，说自己将来到华山还要作诗，合成一集，拟题为《过秦草》，并说“就借重你的大笔写篇序吧”！房明畴应允了，当即挑灯握管，先从两人萍水相逢的机缘着笔："东庄（吕留良住处曰东庄，此处即指代吕）之祸势若燎原，一时学士大夫非不欲维持挽救于其间……"这些年来，房明畴毕竟于文字有些荒疏了，序成之后，齐周华又做了润色。第二天两人挥手告别时，齐周华心潮澎湃，不能自已，乃作《访房明畴于长安》一诗，开首便是："往事不堪回首忆，嗟予一臂似螳螂！"

拔地而起、直插云天的华山已遥遥在望，但齐周华的心情依然难以平静，华山道士自然做不成。修道华山的愿望未能实现，齐周华却南下湖广做了武当山道士，而且在琼台观一住便是十年，直到乾隆二十一年（1756 年）长子奉了祖母之命接他回家，他才又重新回到尘世。琼台观的道士多以为他不耐山中寂寞，静极思动，或者叶落归根，也在人情事理之中；而与齐周华相知甚深的人却不以为然，因为近来常听他说自己是东方木星，木不斫不成器，岂能朽烂于深山？由此可知，他此番下山必有惊人之举，请君拭目以待。

果不其然。齐周华回到天台家乡之后，性情古怪，行为 乖张，终于闹到家人厌弃、阖族共愤的地步。他先要变卖祖上田产，以筹资刊刻生平著述，老妻朱氏几次苦苦相劝，他非但不听，反而视若仇人，恶语相加。他又搬到离县城二十余里的一座楼屋，闭门谢客，四无邻佑，彻底成了孤家寡人。族长齐长庚见他回家之后，忽而逐妻，忽而呈子，忽而诬告亲戚，种种横行，事事狂诞，又不听训饬，于是告到县里，呈请将这个罔顾伦纪的败类逐出宗族。齐周华反咬一口，竟说七旬之妻，老而奇淫，通奸引盗，几乎人尽皆夫；长子齐式昕、次子齐式文将他毒害殴打；亲族庇护淫妻逆子，合谋对他陷害。乾隆二十六年（1761 年），齐周华将过去的《独抒己见奏稿》及所著《名山藏》《华阳子诗稿》《需郊录》《赠言集》等十余种书籍寄往杭州陆续刊刻后，索性在门上大书一副对联：

恶劫难逃，早知不得其死；
斯文未丧，庶几无忝所生。

官中之人，望而却步。齐周华死期已近，没有人怀疑这一点。

其实，齐周华早在走下武当山的那一天，便已抱定了毁躯殉志的决心，但他不愿意牵累亲属和故友，又不能无声无息地死去。这真让他作难！

其时，中国的政治气候已经发生剧变。“圣天子荡然尽除文字之忌”的乾隆帝初政时代早已一去而不复返，伴随着震惊朝野的胡中藻诗案、彭家屏收藏明末野史案等几起大狱，乾隆帝在全国布下了密不透风的文网，不测之祸随时可能降临在文人头上。齐周华对死毫无畏惧，“恶劫难逃，早知不得其死”，正是他此时内心的写照。一个不肯屈服于专制淫威的叛逆难道还能指望寿终正寝么？但他深为亲友忧虑。缘坐株连，本有“凛人以不敢犯法”之意。齐周华立志触法，不能不预为准备。他为什么逐妻屏子，和自己的亲族彻底决绝？为什么在刊刻自己著作前把牵涉他人之处做了精心修改？因为他知道，不如此，当局就会层层追究，株连波累，罪及亲朋无辜。他的种种怪诞乖张之举，其实是装疯佯狂，期望以此保全骨肉亲人和志同道合的朋友。经过一番苦心经营，齐周华自认为可以放心了，于是认真思考该怎样一死。他早已丢掉了可以感动圣心的幻想，也自知势单力薄，无力与现存社会秩序抗衡。那么就去逍遥吧。他曾强制自己走这条路，结果还是做不到。十几年的世外生活仍然没能让他看破红尘，埋骨青山，他最终还是回到魂牵梦萦的浊世。但他此次不是为了隐忍苟活而回来的，而是要以他仅有的血肉之躯做最后一搏。“木不斫不成器”，他要死得血肉横飞，死得震撼人心！以此实现自己“无忝所生”的志向，并昭告世人：“斯文未丧”，还有不怕死的齐周华！他刊刻生平著作的目的何在？就是要触犯文网，自速其死。而且只有零切碎割，悬首通衢，才是他追求的死之极致。

乾隆三十二年（1767 年）十月二十四日，齐周华向地狱的铁门撞去。这一天浙江巡抚熊学鹏为盘查仓库而来到了天台县，齐周华拦住他的轿舆，献上自著的《名山藏》等书，恳求作序；又呈上《独抒己见奏稿》一本及告发其妻犯奸、堂弟齐召南诈伪的呈状，其中将本族、姻亲、邻佑多人一并牵告。熊学鹏对齐周华早有所闻，当即取阅各书，以书中“语多悖逆谬妄”，将他拘押，随即亲往齐周华家中搜出他的已刊未刊书籍多种。在审讯过程中，齐周华自认罪无可辞，惟独李绂、谢济世、沈德潜、房演（即前面提到的那个房明畴，为了掩护他，易名房演）等二十余人所写的序跋，齐周华一口咬定俱为自己托名代作，罪责概由己负。

乾隆帝接到熊学鹏奏报，立即嗅出了这一异常事件所包含的全部意义，当年十二月降旨将齐周华“着即凌迟处死”。临刑之际，这个年逾古稀的老者神色坦然，他求仁得仁，总算问心无愧了。但他为别人苦心孤诣安排的开脱之计却几乎全部落了空。按照乾隆帝的命令，齐周华子孙四人照律缘坐，拟斩监候，妻妾儿媳及幼孙五人给付功臣为奴；原任礼部侍郎的堂弟齐召南因“近族有此逆犯”，原籍禁闭，家产抄没，这个著名的地理学家回籍不久便忧惧而死；李绂、谢济世已死去多年，但也难逃株连之祸，家产被抄，所著书籍及板片一律查缴销毁；同时查办的还有吕抗等二十余人；又以《过秦草》序及《访房演于长安县》一诗为线索，查出所谓房演即长安流犯房明畴，将他加上“与匪徒交结”的罪名，发往伊犁给种地兵丁为奴。

齐周华以死明志的心愿是否已被世人理解了呢？很遗憾。他在官方档案里被说成是一个乖张狂诞、罔顾伦纪、怙罪不悛、十恶不赦的逆犯，这还不难理解；而在士大夫的眼里，他也被指为“族匪”和“怪民”，这只要看看乾隆朝名重一时的文学家袁枚为齐召南所撰的墓志铭便一目了然。翻翻比较能反映异端思想的野史呢？齐周华仍然是个不可思议的怪物。齐周华想藏之名山以待来者的著作也被付之一炬了，今天人们想了解他，只能得到一个模糊的轮廓。齐周华身后寂寞，甚至以恶名流传于后世，实在太可悲了。

说到这里，真不能不佩服乾隆帝手段的绵密而恶辣。他不仅在肉体上把齐周华消灭了，而且在精神上也把他玷污了。从此以后，谁还去做齐周华？

鲁迅曾深有感慨地说：“中国就一向少有失败的英雄，少有韧性的反抗，少有单身鏖战的武人，少有敢抚哭叛徒的吊客。”其实，中国自古以来杀身成仁、舍生取义、睥睨世俗、特立独行的硬汉前后辉映，史不绝书，似乎不能说“一向少有”，只是到了清朝，特别是雍、乾以后，才戛然而止。而这支民族精神队伍的殿军，就是齐周华。他真不愧是失败的英雄、韧性反抗的斗士、单身鏖战的武人、敢于抚哭叛徒的吊客，真不愧是中华民族的脊梁。但此后的中国，确实少有齐周华式的人物了。齐周华的悲剧不是他个人的，而是我们整个民族的！

一颗划破夜空的流星倏然而逝。为拥抱它所热爱的人生，它把全身热量都释放出来，而自己却化为一块斑驳难辨的陨石。

五　书祸与查办禁书

查办禁书以绝大清后患的构想，乾隆帝酝酿已久。至迟从乾隆二十二年彭家屏、段昌绪案开始，他已在认真探索将所有悖逆违碍书籍通通销毁的一劳永逸之计了。经过十几年反复思考，乾隆帝终于设计出了釜底抽薪之计——通过下诏征集天下图书，将禁书一网打尽，劈板烧毁，简言之曰“寓禁于征”。近二十年间，江浙等地频发的书祸，是乾隆帝震慑天下士民、推动查办禁书不断深入的得力工具。

乾隆二十二年（1757 年）初春，经历了头年特大水灾的河南、山东、江苏三省毗邻地区一片凄凉景象。低洼的田地到处汪着积水，灾民卖儿鬻女，四出逃荒。然而，地方官却无暇顾及赈恤灾民，原因是乾隆帝南巡的车驾即将过境，诸多的迎驾准备工作已经让他们忙得不可开交。

乾隆帝是正月十一日自京师启銮，开始第二次南巡江浙的。去秋的水灾他有所了解，所以南巡之始即对途经的山东济宁等五州县及江苏徐、淮、海三府特破例加赈数月。但受灾最重的豫西归德府下各县却没有普沾恩泽。这倒不是因为圣驾不经过那里使皇帝有所疏忽，而是河南巡抚图勒炳阿未将去秋的严重灾情向皇帝如实奏报。

豫西一带民情汹汹，有些侠肠义胆的人开始暗中串连，准备当乾隆帝南巡过境之际遮道叩阍。不少乡绅也对州县官吏颇有怨言，希望皇上能够了解实情。一月下旬，河南在籍布政使、夏邑县人彭家屏前往山东接驾，他决心借觐见天颜之机，剀切陈情，为乡梓做件好事。恰逢乾隆帝垂询地方情形，彭家屏就原原本本讲了豫西夏邑、商邱、虞城、永城四县去秋大雨成灾，而以夏邑独重。据彭家屏所奏，水、旱、蝗灾河南历年难免，而惟独此次群黎啼饥号寒，流离失所，甚至有欲铤而走险者，巡抚图勒炳阿讳灾不报，实负有不可推卸之责。

听了彭家屏的陈奏，乾隆帝心中不快。他对臣下揭露太平盛世的缺失素有一种本能的反感，特别是彭家屏，身为地方缙绅，有心邀誉乡里，更难免言之过甚。彭家屏曾为方面大员，乾隆帝对他本来就没好印象。乾隆二十年，乾隆帝召彭家屏来京面询政事，遗缺江苏布政使降旨派人顶补；彭很知趣，以病乞罢，返回故乡夏邑养老去了。此次面奏，彭家屏告发巡抚匿灾，在乾隆帝看来，这是居乡缙绅干预公事，但终归没有查清事实，因而又不便发作。

过了两天，河南巡抚图勒炳阿赴行在朝见，乾隆帝询问豫西灾情，图勒炳阿矢口否认夏邑等县去秋成灾。乾隆帝就让图勒炳阿同彭家屏前往豫西实地查勘，以示公正处理图、彭互讦一事。

四月初，乾隆帝结束南巡后，为巡视河工，又顺道前往视察苏北徐、淮两府属下桃源、宿迁、郯州、睢宁等州县，所到之处，只见成群结队的灾民鸠形鹄面、衣不蔽体，真令人心酸。这一来，乾隆帝总算对去年水灾之重有了直接感受，联想到与徐、淮犬牙交错的豫西各县，那里的百姓自不免沟壑流离之苦。为证实这一点，乾隆帝命随行的步军统领衙门员外郎观音保微服前往，密行访查。

就在观音保密访豫西的十来天中，乾隆帝一行正从徐州府向山东境内进发。四月九日，乾隆帝行至山东邹县途次，又有夏邑县人刘元德告御状。据刘元德诉称，很多实在极贫户口并没有得到赈恤，另有胥吏因缘为奸，侵蚀赈粮归己。刘元德请求撤换县令孙默，让贤而爱民的人为父母官。一起接一起的遮道呈控，而且都是夏邑人，这使乾隆帝恼怒异常，他疑心背后有人操纵指使，而彭家屏的可能性最大。经审问刘元德，暗中主使、商同具词、给与盘费的确有其人，但不是彭家屏，而是本县生员段昌绪。乾隆帝特命侍卫成林押解刘元德，交图勒炳阿根究主谋，严审具奏。

四月十八日，乾隆帝驻跸德州行宫。观音保风尘仆仆地返回，向乾隆帝奏报此行密访的所见所闻：夏邑等四县连年受灾，去秋大水有如雪上加霜，穷黎惨状真令人不堪入目。观音保办事很精细，他在夏邑买了两个小孩，统共用钱不足五百文！观音保掏出这两张卖身契恭呈御览，作为此次微服访察所作结论的有力佐证。

面对确凿事实，乾隆帝陷入了尴尬境地：姑息图勒炳阿、孙默之辈，势必造成吏治腐败、民愤难平，不利于国本稳固，也有损于自己爱养子民的形象；严惩图勒炳阿等欺下瞒上、粉饰太平的官员，无疑又会助长动辄越级上控的刁风，甚至可能煽动百姓聚众闹赈，不服该管长官，对统治秩序的危害更为严重，连日来发生的几起越境呈诉表明，业已出现此种危险苗头。权衡再三，他决定官民两方都不可姑息放纵。

四月十八日当天，乾隆帝降旨将图勒炳阿革职，发往乌里雅苏台军营效力赎罪；夏邑、永城二知县亦革职拿问，以为讳灾者戒！同时通谕夏邑等四县的百姓：巡抚、知县的罢斥并不因有彭家屏之奏，亦不因一二刁民遮道呈诉。彭家屏令就近还家，不得以乡绅干预公务，刘元德、段昌绪从严交山东巡抚鹤年审办。

两天之后，即四月二十日，侍卫成林回奏，情势急剧逆转。

成林遵旨押解刘元德，四月十六日抵夏邑，当天传讯段昌绪，段拒不到官，知县孙默亲赴段家查拿，在段昌绪卧室中搜出吴三桂反清檄文的抄本。康熙十二年冬，平西王吴三桂自称“天下都招讨兵马大元帅”起兵反清时，曾传檄四方，以明朝遗臣的口吻对清朝“窃我朝神器，变我中国冠裳”，以及入主中原以来的种种暴政大加声讨。时隔八十余年，段昌绪仍传抄收藏这一反清檄文，孙默和成林认为仅此一端，就足以证明他主使旁人到皇上面前告发地方官办赈讳灾实属包藏祸心。乾隆帝听了成林的陈奏，又仔细审阅了查抄来的吴三桂反清檄文，只见段昌绪在一段话下浓圈密点，加评赞赏：“彼夷君无道，奸邪高张；道义之儒，悉处下僚；斗筲之辈，咸居显职；君昏臣暗，彗星流陨，天怨于上，山岳崩裂，地怒于下。”由此可见，段昌绪与吴三桂檄文产生了思想共鸣。乾隆帝深感夏邑县的闹赈有着复杂的政治背景。巡抚、知县匿灾不报、办赈不力固然激起了民情骚动，但严重的是，这种情绪被某些心怀叵测的士人利用，借此煽动起闹赈抗官、叩阍渎诉的政治对抗事件。凭着丰富的从政阅历，乾隆帝认为应及时调整策略，把打击对象集中在已经暴露和隐藏在深处的政治异己势力，对政务略有过失而忠诚得力的地方官则要加以保护；只有如此，才能震慑蠢蠢欲动的群氓，稳定当地的统治秩序。

基于以上考虑，乾隆帝立即采取了下面四项措施：一、图勒炳阿不必革职，仍留河南巡抚之任，理由是“缉邪之功大，讳灾之罪小”；二、夏邑县知县孙默“能查出此事，尚属能办事之员”，不必革职拿问，仍留原任；三、命直隶总督方观承驰驿前往，会同图勒炳阿追查段昌绪“伪檄”抄自何处，穷究审办；四、命方观承会同图勒炳阿前往彭家屏家查抄，检查是否亦有“伪檄”。这最后一项措施最令人莫名其妙。乾隆帝是这样解释的：“段昌绪既有此书，传抄何自？此外必尚有收存，即彭家屏恐亦不能保其必无。”揣摩其中的含意，不难发现乾隆帝深疑彭家屏与段昌绪同气相求，都是从汉族反满的立场出发，借地方官员的工作失误而煽动乡民闹事。而彭、段相比，乾隆帝更重视彭，因为他是在籍二品大员，具有相当可观的政治号召力。离开德州北上后，乾隆帝又陆续颁发谕旨，命彭家屏来京听候讯问，派出三泰、苏勒德作为钦差大员驰赴夏邑彭家，严密查抄一切书籍文字。

四月二十六日，乾隆帝回銮圆明园，结束了此次风波迭起的南巡。第二天，他召见九卿科道，彭家屏以戴罪之身也奉谕参加。乾隆帝首先向臣工叙述了事件的来龙去脉，并列举南巡途中颁发的一系列谕旨，表明自己体恤灾民，爱养黎元的本心，以及在处理图勒炳阿、彭家屏、孙默等人时一秉至公的态度。在声势造成以后，即开始对彭家屏的质问：“朕为恩待你呢，还不为恩待你？”彭家屏沉静地回答：“皇上大公，非为臣一人。”彭家屏之意，是说皇帝从国家社稷出发，对任何一个臣子都谈不到私情。这话如在别的场合，自然没有问题；但此时出诸彭家屏之口，就分明有抵触的意味。乾隆帝见彭家屏竟无感恩之意，不免再低头审视，只见跪奏的彭家屏面容死板，毫无惶悚服罪之容，心中越发恼怒，下面质问的语气自然严厉起来：

“你家必定藏有伪檄，如能自首，尚可开一线之路。”

“吴三桂伪檄，臣实未寓目。”彭家屏回奏。

“即使如此，你家也必定藏有与伪檄相类的诋毁悖逆之书！”

“……”彭家屏支支吾吾，半天才回答：“臣家原有明末野史数种，存留未烧，但臣确实不曾阅看。”

“既然说未看，你如何知道其不当存留？天下岂有只见一书之名目，而能了解其为何等书吗？家有藏书，当然难以遍阅，但既已知道为不当存留之书，而又故为藏匿，是诚何心！”

犀利的词锋逼得彭家屏频频叩首，唯唯认罪。据彭家屏交待，家藏的明末野史有《潞河纪闻》《日本乞师记》《豫变纪略》《酌中志》《南迁录》及抄本小字书若干种。乾隆帝随即降旨：彭家屏革职拿问，俟方观承等查奏到日，审明按律治罪。

方观承的奏折很快到了，但他并未如乾隆帝所期望的那样把彭家屏收藏伪檄及明末野史一事查个水落石出。乾隆帝遂特命军机大臣传谕方观承，要把查办重点放在藏匿逆书上，并寄去彭家屏所供明末野史诸书名目，命方观承逐一详查具奏。

接奉乾隆帝新谕旨后，方观承立即将彭家屏之子彭传笏及亲信家人隔离看守，分别审讯，明示他们所追各书都是彭家屏在京亲供，如再坚执不认，即当照律缘坐，立行正法。几经追问，彭传笏终于招认：四月十六日他得知本县生员段昌绪家查出逆书，遂连夜查阅家中藏书，见有明末野史等抄本，恐有违碍，悉行烧毁。其时家父在外，确实不知此事。方观承立即奏闻，乾隆帝命方观承将彭传笏等亲自押解来京，交部严审。

六月六日，经军机大臣、九卿、科道会审，彭家屏拟斩。乾隆帝谕：“彭家屏本应斩决，但所藏之书，既经烧毁，罪疑惟轻，着从宽改为应斩监候，秋后处决。”彭传笏亦从宽改为应斩监候，秋后处决。彭家屏的家产除酌留养赡家口外，分赏该地贫民。至于彭家屏为什么“本应斩决”，乾隆帝做了如此解释：“以彭家屏居心观之，则其所抄藏者，自系诋毁悖逆之词，又焉知其不加以批阅评点？”这是典型的诛心之论！

就彭家屏所供的几种明末野史而论，这些书籍在当时并不难找到，并非彭家屏秘藏的海内孤本，法司定罪时，完全可以找出这些书籍，检查其中是否有“诋毁悖逆”之词。在没有物证的情况下，乾隆帝不去调阅这些书籍便断定彭家屏所抄藏的几种明末野史为“诋毁悖逆”，真是专横到了极点。在彭家屏的罪名不能确定的情况下，乾隆帝又谈什么“罪疑惟轻”，只能暴露出他的虚伪。《日本乞师记》《酌中志》《南迁录》（似为《南渡录》）等书或记明末事，或记南明弘光史事，对清人绝无诋毁悖逆之词，如果一定说不利于清廷，那只能说在这些野史的个别章节涉及满洲的前身——建州女真，充其量不过字句稍有“违碍”。至于《豫变纪略》，写的是所谓“闯贼之祸”，更与清人无关。彭家屏是河南人，李自成军在河南之事为时未远，乾隆八年他还为《豫变纪略》写过一篇序文，其中说：“叹当时之丧乱，幸今日之太平，可以动君子之鉴观，觇细民之匪群，是有功于世道，非仅以博旧闻也。”乾隆帝说彭家屏极有可能做了仇视清人的“批阅评点”，太冤枉彭家屏。白纸黑字的序文，证明彭家屏是绝对心向清廷的。乾隆帝无视这种种并不难找到的证据，必欲加之以罪，严加惩治，说到底是只有如此结案，才能达到他发动此案的目的：杀鸡儆猴，借彭家屏震慑汉族臣民。这样一来，彭家屏的冤狱还不会就此了结。

本年七月，河南巡抚图勒炳阿为置彭家屏于死地，奏称他曾刊刻名为《大彭统记》的族谱，内容“甚属狂悖”，这就为乾隆帝杀彭提供了口实。乾隆帝认为《大彭统记》的问题极为严重：彭家屏说“大彭”得姓之始，本于黄帝，其意何居？以《大彭统记》命名，这“大彭”与累朝国号有什么区别？该族谱凡遇庙讳及御名（即清初诸帝和乾隆帝的名字）皆不缺笔，对这一点，乾隆帝特加说明：“朕自即位以来，从来未以犯朕御讳罪人。但彭家屏历任大员，非新进小臣及草野稚陋者可比，其心实不可问！”乾隆帝认为彭家屏“目无君上，为人类中所不可容”，从宽赐令自尽。

乾隆帝在处死了彭家屏之后却没感到宽释，留存于民间的明末野史引起了他的高度警觉。据彭家屏供，他的明末野史诸书，俱得自昆山徐乾学家。徐乾学是明末大儒顾炎武的外甥，康熙朝曾充《明史》总裁官，家富藏书。乾隆帝考虑到如因彭家屏而蔓引株连，势必兴动大狱，获罪者众，何况这样做也不能从根本上解决民间收藏禁书的问题。

所谓禁书，即对清朝统治不利的诸种书籍的统称，其中明末清初的野史、清初具有民族气节的明遗民的诗文集，最为乾隆帝所关注。康熙帝晚年宽文网之禁，不少禁书都是那时刊行的。如顾炎武的诗文集中记了庄氏《明史》案，其“北去三百舸，舸舸好红颜”之类的诗句，更是对清初满洲贵族在征服江南时所犯暴行的无情揭露。王夫之的民族情绪较顾炎武尤有甚者，他在《读通鉴论》中说：天下之大防有二，首先就是“华夏”和“夷狄”之防。在他看来，“夷狄”乃“异类”，“歼之不为不仁，夺之不为不义，诱之不为不信”，这简直在公然号召汉族人民起来造满洲的反。此外，当时政治上极为敏感的还有记述明清鼎革史事的作品，如季六奇的《明季北略》《明季南略》，温睿临的《南疆逸史》，等等。

对待禁书之类，康熙帝相当宽松，雍正帝文字狱搞得很厉害，但并不热衷于焚书。礼部侍郎钱以垲献媚取宠，写了一个奏折建议皇帝下令将所有私著家刻的书籍和书板收缴上来，一把火通通烧掉，竟遭到雍正帝一顿训斥：“此奏识见卑鄙，似此弭谤之举，朕不为也。”理由是，国家如有可谤之处，禁书焚书“能消灭天下后世之议论”吗？如果没有可谤之处，吕留良之流捏造妖妄，肆意攻击，又有什么用？乾隆帝则大不然，他这个人特别害怕书籍对人民思想的影响。到他当政时，清朝定鼎中原快一百年了，一代“胜国遗民”早已物故，汉族士大夫和读书人作为一个整体，已承认了满洲皇帝对中国的统治。但乾隆帝不放心，他总觉得只要有反清的书籍在，就还会产生一代又一代反清反满的知识分子。为了大清江山的长治久安，乾隆帝从彭家屏、段昌绪案开始，已在认真探索将所有悖逆书籍通通销毁的一劳永逸的办法。

经过十几年反复思考，乾隆帝终于设计出了釜底抽薪之计——通过下诏征集天下图书，将禁书一网打尽，劈板烧毁，简言之曰“寓禁于征”。

乾隆三十七年（1772 年）正月，在全国范围内颁发“搜辑古今群书”的诏令，表面上说是为了“稽古右文”“嘉惠士林”，其实是想借此将一切对清朝统治不利的禁书底数摸清，然后借征书之名，全面审查，集中销毁。当然，这个妙不可言的阴谋不便在煌煌谕旨中明说，但对重点查缴禁书的江浙两省的满洲大吏却不能不事先打招呼，让他们思想上有所准备，提前部署。闽浙总督钟音陛辞回任路过江苏时，奉旨向两江总督高晋和江苏巡抚萨载秘密传达皇上口谕："少有忌讳之书，令臣等一体留心查办。"这些皇帝最亲信的奴才在全面征集图书的名义下细心搜剔所谓的禁书。然而，两年多过去了，书籍征集得委实不少，光浙江一省就有四千五百二十三种；但乾隆帝一看，他心目中要"征集"的那些"少有忌讳"的禁书却寥如晨星。为了让家有藏书者解除顾虑，乾隆帝一再信誓旦旦地向天下臣民表示："朕办事光明正大，可以共信于天下。岂有下诏访求遗籍，反而在书中寻摘瑕疵，罪及收藏之人？"为表示"稽古右文""嘉惠士林"的诚意，乾隆帝确也开始了纂修《四库全书》的扎扎实实的工作。不过，"草野愚民"其实精得很，他们似乎窥破了征集群书诏旨包藏的祸心，一齐来跟皇上玩儿捉迷藏。眼看着如意算盘落了空，乾隆帝索性收起弘扬学术文化的伪装，将搜访遗籍一下子改为查办禁书。

乾隆三十九年八月初五，乾隆帝降下一道严旨："明季末造，野史甚多，其间毁誉任意，传闻异词，必有抵触本朝之语，正当及此一番查办，尽行销毁，杜遏邪言，以正人心而厚风俗，断不宜置之不办！"该谕旨质问：何以各省进呈的一万多种书籍中竟然没有"稍有忌讳之书"？岂有这么多的遗书中"竟无一违碍字迹之理"？在此谕末尾，乾隆帝以严厉的口吻宣布："若此次传谕之后，再有隐讳存留，则是有心藏匿伪妄之书，日后别经发觉，其罪转不能逭，承办之督抚等亦难辞咎！"

图穷匕首见！乾隆帝在一切伎俩均告失败的情况下，到底揭开了冠冕堂皇的骗人盖子，露出了征集天下群书的真实意图。

然而，严旨催逼比之设计诱惑的效果并不见佳。最使乾隆帝伤脑筋的是，查办禁书在江浙等省进展极为缓慢。他逐渐意识到，查办禁书的谕旨之所以贯彻不下去，梗阻在各省督抚因循疲玩，并不实力查办。进入乾隆四十二年（1777 年）以后，他就伺机制造一起大案，借以在地方大吏背上击一猛掌，使这些漫不经心的家伙警醒起来。

被拿来开刀示众的是江西巡抚海成，他竟把一部王锡侯编撰的“大逆不法”之书——《字贯》从眼皮底下漏掉了！

王锡侯，江西新昌县人，原来的名字叫王侯，似乎有点儿犯忌讳，就改为锡侯。他二十四岁补上了博士弟子，三十八岁中了举人，以后九次来京参加会试，全都落了榜。他看到眼前碌碌风尘，茫茫身世，人生百味一齐涌上心头！但一想起“贫贱忧戚，玉汝于成”这句古训，王锡侯便又振作起来，于是发奋著书，以图留名于后世，稍慰不能跻身官场、光宗耀祖的遗憾。他写过《王氏源流》，考证出周朝列王以至黄帝都是他的远祖；还写过《经史镜》，该书第一章的标题是“庆殃报复”，第二章的标题是“酒色财气四戒”。从这些地方可以大概看出王锡侯的著作很平庸，但他却自以为是“竭区区之精力”的得意佳作。这一类著作他先后编写了十部之多，而且全部付梓刊行。对王锡侯来说，这倒不光是好名，图利的成分自在不少。他儿孙满堂，却没有一垄田地，全靠卖书维持家中生计。乾隆四十年（1775 年）前后，日子实在过不下去了，他只得把一处旧房典给旁人，得了一百三十五两银子。这一年他已经六十三岁了，还亲自跑到吉安，督催他的新著《字贯》的刊行。

《字贯》是一部按天、地、人、物统字的简明分类字典，从起草之日算起，已经十七年了。王锡侯对这部体例新颖、部头可观的字典寄予莫大希望，自成一家之言且不去说，以《字贯》的发行量就足以换些银子度过“床头金尽，瓯中粟罄”的窘境。

然而，命运却偏偏和王锡侯作对。《字贯》并没有换来他梦寐以求的名誉和金钱，却招来了杀身破家惨祸。

乾隆四十二年，王锡侯的同族本家王泷南到知县衙门告发王锡侯编撰的《字贯》“狂妄悖逆”。王泷南是地头上的光棍，多年前曾因唆讼而问徒发配，他偷偷从配所逃回原籍。那时王锡侯血气方刚，好打抱不平，就告到官府，把王泷南拿获又解配了。事隔多年，王泷南遇赦还乡，寻机报仇。这时王锡侯老了，早没了昔日锐气，家里高悬自书的一副对联“莫倚英豪常带侠，须知大智每如愚”，就是用以警戒自己的。但王泷南却旧恨难释，如何能放得过他？从乾隆三十九年官府开始查办禁书，王泷南就觉察到机会来了。要想将王锡侯往死里整，最爽利的法子莫过于检举他撰写、刊刻逆书；而王锡侯已刊各书中，《字贯》的辫子最好抓。《字贯》前有王锡侯写的自序，先颂扬了一番《康熙字典》如何如何好，而接下去笔锋一转，话就说得不那么得体了：“然而穿贯之难也！今《康熙字典》所收四万六千字有奇，学者查此遗彼，举一漏十，每每苦于终篇掩卷而仍茫然。”这是对《康熙字典》不加掩饰的贬抑，而这部字典是康熙帝“御制”的，王锡侯如此一说就可以引伸为有意贬损污蔑圣祖康熙帝。王泷南咬住了“穿贯之难”这句话，告王锡侯“狂妄悖逆”。新昌知县见告发逆书，不敢耽延，立即禀报上峰江西巡抚海成。海成吊取《字贯》原书，先命巡抚衙门的幕友们检查。检查到该书序言，果如王泷南所举首的那样。但幕友们很正直，他们慢慢向海成解释，王锡侯如此说乃属“狂妄不法”，不能构成“悖逆”；王泷南在呈状中说“愿为圣祖抱告”，此话显有慢渎不敬之意，亦不便姑容。海成交代将这番意思写成奏折。当年十月初，海成将缮具的奏折派专差驰送京城，向皇帝做了全面奏报。他建议将王锡侯革去举人，以便审拟，同时将《字贯》一部四十本粘签，恭呈御览。

不料一经“御览”，翻阅到该书第十页时，见“凡例”内“将圣祖、世宗庙讳及朕御名悉行开列”，就断定“此实大逆不法，为从来未有之事，罪不容诛！应照大逆律问拟”！

当年十一月二十三日，王锡侯被押解到北京，投入刑部大牢。案情极为简单，没有什么好审讯的，到二十八日，大学士、九卿会同刑部把这件特大逆案办完了。他们遵照乾隆帝早已定下的调子，请旨照大逆律将王锡侯凌迟处死，他的子孙、弟侄及妻媳二十一人照律缘坐，家产籍没入官，王锡侯所著一切书籍通谕各省查缴销毁。乾隆帝命从宽改为斩立决，他的子孙王霖等七人从宽改为斩监候，秋后处决，妻媳及年未及岁之子给功臣之家为奴。把锅碗瓢盆、小猪母鸡通通计算在内，王锡侯的全部家产，官府估价不过六十几两银子。一个无辜的、清寒的知识分子就这样家破人亡了。

乾隆帝即位后一再降旨申明，“避名之说，乃文字末节，朕向来不以为然”，在王锡侯《字贯》案之前尚无任何一个乡曲小儒因没避讳而被治罪。乾隆帝二十六年（1761 年），江苏查出沛县监生阎大镛《俣俣集》中有不避庙讳之处，乾隆帝说："虽其不避庙讳，犹可云村野无知。"为什么王锡侯《字贯》直书"庙讳"及"御名"，就犯了从来未有之大逆不法的弥天大罪？

其实，乾隆帝必欲将《字贯》案由妄行著书的一般案件升级为钦办的特大逆案，虽剑指王锡侯，而其意则在江西巡抚海成也。

既然《字贯》的"悖逆"开卷即见，如此明显，海成竟说它"无悖逆之词"。乾隆帝命军机大臣传谕海成，骂他"双眼无珠"，骂他"天良尽昧"！短短两个月间，先是"传旨严行申饬"，随即"交部严加议处"，继而"革职交刑部治罪"，步步升级，直至刑部拟斩立决，乾隆帝觉得火力够了，下令从宽改为斩监候，秋后处决。

《字贯》一案，王锡侯冤，海成更冤。这个旗员胸无点墨，但对查办禁书却格外热心。到乾隆帝四十一年年底，江西省已查缴禁书八千余部，列全国各省之首。海成的办法很绝，为使查办禁书的诏令深入穷乡僻壤，他命令各州县把地保召集起来，培训一番后，再让他们挨家逐户去宣讲。无论全书还是废卷，统统呈缴，由官府付给缴书者一倍的书价。对这个创举，乾隆帝很欣赏，通谕"各省仿而行之"。转眼间，乾隆帝就想借他的脑袋震慑那些尚在游移观望的大吏们。通过军机大臣给各省督抚发出一道廷寄上谕，指责海成未将《字贯》"早为查出"，"可见海成从前查办应毁书籍原不过空言塞责，并未切实检查"。这无异于告诫各省督抚，像海成这样查办禁书的楷模尚且"空言塞责"，尔等该当如何实力查缴禁书？

海成是查办禁书以来第一个被判处死刑的方面大员，乾隆帝并不讳言拿他开刀的目的，谕旨说，严惩海成，是"使封疆大臣丧良负恩者戒"！封疆大臣中，首当其冲的是两江总督高晋，《字贯》案发，他受到的惊吓不下于海成。两江下辖江苏、安徽、江西三省，作为海成的上司，高晋亦难辞失察之咎。再者，总督所驻之江宁地近江西，所以乾隆帝严旨责问高晋："江宁省城与江西省相隔不远，该逆犯初刊《字贯》之本断无不传行至江宁之理，高晋等此次查办应毁书籍，何以尚未将此等大逆之书列入？"高晋最后受到了降一级留任的处分。由于乾隆帝有意借《字贯》案震慑封疆，推动查办禁书，所以有关这一案件的每道谕旨除寄两江之外，同时也寄发各省督抚，各省督抚也自然从中吸取教训。查办禁书不止查明末清初野史之类的旧书，而且也要查如《字贯》这样现在刊行者，如果仍如过去那样“空言塞责，并不切实检查”，海成便是前鉴！

王锡侯《字贯》案给地方大员中麻木不仁者、明哲保身者、犹豫观望者极大的震撼。为了避祸，他们开始千方百计地将所辖地区的禁书搜剔净尽。江苏方面率先刊刻成所谓《违碍书目》，分发各州县教官晓谕士民逐一清查，凡家中有单上所列的禁书则分别呈缴官设苏州书局或江宁书局查办。安徽方面继起响应，他们想出的办法更富想象力。该省下发的《禁书书目》不仅包括本省已查出的禁书，而且把其他各省奏明应予销毁的书籍也囊括其中，“并派委试用教职、佐杂等官，定以功过，分投各属，会同地方官剀切宣导，严加搜查”。河南、江西、浙江、湖北、广东、广西、陕西等省督抚不甘落后，也纷纷效法，刊刻种种“违碍禁目”。一时间，各种“禁书书目”通行天下，成为各省大吏查缴禁书的得力工具。

各省查办禁书的工作总算初步推动起来，乾隆帝欲将深藏民间的违禁之书搜剔净尽的初衷有望实现。他随即命令军机大臣传谕各省，将业经查出的禁书陆续解往京城，经特派大臣审阅，开单列出应烧毁劈板书籍之名，呈交皇帝批准，集中加以销毁；所有应毁各书，开列带有权威性的统一书目，下发各省督抚一并实力查办。

查缴禁书的天罗地网严严实实地覆盖了神州大地，乾隆帝还在蓄意制造威逼士民缴书的更大书祸。这次，哪些人的脑袋将被借来一用呢？

乾隆四十三年（1778 年），江苏徐述夔《一柱楼诗》一案，戮尸枭示二人，死刑六人，其中有省级大员一名，此外一人流放极边，一人徒刑三年，一人发往军台效力，徐述夔亲属多人给功臣之家为奴。原礼部侍郎、已故著名诗人沈德潜曾为徐述夔作传，也受到株连，被革去官爵、加衔和谥典，并扑毁御制墓碑，撤出乡贤祠。徐述夔诗狱犹如一次强烈地震，爆发在查办禁书的重点地区——江浙两省，余震波及全国通都大邑、穷乡僻壤。此后十数年间，官绅士庶提起此案，莫不胆战心惊，谈虎色变。

徐述夔，原名赓雅，字孝文，江苏扬州府东台县人。他出生在什么时候已经无从查考，只知他在乾隆三年（1738 年）中举后，曾拣选知县。有人说他的著作中多引吕留良语，可见其仍持有反清民族气节，其实即或有，也十分淡薄了。徐述夔曾对他的两个学生说过："本朝剃头，不如明朝不剃头好看。"话语之中似乎对往昔汉人蓄发的朝代还有些怀恋——他的民族意识恐怕仅止于此了。如果说他有怀才不遇的牢骚和愤慨倒更近乎实际。他自称学问如在明朝可与唐荆川（顺之）、董思白（其昌）相比，可惜今天没人看得出。这么一个以才高自诩的人，功名止于举人，官职不过七品，心里难免不平。这种情绪发展下去，就容易对现实政治不满。他的诗句如"旧日天心原梦梦，近来世事益非非"；"江北久无干净土，乾坤何处可为家"就流露出了某种危险的对现实不满的倾向。不过，徐述夔只是借诗发泄自己怀才不遇的郁闷，绝对没有，也不敢有什么出格的举动，甚至连自编的诗集——《一柱楼诗》《小题诗》和《和陶诗》也没有送去出版，更谈不到借诗歌指斥清朝，搞煽动宣传了。这几本诗集还是他的儿子徐怀祖于乾隆二十八年（1763 年）雕板付印的，那时徐述夔已离开人世。儿子为父亲出诗集以寄托纪念之情，本是很平常的事，特别是在素有"人文渊薮"之称的江浙一带，谁能想到此举竟给徐家子嗣遗下了灭门大祸。

乾隆四十二年，徐怀祖也故去了。此时查办禁书的风声已越来越紧，特别是这一年发生在江西的王锡侯《字贯》案，对江苏震动更大。朝廷一道道谕旨不仅追缴明末清初的旧刻笔记野史，而且所有内容"违碍"的新编之书也都列入查缴、销毁之列。徐家祖上有几本诗集是十几年前刊刻的，远近皆知，徐怀祖之子徐食田、徐食书兄弟俩心里惴惴不安。不巧得很，这年冬天徐家又与邻近的蔡家发生了田产纠纷，双方互不相让，已经告到官府。原来徐怀祖生前曾用二千四百两银子买了蔡耘的田地数顷，这时蔡耘的堂兄监生蔡嘉树忽然声称那卖掉的田里有他家祖坟，非要赎回不可。赎田的事两家可以商量，但蔡嘉树只给银九百六十两，而且是赎也得赎，不赎也得赎，摆出一副泼皮无赖的架势。蔡嘉树如此无理放肆，是因为他窥破徐家兄弟处境不妙，他早已让人递话给徐食田，如果不答应按他的条件赎田，就告发他家刊刻、藏匿禁书。徐食田觉得与其被人告发，不如自己主动呈缴，于是就在乾隆四十三年四月初六抱书赴县呈首。此时皇帝的谕旨很明确，只要在限期内主动缴书到官，即可免予追究藏书之罪。蔡嘉树的如意打算落了空，但他仍不死心，即于四月初九也赴县检举。东台县见呈首逆书，不敢怠慢，立即将《一柱楼诗》等呈解到省。当时江苏设江宁、苏州两个书局，凡江北各州县查缴的禁书一律汇解江宁书局，江宁书局局员保定纬、沈澜二人见《一柱楼诗》等书没有在书眉上粘上“违碍”在何处的签子，便又发回东台县，令加签后送局。在这一来一往的过程中，徐、蔡两家的田地争讼已经官断结，县里令徐食田拨给蔡家墓地十亩。这本来已对蔡嘉树十分有利了，但和蔡嘉树原来想敲诈千余两银子的图谋相距太远，他就仍然想借禁书大做文章。他找到县里的书吏金长五，问他要徐食田缴书的批语。金长五告诉他；徐食田四月初六缴书的批语已贴在署前照墙上了，众所共见；徐食田后来又补缴过一次他祖父未刻抄本，是四月十六日，你若要这次的批语就看吧。蔡嘉树拿到四月十六日徐食田的缴书批语，如获至宝。他横下一条心，到省里把徐食田连同东台县一起告了。

当年六月，蔡嘉树到江宁藩司衙门投诉称，徐述夔《一柱楼诗》中有“明朝期振翮，一举去清都”，为“非常悖逆之词”；又说自己于四月初九检举在前，徐食田四月十六日被迫缴书在后，但徐行贿收买了县里书吏金长五，嘱托他将徐由被告发而改为自行呈缴。江苏布政使陶易不以蔡嘉树为是，在他的控告信上做了如下批语：“书板已经呈县，如有违碍应行销毁，该书自当交局，与尔何干？显系挟嫌倾陷。”蔡嘉树碰了一鼻子灰，好不晦气。陶易身居地方大员，又屡奉明旨，凡禁书只要呈缴，便可免予究治。况且，既曰“禁书”，自然有所“违碍”之处，蔡嘉树摘出的两句又算得了什么“悖逆”？所以同意幕友陆琰代拟的批交扬州府就近查办的牌文：“讲论经传文章，发为歌吟篇什，若止字句失检，涉于疑似，并无悖逆实迹者，将举首之人即以所诬之罪，依律反坐。”这句话载在《大清律例》，十分厉害，蔡嘉树当扬州府查讯时，如果不能举证徐家确有“悖逆实迹”，则要反坐大逆之罪。陶易认为这样写固然倾向过于鲜明，但有《大清律例》为据，也不会出什么问题，于是将牌文标判发行。

到七月中旬的时，东台县把有关人犯及徐述夔诗集提解扬州府，扬州知府谢启昆不愧老吏，他看出陶易的批词有欠稳妥，但碍于上司情面，又一时未及仔细检阅徐书，也没说什么。待他认真审查《一柱楼诗》等书后，发现其中确有违碍之处，鉴于以往类似案件，他深知事态严重。这时已届八月中旬，扬州府才开始审理蔡嘉树控告逆书及东台县偏袒徐食田一案。

从本年四月初六徐食田抱书自首，到八月扬州府调集人犯、案卷审办，中间经过了四个多月，表面上看似乎有所延误，其实不然。第一，徐述夔诗集等本不应在禁书之列，即使硬说它有“违碍”之处，属于应禁之书，逐级粘签呈缴亦属正常程序，如果每本禁书都要立案追查，那么必然查不胜查，罪不胜罪。总的来看，从东台县直至江宁藩司，对徐述夔诗集的处置符合当时谕旨的精神，无懈可击。第二，徐食田在两年限期内自动呈缴祖上书籍，即使该书确属悖逆，也不应治罪；无奈蔡嘉树像条恶狗一样咬住不放，所以几经周折，由县而省，案件逐步升级。如果后来不是乾隆帝亲加干预，蔡嘉树控告徐食田一案很有可能在扬州府以有利于徐家的方向了结。

然而，乾隆帝偏偏干预了，而且蓄意把它打成轰动全国的特大案件。

不过，乾隆帝并不是从扬州方面获悉此案，他的情报来自另一渠道。与扬州府审理蔡嘉树控告的同时，江苏学政刘墉正在金坛地方按试，有一个叫童志璘的人向他投递呈词，并缴出徐述夔诗集一册、沈德潜所撰徐述夔传记一本。童志璘对徐述夔诗集是否属于禁书没有把握，所以在呈词中只是说：“此书恐有应究之语，是以呈出。”刘墉是被乾隆帝誉为“奋往任事”的已故大学士刘统勋之子，后世大名鼎鼎的所谓清官“刘罗锅”。子如其父，刘墉也很勇于任事，他接受了童志璘呈词，即将此事移交两江总督、江苏巡抚查办，同时具折直接奏报皇帝。八月二十七日，乾隆帝看了刘墉奏折及一并恭呈御览的徐述夔《一柱楼诗》，随即通过军机大臣寄给两江总督高晋、暂署两江总督萨载及江苏巡抚杨魁一道密谕，指示他们严切查究徐述夔一切诗文。至于人的处理，乾隆帝交代：徐述夔所作诗词语多愤激，“使其人尚在，必应重治其罪”；徐述夔之后人正当查缴违碍书籍之时，不将书籍呈出，“亦当治以应得之罪”；曾为徐述夔作传的沈德潜，“念其身故，姑免深究”。这时乾隆帝已看到了《一柱楼诗》，他不过说其中有“怨愤之语”而已。这些都说明，当乾隆帝刚接触这一案子时，也把它视为寻常案件了。直到九月初七，江苏巡抚杨魁的奏折送达御前，乾隆帝才起意借此而兴动大狱。

杨魁是在接到刘墉的咨文后调查徐案原委的。他在奏折中提到蔡嘉树曾赴江宁藩司呈控，声称“他在县先行呈首，徐食田贿嘱县书，捏称自行呈缴”这一情节。在杨魁，不过是客观叙述案件的全过程，而乾隆帝则在遥遥数千里之外，没有做进一步调查核实的情况下，判定“徐食田既隐匿其祖书籍不早呈缴，得知事已败露，复敢贿嘱县书，捏称自缴，其诈伪殊为可恶”！基于这一错误判断，他又立即降旨将徐食田解京严讯，并“将听受贿嘱之县书一并隔别管解来京”。乾隆帝已明确无误表示了倾向性，案情开始向不利于徐食田的方向深究。解京审讯，不仅明示案件升级，而且意味着对两江各级官署的不信任。

九月十三日，继杨魁奏折之后，署两江总督萨载的奏折更激起了轩然大波。萨载奏称，扬州知府谢启昆已签出《一柱楼诗》中悖逆之句甚多，他逐条看后，不胜发指。萨载建议：“徐述夔虽已身死，其尸骸应挫戮，其孙亦应从重治罪。”乾隆帝接阅这个奏折的当天，即通过军机处向两江方面寄出三道谕旨：

其一，切责江宁布政使陶易。谕中以严厉的口气责备陶易耽延此案，特别强调“徐食田贿嘱县书、捏称自首之鬼蜮伎俩陶易也未能查出，如此重大案件，全然不以为事，是诚何心”？传谕陶易“即行明白回奏”！

其二，谕责两江总督高晋。高晋以大学士久任两江，为什么徐述夔之逆书不能早为查出？陶易近在同城，如此玩视重案，高晋为何毫无所闻？传谕高晋“即行明白回奏”！

其三，传谕萨载、杨魁，指示他们此案应视为特大逆案。乾隆帝谕：“徐述夔身系举人，乃丧心病狂，敢于所作《一柱楼诗》内系怀胜国，暗肆诋讥，谬妄悖逆，实为罪大恶极！虽其人已死，仍当剖棺戮尸，以伸国法。”

这样一来，在乾隆帝的督责之下，不仅要追究藏书的徐食田，而且要严办已故的著作逆书者徐述夔；不仅要查办“受贿”的书办之类的小吏，而且要追究包庇徐食田、玩忽重案的方面大员陶易与高晋。而要把这一切兴师动众地搞起来，关键在于，必须把徐述夔的《一柱楼诗》定性为“罪大恶极”的逆书。

“罪大恶极”的根据何在？乾隆帝得之于萨载，萨载得之于谢启昆，谢启昆得之于铤而走险的恶棍蔡嘉树；是蔡嘉树第一个摘出“明朝期振翮，一举去清都”，指为“非常悖逆”之句的。这《一柱楼诗》早经江苏学政刘墉恭呈御览，乾隆帝阅后只不过说它有“怨愤之语”，为什么十几天后便把徐述夔打成“系怀胜国，暗肆诋讥”的“谬妄悖逆”呢？

这里有乾隆帝不可告人的目的。当时查办禁书虽三令五申，但三年过去了，各直省，特别是江浙两省仍未如所预期。乾隆帝认为，问题在于查办禁书的谕旨在贯彻中出现了“梗阻”，这“梗阻”便是各级地方官吏。头年拿江西巡抚海成祭旗，局面有所改观，但毕竟只能算敲山震虎，不够直接，不够爽利。徐述夔一案发生在重点查办禁书的所谓人文渊薮江苏，又抓到了下自县级书吏，上至藩司大员玩视查办禁书，以至包庇藏匿禁书者的把柄，所以要迫不及待地宣布为特大逆案，以便造成高压态势，大张旗鼓地深究下去。

九月十三日三道廷寄发出，经过彻夜思考，乾隆帝觉得还有不妥之处。前此所发一系列谕旨中，都是基于蔡嘉树六月赴江宁藩司的控词，断定蔡嘉树检举在先，徐食田系贿嘱县书，捏称自首。但如果徐食田确系自首在前，便有诸多难于措手之处。本年闰六月二十五日刚颁布过一道明发上谕，向全国臣民郑重宣布：“此后续行呈缴，仍可不加究治。”据此，《一柱楼诗》即或“悖逆”，徐食田自行呈缴，也难以治罪。再者，徐食田若系自呈，“贿嘱县书”云云自然不能成立；陶易批交扬州府查办、追究蔡嘉树诬捏讹诈也就无可指摘，很难治他延误大案之罪。这样一来，徐述夔诗案又成了寻常案件，借此而兴动大狱，以扫荡查办禁书中种种阻碍的目的不就落空了吗？思虑及此，乾隆帝认为，打好这关系查办禁书全局的战略性一役的关键是核实徐食田系自呈还是捏称自首。

九月十四日一早，乾隆帝即召见军机大臣，命立即传谕萨载，将此关键情节“详晰查明，据实覆奏”，同时交代此廷寄要按日行五百里的速度加紧发往两江总督的驻地——江宁。

出乎乾隆帝的意料，他急于要搞清楚的重大疑点提前有了答案。九月十六日，他收到的萨载与杨魁联衔合署的一件奏折上提到，他们调取并核查了东台县的有关案卷，上面有明确记录：“徐食田于四月初六日呈出各书，蔡嘉树于四月初九日首告。”萨、杨二人从江宁拜发此折时，还没有见到九月十四日廷寄，但他们似乎也觉察出全案关节乃在徐食田是否自首，因此有向皇上早加说明的必要。萨、杨清楚，事实与皇上最初基于蔡嘉树一面之词做出的判断相悖，尽管是事实，但指出它仍难免有拂圣意。于是在奏折中又说，“东台县保非蒙混舞弊，亟应穷究明确，务使水落石出，不便稍涉模糊”。为此，建议将江宁藩司陶易、扬州知府谢启昆、东台知县涂跃龙一并革职，以便提解究办。

徐食田没有贿嘱县书吏，确系自行呈缴，乾隆帝很失望；但事已至此，只能咬紧牙硬干到底。九月十六日，乾隆帝接受萨载等建议，降谕将陶易、谢启昆、涂跃龙照该督抚所奏俱着革职，隔别押解来京，交大学士、九卿会同刑部严审定拟具奏。这道谕旨交内阁明发，至此，徐述夔诗案已朝野尽知。乾隆帝下定决心，按照自己既定的方略，强行把这一案件向纵深推进。

九月二十一日，乾隆帝再谕萨载、杨魁，命令他们将列名徐述夔诗文集卷首的校对者徐首发、沈成濯也派人提解来京。徐首发、沈成濯二人前此已被逮捕，杨魁认为他俩的罪仅止于参与校书。乾隆帝却从徐、沈二人的名字中透视出其骨子里的“悖逆”。他说，“首发成濯”四字合在一起，寓有深义。“首发（髮）”即头发，“成濯”用的是《孟子》“牛山之木，若彼濯濯”的典故，“濯濯”原说山上的草木全秃了，“首发成濯”合看，不是头发剃光了吗？显系“诋毁本朝剃发之制”——就这样，徐首发、沈成濯被划入了“逆党”。还有比他俩倒霉的。江宁书局负责查勘书籍的保定纬、沈澜二人以“延搁不签，显有欲消弭之意”，也奉旨押赴刑部，“一并交部严讯”——这已是九月三十日的事了。

至此，络绎押解北上的徐述夔诗狱涉案人犯共计十一人：第一起徐食田，县书金长五、倪锦，以及原告蔡嘉树；第二起陶易、谢启昆、涂跃龙；第三起徐首发、沈成濯；最后一起保定纬和沈澜。每一起又都是“隔别管解”，让犯人不可能在途中晤面串供。除此之外，为徐述夔诗文作过跋的毛澄尚在缉捕之中。

案犯并非无一漏网，还有一个隐藏得更深的人没有被挖出。此人即陶易的刑名师爷——陆琰。他和吕留良同乡，是浙江石门人，附贡生，长年在外作幕。乾隆四十二年五月，他被陶易请去作幕，在藩司衙门里专理刑名钱谷事件。乾隆四十三年六月东台县监生蔡嘉树赴司呈控，陆琰对他厌恶之至，就代陶易在蔡的检举信上批了“与你何干？显系挟嫌倾陷”等语，随即又在批交扬州府查办的牌稿上加写“举首不实，照所诬之罪反坐”一段话。陶易看过陆琰所拟的批文底稿，未暇深思，签字照发。九月，陶易革职，解京审讯。东家获罪，幕友照例不受株连，陆琰暂留江宁寻找新的营生。但他阅历甚富，知道陶易一旦供出徐述夔诗案的文稿系自己一手经办，难免不被逮讯，因此预先把身边的儿子遣送老家，自己孑然一身在江宁一带盘桓。不出所料，陶易果然把他供出了。十月十八日陶易解到京师，投入刑部大牢。其时他肚胀腹泻，下身溃烂，已经奄奄一息；乾隆帝亲自审问，陶易供称：批词和牌文系幕友陆琰所拟改，“我不曾细看，就画行批发了”。乾隆帝下令立即查拿陆琰，锁押解京。陆琰随于宝应县境内被拿获。

挖出陆琰，乾隆帝很得意。据他自己说：“朕初阅批词牌文，即疑必系劣幕有心袒护开脱，而陶易与之商同舞弊，欲图消弭。”他是否真的如此料事如神，已无从究诘，也没有必要究诘了。然而，徐食田是否自呈这个关系全案的核心问题，经过刑部的反复严讯，却证明乾隆帝的预见错了。刑部将徐食田、金长五、倪锦及蔡嘉树的供词与有关的案卷做了对照研究，终于搞清了全案的症结：徐食田四月初六将已刻各书并板片呈缴在县，四月初九蔡嘉树亦将《一柱楼诗》等赴县呈首；徐的诗文集中有沈德潜所撰徐述夔传；县令涂跃龙见其中还列有未刻各书之名，就指名要徐食田呈缴。四月十六日徐食田又呈缴其祖徐述夔未刻抄本三种，此为第二次缴书。这个过程均记录在案，审讯时人证、物证俱全。徐食田自呈在前，蔡嘉树检举在后，彰彰可考，确凿无疑，最后连蔡嘉树亦不能否认其控告徐食田贿嘱县书、倒提年月等是虚。刑部等衙门只得据实奏闻。

这个结论摆在乾隆帝面前，非同小可，直接关系到徐食田、金长五、倪锦、涂跃龙、谢启昆、陶易及蔡嘉树等人的定罪，真可谓牵一发而动全身。是尊重事实，维护《大清律例》的尊严；还是保全天威，不顾一切也要实现发动此案的初衷？乾隆帝面临抉择。为了自己的颜面，为了眼前推动查办禁书的政治需要，乾隆帝决心仍照原来设想了结此案。

果然如此，就只能玩法。

如何玩法？说起来容易，做起来却颇费周章。徐食田本为自首，偏偏要说不能视为自首，已经很难；说不能视为自首，还要在《大清律例》找到根据，更难乎其难了。刑部司官搜索枯肠，冥思苦想，总算找到了“知人欲告而自首，只能减罪，不能免罪”这样条例，然后轻轻一转，称“徐食田闻蔡嘉树欲行呈控，始行赴县呈缴，未便以自首减其应得之罪”。明明可以“减罪”的毫无弹性的律文，经刑官曲解，竟得出了“未便以自首减其应得之罪”的结论。如此一来，就为乾隆帝提供了从严惩办的“合法”根据。什么叫玩法？什么叫舞文弄墨，上下其手？徐述夔一案提供了最生动、最形象的注脚。

棘手的问题让刑部司官解决了，另一个问题是如何才能将徐述夔诗案问成逆案，这只能靠乾隆帝“宸断”了。

徐述夔诗文中签出的语涉“违碍”之处诚然不少，但绝大多数只能定为“怨望”“愤激”之类；可供锻炼人罪的，仍只有蔡嘉树早已指出的那一句——“明朝期振翮，一举去清都”。“明朝”与“清都”，一说时间，一说地名，在作者本无深意，然则一经乾隆帝解说便了不得。乾隆帝说：徐述夔“借‘朝夕’之‘朝’，作为‘朝代’之‘朝’，且不用‘上’‘到’等字，而用‘去清都’，显寓复兴明朝、推翻我朝之意”。乾隆帝定了调子，奉命审拟此案的大学士、九卿便只剩下“比照”大逆律判刑了。什么叫“望文生义”？什么叫“以文字罪人”？徐述夔一案提供了最典型、最有力的例证。

至此，障碍全部排除，这件大案终于可以按照乾隆帝的意志圆满收场。

迫在眉睫的是处置病危的原任江宁藩司陶易。乾隆四十三年十月十九日，大学士、九卿以陶易处理蔡嘉树控告逆诗重案怠玩错谬，又欲反坐控告之人，应照放纵大逆者斩律，拟斩立决。乾隆帝降旨“加恩改为应斩监候，秋后处决。”可惜陶易已不能受用皇上的恩典，他很快病死于狱中。

十一月二十七日，大学士、九卿会审，并经乾隆帝钦准的判决书公布了：

徐述夔编造狂悖诗词，妄肆诋讥，其子徐怀祖将逆书公然刊刻流传，二人虽已身故，仍照大逆凌迟律，锉碎其尸，枭首示众。

徐食田藏匿逆书，照大逆知情隐藏律应拟斩立决；徐食书应依律缘坐，拟斩立决；徐首发、沈成濯列名校对，又不举发逆书，照大逆知情隐藏律，应拟斩立决；陆琰有心消弭重案，照故纵大逆律，应拟斩立决——以上徐食田、徐食书、徐首发、沈成濯、陆琰五犯俱奉旨加恩改斩监候，秋后处决。

正犯徐述夔亲属俟查明后照律缘坐，所有财产照律入官，徐述夔所著书籍及板片一律查缴销毁。

为徐述夔诗文作跋之毛澄，杖一百，流三千里。

已革扬州知府谢启昆难辞怠玩之咎，发往军台效力赎罪；已革东台知县涂跃龙玩延公事，杖一百、徒三年。

江宁书局局员保定纬、沈澜及书吏金长五、倪锦无罪开释。

原告蔡嘉树挟嫌告发，且诬告徐食田贿嘱县书；但徐述夔逆书重案系蔡举发，将功抵罪，从宽免议，即予开释。

判决书的最后一名是沈德潜。对这位已经作古的著名诗人，还有必要再交代几句。

“大器晚成”四字，用来形容沈德潜再适合不过。他生于康熙十二年（1673 年），参加乡试十八次，乾隆三年（1738 年）才算考中，无奈已是六十六岁的龙钟一老翁。第二年，沈德潜又离开家乡江苏长洲，赴京参加会试。通过最后一关殿试时，他正埋头握管疾书，乾隆帝忽然亲临考场，坐在殿中问道：“谁是沈德潜？”沈德潜跪奏：“臣是。”乾隆帝笑笑说：“你是江南老名士，也迟迟没有完卷吗？”沈德潜受宠若惊，在场的人也知道他已简在帝心了。果然，此科沈德潜登进士，授编修，以后又擢升内阁学士，兼礼部侍郎。沈德潜的诗，温柔敦厚，体尊盛唐，乾隆帝很是欣赏，说他可以和李、杜、高、王相比。沈德潜与乾隆帝常有诗歌唱和，他前后受帝赐诗四十余首，举世叹为异数。乾隆帝三十四年（1769 年），沈德潜去世，时已九十七岁，谥“文悫”，御书墓碑，入本省乡贤祠，可说极尽身后哀荣。乾隆帝在他生前曾说：“朕与沈德潜可谓以诗始，以诗终矣。”原本，乾隆帝与沈德潜的关系可传为一代君臣佳话。不料平地起风雷，沈德潜去世未逾十载，竟因为“逆犯”徐述夔案写过一篇传记而牵连得罪，将礼部侍郎及尚书加衔，连同“文悫”谥典尽行革去，御制祭葬碑文一并磨毁，乡贤祠内牌位撤出。乾隆帝与沈德潜的关系就这样以并不美妙的《一柱楼诗》惨淡终了。

乾隆四十三年十二月，一彪人马驰向江苏扬州府东台县，为首的是钦差乾清门侍卫阿弥达、江苏巡抚杨魁，他们奉旨将徐述夔父子剖棺戮尸。徐述夔坟墓在本县新河口焦家林地方，拆砖启棺，只见徐尸僵而未化，鞋帽袍褂也没有朽烂。随从人役在阿弥达、杨魁监临之下，首先当众砍去徐述夔之尸的首级，然后乱刀将尸身剁碎，抛撒于旷野之中。徐怀祖之尸亦照此办理。随后，将徐述夔父子的首级提去，悬挂于东台县城示众。这一通公事办完，阿弥达、杨魁一行又取道扬州过江，驰往苏州府沈德潜墓所，遵旨拉倒墓碑，磨去碑上御制碑文后，又将碑体捶碎，弃于远处。

江南岁暮，彤云密布，地暗天昏。一场查办禁书的狂飙挟着血雨腥风席卷而来。

乾隆四十四年（1779 年）正月，徐述夔诗案刚过一个月，李驎《虬峰集》案在江苏勃发。

李驎是扬州人，生于明崇祯七年（1634 年），明朝灭亡时不过是个十来岁的孩子，到康熙四十九年（1710 年）身故，他已是年近八旬一老翁了。李驎虽然主要生活在清朝治下，但始终没有忘怀前朝，以至于穿戴仍仿明时旧制，在他所著《虬峰集》中就有“瞻拜墓前颜不愧，布袍宽袖浩然巾”之类诗句。李驎不从满族服饰，表示自己不与新朝合作的政治立场，这在康熙年间尚能被宽容，在士人群体中更受到尊重。《虬峰集》蕴蓄着浓厚的“胜国遗民”情绪，与徐树夔《一柱楼诗》显有不同。《一柱楼诗》案搞得声势很大，但结案时的罪证却只有“明朝期振翮，一举去清都”一句“逆诗”而已。“醉翁之意不在酒”，乾隆帝发动《一柱楼诗》案的目的在于借此震慑天下臣民，推动阻力重重的查办禁书运动。《虬峰集》的结案却无论如何也搞不成轰轰烈烈，原因很简单，李骥是个老绝户，没有后嗣，所以，只有照大逆律，锉碎其尸，枭首示众，怨毒发泄在李骥一身为止。

当年三月，冯王孙《五经简咏》案则株连甚惨。冯王孙是湖北兴国州人，捐贡出身，做一个候补训导的学官。他看到查办禁书风声日紧，赶忙把自己平日写的两本《五经简咏》呈缴官府自首。经湖广总督三宝细加挑剔，签出“狂悖”之条多处，于是据情上闻。乾隆帝很快降旨称：“今阅签出诗内各句，悖妄狂诞，不可枚举，且有‘复明削清’之语，并于庙讳全然不顾，悖逆显然，应即严讯该犯，迅即问拟具奏。”还用什么审讯定罪？四月，走了一下法定程序，冯王孙即被凌迟处死，传首本籍；他的儿子冯生桐、冯生梧、冯生棣缘坐，应斩立决，从宽改斩监候，秋后处决；冯王孙之妻刘氏、儿媳董氏、陈氏，及冯王孙不到十六岁的孙子冯正谟、冯正训等都给了功臣之家为奴。好端端的一个大家庭就这样彻底毁灭了！《五经简咏》早已付之一炬，无从查考。如果说书中确有“复明削清”的意思，那么，它既不同于王锡侯的《字贯》、徐述夔《一柱楼诗》，也不同于李骥《虬峰集》，它堪称查办禁书运动的重点目标，即当代人所著述的确实含有反清内容的书籍。

随后发生的因藏书而起的书祸指不胜屈。戴昆是康、雍时人，早已身故，查办禁书时发现他的《约亭遗诗》中有“长明宁易得，短发支长恨”；将他刨坟戮尸，他的孙子戴世道六十多岁了，因刊刻《约亭遗诗》，也被杀。石卓槐《芥圃诗抄》中有“大道日已没，谁与相扶持”；“厮养功名何足异，衣冠都作金银气”，不过发了几句对现实不满的牢骚，被凌迟处死。康熙时人卓长龄著有《忆鸣集》，有个劣监告发说“忆鸣”二字实寓“追忆前明”之意，卓长龄的孙子卓天柱因隐匿私藏禁书《忆鸣集》定为斩监候，秋后处决；而他两目青盲，根本就没看过祖上留下的诗集。

乾隆帝打着“征集天下图书以嘉惠士林”的幌子，意欲将天下所有反清反满文字作品一网打尽，为推动查办禁书，匠心独运地制造出一起接一起的书祸。他的险恶用心及有欠光明磊落的伎俩，又岂能一手尽遮天下耳目？

乾隆四十三年，有一个叫刘翱的八十多岁老汉写了一份《供状书》，坦率地表达了对缴毁违禁书籍的看法：“自古国运接续之际，妄生议论者何代无之？”劝皇帝不必疑神疑鬼。这个耿直的湖南汉子在《供状书》结尾说：“是非之心，人皆有之，不得已之鸣，不揣狂妄，愿发刑部拟以重罪而甘心！”乾隆帝竟恶狠狠地指示：“不得因其年已八旬，稍为姑息！”刘翱就这样被即行正法了。这一案件发生在乾隆四十三年五月份，正好介于王锡侯《字贯》案与徐述夔《一柱楼诗》案中间。第二年，又有人隐喻巧骂今上皇帝“愈老而愈辣，斯所操之术乃愈出而愈巧”。他就是安徽天长县生员程树榴。

乾隆四十四年（1779 年）正当处置《一柱楼诗》诗案、全国查办禁书最恐怖的日子，安徽又发生了一桩令人唏嘘不已的文字狱。

这年春天，天长县生员王廷赞向官府告发本县贡生程树榴恶毒咒骂当今皇帝。王廷赞是程树榴妻子的堂弟，他为什么非要和自己的姐夫过不去呢？事情还得从两年前说起。

程树榴有个极要好的朋友，叫王沅，也是个秀才，平素喜欢作诗，远近闻名。乾隆四十二年，王沅忽然痰迷心窍，连书上的字都不认识了。程树榴前去看望，见他一脸痴呆，心里很难受，觉得老天太不公平了，专门夺去像王沅这样锦心绣口者的心性，就把王沅过去写的《爱竹轩诗稿》一本带回家阅看，准备替他刊刻传布。随后为好友的诗集写了一篇序，又出资雇人将《爱竹轩诗集》印刷了四十二本，送给王沅三十五本，自己留了七本，连同书板都存在家里。一天王廷赞到堂姐家，随手翻开《爱竹轩诗集》，触目即是程树榴序言“士有以诗遭奇穷奇厄者矣，未闻以诗致奇疾者也”这开头的一句话，他立即闻出味道不对。姐夫这满腹牢骚究竟为何而发？往下看，“余友不幸而能诗”，这就怪了，能诗何以不幸？再往下看，是指责上苍使“余友”王沅“死固未死，生已徒生而始大快，则岂非彼造物者之心愈老而愈辣，斯所操之术乃愈出而愈巧耶”。不必往下看了，这算什么诗序？分明是借为朋友诗集写序发泄对频频发生的“书祸”的不满，特别是为刚刚处置的王锡侯和徐述夔两个逆犯一吐不平之气；这还在其次，姐夫胆敢借咒骂“造物者”影射诽谤当今皇上，不是飞蛾扑火，自取灭亡吗？王廷赞一边看，一边不住嘴地评点，一旁的程树榴怎能担当得起，情急之下，竟指堂弟挟嫌诬蔑，非要告到官里不可。王廷赞粗通律例，深知如不能坐实姐夫大逆不道之罪，自己就要照律反坐。一不做，二不休，王廷赞索性把事情闹得惊动天下，不是你死我活，就是你活我死，随即写下状子，连同程树榴诗序以及自己对诗序的解读送县查办。在“死固未死，生已徒生”句下王廷赞注“俨为王、徐二逆犯一吐不平”；在“造物者之心愈老而愈辣，斯所操之术乃愈出而愈巧”句下又加注曰：“二语之实无忌之尤者。我皇上体天立极行健同春九宇，春秋愈高，仁恩愈普，彼王锡侯、徐述夔等皆其自予以显戮，普天称快。今序称‘造物’，所比何人？若谓直指天，讲天有何老少；愈老愈辣，所指何条？忍心害理，此条为最！”照这一解释，程树榴千刀万剐，死有余辜了。

案子到了安徽巡抚闵鹗元手里可作了难，究竟定程树榴“怨谤上苍”的罪呢，还是照王廷赞的解释定其影射诋讥当今皇帝？闵鹗元不敢造次，只得将案情如实奏闻。乾隆帝震怒之余，命两江总督萨载会同闵鹗元严审定拟具奏；但经反复权衡，他还是决定以不揽骂为好，所以谕旨说程树榴所作序文“牢骚肆愤，怨谤上苍，实属丧尽天良”，避开了程树榴借“造物者”隐喻的真实用意。萨载与闵鹗元随即跟着皇上的调子以“怨天”定拟程树榴应照大逆律凌迟处死，三法司的大臣们同意照所拟定罪，最后如何判定这一奇案的大权又回到了乾隆帝那里。

其实，程树榴锋芒所指，包括乾隆帝在内又有谁不明白呢？只差一层纸没有捅破罢了。在最后关头，乾隆帝竟表现出了惊人的坦率。这一年他年届古稀，自己所作所为心里再清楚不过。他决定采取直面严峻事实的老实态度，承认“愈老愈辣”云云骂的正是自己，程树榴之所以含沙射影，就是对当前的查办禁书深恶痛绝，为王锡侯、徐述夔一吐不平之气。在向全国臣民公开发布的谕旨中乾隆帝说：“若以程树榴‘怨天’拟以凌迟，尚未得其获罪实情，且无识者将妄议文网太密，而王廷赞原控中已点出之‘造物者’二句隐喻讪谤，方为全案要害。”接下来话锋一转，又说“但念其究未诋斥本朝及得罪于列祖列宗，尚不至如徐述夔之甚”，最后命将程树榴从宽斩决。

这是乾隆帝一生中在政治上不可多得的一次襟怀坦白，也是乾隆帝一生中对他不共戴天的仇敌极为罕见的一次宽容。

为保持令士民觳觫战栗的高压态势，乾隆帝在一个相当长的时间里，隔几个月就蓄意制造一起书祸；直到乾隆四十八年（1783 年）后，书祸稀稀落落，显著减少。

书祸渐稀的直接原因，乃是所谓“禁书”已经查缴殆尽，政策上已没有利用书祸驱迫士民呈缴禁书的必要了。以查办禁书的重点地区浙江为例，乾隆三十九年开始查办禁书以来，督抚大吏前后奏缴禁书二十四次，共计缴书五百三十八种、一万三千八百六十二部，四十九年最后一次奏缴后，三四年间再未呈缴过一部禁书。在查缴禁书日益减少的情况下，乾隆帝有意纠正了几起文字狱案，并借此一再申明：“朕凡事不为已甚，岂于语言文字反过于推求？各省督抚尤当仰体朕意，将此通谕天下知之。”这无异于告白天下，乾隆帝已无意再搞文字狱了。但还有个把督抚不知眉高眼低，所以乾隆五十年（1785 年）七月，他又通过甄别刘遇奇《慎余堂集》案告诫各省督抚：江西巡抚舒常查办此书，乃属“办理失当，滋扰闾阎，于吏治民生大有关系”。善于揣摩旨意的督抚大员们认定风向已确定无误转变了，查办禁书的劲头一下子松懈下来，文字狱自然接近绝迹。

诚然，满汉民族矛盾、民族斗争在乾隆朝始终是客观存在，“反清复明”的旗帜也不时为某些政治势力所利用；但乾隆帝在位期间，较之清入关初期的顺治和康熙中期以前来说，满汉民族矛盾不是越来越尖锐，而是逐渐和缓了下来，汉族臣民作为一个整体，已接受了清朝对全国的统治。既然如此，乾隆帝为什么还要发动查办禁书运动，大张旗鼓地向思想领域中潜在的反满民族思想、民族情绪做一彻底清算呢？

一种推测是，他把满汉之间民族矛盾和民族斗争的严重性夸大了，特别是夸大了反映在明末清初某些诗文野史中反清民族意识的作用。应该说，这种推测可能大体符合乾隆帝的心理。一方面，由于人口压力、物价上涨、吏治腐败、陋规泛滥等原因，广大民众自乾隆中期以后生计日益艰难，不满情绪开始蕴蓄蔓延，乾隆帝确实感到一种危机感；另一方面，也不可忽视，乾隆帝夸大满汉之间民族矛盾、民族斗争严重性的思维方式带有某种有意为之的故意成分，这和他的祖父康熙帝、父亲雍正帝是一脉相承的。

他们祖孙三代皇帝习惯于把一些潜在的、将来可能发生的隐患预先提出，甚至把本来并不存在的危机也故弄玄虚地设为靶子，以提醒作为统治民族满洲的关注和警觉。其实这也不难理解。须知清朝的统治带有被汉人目为“夷狄”的少数民族统治的浓厚色彩，从形式上看，满族是统治民族，汉族是被征服的民族，以几百万人口的少数民族统治具有悠久历史文化传统的两三亿汉族及其他少数民族人口，谈何容易？尽管康、雍、乾三位皇帝常把“满汉一家”挂在嘴边，但心里却总难免怀着坐在火山顶上的危机感，所以他们有天然的忧患意识，遇到问题宁肯说得严重一些，把后果有意夸大一些，久而久之，变成了一种特定的思维方式，这与历史上汉族王朝以老大自居的帝王的心理自有不同。

但乾隆帝又与其父祖有别，他是一个自视甚高、特别自负的帝王，以为事关全局、事关长远的最重大、最棘手问题，列祖列宗格于当时形势未能解决，后世子孙难免既无魄力又无能力解决，因此釜底抽薪，永绝后患；干净利落地处置妥帖这些问题的责任，已历史地落在自己肩上。譬如，毅然为国初睿亲王多尔衮冤案昭雪平反以解决爱新觉罗皇族重大历史遗留问题，最为显例；再有，关系大清帝国和满洲江山亿万斯年永不变色的各种隐患如果他不排除，他的后世子孙谁也不能、也不敢冒天下之大不韪去排除。“野火烧不尽，春风吹又生”，明清鼎革之际具有强烈反清意识的遗民们留下的诋毁满族统治、怀恋前朝的文字作品就是乾隆帝心中久欲根除的原上之草。按乾隆帝的如意算盘，将载有汉人反清，乃至反金、反元内容的书籍“尽行销毁”，久而久之汉族士民就会忘记自己历史，一代代浑浑噩噩地习为奴子，满洲统治者就可彻底安心。

不过，要遍搜天下书籍，将禁书统统劈板烧毁，又有谁能做到呢？两千年前简册帛书尚少时，法力无边的秦始皇且做不到，更何况印刷术高度发达的乾隆时代呢。但乾隆帝自信能做到！为了实现这个看来根本无法实现的目标，他凭恃全盛国力、无以复加的威权，开动强大而效能空前的整部国家机器，亲自督责从朝廷到地方的数以万计的大大小小官吏，向全国撒下了密不透风的查缴古今群籍的罗网，制造一起接一起书祸，直到乾隆五十五年（1790 年）发生的《奈何吟》案而终止。

《奈何吟》这部诗集系明朝末年江苏沭阳县人仲绳所作，此时忽然有人故事重提，举发该书“语多狂悖”。乾隆帝这次改了口风，说什么“仲绳诗词谬妄，系指明季而言，更不值代胜国追究，将其裔孙治罪也”。《奈何吟》案不了了之，颇具嘲讽意味。此时，繁花似锦、烈火烹油的乾隆盛世已无可奈何花落去，清朝国势明显走向衰弱，形格势禁，已不允许再如以往那样，在用兵四境、镇压反叛的同时仍有余力密布文网以待天下士民了。

六 “万马齐喑究可哀”

道光十九年（1839 年）初夏时节，龚自珍黯然告别京师南下。五月过扬州，抵镇江，眼望浩渺大江，无限感慨；恰逢当地迎神赛事，那惊雷般的鼓声，那迸发出原始生命力的粗犷造型，终于触动了诗人胸中郁积已久的豪情。他向茫茫上苍发出了震撼人心的呐喊：“九州生气恃风雷，万马齐喑究可哀。我劝天公重抖擞，不拘一格降人才！”这是对百年文祸的沉痛控诉，也是对极端专制的愤怒声讨。龚自珍并不伤感，也不绝望；他对一个政治开明、生气勃勃、人才辈出的新时代充满了热烈的期望。

乾隆帝一生究竟制造了多少起文字狱，确切的数字恐怕永远也搞不清楚了。不过，在他统治中国的六十年间，有案可查的文字狱肯定在一百三十起以上，比起康熙朝六十一年里文字狱不超过十起，雍正朝十三年里文字狱二十几起，数量急剧增加；盖其时文网较之康、雍两朝要严密得多。

康熙朝庄氏《明史》案和戴名世《南山集》案诛戮极惨，株连颇广，不过总算抓到了把柄。庄廷鑨集江南名士私撰的《明史》不止在书写南明史事时奉弘光、隆武、永历正朔，而且对清帝先祖多有指斥诋毁，这在专制时代任何一个王朝也无法得到宽容。黄宗羲提到这个案子时说："愚儒暗昧，祸至九裂。"顾炎武也说该书"颇有忌讳语，本前人诋斥之辞未经删削者"。至戴名世则认为南明历史不应一笔抹杀，这在当时是极敏感的政治问题，清廷欲加之罪，不为无因。雍正帝借曾静策动川陕总督岳钟琪反清，蓄意罗织已经死去的吕留良文字之罪以成大狱，情形颇类《明史》案和《南山集》案，这无须深说。值得注意的倒是，雍正帝为打击朋党，整肃士习而处心积虑制造的汪景祺、查嗣庭等文字狱，罪名就定的很牵强，也很可笑。至于徐乾学的公子徐骏以"明月有情还顾我，清风无意不留人"被杀，年羹尧因奏折中把"朝乾夕惕"误写为"夕阳朝乾"得咎，就更荒唐。到乾隆时，雍正帝的某些恶辣手法被变本加厉地发挥到极致，雍正帝稍有顾虑之处此时则肆无忌惮地放手大干。胡中藻《坚磨生诗钞》有"一把心肠论浊清"，乾隆帝硬说"加'浊'字于大清国号之上，是何肺腑"，胡中藻论斩。徐述夔《一柱楼诗》中有"明朝期振翮，一举去清都"；乾隆帝强加"诋毁本朝，系恋胜国"悖逆罪名，照逆案办理。戴昆是康、雍时人，早已身故，其《约亭遗诗》有"长明宁易得"，"短发支长恨"等语，乾隆帝将他刨坟戮尸，其孙戴世道因刊刻《约亭遗诗》被杀。石卓槐在《芥圃诗抄》中有"大道日已没，谁与相扶持"；"厮养功名何足异，衣冠都作金银气"，不过发了点儿对现实不满的牢骚，却被凌迟处死。康熙时人卓长龄著有《忆鸣集》，被人揭发"忆鸣"二字实寓"追忆前明"之意，其孙卓天柱因隐匿私藏禁书拟斩。王锡侯一片好心，怕年轻士子不懂避讳，就在所编《字贯》一书将康熙、雍正、乾隆三帝的名字一一开列，乾隆帝大发雷霆说："此实大逆不法，为从来未有之事，深堪发指！"乾隆朝还发生了许多更荒诞的故事，多有精神病患者胡涂乱抹获罪及"忠而获咎"者。读了几句书的丁文斌显然患精神分裂症，忽明忽昧，任意混写，竟以"肆为逆语，目无国法，诚属罪大恶极"，千刀万剐，亲属缘坐。王肇基平日疯疯癫癫，写了一副诗联恭祝皇太后圣寿，“欲求皇上喜欢，实系我一腔忠心”，结果以“狂吠悖谬”，被当众乱棍打死。穷秀才安能敬入场考试，在试卷上勉强凑成几句诗：“恩荣已千日，驱驰只一时。知主多宿忧，能排难者谁？”考官闻出味道好像不对，就指摘诗中“语涉讥讪”，看皇上不能“排难”的笑话，审讯时安能敬十分无奈又十分委屈地辩解：“我原本要极力称颂，无奈说不上，忙急之时，随手写了‘排难’两个字，并无别意。”鲁迅看过当时故宫博物院公布的清代文字狱档案后，深有感慨地说：“大家向来的意见，总以为文字之祸是起于笑骂了清朝，然而，其实是不尽然的”，“有的是卤莽，有的是发疯，有的是乡曲愚儒，真的不识忌讳，有的则是草野愚民，实在关心皇家”。自乾隆帝当政第二个十年以来，文字狱锋芒所向，从达官贵人到草野小民，从心智明白的常人到不能辨识自己言行的疯子，从公开刊行著述以求立言不朽的文士到偷偷摸摸记日记的居心叵测者，从“独抒己见”的举子到对朝政善意批评的士民，密不透风的文网严严实实覆盖了中华大地。

乾隆帝深恐“无识者将妄议文网太密”，但又蓄意编织密不透风的文网以待天下士民；其原因用乾隆帝自己的话回答，就是要人“知惧”，或曰“俾愚众知所炯戒”！

乾隆二十年（1755 年）内外臣工为胡中藻因诗文有瑕疵被砍掉脑袋惊骇不已，乾隆帝担心舆情或有非议，就想方设法刺探士大夫的反应。新任浙江按察使富勒浑是个绝对忠实的奴才，陛辞时皇帝交代他一项特殊任务：到任后留心刺探赋闲在家的原协办大学士梁诗正是否心怀怨望。梁诗正在兵部任过职，富勒浑曾为他的下属，于是借这层关系去梁府套话儿。没想到梁诗正十分机警，没上当，他义形于色地向富勒浑表示，胡中藻罪有应得，又顺势谈了自己为官多年的要诀：“笔墨招非，人心难测，凡在仕途者，遇有一切字迹，必须时刻留心，免贻后患。”富勒浑没套出什么，不甘心，不久又借故看望老首长，引出胡中藻话题，梁诗正依然大谈为官保身之道：“一切字迹最关紧要，我在内廷时惟与刘统勋二人从不以字迹与人交往，即偶有无用稿纸亦必焚毁。”

乾隆帝原本估计梁诗正对胡中藻诗狱必有怨言，得到富勒浑密报，很满意，在富折上批谕："梁诗正知惧，尚不至于怨望，何必探求？"

梁诗正，浙江钱塘人，汪景祺的大同乡；汪因写了《西征随笔》而被斩首枭示，此事对这位青灯苦读的江浙才子自然是触目惊心，感触尤深。紧接着，浙江海宁人查嗣庭又因抄出的日记有问题而遭身后戮尸，梁诗正更成了惊弓之鸟。为了汪、查两个浙产"逆种"，雍正帝特旨停了浙省乡试，梁诗正也受连累被误了前程。直到雍正七年（1729 年）秋复准开科，翌年春闱，会元及三鼎甲竟让浙江人包了，而探花就是钱塘梁诗正。深深领略了宦海惊涛、文字招祸的梁诗正怎能不"知惧"呢?"知惧"以后，自然官运亨通，步步高升。乾隆二十八年，他官拜东阁大学士。乾隆帝晚年写诗怀念旧臣，梁诗正列"五词臣"之首。

至于那位与梁诗正同时供奉内廷的刘统勋，可是整个乾隆朝汉官中首屈一指的大人物，这里赘述数言。

刘统勋，山东诸城人，雍正二年（1724 年）进士。父亲刘棨在康熙年间官至四川按察使，以清廉闻名于世。雍正帝去世前，命刘统勋到教育皇子的上书房当差，因此他也当过皇四子弘曆的老师。由于这层师生关系，乾隆帝对他的人品是有着相当了解的。乾隆六年（1741 年），刘统勋四十三岁，被乾隆帝任命为纠察百官的左都御史。他对朝中形势做了深入的分析，也悉心揣摩了皇上的政治意向，他作出的判断是，先皇雍正帝留下的老臣渐滋结党擅权倾向，而新帝着力提携培养的某些大臣又权力过重，用事过锐，如不及时抑制，日后发展下去，也可能恃宠而骄，重演雍正时年羹尧、隆科多故事；而这一切都原于初政的乾隆帝缺乏政治经验，对待臣工过于宽厚仁慈，以致朝中群臣未能如雍正时震怖匍匐于皇权之下。当年四、五月间发生的仲永檀参劾鄂缮受贿案，特别是乾隆帝对此案的处置手法，使刘统勋进一步确认皇帝已开始酝酿动手解决初政以来日渐突出的朝臣隐结党援、朋分角立。在反复权衡利弊之后，刘统勋决心置个人仕途于不顾，连上两件密折，参劾当朝权势正隆的两位大臣，一是张廷玉，一是讷亲。

在第一折中，刘统勋引用外间舆论："桐城张、姚两姓，占却半部缙绅。"指出桐城张氏家族登仕版者，有张廷璐等十九人，姚氏与张氏世姻，仕宦者有姚孔𫓯等十人，并称：查得康熙年间，因王奕清等姻眷仕宦最多，奉旨“三载升迁，不许开列奏补”，今可仿其例，三年之内，除特旨升用外，概停升转。刘统勋所说的张廷玉一门朱紫、权势煊赫，乃朝野共见的事实。张廷玉与其父张英相继为宰辅，而廷玉大哥廷瓒、三弟廷璐、四弟廷瑑俱为翰林，并官卿贰，廷玉四子一孙也都身入翰苑，以致乾隆初皇帝赐诗张廷玉有“便将翰苑登瀛谱，唤作卿家世系图”之句，其门第之盛可以想见，而这还不算张家世姻姚家点翰林者。刘统勋选准张廷玉作为攻击的一个靶子，又不涉及他与鄂尔泰之间的恩怨瓜葛，真是高明之至。第二折则矛头直指权势煊赫的满洲权贵讷亲。刘统勋称讷亲年未强仕，统理吏、户两部，入典宿卫，参赞中枢，兼以出纳王言，趋承禁闼，时蒙召对，属官奔走恐后，同僚亦争避其锋。部中议覆事件，或辗转驳诘，或过目不留，出一言而势在必行，定一稿而限逾积日，请将讷亲所管事务量行省减，并训以气象谦盈之道。这些话讲得何等理直气壮！

刘统勋以汉大臣挺身而出，搏击位尊权重的汉大臣和专横跋扈的满洲勋旧，需要极大勇气。而乾隆帝当时正需要像刘统勋这样无所依傍、有棱有角，为维护和强化皇权不惜粉身碎骨的忠直之臣。日后乾隆帝在《怀旧诗·五阁臣》中说，“汉大学士之足资倚任者，张廷玉而后，有刘统勋”，称其“遇事既神敏，秉性原刚劲。得古大臣风，终身不失正”。乾隆三十八年（1773 年）农历十一月十六日凌晨，刘统勋照例早早起床，盥洗进餐完毕，就坐进肩舆，急匆匆前往内廷军机处入值。赶到紫禁城东华门时，天还黑蒙蒙的，轿夫清楚地感到轿子微微向右一倾，随行伺候的家人急呼“刘大人”，轿内却没一点声息，掀开厚重的轿帷一看，只见刘中堂身子歪在一侧，双目紧闭，神志昏迷。消息传出，天子震惊，即命尚书福隆安赍药驰视，可惜已抢救不及。后乾隆帝亲临其丧，但见刘统勋居室陈设简陋，寒气袭人，心中无限感慨；不等礼臣议请，当即决定赐谥“文正”。清代诸臣谥法，凡道德、功业、文章出类拔萃的，先由礼臣据其平生事迹拟谥上请，皇上圈定其中之一，这是臣工身后能够获得的最高奖誉。而谥法最重“文正”。“道德博闻”曰“文”，“勤学好问”曰“文”，等等，凡出身进士的赐谥一般都有“文”之一字，这倒不稀奇；只有“守道不移”“心无偏曲”者方能谥“正”；“文正”就更难乎其难了。乾隆朝六十年，以“文正”为谥者，惟刘统勋一人而已。就汉大学士而论，乾隆朝不下数十人，刘统勋何以最受乾隆帝青睐呢？

刘统勋服官谨慎小心，深谙明哲保身之道的另一面往往被人们忽视了。作为与刘统勋共事多年的同僚梁诗正私下谈起如何避祸：“一切字迹最关紧要，我在内廷时惟与刘统勋二人从不以字迹与人交往，即偶有无用稿纸亦必焚毁。”刘统勋这样一个为朝野公认的不世出的人物，做官竟到了“从不以字迹与人交往，即偶有无用稿纸亦必焚毁”这样胆小怕事、谨小慎微的程度，还哪里称得上有古大臣风！刘统勋的儿子刘墉，这个被民间大肆渲染为清官的人物，深得家传之秘。刘统勋去世，刘墉不像一般汉族士大夫那样先撰行状，然后遍求名人写墓碑墓志，以使亡父的生前业绩名垂青史，而是将其父所奉谕旨及生平奏疏编年缮录，以示子孙。为什么刘墉这样谦卑呢？因为他心里明白，父亲形象高大了，就难免掩盖圣主的光芒而招致忌恨。他们父子俩可真摸透了乾隆帝的脾气，今朝要的不是侃侃立朝的汉唐古相，为官要诀在于：孤立无援，无所依傍，一心一德而惟知有君；不沽名钓誉，一切成绩应归功皇上；锋芒不可毕露，而又不可尽磨，刚劲只对同僚上峰，要在伺机对准权贵发力。

驯服刘统勋、梁诗正之辈士大夫要讲策略、费气力、花功夫；至于寻常士民，则没有必要那么麻烦，简单粗暴，功效立见。即如精神病患者文字获罪，通常轻则杖毙了结。杖毙的好处是，一切都由皇帝与督抚暗中敲定，不走法定死刑审转程序，不必在刑部及各级法司备案，当时后世不留丝毫酷政痕迹。这还倒在其次，最大的好处是，杖毙选在闹市通衢进行，观者如堵，触目惊心，能达到乾隆帝谕示“俾愚众知所炯戒”的目的。

人们信奉的“笔墨招非”“文字致祸”，是归纳了多少刻骨铭心的血泪教训而得出的警句啊！看来，文字狱锋芒似乎直接指向文字，而其实在禁锢人的思想。“心之官则思”，但思想藏在心里。人们想什么，谁也看不见、摸不着、猜不透，除非皇帝“诛心”，那实在没办法，法司一般无法凭你“想什么”来治罪；而“字迹”则不然，它固化了人的思想轨迹，一旦形诸文字，斧凿不掉，似乎抓到了所谓犯罪的真凭实据，由此随心所欲地推演其思想倾向，锻炼周纳，置人死地。康、雍、乾时代人们耳闻目睹太多，教训太多，真的以为片纸只字隐藏巨大灾祸，以致当时士大夫精英“从不以字迹与人交往”，流风所及，“以明哲保身为要，以无事自扰为戒，父兄之教子弟，师长之训后进，兢兢然申明此意，浸淫于民心者至深”（晚清黄遵宪语）。这正中乾隆帝下怀——让天下臣民“知惧”，不要胡说乱想。龚自珍犀利地指出：清朝统治者制造文字狱是在“戮心”，“戮其思虑心”；鲁迅说文字狱是清朝文化统治政策中“辣手的一种”，都是讲的这个意思。控制住了人的思想，谁都不敢乱说乱动，从此岁月静好，天下太平。

但是，康、雍、乾祖孙三代帝王以文字狱禁锢思想，并不是让人整天浑浑噩噩，什么都不想，无所作为；而是让人们的思想有一定规矩，必须“一心一德”，“与君同好恶”，然后都去争做能臣。

雍正二年（1724 年），《御制朋党论》开篇先声夺人：“朕惟天尊地卑，而君臣之分定。为人臣者，义当惟知有君。惟知有君，则其情固结不可解，而能与君同好恶，夫是之谓一心一德而上下交。”三言两语把天下臣民该如何思想讲得天公地道，理直气壮。

不“与君同好恶”行不行？名不见经传的绍兴师爷唐孙镐和台州硬汉齐周华的结局就是回答。

雍正八年（1730 年），唐孙镐正在湖北汉川知县衙门作幕，此人生性耿介，很为吕留良的遭遇抱不平。他冒死上书说：唐虞之世，君臣交赞，所以治化臻于极隆，“今也不然，皇上曰‘可’，臣亦曰‘可’，皇上曰‘否’，臣亦曰‘否’”。即如吕留良一案，皇上降旨之初，疑信参半，设若群臣举留良之正书力争的话，皇上之心必油然而动，无奈中外臣工“恐干批鳞之咎，甘作违心之谈，此曰‘锉骨’，彼曰‘扬灰’，此曰‘焚书’，彼曰‘灭族’，举朝同声附和，而宸衷益增其怒矣”。在呈文末尾，唐孙镐慷慨激昂地说：“呜呼！仲山甫之不作，魏郑公之已亡。朝廷已无诤臣，草野复生孽畜（指作檄文声讨吕留良的诸葛际盛）。后之修史者不几笑我朝无人物乎？虽然，莫谓无人也，犹有不怕死的唐孙镐在！”唐孙镐并不敌视清政权，在呈文中他还把明清之际的反清之士称为“洛邑顽民”，可见其民族意识早已淡漠，他也不一般地反对专制，甚至对今上还抱着天真幻想。与唐孙镐相类，当全国各地生监纷纷具结，表示吕留良之罪罄竹难书，“律以大逆不道之罪，实为至当”时，浙江台州生员齐周华拍案而起，上书对吕留良案“独抒己见”，结果终身监禁，乾隆时仍不思悔改，终因文字狂悖而被凌迟处死，亲属缘坐。

由爱和皇帝唱反调而转变为“一心一德”“与君同好恶”的正面典型，可以举孙嘉淦为例。

孙嘉淦早前遇事每每有所陈奏，敢言人不敢言，雍正帝不高兴，说其“迂阔琐碎”，不便实行。此公又不脱文人“好名”习气，喜欢著书立说，做翰林时写了一本《春秋义》，刊行后被雍正帝训斥了一顿。他又怵于身边屡屡发生的文字惨祸，不仅把《春秋义》连同书板劈毁烧弃，其他著作《诗删》《南华通》也付之一炬。乾隆帝临御天下之初，孙嘉淦又被重用，他针对皇权不受任何权力制约可能带来的严重后果，上了著名的《三习一弊疏》，其见解依然独到，对国家和人民命运的拳拳之忠令人感动，口气却相当委婉了。他仍然上疏建言，谈的多是如何禁酒，怎样治河，并为自己立下《八约》以自戒。这《八约》很值得玩味，赫然入目的第一“约”即是“事君笃而不显”。笃者，诚挚忠实，专一不二也。到了晚年，孙嘉淦更善于逢迎帝旨。出乎他的预料，乾隆十六年（1751 年）发生的假托孙嘉淦之名伪造奏稿攻击乾隆帝的大案差点儿把他牵连进去。在追查伪稿期间，孙嘉淦被吓得心惊胆颤，面对围在身边的妻儿，深悔以前不该多嘴多舌，沽名钓誉。他说，先皇和今上屡屡戒我好名，伪稿纵然与我无关，但奸徒为什么假托我的名字而不假托别人名字？我真是罪无可辞呵！此时的孙嘉淦已不再是昔日立朝棱棱、风采熠熠的孙嘉淦了，在他身上，独立思考、正直敢言的影子已荡然无存，怪不得他初入翰林的石友、以正直著称的李元直有意与他疏远。从康熙五十二年孙嘉淦步入仕途，到乾隆十八年（1753 年）他在追查伪稿的政治风涛中惊惧而亡，正是中国古代专制皇权逐渐膨胀而趋于登峰造极的时代，也是雍、乾二帝借文字狱禁锢士民思想、芟夷士人士大夫气节的时代，孙嘉淦在官场中留下的轨迹恰为清代士风发生历史性转变的一个缩影。

文字狱所反映的清朝皇帝禁锢士民思想和部分汉族士人士大夫对“与君同好恶”的顽强抵制，说到底，是满汉两种文化、两种政治理念的冲突。

儒家政治理念讲君臣关系的最高境界是尊君礼臣、君臣交赞，大臣要忠君，同时保持一种道统优于政统的尊严感，君主应予以大臣相当的礼遇；凡国家大政，臣要不惧威权，质语直陈，君应虚怀若谷，从善如流，齐心协力把天下治理好。唐孙镐说：唐虞之世，君臣交赞，所以治化臻于极隆。明清之际大儒黄宗羲把治天下比喻为“曳大木”，称“君与臣，共曳木之人也”，最能反映古代知识分子心目中热切的政治理想。千百年来，浸透着儒家文化的这种政治理念虽屡经挫折磨难，但仍代代传承，深入人心。

康熙、雍正和乾隆三帝的统治思想与儒家政治理念迥然有别。他们都把臣下当奴仆看待，要他们与臣子们一起去“曳大木”，简直不可思议！清统治者不讲“尊君礼臣”，而最严“主奴名分”。何谓“主奴名分”？简言之，就是主奴关系天经地义，奴仆一世为奴，世世为奴，任凭主子生杀予夺，没有任何独立人格，更谈不到独立思想。在清朝皇帝眼里，被征服的人口，包括被征服人口的后代子孙，都无可争议地是他们永世的奴仆。关外满洲、蒙古、汉军被征服在先，故称“八旗世仆”；外藩蒙古稍后，故称“蒙古世仆”；中原地区汉人最晚，表面上称“臣”，鲁迅一针见血地指出，这并非特地优待“炎黄之胄”，“臣”其实“还下于‘奴才’数等”，你想套近乎对皇上称“奴才”还不行呢。源于满洲文化传统的“主奴名分”，就不仅成了君民关系的基调，而且也成了君臣关系的基调。

清朝皇帝接过了儒家以忠君为核心的君臣关系准则，但他们不可能以此满足，而必然进一步用主奴名分将传统的君臣关系加以改造，这一改造的理论结晶便是雍正帝的杰作《御制朋党论》。以“与君同好恶”为准则的单向的君臣关系，阉割了孔孟思想的民主性精华，实质上是用满洲社会视为天经地义的“主奴名分”偷换，或者说改造了儒家君臣关系的完整概念。

然而，要完成重塑汉族士人品格的艰巨工程又谈何容易。龚自珍独创“戮心”一词来概括其手段之恶辣；用时之久，则称“积百年之力”，强调的是岁月之漫长；“又非一日而戮之，乃以渐，或三岁而戮之，十年而戮之，百年而戮之”，说的则是黄遵宪所讲的清帝对不时跳出的二三骨鲠强项之臣，必再三磨折，务摧抑其可杀不可辱之气，执乾纲独断之说，俾一切士夫习为奴隶而后心安；以致鲁迅还能够透过幽深的历史隧道，发现“遗留至今的奴性的由来”。总之，深入研究清代文字狱，渗透其中的满洲文化“主奴名分”的深远影响，又不可不察。

文字狱对君主而言又是一把双刃剑。清初王撰写了一首名为《闻雁有感》的诗：“数声哀怨半天闻，无限离愁寄白云。矰缴每从文字起，书空咄咄却忧君。”他敏锐地觉察出，君主以文字罪人，虽能暂时禁锢思想，但最终收获恶果的，恰是君主自己。个中道理翰林编修洪亮吉讲得最透彻。乾隆帝刚刚去世，他就向嘉庆帝剀切陈词：眼下士风日趋卑下，士大夫越来越不顾廉耻，以模棱为晓事，以软弱为良图，以钻营为进取之阶梯，以苟且为服官之诀窍；这些人在太平岁月做官充数还可以，国家民族遇有急难，要他们不避利害，不计险夷，不惜身家，奋身而起，赴汤蹈火，力挽狂澜，能做得到吗？洪亮吉认为一切问题的症结在于——“人才至今日，消磨殆尽矣”！

道光十九年（1839 年）初夏时节，龚自珍黯然神伤地告别北京南下。五月过扬州，抵镇江，眼望浩渺大江，无限感慨；恰逢当地迎神盛事，那惊雷般的鼓声，那迸发出原始生命力的粗犷造型，终于触动了诗人胸中郁积已久的豪情。他向茫茫上苍发出了震撼人心的呐喊：

九州生气恃风雷，万马齐喑究可哀。
我劝天公重抖擞，不拘一格降人才！

这是对百年文祸的沉痛控诉，也是对封建专制的愤怒声讨；但龚自珍并不伤感，并不绝望，他对一个生气勃勃、政治开明、人才辈出的新时代充满了热烈的期待。

不幸的是，鸦片战争的隆隆炮声就要动地而来了。

第七章

龙凤姻缘

乾隆帝的人生是不圆满的，至少是有缺憾的。自从结发妻子孝贤皇后早逝，他就永远失去了柔情似水的婚姻生活。在他一生的大部分时间里，尽管六宫粉黛如云，却没有一个为他所钟爱的女人去抚慰他那颗孤寂的心。

一　痛失孝贤皇后

人们总是在挥手之间便突然告别了自己一生中最值得留恋的美好年华。乾隆十三年（1748 年）清明时节，在事业上即将步入辉煌的乾隆帝，与恩爱发妻白头偕老的心愿却无可挽回地破灭了。乾隆帝对孝贤皇后至死不渝的爱情注定了他已不可能在今后的婚姻中得到幸福。

乾隆十三年（1748 年）二月初四日。

天还没亮，专门掌管帝后仪仗的銮仪卫已把骑驾卤簿整齐地陈设在禁门之外。黄龙大纛、五色龙旗在朔风中猎猎作响，金瓜银钺、弓矢仪刀在朦胧的夜色中闪着寒光。执事的军尉、旗尉，以及从京师五城老百姓中招募来的民尉，无不神情肃穆地恭候皇帝出行。

一切准备就绪，乾隆帝即将首次东巡齐鲁。

东巡的明发谕旨早在上一年的六月初一就向全国臣民颁布了。曲阜是孔子圣地，皇祖康熙帝首次南巡回銮山东时，曾亲往孔子故里，恭谒殿庭，对这位至圣先师行了三跪九叩首大礼。以此之故，乾隆帝在谕旨中申明，此次东巡的首要目的是承继皇祖之志，谒孔庙以观车服礼器，并亲奠孔林，一展一直以来对先圣孔子的孺慕之心。车驾既至曲阜，近在咫尺的东岳泰山自然不可不登临，乾隆帝不打算回避，却又不愿给人留下皇帝游幸的印象，所以在谕旨中特别表示，登岱乃“奉圣母皇太后懿旨”。尊礼先师，崇儒重道，且奉皇太后巡幸，理由堂堂正正，自然没有科道言官敢出来规谏。于是与东巡有关的各衙门，以及跸路所经的直隶、山东两省的大小官吏便开始紧张地忙碌起来。

不料，到年底一切准备就绪时，又突然发生了变故——皇七子夭折，皇后因此而悲悼成疾。

皇后富察氏是大学士马齐的侄女。雍正五年（1727 年）七月十八日，雍正帝特选出身名门的富察氏指为皇四子弘曆的嫡福晋，鉴于当时早已密定弘曆为皇太子，因此在雍正帝内心，富察氏自然就是未来一国之母后。毫无疑问，雍正帝经过深思熟虑而决定的这门亲事，是带有浓厚政治色彩的，但弘曆和富察氏也是一对天造地设的美满夫妻。富察氏刚过门时年十六，比弘曆小一岁，与弘曆生活得十分和睦，特别是婚后第二年，她诞育了弘曆的第二子，也即嫡长子，之后她在弘曆心目中就更受爱重了。皇父雍正帝特亲自为弘曆嫡子定名为“永琏”。“琏”者，连也，这里已寓有让永琏日后承接神器的深意。

乾隆二年（1737 年）十二月，雍正帝去世已二十七个月，新皇帝弘曆三年服阕，孝期已满，遂隆重举行册立皇后大典。册文中说：“尔嫡妃富察氏，钟祥勋族，秉教名宗。”乾隆帝自与富察氏结为伉俪之后，体察妻子的举止言行，不得不佩服幼时占语说得准。康熙六十一年（1722 年），十二岁的弘曆曾批过八字，上面有“妻星最贤最能”之说。富察氏居中宫之位以来，乾隆帝越发感到贤妻是自己治理天下再好不过的帮手。

皇后虽是大家闺秀，平素在宫中却不过以通草绒花为饰，并不稀罕珠宝翠玉。有一年秋天去塞外行围时，皇帝无意间对皇后谈及关外旧俗，说那时帝业初创，百物难觅，衣袖的装饰不过取鹿尾绒毛缘边，哪里谈得上什么金线银线呢。没想到言者无心，听者有意，皇后不久竟做了一个用鹿尾毛缘边的燧囊献给皇帝，意在提示皇帝处处不忘满洲本色。乾隆帝十分宝爱皇后亲手缝制的燧囊，一直带在身上。乾隆初年，北方连年亢旱，故乾隆帝有“十年九忧旱”的慨叹，当时最了解皇帝无日不以雨旸为念的，莫过于皇后了。帝后暵旱而同忧，雨雪而同喜，真称得上休戚与共。皇后办事有条理，而且待下宽和，宫中上上下下没有不称道皇后美德的。六宫宁谧和谐，使乾隆帝无内顾之忧，可以专心处理国家政务，为此他也十分感激皇后。最令乾隆帝满意的是，皇后非常孝敬乾隆帝的生母崇庆皇太后。太后的出身哪里能同皇后相比？但皇后生性纯孝，皇帝日理万机，问安视膳难免有不周之处，皇后总能代皇帝尽到孝养之心。每逢年节伏腊，乾隆帝总把圣母皇太后接到圆明园中的长春仙馆，这里本是雍正年间皇父赐给弘曆夫妇居园时的住处。乾隆帝即位后，这里仍为皇后在圆明园时的宴息之所。每当崇庆皇太后来到时，婆媳俩和和美美，好似一对亲母女。太后好动，喜欢热闹，皇后总是变着法儿让老太太高兴。有这样一个既孝且贤的好妻子，乾隆帝深深感到家庭生活的美满。当然，乾隆帝喜欢皇后，并不仅因为她的美德，他对娇妻充满了无限的怜爱和深厚的感情。

然而，人生总难一帆风顺。乾隆三年（1738 年）十月，皇后所出的皇二子永琏猝然病逝，这孩子从小聪慧异常，乾隆帝登极之初就按照秘密立储家法将他立为皇太子。谁曾想好端端的一个九岁男孩儿竟突然死去了。这是对皇后的初次打击，皇帝为了安慰皇后，特降旨追赠永琏为“端慧皇太子”。此后，乾隆帝一直盼望皇后再育佳儿，乾隆十一年（1746 年）四月初八日皇后果然又生下了皇七子永琮。当天正逢久旱之后大沛甘霖，又值“佛诞”（佛家指农历四月初八为佛的生日），乾隆帝遂欣然命笔：

> 九龙喷水梵函传，疑似今思信有焉。
> 已看黍田沾沃若，更欣树壁庆居然。

写到这里，怕别人不懂，乾隆帝又在下面加了诗注：“是日，中宫有弄璋之喜。”“弄璋”典出《诗经》：“乃生男子，载寝之床，载衣之裳，载弄之璋。”于是后人将生男孩雅称“弄璋”。这首名为《浴佛日复雨因题》的诗后两联是：“人情静验咸和豫，天意钦承倍惕乾。额手但知丰是瑞，颙祈岁岁结为缘。”民间有佛诞日结缘之俗，乾隆帝祈盼年年浴佛日能结喜缘。第二年佛诞，永琮周岁，皇天不负乾隆帝所望，绵绵细雨竟夜而降，乾隆帝叠去岁韵再赋诗一首，开头两联是：

廉纤夜雨枕边传，天眷常承独厚焉。
饶有对时增惕若，那无抚节庆油然。

沉吟片刻，想出下面两联："晬盘嘉祉徵图箓，佛钵良因自竺乾。恰忆去年得句日，果然岁岁结为缘。"随手写在纸上，又觉得"晬盘"这个词似乎冷僻了些，就在诗句下加上一条自注："去岁中宫生子，今日适逢周晬。"

从这两首诗看，乾隆帝此时的心情极好，他已把承继大统的希望完全寄托在这个元后嫡出的婴儿身上。谁曾想，东巡前一年的除夕，当千家万户沉浸在辞旧迎新的欢乐之中时，皇宫中却一片死寂，不满两岁的皇七子永琮竟出痘而亡，皇后因再遭爱子夭折，终于一病不起。乾隆帝破例赐永琮为"悼敏皇子"，命礼部从优办理一切丧仪。此时距拟议东巡启銮日期不过一个月光景，乾隆帝深知皇后体质素弱，又因幼子夭折悲恸不已，因此对她是否随行东巡，一时颇难做出决断。而恰在此时，钦天监又奏陈："客星见离宫，占属中宫有眚。"

"离宫"是指天上名为离宫的六颗星。乾隆十二、十三年之交，一颗忽明忽暗、时隐时现的所谓"客星"出现在离宫六星之中。天象异常，占星家们认为这预示中宫皇后将有祸殃临头。乾隆帝心中对钦天监官员的说法十分怵惕，表面上却以"皇后新丧爱子"加以排解。客星的的确确在十几天后就完全消失了，皇后的病在御医们的悉心调理之下也日见起色。这样，皇帝也就把"客星见离宫"云云置诸脑后。

一天，皇后精神很好，她对乾隆帝讲，此次东巡，既说是奉皇太后出行，皇帝日理万机，那么一路上侍奉圣母、承欢致孝的重任则非己莫属。再有，皇后十分虔诚地告诉乾隆帝，她在病中时时梦见碧霞元君在召唤她，她已经许下心愿，病好后定亲往泰山还愿。碧霞元君是传说中泰山的神女。宋真宗东封，命于泰山顶上建昭应祠，封泰山神女为"天仙玉女碧霞元君"；明代以后祠名改为"碧霞灵应宫"。乾隆帝想，瞻礼碧霞宫本已安排在东巡日程之上，所以答应了皇后的要求，同时还告诉她，自己也要亲往碧霞宫拈香，为皇后祈福，求神灵保佑皇后身体康健，早诞贵子。

皇后是否随行的难题得以顺利解决，乾隆帝的心情本该舒畅起来，但在乾隆十三年正月临行前的一段日子里，他心中却总有一种说不清道不明、剪不断理还乱的离愁别绪萦绕着。命驾东巡的前一天，二月初三日，乾隆帝步唐人诗韵写了题为《昔昔盐》的组诗，共二十首，其中第十九首诗的小题是《一去无还意》：

记得分离日，相期不日还。
如何一契阔，长此望边关！

乾隆帝实在写不下去了，他原想借诗遣闷，此刻却连自己也颇为诧异，为什么不经意写下的诗句中竟流漾着一种哀婉凄绝的意味呢？

二月初四是钦天监遵旨择定的出巡吉日。乾隆帝偕皇后奉皇太后东巡，车驾从京师启銮。队伍以九龙华盖为先导，骑驾卤簿依次前进。乾隆帝一身征衣，端坐在轻步舆中，随后是两驾凤舆，载着皇太后和皇后。随扈前往的文武大臣一律着征衣乘骑，以次随发，留京王公百官则在料峭的寒风中着彩服跪送。

此次东巡之前，乾隆帝只在乾隆八年（1743年）巡幸盛京、恭谒祖陵时大规模地出巡过一次，像这次出京城南行，越直隶、山东两省，千里长途跋涉的情况前所未有。一路上除河间府与阜城县有勉强可视作行宫的“座落”外，其他栖止之处只有“行幄”——临时在宽敞平整的土地上搭盖的大蒙古包而已。

二月二十二日，车驾驻跸于距曲阜两日行程的河源屯，适逢皇后三十七岁生辰。乾隆帝在御幄设宴，庆祝皇后千秋令节。风尘仆仆的王公百官全都脱下征衣，换上金碧灿然的蟒袍补服，一派喜庆气象。皇后照例率公主、和硕福晋，以至都统、尚书命妇到皇太后行幄行礼，又回到皇后行幄接受公主、福晋、命妇们的庆贺，完成这些礼仪后，她的身体早已倦怠不堪。乾隆帝二十四日驾临曲阜，翌日前往孔庙行“释奠礼”。他遵照皇祖康熙帝东巡时将曲柄黄盖留供大成殿的成例，命人将卤簿中的曲柄黄缴留在孔庙。二十六日，又恭谒先圣墓地——孔林，酹酒行礼。连日来典礼隆重而频繁，乾隆帝不得丝毫闲暇慰问皇后。

朝圣结束，车驾首途前往泰安府，一路上仍然风餐露宿，直到泰安行宫才得以安顿下来。不过，第二天帝后又奉皇太后登泰山。一大早，乾隆帝先去岱岳庙致祭，随即会同皇后奉迎皇太后銮舆从岱宗坊出发。皇后精神出奇地好，脸上泛出久已不见的红晕，扶着皇太后轻暖的凤辇，与皇帝并肩徐徐而行。皇太后先率帝后到玉皇庙行礼，然后依次到朝阳洞、碧霞宫、东岳宫、青帝宫、玉皇顶各处名胜拈香。在碧霞宫，帝后二人盘桓其间，不忍离去。当晚，乾隆帝住宿泰山之巅，望着满天星斗，浮想联翩，以《夜宿岱顶》为题赋诗一首：

攀跻凌岳顶，仆役亦已劳。
行宫恰数宇，旧筑山之坳。
迥与天为邻，滃然云作巢。
依栏俯岱松，凭窗盼齐郊。
于焉此休息，意外得所遭。
恭诵对月诗，徘徊惜清宵。
傍晚云雾收，近霄星斗朗。
仙籁下笙竽，天花入幄幌。
神心相妙达，今古一俯仰。
始遇有宿缘，初地惬真赏。
清梦不可得，求仙果痴想。

翌日中夜，乾隆帝就起床穿戴，偕皇后到十八盘前恭候皇太后，然后一起到日观峰观日出。望着在缥缈云雾中喷薄欲出的一轮红日，他周身热血奔涌，感到人生是那样美好，那样新颖，一切都充满着希望、欢欣和生机。回顾皇后，他不禁有一种无论人生、事业都不过刚刚拉开辉煌序幕的亢奋之感。乾隆帝的这种愉悦心情一直持续到离开泰安、前往济南的途中。

三月初三，清晨，新雪初晴。乾隆帝在马上以《上巳》为题吟成了一首跳动着音乐般节奏的律诗：

又值佳辰三月三，春光马上好吟探。
云中隐约山含黛，雪后熹微天蔚蓝。
花屋菜畦围郭外，竹篱茅舍学江南。
兰亭即景思临本，肥瘦诸家未易谙。

雪后澄澈的天宇、凛冽清新的空气使皇帝心情欢快，诗兴盎然。但身体衰弱至极的皇后却经不起伴随这场春雪而来的寒流袭击，她真的一病不起了。乾隆帝闻讯，立即决定停止按程赶路，就近在济南府驻跸，以便皇后调养。

皇帝行宫在济南名胜大明湖之北，这里是山东巡抚衙门，庭宇宽敞，风景如画。三月初四，皇后安顿住下后，随行御医的紧张忙碌自不在话下，但除少数几个亲幸大臣之外，外间并不知悉内情。乾隆帝驻跸济南的四天中，心忧如焚，却依然外示安详。他游趵突泉，登千佛山，谒舜庙，观海棠，在蒙蒙春雨中泛舟大明湖，奉皇太后检阅济南、青州、兖州三营兵时还亲御弓矢，且箭箭射中靶心。初七是清明节，乾隆帝仍无回銮之意，随扈大臣和山东巡抚阿里衮只好奏请皇帝再次临幸趵突泉。深识大体又心地善良的皇后不愿因自己而贻误皇帝的国家重务，更不忍心拖累归心似箭的随扈人众，所以一再促请皇帝旋辔北还。乾隆帝沉吟良久，命令初八日奉皇太后回銮。

从京师出发，一直到济南，整整三十天，全是陆路，而原定回銮的路线则是从德州登船，经运河还京。乾隆帝想，与其滞留在外，莫若及时赶到德州，由水程回京会舒适得多。但他也隐隐忧虑，病势沉重的皇后能否经得起从济南到德州四天的驿路颠簸？

四日驿程，皇后病势平稳。三月十一日午时，皇太后、皇后先行登上停泊在运河边的御舟，随后乾隆帝驾临德州月城水次。皇帝记得，出京路过德州时，柳梢才刚染上一点新绿，而今不过一个月，再到德州时运河两岸已是绿云红雨，春色纵横了。乾隆帝的诗兴油然而起，在登上御舟“青雀舫”时，他留下了记录盛年人生顺境的最后诗篇：

载登青雀舫，初试白云程。
入画看春景，訇雷听水声。
岸杨烟外袅，沙鸟渚边鸣。
极目烟波意，诗裁亦觉清。

当天日落之前，悲风骤起，夕阳惨淡。

德州月城的运河岸边跪满了面色凝重的随扈王公大臣，以及山东、直隶两省送驾、迎驾的大小官吏。皇后病势突然转剧的消息不胫而走，大小臣工闻讯齐集青雀舫旁，遥遥为帝后请安祈福。戌末时分，皇后开始神志昏迷，乾隆帝俯身紧握皇后在兰幄边垂下的玉手，凝视着皇后苍白、安详、端庄的脸庞，看到生命正在迅速地从她眼睛中消逝，他悲痛莫名，却无力回天。

亥刻，当新的一天即将来临之际，皇后富察氏终于弃屣仙逝。

乾隆帝强抑内心悲痛，立即前往皇太后的御舟奏闻；当太后赶到时，皇三女和敬公主（皇后所出皇长女早殇，皇三女是皇后亲生的次女）已扑倒在母亲怀中嚎哭不止。见此情景，太后与乾隆帝都不禁潸然泪下。乾隆帝当夜安排庄亲王允禄、和亲王弘昼护送皇太后御舟缓程回京，并命军机大臣等草拟皇后崩逝于德州水次的明发谕旨。他忙于料理各项事务而不得片刻安宁，直到第二天早上一切安排妥帖，他坐在大行皇后的兰幄旁时，才深深地感受到一种从未体验过的锥心刺骨的痛楚。

皇后走得太突然了！乾隆帝无论如何也不能接受与自己恩爱二十二年的贤妻就这样离去，从此他们天人永隔的事实。御舟在运河的水面上荡漾，发出“哗——哗——”的声响，春水仿佛在呜咽。他不能，也不愿痛哭失态，而心中的悲哀又找不到任何一个人倾诉，内心深处流淌的血和泪只有在诗中才能得到酣畅的宣泄。三月十二日，乾隆帝在停泊于运河旁边的青雀舫上写下了痛悼大行皇后的挽诗：

恩情廿二载，内治十三年。
忽作春风梦，偏于旅岸边。
圣慈深忆孝，宫壶尽钦贤。
忍诵关雎什，朱琴已断弦。

夏日冬之夜，归于纵有期。
半生成永诀，一见定何时？
袆服惊空设，兰帷此尚垂。
回思相对坐，忍泪惜娇儿。

愁喜惟予共，寒暄无刻忘。
绝伦轶巾帼，遗泽感嫔嫱。
一女悲何恃，双男痛早亡。
不堪重忆旧，掷笔黯神伤！

人们总是在挥手之间便突然地告别了自己一生中最值得留恋的美好年华，总是在永远失去之后才真正懂得如何珍惜昔日曾视同寻常的一切。乾隆十三年三月十一日亥刻，在事业上即将步入辉煌的乾隆帝，与恩爱发妻白头偕老的心愿却无可挽回地破灭了。对于还未到不惑之年的皇帝来说，宁静惬意的人生旅途似乎已到了终点。此后千千万万的夏日冬夜，他只能在梦中与皇后相见。

乾隆帝对皇后富察氏至死不渝的爱情注定了他已不可能在今后的婚姻中得到幸福。

空前隆重的大丧仪使富察氏身后备极哀荣。

三月十二日，即大行皇后崩逝的次日，乾隆帝即向全国公布了噩耗，诏旨曰：

皇后同朕奉皇太后东巡，诸礼已毕，忽在济南微感寒疾，将息数天，已觉渐愈，诚恐久驻劳众，重廑圣母之念，劝朕回銮。朕亦以肤疴已痊，途次亦可将息，因命车驾还京。今至德州水程，忽遭变故。因念大行皇后乃皇考恩命作配朕躬，二十二年以来，诚敬皇考，孝奉圣母，事朕尽礼，待下极仁，此亦宫中府中所尽知者。今在舟行，值此事故，永失内佐，痛何忍言！昔古帝王尚有因巡方而殂落在外者，况皇后随朕事圣母膝下，仙逝于此，亦所愉快。一应典礼，至京举行。布告天下，咸使闻知。

三月十六日正午，大行皇后的梓宫由水路起旱，暂奉通州芦殿，在京王公以下、三品官以上的亲贵大臣及诸皇子齐集举哀行礼。随后，灵驾从通州芦殿出发，皇子们与皇后姻亲在旁痛哭随行。傍晚时分，灵驾至京，公主、王妃、官员命妇、四品以下官员，以及内务府佐领、内管领下的妇女，分班在朝阳门、东华门和储秀宫内缟服跪迎。大行皇后的梓宫进东华门，自宁寿宫西行，入苍震门，至长春宫，安奉于正殿。此时，先行还宫的皇帝身着白绸孝服，看视皇子们在灵前酹酒三爵。按照总理丧仪王大臣所议，皇帝辍朝九日，仍循以日易月之制，服缟二十七日；妃嫔、皇子、公主服白布孝服，皇子截发辫，皇子福晋剪发；亲王以下，凡有顶戴的满汉文武大臣一律百日后才准剃头；停止嫁娶作乐二十七天；京中所有军民，男去冠缨，女去耳环。

至于外省是否与京师相同，恭办皇后大丧仪的王公大臣们则颇感为难。清朝衙门办事，恪遵“有例不灭，无例不兴”的规矩。皇后丧仪的先例载于《会典》，一翻便知。那是康熙十三年（1674 年）五月初三，皇二子胤礽的生母、孝诚仁皇后赫舍里氏去世，其时正值三藩之乱，平西王吴三桂大军连陷湖南常德、澧州、衡州、岳州、长沙，靖南王耿精忠又响应吴藩，在福建举起叛旗，天下汹汹，民无固志。康熙帝惟恐外省各官举哀服丧，“有惑观听”，引起更大的惊恐混乱，遂降旨各省一切丧仪皆免。此后，圣祖康熙帝诸后——孝昭仁皇后、孝懿仁皇后、孝恭仁皇后以及世宗雍正帝孝敬宪皇后的大丧仪，一律循例而行，从未讣告在外文武官员、军民人等照京师治丧。如今，令总理皇后大丧仪的王公大臣进退两难的是，照例行事，难免龙颜不悦；而违例提高丧仪规格，又必然招致物议。权衡之下，他们决定索性抛开本朝《会典》而援引先朝《大明会典》所载皇后丧仪，联衔奏请外省一律照京师治丧，理由冠冕堂皇："大行皇后正位中宫，母仪天下，忽值崩逝，正四海同哀之日。"皇帝自然照准。于是，各省文武官员从奉到谕旨之日为始，摘除冠上红缨，齐集公所，哭临三日，百日内不准剃头，持服穿孝，二十七天内停止奏乐嫁娶；一般军民则摘冠缨七日，在此期间，亦不嫁娶，不作乐。天下臣民一律为国母故世而服丧，就清朝而言，这尚属空前。

前所未有的还不止于此。乾隆帝于三月二十二日谕礼部："大行皇后谥为孝贤皇后，所有应行典礼照例奏闻。"中国古代极重所谓"谥法"。"谥"者，行之迹也。帝后及大臣死后，要据其生前事迹，评定一个或褒或贬的谥号。《大清会典》规定，皇帝崩逝所上庙号、尊谥，由大学士偕九卿、科道等官会议，将所议定之字奏请嗣皇帝钦定；而后妃及王大臣凡应赐谥者，皆由大学士酌拟合适字样，奏请钦定。如今皇帝根本不理会内阁，径直降旨定大行皇后谥号为"孝贤"，实无先例。五月二十一日，乾隆帝素服亲御太和门，遣正使庄亲王允禄、副使平郡王福彭亲往孝贤皇后灵前行册谥礼。他轻抚册宝，细阅册文，一幕幕往事又浮现在眼前。那是三年前，乾隆十年（1745 年）为去世的慧贤皇贵妃高佳氏定谥的时候，皇后从容地对皇帝说："日后我走了，请以'孝贤'为谥，可以吗？"想到这里，他不禁怆然落泪。他亲定"孝贤"，在乾隆帝自己看来是夫妇相知最深。皇后对圣母最孝，对自己最贤，孝贤二字，最资征信，绝非私恩偏爱；再者，赐谥"孝贤"也了却了皇后在世的心愿。

三月二十五日，大行皇后的梓宫移殡景山观德殿，乾隆帝亲临酹酒三爵。在此之前，乾隆帝几乎每天往长春宫皇后灵前奠酒，而此后初祭礼、大祭礼、满月礼、百日礼，及至孝贤皇后梓宫暂奉东直门外静安庄之后的暂安礼、周年礼、二周年礼，等等，他无不亲临致祭。直到乾隆十七年（1752 年）冬，遵化东陵胜水峪地宫工程告竣，乾隆帝亲自护送皇后梓宫奉安于地宫宝床上，赫赫扬扬、风风光光的孝贤皇后大丧仪才落下了最后一幕。

如此大办丧事，乾隆帝的内心固然可以得到稍许安慰，但屡屡违制行事也使他有一种负疚之感，以致他认为应该有所解释才是。皇后丧满百日，他特降旨说："朕以孝贤皇后情谊隆重，固天下臣民所共知，而经纪丧仪，从不肯以一毫私意，稍紊典常。"这话的后半句，显然在为自己讳饰，也为了钳制舆论；而前半句所谓"孝贤皇后情谊隆重"，则道出了他的真实感情。

乾隆帝在以往三十八年的人生中，也不能说没有任何感情上的创痛。雍正十三年（1735 年）曾为他诞育皇长子永璜的哲妃去世，特别是乾隆十年（1745 年）正月慧贤皇贵妃去世，他都曾悲痛不已。不过，当时凭着孝贤皇后的温语慰藉，如水柔情，他平静地度过了心理危机。如今，孝贤皇后永远地离他而去了，还有谁来抚慰他那颗破碎的心呢？乾隆帝在一首描绘与皇后于梦中不期而遇的七律中，抒发了自己孤独无告的苦闷心绪：

其来不告去无词，两字平安报我知。
只有叮咛思圣母，更教顾复惜诸儿。
醒看泪雨犹沾枕，静觉悲风乍拂帷。
似昔慧贤曾入梦，尚余慰者到今谁？

清朝皇帝从清太祖开始，多是用情专一的情种。努尔哈齐之于孝慈皇后，皇太极之于宸妃，顺治帝之于董鄂妃，都是把感情独独献给自己所挚爱者。"曾经沧海难为水，除却巫山不是云"，现在该轮到乾隆帝来品尝这种人生况味了：初夏到圆明园，则有"榭柳台花依旧荣，触怀无处不伤情"的感慨；雨后幸瀛台，不禁发出"孑然或暂来，怆尔独延伫"的叹息；举首望明月，心中漾起了"同观人去遥，玉轮依旧朗"的惆怅；御河潺潺的水声，又勾起了皇后与自己忧旱喜雨、休戚与共的回忆；每逢皇后千秋节，伫立料峭春寒中备感孤寂凄清；而到了七月十八日这一喜结连理的佳辰，更不禁黯然神伤，只有向苍天倾诉自己"嫌人称结发，嗟我失齐眉"的幽怨。不到四十岁的皇帝忧伤过度，白发早生，揽镜见霜华染鬓，自己也不免惊讶。昔日对人生的满足、自信，已蒙上了一抹"浮生若梦"，"世事如棋"，百代奔波不过皆为阅世过客的渺茫灰暗的色调……这样的悼亡诗、怀旧诗在《清高宗（乾隆）御制诗集》中不下百数十首，堪称他一生四万三千余首诗中最见真情的上乘之作。而在皇后丧满百日时，他饱蘸着血和泪写下的《述悲赋》尤其具有催人泪下的震撼力：

嗟予命之不辰兮，痛元嫡之连弃。
致黯然以内伤兮，遂邈尔而长逝。
抚诸子如一出兮，岂彼此之分视？
值乖舛之迭遘兮，谁不增夫怨怼？
况顾予之伤悼兮，更恍悢而切意。
尚强欢以相慰兮，每禁情而制泪。
制泪兮，泪滴襟；强欢兮，欢匪心。
聿当春而启辔，随予驾以东临。
抱轻疾兮念众劳，促归程兮大故遭，
登画舫兮陈翟袆，由潞河兮还内朝。
去内朝兮时未几，致邂逅兮怨无已。
切自尤兮不可追，论生平兮定于此。
影与形兮离去一，居忽忽兮如有失。
对嫔嫱兮想芳型，顾和敬兮怜弱质。
望湘浦兮何先徂？求北海兮乏神术。
循丧仪兮徒怆然，例展禽兮谥孝贤。
思遗徽之莫尽兮，讵两字之能宣？
包四德而首出兮，谓庶几之可传。
惊时序之代谢兮，届十旬而迅如。
睹新昌而增恸兮，陈旧物而忆初。
亦有时而暂弭兮，旋触绪而欷觑。
信人生之如梦兮，了万事之皆虚。
呜呼！
悲莫悲兮生别离，失内佐兮孰予随？
入椒房兮阒寂，披凤幄亏空垂。
春风秋月兮尽于己，夏日冬夜兮知复何时？

历史上曾有哪个帝王能像乾隆帝这样对爱情深挚而专一吗？人们传颂不衰的唐明皇和杨贵妃的故事不过是虚无缥缈的神话，而乾隆帝对孝贤皇后的思恋才真正是一曲“天长地久有时尽，此恨绵绵无绝期”的长恨歌！

有种流传颇广的说法，说乾隆帝与总管内务府大臣傅恒的夫人私通，皇后积忿于心，于乾隆十三年东巡时在德州运河坠水而亡。

《清朝野史大观》对此事是这样记载的：

> 高宗孝贤皇后，傅文忠公恒之妹也。相传，傅恒夫人与高宗通，后屡反目，高宗积不能平。南巡至直隶境，同宿御舟中，偶论及旧事，后诮让备至，高宗大怒，逼之坠水。还京后，以病殂告，终觉疚心，谥后号孝贤。

孝贤皇后逝于乾隆十三年春乾隆帝首次巡幸齐鲁时，而他初度南巡则在乾隆十六年春，其时皇后已去世了整整三年。《清朝野史大观》所记传闻竟说孝贤逝于“南巡至直隶境”时，显与事实不合，自不必多费笔墨辩证。

印鸾章先生著《清鉴纲目》，其意在“简其撰述，详其考证，成为一衔接《明鉴》之史”。该书在卷之七的“(乾隆十三年)二月，帝奉皇太后及皇后东巡至德州，皇后崩”这一纲下，列有目云：

> 是月，帝奉太后及皇后东巡，驻赵北口。至曲阜，谒孔林，至泰安，诣岱岳庙，登泰山。三月，驻济南，幸趵突泉，侍太后阅兵，幸历下亭。回銮至德州，帝在舟中夜宴，后在他舟闻之，恐滋事变。后素性严重，虽在行下不忘永巷之规。是日至帝舟，因事进谏，语颇激切。时帝已被酒，怒后，颇加诟谇，后羞忿返，失足蹈水死。帝醒，乃大悔。命庄王、和王奉太后缓程回京，自留德州，亲视殡殓毕，扶榇返京，饰终之典视他后独隆。

印鸾章记孝贤之死系因她在德州进谏，乾隆帝不从，她羞忿“失足蹈水死”，这种说法不知何据。《清高宗（乾隆）实录》记载，三月初八，乾隆帝奉皇太后回銮，是日驻跸高家庄。初九，驻跸王家庄。初十，驻跸桃源站。十一日，“驾至德州登舟。亥刻，皇后崩”。上述记载是可信的。乾隆帝从登舟到皇后去世，恐怕没有“舟中夜宴”的机会；即使夜宴，弥留之际的皇后也不可能去进谏，然后羞忿而返，失足落水而死。不过，印鸾章并未提及“第三者”傅恒夫人，这是他的严谨之处。

蔡东藩先生撰写的《清史演义》则绘声绘色地描述了乾隆帝如何同傅恒夫人调情，而写孝贤皇后之死又不用“逼之坠水”或“失足蹈水”的说法，却说皇后悲悼亡儿，在东巡舟中病故。不过，在蔡的笔下，皇后之死亦不能说与傅恒夫人绝无干系。据他的描写，皇帝与傅恒夫人幽会，被皇后所窥破，“自此皇后见了乾隆帝，不似前日的温柔，乾隆帝也觉暗暗抱愧，少往坤宁宫。昭阳殿里，私恨绵绵……”，接下去写的是皇后所生之子永琏、永琮接踵夭亡，以致皇后病逝。皇后在去世前仍不能原谅皇帝的性情轻浮，且看蔡东藩的描写：

> 甫到德州，皇后已晕了数次，乾隆帝随时慰问，也没有一言相答；到皇太后来视，方模模糊糊地说了“谢恩”两字。临终时，对着乾隆帝，只滴了数点红泪。

关于孝贤皇后的死，在“逼以坠水”“失足蹈水”之外，高阳先生近来又有“赴水自尽”的新说，他以为乾隆十三、十四年间的政治变化盖源于此。在《清朝的皇帝·高宗》一章，他以史学家的口吻做了如下解读：

> 重用傅恒而杀讷亲，为高宗一生权术的大运用，胁之以威，临之以恩，使臣子怀德畏威，惟命是从，这套凡是英主都善于运用的手法，高宗在这件事上的表现，真可说是到了极致。
>
> 原来孝贤皇后富察氏之崩，是在德州赴水自尽，原因甚多，而以高宗与傅恒之妻的暧昧关系为主。孝贤皇后之愤而自绝，吃醋的成分少，觉

得太欺侮她娘家人的成分来得多。富察氏为满洲八大贵族之一，米思翰一支，至此三世为显官重臣，族众势大，而高宗又尚有潜在的“政敌”，所以孝贤皇后之崩，在高宗看作非常严重的事，倘非善为应付，流言四起，即令还不致威胁到他的皇位，但在统御的威信方面，一定大受打击。因此，他分两方面去运用他的权力，亦就是所谓“恩威并用”，而两者都用得出了格。

据此，高阳认为“乾隆十三、十四年间，为高宗生平的第一变，由寅畏小心，一切务从宽大，而一变为生杀予夺，逞情而为”。

诚然，乾隆十三年确是乾隆帝临御天下六十年间统治方针由宽趋严的转变节点，但事实并非如高阳所说，孝贤皇后在德州赴水自尽，乾隆帝为消弭因此而产生的政治危机，有意从“一切务从宽大而一变为生杀予夺，逞情而为”。本书第三章《乾纲独揽》对此已有所评述，这里不再赘述。

傅恒被擢升为保和殿大学士、首席军机大臣，这确实与孝贤皇后之死有关，但并非如高阳所说：“从家务的观点来看，孝贤皇后由于高宗所加予的种种刺激，愤而投水，这在姻亲之间，已构成非常严重的纠纷；尤其是傅恒，纵有红顶之荣，未掩绿帽之羞，更须有适当的疏导，才不致激出变故。”（《清朝的皇帝·高宗》）

高阳先生提出孝贤皇后系在德州赴水自尽的新见应该受到重视的，但他似应拿出足够的证据并驳倒官书及《清高宗（乾隆）御制诗集》中有关孝贤皇后之死的说法，这才是学术上应有的严肃的态度。

也有人怀疑清代官书所载的孝贤皇后之死是否有“隐情”，并且举出了证据，即三月十二日乾隆帝向国中臣民公布皇后逝于德州水次的诏旨。《清东陵大观》的作者在论及野史演义不足为凭后，笔锋一转说：

然而孝贤皇后忽遭“变故”，称其死为“事故”，分析用词之意，其中是有隐情的。

这位作者接着说："乾隆皇帝对孝贤皇后之死耿耿于怀，多次酹酒作诗，字里行间流露出无限缅怀内疚之心情。"他举出了两首"无限缅怀内疚"的五律，其一为："戊辰今癸未，往事梦同伦。了识生归灭，宁知媳娶孙。彤编常纪德，永巷尚念恩。懒憾诚何益，无须结习存。"其二为："述怀早罢歌，仪树已婆娑。复此倾杯酹，那能促驾过。生前恩不尽，别后事斯多。异室斯遥矣，其遥讵几何？"

谕旨中既有"变故""事故"之字眼，诗中复有"内疚"之心情，看来，孝贤之死似乎该"是有隐情的"，但这只是作者敏感的臆测。

讣告天下的谕旨是皇帝三月十二日颁布的，其中一处说"忽遭变故"，一处说"值此事故"。变故也好，事故也好，在今天读来，确实会给人一种事出意料的感觉。既是病卒，正常死亡，为什么如此用词呢？殊不知，清代帝后崩逝，诏告天下时，习用此类词汇。雍正十三年（1735 年）八月二十三日，雍正帝崩，翌日发布的谕旨中称："今忽遭大故，龙驭上宾"；嘉庆四年（1799 年）正月初三，乾隆帝寿终正寝，是日嘉庆帝谕："今猝遭大故，龙驭上宾，抢天呼地，五中摧裂。"乾隆四十二年（1777 年）正月二十三日圣母皇太后病逝，是日诏告天下："今朕遭此大故"，随后又在谕旨中屡称"猝遭大故""奄遭大故"。由此可见，孝贤之死，谕旨中用"事故""变故"，乃是通例，并非隐约其辞的春秋笔法。

至于那两首五律，寻绎诗意"彤编常纪德，水巷尚念恩"，"复此倾杯酹，那能促驾过"，以及"生前恩不尽"诸句，诚如《清东陵大观》的编著者于善浦先生所言，"字里行间流露出他无限缅怀"的心情；"往事梦同伦"，"了识生归灭"则表现了乾隆帝对死生的无奈。乾隆帝对孝贤皇后的早逝确是抱憾终生的；不过，那是白头偕老的心愿幻灭的遗恨，而不是愧对死去的孝贤皇后的"内疚"；这两首五律里没有，其他悼念孝贤皇后的情意缠绵的诗作中也没有。需要说明的是，第二首五律中"别后事斯多"一句颇令人费解。其实，这是乾隆帝在孝贤皇后陵前对亡妻的诉说："自从与你分别后，烦心的事一件接着一件。"乾隆三十年（1765 年）春，继孝贤为皇后的乌拉那拉氏与乾隆帝反目，在杭州愤而剪发；第二年七月，那拉皇后被幽死，内廷外朝颇有异议，因此而有“别后事斯多”之句。

总而言之，有关孝贤之死的传闻异辞举不胜举，但都缺乏坚实的证据。如果仅仅在小说、演义之类中出现皇后“失足蹈水”“赴水自尽”，人们还可以视为艺术虚构；现在的趋势是“假作真时真亦假”，有的学者竟也郑重地把这类说法写入皇帝的“大传”，为耸动读者，还冠以“天子偷情”的艳题，这就不能不让人感到澄清历史事实的必要了。这里并非说乾隆帝的生活作风严肃得无懈可击，但可以断言，在这位皇帝四十岁之前，他没有，也不可能到命妇中去偷情；即便是孝贤皇后逝世后，他也不愿把自己曾倾注于孝贤皇后的纯真爱情转移到其他后妃身上。贵为天子，嫔妃如云，乾隆帝却如此感情专一，对元后的爱至死不渝，这应该得到后人应有的理解和尊重。

不过，的确有一位皇后在巡幸途中与乾隆帝恩断情绝，不久即悲愤而死。但她不是孝贤皇后富察氏，而是在孝贤皇后逝世之后被册立的新后乌拉那拉氏。

二　那拉皇后愤而剪发

在乾隆帝漫长的一生中，大概只有那拉皇后敢于直接、猛烈地冒犯他的尊严。乾隆帝继后乌拉那拉氏实在是一个值得瞩目的刚烈倔强的女性。

乌拉那拉氏是佐领那尔布的女儿，论出身，自然不如皇后富察氏那样高贵显赫，也不如贵妃高佳氏那样“笃生名族”，但她在乾隆帝为皇子时也已被选为侧福晋。乾隆二年（1737 年）十二月册封皇后的同一天，那拉氏亦被封为“娴妃”，册文中称她“持躬淑慎，赋性安和，早著令仪”，其地位在皇后富察氏、贵妃高佳氏（后谥慧贤皇贵妃）之下，而在同日被封的纯妃苏氏、嘉嫔金氏等之上。乾隆十三年春，孝贤皇后病逝，此前慧贤皇贵妃亦已谢世，中宫不宜久虚，其时已晋娴贵妃的乌拉那拉氏循资而进，理所当然地应继富察氏为后。然而，乾隆帝在感情上不能接受那拉氏进住皇后所居的坤宁宫，于是他仅仅在乾隆十四年二月晋封那拉氏为皇贵妃，“摄六宫事”——即使如此，皇帝也是勉强遵从皇太后懿旨，做得十分不情愿。在册封皇贵妃的仪制上，乾隆帝还故意降低规格，不准公主、王妃、命妇等前往皇贵妃的宫中行庆贺礼。他的理由十分牵强：如果初封即系贵妃者，公主等自应前往祝贺，而那拉氏初封娴妃，由妃晋皇贵妃，“仪节自当酌减”。实际上，这是因为乾隆帝不愿渲染那拉氏地位的上升。这年四月，乾隆帝在诗中坦率地写了这样一句：“六宫从此添新庆，翻惹无端意惘然。”怕人看不懂，他又自注道：“遵皇太后懿旨册封摄六宫事皇贵妃礼既成，回忆往事，辄益惘然。”触景生情，回忆往事，刚刚愈合的丧后痛创又渗出了血水，于是皇帝“惘然”了。在这种并非无端的惆怅情绪下，乾隆帝自然要酌减庆礼的仪节。名不正则言不顺，宫中上上下下无不从皇帝吞吐曲折的口气中领悟到他不想让那拉氏取代新亡的孝贤皇后，暂摄六宫事的皇贵妃那拉氏更是如鱼饮水，冷暖自知。

平心而论，乾隆帝倒不是对那拉氏怀有怎样的恶感，说到底，他不想让任何一位妃嫔取代富察氏的位置，更不要说取代富察氏在他心目中的位置了。

乾隆十五年（1750年）是孝贤皇后去世的第三个年头，这一年的八月十三日又逢乾隆帝四十整寿，在圣母皇太后的一再催促之下，皇帝只得勉从懿旨，立乌拉那拉氏为皇后。册立皇后大典定于八月初二举行，乾隆帝亲临太和殿，命大学士傅恒为正使、大学士史贻直为副使，持节行册立礼。傅恒、史贻直持金册、金宝至景运门，由太监接过节、册、宝入宫，摄六宫事皇贵妃那拉氏跪接金册、金宝，册立礼成。乾隆帝随后颁诏天下，文字冠冕堂皇，称颂皇后那拉氏“孝谨性成，温恭夙著”，并期望新后“承欢兰殿，表范椒涂，勷孝治于朕躬，覃仁风于海宇”。自此，乌拉那拉氏成为乾隆帝正式册立的第二位皇后。

接连几天，喜庆踵至。八月十三日是乾隆帝四旬万寿，他亲往慈宁宫给皇太后行礼，着礼服御太和殿接受文武百官的祝贺，在乾清宫设家宴宴请近支王公、皇子皇孙，表面上一派喜气洋洋，而乾隆帝此刻仍不肯也不能忘怀三年前在德州水滨那令人肝肠寸断的桃花时节。他竟遣走近侍，独自一人伫立在八月的晚风中，低吟着缅怀孝贤皇后的诗章：

净敛缃云碧宇宽，宜旸嘉兴物皆欢。
中宫初正名偕位，万寿齐朝衣与冠。
有忆那忘桃月节，无言闲倚桂风寒。
晚来家庆乾清宴，觌眼三年此重看。

乾隆帝的心湖自从三年前涌起巨大的漩涡后，很难恢复昔日的宁谧。那拉氏正位中宫，隆重的四旬万寿大典，皇帝在大庭广众之下不能不强作欢颜；而他愈是矫情，愈是深感孝贤皇后离去之后心灵的空虚。沁人心脾的阵阵桂花香没有给他带来丝毫暖意，反而让他感到周身不适。万寿节留下的诗篇是乾隆帝胸臆中再次激起了感情波澜的真实写照。

对那拉皇后，乾隆帝内心的感情十分复杂。她与孝贤皇后同样早从藩邸，同样端庄秀美，同样性情贤淑，同样对皇太后晨昏定省以代皇帝尽孝养之心，也同样得到太后的垂爱，皇帝实在很难确切指出她不及孝贤皇后之处。乾隆十六年（1751 年）三月十一日是孝贤皇后的三周年忌日，正赶上乾隆帝首举南巡江浙，与那拉皇后奉皇太后驻跸杭州圣因寺行宫。乾隆帝在悼念孝贤皇后的一首诗中，无意地流露出对那拉皇后的内疚：

独旦歌来三忌周，心惊岁月信如流。
断魂恰值清明节，饮恨难忘齐鲁游！
岂必新琴终不及，究输旧剑久相投。
圣湖桃柳方明媚，怪底今朝只益愁。

“岂必新琴终不及，究输旧剑久相投。”有时候还真是只有自己才能深刻地解剖自己，特别是像乾隆帝这样情感内向的人。他默默地自问：“难道那拉皇后一定不如孝贤皇后吗？”随后又自己作了回答：“自己毕竟与孝贤皇后结褵已久，彼此情投意合，那拉皇后终究不如呵！”看来，乾隆帝终于找到了与那拉皇后不谐的症结之所在：爱恋结发贤妻孝贤皇后的情结已潜伏在自己意识最幽深之处，自己不能，更准确地说是不愿彻底地将其摆脱掉。经过反思，他领悟得更深了：三年以来，自己宁愿沉浸在昔日虚幻的柔情似水的旧梦中，也不愿回到现实中去追求新的生活，不愿与继后那拉氏建立起爱情美满的婚姻。乾隆十六年暮春，在杭州圣因寺行宫湖畔的一番反省之后，乾隆帝有意亲近那拉皇后，以图建立真正的有感情的夫妻关系。乾隆十七年四月，那拉皇后诞育了皇十二子永璂，三年后皇十三子永璟降生，也是那拉皇后所出。那拉氏自为弘曆侧福晋以来，至生命可悲地结束时，仅生此二子。乾隆帝与那拉皇后融洽和睦的夫妻生活不过持续了五六年光景，此后，那拉皇后似乎又被皇帝冷落了。

从表面上看，那拉皇后年过四旬，色衰爱弛也是意想中事，但实际上她被冷落却有着更深刻的原因。那拉氏尽管随侍多年，乾隆帝对她的性情却未能真正了解。她正位中宫后，乾隆帝才逐渐觉察出，皇后在“赋性安和”的表象之下，隐隐有一股逼人的刚气。比之温柔缠绵的孝贤皇后，乾隆帝难免有怀旧之感；令皇帝不惬的还有，那拉皇后即使极力周旋时，也缺乏孝贤皇后对自己体贴入微的真情。这些微妙得难于表述之处，使帝后在感情上已隐隐出现裂痕，然而皇帝全部隐忍下去了。为顾全国体，乾隆帝当然不能和那拉氏闹翻，他宁愿与那拉氏维持一种帝后恩爱的假象，以从道德上垂范全国臣民。

乾隆二十年后，皇帝经常临幸入宫较晚的年轻的令妃，即后来诞育嘉庆帝、被追赠为孝仪皇后的魏氏。魏氏在大约十年之间为皇帝一连生了四男二女，乾隆三十年（1765 年）被晋为皇贵妃，位号仅次于皇后那拉氏。

也恰恰在这十年间，那拉皇后对皇帝的积怨越来越深。大概除了皇帝之外，只有她一人才深深了解皇帝那眷恋孝贤皇后的拳拳之心。尽管她对皇帝册封自己为皇贵妃、为皇后时的勉强内心委屈万分，但仍然克制自己，力图尽快抚平皇帝内心深处的创伤。不过，她觉得自己付出的感情并没有得到应有的回报，特别是当帝后独处时，皇帝那种冷淡，以至无意中流露出来的不屑，真令她不堪容忍。乾隆二十年以后，贵为国母的那拉皇后在空旷的坤宁宫中常常无言垂泪，只有早晚到慈宁宫请安时，才能得到皇太后的温语慰藉。皇后与乾隆帝在感情生活上日见龃龉，皇后没有一点责任，甚至连皇帝生母皇太后也这样认为。不过她老人家主张容忍，叮嘱皇后千万不可因负气一时而顶撞皇上。或许太后也没看得透，从骨子里讲，皇后不是那种逆来顺受的懦弱女子。她内心日积月累的怨愤总有爆发的一天，而压抑郁积得愈久，爆发得也就愈猛烈。

乾隆三十年（1765年）春，那拉皇后的一腔怒火终于抑制不住了！

这一年的正月十六日，处在一生事业巅峰的乾隆帝奉皇太后自京启銮，开始第四次南巡，那拉皇后及令贵妃、庆妃、容嫔等随行。途经山东时，乾隆帝越济南府城而不入。在此之前，他南巡或朝圣亦有三次驾临济南，同样交臂而过。此次，乾隆帝特别写诗说明了不在济南驻跸的原因：

四度济南不入城，恐防一入百悲生。
春三月昔分偏剧，十七年过恨未平。

十七年前，孝贤皇后病倒在济南，乾隆帝不愿勾起对往事的痛苦回忆，所以才匆匆绕城南下。

二月初十，车驾驻跸陈家庄行宫，是日为那拉皇后千秋节，乾隆帝传旨停止行礼筵宴，但早晚两膳都加菜赏赐。闰二月初七，乾隆帝一行进驻杭州府行宫；越二日，改驻圣因寺行宫，宫闱中仍一派承欢洽庆的景象。

十八日，平地一声惊雷！乾隆帝命将“突发疯疾”的那拉皇后由额驸福隆安等严加监护，先期遣送回京。据宫中皇后赏膳底簿的记载，十八日于名胜“蕉石鸣琴”处进早膳时，乾隆帝还赏有那拉皇后的膳品，到十九日早膳时，则只有令贵妃、庆妃和容嫔了。由此可知，帝后之间的冲突正爆发在闰二月十八日。据行宫中流传出的消息说，皇后对皇帝有所冒犯，然后怒气冲冲地到皇太后前哭诉，恳求在杭州出家为尼，太后哪里肯准；不料皇后竟从袖中抽出利剪，将万缕青丝齐根剪去。满洲习俗，逢至亲大丧，男子截辫，女子剪发，平素无事而猝然自行剪发，乃是最为忌讳的乖张之举。皇后竟在众目睽睽之下，自行剪发，宜乎将其视为“突发疯疾”。至于皇后究竟受到了什么巨大刺激而万念俱灰，毅然决心削发为尼，外间更有诸多莫可究诘的传闻。

在乾隆帝漫长的一生中，没有谁敢于像那拉皇后那样直接、猛烈地触犯他的尊严。继后乌拉那拉氏实在是一个值得瞩目的刚烈倔强的女性，在皇帝身边充斥着争相献媚取宠的各色奴才的时代，大概只有那拉皇后才能和乾隆帝这样的伟大人物相匹配。

乾隆帝将那拉皇后遣走之后，愤怒的心情久久不能平息。帝后失和已昭然于天下，不胫而走的流言更搅得他心烦意乱。乾隆十三年春，乾隆帝因孝贤皇后的溘然长逝而陷入了无法摆脱的心理困境；十七年后，也是在巡幸途中，也是在“路上行人欲断魂”的清明时节，他再一次陷入了不可摆脱的心理危机。但这次是因为与继后那拉氏恩断情绝，他只有恨，没有悔；只有懊恼，没有遗憾。

乾隆帝人生旅途的第二次坎坷十分短暂。第二年七月十四日，被幽禁于冷宫的国母那拉氏辞别了人世。她的死尽管无奈，但对于一个早已抱定玉碎之心的人，死并不可怕；只是她临终前的日子实在太过凄惨。乾隆三十一年五月，乾隆帝命将那拉氏历次受封的册、宝悉数收缴，其中包括皇后一份、皇贵妃一份、娴贵妃一份、娴妃一份，这意味着那拉氏不仅失去了皇后的位号，而且被永远地、彻底地从皇帝诸后妃中摒弃了。到了七月初，冷宫中蓬头垢面的那拉氏已奄奄一息，手下可供使唤的宫女也仅剩两名而已。但乾隆帝对她没有丝毫恻隐之心，仍于七月初八日从圆明园启銮，奉皇太后前往热河避暑去了。六天后，那拉皇后含恨弃世，乾隆帝接到留京办事王大臣的讣告时恰逢中元节，大驾刚刚抵达避暑山庄。于是，乾隆帝他立即向天下臣民宣布皇后奄逝，其中首次披露了前一年春天帝后失和的隐情：

据留京办事王大臣奏，皇后于本月十四日未时薨逝。皇后自册立以来，尚无失德。去年春，朕奉皇太后巡幸江浙，正承欢洽庆之时，皇后性忽改常，于皇太后前不能恪尽孝道。比至杭州，则举动尤乖正理，迹类疯迷，因令先程回京，在京调摄。经今一载余，病势日剧，遂尔奄逝。此实皇后福分浅薄，不能仰承圣母慈眷、长受朕恩礼所致。

在这道煌煌谕旨的结尾，乾隆帝还以宽仁的口气告诉全国臣民：

若论其行事乖违，即予以废黜，亦理所当然；朕仍存其名号，已为格外优容。但饰终典礼，不便复循孝贤皇后大事办理，止可照皇贵妃例行，交内务府大臣承办。

这真是一件不可多得的几乎通篇都在撒谎的清官方文书！

实际上，乾隆帝早已剥夺了那拉氏的皇后之位，甚至连此前皇贵妃、贵妃及妃的册、宝也一并收回，此时却说什么“朕仍存其位号”。乾隆帝没有向全国臣民公开宣布废黜皇后，还有一段外间未能尽知的情节。原来，自从乾隆三十年四月结束南巡回到京师，乾隆帝即欲将那拉皇后正式废黜，无奈有刑部侍郎觉罗阿永阿等力谏，才打消了这个念头。嘉庆间礼亲王昭梿在《啸亭杂录》中记述此事甚详：

觉罗少司寇阿永阿，以笔帖式起家，任刑部侍郎。性聪敏，善词曲，尝定秋审册，公扬笔曰：“此可谓笔尖儿立扫千人命也。”纳兰（即那拉）皇后以病废，公欲力谏，以有老亲在堂难之。其母识其意，喟然曰：“汝为天家贵胄，今欲进谏，乃以亲老之故以违汝忠荩之志耶？可舍我以伸其志也。”公涕泣从命，因置酒别母，侃然上疏。纯皇帝（乾隆帝）大怒曰：“阿某，宗戚近臣，乃敢蹈汉人恶习，以博一己之名耶！”特召九卿谕之。陈文恭公（陈宏谋，时为吏部尚书、协办大学士）曰：“此若于臣宅室中，亦无可奈何事。”冢宰托庸（托庸，时任兵部尚书）曰：“帝后即臣等之父母，父母失和，为人子者何忍于其中辨是非也？”钱司寇汝诚（钱汝诚，时为户部侍郎）曰：“阿永阿有母在堂，尽忠不能尽孝也。”上斥之曰：“钱陈群老病居家，汝为独子，何不归家尽孝也？”钱叩谢。上乃戍公于黑龙江，命钱司寇归终养焉。逾年，后既崩，御史李玉明（当为李玉鸣）复上疏请行三年丧礼，亦戍于伊犁。二公先后卒于边，未果赦归也。

《清史稿·部院大臣年表》记钱汝诚乞养之事在乾隆三十年五月初三，《清史列传·钱汝诚传》记“三十年，疏请终养，（皇帝）许之”，这两条史料虽没说明钱汝诚之所以如此的原因，但足以证明昭梿说钱汝诚被乾隆帝变相解除职务的记载具有相当的可信度。阿永阿犯颜直谏一事在《朝鲜李朝实录》中亦有记载：“乾隆幽囚皇后，而刑部侍郎阿永阿极谏。”《清史稿》记四达于乾隆三十年五月初二代阿永阿任刑部侍郎，可知阿永阿同日被革。据此，可以坐实昭梿所记乾隆帝欲废那拉皇后一事。大约乾隆帝南巡还京后即以疯疾为名废掉皇后，这在皇帝也可说是不得已之举，因为皇后剪发，仪容毁损，断不能在公众场合露面，毕竟是颇为尴尬之事。四月底或五月初，刑部侍郎、觉罗阿永阿侃然上疏，力陈废后之非，疏中势必要论及皇帝私德，龙颜震怒，遂召谕九卿，时间即在五月初二；当日廷议，陈宏谋、托庸等圆滑官僚蹙蹙然如辕下之驹，钱汝诚稍稍为阿永阿缓颊即遭乾隆帝训斥，遂有阿永阿革职、以四达代之的谕旨；翌日，钱汝诚乞终养，帝许之。事后，乾隆帝畏于人言，放弃了明废皇后的打算，但那拉皇后的生命之火也渐渐熄灭了。

上述讣告全国臣民皇后崩逝的明发谕旨中还说：“（皇后）所有丧仪止可照皇贵妃例行，交内务府大臣承办。”帝后丧礼本应由礼部职司其事，何以交内务府大臣独办？是不是不愿让外朝了解那拉皇后临终前的惨状？抑或那拉皇后并非善终？今天人们提出这样的疑问是完全合理的。但在当时，乾隆帝说此话是因为他根本不打算“照皇贵妃例”安葬那拉皇后。《大清会典》记载，雍正三年（1725年）十一月，敦肃皇贵妃年氏薨，雍正帝辍朝五日，大臣以下、宗室以上，五日内全穿素服，所生皇子摘冠缨、截发辫，成服，二十七日服除，百日后剃头。《大清会典》还规定：

初薨日，亲王以下、奉恩将军以上，民公侯伯以下、四品官以上，朝、夕、日中三次设奠，咸齐集……至奉移后，惟祭日齐集。

可见，皇贵妃的丧仪虽不能与孝贤皇后的大丧仪相比，但也极隆重。慧贤皇贵妃高佳氏、淑嘉皇贵妃金氏等逝于乾隆三十一年以前，俱照雍正三年敦肃皇贵妃丧仪例行。到“奉旨”按皇贵妃例办理那拉皇后丧事时，内务府总管大臣却毫无动静。御史李玉鸣终于沉不住气了，依据《大清会典》，上折参劾内务府未能遵旨经理丧仪。七月十九日，乾隆帝在避暑山庄览折大怒，当即命锁逮这个不识时务的御史，同时将此事宣谕天下：

> 御史李玉鸣奏内务府办理皇后丧仪，其上坟满月，各衙门应有照例齐集之处，今未闻有传知，是否遗漏等语，实属丧心病狂！去岁皇后一事，天下所共知共闻，今病久奄逝，仍存其名号，照皇贵妃丧仪，交内务府办理，已属格外优恩。前降谕旨甚明，李玉鸣非不深知，乃巧为援引《会典》，谓内务府办理未周，其意不过以仿照皇贵妃之例犹以为未足，又不敢明言，故为隐跃其词，妄行渎扰，其居心诈悖，实不可问！李玉鸣着革职锁拿，发往伊犁。并将此晓谕中外知之。

李玉鸣参奏内务府违旨，正是御史纠劾百司的职责所在，而且他援引的《大清会典》所载的是祖宗成法，怎么成了“丧心病狂”“居心诈悖”呢？心中有鬼且丧心病狂的不是御史李玉鸣，恰恰是乾隆帝本人。他既要说些照皇贵妃例行之类堂而皇之的话以欺骗天下舆论，又不情愿照谕旨之言行事；当有人认真地要求内务府遵旨办事时，矛头虽指向的是皇家奴才，却无形中击中了主子的要害。乾隆帝要封住天下悠悠众口，就必须杀一儆百，惩办多嘴的李玉鸣。所以他也不顾拿交刑部治罪之类的常规法律程序，干脆直接将李玉鸣充军新疆。李玉鸣事件后，舆论果然宁帖，至少在表面上如此。但那拉皇后的丧仪如何办，则由内务府大臣们操纵了。好在这些皇上家奴对主子的意图早已心领神会，自然会想出绝妙对策。据《清东陵大观》一书所载，那拉皇后的棺椁不过附葬于“纯惠皇贵妃园寝”中。纯惠皇贵妃苏氏于乾隆二十五年（1760 年）四月薨逝，关于她的园寝及那拉皇后附葬的情况，《清东陵大观》这样记述：

乾隆帝特命在妃衙门内添建一座单檐歇山式绿琉璃瓦的明楼，其中竖立一统朱砂碑，碑身刻有满汉两体文字的“纯惠皇贵妃园寝”，并以此称取代妃衙门之称。宝顶下地宫中葬有纯惠皇贵妃，棺椁居中；后来又葬入了乌拉那拉皇后，棺椁则置于东侧。地宫内的规制有墓道券、闪挡券、罩门券、门洞券、金券，还有一道石门，相当排场。

的确相当排场，但它是“纯惠皇贵妃园寝”！

乾隆帝的爱是慷慨的，也是悭吝的；他的感情是丰富细腻的，也是专断粗暴的；他的柔情有如缓缓流淌的一江春水，是那样的绵长而久远，但绝情之时又犹如火山爆发，令天下震惊！

对孝贤皇后与那拉皇后，乾隆帝把他内在的感情淋漓尽致地发挥了出来。

然而，高度自尊的乾隆帝在对待那拉皇后这件事上毕竟做得太过绝情了。当时朝野上下的同情一齐倾注到含冤而逝的那拉皇后身上，皇帝在舆论中陷于空前的孤立。甚至连乾隆帝亲生的儿子也同情那拉皇后。据说三十四年后，嘉庆帝——令皇贵妃魏氏所出的皇十五子亲政伊始，便下令将乌拉那拉氏重新按皇后丧仪安葬。

乾隆帝与那拉皇后反目成仇之事在当时很快成为轰动全国的新闻，甚至流传到了东邻朝鲜。乾隆帝也承认“皇后一事，天下人所共知共闻”，因而一再明发谕旨，为自己辩解。乾隆四十三年（1778 年）九月，乾隆帝东巡谒祖，回銮至锦县地方，有一个叫金从善的秀才遮道进递呈词，第二条即请皇帝为那拉皇后一事下诏罪已，为此，皇帝降旨批驳道：

至所称立后一事，更属妄诞。乾隆十三年孝贤皇后崩逝时，因那拉氏本系朕青宫时皇考所赐之侧室福晋，位次相当，遂奏闻圣母皇太后，册为皇贵妃，摄六宫事，又越三年，乃册立为后。其后自获过愆，朕仍优容如故，乃至自行剪发，则国俗所最忌者，而彼竟悍然不顾。然朕犹曲予包含，不行废斥。后因病薨逝，只令减其仪文，并未降明旨削其位号。朕处此事，实为仁至义尽。且其立也，循序而进，并非以爱选色升，及其后自蹈非理，更非因色衰爱弛。况自此不复继立皇后，朕心事光明正大如此，洵可上对天祖，下对臣民，天下后世，又何从訾议乎？该逆犯（指金从善）乃欲朕下罪己之诏，朕有何罪而当下诏自责乎？

锦县生员金从善的条陈原件今已不复可见，不过从乾隆帝谕旨中至少可以得知呈词中有“天下后世”有所“訾议”这样的话，而且所“訾议”者，又非同一般，否则何以让皇帝为此下诏罪已呢？

乾隆帝与那拉皇后的恩怨纠葛现在似乎只能看到乾隆帝的一面之词。帝后反目的真相到底如何？在这一令朝野瞠目结舌的事件中，皇帝与那拉皇后究竟谁为失德者？想要澄清萦绕在这一历史疑案上的重重迷雾，还需深入探索。

三　深宫中的南国佳丽

乾隆帝若恪遵祖宗家法，是不能立汉妃的，更不能“在江南立一个妃子”。然而，细检清宫机密档案却可以断定，乾隆帝至少有两位来自江南的妃嫔：一是扬州籍的明贵人陈氏，一是苏州籍的陆常在陆氏。

据《清代文字狱档》“严谱私拟奏折请立正宫案”，乾隆四十一年（1776 年），乾隆帝曾极为秘密地处理了一件涉及那拉皇后南巡途中自行剪发一事的大案。

乾隆四十一年（1776 年）七月十七日，这一天距那拉皇后自行剪发大约十一年半，距她幽死整整十年。大学士舒赫德从内阁下班后刚回宅邸，就接到家人递进的一纸启禀、一件奏折，署名俱为“都察院役满吏员严谱”。打开启禀一看，原来是这个曾为都察院书吏的人恳请舒大人代递自拟的一件奏折。舒赫德随即细阅，其事由是“请议立正宫”，内称：“纳皇后（即那拉皇后）贤美节烈，多蒙宠爱，见皇上年过五旬，国事纷繁，若仍如前宠幸，恐非善养圣体，是以故加挺触轻生”，看至此处，舒赫德顿觉事态严重，于是立刻派人扣押严谱，查抄其在京寓所。严谱很快被捉拿，他痛痛快快地供出自己系山西高平县人，现年四十五岁，妻子及两个儿子已先后亡故，孑身一人；乾隆二十五年以前曾在都察院充书吏，役满回籍；现寓崇文门外万春杂货号内，代人写账营生；所写奏折系一人所为，绝无商谋主使之人。舒赫德审毕，不敢怠慢，当即将严谱奏折、禀启等原件一并密封，进呈乾隆帝。

乾隆帝其时正驻跸热河行宫，准备进哨木兰行围，及接阅留京办事大臣舒赫德汇报，立即通过军机处密谕舒赫德及协办大学士阿桂、刑部尚书英廉等“各秉天良，将此事实心查办，毋得稍有颟顸瞻徇之见”。密谕中特别指出，严谱不过一介“微贱莠民”，如何得知宫闱大事？又如何知道皇后有那拉氏之姓？“其中必有向其传说之人，不可不彻底严究！”

舒赫德等遵旨严讯严谱，先是“濡缓折磨，使其备尝痛楚”，随即用夹棍等大刑伺候。严谱供称：“纳（那）拉氏之姓，我二十年前在都察院当书办时就晓得的”。至于如何得知宫闱秘事，传说之人为谁？为保存历史本来面貌，下面节录严谱原供：

> 严谱供：（乾隆）三十年皇上南巡在江南路上，先送皇后回京，我那时在山西本籍，即闻得有此事。人家都说皇上在江南要立一个妃子，纳（那）皇后不依，因此挺触，将头发剪去。这个话，说的人很多，如今事隔十来年，我那里记得是谁说的呢？后来三十三年进京，又知道有御史因皇后身故不曾颁诏，将礼部参奏，致被发遣这事。

乾隆帝原以严谱“诋毁朕躬，情罪实为重大”，指示舒赫德等审明后即凌迟处死；但后来又欲尽量淡化此案，故改立斩，这些且不论。从严谱的口供中，便知道乾隆三十年帝后反目在全国激起了怎样的惊涛骇浪！在严谱老家，偏远的山西高平县米山镇，当时就流传着这一事件的种种细节，在缺乏现代通讯手段的古代，经过数以百计的人口耳相传，基本情节竟没有走样。所谓“小道消息”，有时竟出奇迅捷而真切。严谱口供最为珍贵的是，它提供了帝后在杭州行宫中产生冲突的直接原因是“皇上在江南要立一个妃子，纳（那）皇后不依这一说法”。严谱还说："这个话，说的人很多。"可见，当时在"草野莠民"中，皇帝立妃、皇后剪发，已是一个众口喧传的公开秘密。

不过，当时不胫而走的这个"小道消息"是否靠得住呢？显然，不能以"南巡时先送皇后回京""有御史被发遣"等情节已被证实，就断言这一流言完全可信。特别是对那拉皇后不依皇帝在南巡路上立妃、愤而剪发这一至关重要的情节，理应举出相应的证据，绝不能采取推论的方式。

看来，乾隆帝是否确有江南籍的汉妃就成了解开乾隆三十年帝后反目这一历史疑案的关键。

乾隆帝以宝亲王居藩时，王妃、庶妃已有十来位，在其漫长的一生中，嫔妃屡有增加。有人说乾隆帝后妃有二十一人，有人说乾隆帝后宫中具有后、妃、嫔、贵人、常在等各种名号者不下四十人。于善浦先生则据东陵裕陵及裕妃园寝所葬，说乾隆帝先后有皇后三、皇贵妃五、贵妃五、妃六、嫔六、贵人十二、常在四，凡四十一名，而且皆指出姓氏，有旗籍者，则列所隶旗分，是为记述乾隆帝后妃最翔实者。然而，无论是谁，都不能确指这数十名嫔妃中哪一位是江南女子。

以清朝后妃制度而论，断不能选汉女为妃，江南籍汉女则更为清皇室所深忌。康熙之后，清代后妃制度大体定型：皇后一人居中宫，以下皇贵妃一人、贵妃二人、妃四人、嫔六人，以及贵人、常在、答应无定数，分居东西十二宫。后妃制度还规定，从皇后以至常在、答应，都要从八旗秀女中挑选。挑秀女又分两种情况：一种是旗下官员军民人等，无论满洲、蒙古、汉军之家，女孩儿长到十三岁都要报名候选，每三年举行一次，由户部主持；一种是挑内务府"包衣"的女儿，每一年举行一次，由内务府主持。选中的秀女，有的指配给近支王公宗室及其子弟为妻妾，这多是前一种出身较好的秀女；有的秀女留在宫中充"宫女子"，年二十五岁遣出，令父母为其择配，有的分在王府为供役使女，这些秀女则多是后一种出身"包衣"的卑贱女子。经过重重复选，被太后与皇帝选为妃、嫔的秀女少之又少，那要出身八旗世家，且容貌人品极为出众，才有可能。至于"宫女子"，也有随侍皇帝，承受恩露，由常在、答应渐进至妃嫔的，那就要看自己的造化了。这里面惟内务府旗属秀女最为复杂。内务府是承办皇家事务的机关，以“上三旗”包衣司其事。“包衣”，满洲语“家里的”“家人”之意，实为奴仆的别称。清入关前，八旗下都编有八旗包衣牛录；入关后，正黄、镶黄、正白三旗为天子自将，地位提高，称“上三旗”；上三旗所辖包衣隶内务府，“奉天子之家事”，被冠冕堂皇地称为“内廷当差”。由于有这样的历史渊源，内务府包衣的地位各有不同，比如曹雪芹之祖曹寅虽官至江宁织造，但对康熙帝仍要自称“包衣老奴”，内务府旗属秀女的出身也差异极大。当然，内务府包衣中世家大族并不多见，他们的女儿挑了秀女，可立即指为近支宗室的嫡福晋，曹寅之女被指配给平郡王讷尔苏为嫡福晋即为适例。包衣出身的秀女日后做了皇帝的后妃，也往往抬入满洲旗分，在姓氏后加一“佳”字，如乾隆帝慧贤皇贵妃高氏，系内务府世家出身，抬旗后，姓“高佳氏”。当然，内务府旗属秀女出身微贱者居多，她们只能在王府或内廷持贱役，因此被称为“使唤女子”。此外，内务府旗属秀女从祖上的民族成分来说，绝大多数是汉人，也有高丽等其他民族的，如果仅从姓氏看，很容易误以为她们是汉人。其实，内务府包衣入旗最早，是最早满洲化的一批特殊人物，他们在生活习俗、心理素质、价值观念、审美情趣等方面早已同纯粹的满洲人没有根本区别。乾隆帝后妃中有一些汉姓女子，可以判定其中多为内务府旗属秀女出身。

如此说来，乾隆帝若恪遵祖宗家法，是不能立汉妃的，更不能“在江南立一个妃子”。

然而，细检清宫机密档案却可以断定，乾隆帝至少有两位江南籍的妃嫔：一是扬州籍的明贵人，一是苏州籍的陆常在。

乾隆四十三年（1778 年）夏天，一名自称“国舅”的扬州人陈济来到京城，通过关系总算找到了可以转递呈文给总管内务府大臣福隆安的人，呈文内容大概讲：他是明贵人的哥哥，妻儿俱在扬州岳母之处，因生活艰难，恳求内务府赏个差事。福隆安知道宫中确有姓陈的明贵人，而来人胆子再大也不敢诈冒皇亲，他判断此事十成有八成把握，但如何处置，他仍感到十分棘手。福隆安赶紧安顿下陈济，令他不得招摇声张，然后即刻奏闻请旨。六月二十八日，乾隆帝将如何妥善处理此事直接口谕福隆安，并命他将此旨意密寄驻扬州两淮盐政伊龄阿、扬关监督寅著办理。乾隆帝又想起宫中还有一个苏州籍贯的女子陆常在，同时命福隆安传谕苏州织造舒文相应查明陆常在在苏亲属情况。寅著七月初十日奏覆的折子现藏中国第一历史档案馆《宫中档》中，上面且有乾隆帝朱笔批谕，为郑重起见，特将这件朱批奏折全文照录如下：

奴才寅著跪奏：

乾隆四十三年七月初六日接准领侍卫内大臣、总管内务府大臣、尚书、公福隆安传谕：本年六月二十八日奉上谕："据福隆安奏，有明贵人之兄陈济来京，具呈恳求当差，看来此人系不安分之人，若驱令回籍，不免招摇生事等语。当令内务府大臣酌量将陈济留京赏给差使安插，不许在外生事，并询知其家属现在扬州伊岳母处，伊既已留京，家属不便仍居原籍，着交伊龄阿即行查明，遇便送京，交福隆安办理。再据陈济称，尚有伊兄在扬关管事。今陈济来京具呈，伊兄自必与闻，安知不借此名色在彼多事，亦未可定。朕于宫眷等亲属管束极严，从不容其在外滋事。恐伊等不知谨饬，妄欲以国戚自居，则大不可。凡妃嫔之家尚不得称为戚畹，即实系后族，朕亦不肯稍为假借，况若辈乎？着传谕伊龄阿，如陈济之兄在扬尚属安静，不妨仍令其在关管事，如有不安本分及借端生事之处，即当退其管关，交地方官严加管束，不得稍为姑容，致令在外生事。至四十五年朕巡幸江浙，不可令此等人沿途接驾，混行乞恩。又陆常在系苏州籍贯，其有无亲属人等亦当详悉查明，严加管束，四十五年南巡时亦不可令其接驾乞恩。一并传谕舒文照此办理……"

乾隆四十三年七月初十日

朱批：览。

苏州织造舒文也很快查明陆常在亲属情况具奏："陆常在现有母亲缪氏，同已经出嫁之长女并外甥女三人相依居住，此外并无亲属，平日亦颇安静。"这件朱批奏折亦存中国第一历史档案馆《宫中档》，兹不全录。

清代档案按其原收藏部门或个人分七十四个全宗，凡从皇宫各处收集的朱批奏折等，称“宫中全宗”，亦称“宫中档”。上述两件朱批奏折系乾隆帝直接通过总管内务府大臣福隆安传谕扬州、苏州内务府关差、织造，而由苏、扬的关差、织造将办理情况覆奏后皇帝朱笔御批的原折。因未发交内务府或军机处办理，故保留宫中，最后归档时汇入宫中档，故其可靠性不容置疑。

从这两件朱批奏折中可以看出：

第一，乾隆帝对两位扬州籍、苏州籍低级嫔妃亲属的动向给予严重关注，在处理此事时，不仅避开了军机处，也未通过内务府，而是由额驸福隆安口传密旨，直接交有关关差、织造这些可靠的奴才办理，以保证消息不致丝毫外逸。

第二，明贵人和陆常在籍隶苏扬，娘家系寒素之家。明贵人有一个兄弟“在扬关管事”，可见与两淮盐政、扬州榷关有某些瓜葛，因此与内务府也可能有千丝万缕的联系。

翻检《清皇室四谱》和《清列朝后妃传稿》，乾隆帝后妃中姓陈氏的妃嫔共两位，其一为婉贵妃陈氏，父陈廷璋，乾隆初赐号贵人，乾隆十四年（1749 年）册封婉嫔；其二为芳妃陈氏，父陈廷纶，初入宫时赐号贵人，乾隆五十九年册封芳嫔，嘉庆帝即位，奉太上皇敕晋芳妃。上述档案所提到的乾隆四十三年（1778 年）尚为“明贵人”的陈氏显然不可能是婉贵妃陈氏，因为她在乾隆十四年已被册封为比贵人高一级的婉嫔。有关芳妃陈氏，《清东陵大观》所载最详：

> 芳妃，陈氏，陈廷纶之女，生年不详，生辰为九月二十四日。乾隆三十一年十一月十六日新封明常在，四十年晋明贵人。五十九年十月二十二日，由大臣恭拟了贵人陈氏晋封嫔的字样，乾隆帝在“茂”，“翊”，“芳”三个字中选了“芳”字，明贵人即晋封为芳嫔。嘉庆三年十月，嘉庆帝奉太上皇乾隆帝敕旨，尊芳嫔为芳妃。嘉庆六年八月三十日芳妃薨，十一月二十七日葬裕妃园寝。

前文提及的后一个陈氏从乾隆四十年（1775 年）至五十九年一直以明贵人称。据此，档案中那个扬州籍的“明贵人”陈氏必是陈廷纶之女、后封芳妃的陈氏无疑。

乾隆帝陆氏妃嫔亦有两位：其一是庆贵妃陆氏，乾隆十六年（1751 年）已封庆嫔，这位显然不是档案所提的那个苏州籍贯的陆常在；其二是陆贵人（亦称禄贵人）。《清东陵大观》记：“生年不详，生辰为九月二十三日。乾隆二十五年十二月十四日新封禄常在，四十年时为禄贵人。五十三年十二月十八日禄贵人葬纯惠皇贵妃园寝。”后一位陆贵人当为乾隆二十五年苏州籍贯的新封陆常在无疑。

据清宫档案和有关记载可以确定，乾隆帝四十几位嫔妃中至少有两位是汉族女子，且系来自江南的汉女。

现在，需要进一步解释两个南国女子是怎样从苏扬入充乾隆帝后宫了。

明贵人陈氏、常在陆氏非隶八旗，当然不会循挑选秀女的途径入宫。那么，据有关记载推断，不外江南盐政、关差、织造等皇帝亲信奴才先以优伶的名义呈进，然后再迂回循挑秀女之制纳入后宫，或者皇帝南巡时为亲信奴才所进的苏扬女子美色所动而令随侍身边这两种途径。下面讲述嘉庆帝生母孝仪皇后时还会提到第一种途径，但明贵人、陆常在并未注明系内府包衣出身，因此必定是通过第二种途径入宫。

皇帝巡幸，后妃随行，但行宫中有当地满洲督抚、关差、织造等亲幸奴才进献的美女伺候，这在康熙时已不是什么秘密；至于皇帝是否赏脸消纳，则全在其自律如何。

康熙帝的近臣李光地在《榕村语录续集》中披露了一件旗下大臣对皇帝施美人计的真实故事：

> 山西巡抚噶礼迎驾至庆都，并率百姓百余人来邀请圣驾，百姓皆夜间露立，问之云：“票押，不敢不来。”轿顶及钩锁皆真金，每一站皆作行宫，顽童妓女，皆隔岁聘南方名师教习，班列其中。渠向予辈云：“行宫已费十八万，今一切供馈还得十五万。”
>
> 噶礼进四美女，上（康熙）却之，曰：“用美女计耶！视朕为如此等

人乎？”又密侦得左右皆受此饵，悉加之罪……

巡幸至山西尚且如此，到了所谓“江浙金粉佳丽地，苏杭温柔富贵乡”，大臣们又该变出多少花样以讨取主子欢心？

自乾隆十六年乾隆帝首举南巡，从扬州以下，各站豪华行宫皆由富甲四海的盐商们捐资修建装饰，而行宫中则由皇帝亲信的内务府包衣官员出任的盐政、关差、织造们负责照料，除安排种种令皇帝赏心悦目的节目之外，进献江南美女是他们对主子表示的一点孝心，也是这伙奴才固宠的惯技。当然，这种事要做得十分隐秘，在摸准皇上脾性之前，他们也不敢做得太露骨；从乾隆帝这一面来说，初政律已极严，且有孝贤皇后在，夫妻恩爱，也不会过于放纵。及至乾隆二十二年（1757年）二度南巡、二十七年（1762年）三度南巡，特别是三十年（1765年）四度南巡，乾隆帝已处于一生的事业巅峰，海内宁晏，四夷宾服，尤其用兵新疆、一举拓地二万余里，更是前无古人的辉煌伟业。志满意得之余，难免放逸。在他看来，纳一二汉女为妃无伤大体，即使有违祖制，也没有什么人敢公然反对；况且，自己最崇敬的皇祖康熙帝似乎也没有恪守什么祖制，康熙帝纳汉妃几成朝中大臣尽知的秘密。雍乾之际，“江都草泽臣”萧奭所写的《永宪录》就明白记载着宫中的白贵人“籍苏州，生皇弟二十四阿哥”，就是说雍正帝的二十四弟允祕的生母是苏州人。从另一方面看，孝贤皇后去世后，乾隆帝失去了可以倾诉内心苦闷的伴侣，又与那拉皇后不谐，在处理军政大事的极端焦劳烦闷中找不到慰藉心灵的宁静港湾。“起舞弄清影”，“高处不胜寒”，权势达到顶峰的皇帝却深深地陷入了空前的孤独。感情上的极度空虚，也是造成乾隆帝逐渐耽于声色的一个重要心理因素。据乾隆帝本人讲，从这时期起，他就养成了终其一生的独宿习惯，像孝贤皇后活着时那样“依旧横陈玉枕边”的情景，此后仅仅能在梦中出现。他并非不要嫔妃入侍，但云散雨收之后，往往挥之而去。因此，年逾五旬后，他对女色的追求，固然有诞育皇嗣之念，但多半为满足肉欲的需要。也正是此时，安排皇帝南巡时游幸起居的家奴们已摸清了主子的嗜欲，因此进献美女越发肆无忌惮。乾隆帝有时舍不得轻弃被宠幸过的江南美姬，难免仍令继续随侍，以至携回京师，置于后宫和御园。

如果仅仅是携回京师，不加封号，这还不算显违祖制；乾隆帝却不仅要携回京师，而且要赐以名号。苏州籍女子陆氏想必是第二次南巡时被猎中后带回京师，并于“乾隆二十五年十二月十四日新封禄常在”的绝色美人；至于乾隆三十一年十一月十六日“新封”的“明常在”，即后来的明贵人、芳嫔、芳妃，则不仅在乾隆三十年第四次南巡途中以美色令皇帝倾倒，而且使皇帝许诺赐以佳号。当时传闻说“皇上在江南要立”而“纳（那）皇后不依”的那个“妃子”，极有可能便是这位“一顾倾人城，再顾倾人国”的扬州姑娘陈氏。

这种事外间自然不得而知，却不能完全避开随驾南巡的那拉皇后。皇后与皇帝如果感情和睦，皇后如果是个懦弱而无主见的妇人，一切都会风平浪静地过去；然而，恰恰相反，皇后对皇帝的积怨太深，她本人又是一个外似柔弱、内实刚强的烈女，到了杭州圣因寺行宫终于忍无可忍，她以维护祖宗家法为名，制止皇帝纳汉女为妃。由“忤旨”而爆发的帝后冲突，激化为皇后当众剪去一头烦恼丝、宣告与皇帝乃至整个尘世彻底决绝，最终闹到全国上下众口喧传、不可收拾的地步。

乾隆帝也真正对得起那位南国佳丽陈氏。那拉皇后惨死后五个月，皇帝正式册封她为“明常在”。陈氏虽非八旗秀女，却在后宫中有了第一个阶梯。乾隆帝晚年，嫔妃凋零，皇后自不必说，先后册封的皇贵妃、贵妃亦俱谢世。嘉庆三年（1798年）十月，作为太上皇的乾隆帝崩逝前两个月，芳嫔陈氏晋为芳妃，册文称：

> 咨尔芳嫔陈氏，秉质柔嘉，持躬温淑。早传婉娩，椒庭之礼教维娴；计厥岁年，兰殿之职司无斁。

此时乾隆帝已八十八岁高龄，芳妃陈氏怕也年逾五旬，但官样文章般的册文，还是多少透露出了这位国色天香的扬州美女昔日曾令皇帝倾倒的风韵。

乾隆三十年春，第四次南巡途中发生的那拉皇后剪发事件闹得全国轰动，人口争说，因而后世的稗官野史、小说演义多捕风捉影，加以演义，甚至描写乾隆帝在秦淮河嫖妓，把他写得十分下流。有的严肃史学著作亦采信传闻，如《清鉴纲目》记帝后反目一事云：

三十年闰二月，帝在杭州尝深夜微服登岸游，后力谏止，至于泣下。帝谓其病疯，令先程回京。

那拉皇后剪发的真相已如上述，自不难对传闻野史中的说法做出判断。高度自尊的乾隆帝不可能下流到微服冶游，更何况离宫别苑中已为他准备了绝色姝丽，“妖姬脸似花含露，玉树流光照后庭”，他没有必要偷偷摸摸去干那些腌腌臜臜的勾当。

四　众说纷纭话香妃

民国初年，在故宫外朝地带新成立的古物陈列所将一幅名为《香妃戎装像》的油画陈列于浴德堂后，好事者趋之若鹜，香妃艳事传遍九城，成为京师街谈巷议的新闻。《香妃戎装像》所画系一内着红装、外罩铠甲、佩剑挺立的英姿飒爽的年轻女子，据说出自乾隆年间宫廷画师郎世宁手笔。

那拉皇后幽死那年乾隆帝五十六岁，帝后反目、万口哄传给了他极大的刺激，他从此心灰意冷，绝了再立中宫的念头。乾隆四十三年九月，锦州生员金从善呈请乾隆帝就那拉皇后一事下诏罪己，还请“复立后”，他十分恼怒，认为有必要向天下臣民公开表示不复立后的决心和理由，遂降旨曰：

朕春秋六十有八，岂有复册中宫之礼？况现在妃嫔中，既无克当斯位之人，若别为选立，则在朝满洲大臣及蒙古扎萨克诸王公，皆朕儿孙辈行，其女更属卑幼，岂可与朕相匹而膺尊号乎？

金从善事件后，终乾隆一世，再没有人敢请册立皇后。然而，在乾隆帝诸后妃中享有皇后位号者，还有一位孝仪皇后，不过那是死后追封的。

孝仪皇后魏氏，生于雍正五年（1727 年）九月九日，乾隆帝即位后入宫为贵人，乾隆十年（1745 年）十一月封令嫔，时年十九岁，在深宫妃嫔中属于比较年轻的。魏氏比孝贤皇后小十五岁，孝贤在世时与魏氏关系亲密，魏氏地位的上升，与孝贤的照拂爱护不无关系。乾隆帝晚年在孝贤陵前祭酒时所作的一首诗中有云："旧日玉成侣，依然身旁陪。"当时魏氏已逝，以皇贵妃的身份祔葬地宫，棺椁位于孝贤皇后棺东侧，故而诗中说"依然身旁陪"。乾隆帝称魏氏系孝贤的"旧日玉成侣"，可见她们在宫中的特殊关系。

有一种传说，魏氏系孝贤皇后宫中女子，她的性情、气质、身段及容貌与皇后酷肖。似乎由于上面提到的种种缘由，孝贤逝后，乾隆帝对魏氏别有一种难以名状的怜爱之情，特别是乌拉那拉皇后被冷落后，已经升为令妃、令贵妃的魏氏实际上宠冠六宫。乾隆三十年第四次南巡，那拉皇后实际上被废黜，这给了魏氏晋升皇贵妃的机遇；从此，魏氏虽未被加以"摄六宫事"的名义，但实为兰宫领袖。魏氏前后生有皇十四子永璐、皇十五子永琰（即后来的嘉庆帝）、皇十六子（早殇，未命名）、皇十七子永璘，以及皇七女和皇九女，是皇帝后妃中诞育子女最多的一位。

乾隆四十年（1775 年）正月二十九日，皇贵妃魏氏病逝，年四十九岁，谥"令懿皇贵妃"。魏氏去世时，皇十七子永璘才十一岁，皇帝对他颇有怜意。前年豫妃、去年庆贵妃连遭薨逝，眼下皇贵妃魏氏又接踵而亡，乾隆帝内心极为悲痛，他在《令懿皇贵妃挽诗》中写道：

儿女少年甫毕姻，独遗幼稚可怜真。
兰宫领袖令仪著，萱戺殷勤懿孝纯。
了识生兮原属幻，所嘶化者近何频？
强收悲泪为欢喜，仰体慈帏廑念谆。

魏氏是乾隆帝在世时册封的最后一位皇贵妃，魏氏去世后不仅中宫久虚，而且权当六宫领袖的皇贵妃亦阙而不补。乾隆六十年（1795年）九月，归政大典在即，乾隆帝正式宣布嘉亲王、皇十五子颙琰（永琰）为皇太子，准备翌年元旦即位为嗣皇帝；“母以子贵”，永琰生母令懿皇贵妃也就被追赠为“孝仪皇后”，是为乾隆帝第三位正式皇后。

关于孝仪皇后魏氏的家世，后人亦有离奇的说法。美国人恒慕义主编的《清代名人传略》“颙琰”条下记曰：

> 有记载说：颙琰（永琰）之母孝仪皇后原为苏州女伶，乃是掌管宫中娱乐的衙门昇平署自苏州买来或雇用者。甚至有人断言，昇平署内有一座小庙，供奉一尊女神喜音圣母，圣母脚前一度立有颙琰及其子旻宁（道光帝）庙号和谥法的两座牌位，如同这两人就是她的后代。尽管有这种可能，但官方记载却说：孝仪皇后是满族人，《八旗氏族通谱》载有姓氏，其家至少有三代世为内务府包衣。她是高宗宠爱的妃子，居于圆明园内著名的“天地一家春”，颙琰即诞生于该处。

“颙琰”条目的作者房兆楹先生引述有关孝仪皇后的传闻后说“有这种可能”，他对官方记载则未予评论。

昇平署内小庙喜音圣母前列嘉庆、道光两位皇帝庙号、谥号的牌位似为讹传；然而，孝仪皇后魏氏是否原系苏州女伶，则是一个可以深入探讨的问题。

昇平署是承应宫廷奏乐演戏事务的机构，据《大清会典》，“设管理事务大臣一人，于内务府大臣内简充”。乾隆时尚无“昇平署”之称，排演戏剧音乐在南花园（今南长街南口），故称“南府”；道光七年（1827年）改名“昇平署”。昇平署中蓄养江南优伶，这是尽人皆知之事。乾隆三年（1738年）五月，释服未久的乾隆帝命大学士鄂尔泰等密谕江南织造、盐政等不得强买“优童秀女”。这道密谕先说自己“自幼读书，深知清心寡欲之义”，“虽身居圆明园，偶事游观，以节劳勚，而兢兢业业，总揽万几，朝乾夕惕，惟恐庶政之或旷，此心未曾一刻放逸”，然后转入正题：

> 近闻南方织造、盐政等官内，有指称内廷须用优童秀女广行购觅者，并闻有勒买强买等事，深可骇异！诸臣受朕深恩，不能承宣德意，使令名传播于外，而乃以朕所必不肯为之事，使外间以为出自朕意，讹言繁兴。诸臣之所以报朕者，顾当如是乎？况内廷承值之人，尽足以供使令，且服满之后，诸处并未送一人，惟海保处曾进二女子，其一已经拨回；曾进一班弋腔，因甚平常，拨出外者二十余名。此人所共知者，何至广求于外，致滋物议？是必有假托内廷之名，以惑众之听闻者。尔等可密传朕旨晓谕之，倘果有其事，可速悛改，如将来再有浮言，朕必问其致此之由也。

雍正帝去世，乾隆帝行三年之丧。乾隆二年（1737 年）十一月服满，至上述密谕不过半年时间，南方织造、盐政中海保已进女子二名、弋腔一班。乾隆帝说“其一已经拨回”，另一女子何在？弋腔班中因平常而“拨出在外者二十余名”，未拨出的不平常者又有多少，见留何处？推敲上述密谕，可知在南方担任盐政、织造和税关监督的内府包衣官员罗致貌美艺绝的优伶以进呈内廷本为例行之事，但这些奴才拉大旗作虎皮，把事情搞得太过分了，以致江南流言蜂起，累及圣德，乾隆帝不得不悄悄告诫他们事情要做得隐蔽点儿、策略点儿。其实皇帝日理万机，年节看看戏，调剂一下紧张的工作节奏本无可厚非；皇帝喜听南音，购觅江南优伶入宫当差，亦不足深责。这里想说的是，孝仪皇后魏氏出身于苏州女伶，系“昇平署自苏州买来或雇用者”，究竟有无可能性？只能说有这种可能，但并无确证，或曰“事出有因，查无实据”。

唐邦治先生所撰《清皇室四谱》记孝仪皇后云：“孝仪皇后，魏氏，内管领清泰之女。”“管领”有两种涵义：第一个含义是“八旗包衣的基层编制单位”，八旗下属包衣人一般编为一个牛录（佐领），不够编一个牛录的则编为半个牛录，满语称“浑托和”，汉语译为“管领”；第二个涵义是管领这一组织的头目，满名“包衣达”。八旗中上三旗包衣归内务府管辖，其管领则称“内管领”。孝仪皇后的父亲清泰就是内务府下一个管领的包衣达。从民族成分讲，孝仪皇后虽有汉姓魏，但已属满族人。《清史稿·后妃传》说“魏氏，本汉军”，似有误。如果魏氏原是苏州优伶，只能这样设想：魏氏被南府（昇平署）从苏州购觅而来，以色艺俱佳为乾隆帝所喜爱，但宫中家法森严，魏氏先认内管领清泰为父，经选秀女之途入宫，赐号贵人。当然，这不过是想象，在没有确证之前，还是把孝仪皇后认定为内管领清泰之女稳妥。

除三位皇后外，乾隆帝还有五位皇贵妃位号的妃子。

慧贤皇贵妃高氏是高斌之女，出身内务府包衣世家，乾隆帝在藩邸时，为侧福晋，及继位，册封贵妃，乾隆十年正月薨逝，追谥“慧贤皇贵妃”。高斌以治河名世，官至大学士。嘉庆年间，高斌一支奉旨抬入满洲镶黄旗，赐姓“高佳氏”。高斌子孙高恒、高朴相继以贪墨坐诛，据说处死高恒之前，大学士傅恒曾奏请皇帝看在已经去世的慧贤皇贵妃的面上，贷其一死。乾隆帝颇不快，正色道：“如皇后兄弟犯法，当奈何？”傅恒为孝贤皇后兄弟，听罢战栗不敢言。至杀高朴，乾隆帝再谕：“高朴贪婪无忌，罔顾法纪，较其父高恒尤甚，不能念为慧贤皇贵妃侄而稍矜宥也。”

哲悯皇贵妃富察氏也是早年随侍藩邸的旧人，雍正六年（1728年）生皇长子永璜，九年生皇二女，但她先于乾隆帝即位而逝，乾隆十年追赠哲悯皇贵妃。乾隆十六年十月，东陵胜水峪地宫成，慧贤皇贵妃、哲悯皇贵妃的棺椁随孝贤皇后梓宫自静安庄出发去往地宫，乾隆帝望着这三位年轻时代生活伴侣的灵驾相继而去，挥泪赋诗以志哀：

凤翣龙輴何事尔，贯鱼故剑适相从。
可知此别非常别，谩道无逢会有逢。
芦殿惊心陈白日，蕙涂举目惨寒冬。
百年等是行云寄，廿载凭参流水淙。

已故皇后先葬帝陵，皇贵妃祔葬，始于康熙帝。孝贤皇后先葬胜水峪地宫，慧贤及哲悯两皇贵妃祔葬，俱援例而行。

入葬地宫的淑嘉皇贵妃金氏也是内府包衣世家出身，祖上是鸭绿江畔义州地方的朝鲜人，太宗皇太极时投诚，编为满洲正黄旗包衣第四甲喇（后之参领）下的第二高丽牛录。金氏为内务府上驷院卿三保之女，其兄金简则以制作“武英殿聚珍版”而闻名遐迩。金氏也早侍藩邸，乾隆二年（1737 年）十二月册封嘉嫔，累晋至嘉贵妃；乾隆二十年（1755 年）一月薨，追谥淑嘉皇贵妃。淑嘉皇贵妃之父三保一支于嘉庆初脱离包衣籍，抬入满洲正黄旗，并赐姓“金佳氏”。淑嘉皇贵妃所生皇四子永珹、皇八子永璇、皇九子（早殇）和皇十一子永瑆多高寿，且富艺术气质，下面《金枝玉叶》一章还要详谈。

乾隆帝的另外两位皇贵妃——纯惠皇贵妃和庆恭皇贵妃则未祔葬裕陵地宫，她俩葬在帝陵西侧的“裕妃园寝”。纯惠皇贵妃苏氏初侍藩邸，乾隆帝即位，册封为纯嫔，随即晋纯妃，生皇三子永璋、皇六子永瑢和皇四女，乾隆二十五年（1760 年）四月晋纯皇贵妃，当月薨逝，谥“纯惠皇贵妃”。庆恭皇贵妃陆氏无子嗣，乾隆三十九年（1774 年）七月去世时位号是庆贵妃，嘉庆帝登极，念及“自冲龄蒙庆贵妃抚育，与生母无异”，特旨追赠庆贵妃为庆恭皇贵妃。

乾隆帝的嫔妃中为他生有子女的还有愉贵妃珂里叶特氏、忻贵妃戴佳氏、舒妃叶赫那拉氏和惇妃汪氏。

在乾隆帝众多的妃嫔中，百年以来人们谈论不衰的是极富传奇色彩、道明真相又极其平常的所谓“香妃”。

香妃之名，晚清就开始在民间流传，民国以后更为人所津津乐道。

1915 年，在故宫外朝地带新成立的古物陈列所将一幅名为《香妃戎装像》的油画陈列于浴德堂后，好事者趋之若鹜，香妃艳事很快传遍九城，成为京师街谈巷议的新闻。《香妃戎装像》所画系一内着红装、外罩铠甲、佩剑挺立的英姿飒爽的年轻女子，据说这幅画像出自乾隆年间宫廷画师西洋人郎世宁手笔，画像下并附古物陈列所撰写的《香妃事略》：

> 香妃者，回部王妃也，美姿色，生而体有异香，不假熏沐，国人号之曰“香妃”。或有称其美于中土者，清高宗闻之，西师之役，嘱将军兆惠

一穷其异。回疆既平，兆惠果生得香妃，致之京师。帝命于西内建宝月楼（原注：即今中南海南门新华门）居之。楼外建回营，毳幕韦鞲，具如西域式。又武英殿之西浴德堂，仿土耳其式建筑，相传亦为香妃沐浴之所。盖帝欲借种种以取悦其意，而稍杀其思乡之念也。讵妃虽被殊眷，终不释然，尝出白刃袖中示人曰："国破家亡，死志久决，然决不肯效儿女子汶汶徒死，必得一当以报故主。"闻者大惊，但帝虽知其不可屈而卒不忍舍也，如是者数年。皇太后微有所闻，屡戒帝弗往，不听；会帝宿斋宫，急召妃入，赐缢死。上图即香妃戎妆画像，佩剑矗立，赳赳有英武之风，一望而知为节烈女子。

古物陈列所在《香妃事略》结尾处不忘告诉观者："原本现悬浴德堂，系郎世宁手笔。"《香妃事略》虽不能掩饰其招徕看客的广告味道，但这篇短文结构谨严，文采斐然，史事传闻虚实难辨，确是不可多得的佳作。加以举宝月楼、回子营、浴德堂等古迹为证，难怪一时万人争说，九城轰动。随后出现的有关香妃的演义、小说、戏剧等虽情节更加动人，其渊源盖出于《香妃事略》。

最先出来廓清香妃迷雾的是孟森先生。据他考证，民间盛传的香妃的原型是乾隆帝的容妃和卓氏。孟森在《香妃考实》一文中指出，乾隆帝的容妃和卓氏既姓和卓，必为真主穆罕默德的后裔，与后来据回疆叛乱的大、小和卓或为兄妹，或为父女。和卓氏入清的时间当在大、小和卓发动叛乱之前。孟森是这样论断的：

惟大、小和卓在伊犁初定时，实为受中朝之惠，而得返故境。迨其叛也，已在（乾隆）二十一二年间，始渐明叛状，至二十四年秋，乃讨平之，两和卓授首。而和卓妃之入清，当在其先。盖两和卓由准（准噶尔）得释时，以乞恩于中朝而进其女，非叛后以俘虏入朝也。

孟森认为，乾隆帝考虑到和卓氏与宫中妃嫔言语不通、嗜欲不同，决定在西苑瀛台之南修筑宝月楼，"以为藏娇之所"；又在毗邻宝月楼的西长安街街南辟出一区，定名“回子营”，并添建回教礼拜堂，专门安置归附之回卜，“屋舍皆用回风，以悦妃意”。宝月楼建于乾隆二十三年（1758 年）之春，当时回疆军事方殷，孟森据此进一步论证和卓氏入清必在大小和卓发动叛乱之前。

孟森据《清皇室四谱》等文献资料，历述和卓氏初入宫赐号贵人，乾隆二十七年（1762 年）册封容嫔，三十三年（1768 年）晋容妃，五十三年（1788 年）四月十九日卒等事实。据此，孟森批驳“香妃”为太后缢死的传闻：“太后寿考，至乾隆四十二年乃崩，已八十六岁，后十一年容妃乃卒，此岂可以太后赐死诬之？”

孟森先生是学问淹通、考据精审的清史大家，他的论断凿凿有据，从此香妃即容妃在学人中间成为不可移易的铁案。容妃既受恩宠，且又善终，所谓身怀利刃、欲伺机行刺皇帝以报故主云云，只可视为荒诞不经之言，进而推想容妃恐怕也不会是遍体异香的西域美人。

孟森确信宝月楼为乾隆帝破除宫中旧例为容妃准备的香闺，并从皇帝御制宝月楼诗文中推绎出他对容妃的绵绵恋情。如御制《宝月楼记》中说：“楼之义无穷，而独名之曰‘宝月’者，池与月适当其前，抑亦有肖乎广寒之庭也。”孟森据此推测：“此则中有一奔月之嫦娥在，知有营为金屋之意。”《宝月楼记》又有云：“夫人之为记者，或欣然于所得；而予之为记，常若自讼，是宜已而不已。予亦不知其何情也？”孟森据此又推测道：“此又见高宗之用情，而兼露英主本色，自以为宜已，则对此叛回之女不宜尊宠，亦明知之；然不能已，则自问‘亦不知其何情’，可知其牵于爱矣。”再如，乾隆五十六年（1791 年）新正御制《宝月楼自警》诗云：“液池南岸嫌其远，构以层楼据路中。卅载画图朝夕似，新正吟咏昔今同。俯临万井诚繁庶，自顾八旬恐脞丛。归政之年亦近矣，或当如愿昊恩蒙。”孟森亦以为与容妃有关，他说：“此诗在乾隆五十六年，距容妃之丧已将及三年，诗中殊有悼亡意味。高宗文字不足以绮靡言情，且又须保持帝王尊严态度，只得如此。然感慨之意，溢于言表。云‘卅载画图’，决非楼之图。楼为南海底倚墙尽处，何有于卅载之画图，而朝夕求其似否？盖知画图即楼中人之图也。香妃像举世流行于今日，当时有郎世宁画本戎妆一像，为游行从跸围猎行宫之貌，殆即诗之所指。卅载之图尚朝夕求其相似，可知珍惜之意。曰‘新正吟咏昔今同’，同之中分今昔焉，即所谓物是人非者也。”总而言之，孟森是从乾隆帝御制宝月楼诗文推求其中的弦外之音的，但他毕竟是重视考据的史家，所以他又明明白白地告诉读者，乾隆帝关于宝月楼虽历年有诗，却“难指为与（容）妃有涉”。

是不是可以说，孟森先生在考出了俗传香妃的原型是容妃之后，也真的相信乾隆帝在宝月楼头与容妃有过一段情意缠绵的恩爱缘分？由于孟森做学问之严谨素来为人所敬服，且他从高宗御制诗文中抉隐剔幽得出的结论也并非凿空之言，自《香妃考实》刊出，香妃虽被揭去面纱，变成了实有其人的容妃，但其魅力未减当年，有关容妃的轶事仍是人们茶余饭后的谈资，仍是文人遐想创作的素材，甚至今天有的乾隆帝历史传记也据孟森说法而断定容妃极受乾隆帝宠爱。

周远廉先生在《乾隆皇帝大传》中写道：“帝特于临街筑宝月楼以居容妃，又特于墙外建‘回子营’修礼拜寺，以及亲写许多首关于宝月楼之诗，这一切充分表明了乾隆帝对容妃是何等的宠爱。”

高阳先生在《清朝的皇帝》中也提到了容妃，他说：“高宗生平所眷者两女子，一即福康安之母，傅恒之夫人；一即容妃。”高阳同意孟森的基本观点，又多有发挥。如乾隆帝何以筑宝月楼？他以为“原因并不止如心史（孟森字）所言的‘言语不通，嗜欲不同’，而是有如下三因：

首先，风俗大不相同。坤宁宫每日煮猪两口祭神，元旦子刻祀神当是皇家礼中最隆重者，皇帝、皇后行礼，春、秋两大祭，皇后亦到，妃嫔自当侍从。而最尴尬者，则为后妃受胙，“胙”是一种猪肉丝饭，受胙为伊斯兰教教徒万不能忍之事。高阳进一步申述：戊寅为乾隆二十三年，和卓木正嚣张之时，回疆亦未入版图，因此高宗必须怀柔，不能强使容妃（香妃）叛教。且既承恩宠，亦不忍出此。

其次，大内后宫中除御花园外别无游观之处，高宗筑宝月楼于瀛台之南，则随时可以驾幸西苑，不必如临幸圆明园那样劳师动众。同时，容妃独承雨露，亦不虞其他妃嫔有争宠而左右为难之苦，高宗为己计者甚便。

最后，利用容妃了解回部地理、民俗等，以便在指授方略时有所依据。此在高宗实不免内疚于心，方灭其国，又宠其人，复以得自其人的智识，为取其国的助力。高阳还说："回部叛乱，以及两和卓木兵败，为其同族所杀，在当时都是瞒住容妃的。其后以无母家可归省，乃于宝月楼外，'营回风之教堂及民舍'，以慰其乡思。"此外，高阳对孟森所引御制宝月楼诗的内蕴也有不少新见，这里姑且从略。

借助法国作家、法兰西学院院士阿兰·佩雷菲特先生的生花妙笔，香妃最近已扬名海外。佩雷菲特向对东方神秘历史兴趣盎然的洋人讲述，乾隆帝一生有过三次热恋，一次是和雍正帝的妻子马佳氏，最后一次是六十岁时爱上了和珅和大人，这中间的一次，就是单恋"身上发出沁人心肺的天然香味的'回族香妃'"：

> 这位异族的女囚一心怀念着在喀什附近被乾隆的士兵杀死在身边的丈夫。她对乾隆这样说：如果想用武力占有她，她会把他杀死。一天她不就从袖内抽出一件匕首来了吗？而在天子面前谁也不准亮出武器的。当卫兵从她手里夺走武器时，她还是傲慢地高喊："我还有许多呢！"皇帝想方设法来改变她的冷淡态度，甚至在中国鼓励伊斯兰教，甚至让耶稣会的建筑师在紫禁城内仿照她故乡阿克苏为她建筑一座清真寺。耶稣会士为信喇嘛教的君主建造一座清真寺，真是各种教会合一了。皇帝日渐衰弱。太后第二次出来中止这桩令人议论纷纷的爱情故事，让肇事者自尽了事。乾隆说她"天地灵秀之气，都让你一人占尽了"，为她的死而久久痛哭。他为她写了碑文：
>
> 浩浩愁，茫茫劫；
> 短歌终，明月缺。
>
> 在喀什绿洲几公里外，在戈壁沙漠和苏联突厥斯坦的边上，为纪念'回族香妃'而建立的清真寺内供人凭吊的碑石上仍然可见这篇碑文。

这就是写在佩雷菲特先生的畅销书《停滞的帝国——两个世界的撞击》中的香妃传奇。

如今已被辟为中南海南门——新华门的宝月楼是否为当年乾隆帝藏娇的金屋？要回答这个问题，就必须从容妃和卓氏究竟在何时、以何种原因来归谈起。

近年来，经过中外学者对清朝官书、档案及其他文献资料的开掘和研究，已经可以确证下述几个问题：

容妃和卓氏虽与叛清的回部（清代史籍中称居住在天山南路、信奉伊斯兰教的维吾尔族人为“回人”，称其地为“回部”或“回疆”）领袖大和卓布拉呢敦、小和卓霍集占同宗，为派罕帕尔（即派噶木巴尔，回人尊穆罕默德为“天使”，派罕帕尔即回语“天使”之意）后裔，但她家族那一支却不仅没有卷入大、小和卓发动的叛乱，而且当清军胜利地追剿向境外逃窜的大、小和卓时，容妃和卓氏的叔叔额色尹、胞兄图尔都还领兵到将军兆惠的大营中协助官军作战。就辈分而论，额尔克和卓额色尹是大、小和卓木的堂叔。乾隆二十四年（1759 年）闰六月，额色尹来到兆惠大营，告诉他“六月内遇布拉呢敦所属百余人，剿杀甚众”，兆惠对来归的额色尹等加以抚慰，并令其遣人到境外布鲁特部落“往取家属”。

将军兆惠表面上抚慰，骨子里却对额色尹等猜忌甚深。他随后即密奏乾隆帝：“因思伊等系霍集占同族，又与布鲁特相契，恐回人等又以伊等为和卓，妄行敬信，应于到京后请旨，将伊等或留京城，或安插安西、哈密等处。”乾隆帝于是谕令兆惠先将额色尹等送京。当年九月，额色尹等抵京，经军机大臣面询，得悉额色尹等身世、经历，乾隆帝谕示：“额色尹系霍集占一族，且久居伊犁，不便遣回叶尔羌等处，应即留京师居住。”此时，图尔都和卓正在送京途中，乾隆帝同时谕示，将额色尹、图尔都等“家口送京”。

乾隆二十四年十月初二日，以额色尹与其侄玛木特“俱系派噶木巴尔后裔”，分别授公爵和扎萨克头等台吉。到除夕宴请朝正外藩时，“回子公额色尹，一等台吉玛木特、图尔都和卓”敬陪末席，可见容妃之兄图尔都的进京当在乾隆二十四年年底。图尔都亦很快被授以品级，乾隆二十五年正月十六日皇帝谕军机大臣：“在京安插回人内，额色尹系公品级，玛木特、图尔都和卓系扎萨克，应归理落院管辖。又乐工、匠艺人等，共编一佐领，其佐领着白和卓补授，归内务府管辖。嗣后续到回人，均入此佐领下。”

作为额色尹侄女、图尔都胞妹，和卓氏大约在乾隆二十五年初被护送至京。据清宫档案所记，乾隆二十五年二月初四日新封和贵人，并赏赐珊瑚朝珠、金银首饰及缎纱皮绵等袍褂衣物。和贵人即维吾尔族姑娘和卓氏，时年二十七岁。

据此，和卓氏的入宫并非如孟森先生所推测的那样，发生在两和卓未叛之前，为“乞恩于中朝而进其女”；高阳先生推测乾隆帝“利用容妃了解回部的情况”，“回部叛乱，以及两和卓木兵败，为其同族所杀，在当时都是瞒住容妃的”，更属不着边际的臆想。

如此看来，乾隆帝于乾隆二十三年春修建的宝月楼也不可能是专为容妃营筑的香巢。

史籍记载，宝月楼于二十三年春动工兴建，当年秋天落成。这段时间清军正在库车一带与回人苦战，乾隆帝岂能预料到一年多后有个回族女子和卓氏来归？更不可能为一个莫须有的人在西苑预修藏娇之金屋。

为何修建宝月楼？乾隆帝在《宝月楼记》中已交待得再明白不过了：

> 宝月楼者，介于瀛台南岸适中，北对迎熏亭。亭与台皆胜国遗址，岁时修葺增减，无大营造。顾液池南岸，逼近皇城，长以二百丈计，阔以四丈计，地既狭，前朝未置宫室。每临台南望，嫌其直长，鲜屏蔽，则命奉宸，既景既相，约之椓之。鸠工戊寅（乾隆二十三年）之春，落成是岁之秋。

西苑南海中的瀛台三面临水，花木扶疏，是乾隆帝夏日临幸之处。令他稍嫌不满的是，“每临台南望”，由于瀛台与皇城城墙之间缺少屏障，西长安街上熙来攘往的百姓可以把皇帝的活动看得一清二楚。于是，乾隆帝决定在瀛台正南方向拆除一段皇城城墙，墙基与那一条“长二百丈、阔四丈”的狭长地段并在一起作为地基，正好可以修一座东西长二百丈、南北宽四五丈的重檐楼宇。乾隆帝又以“池（即南海）与月适当其前，抑亦有肖乎广寒之庭”，遂命名为“宝月楼”。宝月楼之建，原与容妃风马牛不相及，容妃居于大内后宫，亦从未下榻宝月楼。

至于与宝月楼隔街相望的回子营的修建，则确与容妃的家族有一定关联。乾隆二十四年冬，和卓氏的叔叔额色尹、堂兄玛木特，以及胞兄图尔都等平叛有功的回人头面人物先后进京，同时奉旨办送来京居住的还有和田等六城伯克、后封王爵的霍集斯等，乾隆帝遂决定在西长安门外、西长安街路南一带营建房屋，让随他们陆续来京的族属居住。回子营建成后，从新疆叶尔羌移居来的回人乐师、工匠等编成一佐领，就定居在那里。乾隆二十八年，又在回子营修建了一座融维吾尔族和汉族建筑风格于一炉的礼拜堂。寺成，乾隆帝御制《敕建回人礼拜寺碑记》，叙述了回子营及礼拜寺的营建始末：

> 定回部各城，其伯克霍集斯、霍什克等并赐爵王公，赐居邸舍，而余众之不令回其故地者，咸居之长安门之西，俾服官执役，受廛旅处，都人因号称“回子营”……爰命将作支内帑羡金，就所居适中之地，为建斯寺，穹门垲殿，翊庑周阿，具中程度。经始以乾隆癸未（二十八年）清和吉月，浃岁落成。

由此可知，回子营之建并非为了慰藉容妃的思乡之情，这是不言自明的。

如今，矗立在西长安街北侧的宝月楼已成为众目瞩望的中南海正门新华门，车行此处，京城故老还能指点上下，娓娓道出“香妃”轶事；旧日的回子营却早已更名为东安福胡同，面目全非。

《香妃事略》还提到，大内武英殿西的浴德堂“相传亦为香妃沐浴之所”。孟森先生在考定香妃之讹时，已否定浴德堂为香妃赐浴之处。此后，单士元先生又进一步申说，浴德堂在明、清两代并非浴室，当然更谈不到是“香妃沐浴之所”，其建筑可能是元代遗物。他们的意见合情合理，所谓“香妃”不可能在文武百官众目睽睽之下，从外朝官殿群中招摇而过，去离宝月楼数里之遥的浴德堂洗澡。

宝月楼、回子营、浴德堂已如上述，就连《香妃事略》提及的西洋人郎世宁所画的“香妃戎装像”究竟是不是容妃本人，也大成问题。现已初步查明，1915 年新成立的古物陈列所从热河避暑山庄运来一批文物，其中有一幅油画美人像，画的是一个妩媚英俊的戎装女子，原画上有一黄签，题为“美人画像”，并无此像系容妃的说明。原古物陈列所为取得轰动效应，遂定名为《香妃戎装像》，悬挂于浴德堂，并附会某些野史及有关香妃的传闻，杜撰成《香妃事略》一文。香妃事迹至今仍众说纷纭，其源盖出于此。

现在已是彻底澄清香妃迷雾之时了。

容妃和卓氏是年过五旬的乾隆帝所纳众多妃嫔中的一个。如果说她有什么新奇的话，则在于她是维吾尔族贵族女子。乾隆帝纳回女为妃，虽亦为破例之举，但不会像纳汉妃一样引起宫中和外朝正统满洲人的强烈反对。太祖努尔哈齐、太宗皇太极、世祖福临俱纳蒙古后妃，他们的用意均在以婚姻为纽带加固“满蒙联盟”；和卓氏出身派噶木巴尔，其家族能与发动叛乱的同宗大、小和卓划清界限，以实际行动支援了平叛战争，乾隆帝略仿满蒙联姻祖制，在平定回疆后纳和卓氏入宫；和卓氏封“和贵人”后两个月，乾隆帝又将宫中女子巴朗指配给和卓氏之兄图尔都为妻，这都是出于政治目的的联姻。和卓氏容貌端庄，性情和顺，但乾隆帝绝不单单是为了美色或追求新的刺激才把她纳入宫中。

正是从对维吾尔族上层贵族羁縻怀柔的政策出发，乾隆帝对容妃和卓氏的生活习俗非常尊重。容妃在宫中，饮食由一位名叫努倪马特的回人师傅侍候，巡幸在外时，也受到特殊关照。乾隆三十年春第四次南巡时，赏赐给容嫔的膳食有羊肚片、羊他他士、酒炖羊肉、奶酥油野鸭子等。乾隆三十六年春东巡谒孔，乾隆帝格外赏赐给容妃的膳食有回回饽饽、羊西尔占等。四十三年秋东巡谒祖，至围场猎得野猪、狍子，乾隆帝命赏随行众嫔妃野猪肉，惟独赏容妃一盘狍子肉。可以确信，信奉伊斯兰教的容妃和卓氏入宫以后，坤宁宫虽然还用大锅煮猪祭神，但容妃绝不会像高阳先生想象的那样“受胙”并与其他嫔妃一起大啖“猪肉丝饭”。元旦祀神及春秋两大祭时，乾隆帝也定会有权宜之计不让容妃尴尬。

乾隆五十三年（1788 年）四月十九日容妃薨逝，时年五十五岁。乾隆帝辍朝三日，丧仪照康熙九年（1670 年）慧妃薨逝的旧例办理，并未提高规格。容妃留下的首饰、衣服等遗物分送给她叔叔额色尹、哥哥图尔都的妻子，以及她的姐妹们。

可以这样说，自从结发贤妻富察氏病逝后，在乾隆帝漫长的人生路途上，再没有一个后妃能像孝贤皇后那样抚平她孤寂、焦躁不安的心灵。乾隆帝有皇后和妃嫔，有年轻美貌的贵人、常在、答应，但他已永远地失去了温馨的婚姻生活。乾隆六十年（1795 年），他谒东陵时曾亲往孝贤皇后陵前酹酒三爵，年已八十五岁的老皇帝当时赋诗一首，结句是："齐年率归室，乔寿有何欢？"第二年，嘉庆元年春，刚刚归政的太上皇乾隆帝携子皇帝颙琰（嘉庆帝）再次前往孝贤皇后陵前酹酒，望着陵前高大葱郁的松柏，他不禁又回忆起四十八年前那令人心碎的日子。太上皇留下了这样伤感的诗句："吉地临旋跸，种松茂入云。暮春中浣忆，四十八年分。"在"四十八年分"句下，他自注云："孝贤皇后于戊辰（乾隆十三年）大故，偕老愿虚，不堪追忆！"自从四十八年前与元配妻子富察氏白头偕老的愿望随着运河中流逝的春水幻灭之后，乾隆帝所企盼的只是在另一个世界与孝贤皇后重逢。乾隆五十五年（1790 年）春天，他在孝贤皇后陵前表白了这一心愿：

三秋别忽尔，一晌奠酸然。
追忆居中阃，深宜称孝贤。
平生难尽述，百岁妄希延。
夏日冬之夜，远期二十年。

这一年，皇帝整整八十岁，他对已成冢中白骨的爱妻诉说，自己不想活到一百岁，与你相会之期再远也不会超过二十年！

如果孝贤皇后真的能与乾隆帝白头偕老，或许不仅会改变乾隆帝的人生；在一定程度上，也可能会改写乾隆时代的某些历史篇章。

第八章

金枝玉叶

“从哲学人本的角度出发，人是漂荡的，有时是无依无靠的。但人要抓住一些东西，要抓住自己的事业，要抓住自己的国家，要抓住自己的故土，要抓住自己爱恋的人，要抓住自己迷信的偶像。抓住了，才能使自己安定下来，才能稳得住。”自孝贤皇后离世后，乾隆帝的心空空荡荡，无依无靠。他能够稳得住，所倚凭的精神支柱，首先是父、祖两代的重托，必欲把大清帝国治理好的强烈的使命感；除此之外，大概就只有生母崇庆皇太后、可以像朋友那样推心置腹交谈的大臣傅恒与和珅，以及六十五岁上所得的爱女和孝公主了。

一　掌上明珠和孝公主

嘉庆、道光年间，在王公大臣中有这样一则传闻：高宗乾隆帝十分钟爱和孝公主。因公主相貌与他酷似，所以他曾对这位爱女半开玩笑地说：“你若为男身，朕必立你为皇储。”

乾隆帝一生有二十七个子女，在这众多的皇子、皇女之中，真正能成为他感情寄托的，似乎只有皇十女——固伦和孝公主一人。乾隆帝对她的爱，不仅超过其他公主，而且也是所有皇子不可比拟的。

十公主的生母惇妃初入宫时赐号“永贵人”，乾隆三十六年（1771年）被册封为“惇嫔”，那一年她二十六岁，而乾隆帝已是年逾六旬一老翁了。惇妃是满洲正白旗人，她的家族原隶内务府，又以汪氏为姓，据此推测，她至少有汉族血统。汪氏的父亲四格，官都统，位居极品，而汪氏在乾隆三十六年被封为惇嫔、三年后晋封惇妃时，册文中竟连

"秀毓名门""大家淑质"之类的门面话都没有，可见她的家族并没有被公认为八旗世家。就惇妃本人而言，终其一生，等级也不过妃子而已。十公主的生母为出身不算高贵的嫔妃，但她竟被封为等级最高的"固伦公主"，这显然与清朝册封公主的定制不尽相合。

中国古代从战国时起，诸侯、帝王的女儿通称"公主"。满洲肇兴东土，文明晚进，加以四面征战，还无暇在名号上搞些繁文缛节的规定。太祖努尔哈齐的女儿们照满洲习俗，一律称"格格"。崇德元年（1636年）太宗皇太极——乾隆帝的高祖正式改国号为"大清"，登上了"宽温仁圣皇帝"宝座，才着手制定一整套宫闱之制，规定：凡中宫皇后所出之女封"固伦公主"，品级相当于亲王；妃、嫔所出之女，则封为"和硕公主"，品级相当于郡王。公主下嫁，其夫婿也不称"驸马"，而按满洲的习俗称"额驸"；尚固伦公主的，名"固伦额驸"，尚和硕公主的，名"和硕额驸"。"固伦"也是满洲语，意为"国家"，固伦公主意为"国公主"。太宗以下，循祖制而行，只有皇后所出之女才能冠以固伦公主的美号。

然而，也有特例。康熙帝的十公主下嫁喀尔喀蒙古赛音诺颜部的策棱，由于十公主的生母纳喇氏只有"嫔"的名号，所以封为"和硕公主"，策棱则随公主封"和硕额驸"。日后策棱屡立奇功，被进封为和硕亲王，和硕额驸的名号与他的尊贵地位显然又不相称，于是在雍正十年（1732年）晋"固伦额驸"，其时和硕公主已经死去，特旨追赠"固伦纯慤公主"。这是和硕公主逝后，由于公主所尚额驸身份提高，反过来追赠为固伦公主的特例。也有因为皇帝钟爱某一位公主，将其品级提高的。康熙帝皇三女是荣妃马佳氏所出，初时恪遵定制，封为和硕荣宪公主，但当康熙帝五十六岁身患重病时，这位和硕公主"视膳问安，晨昏不辍四十余辰"，康熙帝被她的纯孝深深感动，病愈后特旨晋封"固伦荣宪公主"。

乾隆帝的十公主下嫁时被封为"固伦和孝公主"，就是援皇祖封固伦荣宪公主之例，虽有违定制，却也算有例可循。

十公主出生于乾隆四十年（1775年）正月，那年乾隆帝已六十五岁高龄，其他皇女或死或嫁，竟无一人承欢膝下。包括固伦和孝公主在内，乾隆帝一共十个女儿，皇长女、皇二女、皇五女、皇六女、皇八女不幸早殇，也谈不到封什么公主名号。

皇三女固伦和敬公主系孝贤皇后所出，皇后去世前一年，固伦和敬公主已下嫁科尔沁蒙古王公色布腾巴尔珠尔。这个蒙古小伙子十分憨厚，九岁那年乾隆帝即命将他养育宫中，随皇子们一起读书，长成后，皇帝更把他当半个儿子看待。乾隆帝时时怜念和敬公主是孝贤皇后留下的惟一骨血，因此对额驸色布腾巴尔珠尔也别有一番深情。乾隆十九年（1754 年），乾隆帝从避暑山庄启銮，经科尔沁蒙古往谒祖陵时，曾以《科尔沁固伦和敬公主额驸达尔汉亲王色布腾巴尔珠尔侍宴》为题，写了一首记景抒情的小诗：

世笃姻盟拟晋秦，宫中收养喜成人。
诗书大义能明要，娀汭丛祥遂降嫔。
此日真堪呼半子，当年欲笑议和亲。
同来侍宴承欢处，为忆前弦转鼻辛。

尽管乾隆帝着意提携色布腾巴尔珠尔，却无奈这位固伦额驸、达尔汉亲王是个扶不起的阿斗，而且寿数不长，乾隆四十年（1775 年），年纪轻轻就死于金川之役，留下和敬公主在豪华宏伟的公主府（在今东四十条张自忠路）内孀居枯守。

皇四女和硕和嘉公主的生母是纯惠皇贵妃苏氏，十五岁那年下嫁大学士傅恒次子、孝贤皇后亲侄福隆安。乾隆帝对福隆安寄以莫大期望，和嘉公主却没有夫贵妻荣的福分，乾隆三十二年（1767 年）她去世时不过二十三岁。

皇七女和皇九女都是皇贵妃魏氏所生，但皇七女因为下嫁固伦额驸策棱之孙拉旺多尔济，所以特旨封“固伦和静公主”，她去世时正赶上皇十女和孝公主出生，年纪也只有二十岁。皇九女和硕和恪公主下嫁乾隆朝有名的福将兆惠之子札兰泰，时当十公主出世前两年多一点儿的光景。

这样屈指一算，乾隆帝女儿虽不算少，但到小女儿和孝公主降临人间时，却只剩下和敬公主、和恪公主两人还在世，和敬公主已是四十多岁的妇人，和恪公主几年后也故去了。正是在这种情况下，望七之年的老皇帝得了一个长相十分酷似自己的可爱的小公主，他怎能不心花怒放呢？再者，自从乾隆三十一年（1766 年）五月十七阿哥永璘降生的梦熊之喜后，十余年间没有龙种诞育，如今又有一个活泼泼的小姑娘在宫中呱呱坠地，因而上自望九之年的皇太后，下至宫女、太监等执事人役，无不有一种喜从天降的意外之感，那欢快热闹的喜庆气氛绝不下于皇子的诞生。

小公主快四岁时，宫中发生了一件对她幼小心灵产生深刻刺激的大事。乾隆四十三年（1778 年）十一月，小公主的生母惇妃汪氏将她所居宫中的使唤女子毒殴立毙，乾隆帝震怒之下，想将惇妃位号废掉，小公主吓得不知如何是好。

本来太监、宫女犯错被责打，在宫中是家常便饭，乾隆帝跟前的小太监胡世杰、如意等也常有惹他生气的时候，都不过交敬事房太监打上几十板子了事。当然，乾隆帝偶尔也有真动气的时候，如乾隆十六年（1751 年）夏，他平伸双手准备让随侍太监穿上一袭葛衣时，突然觉得手上被深深地刺了一下，待放下衣裳细加检视，原是一枚钢针忘在了袖口。乾隆帝一气之下，除给了这两个倒霉的太监责打、枷号的惩罚外，还将他们发往边远地方充军。而惇妃事件却非同寻常，她竟将使唤宫女活活打死，如此残虐人命之事，宫中确属罕见。

汪氏被册封为惇妃时，册文称颂她“毓质柔嘉，禔躬端淑”“娴兰宫之礼教”云云；其实，她的柔嘉端淑、娴于礼教，只表现在皇太后和皇帝面前，而对使唤宫女、太监却极为暴躁。诞育小公主后，“母以女爱”，年节赏赐，惇妃自然得到较其他妃嫔更多的恩宠。这样一来，她对下人的脾气越发凶暴，责打起来也越发肆无忌惮，其他嫔妃见惇妃承恩正隆，谁也不肯出面劝解，终于酿成了将宫女立毙杖下的惨祸。

人命关天，且宫女又死于非命，乾隆帝的震怒可想而知。废黜惇妃以警戒其他妃嫔，他不难下此决心，可一旦惇妃被打入冷宫，必将深深伤害自己视若掌上明珠的小公主；他不忍心把公主抱给其他妃嫔抚养，更不忍心看到小公主日夜陪伴着一个以泪洗面的亲生母亲。冷静下来，他才发现：自己难于废黜惇妃，正是由于对小公主感情上的深深依恋。爱屋及乌，皇帝最后决定从轻将惇妃降为惇嫔，以示惩儆，为此特召诸皇子及军机大臣宣谕：

> 昨惇妃将伊宫内使唤女子责处致毙，事属骇见，尔等想应闻知。前此妃嫔内闻有气性不好，痛殴婢女，致令情急轻生者，虽为主位之人不宜过于狠虐，而死者究系窘迫自戕。然一经奏闻，无不量其情节惩治。从来未有妃嫔将使女毒殴立毙之事，今妃此案，若不从重办理，于情法未为平允。

但下面话锋一转，乾隆帝又谕："第念其曾育公主，故量从末减耳。若就案情而论，即将伊位号摒黜，亦岂得为过当乎？"对惇妃的惩处，所以由"从重"改为"量从末减"，皇帝讲得非常坦率——"念其曾育公主"。乾隆帝以情曲法之事并不多见，从此，宫中外朝都明白了小公主在皇帝心目中的地位。

十公主的诞生，填补了孝贤皇后去世后乾隆帝感情上的空虚。他是一个精神世界十分丰富的人，也是一个感情非常细腻的人。他需要有人爱惜，同时也需要把温情献给他所热爱的人。自从十公主降生后，只要有她在身边欢闹嬉戏，他就会把一切疲劳倦怠都抛到九霄云外；只要抱起十公主，他苦恼烦躁的心绪就会立刻宁静下来。这种感受，孝贤皇后在世时他体味过，但那是很久以前的事了。如今，十公主又唤起了乾隆帝对那段温馨往事的回忆。大概正由于这一点，他对十公主更加珍爱。随着十公主一天天长大，乾隆帝也在考虑，女儿再好，也不能陪伴自己一辈子，对孩提时的小公主，可以在年、节、生日时，尽可能多赏赐些汉玉娃娃戏狮、红白玛瑙仙鹤之类奇珍做她的玩物；而对她真正的爱，莫过于早早地为她安排好一生的前程。乾隆帝明白，就十公主的未来而言，财富固然重要，尊崇的地位固然重要，但这些对她似乎无须操心过虑，他以为，最重要的是为她选择一个终身靠得住的如意郎君。

俗话说，皇帝女儿不愁嫁。乾隆帝为十公主择婿可真应了这句话。

满蒙联姻是清帝世代相承的家法。远的不说，十公主的七姐固伦和静公主就下嫁喀尔喀蒙古赛音诺颜部的拉旺多尔济，但乾隆帝不愿十公主远嫁塞外。嫁给蒙古王公，也可以像十公主的三姐固伦和敬公主那样，仍然留居京师；但即使像自幼养育宫中的固伦额驸色布腾巴尔珠尔一般的蒙古人才，也难以让眼界甚高的皇帝满意。和八旗勋旧之家，特别是所谓“八大家”联姻，也是清皇室的源远流长的通例。十公主的四姐下嫁福隆安、九姐下嫁札兰泰，就都是乾隆帝选定的八旗世家子弟。然而，到十公主渐渐长大的时候，乾隆帝从这个圈子里选择乘龙快婿的余地变得有限了，同他年辈相当的老臣已凋零殆尽，即使他们子嗣甚多，也难于找到与和孝公主年龄匹配又辈分相当的合适人选。转来转去，乾隆帝自然而然地盘算起当朝大臣家的子弟，他首先想到了和珅的儿子。

和珅姓钮祜禄氏，说来也是名门出身。到十公主四五岁时，和珅年富力强，圣眷正隆，一身兼户部尚书、军机大臣、领侍卫内大臣、九门提督等要职，是政坛上最有希望的新星。连前来中国的朝鲜使臣据自己的观感也得出了“兵部尚书福隆安、户部尚书和珅贵幸用，阁老阿桂之属，充位而已”的结论。乾隆帝当时年届古稀，而和珅不过三十出头，十公主下嫁和珅之子，皇帝以为是女儿前途的最好保障。福隆安地位虽高于和珅，又是孝贤皇后的亲侄，不过就感情好恶而言，乾隆帝与和珅的性情更为相投。和珅年龄不及皇帝之半，而他俩君臣间的忘年际遇，实在有某种说不清道不明的缘分使然。乾隆帝最终决定与和珅家结秦晋之好，说到底是他由衷地喜欢和珅。

乾隆四十五年（1780 年），虚龄刚满六岁的十公主就由乾隆帝指婚给和珅之子。这位佳婿貌如其父，英俊无比，年方六龄，比十公主小半个月光景。两人八字经乾隆帝看过非常满意，注定他们是一生和睦的恩爱夫妻。乾隆帝为自己未来的女婿赐名“丰绅殷德”。“丰绅”，满洲语含有“福禄”“福泽”“福祉”之类的意思，夫婿寿山福海，十公主的前程还有什么可忧虑的呢？

丰绅殷德被指为十公主额驸时，因年龄太小，并未成婚，十公主仍在乾隆帝身边承欢侍养。这个姑娘聪明伶俐，善解人意，对老皇帝非常孝顺，待人接物也谦恭有礼，与阿哥们相处得都很融洽。十公主从小性情刚毅，喜欢着男装，每年夏秋乾隆帝去避暑山庄及随后进哨木兰行围时，总忘不了带上她。马上围猎，随时随处都有危险，乾隆帝怕小公主稍有闪失，特别交代内务府上驷院调教好驯良小马，配上特制的“架子鞍”，小公主把小撒袋挂在腰间，一身戎装跨在马背上，俨然满洲英俊的少年武士。初次行围，在野兽左突右驰的围场中，她居然用弓箭射死了野兔和小鹿。乾隆帝看在眼里，心中有说不出的高兴。

还有比这更开心的事。每年新正，乾隆帝驻圆明园时带十公主逛买卖街。买卖街在福海西岸的同乐园近旁，元宵前后，乾隆帝总在同乐园赏王公大臣看戏，于是一时间翎顶辉煌，冠盖如云，煞是热闹。乾隆帝特命内务府在这里布置了一条宛如城内闹市的商业街，名之曰“买卖街”。那里有卖古玩玉器的，有卖生熟药材的，有卖南货的，有卖广货的，有卖西洋自鸣钟、时辰表、板呢羽缎的，还有酒楼茶肆、饭店旅舍……最令人叫绝的是，沿街竟有携小筐叫卖瓜子零食的。买卖街上开店的都由宫中太监充当，而店小二则征用外城各店铺中声音响亮、口齿伶俐的伙计。王公大臣们正月入园看戏时，都到买卖街竞相购物；他们倒不是图便宜，而是投皇帝所好，为新年游观之乐添些花絮。迨天色向暮，外官退尽，宫内的妃嫔、公主，以至宫女、太监这些常年深居大内、寂寞得难受的有闲人，便三五成群，纷纷来到买卖街购物吃茶，尽享市井喧嚣繁华之乐。偶尔乾隆帝驾临，只听店内跑堂的呼茶，店小二报账，掌柜的噼里啪啦打算盘核账，众音杂遝，纷纷并起，买卖街的热闹更达到了高潮。十公主活泼好动，每年正月都让父皇带她逛买卖街，要这要那，乾隆帝一一满足她的要求，还认真地传旨开店的太监记账。有一次小公主吵着要一领大红夹衣，乾隆帝就指着随侍在旁的和珅对公主笑着说：“为什么不向你丈人要？”和珅忙向估衣店主问价，结果花了二十八两银子买下大红夹衣进呈给十公主。把未来的公爹称“丈人”，这是乾隆帝与和珅这对儿女亲家之间叫惯了的戏谑称呼。起初为何这么叫，谁也说不清，大概因为十公主从小喜欢衣冠作男子状吧！

十公主十四岁时，乾隆帝破例册封她为“固伦和孝公主”。因为不久就要举行成婚礼，所以她开始把头发蓄了起来。乾隆五十四年（1789年），皇帝八旬万寿大庆的前一年，和孝公主和固伦额驸丰绅殷德奉旨完婚。十一月二十七日是钦天监择定的吉日，乾隆帝龙袍衮服，在保和殿摆出丰盛筵宴，款待固伦额驸和王公大臣们。和孝公主即将离开她度过了一生黄金时代的宫苑，她先到父皇面前行礼拜别。乾隆帝面带慈祥笑容，嘱咐女儿到夫家之后勿恃尊贵，孝顺姑嫜，其实心里却百感交集，很难说清是什么滋味。吉时一到，和孝公主身穿金黄色绣龙朝褂、头戴饰有十粒大东珠的貂皮朝冠，登上銮仪卫早已准备好的彩舆，前有内务府总管大臣以下官员乘马导引，陪送的福晋夫人及随从的命妇们乘舆随行，后有护军校率护军二十名护送。沿途街道，步军统领衙门已令属下清水泼街。送亲队伍浩浩荡荡来到北城后海和珅府第时，鞭炮齐鸣，和珅夫妇早已恭迎于外堂和中室。只见和府上下修饰一新，到处张灯结彩。公主降舆，升堂，和珅夫妇屈膝跪安，将公主迎入内室。合卺吉时一到，即由内务府派出的两对年命相合的结发夫妻跪进肉一盘，随即用刀切碎，再跪进三杯酒，与肉一起抛撒在地上，表示祭天祀地。然后，和孝公主与固伦额驸交杯对饮，众人退下。宫内外翘首以待的十公主盛大婚礼至此圆满落幕。

乾隆朝六十年，时当有清一代盛世的顶峰，轰动九城、令人叹为观止的大庆典接踵而至，而和孝公主下嫁就是京师百姓久颂不衰的一大盛事。乾隆帝陪送给公主的妆奁之豪奢，给百姓留下了深刻的印象。自成婚之日起，公主妆奁及皇帝赏赐固伦额驸的金银珠宝、皮货绸缎、家具摆设，以至茶壶痰盂、木梳笤帚等等，车载、马驮、人抬，源源不断地从宫中运出，有条不紊地随着送亲队伍徐徐进发，把街道两旁聚观的百姓竟看得目瞪口呆。除陪送金银财宝、日用生活品之外，乾隆帝还赏给公主男女十二对、户口管领二人，此外又赏赐丰绅殷德头等女子、二等女子、三等女子各四名，在陪送人口中拣补一、二、三等护卫，以及五、六品典仪，他们也都被赏有皮、棉、夹衣、绸缎衣料之类。第二年朝鲜使节到京师时，还听人议论和孝公主的嫁妆十倍于下嫁福隆安的和硕和嘉公主，估其价值，大概值数百万两白银。这还不止，公主偕额驸回门那天，乾隆帝又赏给他们内库——皇帝私人所有，归内务府广储司管理的银库——白银三十万两。那一天，京师文武百官手捧如意、珍宝，“拜辞于皇女轿前者，无虑屡千百”，连年高德韶的大学士、首席军机大臣阿桂也降贵纡尊，混迹其间。

和珅此时在朝中的位次虽在阿桂以下，但已是朝野尽知的第一权臣，以致来华的英国使臣也风闻和珅有“二皇帝”之称。如今，他又和乾隆帝结为儿女亲家，更没有人会怀疑皇帝把女儿许配错了人家。

不幸的是，乾隆帝为和孝公主找的靠山竟是一座冰山！

嘉庆四年（1799年）正月初三，乾隆帝崩逝。元宵刚过，权倾一时的和珅便被一条白练结束了生命。和珅之所以没有被处以凌迟极刑，还是靠和孝公主屡屡进宫向其兄嘉庆帝涕泣求情，嘉庆帝才答应赏和珅一个全尸，否则，其罪虽千刀万剐犹不足蔽其辜。

祸从天降，和孝公主似乎早有思想准备。据说当和珅口传诏旨、气焰熏天之际，有一日大雪纷飞，固伦额驸丰绅殷德心血来潮，竟用簸箕扬雪和家奴们打闹。公主见他忘乎所以，立刻严词责备道：“你年纪不小了，怎么还像小孩子一般？你父亲在外名声不好，皇父在，尚可担待，但总有一天恐怕身家难保，到那时我也得受连累呵！”丰绅殷德则对父亲被赐死、家产被抄感到茫然，昔日富埒王侯而一朝破败潦倒，人情冷暖、世态炎凉的突变给了他强烈的刺激，在一首题为《自咏》的诗中，这个年轻的贵公子流露出了看破红尘的苍老心态：

朝亦随群动，暮亦随群动。
荣华瞬息间，求得将何用？
形骸与冠盖，假合相戏弄。
何异睡着人，不知梦是梦。

丰绅殷德的余生，都是在“眼逢闹处合，心向闲时用。既得安稳眠，亦无颠倒梦”这种绝望颓唐的心境中度过的。嘉庆十五年（1810年）五月，这个对人生早已厌倦的人病故了，终年只有三十六岁。和孝公主以坚强的毅力撑持着全家局面。道光三年（1823年）九月，年近半百的和孝公主怀着对慈父永久的爱恋与世长辞。

“择膏粱，谁承望流落在烟花巷！”和孝公主的结局当然不至如此悲惨，她的后半生还是先以皇妹、后以皇姑的身份得到了嘉庆帝和道光帝的多方关照。不过，若乾隆帝九泉有知，一定会为自己择婿失算、贻误了爱女终身而痛悔！

二 龙生九种

如果说乾隆帝对和孝公主充满了慈父般的爱心，有时甚至到了溺爱的程度，那么，对诸皇子则往往摒却感情因素，绝对从政治上着眼，考察他们的品德才具能否担得起大清江山这副重任，考察他们是否暗存争储的野心。因而，皇帝对阿哥们总是摆出一副威严面孔，有时甚至到了不近人情的地步。

乾隆帝究竟是否讲过想立和孝公主为皇储的话，史无可考，但从当时他对诸皇子（包括已内定为皇太子的皇十五子永琰），都不尽满意的心理推断，与十公主父女独对时，他完全可能在戏谑之间无意流露出内心深深的遗憾。

在乾隆帝的十七个皇子中，孝贤皇后所生的两个儿子——皇二子永琏和皇七子永琮无疑是他心目中最理想的皇太子人选。

乾隆元年（1736年）七月初二日，刚即位的乾隆帝在乾清宫西暖阁召见总理事务王大臣、九卿等，郑重宣布密立皇储。他说：宗社大计，莫过于建储一事，因此自古以来，帝王即位，首先举行；但明立皇储，容易别生事端，或者太子恃贵骄矜，渐至失德，或者左右小人逢迎谄媚，引诱为非，是以皇祖（康熙帝）当日对建储一事，煞费苦心。皇父（雍正帝）创立秘密立储家法，朕再四思维只有循皇父成式，亲书密旨，照前收藏。随后，在总理事务王大臣等见证下，乾隆帝亲书建储密旨，命宫中总管太监收藏于乾清宫“正大光明”匾额之后。此时，乾隆帝二十六岁，春秋正富。他之所以急于立储，一是遵循雍正帝成式，再就是有可立为皇储之人，这后一点似乎更为重要。但因为是秘立皇储，所立之人为谁，除皇帝之外，包括被立的太子本人在内，都不知道，自然不能向王公大臣宣谕。

乾隆帝亲书密旨是立皇二子永琏为皇太子。其时，乾隆帝有皇子三人：庶妃富察氏所出皇长子永璜十四岁，嫡妃富察氏所出皇二子永琏七岁，以及庶妃苏氏所出皇三子永璋两岁。永琏自幼聪明贵重，气宇不凡，雍正帝在世时为他亲自命名“永琏”，已隐寓承接宗器之意。他的优势还在是嫡子，这一点最为皇帝所重，秘立皇二子永琏为皇太子自在情理之中。谁料想乾隆三年（1738 年）十月，永琏偶患寒疾而殇，乾隆帝只得撤出“正大光明”匾后置放的立储密旨，并当众宣布乾隆元年七月所立皇太子即为已薨皇二子永琏，“永琏系朕嫡子，已定建储之计，与众皇子不同，一切典礼着照皇太子仪注行”。永琏夭折，是乾隆帝立嫡之梦的初次破碎。

此后，乾隆帝曾又打算秘立皇后富察氏所生皇七子永琮为皇太子，未及亲书密旨，七阿哥又两岁痘殇。此事恰好发生在乾隆十二年除夕，因此对乾隆帝的震动极大。经过反复思考，他决定向王公重臣剖白自己的心迹，为此降旨表明原本期望永琮承接神器：

> 皇七子永琮，毓粹中宫，性成夙慧，甫及两周，歧嶷表异。圣母皇太后因其出自正嫡，聪颖殊常，钟爱最笃，朕亦深望教养成立，可属承祧。今不意以出痘薨逝，深为轸悼。建储之意，另朕衷默定，而未似端慧皇太子永琏之书旨封贮，又尚在褓裓，非其兄可比。

乾隆帝下面的旨谕是为了安慰皇后，称“贤后诞育佳儿再遭夭折，殊难为怀，皇七子丧仪，应视皇子从优”。

该谕旨后半检讨私心立嫡过误，最值得重视：

> 复念朕即位以来，敬天勤民，心殷继述，未敢稍有得罪天地祖宗，而嫡嗣再殇，推求其故，得非本朝自世祖章皇帝以至朕躬，皆未有以元后正嫡，绍承大统者，岂心有所不愿，亦遭遇使然耳？似此竟成家法，乃朕立

意私庆，必欲以嫡子承统，行先人所未曾行之事，邀先人所不能获之福，此乃朕过耶！

乾隆帝在年终岁尾，痛悼嫡嗣再殇之时，向天地祖宗虔诚地承认自己执意立元后正嫡为太子的过错。

清朝自顺治以至乾隆，四代皇帝均非元后所出正嫡承继皇统。顺治帝福临是太宗皇太极第九子，生母庄妃博尔济吉特氏，即后来著名的孝庄皇太后；康熙帝玄烨是顺治帝第三子，生母佟氏，时为妃；雍正帝胤禛是康熙帝第四子，生母德嫔乌雅氏；至于乾隆帝生母钮祜禄氏，在雍邸中没有任何名号，只是习称“格格”，直到雍正帝即位，才册封为熹妃。这样一看，清帝以庶出之皇子承接神器，绍登大统，真的如乾隆帝所说，竟然成了祖宗“家法”。乾隆帝承认：“朕立意私庆，必欲以嫡子承统。”不过，他并没有说明为什么“必欲以嫡子承统”。从汉族皇朝的传统来看，自然是“立嗣以嫡不以长，立嫡以长不以贤”，昔日康熙帝即循着这样的思路，立元后嫡长子胤礽为皇太子；乾隆帝即位后，一而再地欲以元后嫡子为皇太子，从表面上看似乎很容易讲得通。其实，无论康熙帝也好，乾隆帝也好，他们从自身庶出而即帝位的刻骨铭心的痛苦经历中，深深体会到以嫡子承统是何等重要。

康熙帝玄烨生母佟氏虽出身八旗汉军世家，但入宫以后并不受皇帝宠爱，康熙帝于顺治十一年（1654 年）三月十八日降生之始，就由保姆抱到紫禁城西墙外一座府邸（后改为喇嘛庙福佑寺）去养育。顺治帝不喜欢这个孩子而有意立玄烨四弟——皇贵妃董鄂氏所生之子为皇太子。康熙帝晚年回忆幼年境遇时这样讲：“世祖章皇帝因朕幼年时未经出痘，令保姆护视于紫禁城外，父母膝下未得一日承欢，此朕六十年来抱歉之处。”康熙帝对幼年的遭遇终生铭记，他深感失欢于父亲的庶子处境之难堪。后来之所以能以庶子入承皇统，全在于祖母孝庄皇太后的提携呵护。通向帝位的道路，对玄烨来说是不平坦的。正是由于这段特殊经历，所以康熙帝当嫡长子胤礽刚满周岁时，即毅然将其立为皇太子；日后废而复立，旋立旋废，这个过程使康熙帝经历了锥心刺骨的痛苦。乾隆帝庶出得祖父康熙帝眷顾而登大宝，有和皇祖极为相似之处，他在踏上皇位的途路上所遇到的挫折坎坷甚至要超过他的祖父。乾隆帝必欲立元后嫡子为皇储，可以摆出各种堂堂正正的理由，但他对立嫡的追求竟到了痴迷的程度，这只能从他个人独特的人生体验中去寻求答案。

乾隆十二年除夕，皇七子永琮出天花死去，再次给乾隆帝立嫡梦以毁灭性的打击。第二年清明时节，元后富察氏在德州水次的仙逝，则彻底绝了乾隆帝立嫡的念头。此后二十多年的漫长岁月里，乾隆帝没有再考虑过秘密立储这件大事。

储位长期空虚，个中原因非常复杂。乾隆帝年富春秋，身体康健，自然没有急于立储的紧迫感。孝贤皇后已逝，继后那拉氏不惬帝心，既然已不存在从元后正嫡中选定皇储的指望，也就可以从容行事了。而当乾隆帝年逾六旬，以为有必要立储而环顾皇子，逐个审视时，却发现竟没有一个令自己完全满意、完全放心的。如果说乾隆帝对和孝公主充满了慈父的爱心，有时甚至到了溺爱的程度；那么，对于阿哥们，他则往往摈却感情的因素，绝对从政治高度着眼，考察他们的品德才具能否担得起大清江山这副重担，考察他们是否有暗存争储的野心。对待皇子，乾隆帝总是摆出一副严父面孔，有时甚至到了不近人情的地步。

大阿哥永璜和三阿哥永璋虽为庶出，却都是诞自青宫的孝顺儿子，嫡母孝贤皇后大故时，他俩已长大成人，永璜二十一岁，永璋十四岁。谁料想大行皇后梓宫刚由水路运到通州，乾隆帝就指责大阿哥茫无所措，于“孝道礼仪未克尽处甚多”。皇后丧期刚满百日，又当着满洲王公大臣痛责大阿哥对嫡母之死“并无哀慕之愧”，三阿哥“于人子之道毫不能尽”，然后竟武断地说大阿哥对母后之死幸灾乐祸，有觊觎神器野心，词气之严厉，令皇子们不寒而栗。而乾隆帝意犹未尽，又杀气腾腾地说：“大阿哥、三阿哥如此不孝，朕以父子之情，不忍把他们诛杀。但朕百年之后，皇统则二人断不能承继！大阿哥、三阿哥日后若心怀不满，必至弟兄相杀而后止，与其让他们兄弟相杀，不如朕在之日杀了吧！”怒气冲冲的乾隆帝转过脸来又告诫满洲大臣，今后如有人奏请立皇太子，“朕必将他立行正法，断不宽贷”！

乾隆帝当时正沉浸在丧后的剧痛之中，金川战事又十分棘手，脾气出奇的暴躁可以理解。不过，似乎不能说他完全失去了理智。乾隆帝的震怒自有他的道理。当时，嫡子与皇后相继而卒，皇储虚位，皇帝脑海自然浮现出皇祖第一次废太子时皇长子胤禔的蠢蠢欲动，同时回忆起皇父痛下决心处置年已二十四岁的皇三子弘时，回忆起雍正年间那场皇室内部手足相残的惨剧。他不希望这一幕幕悲剧重演，所以才有那一番专横武断的诛心之论。以这样的想法揣度乾隆帝，也可以说他爱之弥深，是以责之愈切。不过，大阿哥、三阿哥实在冤枉之至。乾隆十五年（1750 年）三月，大阿哥永璜竟忧惧而死，上距父皇严厉的廷训不过一年零九个月。弥留之际，素幔中的大阿哥泪汪汪地对亲临视疾的皇父说："儿不能送皇父了，儿不能送皇父了！"发引那天，乾隆帝手抚灵柩，心如刀绞。父亲为儿子送行，已为人间惨事，更哪堪将老丧长子，而长子含冤早逝，自己实为催命之人。乾隆帝痛惜、悔恨，良心受到谴责，望着渐渐远去的柩车，老泪纵横，他沉痛地低吟哀悼皇长子的挽歌：

灵楯悠扬发引行，举楯人似太无情。
早知今日吾丧汝，严训何须望汝成？
三年未满失三男，况汝成丁书史耽。
见说在人犹致叹，无端丛己实何堪。
书斋近隔一溪横，长杏芸窗占毕声。
痛绝春风廞马去，真成今日送儿行！

为了补过，乾隆帝在皇长子薨逝之后降旨追封其为定亲王，谥曰"安"，其亲王爵即令皇长孙绵德承袭，并破例让皇长孙所居别室治丧，不必迁移外所。乾隆帝诸子中第一个得封亲王爵的即皇长子永璜，尽管是死后追封的。乾隆帝诸孙中，第一个未降等袭封亲王的，是永璜长子绵德。皇长子不幸早逝，乾隆帝有种难以释怀的负罪感，是以终其一生，对皇长子一支都给予了特殊的关爱。

三阿哥永璋也韶华早逝，乾隆二十五年（1760 年）七月他死的时候只有二十六岁。对这位阿哥，乾隆帝对其曾抱有一定期望，他私下里对亲信的军机大臣讷亲说，储位三阿哥“尚有可望”，可见永璋的人品才识有过人之处。三阿哥永璋逝后，追封循郡王，也可视为皇帝良心发现后的补过之举。

在乾隆帝皇子中，遭遇不如大阿哥、三阿哥的是十二阿哥永璂。他的生母系那拉皇后，本来也称得上皇帝嫡子，但那拉皇后与皇帝反目成仇，幽囚而死，十二阿哥因而在人们白眼下，隐忍苟活到二十五岁时死去。乾隆帝对那拉皇后怨毒太深，由其母而迁怒其子，故而十二阿哥身后十分凄凉，直到嘉庆帝亲政，才追封这位不幸生在帝王家的兄长为多罗贝勒。

到乾隆三十八年（1773 年）乾隆帝六十三岁打算秘立皇储时，除上面提到的大阿哥、二阿哥、三阿哥、七阿哥、十二阿哥已故，五阿哥永琪、九阿哥（早殇，未命名）、十阿哥（早殇，未命名）、十三阿哥永璟、十四阿哥永璐和十六阿哥（早殇，未命名）也相继而亡。这几个阿哥中，乾隆帝比较看重的是五阿哥永琪，据说他从小“国语骑射娴习，为纯皇帝所钟爱，欲立储位”。永琪长到二十五岁时，被封为荣亲王，是继追赠永璜定安亲王后，再次为皇子在世时封授的亲王爵。但永琪封王四个月后就病逝了，时间是乾隆三十一年（1766 年）三月。这样一算，乾隆帝再度滋生立储想法时，所生的十七个儿子中就只剩下了四阿哥永珹、六阿哥永瑢、八阿哥永璇、十一阿哥永瑆、十五阿哥永琰和十七阿哥永璘六人，而这仅存的六位皇子中，四阿哥和六阿哥早已分别过继给履亲王允裪和慎郡王允禧为孙，因而也被排除掉了立为皇储的可能。本来子息极多的乾隆帝真的要决定与爱新觉罗氏宗族、与大清帝国命运攸关的预立皇储这件头等大事，就只能在八、十一、十五和十七阿哥这狭小的范围中做一抉择了。

中国古代关于龙的传说特别多，其中一说龙生九种，种种不同：老大叫囚牛，喜音乐，作了胡琴头上的刻兽；老二叫睚眦，好杀，作了刀剑上的吞口；老三叫嘲风，喜欢冒险，作了殿阁上的走兽；老四叫蒲牢，好鸣，后来做了钟上的钮鼻；老五叫狻猊，善坐，作了佛坐骑象；老六叫霸下，能负重，作了石碑下的托座，即人们俗称的龟；老七叫狴犴，好讼，作了牢狱大门上的镇压之物；老八叫屃赑，好文，作了石碑两旁蜿蜒而行的饰纹；老九叫螭吻，好动，作了殿脊的兽头。皇帝是真龙天子，乾隆帝无可奈何地承认，除了和孝公主同自己相貌、体格、性情、气质相类之外，哪一个龙种都不像龙；而且恰如龙之九子，乾隆帝诸子性格各异，爱好迥别。

八阿哥永璇是乾隆帝身边最年长的阿哥，书法赵孟頫，妩媚可爱，也能画平远山水，但为人轻躁，行事颠倒。有一次皇帝分派诸皇子去西郊黑龙潭祈雨，八阿哥与十一阿哥分在一班；下班后，皇帝有所垂询，却哪里也找不到他的踪影。一问十一阿哥，才知道他带着亲随侍从忙中偷闲到城里玩儿去了。八阿哥这种乖张性情，经乾隆帝屡屡训饬后非但没有收敛，反而放纵到了沉湎酒色的下流一路，加以他又有脚病，仪表欠佳，乾隆帝对他不抱期望，乾隆四十四年（1779 年）封个仪郡王了事。

八阿哥的同母弟——皇十一子永瑆于乾隆五十四年（1789 年）封成亲王，号少厂，一号镜泉，别号诒晋斋主人，是个颇具文艺天分的天家子弟。其诗文精洁，尤工书法，早年学欧阳询、赵孟頫，出入王羲之、王献之笔法，临摹唐宋各家名帖，均造极诣。一个老太监同他说过康熙年间往事，其师少时犹见过董其昌作书，惟以前三指握笔，悬管写字。成王听了很受启发，由此独创所谓“拨镫法”，名重一时，论者以为清朝自王若霖以下，成王一人而已。同时代享有盛名的书法巨擘还有铁保、翁方纲、刘镛，与成王永瑆并称四大家。永瑆不以画家名世，然偶尔弄笔，空灵超妙，能写墨兰，亦能写生，间作山水，笔墨苍润，他自己戏题云：“山水素不习，偶为之，荒率离披，数笔尽矣。其胸中无丘壑可知，人或以‘马一角’呼之可也。”“天雨粟，马生角”，乃天下怪事，永瑆自以为不善画而偶弄笔，故自嘲“马一角”。乾隆帝是个风雅天子，每每临幸成王府第，观赏其书画佳作。不过，对八阿哥的寄情翰墨，流连诗酒，乾隆帝也颇为警惕。乾隆三十一年（1766 年）五月的一天，他见十五阿哥永琰手持扇上有题画诗名，文理、字画俱甚可观，落款为“兄镜泉”三字，一问才知“镜泉”是年方十四五岁的十一阿哥别号。乾隆帝一则以喜，一则以忧。喜的是幼龄所学如此，可见天分甚高；忧的是脱剑学书，渐染汉人陋习，难免丢掉满洲勇武祖风，所关国运人心，良非浅鲜！他对十一阿哥的担忧尚不止于此，这位阿哥优柔寡断，而且随着年龄的增长，怪脾气越来越多，被近支王公大臣传为笑谈的是他的吝啬。据说，一次他所乘之马死了，成王即命烹马肉代膳，当天成王府即不举炊。成王的福晋是当朝第一大臣傅恒之女，奁资极丰，过门之后这位钟鸣鼎食惯了的大家闺秀竟然日食薄粥，陪嫁的金银财宝都被纳入成王府库中；库中积有白银八十万两，名“封桩库”。成亲王晚年得了狂痫症，死前大小便失禁，秽物从裤裆流出来，左右劝他换件衣裳，他却超然答道：“死后遍身蛆虫吃腐肉，又有谁替我洗干净呢？”永瑆和永璇都活到了道光年间，一个卒年七十一，一个卒年八十六，是乾隆帝十七个儿子中长寿的两位。

十一阿哥以次的十五阿哥永琰暂且放下不说，十七阿哥永璘恐怕是皇帝最不成器的一个孩子。乾隆三十八年，乾隆帝遴选皇储时，永璘八岁，年龄比诸兄都占优势，不过皇帝并没选中他。因为乾隆帝看到这个老儿子从小就不喜欢读书，性情也轻佻浮躁，没有天潢气度。永璘稍长，常常溜出宫禁，一身便服去外城狭路曲巷寻花问柳。乾隆五十四年（1789 年），乾隆帝八旬万寿庆典前大封诸子，六阿哥、十一阿哥、十五阿哥都封了王爵，永璘只封了个贝勒，从此对皇位彻底死了心。他曾对亲近的人说：“即使皇帝多如雨落，也不会有一个雨珠儿滴我身上。将来哪位哥哥当了皇帝，能把和珅府邸赐给我，也就心满意足了。”和珅败后，他的胞兄嘉庆帝果然将王公大臣垂涎的和府赐予永璘一半，从此，永璘燕居邸中，惟以声色自娱而已。

与八阿哥、十一阿哥、十七阿哥比较，十五阿哥永琰为人稳重，处事刚明，内廷外朝虽不敢公开议论，私下却一致认为他是最有希望的皇储人选。的确，十五阿哥文武兼资，品学俱优，堪称清皇家教育出来的理想人才。

清朝家法相承，极重皇子教育。历代皇帝无不慎选天下英贤，以教辅元良；清朝则因秘密立储之制，皇太子从诸皇子中密定，因此，皇子、皇孙年满六岁一律入尚书房（上书房）读书，皇帝亲自挑选学识一流的京堂、翰林为师傅，分别教授经史古文、诗赋策问，又指派大学士、尚书等重臣为总师傅，稽查督饬。同时，还简选满洲、蒙古大臣和侍卫等教授“国语”（满语）骑射，称“谙达”。“谙达”，满洲话“宾友”的意思。尚书房有两处，圆明园的一处在勤政殿东边，宫中的一处靠近乾清宫，都与皇帝日常办公之处近在咫尺。这样的安排为的是皇帝可以随时亲临督查。乾隆元年（1736年）正月二十四日，皇子书房开学，此前已降旨任命大学士鄂尔泰、张廷玉、朱轼及左都御史福敏、侍郎徐元梦、邵基这些乾隆帝青少年时代老师为皇子师傅。这一天，皇子们当着皇父面行过拜师礼后，乾隆帝特别郑重告诫各位师傅：“皇子年龄虽幼，但陶淑涵养之功必自幼龄始。卿等可殚心教导之；倘不率教，卿等不妨过于严厉。从来设教之道严有益而宽多损，将来皇子成长自知之也。”清皇室教育确如乾隆帝所说，是“严厉”的，较之一般富家子弟的宽纵溺爱，不啻霄壤。入值内廷军机处的赵翼记述了他所亲见的皇子读书之勤：

> 本朝家法之严，即皇子读书一事，已迥绝千古。余内直时，届早班之期，率以五鼓入，时部院百官未有至者，惟内府苏喇数人（原注：谓闲散白身人在内府供役者称“苏喇”）往来。黑暗中残睡未醒，时复倚柱假寐，然已隐隐望见有白纱灯一点入隆宗门，则皇子进书房也。吾辈穷措大专恃读书为衣食者尚不能早起，而天家金玉之体乃日日如是。既入书房，做诗文，每日皆有程课，未刻毕，则又有满洲师傅教国书、习国语及骑射等事，薄暮始休。

赵翼随后谈了他的感想：“如此重皇子教育，文学安得不深？武事安得不娴熟？宜乎皇子孙不惟诗文书画无一不擅其妙，而上下千古成败理乱已了然于胸中。以之临政，复何事不办？因忆昔人所谓生于深宫之中，长于阿保之手，如前明宫廷间逸惰尤甚，皇子十余岁始请出阁，不过官僚训讲片刻，其余皆妇寺与居，复安望其明道理、烛事机哉？然则我朝谕教之法岂惟历代所无，即三代以上，亦所不及矣。”赵翼出身清寒，年十五而丧父，此后长期在官宦之家，以设塾授徒为业，及年长，潜心经史，熟于历朝掌故。他对清代重视皇子教育的评价极为中肯。包括乾隆帝在内，清代皇帝对宗社大计高度自觉的政治责任感，在历代帝王中是十分突出的，即由皇子教育之一端，亦可略见一斑。

然而，不能不说，乾隆帝虽以严皇子之教著称，结果却不甚理想，前面提到的八阿哥、十一阿哥和十七阿哥都没有往从政一路发展，就是已出继给两位皇叔为嗣的四阿哥永珹和六阿哥永瑢，也仅以擅画花卉山水，以及精于算学名闻于世，未见有出类拔萃的政治才干。平心而论，这倒不能全归于皇子教育的缺失，而要从当时整个政治大气候中探索其原因。

雍乾两朝，宦海风涛险恶。热衷的人当然什么时候都往功名利禄里钻，而稍稍清醒的有识者已看穿了“因嫌纱帽小，致使锁枷扛；昨怜破袄寒，今嫌紫蟒长；乱哄哄你方唱罢我登场，反认他乡是故乡”这出人间闹剧，特别是那些官场中翻过筋斗的过来人，更产生了一种对政治，以至对人生的厌倦情绪。王公大臣、士大夫们惑于因果，遁入虚无，以素食为家规，以谈禅为日政者，比比皆是。除十五阿哥永琰之外，乾隆帝诸子或怡情翰墨，或狭巷冶游，甚至佯狂装疯，似乎也表现了他们有意逃避政治的扭曲心态。在这样的政治氛围中，尚书房培养出来的上乘人才如永琰辈，可能无可指摘，而尽善尽美到几无瑕疵的人恰恰不可能是旷世奇才。乾隆三十八年，当乾隆帝为立储不能不做出最后抉择的时刻，很可能陷入了茫茫然、惶惶然的烦乱心绪。想当年，太祖努尔哈齐不讲究什么阿哥教育，而所谓“四大王”“四小王”几乎个个是帝王之才；圣祖康熙帝也无所谓皇子教育，但皇长子、二子、三子、四子、八子、九子、十四子也都有登九五之尊的见识与才干；自己的子嗣不少，而可供选择的皇位继承人为什么如此有限呢？

即使如此，乾隆三十八年冬还是选定了皇十五子永琰为皇储，尽管乾隆帝并不十分满意。

这次皇帝立储，既未遵循雍正帝创制定下的仪式，也没有像乾隆元年立皇二子永琏为皇太子那样向群臣宣谕，而只是亲手书写应立皇子之名后，密封缄藏，然后将此事“谕知军机大臣”而已。这件宗社攸关的头等大事之所以做得如此机密，似乎是乾隆帝对年仅十二岁的十五阿哥的气性还把握不准。当年冬至，乾隆帝亲诣南郊天坛举行祀天大典时，特命诸皇子侍仪观礼，皇帝向苍穹默默祷告：

> 如所立皇十五子永琰能承国家洪业，则祈佑以有成；若其不贤，亦愿上天潜夺其算，令其短命而终，毋使他日贻误，予亦得以另择元良。朕非不爱己子也，然以宗社大计，不得不如此，惟愿为天下得人，以继祖宗亿万年无疆之绪。

看来乾隆帝已做好了十五阿哥随时为天所殛，而将立储密旨撤出毁弃，另作他图的准备。由于这次立储绝密至极，因此直到乾隆四十三年（1778年）九月，乾隆帝风闻有人议论他“贪恋禄位，不肯立储”时，才被迫向天下宣布：五年前，即乾隆三十八年冬已选立皇储，此事昊昊苍天可以为证。此后，外间开始纷纷猜测乾隆帝所立者究为哪位阿哥，有猜六阿哥永瑢的，有猜十一阿哥永瑆的，有猜十五阿哥永琰的，甚至有猜皇长孙绵德和皇次孙绵恩的，众说纷纭，莫衷一是。直到乾隆六十年新正，严密封固了二十余年之久的国家最高机密才被皇帝本人在谈笑间揭开谜底。那是正月初二，乾隆帝照例在乾清宫设家宴，与宴的皇子、皇孙、皇曾孙、皇玄孙以及近支亲王、郡王等济济一堂，轮流到老皇帝面前跪拜，恭贺新禧，除十五阿哥永琰一人，皇帝都有赏赐；就在永琰仰望皇父，仍有所期待时，皇帝却在众目睽睽之下，笑着对他说：“你还要银子有什么用？”永琰一时还未品出皇父的言外深意，而聪明的皇子皇孙们已相视莞尔一笑。

这一天，距乾隆帝正式宣布永琰为皇太子不到九个月。

三　五世同堂后的缺憾

嘉庆元年正月十四日，乾隆帝第一次以“太上皇”的身份在圆明园“奉三无私”殿举行家宴，近支宗藩及皇子、皇孙、皇曾孙、皇玄孙数百人一个个上前为太上皇捧觞祝福。太上皇回赐大家祝酒时笑吟吟地说：“再过四五年即可望来孙之喜了。”此时，皇玄孙载锡虚岁刚刚十三，已经准备物色福晋了。

乾隆四十九年（1784年）闰三月初八，乾隆帝南巡至江宁，一骑快马把皇玄孙出生的喜讯传到了龙潭行宫，古稀天子五世同堂的夙愿终于实现！群臣额手相庆，前来迎驾的安南国陪臣黄伸政等也加入了祝贺的行列，乾隆帝为此而大摆宴席，款待随扈王公大臣、迎驾的江南文武官员以及安南陪臣等，为记录这件古往今来罕见的祥瑞，乾隆帝写了一首自得之意溢于言表的七律：

飞章报喜达行轩，欢动中朝与外藩。
曾以古稀数六帝，何期今复抱元孙？
百男周室非五代，三祝尧封是一言。
重耋人多兹鲜遇，获兹惟益凛天恩。

四年以前，乾隆帝寿登七旬，曾用杜甫"人生七十古来稀"之意，刻了一方"古稀天子之宝"，同时写了一篇《古稀说》，提到三代以下为天子而寿跻古稀者，只有汉武帝、梁高祖、唐明皇、宋高宗、元世祖和明太祖六位皇帝；如今他七十有四，又喜得玄孙，以古稀之年而圆了五世同堂之梦，把汉武帝、明太祖又远远甩在了后面，怎能不诗兴大发呢？

乾隆帝想亲自给玄孙起个名字。清帝家法，凡宗室命名，只有天潢支派最近者，上一字相同，下一字偏旁相同，如乾隆帝叔伯辈上一字为"胤"（雍正帝即位后将其兄弟"胤"改为"允"），下一字以"礻"为偏旁；乾隆帝兄弟、叔伯兄弟辈，上一字为"弘"，下一字以"日"为偏旁。但乾隆帝之前，还没有对子孙命名作长远的规划。乾隆十一年（1746年）审阅入宴宗室名单时，乾隆帝发现一个孙辈名为"诸尔杭阿"，遂令改为"绵庆"，并传谕规定："永"字辈以下即用"绵"字。此后又定绵字辈下用"奕"字。乾隆四十九年，乾隆帝亲见五世玄孙，命名为"载锡"，并降旨再得六世来孙应用"奉"字。这样，乾隆帝在世时，钦定了直到"奉"字辈的近支宗室之名。为什么用"永、绵、奕、载、奉"这五字呢？这里还有个典故。《清宫词》中"一堂五世空前祀，此是乾隆极盛年"下有这样一段注释：

乾隆间，皇六子永瑢绘《岁朝图》进孝圣皇后（崇庆皇太后），高宗御题有“永绵奕载奉慈娱”之句，其后命永、绵、奕、载四字为近支宗室命名行派，然未有明谕也。甲辰（乾隆四十九年）亲见皇长子定亲王之曾孙载锡，是为皇元孙，五世一堂，因于雍和宫后室及大内景福宫、避暑山庄皆书揭五代五福堂，诚古今帝王中所仅见。

这个说法与乾隆帝为近支宗室命名的谕旨对看，基本吻合。顺便说一句，“载”字辈下的“奉”字辈后来被道光帝改成了“溥”字，他还亲自选“溥”“毓”“恒”“启”四字按序命名近支宗室。咸丰帝随后又在“启”字之下选定了“焘”“闿”“增”“祺”四字。道光帝何以不遵从“皇祖”乾隆帝的谕旨，将“奉”字改为“溥”字，大概也有些讲究吧！

书归正传，接着说乾隆帝喜得玄孙后的一系列恩典。五世孙，照规矩应称“玄孙”，为避圣祖康熙帝名字“玄烨”之讳，故而称皇元孙。皇元孙载锡的诞生，其父皇曾长孙奕纯阿哥特加恩赏戴宝石顶、双眼花翎。清制，亲王以下，至入八分公俱用红宝石帽顶；宗室公可以戴双眼花翎，奕纯阿哥因为乾隆帝生下了玄孙，所以获此殊荣。载锡的祖父绵德为此也沾了光。乾隆帝皇长子永璜去世，追封定安亲王，由其子绵德袭封。绵德是乾隆帝皇长孙，乾隆三十七年因事降郡王，四十一年又因与礼部郎中秦雄褒私下往来馈遗书画而被革爵，由其弟绵恩承袭郡王。载锡出生前三个月，乾隆帝已迫不及待，加恩晋封绵德固山贝子。谕旨说：“朕庆抱元孙，五世一堂，实为古稀盛事，自应特沛恩施，以衍奕祀云礽之庆。”

乾隆帝以古稀之年，同堂五代，作为历史上仅有此福的帝王总该满足了。谁曾想，他又开始打皇玄孙载锡的主意，期望“六世同堂”。嘉庆元年（1796 年）正月十四日，乾隆帝第一次以“太上皇”的身份在圆明园“奉三无私殿”举行家宴，近支宗藩及皇子、皇孙、皇曾孙、皇玄孙数百人一个个上前为太上皇帝捧觞祝福，太上皇回赐大家祝酒时笑吟吟地说：“再过四五年即可望来孙之喜了。”此时，皇玄孙载锡虚岁刚刚十三龄，已经准备物色福晋了。嘉庆三年（1798 年）春天，一团孩气的载锡奉旨洞房花烛，太上皇心里忖度，到庆祝自己九旬万寿时，载锡年已十七，或许可望得来孙之喜；若真的如愿，那更是亘古未有的佳活。这年秋天，八十八岁的乾隆帝自觉身体康强，对活到百岁充满信心。八月初九是太宗皇太极忌辰，乾隆帝想到自己是太宗玄孙，自太宗以来时光已过去了一百七十余年，不禁感慨万端，挥笔写诗：

仰望如霄上，俯临欣目前。
一身亲七代，百岁待旬年。

乾隆帝幼时亲侍祖父康熙帝，见过父、祖两代，如今载锡也长成人，所以说“一身亲七代”。他接下去想，载锡得子当不会太久，自己或可一身亲八代。照这样的思路，他又补了下面两句：

顾谓元兮勉，喜瞻来者连。
自知不知足，又愿庶应然。

但是，天父地母对这位骄子永无止境的贪求似乎厌烦了，第二年新正的爆竹音犹在耳，太上皇的生命便中止了。乾隆帝刻意追求的寿登九秩、同堂六世的美梦破灭了——被他寄以厚望的皇玄孙载锡还不具备繁育皇来孙的能力，而他已走到了人生路途的终点。

在绵字辈的皇孙中，最具艺术天分的当推皇五子——荣亲王永琪之子绵亿。绵亿在父亲早逝后，降等袭封荣郡王。此人聪敏放达，书法尤善，笔势逆入而平出，很受皇十一叔、成亲王永瑆的推重。绵亿亦间涉绘事，尤擅画花鸟。但这位黄带子也沾染上艺术家通常有的放达不羁的毛病，据与他有过交往的礼亲王昭梿记述：

纯王（永琪）早薨，王少失怙恃，溺于声色，身体孱弱，至中年无日不病，或对人终日不复接谈。今上（嘉庆帝）令王乾清宫行走，以习劳勤，然其疾终不愈也。性聪敏，善书法，诵古今经史，出口如瓶泻水。

余尝以《荀子》《淮南鸿烈解》诸书询之，王背诵娴熟，然亦未见王常读书也。

不过，礼亲王昭梿也说，绵亿脾气虽怪，但遇大节侃侃不苟。他举出的例子是，嘉庆十八年（1813 年）秋天理教林清之徒攻入紫禁城时，消息传到正在塞外巡狩的嘉庆帝那里，荣郡王其时正随扈行在。他见到有的王公毫不在乎的样子，就正色道："皇上是吾辈何人？即使以亲谊论，也应当代上分忧，况万乘之尊乎？"随即进谏嘉庆帝，请速回京，以安定人心。嘉庆帝接纳了他的建议，即日回銮。通过这件事，嘉庆帝对绵亿刮目相看，常说："朕侄辈惟绵亿有骨肉情也。"

绵字辈皇孙中后来承继皇统的是嘉庆帝的皇二子绵宁。绵宁生于乾隆四十七年（1782 年）八月初十日，母亲是皇十五子永琰的嫡福晋喜塔腊氏。乾隆五十六年（1791 年）秋，以皇孙随扈巡幸塞外。八月十二日，乾隆万寿节前一天，乾隆帝亲诣山庄宫门观射，皇孙质郡王绵庆年十三，中三矢，皇祖亲赐黄马褂、三眼花翎；随后，年仅八岁的皇玄孙载锡亦中三矢，赐黄马褂、双眼花翎。乾隆帝兴奋之余，曾赋诗以志喜。这一年，绵宁十岁，见到绵庆、载锡穿上黄马褂、头戴孔雀翎那神气活现的样子，心里实在痒得难受。八月十六日，乾隆帝自避暑山庄启銮，进哨木兰行围，绵宁随驾前往。六天后，乾隆帝在威逊格尔围场聚歼猛兽，绵宁竟用特制小弓箭射中一鹿，皇祖也把黄马褂、双眼花翎赐给了这个小孙子，并赋诗一首以志其事：

尧年避暑奉慈宁，桦室安居聪敬听。
老我策骢尚武服，幼孙中鹿赐花翎。
是宜志事成七律，所喜争先早二龄。
家法永遵绵奕叶，承天恩贶慎仪刑。

乾隆帝幼时曾随皇祖康熙帝入围中鹿，皇祖赐黄马褂。其时，乾隆帝年十二，而绵宁中鹿年仅十岁，故而诗有"所喜争先早二龄"之句。皇祖之诗亦成了绵宁日后践祚最初的政治资本。

在绵字辈诸皇孙中风头最健的当属定安亲王永璜次子，即乾隆帝皇次孙绵恩，他的受赐黄马褂要比绵庆、绵宁早得多。绵恩自幼尚武，机警伶俐。多次以军机章京随扈行在的赵翼曾以生动的笔触描述了有关绵恩的一段趣事：

> 一日至张三营行宫，上坐较射，皇子、皇孙以次射。皇次孙绵恩方八岁，亦以小弓箭一发中的，再发再中。上（乾隆帝）大喜，谕令再中一矢赏黄马褂。果又中一矢，辄收弓矢跪于前。上若为弗解其意者，问"何欲？"仍跪而不言。上大笑，趣以黄马褂衣之。仓卒间不得小褂，则以大者裹之，抱而去。

绵恩活泼可爱如是，难怪皇祖对他格外垂青。乾隆四十一年（1776年），绵恩长兄、定郡王绵德因事削爵，遂以绵恩袭定郡王，乾隆五十八年（1793年）晋封定亲王。绵恩系皇次孙，年龄与永字辈诸叔相仿佛，加以受到乾隆帝特殊垂爱，因此外间猜测他有望入承大统。东藩朝鲜对清廷政局一向十分敏感，奉使入京师的朝鲜使臣经常把听到的"小道消息"汇报给本国政府。乾隆五十八年，即乾隆帝归政前两年，朝鲜使臣发回本国情报：

> 归政既有定期，皇意必有所属，而至严至秘，无论朝士贱人，不敢开口，故无以探知。而皇子四人中，第八王（永璇）沉湎酒色，又有脚病，素无人望；第十一王（永瑆）、十五王（永琰）、十七王（即永璘）三人中，十五王长在禁中，勤于学业云，而人望所在，亦无以的知。皇孙定郡王绵恩，即皇长子永璜之子，而最被恩眷，前下皇谕有曰："诸皇孙中，绵恩非但年纪最长，自派管旗营诸务以来，甚为妥当，着加恩赏，绵恩当益思勤勉，以期仰承恩眷。"

另一名朝鲜使臣的报告也说：

> 皇子见存者四人，八王、十一王、十七王俱无令名，惟十五王饬躬

读书，刚明有戒，长在禁中，声誉颇多。皇孙中皇长子永璜之子定郡王绵恩，才勇过人，自八岁已能骑射命中，派管旗营，最承恩宠。今年正月谕旨褒嘉，晋封亲王。彼中物议，皆以为上头属意者，当不出此两人中云。

外邦人如此看，深悉内情的宫廷圈内的人也持类似看法。生于乾隆四十一年（1776年）的礼亲王昭梿日后回忆：

定恭王（绵恩谥“恭”）绵恩，定安亲王次子也。貌颀秀，猿臂，善射，骤马捷如飞。举止详瞻，趋跄有节，幼颇健，纯皇帝（乾隆帝）爱之，几夺储位。

中外舆论一致推断皇次孙绵恩承统有望，几夺储位，却未必符合历史事实。在乾隆帝的内心深处似乎从来没有以皇次孙绵恩入继大统的念头。

绵恩无疑有过人之处，否则他不会得到乾隆帝的殊爱。但这个人也有很多缺陷，据昭梿所记：

（绵恩）弱冠即领火器营总统，凡五十余年，年七十六始薨。今上（道光帝）震悼，亲往奠醊焉。然外美而内昏，不习政体，遇属吏禀事，莫能剖析是非，颔首画诺而已。护卫赵吉玉为之点缀园庭，任其通下吏，苞苴动辄巨万，有楚滨、萼山之讽，火器营兵丁恨之切齿。性复吝啬，积财盈库，莫肯挥用，每晨入朝，惟啗鸡子糕二枚。近侍嫌其乾脆，王曰：“以水瀹之，殊可食之。”夙不解音乐，尝演“王允议剑”剧，问粉面为谁，侍者以衍扮曹操对。次复观杨椒山剧曲，见赵文华冲场，笑曰：“阿瞒之奸状故可哂也。”其昏暗若此，人传为笑柄云。

由此可知，绵恩似一绣花枕头之类的人物。而在昭梿关于绵恩的另一则记载中，把这位昏昧王公就嘲讽得更不像样了：

乾隆末，定王（绵恩）屡摄金吾（即步军统领，俗称九门提督）印信，正阳门外火灾延及居民，王驰救之。有娼家避火，群立巷口，粉白黛绿者数十人，王不识，诧曰："此家女子为何如此之多也！"人争笑之。

在昭梿笔下，九门提督竟不了解前门外的娼楼妓馆；看到白脸的赵文华，竟以为是曹阿瞒，定王的呆憨真到了令人捧腹的程度。绵恩是不是真如昭梿所描写的那样，现在已很难考证。王府之间的恩恩怨怨，难免使昭梿下笔时掺杂了个人的好恶。不过，是否可以说，绵恩性格是有毛病的，至少"吝啬"这一条，经营自家钱财则已，如让他管国家大事，难免鼠目寸光，格局太小。乾隆帝聚敛贪财，但又一掷千金，挥霍无度；他绝不吝啬，而是很会花钱。乾隆帝不会看得上悭吝成性的绵恩，怎放心把大清江山交给他呢？

更为重要的是，乾隆帝一再明谕：绝不能让皇孙后来居上，越过诸皇子入主金銮殿。

乾隆四十三年（1778年）九月，乾隆帝在宣谕中外的谕旨中提到，如果明太祖"不立建文而立永乐"，则"金川门之难"无自而起，又何致骨肉伤残，忠良惨戮？乾隆四十九年（1784年）正月，乾隆帝在谕旨中重提明太祖立建文为皇太孙以至酿成靖难之役这一历史殷鉴：

明洪武时，懿文太子既殁，刘三吾建议谓皇孙世嫡，礼宜承统。洪武泥于法古，遂立建文为皇太孙，其后酿成永乐靖难之变。祸乱相寻，臣民荼毒，皆刘三吾一言丧邦之所致也。朕惟深鉴于历代建储之失，是以再三宣谕，并令纂辑《储贰金鉴》一书，为万世法戒。若如洪武之泥古立储、封建，以祖宗神器之重，轻为付托，岂我大清宗社万年之福乎？

清帝极其重视总结历史经验教训，而与他们最近的前明兴衰成败之因更特别经常引为镜鉴。乾隆帝在明朝诸帝中最佩服的是明太祖朱元璋，而惟独对洪武分封诸王于外，而立建文为皇太孙一举不以为然。其中道理，彰彰甚明。元后嫡子永琏、永琮同其母孝贤皇后几年间接踵亡故之后，立元后嫡子为嗣皇已成泡影。继后那拉氏与帝不谐，亦于乾隆三十一年（1766年）幽死，葬礼以皇贵妃例备办，表明皇帝不承认逝者为皇后，她所出之皇十二子永璂自谈不上嫡子身份。而皇长子永璜也早经薨逝，无论立嫡也好，立长也好，到乾隆中期以后都断无可能。嗣皇的选择方向只有两个：一是庶出诸皇子，再就是绵字辈诸皇孙；后者则只有皇长孙绵德位居最尊，因为永琏、永琮二嫡子皆幼殇无嗣，连明太祖的那样的“皇孙世嫡”（即后来的建文帝）都没有。这样，年事渐高的乾隆帝如果舍立皇子为皇太子一途，势必首先考虑皇长孙绵德。乾隆帝极富政治阅历，耳目又灵，自然不会不知道人们私下对皇储的议论，他之所以一而再地提洪武故事，就是暗示绵字辈皇孙承嗣无望。

上述乾隆四十九年正月的一段谕旨正是针对绵德而加以发挥的。在述及洪武立皇长孙之误、刘三吾一言丧邦之后，乾隆帝又提到绵德之子奕纯新岁将有得子之吉，当时虽尚不知是男是女，但他已坚信自己将会“庆抱元孙，五世一堂”。为此，他将绵德晋封固山贝子，但随后即告诫：“嗣后宜益加谨饬，常存敬畏，以期永存恩泽，副朕谆切训勉之至意。”通观全篇谕旨，不难看出乾隆帝的良苦用心。

乾隆帝极为看重这一篇关于立储的谕旨，他特别交代将其载入《储贰金鉴》。稍有政治常识的人都明白，皇长孙绵德已永远被排除出了争逐帝位的圈子。他的弟弟绵恩承袭了王爵，而且得到了皇祖的宠爱，为此他能成为乾隆帝心目中的嗣皇人选吗？乾隆帝对洪武立建文为皇太孙，是经过深思熟虑而后认定断不可行，皇长孙绵德不能考虑，皇次孙绵恩当然更不能考虑。

乾隆帝对儿孙辈的爱是慷慨的，又是吝啬的，关系到政治原则大事，他从不感情用事。付托神器，是何等重大之事，乾隆帝自然会亲作主持，断然决策，绝对不可能为亲情所左右。乾隆三十八年，他密定永琰为皇储默祷上苍时曾祈求：若永琰不贤，则“潜夺其算”。对最看重的儿子如此的确狠心，皇帝解释说：“朕非不爱己子也，然以宗社大计，不得不如此！”。

这就是乾隆帝，对儿孙辈来说，他是个有仁爱之心的老人，但他绝不出以妇人之仁。

大概正由于此，乾隆帝缺少真正的天伦之乐。他的内心是孤独的，儿孙辈对他敬畏有余，而发自胸臆的挚爱不足。他的家庭生活并不像他自己吹嘘的那样，蒙上天“覆载眷佑之福”，美满到了无以复加。中年丧妻，成了他的终身遗憾；续弦变成怨偶，终至反目成仇，全国传为新闻；十个女儿到他辞世时仅剩下了一个和孝公主；十七个儿子到他七十岁时仅五人犹在。五世同堂，孙曾绕膝，却没有民间寒素之家其乐融融的温馨。乾隆四十九年，乾隆帝在一首名为《古希词》的诗中，就流露出了晚景苍凉孤寂的意味：

古希天子古希词，幻以为欣幻以悲。
十七男惟剩斯五，好逑配早赋其离。
释迦曾是说无法，尼父则尝云未知。
归政犹需浃旬多，即今敢懈日孜孜。

“浃旬”，犹言“周旬”，即十天。乾隆帝在情绪十分低落时想的是，到乾隆六十年归政退闲还有多少个“浃旬”呵！他真的有些倦勤了，尽管结句“即今敢懈日孜孜”还在激励自己，但终不能掩尽全诗低沉、苦涩的基调。

四 “汝子吾儿定教培”

乾隆三十四年，孝贤皇后之兄、大学士傅恒病逝，乾隆帝亲临傅家酹酒致祭，并在亡者灵前默默相许：“汝子吾儿定教培。”其时，傅恒三子福康安十七岁。乾隆五十二年福康安封民爵一等嘉勇公，赏紫韁、黄腰带、金黄辫珊瑚朝珠。又十年，破例晋封宗室爵多罗郡王。乾隆帝践行了四十八年前的庄重承诺，傅恒和孝贤皇后兄妹地下有知，该是何等感慨！

据说乾隆帝还有一个私生子，那就是大名鼎鼎的福康安。

清末民初广为流传的《清宫词》中有下面一首委婉含蓄的绝妙好词：

家人燕见重椒房，龙种无端降下方。

丹阐几曾封贝子，千秋疑案福文襄。

《清宫词》的作者钱塘九钟主人又在诗下注云：“福康安，孝贤皇后之胞侄，傅恒之子也。以功封‘忠锐嘉勇贝子’，赠郡王衔。二百余年所仅见。满洲语谓后族为‘丹阐’。”“椒房”，汉代后妃所住的宫殿，用兰椒和泥涂壁取其温暖气香，兼有多子之义，这里用作后妃的代称。“燕见”亦作“宴见”，谓帝王闲暇时召见臣下姻亲。傅恒是孝贤皇后胞兄，傅恒夫妇亦可称乾隆帝的家人。经过注解，就不难明了这首诗所隐含的意思：皇帝和傅恒夫人趁燕见之机偷情而生福康安，福康安后来破例封固山贝子，追赠多罗郡王。这段传闻遂成一段历史疑案。

国人最喜探听他人隐私。风流天子竟偷大臣命妇，以乾隆帝与傅恒夫人这一段恋情为主线衍化成的故事，自然为人所津津乐道。

蔡东藩先生的《清史演义》出版于 1916 年，是较早地涉及“千秋疑案福文襄”且影响很大的一部历史演义小说。该书第三十四回先写乾隆帝与傅恒夫人在圆明园初次相见：这一天椒房眷属奉旨入园玩赏，其中“独有一位命妇，眉似春山，眼如秋水，沉鱼落雁。乾隆帝顾了这个丽人，暗想道：‘这人很有些面善，未识是谁家眷属？’只是当众人面，不好细问，便呆呆地坐着。众人又转向皇后处，请过了安，但见皇后起立，与那丽人握手道：‘嫂嫂来得好早！’”这样，乾隆帝方记起这位丽人“乃是皇后的亲嫂子，内务府大臣傅恒的夫人”。乾隆帝自见了傅恒夫人后，“镇日里无情无绪，连皇后也不晓得他的心思”。一日，皇后千秋节，傅夫人再度入宫，寿筵十分热闹，傅夫人酒醉被宫女扶到别宫暂寝，乾隆帝也离席而去，下面偷情一段，蔡先生写得含而不露：

隔了一小时，大家重复入席，饮酒数巡，时已未刻，皇后令宫女去视傅夫人。宫女去了，好一歇，未见回报。等到大家用过了膳，宫女始含笑而来，报称傅娘娘卧室紧闭，不便入内。皇后道：“皇上呢？”宫女道：“皇上么？”说了两句皇上，停住后文。皇后已微觉一半，不问下去。大家散了宴，少坐片刻，日影西沉，宫中统已上灯，便各谢宴退出。是晚只傅夫人不胜酒力，留住宫中。

迨孝贤皇后逝于德州水次，蔡先生写道：“傅夫人每日伴灵，在宫中留宿，不是伴死，却是伴生，柳暗抱桥，花欹近岸，费长房暂宿相思地，女娲氏勉补离恨天，这位乾隆帝，方渐渐解了悼亡的忧痛。”

关于乾隆帝与傅恒夫人这一段偷情，蔡东藩写到这里，适可而止。至于他们后来是否生了福康安，蔡先生只是说：“福康安是傅恒的儿子，乾隆皇帝非常眷爱。”

看来，他对福康安是否为龙种虽有所疑，但未有确证，故而一笔带过，只是让看官去想象。

蔡东藩写的虽是历史演义小说，但他态度还是比较严谨。《三国演义》风靡海内，几乎家喻户晓，蔡东藩写清史，便取了“演义”这种为中国百姓所喜闻乐见的体裁；然而，他又不甚满意罗贯中的写法，认为罗著《三国演义》“半涉子虚”，故自称：“小子所编历史演义，恰是取材正史，未尝臆造附会，就使采及稗官，亦思折衷至当。”他在《清史演义》中对“千秋疑案福文襄”的处理，不管是不是符合历史真实，但他本心确实是想将正史与稗官“折衷至当”。

眼下铺叙有关福康安这段历史疑案的宫闱小说、武侠小说随处可见，但最脍炙人口的当推高阳先生的《乾隆韵事》。这部小说便以乾隆帝与傅恒夫人暗恋为主线，写傅夫人如何为皇帝寻找真正的生母李氏穿针引线，写皇帝如何与傅夫人暗中偷情，写他们的隐私如何为傅夫人的小姑——孝贤皇后窥破，以致在皇帝首次东巡时孝贤皇后又如何愤而投水自尽……既然暗恋多年，傅恒夫人诞育龙种亦是题中应有之义，到《乾隆韵事》煞尾时，他们的儿子已经六七岁了，那是乾隆十三年（1748年）冬，经略大学士傅恒受命出师征讨金川，皇帝亲诣堂子行祭告礼。高阳是这样描写的：

出师之前，皇帝亲自至“堂子”告祭祖宗，并遣皇子及大学士来保，送至良乡，那番威仪之盛，只有当年抚远大将军“十四爷”代替御驾亲征可比。傅恒自然感激涕零，文武大臣亦凛然于皇帝的威福不测，只有傅夫人别有感受。她知道，这一切都是由她而起。

以上可以说是文学虚构。高阳在他的史学专著——《清朝的皇帝》中则对福康安有过详尽的论述。他说："容妃以外，高宗另一眷爱的妇人，即是福康安之母，傅恒的夫人。此中亦杂有若干疚歉的成分。"究竟哪些地方使乾隆帝觉得对不住傅夫人呢？高阳认为：

其一，此事在当时的宫廷及贵族之间，为一公开的秘密，则傅恒夫人名节自属有亏。

其二，傅恒夫人既承雨露，傅恒敢怒而不敢言。夫妇感情不好，为想象中必然之事。

其三，自孝贤皇后赴水自尽，引起轩然大波，高宗与傅恒夫人当然不便再往来，形成始乱终弃之局，高宗不免自惭薄幸。

最后，虽承雨露，却不能直接加以任何荣宠，内心不免遗憾。

由于以上四点"疚歉"，高阳推想："高宗只有在傅恒生前，畀以重任，叠迭恩荣，使傅恒产生'微夫人之力不及此'的感觉，以期弥补他们的感情。"对福康安则"及至乾隆三十四年傅恒一死，福康安立即被擢为二等侍卫，命御前行走。此即所谓'御前侍卫'，通常为大用之始。揆其目的，即在安慰守寡的傅恒夫人"。为了论证乾隆帝如何以超擢福康安"安慰守寡的傅恒夫人"，高阳先生还不厌其烦地开列福康安自乾隆三十五年擢头等侍卫，直到封侯、封公的履历一览表，这里就恕不一一征引了。

《乾隆韵事》风靡大陆，而《清朝的皇帝》一书知之者不多。人们原以为，高阳指福康安为乾隆帝与傅恒夫人爱情的结晶，不过是所谓艺术虚构；即使历史知识甚富的学者也以《乾隆韵事》乃小说家言，未足深辨。殊不知对高阳而言，则自视《乾隆韵事》为他学术观点的文学化，或曰以形象化语言演绎他考证出的历史真实。这只要看《乾隆韵事》一书所有关节之处都可在《清朝的皇帝》中找到史家的考证，就会相信此言不虚。

总而言之，福康安疑是乾隆帝与傅恒夫人的私生子，也同乾隆帝生母之谜一样，是需要史学界加以正视，并给予合理解答的一个严肃历史问题。

福康安可能是乾隆帝的私生子，人们有此怀疑不能说全无根据。

然而，高阳在论证这件“千秋疑案”时，想象的成分太多，而缺乏确凿的证据。

说乾隆帝眷爱傅恒夫人一事“在当时宫廷及贵族之间，为一个公开的秘密”，依据何在？

说“傅恒敢怒而不敢言，夫妇感情不好”，高阳自己也承认是“想象中必然的事”。

说乾隆帝对傅恒夫人始乱终弃，更是凭空臆断。

说乾隆帝对承受雨露的傅恒夫人不能直接加以荣宠，“内心不免遗憾”，显然亦是无法佐证的推测。

如果上述说法都无法确证，那么，乾隆帝对傅恒夫人有什么“疚歉”可言？如果对傅恒夫人无疚歉之心，那么，乾隆帝对傅恒的“畀以重任，叠迭恩荣”，福康安被宠以异数，自与傅恒夫人无关。

并非宗室的福康安，在世时封固山贝子，死后追赠多罗郡王，乾隆帝究竟为什么给福康安如此罕见的眷遇呢？为什么福康安受到皇帝视如亲子的栽培？这一切都归因于他的父亲傅恒和姑姑孝贤皇后。

孝贤皇后和大学士傅恒这一对亲兄妹是从雍正末到乾隆中半个世纪里给予乾隆帝以情感慰藉和深刻影响的两个重要人物。孝贤与皇帝“恩情廿二载”，傅恒“在纶扉二十三年，日侍帷幄”；兄妹二人一个在感情生活中，一个在政治生活上，先后成为乾隆帝可以倾吐衷肠的至爱亲朋，而前后衔接点就是乾隆十三年皇后的崩殂。

乾隆十三年春，乾隆帝东巡齐鲁，傅恒随驾前往，官职不过户部尚书兼行在内阁协办大学士，地位在首席军机大臣、保和殿大学士讷亲等十来位重臣之下。三月十一日，皇后在德州水次仙逝，遗嘱托付皇帝关照其兄。乾隆年间程穆衡撰《金川记略》一书，其中多有不经见的信史，其记述孝贤之死甚详：

后以爱子去膝下，悲悼成疾，梦碧霞元君召之，上（乾隆帝）为东巡祈福于岱顶，后从还至济南不豫，上为改程，由水途还京，次德州薨。后临薨，以傅恒为托，故上欲骤贵恒，且令得建大功，有以服中外，廷臣窥见其旨，故甚重其行。

乾隆帝深爱结发贤妻，故重其临终嘱托，欲使傅恒“骤贵”。当年十月，皇帝以讷亲经略金川军务舛谬革去其大学士、军机大臣，同时任命傅恒为保和殿大学士、首席军机大臣。年纪不过四十岁的傅恒一跃而为一人之下、万人之上的新贵。十一月三日，新任经略大学士傅恒出师往征金川，乾隆帝亲自到“堂子”行祭告礼，并亲祭吉尔丹纛、八旗护军纛于堂子门外，随后御驾亲往东长安门外临时搭盖的明黄色“大幄”内，为傅恒壮行。傅恒一身戎装，将乾隆帝所赐之酒一饮而尽，在皇帝殷切期待的目光中，于御道前翻身上马，踏上了征程。乾隆帝苦心孤诣地把命将之典安排得如此隆重，诚如程穆衡所讲，是想“骤贵恒，且令得建大功，有以服中外”。乾隆帝笃爱皇后，推恩傅恒的委曲心思，王公大臣们洞若观火。但在刚刚杀掉名将张广泗、权相讷亲的恐怖气氛中，大家奉承惟恐不及，谁敢有所异议？

傅恒的可爱在于他天性谦和厚道，他并没有因此而嚣张跋扈，不可一世。军机大臣每天奉召觐见皇帝，聆听旨意，称“见面”。乾隆初年，见面的军机大臣只有讷亲一人而已。讷亲汉文水平不高，但记忆力绝顶的好，他往往将旨意转述给长于文字的军机大臣汪由敦书谕，而旨稿拟成后，讷亲总觉得不中意，百般挑剔，弄得汪由敦改了一稿，又一稿，改来改去，讷亲反而用的是初稿；汪由敦敢怒不敢言，傅恒在一旁暗抱不平。平金川凯旋后，傅恒因功封一等忠勇公，赏给宗室王公戴的红宝石帽顶和宗室亲王、郡王服用的四团龙补褂，受到皇帝宠眷的程度更非昔日讷亲可比，他却向皇帝自陈记忆力不如讷亲，恳求皇帝允准军机大臣全班“见面”。清代军机大臣共同进见，聆听口谕，自傅恒开其例，此事在军机处传为美谈。对下属，傅恒也关怀备至。与袁枚、蒋士铨诗名鼎峙的赵翼曾长期入值军机处，这个出身寒微的才子到残腊卒岁正愁难过年关时，傅恒把他单独叫进隆宗门外小值房说：“你戴的貂帽太旧了，买个新帽子过年吧！”说着从怀中取出五十两一锭的大元宝塞在赵翼手里。上司及时的接济，使赵翼得以从容地应付了年底频繁的应酬。第二天早上，他仍戴着皮毛蜷缩如猬的旧帽入值，傅恒见了，一笑而已。赵翼为此，感戴终生。

傅恒对同僚、下属如此，对乾隆帝的谦恭敬畏则可想而知。他讲究排场，当时西洋来的自鸣钟和称为时辰表的怀表非常时髦。傅恒家里到处摆的是自鸣钟，甚至仆从身上也无不挂有一块怀表，这样多的钟表互相印证，总该不误上朝。不料，一天乾隆帝御门听政，傅恒看看怀表，时间还早，当他慢腾腾踱入朝门时，却遥见乾隆帝坐等已久，于是三步并两步地趋往阶陛叩首谢罪，早吓出一身冷汗。有个御前侍卫笑着调侃说："相公身肥，怪不得气喘吁吁，大汗淋漓。"乾隆帝却道："岂只身肥，心也太肥了吧！"傅恒品出味道有异，惊得不安了好几天。

傅恒之前，朝中权臣前有鄂尔泰、张廷玉，后有讷亲，他们都是皇考雍正帝留给乾隆帝的元辅重臣，鄂、张还是乾隆帝的师傅，对他们，乾隆帝不能不有所忌惮。傅恒则不然。他从蓝翎侍卫起家到当朝第一大臣，全靠乾隆帝一手栽培，自然感戴皇上天高地厚深恩，惟有以勤慎敬畏供职为事，但这并不意味着傅恒是庸碌之辈。这位椒房懿亲汉文修养也有限，所以他不爱谈诗论文；但处理奏牍案卷却目数行而下，十分熟练，遇到文义窒碍之处，偶加点窜，旁人无以改易。此公政治上颇精明，尹继善总督两江时，南巡之前一两年总要入京觐见，向皇帝夸说新发现的奇山异水。傅恒不以为然，曾让下属作诗调侃尹继善，其中一句云："名胜前番已绝伦，闻公搜访更争新。"傅恒把"公"改为"今"，一字之改，便尽削棱角，既体现了宽和涵容的气度，又让人品味出对尹公此举的嘲讽。而最令乾隆帝感佩的是，乾隆十九年（1754 年）决策用兵准噶尔时，朝臣议论纷纷，绝大多数人有畏战之心，惟独傅恒一人与皇帝协心赞画，断在必行。准噶尔平定，西师奏凯，乾隆帝把傅恒比为辅佐刘邦百战得天下的萧何，图功臣百人画像于西苑紫光阁时，令傅恒冠首。如果说傅恒对乾隆帝时时处处谨守臣子之分，那么，皇帝则对傅恒，而且只有对傅恒，能脱略君臣关系的拘束，待以家人兄弟的亲情。每天晚膳后乾隆帝将奏折、题本处理完毕，往往召傅恒独自觐见，当时近臣特名之为"晚面"。

乾隆三十四年（1769年），征缅之役接连损兵折将，乾隆帝命傅恒为经略南下扭转颓局，在赐给他的扇面上乾隆帝题诗云："世上谁知我？天边别故人。助斯风到处，扬武并扬仁。"很可惜，傅恒此次却有负乾隆帝的厚望，既没有扬武，更没有扬仁，而是窝窝囊囊地与缅军统帅议和后，便焚舟熔炮，班师回国了。这时他已染瘴病重，但仍支撑着到天津行在请罪。乾隆帝见到身染沉疴、形容憔悴的姻兄，不忍深加责备。傅恒回京不久便病逝了，乾隆帝亲临傅家酹洒致祭，并写了一首七律，悼念这位鞠躬尽瘁的知己重臣，其中后两联关系到福康安日后的命运，尤应关注：

千载不磨入南恨，半途乃夺济川材。
平生忠勇家声继，汝子吾儿定教培。

二十一年前，孝贤皇后去世时"以傅恒为托"，乾隆帝果然把傅恒视为可以推心置腹的亲兄弟；如今傅恒也物故了，乾隆帝则主动告慰他的亡灵："安息吧！汝子即吾儿，我一定要把他们教育培养成器。"

福康安属狗，生于甲戌年，即乾隆十九年（1754年）。傅恒病逝时，他才十七岁。在傅恒的四个儿子中，福康安行三。大哥福灵安已于三年前在征缅前线阵亡；二哥福隆安当时以工部尚书入值军机处，并兼九门提督。乾隆帝所谓"汝子"虽然也包括福康安和他的四弟福长安，但当时主要指福隆安而言。乾隆帝私心想让福隆安接其父傅恒的班，秉持中枢。然而，福隆安从小体质孱弱，柄政后，又不见有卓异的识见才能，所作所为不能让皇帝放心。乾隆四十九年（1784年），福隆安病故。从此，乾隆帝在傅恒灵前的郑重承诺则专注在福康安了。

福康安从幼童时起就以机警过人、文武兼擅而受到乾隆帝青睐，乾隆帝后来也说过："福康安垂髫豢养，经朕多年训诲，至于成人。"傅恒去世的第二年，他就被擢拔为户部右侍郎、镶蓝旗蒙古副都统。一个十八岁的青年位列卿贰，这不能不说是乾隆帝有意"教培"；不过，皇帝的英明在于他的逾格"教培"，并未流于姑息溺爱。

乾隆三十八年（1773年）第二次金川之役大战方酣，乾隆帝便将福康安派往前线。福康安从领队大臣干起，在三年艰苦卓绝的征战中，冲锋陷阵，出生入死。《清史列传·福康安传》载其战绩如下：

> 三十九年二月，大兵攻喇穆喇穆，福康安克其西各碉，会领队海兰察既取登古高峰，遂乘胜克罗博瓦山。
>
> 三月，从罗博瓦峰下北剿，克得斯东寨。夜有贼七八百人，乘雪雾潜登山，犯副将常禄保营。福康安闻枪声，急以兵援击，贼退。
>
> 五月，贼雨中于山坡立两碉，福康安夜率兵八百，冒雨毁垣入，杀数贼，立毁碉。
>
> 六月，克色淜普山，获坚碉数十，歼敌数百。阿桂令领队额森特夜进兵，攻色淜普南山碉。福康安为应，视海兰察兵登山巅，并力助战。天明，望海兰察至碉下，疾驱众越过重濠，冒枪石与贼持，使不得他顾，我兵遂得尽破喇穆喇穆碉卡，取日则丫口。
>
> 七月，克嘉德古碉，攻逊克尔宗西北寨，有贼数十潜袭我兵后，福康安击退之。
>
> 十一月，攻格鲁克古，率兵裹粮夜逾沟，攀崖上，从山罅入，取当噶海寨、陡乌当噶大碉，压桑噶斯玛特，取其木城、石卡。
>
> 四十年五月，克荣噶尔博山，进到第七峰，赏嘉勇巴图鲁号。
>
> 六月，于第七峰下冒枪石，成木栅九，接第八峰麓。

乾隆四十一年（1776年）正月，金川平，乾隆帝论功行赏，封福康安为三等嘉勇男爵，紫光阁所绘功臣像，福康安名列第十三，御制赞词曰："代兄以往，继父而奋。矜许廑励，王臣之荩。登碉夺砦，那须蒙甲？嘉勇锡名，世传勋业。"这一年，福康安年仅二十二岁。

乾隆五十一年（1786年）冬，台湾爆发了林爽文领导的天地会起义。官军屡战屡败，龟缩于府城及诸罗县等几个据点，台湾全岛几乎失去控制。乾隆帝几次阵前易帅，都未能挽回败局，遂于五十二年任命福康安为统帅，渡海作战。福康安率军抵台后，振作士气，调度有方，只用了两三个月即将起义镇压下去，并将林爽文俘献京师。乾隆帝将福康安晋封一等嘉勇公，也像当年对傅恒一样，赏红宝石帽顶、四团龙补服；除此之外，又加赏黄腰带、紫韁和金黄辫珊瑚朝珠。福康安身非宗室，既受封一等公，实际上已无爵可封，除非待以异数——封宗室爵。

清代宗室封爵与非宗室有别。非宗室封爵，即所谓民爵，分为九级，即恩骑尉、云骑尉、骑都尉、轻车都尉、男、子、伯、侯、公，每一级又分若干品，总计民爵共九级二十七品，至一等公则酬庸赏功到了极点。民爵的颁赏由吏、兵两部掌管，宗室封爵则由宗人府掌管。宗室爵受封者，必须具有宗室的身份。宗室，即太祖努尔哈齐之父——显祖塔克世的后裔，因其以腰束金黄带子为标志，故俗称"黄带子"。宗室爵分十二等，即奉恩将军、奉国将军、辅国将军、镇国将军、不入八分辅国公、不入八分镇国公、辅国公、镇国公、固山贝子、多罗贝勒、多罗郡王、和硕亲王。凡亲王、郡王，初封时还要由皇帝赐以佳号。此外，对宗室王公的服饰，护卫也有一系列规定。福康安以民爵一等嘉勇公，而赏紫韁、黄腰带、金黄辫珊瑚朝珠之类只有宗室王公得用的服物，表明他距宗室王爵不过一步之遥；但这一步之遥逾越极难。

乾隆五十七年（1792年），大将军福康安指挥的翻越世界屋脊喜马拉雅山往征廓尔喀（略相当于今尼泊尔）之役的辉煌胜利几乎把他推上了晋封宗室王爵这一旷世殊荣。这一仗用兵徼外，后勤补给线逾数万里，诚如乾隆帝所说："用兵之难为从来所未有。"

先看福康安率大军自青海冲寒冒雪驰抵前藏的情形：乾隆五十六年（1791年）农历十二月初一，大军由西宁启程，一行所经路径崎岖，高山层叠，且时值隆冬，冰雪甚厚，马草牛粪，俱被雪压，炊爨困难。官兵晓行夜宿，高原反应每致头晕气喘。岁末行至鄂林察林诺尔星宿海、白尔齐尔喇嘛陀罗海等处黄河源头。百里之内溪涧交错，处处凝冰，远近高下，竟无路径，且该处多系沟塴沙滩，乱石纵横，与冰块相间层积，马足倾滑，行走更加艰难。及过巴颜哈拉，地势更高，人行寸步即气喘眩晕，肌肤浮肿。翌年正月初二日，驰抵青藏交界之多伦巴图尔，将军鄂辉遣人自前藏带领乌拉马匹迎接大军。正月二十日，大将军福康安一行驰抵拉萨。自西宁至前藏拉萨，共计四千六百里，实际行军仅只三十九日。

按乾隆帝的本意，福康安既“系孝贤皇后之侄，大学士傅恒之子”，此次又跋涉青藏高原，亲临绝域，冒险步战，手足胼胝，七战七捷，加封宗室王爵，本不为过。但转念一想，富察氏一门朱紫，贵幸太甚，如果福康安再逾格封王，难免外人有所议论，所以才在最后一刻打消了这个念头。乾隆五十七年十一月，乾隆帝专为此事降旨宣谕天下：

福康安进剿廓尔喀，如能直抵阳布，将拉特纳巴都尔、巴都尔萨野悉数生擒，解京献俘，其土宇分给附近各部落，其功甚大。前代功臣，原有身非宗室，晋封王爵之例。朕本拟俟红旗递到，加封王爵，以昭异数。今因廓尔喀畏罪投诚，福康安遂传旨受降，班师蒇事，是以只将福康安赏给世职，不克副朕初愿。然由今思之，似此受降蒇功，未始非上天嘉佐我君臣之意。盖福康安系孝贤皇后之侄，大学士傅恒之子，如果得成钜功，或可晋封王爵，在朕只以勋劳甚大，用示酬庸；而天下无识之徒，或谬议朕厚于后族，破格施恩，传之后世，亦且以为口实，几与汉、唐之宠任外戚者无异，朕将何以自解？而福康安父子兄弟多登显秩，福康安又荷王封，富察氏一门太盛，于伊家亦属无益。但福康安既成大功。朕又不得不加以殊恩，转觉两难。

如何两全其美？乾隆帝决定：“福康安仅予世职，尚不足以酬劳勚”，“着照王公名下亲军校之例，赏给六品顶戴蓝翎三缺，令福康安于伊得力家人内酌量给戴，用昭格外加恩，优眷劳臣至意”。

福康安生前未能得到的宗室王爵殊恩，在身后终于得到了。乾隆帝终于找到了一个妥善的方式而从“两难”的处境中解脱出来。那是嘉庆元年（1796 年）五月，太上皇乾隆帝获悉福康安病殁于镇压苗民起义的战场，遂命晋封郡王爵衔，谥“文襄”，并推恩其父，亦追赠傅恒为郡王。太上皇听说福康安去世前有大星向营盘西北陨落，光芒有声，特赋诗表示痛惜之情：

到处称名将，功成勇有谋。
近期黄阁返，惊报大星流。
自叹贤臣失，难禁悲泪收。
深恩纵加赠，忠笃那能酬？

诗中丝毫没有对亲子之死那种缠绵悱恻的哀伤，却充满了对一个无与伦比的将才英年早逝的痛惜。

福康安如果不是孝贤皇后之侄、傅恒之子，就绝不会得到乾隆帝那般视如己出般的悉心护持和栽培，也就没有机会发挥他的军事天才，在短暂的一生中成就盖世的武功，也就绝不可能以非黄带子获封多罗郡王；然而，福康安无疑是不可多得的大将之才，傅恒有子四人，独他得膺王封，这是乾隆帝有私当中的无私。

福康安不是乾隆帝的私生子，当他的生母，即傅恒夫人于乾隆五十八年（1793 年）四月在京师病故时，时任两广总督的福康安正奉旨前往广西，以观安南政局之变。乾隆帝特降旨福康安不必来京奔丧，谕旨说："福康安三月甫抵边坝，至成都尚需五十日，到京已在六月下旬，百日将满，已属无及。福康安为国家出力之人，屡著劳绩。现因奉差在外，以致伊母大事不获躬亲，料理丧用，为之恻然！然福康安若到京，朕心转不忍与之相见。应在途中成服，办理广西事竣，即赴广东，在任守制。过一二年，朕酌量降旨，再行赴阙。"福康安接旨时，正病在中途，他奏请乾隆帝允许他再见母亲一面，口气已近于哀求：

臣母抚臣成立，以仰邀恩佑。兹既不获侍汤药，亲身含殓，惟思于未卜墓穴之前，居庐数日，臣悲慕之心已伸，郁结之怀亦释，犬马之疾转得速痊。此臣迫切私情，不敢于圣主之前，稍有讳饰。

乾隆帝到此才算被感动了，允许他回京。八月，福康安刚回京在生母亡灵之前哭祭，命他为四川总督的谕旨随即下达，福康安只得泣告皇帝："臣不敢辞劳，但皇上年尊，天津行事又在明春，臣于此时理难远离。"乾隆帝在他一再恳奏之下，尽管勉强答应，第二年春天还是又遣他出差吉林。试问，如果傅恒夫人是乾隆帝年轻时的恋人，如果乾隆帝对她心里有无限的疚歉，如果傅恒去世后皇帝想通过超擢福康安"安慰守寡的傅恒夫人"，那么，到了傅恒夫人真的去世的时候，乾隆帝能如此绝情地把亲生骨肉拒之天外，使其失去母子间最后一次聚首的机会吗？他即便不看福康安的面，总也要看自己多年情人傅恒夫人的面吧？

福康安以非宗室而追赠宗室爵郡王，虽非寻常，却并非难以索解的"千秋疑案"。今天实在没有必要为媚俗而杜撰乾隆帝偷情命妇的风流韵事。与富察氏家族的特殊缘分贯穿乾隆帝一生，颇富戏剧性，足以就此铺陈出一部荡气回肠的历史正剧。

第九章

帝王品味

所谓品味，就是人们通常所说的审美情趣。

乾隆帝的审美情趣大体上与同时代士大夫的品味一致，但他雄视古今、卓尔不群，又不完全为传统所囿。作为中国这块广袤土地的绝对主宰者，他时时恣意纵情于宏伟气象与西洋风情的美学享受之中。

一　尚方玉食，雅好南味

乾隆帝嗜好苏菜与当时江南习尚风靡京师不无关系。邓云乡先生在《红楼风俗谭》一书中说："在社会上，人们饮爱南酒，食重南味，曲尚南曲，糖称南糖，衣着讲南式，园林效苏杭。一说南方人，便受人另眼看待；能听懂南方话，也觉十分得意。"

孔子教育弟子时说："君子食无求饱。"他对自己学生颜回"一箪食，一瓢饮"的安贫乐道的精神也极表赞佩。但这位老夫子也说过："食不厌精，脍不厌细。"他还说，食物颜色难看，不吃；气味难闻，不吃；烹调不好，不吃；不到饭时，不吃；不按定式分割的肉，不吃；不按规定的酱醋调味的食物，不吃；等等。可见中国人自古以来就讲究饮馔之美。富有四海的乾隆帝吃饭又该如何讲究呢?

皇帝吃饭有特别叫法，称"用膳"或"进膳"；开饭则称"传膳"。似乎是"饭"与"犯"同音，说起来忌讳。乾隆帝每天大致在寅正三刻（近清晨五时）左右"请驾"（起床），起床后，常用"冰糖炖燕窝一品"作为早点。一日正餐则有早膳和晚膳两顿，早膳一般在卯正一刻（六时过后），晚膳在午正一刻至未正之间（中午十二时至下午二时）。正餐之外，还有酒膳和各种小吃；有时在下午，有时在晚上，随皇帝之意传进。

乾隆帝用膳并无固定之处。徐启宪先生的《清帝用膳》一文据清宫内务府档案记录了乾隆十二年（1747年）九月三十日至十月初一这两天皇帝进膳处的变化：

“九月三十日辰初，万岁爷弘德殿进早膳。”

“十月初一日未正，万岁爷重华宫‘正谊明道’东暖阁进膳。”

“十月初一日茶膳房侍候，万岁爷霁红盘野意酒膳一桌十五品……至养心殿侍候。”

按照清宫中的规矩，皇帝与后妃、太后及阿哥、公主们不仅分灶吃饭，而且各有膳房备办饮食。乾隆帝的正餐和茶点由茶房、清茶房和膳房准备，这三个部门总称“御茶膳房”，隶属于内务府下，由皇帝特派管理事务大臣总管。膳房等地近皇帝办公起居之处养心殿，每日恭备御膳，要将其物品及菜肴为何人烹调具稿呈内务府大臣画行，一旦发生事故，责任分明，无可推诿。乾隆帝平日餐饮有固定分例，亦称“宫分”，王树卿先生在《清代宫中膳食》一文中详记了皇帝每日宫分：

> 盘肉二十二斤、汤肉五斤、猪油一斤、羊二只、鸡五只（其中当年鸡三只）、鸭三只。
>
> 白菜、菠菜、香菜、芹菜、韭菜等共十九斤，大萝卜、水萝卜、胡萝卜共六十个，包瓜、冬瓜各一个，苤蓝、干闭瓮菜各五个（六斤），葱六斤。
>
> 玉泉酒四两，酱和清酱各三斤，醋二斤。
>
> 早、晚随膳饽饽八盘，每盘三十个。每做一盘饽饽需上等白面四斤，香油一斤，芝麻一合五勺，澄沙三合，白糖、核桃仁和黑枣各十二两。

除此之外，御茶房每日恭备皇帝所用的茶和牛奶，用乳牛五十头，每天每头牛交乳二斤，共一百斤，又每天用玉泉水十二罐、乳油一斤、茶叶七十五包（每包二两）。御茶膳房每年经费为白银四万两，以当时总督的养廉银每年二万两上下计，乾隆帝的岁支膳费不能算高；但实际上御膳房等部门需要外购者不过鸡、鸭、猪、鱼、蔬菜而已，羊只则取自内务府庆丰司，其余山珍海味及干鲜果品等皆为各处所贡，无须到街市购买。

乾隆帝和他的亲眷既各有宫分，饮食也由各自的膳房备办，故而平日如无特旨，任何人都不得与皇帝同桌用膳，即使是皇帝生母太后钮祜禄氏亦不能例外。乾隆四十年（1775年）夏，乾隆帝奉太后驻跸避暑山庄，膳档记云：

> 四十年六月初七日，总管萧云鹏传旨：明日辰初请皇太后膳，"如意洲"伺候，上做大菜烫膳进皇太后。总管萧云鹏等遵例请皇太后膳，本宫伺候，随膳进菜二品。
>
> 六月初八日卯初请驾，辰初，请皇太后至"一片云"升座毕，侍膳，上捧红白鸭子大菜烫膳一品。

乾隆帝此次在"一片云"陪皇太后吃顿早饭，专门载于乾隆朝最权威的编年史《清高宗（乾隆）实录》："六月甲申，上奉皇太后幸'一片云'侍膳。"可见，母子在一起吃顿饭非同寻常。至于乾隆帝平素与某后妃同桌共食，则或许更寓有深意。吴相湘先生的《清宫秘谭·皇帝膳食》一文记录了下述一则膳档：

> 乾隆三十六年二月初八日，晚膳后杨廷璋进螃蟹五十斤，总管萧云鹏等用银盘摆螃蟹六盘，呈上览过。奉旨：赏南府人等螃蟹二盘，众太监三盘，小太监一盘。是日晚晌侍候，蒸螃蟹盖一品及其他菜四品。上进毕，以蟹赏庆贵妃。

据吴先生的意见："赏庆贵妃云云，亦即是晚帝'行幸'庆贵妃的记录"。他在《妃嫔们的事》中还引膳档所记另一例"乾隆三十八年七月初六日，赏顺妃晚膳'如意洲'"，指出这也是乾隆帝于当天晚上召幸顺妃的记载。究竟有没有如此微言大义，读者诸君姑妄听之。

由此可见，乾隆帝平日用膳时绝少享有家庭天伦之乐，但逢年过节则必备家宴，只有在这时，天家寂寞的生活中才多少增添了一点儿暖融融的欢快气氛。《清代宫中膳食》介绍了乾隆四十四年（1779 年）大年三十除夕夜的乾清宫家宴，大略情形是：年三十中午即开始布置，首先摆上皇帝的金龙大宴桌，然后乾清宫从外向里分别摆八路冷膳。妃嫔们的宴桌分东西两边摆设，东边三桌：头桌是颖妃、惇妃，二桌是婉嫔、循嫔，三桌是禄（陆）贵人、鄂常在；西边也是三桌：头桌是容妃、顺妃，二桌是诚嫔、林贵人，三桌是白常在、武常在。另设陪宴十九桌。至申初二刻（下午三四时之间）传摆热膳，摆毕，奏乐，乾隆帝御殿升座，妃嫔入席，家宴正式开始。席间不断进汤膳、奶茶，上酒宴。皇帝一桌的酒膳共四十品，较之平日要丰盛得多，共摆五路，每路八品，用五对盒恭进，主要是荤菜和果子。妃嫔们的酒膳，其中两桌用绿龙碗，四桌用青龙碗，每桌荤菜七品，果子八品。中国人素来讲究吃饭饮酒要任性适意，乾隆帝款待妃嫔们的除夕家宴这样等级森严、礼节拘谨，恐怕也不过是点缀一下皇帝的家庭生活而已，妃嫔们未必会吃得酣畅。

当然，例外还是有的，那就是孝贤皇后在世的时候，经常在重华宫用晚膳，温语缠绵，独自一人陪年轻的乾隆帝小酌。请看乾隆元年（1736 年）冬至令节的晚膳：海屋添寿有帷子矮桌早早地摆在暖烘烘的东暖阁，金匙牙筷端端正正地摆在桌边。一声“传膳”，但见太监鱼贯而入，矮桌中央自然是冬令时节必不可少的热火锅，另有寿同五岳碗盛的家常菜八品、黄盘盛的点心四品、金盘盛的攒盘肉一品，开胃小菜盛在银葵花盒中，皇帝爱喝的玉泉酒自然是绝对不可少的。菜不在多，贵在精美；人不在多，只有皇帝小夫妻两口儿就足够。

前来中国的朝鲜使节曾这样记述乾隆帝的饮食：“平生不饮酒，不嗜异味。朝夕进食，不过数匙。”应该说，他们的记载是符合事实的。乾隆帝晚膳，例进玉泉酒二两，这是一种度数很低的糯米甜酒，下面还要提到。乾隆帝之子嘉庆帝酒量则要大得多，每日六七两至十四五两不等，主要也是低度玉泉酒，不能视为酗酒。比较起来，说小酌玉泉酒的乾隆帝为“平生不饮酒”也未为不可。乾隆帝的确“不嗜异味”，从膳档来看，他日常所食者，多为燕窝、肥鸡、鸭子、羊肉和鹿肉，鱼翅、海参之类并非没有，但皇帝并不以之入膳。据吴相湘先生讲，乾隆帝甚至不知海参等海味如何吃法。吴先生仍举一则膳档为证：“乾隆四十三年八月二十五日，高丽国进贡八带鱼二十尾、大口鱼二百尾、广鱼一百尾、全鳆鱼二十贴、红蛤二百斤、海参二百斤、浮椒十五斗、海菜二百斤。本日小太监荣世泰奉旨问：‘尔等收这些东西何处使用？’总管张顺应：‘是奴才们带进京去伺候万岁爷赏人用。’奉旨：‘是。’”乾隆帝每日早、晚膳及酒膳，各种菜肴不过一二十品，这一二十品中，荤菜不过十来品。下面看乾隆十九年（1754年）五月十日早膳：

> 卯正三刻进早膳：肥鸡锅烧鸭子云片豆腐一品，燕窝火熏鸭丝一品，清汤西尔占一品，攒丝锅烧鸡一品，肥鸡火熏炖白菜一品，三鲜丸子一品，鹿筋炖肉一品，清蒸鸭子糊猪肉喀尔沁咸攒肉一品。上传炒鸡一品。竹节卷小馒头一品，孙泥额芬白糕一品，珐琅葵花盒小菜一品，蜂糕一品，南小菜一品，老腌菜一品，酱王瓜一品，苏油茄子一品。随送粳米膳进一品，野鸡汤进一品。

晚膳菜肴与早膳大同小异。早、晚膳及酒膳之外的“炉食”有：猪油到口酥、猪油酥烧饼、猪油澄沙馅酥饺子、香油提浆薄脆、香油缸炉、香油鸡蛋麻花，等等。

综观上述，乾隆帝用膳，其中虽不乏帝王气派，但看起来似乎并不如人们所想象的那样穷奢极侈。这种印象无疑是对的，就饮食而言，乾隆帝从养身的角度考虑，极重实际。然而，如果再深入考究，乾隆帝的饮馔又绝对非同凡响。

先说人不可须臾离开的水。乾隆帝是非“天下第一泉”——玉泉山中的玉泉之水不饮。他曾说：“水之德在养人，其味贵甘，其质贵轻，然二者正相资：质轻者，味必甘，饮之而蠲疴益寿。”按照这一逻辑，分辨水之高下，其标准只有一个，即测“其质之轻重”。为此，乾隆帝特制银斗一个，经实地测量得到以下数据：玉泉山泉水每银斗重一两，塞上伊逊河水亦一两，济南珍珠泉一两二厘，扬州金山泉水一两二三厘，无锡惠泉、杭州虎跑泉一两四厘，平山泉一两六厘，清凉山、白沙、虎丘以及与玉泉山咫尺之隔的西山碧云寺泉水每银斗竟重一两一分。经测定，比玉泉山之泉还轻的水只有雪水，但雪水不可恒得，乾隆帝由此作出结论："凡出山下而有冽者，诚无过京师之玉泉。"故将玉泉山之泉钦定为"天下第一泉"，并为此御制《玉泉山天下第一泉记》以志其事。乾隆帝既有如此定评，故其不仅居宫中、御园时饮水取自玉泉山，出京巡幸在外时"亦载玉泉水以供御用"。

玉泉水质清轻，宫中酿酒亦必取之。有的记载说玉泉旨酒的配方是："每糯米一石，加淮曲七斤、豆曲八斤、花椒八钱、酵母八两、竹叶四两、芝麻四两，可酿玉泉酒九十斤。"也有记载说：一份玉泉酒三百七十斤，需南糯米三石六斗，麸曲、面曲、豆曲各二十斤，大淮曲一块，引醋二斤，玉泉水一百六十八斤。这两种酿酒配方虽略有差异，但有一点是共同的，即非玉泉水不可，玉泉酒也因之得名。乾隆帝平素小酌、节日饮用的，主要是玉泉酒，天厨调味亦然。

水之外，乾隆帝食用的其他主、副食的材料也讲究之至。御用米为黄、白、紫三色老米，在玉泉山、西苑丰泽园和汤泉等地专门种植，各地贡米自然也时充膳房。御用羊只主要由庆丰司恭进，而其肥大者，有的来自喀尔喀蒙古，有的来自内蒙乌珠穆秦。乾隆帝不食牛肉，但御茶膳房每日用牛乳熬成奶茶，随点心、果饼呈进，所需牛乳及乳饼、乳酥等奶制品均由内务府下内三牛圈取乳成造。御用鹿只等皇帝习用的家乡野味，例由盛京、吉林、黑龙江贡进。下面看吉林每年进贡的有关饮食方面的土特产：

> 四月内进油炸白肚鳟鱼肉钉十坛。七月进窝雏鹰鹞各九只。十月进二年野猪二口、一年野猪一口、鹿尾四十盘、鹿尾骨肉五十块、鹿肋条肉五十块、鹿胸岔肉五十块、晒干鹿脊条肉一百束、野鸡七十只、稗子米一斛、铃铛米一斛。十月内由围场先进鲜味二年野猪一口、一年野猪一口、鹿尾七十盘、野鸡七十只、树鸡十五只、稗子米一斛、铃铛米一斛。十一

月进七里香九十把、公野猪二口、母野猪二口、一年野猪二口、鹿尾三百盘、野鸡五百只、树鸡三十只、鲟鳇鱼三尾、翘头白鱼一百尾、鲫鱼一百尾、稗子米四斛、铃铛米一斛、山楂十坛、梨八坛、松檎八坛、松塔三百个、山韭菜二坛、野蒜苗二坛……

除此之外，凡逢接驾及恭贺万寿，吉林将军还另有贡献，这里就不赘述了。

御用果品取自近畿及盛京上三旗果园，多为北方所产之桃、杏、梨、葡萄、山里红等，而橘、橙、荔枝等则例由两广、福建贡进。这些以“任土作贡”为名进献给皇帝的贡品，俱为天下名优特产，其中有相当一部分缴进御茶膳房，经过御厨精心烹制，呈上了皇帝的膳桌。

饮食的原、辅料既是四海精品，御膳房中自然也荟萃了天下名厨。乾隆帝的口味很宽，供役膳房的高手自然满、蒙、汉、回不同民族者都有；亲幸大臣为迎合皇帝所好，也四处访觅庖厨名师，进荐给皇上。乾隆帝有时还别出心裁，亲自指示饮食的制作方法，如中午的点心八珍糕的做法，他就曾命太监胡世杰传旨：“叫你们做八珍糕所有之物：人参二钱、茯苓二两、山药二两、扁豆二两、薏米二两、炒芡实二两、建莲二两、肉粳米面四两、糯米面四两，共为极细面，加白糖八两，和匀蒸糕，蒸得晾凉了，每日随着熬茶时送。”当然，这种情形不多，乾隆帝主要还是品味御厨们的饮馔杰作，他能精细到品出哪一道菜不似出自膳单上所列厨役之手。乾隆十二年（1747 年）十月初一，在养心殿所备的十五品一桌的酒膳中，有四品菜在膳单上注明是张安官做，但他用膳时感到风味有异，便立即传旨命张安官再亲手做一品呈上。

张安官是乾隆早期膳房中著名的苏州厨师，和他一起的苏州厨师还有赵玉贵、吴进朝等，他们常进的菜有“燕窝黄闷鸭子炖面筋”“燕窝红白鸭子炖豆腐”“冬笋大炒鸡炖面筋”“燕窝秋梨鸭子热锅”“大杂烩”“葱椒羊肉”等。这些苏菜极合皇帝口味，因此张安官等受到特殊宠遇。乾隆年间在膳房中以苏菜独领风骚的是张东官，据吴相湘先生所考，张东官原为江南名厨，长芦盐政西宁以重金自苏州招来。乾隆三十六年（1771年）二月，乾隆帝巡幸山东，途次南仓大营马头用晚膳，西宁趁机让进张东官露一手。其进菜四品，内有“冬笋炒鸡”，极合皇帝口味，皇帝遂命“赏西宁家里苏州厨役张东官一两重银锞二个”。这是张东官为乾隆帝治膳之始，乾隆帝此次出巡及回銮虽多次赞赏张东官厨艺，却并未让他跟随进京；直到乾隆四十三年（1778年）七月东巡盛京途中，乾隆帝才降旨将西宁所进厨役张东官交膳房随营；从此，苏州张东官正式列名御厨。七月二十二日中伙在定福庄，张东官做“猪肉砂馅煎馄饨”大称旨。当日未正，在兴家楼进晚膳，上传张东官做“鸡丝肉丝煸菜”“燕窝肥鸡丝”“猪肉馅煎粘团”，又受称赏。二十三日，乾隆帝特传张东官做“豆豉炒豆腐”，其治办之“糖醋樱桃肉”尤为皇帝所喜食。

从乾隆帝欣赏的几品张东官所做的菜来看，并不见山珍海味之类，食材多为猪羊鸡鸭、豆腐白菜这样大路货，张东官之独得帝宠，盖烹调得宜。而所谓得宜，似乎是投合了乾隆帝的饮食品味。就南北饮食的大概趋向而论，北方人嗜浓厚，南方人尚清淡；北方人以菜品丰、点食多为美，南方人以肴馔精、果品鲜为美。同样一品“鸡丝肉丝油煸白菜”，北方厨师做的味道厚重，而张东官调制的则清淡可口。有人说：“饮食一道如方言，各处不同，只要对口味。口味不对，有如人之情性不合者，不可以一日居也。”张东官摸透了乾隆帝雅好南味的饮食特点，故如吴相湘先生所说，自乾隆三十六年以后，“苏州厨役”张东官固为膳档中风头最健之人物！

乾隆帝嗜好苏菜与当时江南习尚风靡京师不无关系。邓云乡先生在《红楼风俗谭》一书中说：“在社会上，人们饮爱南酒，食重南味，曲尚南曲，糖称南糖，衣着讲南式，园林效苏杭。一说南方人，便受人另眼看待；能听懂南方话，也觉十分得意”。当时北京社会上所谓的南方人，习惯只指江苏、浙江、安徽一带的人，并不包括湖广、四川、广东、福建这些省份。乾隆帝饮爱南酒、食重南味已如上述，他主张的曲尚南曲、园林效苏杭下面还要提到。邓先生在谈到清代京师的风俗时，还提到《红楼梦》中所写的“火腿炖肘子”“酸笋鸡皮汤”“虾丸鸡皮汤”“酒酿蒸鸭子”“胭脂鹅脯”等江南名馔。这些南方菜虽未必原封不动地见于乾隆膳档，但可以肯定，膳房中的苏州厨役为迎合皇帝口味，已把苏菜的特色融入了某些北方菜，特别是满洲传统菜肴之中了。如乾隆帝爱吃的“野鸡汤”“野鸡丝酸菜汤”“清蒸鸭子糊猪肉喀尔沁咸攒肉”等，似乎就是南北融会、满汉合璧的新式菜肴。就每餐肴馔而言，也是各民族的风味菜点纷然杂呈。乾隆四十八年（1783 年）正月二十，乾隆帝在圆明园的同乐园听戏，晚膳第一品自是张东官拿手的“摆肥鸡糟戎刀肉热锅”；第二品是常二做的“炒鸡丝肉丝炖海带丝热锅”，似乎也属苏式菜系，银碗装的“羊他他士”，以及“挂炉羊肉”大概是回族风味吧。这些都出自宫廷厨师之手，还有京师饭庄名厨做的“冬笋鸭腰白鸭子”“冬笋口蘑爆炒鸡”“炒木樨肉”等菜肴。总之，乾隆帝的口味虽受京师时尚影响，但仍保留着满洲饮食的诸多特点。重视传统，又不为传统所囿；追求时尚，但绝不会完全拜倒在时尚之下；一切都要经过自己的审美趣味重新锻炼和陶冶，从而造就出一种崭新的艺术形式以规范和引导整个社会的时尚趋向——这才是乾隆帝品味的特异之处。他对喜爱的苏菜如是，对南方园林、西洋绘画……无不如是。

最后，还要谈谈乾隆帝对饮食器皿的讲究。先看乾隆十二年（1747 年）十月初一在重华宫“正谊明道”东暖阁举行的一次晚膳，席间的全部汤、菜共二十四品，布在一个洋漆花大膳桌之上：

红潮水碗：燕窝鸡丝香蕈丝火薰丝白菜丝一品；

五福大珐琅碗：续八仙一品、肥鸡白菜一品；

铜珐琅碗：炖吊子一品、苏烩一品、鸭子一品、野鸡丝酸菜丝一品；

四号黄碗：芽韭炒鹿脯丝一品；

银盘：烧狍肉锅塌鸡丝晾羊肉攒盘一品、祭祀腊羊肉一品；

黄盘：粮饵粉糍一品、象眼棋饼小馒头一品；

银碗：折叠奶皮一品；

银盘：烤祭神糕一品；

银碗：酥油豆面一品；

紫龙碟：蜂蜜一品；

二号金碗：拉拉一品（内有豆泥，珐琅葵花盒）；

五福捧寿铜胎珐琅碟：小菜一品、南小菜一品、菠菜一品、桂花萝卜一品。

此外，羊肉卧蛋粉汤、萝卜汤、野鸡汤三品未注明容器，粳米膳一碗“照常（用）珐琅碗，金碗盖”。一顿普通晚饭，竟大大小小、错错落落地摆上了金、银、珐琅制的餐具二三十件，匙筋还不在内。据膳档可知，乾隆二十一年（1756年）皇帝用膳时摆有“御用金羹匙一件（牙靶松石钮）共重一两三钱，金匙一件松石钮共重二两三钱，金叉子一把牙靶松石钮共重八钱”，这种豪奢的气派恐怕是旁人难以望其项背的。

中国自古以来就有“美食不如美器”的说法，到乾隆时食器可以说达到了前所未有的阔绰地步，流风所及，直至季年。嘉道时人姚元之曾说：“近京师宴客，器皿精致，不独外省所未见，即京师向亦未之有也。”哪里来的这么多的美器呢？姚元之了解内幕，他说：嘉庆年间内务府“磁器库以库贮充斥”，一再请发出变价，“于是旧磁悉出，间有明代者。其式样之工，颜色之鲜，质地之美，往时外人偶得一具，必将珍为古玩，今乃为酒席之用”。原来，京师士大夫向所未见的精致食器都是乾隆年间内府磁器库存贮过多、变价发出的二流货，那么其未发出的又当如何？姚元之所说的仅是瓷器，他未提到的金银器到了慈禧太后时则更青胜于蓝了。咸丰十一年（1861年）冬，慈禧垂帘听政之初即扩大膳房，金匙一件即重达三两。乾隆帝九泉有知，不知作何感想？

二　中国学者

乾隆帝作为一位根柢深厚、个性鲜明的中国学者，对汉文化的态度是很复杂的。他一生徜徉于博大精深的汉文化海洋之中，深知其中的甘苦，一入其道，“势必一二十年，始有端绪”；出而化之，洒脱自在，则非天资卓越者，积毕生之读书、穷理、实践、反思，而难望企及之。他的终身知行不辍，不能排除确有陶醉其中的乐趣和积以时日养成的结习等因素，但也是政治上的需要使然。作为少数民族帝王，乾隆帝统治着一个汉人占人口总数百分之九十以上的大国，不深通汉文化是无法想象的；汉文化的造诣无法超过汉人通儒，这也是乾隆帝的个性所不允许的。他要向天下臣民显示，他之所以能为天下主，并非仅仅因血统高贵，即使以汉文化的修养而论，他也是当之无愧的。惟其如此，他鄙薄通儒纪昀为“无用腐儒”，也不愿满洲精英都来学样，闹出邯郸学步的笑话还在其次，搞不好甚至会危及国本，重蹈金、元一入中原即被汉化的覆辙。

乾隆帝是一个典型的中国学者。他聪明天纵，记忆力超群，在少年时代就把汉文化的根柢——经史典籍背得烂熟于胸，又受到当时的著名经学家朱可亭（轼）先生等硕儒的悉心教诲，从小打下了牢固的汉学基础。乾隆帝即位以后，在处理政务的余暇，博览丰富而珍贵的皇家庋藏，涉猎的范围更扩大到了先秦诸子各家学说，以及历代先贤的文集、诗集，全面而系统地吸收了中国传统文化的精蕴。他对佛学也有兴趣，但造诣远不及其父雍正帝，他只是在郁闷孤独时才偶尔“闲开梵帙消繁虑”；有时他也手书佛家偈语赏给最亲幸的大臣，告诫他们“收束身心，屏除幻妄”。与传统的中国学者相比，乾隆帝又有一个极为特殊的优点，那就是精通多种民族语言。对于掌握语言，乾隆帝似乎有惊人的天赋，其汉语、满语早已达到精熟的程度，自不必多说；即位之初，他又学习蒙语，“不数年而毕能之”，且能“曲尽其道”；中年以后，为平定回疆、金川，以及接待六世班禅，他更学会了“回语”（维吾尔语）、“唐古特语”（藏语）和“西番语”。能掌握五六个民族的语言文字，其语言天赋在清代皇帝乃至历代帝王中恐怕是首屈一指的。乾隆帝对自己汉学造诣的精湛程度相当自负，他公开宣称：“即以汉人文学而论，朕所学所知，即在通儒，未肯多让，此汉人所共知。”乾隆帝身边专事恭维的御用文人且不论，即便是著名学者、诗人赵翼，对乾隆帝的学问也是由衷钦佩。在《簷曝杂记》中，赵翼对乾隆帝的才学有如下的评述：

上圣学高深，才思敏赡，为古今所未有。御制诗文如神龙行空，瞬息万里。平伊犁所撰《告成太学碑文》，属草不过五刻，成数千言。读者想见神动天随光景，真天下之奇作也。寻常碑记之类，亦有命汪文端（汪由敦，时为军机大臣）具草者，文端以属余，余悉意结构，既成，文端又斟酌尽善。及进呈，御笔删改，往往有十数语只用一二语易之，转觉爽劲者，非亲见斧削之迹，不知圣学之真不可及也。

赵翼还讲过这样一件小事：有一次，他随驾前往木兰围场行猎，读御制《雨猎诗》中，有“着制”二字，怎么也想不起典出何处。过后他翻看《左传》“齐陈成子帅师救郑”，内有“衣制杖戈”，文下注云“制，雨衣也”，才恍然大悟。还有一次值军机处时，乾隆帝在军机大臣所拟旨稿上，添了“埋根首进”四字，赵翼亦不得其解，日后偶阅《后汉书·马融传》，才明白“埋根首进”意为“决计进兵”。由此，赵翼感慨地说：“圣学渊博如此，岂文学诸臣所能仰副万一哉？”

乾隆帝又是一个极富个性的中国学者。他有书卷气，但不迂阔；他喜欢读书人，喜欢有才气的学者，但又看不惯腐儒的泥古不化，不通时变；他一生做到了“理不可不日穷，书不可不日读”，但又注重实践，强调知行合一。

乾隆帝刚即位时，见各省督抚参劾属员的本章中每有“书生不能胜任”“书气未除”之类的贬语，很不以为然，并明降谕旨，指出：“读书所以致用，凡修己治人之道，事君居官之理，备载于书。”他以为：一个州县官如果真称得上书生，“以易直子谅之心，行宽和惠爱之政，任一邑则一邑受其福，莅一郡则一郡蒙其休”。他明确表示：“朕惟恐人不足当书生之称，而安得以书生相戒乎？”接着他又结合自己的经历，痛快淋漓地抒发了对“书生”“书卷气”的赞美：

朕自幼读书宫中，讲诵二十年，未尝少辍，实一书生也。王大臣为朕所倚任，朝夕左右者，亦皆书生也。若指属员之迂谬疏庸者为书生，以相诟病，则未知此正伊不知书所致，而书岂任其咎哉？至于“书气”二字，尤可宝贵。果能读书，沉浸酝酿而有书气，更集义以充之，便是浩然之气。人无书气，即为粗俗气、市井气，而不可列于士大夫之林矣。

讲上述这一番话时，乾隆帝不过是个二十几岁的青年，他突出强调了读书在陶冶气质品行方面的作用。然而，此时的乾隆帝虽推重读书，但并未从书本中完全解脱出来，达到挥洒自如的更高境界。乾隆三年（1738 年）三月，他首次亲诣太学，曾想复行“三老五更”的古礼。《礼记·文王世子》记曰：“设三老五更，群老之席位焉。”天子敬事三老五更，以父兄养之，示天下以孝悌也。这种古礼直到汉代仍保存着。当时朝廷曾养三老五更于太学辟雍，汉明帝更是“尊事三老，兄事五更”。未到而立之年的乾隆帝异想天开，欲恢复古礼，这是他政治上不够成熟的表现，在一定程度上也反映出他泥古不化的书呆子气。当时大学士鄂尔泰倾向于赞成此举，而大学士张廷玉则断以为不可，行三老五更古礼之议才打消。乾隆四十年（1775 年）后，乾隆帝御制《三老五更说》，以辟诸家之谬，越六年，又作《三老记》一文，据《孟子》而断定“三老”即“耆艾而长于乡者”，由此而忆及年轻时拘执古礼，遂有以下一段反省：

以今观之，则廷玉之议为当。设尔时勉强行之，必有如廷玉所谓资后人之议者矣……盖戊午（乾隆三年）朕方二十八岁，而戊戌（乾隆四十三年）则六十有八，此亦足验四十年间学问识见之效。而年少时犹未免有好名泥古之意，至今则洒然矣。

诚如乾隆帝对自己所下的判断，当他的阅历日渐丰富以后，他也就慢慢地把书读活了，到晚年时更达到了出神入化的境界。他虽服膺孔孟的学说，但敢于批驳先圣，发挥自己的独立见解。《论语》是孔门弟子和再传弟子所汇辑的一部孔子语录集，其中有这样的记述：“子曰：吾衰也久矣，吾不复梦见周公也。”乾隆帝则以为孔子未必讲过此语：“夫子未识周公形容，何从见诸梦寐？”此外，他又引《论语》中另一段话：“子不语怪、力、乱、神。”进一步指出孔子“岂肯为此无稽之说乎”？如果说这仅仅是诗注中的游戏笔墨，那么，他对亚圣孟子的某些说法则是不惜在大庭广众之下，严肃郑重地予以指斥了。乾隆五十二年（1787年）仲春经筵，讲官德保、刘墉进讲《孟子·万章》，这篇文章的内容大致是，孟子的弟子万章问孟子："有人说，到禹的时候，道德就衰微了，不再传位于贤者，而传位于自己的儿子，这种说法对吗？"孟子回答道："不，不是这样的。天要传位于贤者，就传与贤者；天要传位于君王之子，就传位于君王之子。"讲官讲毕，一同侍班的大学士、九卿、詹事等齐刷刷地跪在文华殿正中的皇帝宝座之下，敬聆御论。只听乾隆帝侃侃而谈，开口便一语惊人："'天与贤则与贤，天与子则与子'，斯二语也，以为答万章之前问，从而为之辞，则可；若以为示后之继业，为万世法，则不可。"下面乾隆帝从容罗列根据，根据之一：

> 盖自启贤继业之后，但有与子，无与贤之事矣。其有托与贤而攘窃者，皆乱臣贼子之流，非唐虞之所谓禅也。

这就是说，三代之后，凡借"天与贤则与贤"而篡夺帝位者，皆为乱臣贼子。易言之，"天与贤则与贤"一句，从理论上讲，对有国者不利。再看乾隆帝的第二条根据：

> 且天何言哉？与贤、与子，将命者谁？以予论之，天视自我民视，天听自我民听，民之所与，即天之所与。然与子虽为万世不易之规，而其败德隳行，恃天之与已，而不知凛难谌靡常之义，存如保赤子之怀，则民必不与之，而天亦厌之而不与。斯不大可畏乎？纣之言曰："我生不有命在天。"此岂非恃天之与已乎？

这段话的核心是，为君王者切不可"恃天"而骄纵，其能否坐稳帝位，关键还在能否"爱民"。

乾隆帝对孟子这段话大不以为然，故而在"御论"结尾时说："余又以为斯言也，仲尼必不为之；仲尼而为斯言，亦非仲尼而已矣……呜呼！此孔子所以为至圣，而孟子只可称其亚者乎？"

平心而论，这篇针对孟子的“御论”，析理精微，确实精彩。经筵御论尚且如此不留余地，在其他场合乾隆帝对孟子就更不客气了。《孟子》开宗明义的第一章便是《孟子见梁惠王》。梁惠王说，您老先生不远千里而来，想来会有利于我国吧？孟子回答说：“王！何必曰利？”乾隆帝又大不以为然，他在诗注中说：利有“公利”“私利”之别，“公利”为什么不能讲呢？“利在乾元五德之中，古圣所言，岂可去其一而不用？”乾隆帝反对一味地抹杀、菲薄功利主义，他的见解显然比孟子高明。

乾隆帝一生能够成就诸多超迈古今的伟业，与他饱学而又不尽信书，特别是并不处处墨守儒家教条，注意从已经变化了的实际情况出发决定方针政策有关。斥边功，厌武备，这是道学家的故习。用兵准噶尔，盈廷群臣惟傅恒一人态度鲜明地支持皇上，乾隆帝力排众议，独断出兵平准。故而，乾隆帝不喜“穷兵黩武”一词，而针锋相对地以“奋武”代之。乾隆帝的“十全武功”并非都是正义之战，但他不赞成一味地反对战争，这也是道学家不可企及的。再看惩贪。乾隆帝惩治贪污、贿赂之严，古今史家俱有公论。乾隆朝的六十年间，被杀掉的督抚等一、二品贪官墨吏不下三十员，甘肃通省官员贪污大案中，被判处死刑的官员有一百余人，其中绑赴刑场“名正典刑”的官员上自巡抚、布政使，下至州县牧令，共计五十六名，这在有清一代是空前绝后的，在中国古代史上亦是罕见的。乾隆帝以铁腕手段惩治贪官，与他在治学上摆脱了“好名泥古”、在法理上批驳了“与其有聚敛之臣，宁有盗臣”这一宽容贪官的古训也有直接关系。乾隆帝朝惩贪愈力，贪风愈烈，个中原因极为复杂，但乾隆帝严惩贪污的立法行为绝对应该肯定。这一切，若没有厚实的学问根基，若没有务实求实、不迷信先圣教条的思想方法和治学态度，是很难做到的。

说乾隆帝是一位个性极为鲜明的中国学者，还因为他注重实践，强调知行合一。如上所述，乾隆帝之所以敢怀疑、驳正某些儒家教条，正因为他在实践中感到神圣古训亦有窒碍之处。正如他在《古风》一诗中所述：

曩余佩古训，治理颇能言。

行之扞格多，乃悟实践难。

乾隆帝治学态度的可贵之处，正在于他虽像海绵吸水一样接受中国传统文化，但他并不满足，也不迷信。当被人们笃信奉行了千百年的教条一旦与实践“扞格”时，他尊重实践胜于古训，读书如此，为政亦如此。

乾隆帝南巡，论者多有不同看法，但对他实地考察河工、海塘，人们大致没有异议。即以浙江海塘而论，首、二次南巡，海潮无警，因而御驾未至海滨。迨至乾隆二十五年（1760年）顷，海潮改趋北大门，海宁一带潮灾严重，地方大吏有柴塘、石塘之争议，乾隆帝遂于三度南巡时首次驾临海宁，实地勘察。此后第四、五、六次南巡俱亲临海塘阅视，指授方略。经过二十余年，乾隆帝治理海塘的学问日渐深厚，从最初主张柴塘治标，改为最后兴建鱼鳞大石塘，从而完成一代伟绩。

乾隆对读书时碰到的疑难问题，也往往在实践中进行验证，以决疑传正。自古以来人们即认为黄河孕育了华夏文明，故而对黄河之源，一代一代竞相追溯，务得其实。汉通西域，张骞仅得河源梗概；元世祖曾遣笃什穷探，仅至星宿海而止；康熙帝也曾命侍卫拉锡等往穷河源，亦至星宿海而已矣。乾隆四十七年（1782年）春，因黄河青龙冈决口久未合龙，乾隆帝特命大学士阿桂之子、乾清门侍卫阿弥达前往青海，“务穷河源，告祭河神”。阿弥达遂西溯河源，绘图具奏云：

星宿海西南有一河，名阿勒坦郭勒，蒙古语“阿勒坦”即“黄金”，“郭勒”即河也。此河实系黄河上源，其水色黄，回旋三百余里，穿入星宿海，自此合流至贵德堡，水色全黄，始名“黄河”。又阿勒坦郭勒之西，有巨石高数丈，名“阿勒坦噶达素齐老”，蒙古语“噶达素”，北极星也，“齐老”，石也。其岸壁黄赤色，壁上为天池，池中流泉喷涌，酾为百道，皆作金色，入阿勒坦郭勒，则真黄河之上源也。

据此，乾隆帝说："其所奏河源颇为明晰。"意即阿勒坦噶达素齐老壁上天池乃黄河之真源。乾隆帝对河源的认识并未到此而止。他进一步指出《宋史·河渠志》所载河源的错误，并考证出其误在不通蒙古语，而将新疆的昆仑山生拉硬扯到青海境内，指为河源。为此，乾隆帝作《读〈宋史·河渠志〉》一文，以订正其论。尔后，他又参酌《元史·地理志》《汉书·武帝纪》等史籍，肯定《宋史·河渠志》所记大致不误，但究未穷尽河源。最后在御制《河源简明语》中，他扼要地叙述了自己的看法：

> 盖河源究以张骞所探蒲昌海盐泽，及汉武帝所定昆仑为是。虽《山海经》《水经注》皆略具其说，《山海经》刘歆称伯益所著，本无所据；《水经注》则桑钦、郦道元皆张骞后人，实祖其说而广之，以至于烦文。且昆仑在回部，原出玉也，独未揭伏流至青海，于阿勒坦噶达素之天池而出耳。至唐宋以至元，乃有鄂敦淖尔为河源之语。鄂敦为蒙古语，汉语即星宿海也。彼时虽未考至天池，而中国之河源，实由此颇见梗概矣。溯伏流以至蒲昌海盐泽，非河源为何？星宿海亦盐泽之伏流，至青海而出为清水，黄河挟之以流，始为微淡，后为纯黄，是二水本一源，至中国出地为二色，而终归于一。

河源既明，侍郎纪昀等又奉旨博采史传，旁稽众说，综其向背，定其是非，辑为《河源纪略》一书。纪昀等称颂乾隆帝"自临御以来，无逸永年，恒久不已，乾行弥健，睿照无遗。所综核者，无一事不得其真；所任使者，亦无一人敢饰以伪。与笃什之探寻未竟，遽蕲预报命者，更复迥异。是以能沿溯真源，祛除谬说。"这自有吹捧的味道，但赞誉皇帝"沿溯真源，祛除谬说"，则符合事实。

乾隆帝学问精深，尤为可贵的是，他重视实践，强调知行合一，因此，他的学问较少陈腐气，是有益于治道的真学问。乾隆帝睥睨汉人通儒，不能不说他有相当的资本。他用纪昀等大学问家编纂《四库全书》，但从心底里仍很藐视他们。乾隆五十年（1785 年）四月，刑部审理旗员海升殴死其妻吴雅氏一案，左都御史纪昀等奉旨会同刑部开棺覆验，因海升系大学士阿桂姻亲，纪昀有意包庇，几使正凶逸于法网之外。经乾隆帝看出疑窦，案件真相大白，纪昀从宽交部严加议处，但乾隆帝的旨意十分严切：“其派出之纪昀，本系无用腐儒，原不足具数，况伊于刑名事件，素非谙悉，且目系短视（近视眼），于检验时未能详悉阅看，即与刑部堂官所言，随同附和。”纪昀尚且被说成是“无用腐儒”，其他汉人学者更不在话下了。但乾隆帝的本意并不是不承认纪昀学问之博雅宏赡，而是说他仍不脱书呆子气，未能练达吏事。

对于有能事之称的旗员们，特别是满员，乾隆帝又不让他们学自己的样子——既满腹诗书，又善于理事。他曾刻薄地说：“朕尝谓满洲进士出身之人无一好者。”简亲王、总督德沛被乾隆帝指责为“假道学”，理由是“刻书太多”；总督钟音一度被看好，但很快就指责他“狃于满洲科甲陋习，自号文人”“夙以文墨自负”，而于海疆武备一切置之不问；大学士舒赫德以办事心细，甚被倚重，却以“渐染汉人习气，每日记事作诗”招致乾隆帝的不满。在乾隆帝看来，满洲科目出身的人，“问以文学，则曰身系满洲，岂汉人可比？及至问以清语、骑射，又曰我系词林，岂同武夫战卒？两处躲跟，进退失据，而落于无用之流”。如果说有例外的话，大概只有鄂尔泰、尹继善二人还算差强人意。乾隆帝曾这样说：“近时大臣，在科第中有名者，不过如鄂尔泰、尹继善一二人而已。”而他俩的被重用，诚如乾隆帝所说：“实以其心地才干，初不以其文也。”因此他又说：“我朝开国以来，名臣硕辅，莫不志秉忠忱，才优韬略，初非从事占毕（读书）者；即仕跻大僚，内而大学士、尚书，外而总督、巡抚，勋名气节，指不胜屈，大约皆非出于甲乙两榜。”满洲人不必靠读书仕进也可成为治世名臣，他们究竟靠什么呢？乾隆帝解释说：“我满洲人等纯一笃实，忠孝廉节之行，岂不胜于汉人之文艺、蒙古之经典与？今若崇尚文艺，一概令其学习，势必一二十年始有端绪，恐武事既废，文艺又未能通，徒成两无所用之人耳。”在这方面，乾隆帝有深刻的教训，那就是鄂尔泰的大公子、出身翰林的鄂容安。鄂容安官至两江总督，乾隆二十年（1755 年）以参赞大臣从定西将军永常出西路，追大军平定伊犁，受其叔伯兄弟鄂昌牵连，行赏独不及。未久，阿睦尔撒纳叛走，天山南、北路陷于纷乱之中，鄂容安与将军班第被围困自尽。内阁为鄂容安拟二谥请上裁，以翰林起家者例谥“文”，因此拟“文刚”“文烈”，乾隆帝打破惯例，抹去二“文”字，谥“刚烈”，后悬其图像于紫光阁，亲为赞，有曰：“用违其才，实予之失！”三十年后，他对此事仍念念不忘，说鄂容安在翰林中号称出色者，“曾膺军旅重寄，临危遇变，亦惟知一死塞责，究于国家大事，何所裨补耶？”至于鄂尔泰之侄、甘肃巡抚鄂昌，就更令乾隆帝痛心疾首了。鄂昌同他伯父一样，举人出身，在甘抚任上受胡中藻诗狱牵连，革职抄家，抄出他所写的《塞上吟》一诗称蒙古为“胡儿”，还有一封信稿对堂弟鄂容安差往北路军营一事哀叹“奈何奈何”。鄂昌以满洲科甲而学习文艺，也跟着汉士大夫杯酒流连，诗歌酬唱，甚至涉足于朋党，乾隆帝气愤已极，骂他“纯属满洲败类”，并借他的脑袋警诫其他意志不坚定者。

总之，乾隆帝作为一个根柢深厚、个性鲜明的中国学者，对汉文化的态度是很复杂的。他一生徜徉于博大精深的汉文化海洋之中，深知其中的甘苦，一入其道，“势必一二十年，始有端绪”；出而化之，洒脱自在，则非天资卓越者，积毕生之读书、穷理、实践、反思，而难望企及之。他的终身知行不辍，不能排除确有陶醉其中的乐趣和积以时日养成的结习等因素，但主要是政治上的需要使然。作为少数民族帝王，乾隆帝统治着一个汉人占人口总数百分之九十以上的大国，不深通汉文化是无法想象的；汉文化的造诣无法超过汉人通儒，也是乾隆帝的个性所不允许的。他要向天下臣民显示，他之为天下主，并非仅仅因血统高贵，即使以汉文化的修养而论，他也是当之无愧的。惟其如此，他鄙薄通儒纪昀为“无用腐儒”，也不愿满洲精英都来学样，闹出邯郸学步的笑话还在其次，搞不好甚至会危及国本，重蹈金、元一入中原即被汉化的覆辙。

三　艺术家和诗人

乾隆帝的诗歌题材单调，又不暇锤炼，整体上被后人评为“格调不高，佳作不多”。他的诗作价值更多在其纪实性，古人有言，“诗以证史”，收诗四万三千六百三十首的乾隆帝《清高宗（乾隆）御制诗集》弥补了官方编年史《清高宗（乾隆）实录》的不足，从某种意义上讲，也可以说是中国十八世纪的一部“诗史”。

乾隆帝在书画诗文方面的名气似乎超过他的学问，但在展开乾隆帝这方面的成就以前，人们应当了解，皇帝的文学艺术造诣，以至他的审美情趣，是离不开他的极扎实的汉文化根柢的。

乾隆帝从十九岁开始学画，那时他尚居藩邸，闲暇甚多。他喜欢画花鸟，每于桃红柳绿、云淡风清之时，或夏荫浓深、秋英消洒之际，以至松柏于岁寒雪中傲立的隆冬之节，年轻的四阿哥弘历每每“抚景兴怀，抒清思而消永日”。乾隆元年（1736年），他刚临御天下时，还曾给自己的生母崇庆皇太后画了题为《松竹梅》《桂菊》《牡丹》《梨花白燕》《栀子花》和《凤仙石竹》的六幅花鸟彩图。这以后，随着政务的日益繁忙，乾隆帝已难得有闲情逸致专心作画，偶尔捡出皇子时代的旧作欣赏，不禁有“输与昨年潇洒甚，绿窗爱月正迟眠”的感慨。皇帝仍偶有绘事，不过画些水墨画而已。

乾隆帝的画风，据他自己说，达意之笔巧妙，不做纤细描写。由于皇帝喜欢绘画，在他周围集中了一代颇有成就的宫廷画家，中国人如张宗苍、邹一桂、董邦达、张若霭、钱维城、张若澄等，西洋人则有郎世宁、王致诚、艾启蒙诸名家。有时乾隆帝也和此辈共绘一景，彼此欣赏，相互切磋。首次南巡到苏州，乾隆帝为寒山“千尺雪”绝佳的风景所倾倒，又极欣赏“千尺雪”这名字，遂命江南画师张宗苍绘图携回，嗣后陆续在西苑中南海、避暑山庄及盘山行宫各仿苏州寒山“千尺雪”造一景点，并命董邦达、钱维城各自画了《西苑千尺雪》和《热河千尺雪》，自己则亲自拈毫点染，作《盘山千尺雪》，“四图合装而分贮之，每至一处展卷，其余三处之景皆寓目焉”。乾隆帝敢于同当时的名画家比肩作画，而且是为同一风景写生，足见他对自己绘画水平的自信，也可见他在绘画方面确有相当的造诣。

与绘画相通的书法，乾隆帝似乎用功更勤。他崇拜王羲之的书法，称《快雪时晴帖》为“千古妙迹”，日理万机之余，临仿不下百数十回。王羲之以下，他对历代大书法家如苏轼、黄庭坚、米芾、赵孟頫、文徵明、董其昌的传世名帖也临写不辍。关于乾隆帝的书法风格，有人说他书法颜体，毫无优雅的风致，“连相当于街头舞女的那种姿势的字都没有”；有人则以为乾隆帝深受赵、董的影响，他的书法风格，从结构到笔法，都“属于子昂（赵孟頫）范畴”。这里且不对人们的品点作出评价，单说乾隆帝的墨迹，似乎已摆脱了赵孟頫、董其昌那种柔滑而缺乏骨气的笔法，而形成了自己方圆兼备、布白得宜、结构稳重、刚柔相济的独特风格。就书体而论，乾隆帝多写行书，但楷书、草书亦有不少传世；就字的大小而言，乾隆帝既书等丈的巨制，也喜欢写蝇头小楷。年逾古稀后，他一般不再写小楷，七十四岁又心血来潮，为《夷齐庙四景》画卷以蝇头细书题诗。作为帝王，乾隆帝书法精湛，巡幸所至，无论是塞北还是江南，是齐鲁抑或中州，到处都留下了那圆润流畅，一望可知的乾隆帝墨迹；但他并不自以为已臻于极致，而对其同时代书法家张照推崇备至，以为张照所书，字无大小，皆有精神贯注，非人所可学。在《怀旧诗·五词臣》中，乾隆帝对张照书法给予了极高的评价：“书有米之雄，而无米之略；复有董之整，而无董之弱。羲之后一人，舍照谁能若？”

就乾隆帝本人而言，终其一生，作书写画未尝少辍，其间虽不无与风流高雅的汉族士大夫较一日之短长的炫耀意味，但恐怕更多的是一种文人的结习使然。几余之暇，寄情翰墨，书法、绘画不过是消遣的风雅手段而已。把他的书画吹捧为“妙印钟、王，临池游艺，大而擘窠等丈，小而细楷蝇头，各臻极诣；拈毫点染，旁涉绘事，文艺在握，造化为师，有非顾、陆之规矩，六法所能仿佛者”固然为过；但说乾隆帝的书画俗媚到无艺术情趣可言，也实属偏颇。乾隆帝喜欢画画儿，他的绘画有相当水准，不过称不上名画家；乾隆帝喜欢写字儿，他的书法亦有较高造诣，但也不能跻身于书法名家之列；然而，就一位日理万机、政务繁剧的帝王而论，乾隆帝书画之精，还是古所罕见的。

同书法、绘画一样，吟诗属文，尤其写诗，也是乾隆帝一个积久难破的文人习气。他多次自言，“伊余有结习，对时耽属咏”，“笑予结习未忘诗”，“平生结习最于诗”。

乾隆帝写诗的习惯早在阿哥时代便已成型，《乐善堂全集》中便汇辑了这位风流儒雅的四阿哥的最初诗作。即位以后，他创作的诗作篇数量与年俱增。当乾隆十五年（1750 年）准备将御制诗结集刊行时，面对着数以千计的诗章，连他本人也嫌吟哦略多了些。他惟恐效汉人陋习，玩物丧志，故而作诗自警云：“赋诗何必多？杜老言诚正。况乎居九五，所贵行实政。”不料，此后他的诗作不仅未见减少，而且以每日数首甚至十数首的速度迅速增加着。有一次，乾隆帝游京师西郊香山，五天中写了六十七首诗。乾隆帝在位六十年，前后共出版了《清高宗（乾隆）御制诗集》初、二、三、四、五集，合计收诗四万一千八百首，加上即位前在潜邸创作的《乐善堂全集》中的一千零八十首，以及三年太上皇时期创作的《御制诗余集》所收七百五十首，总数高达四万三千六百三十首。这个数字接近《全唐诗》所收的有唐一代三百年中两千二百多位诗人全部诗作的总和。乾隆帝从康熙五十年（1711 年）出生，到嘉庆四年（1799 年）以八十九岁高龄辞世，在人生的路途上共度过了大约三万个日日夜夜，如果他呱呱坠地时的第一声哭便是一首诗，那也要日复一日、年复一年地以每天两首诗的速度不停地写，直到永远地停止呼吸那一天为止，大概才能创作出这么多诗作。难怪一位乾隆帝传记的日本作者说：“世界各国皇帝没有一个曾留下这样多的作品，就这一点来说，乾隆帝也可许为伟大的皇帝。”

然而，很遗憾，数量惊人的“御制诗”并不完全出于乾隆帝手笔，连他本人亦不讳言，其中有些“出词臣之手，真赝各半”。替乾隆帝捉刀的，起初有汪由敦、钱陈群、刘统勋，中间有沈德潜、刘纶、于敏中，晚年则有梁国治、张鹏翀、彭元瑞等人。乾隆帝每天办完公务，“或作书，或作画，而诗尤为常课，日必数首，皆用朱笔作草，令内监持出，付军机大臣之有文学者，用折纸楷书之，谓之‘诗片’”，再由内监将“诗片”抄入诗本，到于敏中供奉内廷时，诗片缮入诗本也由他一手包办了。日后礼亲王昭梿曾不无讽刺地记录了这样一段故事：

> （于敏中）才颇敏捷，非人所能及。其初御制诗文，皆无烦定稿本，上（乾隆帝）朗诵后，公为之起草，而无一字之误。后梁瑶峰（国治）入军机，上命梁掌诗本，而专委公以政事，公不复留心。一日上召公及梁入，复诵天章，公目梁，梁不省。及出，公待梁誊抄，久之不至，问之，梁茫然。公曰：“吾以为君之专司，故老夫不复记忆，今其事奈何？”梁公愧无所答。公曰：“待老夫为君思之。”因默坐斗室中，刻余录出，所差惟一二字耳，梁拜服之。

这个故事如果真确的话，那么，到乾隆中期以后，乾隆帝作诗已懒得用“朱笔作草”，而是只摇头晃脑地吟诵“天章”，再由御用文人凭记忆录出而已。于敏中“默坐斗室”，杜撰出来的诗句究竟是否与皇帝所吟诵者仅差“一二字”，大概只有天知道；不过即使如此，也不能否认乾隆帝才思的敏捷。诗人赵翼说乾隆帝诗文“如神龙行空，瞬息万里”，不能尽视为不着边际的肉麻吹嘘。乾隆帝写诗犹如作书画，多是紧张工作之余的消遣和娱乐，正如他自己所说的：“几务之暇，无他可娱，往往作为诗、古文、赋。文、赋不过数十篇，诗则托兴寄情，朝吟夕讽。其间天时农事之宜，莅朝将事之典，以及时巡所至，山川名胜、风土淳漓，莫不形诸咏歌，纪其梗概。”故而乾隆帝诗作多题材单调，又不暇锤炼，整体上被后人评为“格调不高，佳作不多”，有人甚至说“高宗诗最不堪”。乾隆帝诗作的价值更多在它的纪实性，古人有言“诗以证史”，数以万计的“御制诗”弥补了《清高宗（乾隆）实录》的不足，从某种意义上讲，也可以说是18世纪中国的一部诗史。从文学艺术的角度审视，那些近于苛刻的评论也许并不错，但乾隆帝数以万计的诗章中也时见清新自然的篇什。特别应该提出的是，皇帝献给孝贤皇后的上百首诗堪称最见真情的上乘佳作，只有在这些诗中，他才真正放下了帝王的尊严，尽情地抒发了内心深处对异性的眷恋。乾隆帝写了那么多悼念结发妻子的诗，并且把这些袒露个人胸中隐秘的作品收入《清高宗（乾隆）

御制诗集》刊行，让后世子孙和天下文人去评说，对皇帝而言，无疑是需要勇气的事。人们常说乾隆帝是历史上最多产的诗人，其悼念孝贤皇后的诗篇虽仅及其全部诗作总数的百分之一，却也足以可使乾隆帝跻身于清代诗人之列而毫不逊色，尽管他一再申明“不欲以诗矜长”，“亦不欲与文人学士争巧，以贻后世之讥”。

四　鉴赏家和收藏家

乾隆帝的收藏之富在历史上堪称空前，但更令他陶醉的是收藏之精。诚如一位西方史学家所言：“乾隆帝的收藏是帝王品味中最高表现，是对最稀有、最好的东西的历史性保存；同时，这些收藏品无疑地都是光彩夺目之作，且多半是无上珍品。”

乾隆帝又是一个颇有眼力的古玩鉴赏家和古往今来搜罗最富、品鉴最精的收藏家，尤精于书画的鉴赏。礼亲王昭梿对此有过简要评述：

> 纯庙（乾隆帝庙号纯皇帝）赏鉴书画最精，尝获宋刻《后汉书》及《九家杜注》，心甚爱惜，命画苑写御容于其上。岳氏《五经》，特建五经萃室以贮之。又觅马和之《国风图》，历数十年始全获，藏于学诗堂。其他如韩滉《五牛图》，设春藕斋，周铸十二钟，于景阳宫，皆有所谓。可知勤政之余，其所以怡情悦性者皆不凡也。

事实正是如此。乾隆帝自己也时时为自己鉴赏之精而陶醉。内府所藏殷、周、汉的古铜、玉器甚夥，分别标以甲、乙等次。一日，乾隆帝检阅旧器，发现一枚土渍尘蒙的玉斧珮被弃置于库房角落，上面标列“丙等”，他仔细端详后，以其形制古朴，遂命玉工刮垢磨光，果然为三代古器。为此，他特别写了《古玉斧珮记》一文，并由此联想到世上也必然有屈伏沉沦的良材，该文以“吾于是乎知惭，吾于是乎知惧”煞尾。

据说康熙帝曾为书画赝品所蒙骗，而乾隆帝的眼光则非常犀利。有一次，一个在江南充任税关监督的内府包衣官员不知从哪里搞到一纸米芾字迹，献给主子时特别在奏折上表明自己识见粗鄙，不敢判定是否真迹，恳求皇上法眼鉴别。乾隆帝一眼就看出是伪作，对自己的家奴不必讲什么客气，于是在折子上用朱笔批了四个字："假的。不要！"

乾隆帝七十九岁那年见到了一幅署为《宋徽宗书李嵩画》的字画合卷，画的是宋徽宗时赵遹任泸南招讨出师破敌的故事；卷后有元代余阙的跋语称：赵遹凯旋，受到徽宗召见，皇帝亲书"笃恭"二字赐他，又命宫廷画师李嵩补绘《泸南平夷图》，遂有宋徽宗书、李嵩画的合卷传世。乾隆帝经过把玩赏鉴，很快看出"笃恭"二字不类徽宗瘦金笔法，又进一步找出伪书的铁证：所书纸幅并非宋纸，而是元代所制"明仁殿龙笺"。乾隆帝据此虽论定"合卷"为后世伪作，但仍以画风的古雅浑厚而得出其虽非李嵩所画，但"非宋人不能"的判断，于是将"合卷"题为"宋人画赵遹平夷图"。能在甄别古画真伪上胜过五百年来的鉴赏家，日理万机的乾隆帝十分得意，自我欣赏时，仍有余兴未尽之感，因而命文臣对此再详加鉴别。和珅、彭元瑞、董诰遵旨考订，自然称颂圣明，奏称"皇上于一展卷之际，斥伪致疑，不差铢黍，固由圣鉴精确，实本典学崇深"。乾隆帝听了臣下恭维，诗兴大发，又写了一首《题宋人画赵遹泸南平夷图》才算了结。

乾隆帝堪称一个狂热的古今艺术品收藏家，从父祖那里继承来的字画珍玩，连同毕其一生所搜集的稀世珍品，数量之巨是举世无与伦比的。这些光彩夺目的绝世精品中，有相当一部分来自臣工贡献。乾隆帝二度南巡时，以礼部尚书衔在籍食俸的"江南大老"沈德潜前往接驾，一次就进献名家书画七件。以贡品之精备受乾隆帝青睐的总督李侍尧曾被治罪抄家，结果抄出"黄金佛三座、真珠葡萄一架、珊瑚树四尺者三株"，这些都是准备呈献之物。

乾隆帝的部分收藏，特别是其中的一些珍品，来自抄家所得，这也毋庸讳言。乾隆五十五年（1790年）奉旨严密查抄伊犁领队大臣承安家产。此公是康熙朝权臣明珠嫡嗣，富甲一方，乾隆帝早有耳闻，这次得以下手，首先谕示九门提督绵恩、大学士阿桂"其住宅宽敞，可改为王府”，随即盯上了承安家轻易不示人的字画手卷。明珠在世时，家有巨仆，即人称安三的安尚义，靠主家声势，在天津经营盐业获利，乃成豪富。安三之子安岐购得一批书画精品，藏于“古香书屋”。安氏父子感念主恩，将大批珍宝孝敬明珠，其中绝世古玩奇珍尤为人所艳羡。明珠过世，这批书画珍玩便传给了承安。查抄承安家产时，乾隆帝正在巡幸山东回銮的路上，他等不及回京观赏，便密谕阿桂等留京大臣：书籍浩繁厚重，即使有宋元旧本，只可小心存贮，俟回銮时进呈；“惟字画一项，伊系世家，必有唐宋名人真迹可供鉴赏等物。着彭元瑞、金简择其佳者数件，先行寄至行在，以备途间遣兴。其单内所开西洋器皿，想自非钟表，或另有制作精巧足供玩赏者，一并附寄呈鉴”。承安革职籍家，罪名仅为“玩愒性成，复耽曲蘖”，世人难免有其祖上所遗富厚，且多书画极品以致被皇帝抄家的訾议。

当然，乾隆帝的收藏品，除臣仆贡献、抄家所获及外国使臣进贡之外，还有相当一部分是由内府制造的。现摆设在故宫博物院乐寿堂后间的“大禹治水玉山”就是由内务府下属养心殿造办处与内廷如意馆合作设计，然后将蜡样、玉料运往扬州交两淮盐政督工制作的，是一件历时六载完成的超大型玉雕。这座玉山高九尺五寸，重一万零七百多斤，堪称玉器之王。除“大禹治水玉山”外，还有重三千斤的“南山积翠”，重五千斤的“云龙玉瓮”。这些中国古代玉器史上空前巨大的精美玉雕前后辉映，构成了中华艺苑中的奇绝景观。

经过数十年从全国罗掘搜剔到的艺术精品，乾隆帝鉴赏后往往加盖“乾隆御赏之宝”“三希堂精鉴玺”“宜子孙”等印鉴，以示珍藏之意；然后让各精其道的儒雅词臣分门别类，编为目录，经皇帝审定，再编印成书，如《西清古鉴》《宁寿鉴古》系古铜器目录集，《西清砚谱》系古砚目录集，内廷珍藏的历代书画目录集，前后曾有《秘殿珠林》和《石渠宝笈》初编、续编和三编。而乾隆帝最引为自豪的，当是数十载如一日地对历代书法名帖的搜集了。王羲之《快雪时晴帖》、王献之《中秋帖》和王珣《伯远帖》最为皇帝宝爱。乾隆十一年（1746 年），他将这三件绝世瑰宝藏于大内养心殿西暖阁，并以“三希堂”名之。第二年，他又选出自钟繇、王羲之以下至唐宋元明的历代书法佳作，命探花出身、精于书法的梁诗正同汪由敦、蒋溥等排定等次，勒石名《三希堂法帖》，共计三十二册，将这些珍贵的墨迹刻石嵌于西苑阅古堂（今北海阅古楼）壁间。随后，又将陆续搜集到的褚遂良等人的墨迹刻石嵌于万寿山惠山园（今颐和园内）之“墨妙轩”壁上。乾隆三十四年（1769年），他又命于敏中将宋帖善本《淳化阁帖》初拓本摹刻上石，并指示利用圆明园长春园内“含经堂”后身的回廊，将帖石砌于其间，回廊中原有的“蕴真斋”北移，在它的基础上另盖“淳化轩”以贮之。

乾隆帝对千载争讼的《兰亭集序》一案也颇有兴味，并为此汇辑了《兰亭八柱册》。王羲之在东晋永和九年（353年）同谢安、孙绰等四十一位朋友、子弟会集于会稽山阴兰亭，举行“修禊”盛会，当场赋诗。王羲之留下了这篇千古传颂的集序——《兰亭集序》，底稿系行书。嗣后，《兰亭集序》为唐太宗觅得，太宗极为推崇，命当时的书法名家钩摹几本，分赐亲贵近臣。可惜《兰亭集序》真迹日后作为唐太宗殉葬品埋进昭陵，从此不见天日，而传世的石刻所谓“定武本”“开皇本”等，以及摹本所谓“神龙本”“虞摹本”“褚摹本”等，孰真孰伪，历来众说纷纭，聚讼不休。乾隆四十四年（1779年），乾隆帝命将内府珍藏的虞世南、褚遂良、柳公权和冯承素所摹的《兰亭集序》四个真本，《戏鸿堂帖》中“柳公权书兰亭序”原刻本、于敏中奉旨为这个原刻本填补阙笔的全本，董其昌的《兰亭集序》临本，以及乾隆帝手临董其昌《兰亭集序》本等一共八种《兰亭集序》本墨迹刻石，名“兰亭八柱”。乾隆帝对自己倾毕生之力搜罗的历代碑帖并不敢自信。他承认，由于年代久远，真伪莫辨，“如谓鉴赏不爽锱铢，则犹未敢深信”。晚年时，他曾说自己一生乐此不疲地搜集、刊刻书法名帖，“虽曰兴文，颇自厌且自愧”。既厌且愧，这话恐怕言不由衷；如果改为自我陶醉且自我夸耀，似乎更贴近他的真实心理！

五　皇家建筑的总体设计师

作为大内皇宫、西苑三海、“三山五园”、避暑山庄，以及那数不胜数的离宫别苑重修或新建的总体设计师，正如一位目睹圆明园美景的英国牧师所言，只能是“一位身兼诗人、画家、历史家、美术品鉴定家、中国学者和其他别种天才的人物”，这个人物就是乾隆帝。

乾隆帝的品味，在紫禁城宫廷建筑改建及京内外园林兴建上亦留下了深刻烙印。

北京无疑是辽、金以来具有千余年历史的著名古都，但北京能有今天蜚声海内外、体现中华悠久文明的风貌，在很大程度上应归功于乾隆帝。对此，戴逸先生有下面一段精辟论述：

> （乾隆帝）在原京城的基础上，大加拓置，重新修葺，别出心裁，精益求精，使北京城的面貌焕然一新。无论建设的规模、工程的质量、技术的精巧、艺术风格的创新，均突破前代水平，在北京建设史上跨入了一个新阶段。京城内外的许多名胜古迹、园林景观，不是在这时始建，就是在这时扩充或修缮，没有一个封建统治者像乾隆帝那样，几乎在北京所有著名建筑和设施上留下了自己的印记。如果没有乾隆帝长达六十年之久的营建努力，那末，我们今天所熟悉的、欣赏的、爱好的许多建筑、设施、景点将在大地上消失或者完全变成另外的样子，北京的耀人眼目的光辉亦将黯然失色。

始建于明永乐年间的京城中轴线上的皇宫，在乾隆时代经过大规模的改建，才形成了人们今天所见的规模。乾隆帝改建皇宫的主要工程有建福宫、重华宫、慈宁宫和宁寿宫。

大内宫殿，崇宏肃穆，原来并无花园。乾隆五年（1740 年），乾隆帝在抚辰殿后起建建福宫，这一组宫殿建筑群除主体建筑建福宫外，还包括惠风亭、静怡轩、敬胜斋、妙莲花室、凝晖堂、延春阁等。大内紫禁城中兴建园林即始于建福宫，稍后的吴振棫说：“（建福宫）规制与内宫殊不同也。”

重华宫原为乾西二所，乾隆帝为皇子时居于此，大婚礼亦于此，因此登极后升为重华宫，以示崇奉。经历年修葺，重华宫具备了相当规模：前为崇敬殿，殿内名乐善堂；堂后为重华宫，东室为芝兰室；东庑为葆中殿，殿内为古香斋；西庑为浴德殿，殿内为抑斋。重华宫后还有翠云馆、长春书屋、漱芳斋、高云情、静憩轩、随安堂等幽馆静舍。其中乐善堂、抑斋、长春书屋等俱用乾隆帝居皇子位时的旧名，以保存那一段难忘时光的回忆。乾隆帝在世时，于每年新正在这里宴赉王公大臣，有时也把这里作为赐宴蒙古、回部王公贵族之地。归政前夕，乾隆帝特降旨告谕后世子孙："现在重华宫陈设大柜一对，乃孝贤皇后嘉礼时妆奁；其东首顶柜，朕尊藏皇祖所赐物件；西首顶柜之东，尊藏皇考所赐物件，其西尊藏圣母皇太后所赐物件；两顶柜下所贮，皆朕潜邸常用服物。后世子孙随时检视，手泽口泽存焉，用以笃慕永思，常怀继述。”

慈宁宫在隆宗门西，建于顺治年间，康熙时为太皇太后所居。这座宫殿本非重檐，乾隆十六年（1751 年）为庆祝圣母皇太后六十寿辰而重修时，增加前殿重檐，以示对太后的尊崇。慈宁宫西面的寿康宫、后面的寿安宫则为恭祝太后六十、七十圣寿时新建。在改建慈宁宫的同时，还在其后兴修了融合汉、藏建筑风格的佛教神殿——雨花阁。

乾隆帝改建大内皇宫的最大一项工程当属扩建宁寿宫了。宁寿宫为康熙时所建，外有景福门，内有景福宫，康熙帝曾奉孝惠章皇后居于此。乾隆三十八年（1773 年），乾隆帝心中默定皇十五子永琰为皇太子，开始周甲归政后的种种规划，其中之一就是宫中宜有颐养之所，遂重修宁寿宫。经扩建后的宁寿宫这一组建筑主要有皇极殿、养性殿、颐和轩、遂初堂、得闲室、符望阁、倦勤斋等，就殿堂的命名而言，除皇极殿备乾隆帝归政后受群臣朝贺之处而取名“皇极”之外，其余建筑的命名确都寓有归政后燕闲之意；但事实上乾隆帝在以太上皇帝训政的三年时间里，仍住旧居养心殿，并未移跸于此。这一组宫殿园林还有梵华楼、佛日楼、撷芳亭、延趣楼、旭辉庭、古华轩、抑斋、矩亭、耸秀亭、玉粹轩、竹香馆、禊赏亭、翠鬟亭、乐寿堂等。这组建筑与宁寿宫花园（即“乾隆花园”）和谐地融为一体，是紫禁城中的一块瑰宝。

乾隆帝在大内之外修葺兴建的京城土木工程则主要集中在西苑。西苑，即中南海和北海（所谓“三海”）一带的宫殿苑囿，大半是元、明旧址。乾隆时代，中南海新建的亭台楼阁主要有宝月楼和紫光阁，其他各处则重加修葺。对北海的经营历时久而工程浩大，且多为新构。大体上，琼华岛白塔山以南多就旧址而重修，以北则以新建为主。其中岛之北麓的漪澜堂乃仿镇江金山规制，在它的旁边还有紫翠山房；阅古堂在岛之西麓，乾隆年间以《三希堂法帖》嵌壁间；濠濮间亦在岛之西，濒临北海，建于乾隆二十二年（1757 年）；其他如北海北岸五龙亭之北的阐福寺、镜清斋、天王殿、九龙壁、小西天、万佛楼等名闻遐迩的名胜古迹，也都是这一时期所建。清人吴振棫对西苑三海的经营曾有一则言简意赅的小结：“西苑精庐梵舍，以岩壑擅胜甚夥，轩馆楼榭，远近相望，大约乾隆间葺治者十之五六。”

乾隆帝在京城内重修或新建的土木工程当然不止大内紫禁城和西苑三海，这里只要举出城郭的加固一例就足以概括其他。瑞典建筑专家喜仁龙在实地勘查了北京城墙后说：“乾隆时代的城垣修筑得最为精心和坚固”，“这一时期的构筑物，质量精良，可能比任何后世重修部分，保存得更为长久”。有人曾指出，乾隆时期仅在重建和增建大内皇宫方面，就至少花费了七千六百四十八万三千两银子。这个数字表明，大概只有盛世的国库，才能支撑乾隆帝为“壮万国之观瞻”而大兴土木的北京城市建设。

下面来看比城内建筑规模更为宏大的西郊“三山五园”。

所谓“三山五园”，即香山静宜园、万寿山清漪园、玉泉山静明园、圆明园及畅春园。

乾隆八年（1743 年），乾隆帝初次临幸昔日皇祖康熙帝的香山行宫，但见山峦幽深，林木佳秀，遂于两年后命就旧日行宫基址葺垣筑室，“佛殿琳宫，参错相望，而峰头岭腹凡可以占山川之秀、供揽结之奇者，为亭、为轩、为庐、为广、为舫室、为蜗寮，自四柱以至数楹，添置若干区”，第二年暮春而成香山静宜园。香山胜境凡二十八景，著名的有：璎珞岩、驯鹿坡、香岩室、霞标磴、绚秋林、香雾窟（俗名鬼见愁，为园中最高处）、玉华岫、森玉笏等。乾隆四十五年（1780年），为迎奉六世班禅，乾隆帝又在香山仿西藏寺庙建昭庙。而香山附近寺院中，碧云寺的整葺工程最大，自是，“西山佛寺累百，惟碧云寺以闳丽著称，而境亦殊胜”。香山静宜园是乾隆帝最先营建完成的西郊园林宫殿群，每年夏秋辄来此作数日之游。他深爱这里林壑的幽静，每来问景探奇，率多吟咏，积数十年得诗一千三百余首。

从乾隆十四年（1749年）开始，为准备圣母皇太后六十寿辰大庆，乾隆帝新建万寿山清漪园（今颐和园）。此地原名瓮山，山下湖泊为西海，经过疏浚淤塞的泥沙，芟除丛杂的苇茭，首先使西海“廓与深两倍于旧”，将玉泉山水与香山诸泉水汇入湖中，成为京师西北最大的蓄水库，遂改名为昆明湖；又于瓮山山阳建大报恩延寿寺，因易山名为万寿山。至乾隆十九年（1754年）清漪园基本完工，其大小景点百余处。全园以万寿山前山中段大报恩延寿寺为中心，东段为勤政殿、玉澜堂、乐寿堂等宫殿群，西段则有听鹂馆、石舫等景点，后山建有藏式寺庙和仿江南水乡小镇而布置的买卖街（亦称苏州街）。昆明湖可分为后湖和前湖两区，后湖清静幽深，富有自然意境；前湖水面辽阔，气象雄浑，其南有十七孔桥，如卧波长虹，与湖内广润祠相连。乾隆帝吟咏万寿山清漪园的篇什极多，他八十五岁时所写的《由玉河泛舟至万寿山清漪园》一诗对清漪园做了全景式描绘：

玉泉舟下玉河道，日丽风和波不雄。
芷白蒲青景有望，鸢飞鱼跃兴无穷。
清漪水声从新秀，万寿山光即渐融。
行不须臾吟数首，裴家构思或相同。

静明园在清漪园之西约四里，即玉泉山处，原名澄心园，康熙年间更名静明园。山顶有定光塔，凡七层，乾隆年间仿金山寺塔式建。山中泉水喷跃而出，雪涌涛翻，乾隆帝以为“济南趵突不是过也”。静明园原有十六景，以四字标题，如玉泉趵突、竹炉山房、玉峰塔影、裂帛湖光、云外钟声等；后增十六景，以三字标题，有清音斋、华滋馆、冠峰亭、观音洞、试墨泉、如如室等，共三十二景。

畅春园在南海淀，原为明武清侯李伟别墅，康熙时加以葺治，命名为畅春园，作为康熙帝在西郊理政引见官员之处。“三山五园”中，惟畅春园在乾隆年间无大兴作。乾隆帝以皇太后年高喜清适，故奉太后颐养畅春园中。

上述香山静宜园、万寿山清漪园、玉泉山静明园和畅春园之外，“三山五园”中的圆明园是乾隆帝营缮最勤、也最宝爱的一座御园。圆明园在畅春园北，与西约五里的清漪园一水相通。这里本是雍正帝居藩时的赐园，雍正帝登极后，建设轩墀，分列朝署，以圆明园为春、夏、秋三季临御听政之所。乾隆帝即位之初，在雍正帝御园基础上，向东向北，“恢拓营缮，宏规大起”。乾隆九年（1744 年）以前，圆明园四十景告成，乾隆帝命唐岱、沈源等为每一景点绘一图，自己亲自题诗，成《圆明园四十景图咏》。这四十景是：

正大光明	勤政亲贤	九洲清晏	镂月开云
天然图画	碧桐书院	慈云普护	上下天光
杏花春馆	坦坦荡荡	茹古涵今	长春仙馆
万方安和	武陵春色	山高水长	月地云居
鸿慈永祜	汇芳书院	日天琳宇	澹泊宁静
映水兰香	水木明瑟	濂溪乐处	多稼如云
鱼跃鸢飞	北远山村	西峰秀色	四宜书屋
方壶胜境	澡身浴德	平湖秋月	蓬岛瑶台
接秀山房	别有洞天	夹镜鸣琴	涵虚朗鉴
廓然大公	坐石临流	曲院风荷	洞天深处

据《日下旧闻考》载，上述四十景在雍正时已建有二十八景，乾隆时新建的有曲院风荷、坐石临流、北远山村、映水兰香、水木明瑟、鸿慈永

祜、月地云居、山高水长、澡身浴德、别有洞天、涵虚朗鉴、方壶胜境十二景。乾隆九年之后，圆明园内的扩建工程仍在继续，著名的如安澜园、文源阁，以及柳浪闻莺、三潭印月、平湖秋月、雷峰夕照、南屏晚钟、断桥残雪等都是乾隆中后期增建的。以圆明园四十景为主的百余个景点，就每组建筑而言，可谓千姿百态，争妍斗胜，各具特色；而从全园的整体布局来看，它们又错落有致、和谐自然地分布在山峦湖溪之间。

乾隆十年（1745年）以后，乾隆帝又在圆明园之东的水磨村另辟新园——长春园，以作为他归政后在西郊的颐养之园。因此，长春园虽不及圆明园大，但精致玲珑，集中了中西园林建筑的精华，鲜明地反映了乾隆帝的审美趣味。进长春园园门是澹怀堂，其西为前茜园，茜园后河北岸有小有天园；澹怀堂之北是淳化轩、含经堂；其东为如园，往北有狮子林。长春园北部的一段狭长地带筑有一组欧式建筑群——西洋楼。今天人们所说的圆明园，不仅包括长春园，还包括圆明园东南的绮春园（即万春园），这三座园林总面积达五千二百余亩，仅次于承德的避暑山庄；从园林古建的艺术性来看，它又远远高于避暑山庄，以致欧洲人称其为“万园之园”“无上之园”，是“一切造园艺术的典范”。

乾隆时代重修或新修的皇宫和御园，包括塞外避暑山庄和其他离宫别苑，荟萃了我国古典园林建筑的最高艺术成就，把风景式园林的自然美与建筑式园林的人工美和谐地统一起来，烘托出一种诗情画意的意境；把南方园林的隽秀与北方园林的雄浑熔于一炉，创造出一种独特的艺术风格，从而也打上了乾隆帝品味的深刻烙印。下面从乾隆帝倾倒于南方园林之美来看乾隆帝建筑美学的另一侧面。

生长在北国的乾隆帝欣赏江南园林的奇石佳木、结构布局，与当时的京都风尚及其父祖的欣赏趣味有直接关系。邓云乡先生在《红楼风俗谭》一书中介绍了江南张氏建筑世家对京师皇家及王公园林的建筑风格的巨大影响。戴名世的《南山全集》《张翁家传》记述清初园林建筑家张南垣如下：

张翁讳某，江南华亭人，迁嘉兴……君治园林有巧思，一石一树、一亭一沼，经君指画，即成奇趣，虽在尘嚣中，如入岩谷。诸公贵人皆延翁为上客，东南名园大抵多翁所构也……益都冯相国构万柳堂于京师，遣使迎翁至，为之经画，遂擅燕山之胜。自是诸王公园林，皆成翁手。会有修葺瀛台之役，召翁治之，屡加宠赉。请告归，欲终老南湖。南湖者，君所居也。畅春苑之役，复召翁至，以年老赐肩舆出入，人皆荣之。

文中提到的“益都冯相国”是康熙初的大学士冯溥，张南垣为他缮治的万柳堂是当时文人雅集之所。张翁之名闻京师，以及江南园林风靡帝都，就是从这时开始的。张南垣之子张然，字陶庵，皇家园林中的畅春园、玉泉山静明园，达官贵人家园如王熙怡园的设计都出于他手。张然所处的时代应是康熙后期至雍乾之际。乾隆帝十二岁被皇祖养育于宫中，郊外所居即张南垣父子主持营缮的畅春园，他对江南园林的最初接触似乎从这时开始；但要亲自领略那令他心驰神往的南国名墅，则要到乾隆十六年（1751 年）首举南巡大典之时了。

首次南巡，一过扬州，乾隆帝便因江南风光之美而陶醉，他内心跃动着难以抑制的愉悦和兴奋，只要翻开他首次南巡留下的诗篇，就会感受到这个风雅天子“春风得意马蹄疾，一日看尽长安花”的欢快心情。在江南诸名园中，令乾隆帝激赏的是无锡寄畅园、苏州千尺雪、杭州小有天园和嘉兴烟雨楼。

乾隆帝驾至惠山寄畅园时，园主秦氏近族的九位高年老者已跪迎在园门外，他在游园后赋诗云：

轻棹沿寻曲水湾，秦园寄畅暂偷闲。
无多台榭乔柯古，不尽烟霞飞瀑潺。
近族九人年六百，耆英高会胜香山。
松风水月垂宸藻，昔日卷阿想像间。

及至苏州，乾隆帝策马前往寒山，看到从岩壁上如雪花一般直泻而下的千尺飞泉时，心中首先萌生的念头是，自己与此山水早有缘分。此景名“寒山千尺雪”，其地有飞瀑、流泉、奇石、古松，极为清幽，原为明代隐士赵宧光所造，此时则范氏筑园于其地。乾隆帝初至寒山千尺雪，即赋诗云：

支硎一带连寒山，山下出泉为寒泉。
淙淙幽幽赴溪壑，跳珠溅玉多来源。
土人区分称各别，岂能一一征名诠。
兰椒策马寻幽胜，山水与我果有缘。
就中宧光好事者，引泉千尺注之渊。
泉飞千尺雪千尺，小篆三字铭云峦。
名山子孙真不绝，安在舍宅资福田？
槃陀坐对清万虑，得未曾有诗亦然。
雪香在梅色在水，其声乃在虚无间。

乾隆帝性喜幽静，他在寒山千尺雪得到了极大的满足。出于对此景此情的留恋，乾隆帝再次游览千尺雪，又留下《千尺雪即景杂咏》一组小诗。

日后乾隆帝曾说：“昨岁巡幸江南，观民问俗之暇，流览江山胜概，寻古迹之奇，文物秀丽区也。其悦性灵而发藻思者，所在多有，而独爱吴之寒山千尺雪。”可见其对千尺雪爱有独钟。

杭州胜景指不胜屈，首次南巡，乾隆帝则以为湖光山色“为南屏最佳处者”莫过于汪氏家园，遂赐名“小有天园”。这里的妙处，恐怕还是它蕴蓄着一种为乾隆帝所迷恋的如佛似仙的幽远意境。且看御制《题小有天园》：

佳处居然小有天，南屏北渚秀无边。
如依妙鬘云中住，便是超尘劫外仙。
几曲涧泉才过雨，一园梅柳欲生烟。
坐来拈句浑难得，不落空还不涉诠。

乾隆帝早慕浙江嘉兴烟雨楼之名。首次南巡，他泛舟百顷南湖，对昔人吟诵烟雨楼的诸多诗作的意境有了直观感受，因而用韩子祁诗韵赋诗一首：

春云欲泮旋濛濛，百顷南湖一棹通。
回望还迷堤柳绿，到来才辨榭梅红。
不殊图画倪黄境，真是楼台烟雨中。
欲倩李牟携铁笛，月明度曲水晶宫。

二次南巡，乾隆帝又对苏州府城中的园林狮子林产生了浓厚兴趣。狮子林原为元朝菩提正宗寺的一部分，相传是元代画家倪瓒亲自设计，他所绘《狮子林图卷》更使狮子林之名广为流传。乾隆时编辑的《石渠宝笈》即藏有倪瓒狮子林真迹，因此，乾隆帝对狮子林也心仪已久。乾隆二十二年（1757 年）春，车驾抵苏州，狮子林已易主为黄氏私园——涉园，乾隆帝惊叹其“假山似真山”，命将内府所藏倪瓒《狮子林图卷》邮往印证，遂赋诗志其事：

假山似真山，仙凡异尺咫。
松挂千年藤，池贮五湖水。
小亭真一笠，矮屋肩可掎。
缅五百年前，良朋比萃此。
浇花供佛钵，瀹若谈元髓。
未拟泉石寿，泉石况半毁。
西望寒泉山，赵氏旧遗址。
亭台乃一新，高下焕朱紫。
何幸何不幸，谁为剖其旨？
似觉凡夫云，惭愧云林子。

至于浙江海宁陈氏隅园，那是乾隆二十七年（1762 年）第三次南巡初阅海塘时驻跸之地，乾隆帝改其园名为“安澜园”，下录御制《驻陈氏安澜园即为杂咏》六首之中的两首：

隅园旧有名，岩壑窈而清。
城市山林趣，春风花鸟情。
溪堂擅东海，古树识前明。
世守犹陈氏，休因拟奉诚。

别业千年古，乔松径路寻。
梅香闻不厌，竹静望偏深。
瑞鹤舞清影，时禽歌好音。
最嘉泉石处，抚帖玩悬针。

上面提到的寄畅园、寒山千尺雪、小有天园、烟雨楼、狮子林和安澜园等江浙名墅确实紧紧牵系着乾隆帝的心，他有幸亲临其地，但又因不能常置身其地而未惬于怀。因此，乾隆帝先后命随行的画师绘图以归，以便在御园及经常临幸的离宫中仿建。

最先仿建的是寒山千尺雪。乾隆帝命在西苑中南海淑清院建“千尺雪”，那里有明代假山乔木，峭蒨喷薄之形与吴中寒山千尺雪相似，但其地却没有自然的飞瀑景色；随即在避暑山庄找到一处“飞流漱峡，盈科不已”、有天然之趣的地方，亦命名“千尺雪”，可惜那里并无松石古意。最后在京东蓟州盘山行宫（静寄山庄）才找到了堪与吴中千尺雪气势、意境相比的天然景致，遂相度其势，结庐三间，额以“千尺雪”。至此，乾隆帝才满意地叹道：“寒山千尺雪固在是！”

同样，苏州闹市中的狮子林，乾隆帝亦“令吴下高手”肖其现制，在长春园、盘山行宫和避暑山庄各选一景。长春园中的狮子林以假山取胜，先有狮子林、虹桥、假山、纳景堂、清闷阁、藤架、磴道、占峰亭八景，后又添八景：清淑斋、小香幢、探真书屋、延景楼、画舫、云林石室、横碧轩、水门。

乾隆帝于清漪园万寿山东麓仿造无锡秦氏的寄畅园，定名为“惠山园”（嘉庆帝时改称谐趣园）。乾隆帝记此事云：“江南诸名墅，惟惠山秦园最古。我皇祖赐题曰‘寄畅’。辛未（乾隆十六年）春南巡，喜其幽致，携图以归，肖其意于万寿山东麓，名曰‘惠山园’。一亭一径，足谐其趣，得景凡八。”这八景是：载时堂、墨妙轩、就云楼、澹碧斋、永乐亭、知鱼桥、寻诗径和涵光洞。

如今圆明园、盘山和避暑山庄中的千尺雪与狮子林等仿江南名园的景点皆不可复得了，惟有万寿山东麓林木掩映中的谐趣园可供游人寄兴舒怀。这实在是不幸中的万幸！

乾隆帝亦仿建海宁陈氏的安澜园于长春园中，仿建烟雨楼于避暑山庄青莲岛上。乾隆帝南巡入浙，往往在霏霏春雨中登上烟雨楼，吟诵“南朝四百八十寺，多少楼台烟雨中”的名句；而驻跸山庄望雨时，据说登斯楼亦“率有雨”，且“试之屡验”，因此御制诗有云：“湖楼肖嘉兴，烟雨其名善。南巡实每副，北驻亦屡眷。”

乾隆帝在京师御园和外地离宫中仿照江南名园或南国风景意境而营建的景点所在多有，指不胜屈，以致晚清文人王闿运以“谁道江南风景佳，移天缩地在君怀”这样的诗句对其做了生动贴切的概括。

大内皇宫、西苑三海、“三山五园”、避暑山庄，以及那数不胜数的离宫别苑改建或新修的总体设计师，正如一位目睹圆明园美景的英国牧师所言，只能是“一位身兼诗人、画家、历史家、美术品鉴定家、中国学者和其他别种天才的人物”，这个人物就是乾隆帝。这位英国人眼光犀利、判断精确。不过，他的话还有未尽之处，他忽略了这个总体设计师还必须是一位天马行空、睥睨今古的政治巨人。乾隆帝对圆明园的“规模之宏敞，丘壑之幽深，风土草木之清佳，高楼邃室之具备”这一系列令人叹为观止的艺术成就自然引为自豪，正如乾隆帝自己所说的，“天空地灵之区，帝王豫游之地”，实无逾于圆明园者！乾隆帝在园林建筑上孜孜以求的正是一种超越时空的宏伟壮观。这实际上已经超出了艺术上的审美趣味的范畴，而具有强烈的政治美学的色彩。在中国古代的漫长岁月里，大概只有一个人堪与乾隆帝前后相望，彼此矜夸，那就是“每破诸侯，写放其宫室，作之咸阳北阪上……殿屋复道，周阁相属，所得诸侯美人、钟鼓以充入之”的秦始皇帝。

六　宏伟气象与异国风味：中国帝制文化的取向

一位当代美国历史学家曾这样说："中国帝制文化中，有一古老与根深蒂固的取向，使帝王能纵情恣意于宏伟气象与异国风味中。然而，直到盛清，在伟大的十八世纪帝王的统治时期，这种纵情恣意才发挥到极致。"这一看法无疑是睿智而深刻的。"伟大的十八世纪帝王"指的就是乾隆帝，他把纵情恣意于宏伟气象与西洋风情的帝王品味发挥到极致，这才是传统士大夫所无法企及的。

身兼学者、艺术家、诗人、鉴赏收藏家和皇家建筑总体设计师的乾隆帝，其审美情趣与同时代士大夫喜雅而恶俗、重气韵而轻雕饰且崇尚个性发扬并无大的不同。

喜雅而恶俗，是士大夫品味，乾隆帝亦如是。那时封疆大吏、盐政关差，以至供奉内廷的词臣，每到给乾隆帝进贡时就颇费心思，就以列在诸多贡品首位的"如意"来说，玉如意、整玉如意、金如意、金镶玉如意、三镶玉如意……显得俗不可耐且已泛滥成灾，精明的钱陈群另辟蹊径，在皇帝六十万寿时献了一柄竹根雕如意。与那些贵重的金玉如意相比，乾隆帝更欣赏这价值微薄的根雕，并在钱陈群祝寿的折子上风趣地批了"未颁僧绍之赐，恰致公远之贡。文而有理，把玩良怡"这几句话，还赐给退居林下的"五词臣"之一钱陈群一只木兰围场所获之鹿，祝他长寿。巨贪王亶望所献的范金如意、镶珠如意皇帝也照单全收，但降旨申饬。乾隆帝以为钱雅而王俗，固然不脱士大夫的审美趣味，但他对如意的抑扬，似乎又透出了富有四海的天子豪气。鉴赏把玩玉器，是乾隆帝的一大嗜好，他特别喜欢中亚一带痕都斯坦玉工所出的水磨玉器，所以在诗中说："专诸巷里精工者，三舍真当退避行。"又说："水磨天方巧，专诸未足论。""专诸"指苏州专诸巷，那里玉工高手云集，足以与内府相埒。乾隆帝之所以不欣赏专诸巷玉工所制玉器，是因为那里的玉工"兢夸"新样、追求时髦而不知其俗。后来专诸玉工揣摩乾隆帝之所好，在皇帝品味的引领下，作品也逐渐雅了起来，或据唐诗语意，雕琢成"和田玉孤山图"；或以名胜为本，琢磨成"和田玉栖霞图”；或仿三代器物，制成古朴厚重的玉器。这一来，乾隆帝很是高兴，连连赞美道：“俗样专诸大减今，贾亭西绘雅堪吟”；“予原俗器付不顾，斯却行宫肖弗差”。不过，皇帝毕竟是皇帝，乾隆帝从玉工的投人主所好，联想到“人君左右窥伺好恶者，正复相类”，于是有所感触地说：“避其恶习投其好，足见君难惕以嗟。”乾隆帝的艺术鉴赏时时不离政治，这又是乾隆帝品味异于一般士大夫的地方。

推重气韵，轻视雕饰，是乾隆帝美学思想体系另一个引人注目的亮点。在他周围那些各擅其长的画师中，乾隆帝最佩服的当属江南人张宗苍了。当乾隆帝首次南巡发现这位须发皤然的老翁时，就对其有过“艺苑于今谁巨擘？中吴宗苍真其人”的极高评价；随即将宗苍携回京师，令其供奉内廷。几暇临幸画院，乾隆帝每问宗苍画成与否，得到的回答常常是：“气韵尚未至。”乾隆帝对此念念不忘，以为此语“深契画理”。气韵，或气，是乾隆帝品评书画时常用之词。何为“气韵”？说起来似乎很玄妙，精神、韵味、气势、意境，或许略近其义；没有气韵，或气韵不足，指的则是工于雕琢，惟事浓施粉黛包装外表而已，这素来为士大夫所鄙薄。张彦远《历代名画记》有云：“若气韵不周，空陈形似，笔力未遒，空善赋彩，谓非妙也。”乾隆帝之欣赏张宗苍，正因为他“绘事属铺张，偏能脱华藻”；正因为他的山水画“生风叠树郁葱蒨，吐云绝壁堆嶙峋”，画中有一种飘逸流动、神采飞扬的气韵。

品诗作文，乾隆帝也作如是观。他特别推崇早年恩师蔡世远先生的警句：“惟理足可以载道，气盛可以达词。”终生将其奉为衡文之圭臬。乾隆帝看不起当时的读书人没有古文根基，做出的文章非常轻浮，因而屡屡降谕告诫：“朕自幼学为古文，所以一见知其优劣。作文之道，以气为主，气厚则文自佳。至于琢饰字句，不过一时美丽。譬如松柏，经冬不凋，正是靠气厚才能经久；水陆草木之花，在其初开时，未尝不鲜艳可悦，然而却不能经久，正是它们气薄的缘故。朕以为文章之道，亦复如此。”乾隆帝擅长古文，他的一些名篇读起来精气神十足，很有昌黎韵味，这和蔡世远教导他古文以韩愈为宗有关。他对诗的品评也着眼于气韵，无论陶潜的幽隐，还是虞谢的清新；无论李白之放，还是老杜之愁，这些传世佳作尽管风格各异，但其中都有一种诗人贯注的神韵，因而乾隆帝说："于诗岂不然，奚在藻绩修？似淡味弥永，我朴中乃腴。"现在人们常批评乾隆帝的诗作信手涂鸦，不加锤炼，这虽不无道理；但也应看到，乾隆帝所追求的正是"似淡味弥永，我朴中乃腴"的境界，只不过他的诗多未能达到这种艺术极致而已。

乾隆帝品味另一个引人注目之处，是他极为崇尚个性的自由发挥。乾隆帝并不反对法古，他只是不赞成泥古。见《题张宗苍山水》一诗："画法通为学，擎要有二道：取师贵其真，阅历贵其老。"又见《题张宗苍山水画歌》诗："从来诗画要法古，不贵形似贵得神。"都在讲这方面的心得。书法中，乾隆帝喜欢黄庭坚笔意，道理也在于此。他称誉黄书："倜傥无安排，潇洒绝尘垢。譬如百尺松，孤高少群偶。信笔一规摹，运腕忘妍丑。所师在神功，讵论形肖否。"他也正是以这种审美旨趣来指导自己的文学艺术实践，书法也好，绘画也好，诗歌也好，古文也好，乾隆帝皆必取法古代大家，但都没有亦步亦趋地成为某一名家的奴仆。正如他自己所言："大块文章即目可寻，正不在效颦前人也。"

文艺实践如此，治学态度也如此。乾隆帝自幼精研理学，《朱子全书》未尝释手，但他"修身齐家治国平天下"并未完全循规蹈矩而行。他尊重实践体验，珍视个人悟性，时时能跳出儒家教条的窠臼，而独出一己之新意，这才是乾隆帝之所以为乾隆帝者。即使在鉴赏书画古玩这些几暇娱乐中，乾隆帝也极珍重自己超乎前人的非凡眼力。乾隆十六年（1751年）春，乾隆帝首次南巡到杭州，有人进献了一幅据说是唐代画家韩幹所画的《人马图》，他高度评价韩幹笔下精神抖擞的群马，并由此联想起杜甫的一首七古《丹青引赠曹将军霸》。杜甫这首诗在推崇韩幹之师曹霸"斯须九重真龙出，一洗万古凡马空"的同时，却说："（韩）幹惟画肉不画骨，忍使骅骝气凋丧。"乾隆帝如今有韩幹真迹在手，所以不同意杜甫抑韩扬曹的论断。他写诗道："今来复得《人马图》，艺林法宝惊黄绢。策云夹锐骨权奇，风耸龙颙神萃灿。骅骝气扬技日进，画肉直可翻公案！"嘉庆三年（1798年）春天，距乾隆帝去世不到一年的时候，八十八岁的他又想到了五十年前这段翻驳旧案故事，不禁吟成一首《题韩幹画马》的短诗："不凋气体尚犹存，鞍鞁弗施自在原。只以誉师排弟子，少陵未免过苛论。"再次表示对杜甫为抬高曹霸有意贬低韩幹的不满。姑且不论乾隆帝艺术鉴赏力是精审抑或浅浮，他终生执着追求的那种不囿旧说、睥睨古人、以独出己见为乐趣的鉴赏态度，与他“出以己意，任笔所之，不拘泥于规矩法律”的文艺创作风格和治学宗旨，以及特别推重孤高不群而倜傥潇洒的作品的审美趣味是一脉相通的。这里面似乎也有一种不同于一般文人的天马行空、狂放不羁的帝王气。

如果说喜雅恶俗、推重气韵和尊崇个性还不足以区别乾隆帝与同时代士大夫的审美情趣的话，那么，乾隆帝品味特立独行、卓尔不群之处何在呢?

一位当代美国历史学家说过：“中国帝制文化中，有一古老与根深蒂固的取向，使帝王能纵情恣意于宏伟气象与异国风味中。然而，直到盛清，在伟大的十八世纪帝王的统治时期，这种纵情恣意才发挥到极致。”这一看法无疑是睿智而深刻的。“伟大的十八世纪帝王”指的就是乾隆帝，他把纵情恣意于宏伟气象与西洋风情的帝王品味发挥到极致，这才是传统士大夫所无法企及的。

中国古代帝王好大喜功者不乏其人，表现在乾隆帝身上，则是热衷于夸示宏伟气象，对超越古今的十全十美的不懈追求。

乾隆帝自知身为帝王，一再申明不想与文人争高下，可一旦挥毫写诗，他就要以一个伟大的诗人著称于世。当然，诗的质量他未敢自必，不过就数量而言，即使是历史上最多产的诗人亦无法望其项背。

乾隆帝究竟搜罗了多少古今中外的艺术精品，恐怕已难以得其确切之数了。一位西方史学家对乾隆帝收藏之富是这样评述的：

> 皇宫内的伟大艺术藏品，在数字上同样庞大宏伟，这些大部分是乾隆帝的杰作。我的数字无疑已经过时而且可能有些低估了。但是它们仍然可以显示皇帝的贪得无厌。台湾故宫的收藏品中包括了大约八千八百幅画与书法，两万七千八百七十件瓷器，八千三百六十九件玉器，大量的铜器与无数的古玩。我没有北京故宫收藏品的数字，但可能更多。

乾隆帝的收藏之富在历史上堪称空前，但更令他陶醉的是收藏之精。诚如上述那位史家所言：“乾隆帝的收藏是帝王品味中最高表现，是对最稀有、最好的东西的历史性保存；同时，这些收藏品无疑地都是光彩夺目之作，多半且是无上珍品。”

其他如家庭生活，以至年龄等，乾隆帝无不表现出夸耀渲染绝对完美、超迈千古，并陶醉于其中的乐趣。乾隆帝七十岁时，自称“古稀天子”，写了一篇《古稀说》，请看其中一段：

> 三代以上弗论矣，三代以下，为天子而寿登古稀者，才得六人，已见之近作矣。至夫得国之正，扩土之广，臣服之普，民庶之安，虽非大当，可谓小康。且前代所以亡国者，曰强藩、曰外患、曰权臣、曰外戚、曰女谒、曰宦寺、曰奸臣、曰佞幸，今皆无一仿佛者。即所谓得古稀之六帝，元、明二祖，为创业之君，礼乐政刑有未遑焉；其余四帝，予所不足为法，而其时其政，亦岂有若今日哉？

此时的乾隆帝心目中只有一个人为他所敬服，那就是他的祖父康熙帝，因此南巡不逾六度，即在位之年亦不敢上同康熙纪元六十一年。及至周甲归政，完成授受大典，以太上皇训政以后，他眼看要寿登九秩、六世同堂，于是有些飘飘然，有些忘乎所以，私心以为“皇祖”福气也不如自己。只因嘉庆二年（1797 年）十月乾清宫一场大火，才使这位“千古第一全人”的头脑清醒一点。

至于治下的文治武功，更是乾隆帝矜夸鼓吹的雄厚资本。

乾隆帝主持下汇辑天下群书的文化学术工程成就斐然，在大约十年间纂修成著录书籍三千四百余种、七万九千余卷，堪称我国古代空前巨大的丛书——《四库全书》。他夸示此举乃“为天地立心，为生民立命，为往圣继绝学，为万世开太平”。从钦定《四库全书》的名称，从乾隆帝对此丛书绝高的评价，也可以窥出这位雄心勃勃的帝王纵情恣意于宏伟气象、追求超越古今的绝对完美的心态。然而，“寓禁于征”如“司马昭之心，路人皆知”，乾隆帝却始终讳莫如深。在征集天下群书的近二十年间，据载，销毁书籍三千一百余种、十五万一千多部，劈烧书板八万余块；而民间惧祸，自行拉杂摧烧之书更不知凡几，对此空前浩劫，乾隆帝高唱“嘉惠士林”“以彰千古同文之盛”时不知作何感想。

乾隆朝武功之盛，在当时及后世都是公认的事实。乾隆五十七年（1792 年）十月，以允准廓尔喀国王修贡、停兵、议和之请，结束了翻越世界屋脊的廓尔喀之役，乾隆帝亲撰《十全记》，第一次提出了在位六十年的“十全武功”，就是“平准噶尔为二，定回部为一，扫金川为二，靖台湾为一，降缅甸、安南各一，即今二次受廓尔喀降，合为十”。

两次平定天山以北准噶尔蒙古的战争和平定天山南麓回部上层叛乱，对于我国版图的最后奠定，以及统一的多民族国家的巩固，都堪称前无古人的伟大功业，对此给予怎样高的评价都不为过；两次廓尔喀之役也是完全正义的反侵略自卫战争，其结果稳定了西藏地区政治动荡的局面，加强了朝廷对藏地的控制。作为上述各次战役最高统帅的乾隆帝虽有失误，但能独排众议，决策用兵新疆，当战争进入关键时刻，他往往深夜披衣坐待军报，动至达旦；遇有紧急军情，即使夜半，也必召值夜的军机大臣、军机章京指示机宜，动辄千百言，这无疑是应永垂青史的。但乾隆帝为了夸示武功之宏伟超绝，竟醉心于把某些并不光彩的战争也硬拉在一起，拼凑成所谓“十全大武扬”，则实在令人遗憾，令人难于理解。

所谓“武功”，在传统的观念中，一般指开疆拓土的大征伐，其敌人当然是武力强悍的异国或境内其他民族。一次一次地从全国抽调大兵，横渡台湾海峡，去镇压不堪贪官污吏残虐揭竿而起的、以林爽文为首的台湾天地会起义，胜之不武，把“靖台湾”列入“十全武功”，实在令人齿冷！前后两次金川之役为的是镇压居住在四川西北部、大渡河两条支流——大金川和小金川一带藏民的动乱，这块方圆数百里的土地上，跬步皆山，鸟道羊肠，直插云天的峻岭上积雪终年不化，当地藏民尚武剽悍，工击刺之术，因此自古中朝不敢轻言征剿。第一次大金川之役进展艰难，乾隆帝一怒之下杀掉了总督张广泗和经略大学士讷亲，最后派出的经略大学士傅恒也只能凭借宿将岳钟琪的声威，以招抚草率了结。乾隆帝并未接受教训，于是有第二次大、小金川之役，前后用兵长达五年之久，消耗军费近七千万两白银，如果加上盐商富贾们捐输的军饷、临时设立的“捐纳事例”所得巨资，总数恐怕突破白银亿两，相当于清朝每年最大一项财政收入——地丁银总数的三倍。就是这样，战争也打得极为艰难。五年中间，十几万大军与人户不超过三万的两个藏族部落反复鏖战，尽管乾隆帝可以举出用兵金川的种种理由，并把两次“扫金川”列入“十全武功”，但这实在是一场选择了错误地点、错误对象，旷日持久而得不偿失的战争。如果说台湾、金川之役还能勉强搞些献俘午门、奏捷宗庙、紫光阁图功臣像、勒石树碑以夸诩武功之类的花样；那么，对缅甸、安南的两次对外战争就只能靠粉饰以至撒谎来掩饰败绩了。

对缅战争前后经历了四大战役：第一次统兵的云贵总督刘藻畏罪自刎；第二次继任的大学士兼管云贵总督杨应据又以调度乖方、夸张欺饰被赐令自尽；第三次将军明瑞陷入缅军重围，自缢身亡，明瑞为孝贤皇后亲侄，这次战役中，天朝将士几至全军覆没，势成骑虎；进退两难之下，乾隆帝只好授大学士傅恒为经略，增调援军，硬着头皮开始第四次“大张挞伐”，傅恒率军分路长驱而入，一路虽时有报捷，但终于顿兵于缅军严密设防的重镇老官屯，由攻势转入守势，逐渐陷入敌军重重包围之中。幸好缅军统帅同意议和罢兵，双方草草签订和议，傅恒急忙焚舟熔炮班师，起程回国向皇帝请罪；他先已染瘴腹泻，回京不久也病故了。对如此的结局，乾隆帝在向全国颁布的明发谕旨中竟能堂而皇之地说什么不值得将八旗劲旅“尝试毒疠之乡”，且新街一战又已大挫其锋，足示惩创，“是以降旨撤兵”云云。这只能被认为是虚浮骄矜、讳败为胜了。

安南之役失败得更惨。乾隆五十四年（1789 年），深入安南黎城的清军被广南阮氏打得一败涂地，溃不成军，想要花言巧语加以讳饰都难以说圆，于是只好靠撒谎来维持天朝的体面。清军主帅孙士毅首先弃城而逃，亲附清朝的安南王黎维祁也单骑尾追北上，刚过富良江，孙士毅就命砍断竹筏浮桥，以致被围困在南岸的提督许世亨、总兵张朝龙以下数千清军全部战殁。被吹嘘为“十全武功”之一的降安南之役就是这样以彻底失败而结束的。事后，孙士毅向乾隆帝奏报战况时诿过于黎维祁率先奔逃，动摇军心，又谎称自己在北岸等候一天之久，才断桥北归；但与阮军作战失败的情形他未敢欺饰。孙士毅原折说：

> 无如（阮兵）愈杀愈多，将大兵四面密围，并中分数处，臣与许世亨等遂不复见面。

在日后修纂并经钦定的《安南纪略》中，这一节被窜改增益成：

> 我兵俱人人裹血力战，所向披靡，无如愈杀愈多，将大兵四面密围，臣率同将弁，与提、镇等直扑前敌。许世亨以臣系总督大臣，非镇将可比，设有疏虞，关系国体，再三劝阻，遂派副将庆成护送，并令千总薛忠将臣马缰牵挽，臣用鞭打喝禁，誓欲奋往，薛忠不肯放手。臣复思许世亨之言有关大体，因率庆成等整队殿后而出。

这样一来，败军之将孙士毅被描写成了誓欲殉国的英雄，阮兵合围后与孙士毅并未谋面的许世亨则成了深识大体的烈士。乾隆帝借谎言替孙士毅开脱，说到底是为自己遮羞。他在后来记述安南之役的诗中说："除逆扶危师有名，孱王（指黎维祁）仍自弃其城。一臣（指孙士毅）振旅堪称智，二将（指许世亨、张朝龙）捐躯可惜贞。"又在诗下自注："（孙士毅）振旅而还，无损国威，尚惟深识大体。"把弃军而逃说成"振旅而还""深识大体"，这就不仅仅是遮羞，而是打肿脸充胖子了。

胜败乃兵家常事。后人不能以"常胜将军"苛求乾隆帝，这里也不是对乾隆时代在军事方面的功过做全面评论，而只是想就此比较深入地探讨乾隆帝夸示宏伟的帝制文化取向。

中国自古以来就有一个约定俗成的规矩，什么事物只有达到"十"才称得上完美无缺。最早大概是《周礼》所述："十全为上，十失一次之。"药非十全，不能称大补；菜非十锦，不足言其全；佛家行好事讲究"十善"，帝王制定刑律也要把最严重的犯罪凑成"十恶"，仿佛"九恶不赦"就不那么震慑人心。高明如乾隆帝非但不能摆脱这沽名之"十全十美”文化的俗套，且他的醉心于“十全”比凡人还执拗得多。平准等几次战争打得好，本来有几次算几次就好，但他于心不甘，非把不应列入所谓“武功”的台湾之役、得失悬殊的两次金川之役，以及几至全军覆没的缅甸、安南之役也统统拉上，硬凑成超越古今的“十全武功”才满足，真是可笑又可悲！

对封建帝王追求功利的行为，不宜一笔抹杀。乾隆帝自视极高，就清朝一帝而言，他要为本朝历史上遗留下来的一切重大政治悬案作出最后结论，并力图为后世子子孙孙的“亿万斯年”“铁打江山”奠定基础；就中国历代皇朝之一帝而言，他则要荡涤前此一切导致亡国的污泥浊水，成就超迈古今的千秋大业。平心而论，他在当政时期，确实取得了令世人瞩目，以至遗惠至今的诸多伟业，但他陶醉于夸示宏伟气象，处处要达到十全十美的绝高境界；在实际上便难免沦为浮夸和粉饰，以致图虚名而受实祸，盛极一时的清帝国正是在乾隆时代酿成了种种积重难返的隐患，不可逆转地走向衰落。

乾隆帝纵情恣意于夸示宏伟，以上可略窥一斑。下面再来领略一下这位 18 世纪的中国帝王对西洋文化艺术的欣赏、挚爱以至忘情迷恋！

坐落在京城西北的“荒烟蔓草映寒流”的圆明园遗址近来已着手补缀修饰，以招徕中外游客了。然而，在一定意义上，已成为今天整个圆明园象征的远瀛观的残雕断砌，国人却多主张留给炎黄子孙世代凭吊。有一位作家就委婉地说过：“仿佛听得说要修复圆明园了，我想能不能留下一部分废墟呢？最好远瀛观一带。”

远瀛观大概是圆明园中最经得起历史磨难的宏伟坚固的建筑，连英法联军泯灭中华文明的熊熊烈火也未曾将它化为乌有。如今，两个半世纪，九万一千余个日夜过去了。它那阅尽人间沧桑的巨大雕花石柱依然默默地屹立在那里。游人散尽后，夕阳残照下，这片残而不倒、突兀特立的废墟似乎又沉醉在昔日“十全”圣主乾隆帝驾临观看“大水法”的回忆中。

是的，乾隆时代这里实在太美了！富丽堂皇，金碧辉煌，精美绝伦，巧夺天工……一切美好的词汇都不能描摹其状，大概用“此景只应天上有”才能略得其神韵。

远瀛观在当时不过是圆明园的附园长春园北部占地四公顷多的一组欧式宫殿群的一部分，这组欧式宫殿群人们通常称之为“西洋楼”。

西洋楼始建于乾隆十二年（1747 年），而在此之前，圆明园中就有了仿“泰西”水法（喷泉）而修的“水木明瑟”，乾隆帝有圆明园四十景《调寄秋风清·水木明瑟》一词，词中这样写道：

> 林瑟瑟，水泠泠，溪风群籁动，山鸟一声鸣。
> 斯时斯景谁画得？非色非空吟不成。

乾隆帝很少填词，而这首《调寄秋风清·水木明瑟》就是他屈指可数的词作之一，在词前还有小注云：“用泰西水法，引入室中，以转风扇，泠泠瑟瑟，非丝非竹，天籁遥闻。”所谓“泰西”，即“极西”之意，当时指西洋各国。“水木明瑟”这处景点之所以使人感到有一种林瑟瑟、水泠泠、天籁遥闻的幽静神秘意境，是因为仿西洋“水法”将水引入了室中。有的学者指出，圆明园中这处引入西洋建筑风格的“水木明瑟”是仿扬州园林“水竹居”兴建的，但首次南巡是在乾隆十六年（1751 年），说“高宗（乾隆帝）南巡，行幸所经，写其风景，归而作之，增置园中，列景四十，‘水木明瑟’亦当仿水竹居为之”，恐怕难于说通。事实可能是，乾隆帝对西洋建筑早就神往，“水木明瑟”引进泰西水法不过是其技小试而已。若说大规模修建欧式宫殿群则是从乾隆十二年开始的，而使乾隆帝动此念头的，依然是“泰西水法”。

乾隆十二年，乾隆帝在欣赏一幅西洋铜版画时，对欧洲园林中的喷泉发生了兴趣，于是让随侍在旁的西洋传教士郎世宁向他作一解说。

郎世宁这位身历康、雍、乾三朝的宫廷画师，为了实现在中国这块古老的东方大地上传播上帝福音的理想，像其他来华的耶稣会士一样取了一个中国名字——郎世宁，而他的艺术才能正是在雅好艺术、垂青西洋技法的乾隆帝即位后才受到激赏，并发挥到了极致。

当皇上亲切询问时，郎世宁尽其所知，详细地描述了西洋园林中的喷泉。不过，他也如实地告诉皇帝：喷泉的制作，涉及机械物理等广泛的学问，这并非自己所长。

“难道宫中就没有一两个西洋人擅长此道吗？”皇上急切地问。

“是，当然会有。”郎世宁肯定地作了回答。

乾隆帝沉吟片刻即退入寝宫，据其他传教士的记载：“清帝甫退入私殿，一内侍出而告彼（郎世宁）：‘若有欧洲人，能担任制造喷水池者，明日彼应即使其高升。’即命令彼，任意出价，寻觅能办此事之人。于是，大众全注目于神父蒋友仁。”

蒋友仁，法国人，也是耶稣会士。他比郎世宁小二十七岁，来华也晚得多，是在乾隆九年（1744 年）。蒋氏精研天文、历法，对机械之类独擅其长，因此在宫中供事的传教士们自然“全注目”于他。当乾隆帝召见他，说明准备建造西式宫殿，并在宫外配置西洋“水法”，想让他设计并建造时，蒋友仁曾自陈才力不足胜任。不过，乾隆帝仍让他勉为其难，宫殿部分可由郎世宁画图设计，蒋友仁终于应允。据宫中传教士记载：“清帝大为喜悦，且谓即时颁发命令，凡被调遣工人，所为之事，均须遵照实行。”蒋友仁亦不负乾隆帝所望，很快呈献上了第一座西式建筑群的蓝图，据说“极合清帝之心意，清帝命人将其送至私室，以便闲暇时熟观谛审，因此且决意建筑一欧式之宫殿，亲自于花园中择定地址，且命教士郎世宁与神父蒋友仁协力合作，绘一结构大略之蓝图”。

乾隆帝亲自择定的地址，即圆明园附园长春园北部一东西狭长的地带。

长春园原址为圆明园之东的水磨村，乾隆帝时始拓为一座中西合璧、风格独特的皇家园林。此园何以“长春”名之？原来雍正年间，乾隆帝为皇子时，皇父曾赐其居圆明园中的“长春仙馆”。且赐号“长春居士”。如今由圆明园向东拓展之园，即命名为“长春园”。依乾隆帝之意，是想把此园作为自己归政后的颐养天年之所，因而其建筑也格外地精益求精。

当第一座西洋楼进入紧张的施工阶段后，乾隆帝“每日均来观察，且时常发问”，他对于设计、建筑，以至建成后宫殿内外布置，每一细节都不放过。根据清宫内务府档案记载，乾隆帝曾指示这座后来名为“谐奇趣”的西洋楼的游廊等处要画西洋油画，后来，还发下一张由郎世宁设计的谐奇趣宝座背后照壁的纸样，同时降旨：“着造办处照周围吊屏做法，做楠木花绝贴金，空白俱嵌玻璃。”当年秋天，第一座西洋楼及楼前的喷泉完工，对这座整个西洋楼最西面的一组建筑，后人描述有所不同，有的说是圆形喷水池中，由四只铜制羊和十只天鹅喷射出一束束光彩夺目的水柱；有的却说喷水池中还有一尾大石鱼。

看看乾隆帝对第一座西洋楼落成的满意情态吧。据乾隆帝身边的西洋传教士说，他曾向王公大臣们夸耀自己有知人之明：“朕固预知且深信神父蒋友仁，苟非确有把握能做成者，彼决不贸然担任。”乾隆帝还十分得意地向那些如小学生听讲一般的王公大臣们讲解西洋“水法”的理论，以表示在工程进行之前，自己早有成竹在胸。

当时，西洋水法成功一事乃宫中之奇闻，并由宫中渐渐传至满朝，正当蒋友仁功成名就、可以稍作休息的时候，乾隆帝又开始命令他筹划建设另一座西洋宫殿及水法。这第二座宫殿即后来命名并由乾隆帝题写匾额“海晏堂”的最大的一座西洋楼。在外国传教士的笔下，它前面的喷泉真可与法国巴黎凡尔赛宫相媲美：

> 另一所巨大宏丽之欧式新宫殿，其中花园集美景佳趣于一处，凡人所能幻想宏伟奇特之喷泉应有尽有……最大者与凡尔赛王宫及圣克劳教堂之喷泉颇足并驾。当清帝坐于宝座之上，望见左右两边，有两座巨大之水塔及附属物。前面复有喷泉环集，其分配之法，颇费匠心。又有一游戏表现战争之状，于池内、岸边、岩顶，及随处适宜之地点，杂放鱼鸟及各种动物若随意乱放者，形成一半圆形，其状乃愈村野乃愈悦目。但最使蒋氏感觉繁苦者，即此第二座宫殿脚下这喷水管口。因华人以十二兽类分别代表一日十二时辰，彼遂制一时计，继续喷射清泉，无时或断，每二小时之内，有一兽口中涌射喷泉，他兽继之，轮流如此，周而复始。

下面就来细说这组“最使蒋氏感觉繁苦”的十二属相喷泉。海晏堂阳台两侧有两道宽宽的、由上而下逐级延伸的台阶，它们中间有两只铜海豚向空中喷射水柱，水流则缓缓注入地面的水池。台阶栏杆外面还有两只铜狮从口中喷水。宫殿前的宽敞空地上分布有许多小喷泉，而由这些小喷泉环抱着的就是匠心独具的十二属相大喷泉。这座庞大喷水池的两侧边缘各排列六座人体兽头的青铜雕像，兽头依次为：鼠、牛、虎、兔、龙、蛇、马、羊、猴、鸡、狗、猪，分别代表子、丑、寅、卯、辰、巳、午、未，申、酉、戌、亥十二个时辰。每隔一时辰（两小时）即由表示这一时辰的人体兽头喷水，正午则十二青铜兽头同时喷出水柱，集中落在大喷泉中心一个精巧的铜制漏壶——中国古代用水计时的容器里。

请设想一下，人体而兽面，且堂而皇之地陈设在皇家御园之中，这样一座奇异古怪的时辰钟，似乎很难为具有传统欣赏口味者所能接受。据说咸丰帝的母亲曾以皇太后的懿旨，命人收起了这组人体兽首雕像，并放在一仓库里。然而，这组充满了怪诞意味和异国情调的青铜雕像肯定激起了乾隆帝的强烈好奇心，并得到了他的高度评价。

今天人们看到的远瀛观残垣断壁不过是蒋友仁、郎世宁等西洋传教士设计并指导建筑的第三座西洋楼的劫后余灰而已。远瀛观这组建筑群在海晏堂东邻，从南北中轴线上它可分为三部分：北部是主体建筑远瀛观，坐落在巨大石砌高台上，坐北朝南，汉白玉石柱上雕刻着精美的花纹，在这座金碧辉煌的西洋宫殿里，盛陈珍宝名画，据说壁上还悬挂着法王路易十五赠送的挂毯；中部是称为“大水法”的半圆形水池，紧靠在远瀛观台基之下，喷水池中有一作奔跑状的铜鹿，两旁有铜狗十只，个个活灵活现，仿佛正在合围猎捕铜鹿，池东复有铜海猪，可喷射水达三丈远，池南东西各建有十三级方形喷水塔，“节节喷溢水瀑”；大水法南部建有大理石铺就的矮台，台上安设皇帝宝座，以观水法表演，此组建筑故称“观水法”。宝座后矗立五扇石屏风，上有纹饰精致、表现各种武器陈设的浮雕，有刀、剑、甲胄，等等。每当乾隆帝到来时，所有蓄水池同时给水，强大的水柱从铜狗口中喷出，一齐射向铜鹿，而同时两只鹿角也向空中喷水，此景因此称为“十狗逐鹿”。乾隆帝在《远瀛观歌》中对此绘声绘色地描述道：

> 石级参差列珠树，玻璃为牖佳境布。
> 八窗洞开引清风，翠屏紫凤萦香雾。

除了上面提到的谐奇趣、海晏堂和远瀛观之外，长春园北部成带状展开的西洋楼建筑群还包括养雀笼、方外观、蓄水楼、万花阵、花园门、线法桥、线法山，线法山正门、方河、线法东门和线法墙等西洋楼和园林小品。这些建筑从乾隆十二年（1747 年）动工，到乾隆二十四年（1759 年）基本完成。也有人说西洋楼始建于乾隆十年（1745 年），历经十四年之久方告竣。

关于西洋楼的建筑风格，后人做了如下的概述：

> 此地的欧式宫殿，是一七四七年才开始建筑的，式样仿照郎世宁的绘画……郎世宁的鼓舞力，必是从意大利湖艇式的建筑中引来。有些屋宇的正面，弯曲着微波的纹路，门窗上巨大的螺旋形，使人联想到巴罗明式的建筑，又仿佛十六世纪末叶日内瓦式的宫殿，就全体结构来看，法国的影响较不显著，虽有一二处屋宇正面，整整齐齐，作古典式，可由其稍微踪迹出来。还有屏墙上装点的镶板，实际上这些物品，似乎仿照十八世纪的雕刻。其他种种装饰物品，如用作点缀的石块、贝壳、花纹、花环、壁龛，和雕镂精致花纹的方格，都与路易十四时法国雕镂的物品，似有吻合之意。

但也有人指出，西洋楼在细部和装饰方面也采用了许多中国的手法。另，原北平图书馆藏有长春园中谐奇趣、海晏堂等处图样甚多，俱为宫廷建筑大师“样氏雷”家旧物。由此可见，雷氏似也参与了西洋楼的设计和修建。

当然，绝对不应忽略的是，这座西洋楼的设计师不管是郎世宁、蒋友仁也罢，“样氏雷”也罢，他们都要听命于最高权威的圆明园总体设计师——乾隆帝。清宫档案记载，乾隆帝曾降旨郎世宁，让他参照内廷收藏西洋铜版手卷中的欧洲建筑，绘制“水法房”（似指海晏堂）大殿、游廊的“通景画稿”。还屡屡命太监传旨：“长春园含经堂照背后，着郎世宁照静宜园情赏为美趄廊内油画起稿，画通景画”；“长春园海岳开襟，着王致诚画骚青地异兽十六张”；“水法池内所需铜鹅、铜鸭等件，着交造办处精细成造”；“西洋水法房内装修不必做，将黄底黄花毡要些，在京内无有的稀奇物件，着带些来”；“长春园水法房正殿花盖靠背坐褥，着郎世宁画样发往南边成做”；等等。由此可见，从总体风格讲，西洋楼无疑是欧式的，但这种异国情调的园林建筑所以能在中土植根，说到底是得到了乾隆帝的审美趣味的认可才能实现。

遗憾的是，人们今天只能通过远瀛观的残垣断壁来追寻这位风流儒雅的帝王的西洋意趣了。

乾隆帝对西洋艺术的钟情，不仅表现在建筑上，他的兴趣是广泛的，诸如音乐、钟表、玩具，特别是绘画，都曾强烈地吸引过他。

建筑被人称为凝固的音乐，音乐与建筑有一种相通的艺术之美。乾隆帝也曾留意过西洋音乐。乾隆六年（1741 年）在准备续修《律吕正义》时，他就让主持这项工作的乐部大臣张照去请教长期供奉内廷，而且在康熙时参与过纂修《律吕正义》的西洋乐师德里格（意大利人）、魏继晋（德国人）和鲁仲贤（波希米亚人）。张照遵旨考察了他们的西洋乐器，听了他们的演奏，评价不高，他向皇帝汇报说：“其音不仅不像殿陛所用庄重音乐那样中和庄重，与俗乐相比，更噍杂促数，不堪入耳。”乾隆帝的兴致并没有被张照这一盆冷水浇得低落下来，他仍让魏继晋与鲁仲贤合作歌词和乐曲十六篇，在西苑瀛台教授琴谱，而且还让他们教小太监学习“大拉琴”（似为大提琴）和“小拉琴”（似为小提琴），以便让居于深宫的女眷们也领略一点儿带有异国风情的乐曲。

乾隆帝对西洋钟表的爱好和搜集更近乎狂热的程度。那时西洋钟表主要来源于与洋商打交道的粤海关监督采办、外国来华使臣进贡，以及封疆大吏、盐政织造们的年节孝敬。乾隆帝搜集的洋钟洋表太多，以致大内皇宫和离宫别苑摆放不下，赏给阿哥、公主及亲幸大臣之外，等而下之的则弃置库中，经年不动。他对西洋钟表的热衷，终其一生而不懈，除设法寻找地道的进口钟表及广式、苏式钟表外，还在圆明园中特备“钟房”（又名“做钟处”），其中有一位名叫西澄元的洋教士因工于机械而最受青睐，旁人因而称之“西老爷”。据同在内廷的西洋传教士的传述，这位“西老爷在朝里，在花园里，做钟做玩意，天天见万岁，万岁很喜欢他，很夸他巧”。

这位西老爷不仅会做洋钟洋表，还善于做装有机械发条的玩具。他和另一位名叫杨自新的修士同居钟房，曾做过一头“自行狮子”，能行百步之遥，发条就藏在狮子腹内。乾隆帝几暇游乐，看着“自行狮子”昂首阔步走过来，十分开心；但他看不惯狮子身上的皮毛，就让西澄元换成了绒毛。西澄元做的“自行人”，乾隆帝也过细地指点到把洋帽子改换成中式抓髻。对西方奇巧的玩意儿，乾隆帝并不迷信，他喜欢，但也要加以改造，使之适合自己的欣赏口味。

值得一提的是，西澄元、杨自新等所造的机械玩具往往是骇人的庞然大物。有一次，他们整了一件叫“自行鳌山”的大家伙，光发条就向做钟处要了长八尺、宽一寸的两根，长一丈四尺、宽一寸七分的四根，长一丈四尺、宽二寸的两根。这些狮、虎、熊、人，以及各色陈设等西洋玩意儿中，最令乾隆帝激赏叫绝的当属“万年欢”了。这是由郎世宁参与设计外观，乾隆帝亲自指示“水法座子改铜胎撒镀金，鸳鸯做珐琅”的一件机械人表演戏剧的超大型玩具，专为庆祝皇太后六十寿辰而制造。为讨得母亲欢心，乾隆帝特地跑到如意馆仔细观看。“万年欢”制成献上后，皇太后果然兴味盎然，赞不绝口，参与设计、制造的洋人们因而得到优厚的赏赐，同行说他们“脸上十分有光”。

应该说，乾隆帝对西洋建筑、音乐、钟表和玩具所表现出来的趣味，不过仅仅停留在欣赏的肤浅层次；他直觉地感到一种新的、刺激的、异域的美，而对其艺术的深奥底蕴却不想探究。然而，对西洋绘画则不然，他不仅能道出其艺术上的短长，而且挟天子之力，引导以郎世宁为代表的，由中外著名画家组成的群体创造出了一种融会中西的新体绘画风格。

前面曾经提到过，在故宫养心殿西暖阁有一著名的“三希堂”，在这大约八平方米的斗室的西墙上，可以看到长、宽各约两米的一幅巨画，画面正中是一个通往花园的月亮门，花园中有两位身着大袖宽袍、儒者模样打扮的人，其中面容富贵慈祥者就是乾隆帝。他手里拿着一枝梅花，神态怡然自得。这幅画的人物头像用西洋画法，背景和服饰则是中国传统绘技。其最大的特点在于，画家采用了所谓“焦点透视法”，画面两侧的花格窗户和铺有花砖的通往花园过道的延长线都集中到花园深处的某一点，从而产生了画面深远无际的视觉效果。这种画法在起稿时，先要在画面上确定“灭点”，然后用线拉出线条来，所以当时人把这种“定点引线之法”所绘之画称为“线法画”。三希堂中这幅画的主要作者就是清代线法画的创始人和传布者，也是最有权威的线法画大师郎世宁。

郎世宁曾为乾隆帝设计西洋楼，但他最擅长绘画。他画线法画，也画西洋油画，这位绘画大师作画以中国笔墨、颜色、绢纸为工具和材料，参以西洋画技，画出的人物肖像、静物写生色彩有浓淡明暗之分，极富立体感，乾隆帝名之为“凹凸丹青法”。郎世宁所绘《十骏图》共十轴，俱长一丈六尺六寸、宽九尺八寸五分。乾隆八年（1743 年），乾隆帝让翰林们评定等次，张照等奉命给十幅骏马图都评为上等。乾隆十三年（1748 年）准噶尔蒙古贡马，乾隆帝见这些西域良马变态联翩，一一如龙，于是命郎世宁等又画了《大宛骝图》《红玉座图》和《如意骢图》三轴，续入了《十骏图》。当年夏天，乾隆帝在《龙马歌题郎世宁所画》这首诗中，把郎世宁誉为曹霸、韩幹再世，并生动地描述了自己极为欣赏的、画技绝伦的群马图：

坰野坦夷繁百草，周以绣岭带锐川。
龁饮既适马性悦，作息乃得全其天。
目迷万景姑弗论，粗陈厥状真奇焉。
翘足而陆泅而水，饱而卓立倦而眠。
怒者奋蹬嬉者啮，痒者摩颈跃者旋。
突者骛者兢相赴，或改其意中俄延。
或背而驰似相忌，或依而就如相怜。

夫惟衔轭之不借，故无窃辔与诡衔。

鲁颂一言蔽诗义，蒙庄数语包全篇。

骅骝骐骥世常有，谁言今也无曹韩？

保存至今的郎世宁所绘乾隆帝御容肖像甚多，如排列在一起，足以构成自阿哥时代至皇帝中年的连续画卷。在他笔下，乾隆帝面色光亮明朗，皮肤白皙柔润，目光炯炯有神，活现出一位不怒而威的英主形象。郎世宁为皇帝所画的生活小像，有时也由其他宫廷画师配上中国画背景。乾隆十八年（1753 年）夏天，乾隆帝在御园中纳凉，悠闲地倚坐在古松泉水间的假山石上作凝神沉思状，让郎世宁画人像，张宗苍画山水，画成后皇帝戏题小诗云：

松石流泉间，阴森夏亦寒。

构思坐盘陀，飘然衫带宽。

能者尽其技，劳者趁此闲。

谓宜入图画，匪慕竹皮冠。

“竹皮冠”者，系汉高祖刘邦为寻常百姓时用竹皮所做之冠。乾隆帝在这里用该典故，是说自己日理万机，辛劳之余，消暑纳凉，让“能者”郎、张绘入图画，而自己绝无为政厌倦、羡慕清闲百姓之心。其实休息尽可以好好休息，无须作此表白，乾隆帝的矫情，于此又可略见一斑。

除郎世宁外，供奉内廷、在如意馆中奉旨作画的西洋传教士还有王致诚（法国人）和艾启蒙（波希米亚人）等，但他们在皇帝眼中的地位不及郎世宁。

如意馆隶属于内务府下的养心殿造办处，关于它所在的确切地点，礼亲王昭梿在《啸亭杂录》中是这样说的：“如意馆在启祥宫南，馆室数楹，凡绘工、文史及雕琢玉器、裱褙帖轴之诸匠皆在焉。”昭梿生于乾隆四十一年（1776 年），又是近支王公，所记如意馆应是在大内的位置。今人杨伯达先生据清宫档案认为：“如意馆位于圆明园福园门内东侧，二十景之一的‘洞天深处’之东北邻。”至于昭梿所说的启祥宫，亦造办处属下的一个工作机构，所管理的亦是以绘画为主的画家，并包括玉、象犀、商丝等工。它与如意馆一样，都是以殿座名称命名的特殊的高级作坊，“其任务也是一致的，那就是皇帝每年初春由宫内迁往圆明园时，启祥宫的管理人员、画家和工匠也随之移入圆明园的如意馆；冬季如意馆中一套人员又随皇帝迁回紫禁城启祥宫”。

在如意馆内效力的画师，通称“画画人”，传教士身份的外国画师则被称为“西洋画画人”，有的太监也称他们是“画画蛮子”，可见其地位并不高；但郎世宁除外，他被皇帝破例授予奉宸苑使，赏给了饰有蓝宝石的三品顶戴，所以在周围人的眼里，他是一位有官职的特殊人物。有传教士对他如下的描述：“画画的郎老爷，官名‘世宁’，圣名‘约瑟’，很有德的，万岁很爱他的，他有河道雪亮蓝顶戴，王公大臣面前，有体面。”

乾隆三十一年（1766年），年近八旬的郎世宁客死中国，奉旨追赠侍郎衔，并赏银三百两，隆重办理丧事。郎氏葬于京西阜成门外葡萄牙墓地西洋传教士墓中最西一列，北数第三号。

郎世宁为了主的事业，万里迢迢来到中国，在这个古老的东方大国，他遭逢人间英主乾隆帝，从而把西方的艺术和华夏古老的艺术融合在一起。郎世宁之所以能蒙受皇帝的垂爱，因为他不仅适应了宫中刻板而单调的生活，而且也有意识地改变了自己固有的画风，以迎合皇帝的审美情趣。

中国画大抵分工笔和写意两派，前者用笔细密，渲染工致；后者命意高简，传神而不求形似。但无论写意还是工笔，都讲究气韵，强调不为物象所役。在这样的文化艺术氛围熏陶下成长起来、可与同时代名画家比肩的乾隆帝慧眼独具，对漂洋过海而来的异域画风给予了肯定与包容，允许郎世宁等人用纯西洋画法，在皇家园林的殿阁楼台中绘上大量的油画，也为自己画了一幅幅油画御容。他还让这些西洋画师把透视法等绘画技法移植到中国画苑，用中国画的传统材料和工具，仿照西洋画风格，追求物象的质感和流动的笔触。乾隆帝赞誉郎世宁为“神笔”，主要是欣赏他所代表的为中国画所不具备的西洋画写实的长处。因此乾隆帝说："写真世宁擅"，"写真无过其右者"。正由于乾隆帝对西洋画法的偏爱，所以当时清宫打开了一扇窗口，中国的艺术家们可以从那里窥见西方近代绘画的一角，从中汲取有益的营养；同时也提供了一个有限的创作空间，让郎世宁这样才华横溢的西洋画家们发挥他们独擅的绝技。

然而，乾隆帝毕竟只能从中国传统的审美意趣去理解、赏析、品鉴和裁量这些纯粹异国情调的图画，他认为包括郎世宁在内的西洋画师们的作品缺乏中国画特有的神韵，因而批评郎世宁的画："似则似矣逊古格。"这个看法与如意馆里中国画家们的看法是完全一致的。

不过，乾隆帝绝不满足于当一名客观的批评家和高明的鉴赏家，他还要按照自己的审美观对这些"西洋画画人"的技法加以改造。奉旨作画的郎世宁等西洋人在清宫中找不到一座可以恣意发挥自己才华的舞台，他们只能在中西两种异质文明碰撞的旋涡中艰难地寻觅一隅立身之地。正是在这样的特殊环境里，郎世宁在宫廷中所画的"线法画"虽给观者以纵深感，但又不尽守透视法规则，来华的泰西使节看后不满意，说它"既不守透视法之规则，于事物之远近亦不适合"；作画施彩虽兼顾浓淡深浅，使肖像、静物富于立体感，却因此而笔力不周，显得气韵不足，中国画家也不满意，说缺乏神逸，全无笔力"古格"。总之，郎画既非中国画，亦非西洋画，而是在乾隆帝品味的塑造之下，开创的一种以西法为本，参以中法，据其西洋写意的素养，而仍以中国笔描彩绘为依归，最大限度地追求形神兼备的、别具一格的新画体。尽管远未达到水乳交融的境界，但它在中西艺术交流史上所占的特殊地位应该给予高度重视。

在中西两种文化传统、审美观点大异其趣的环境中作画的郎世宁处境之难堪可以想见；然而，他没有向旁人倾吐过自己的苦闷。他在如意馆中的同事、法国人王致诚却难以忍受，在向教廷发回的信函中他抱怨道："终日供奉内廷，无异囚禁，主日瞻礼，亦无祈祷暇晷，作画时频掣肘，不能随意发挥。"怀着近乎愤懑的情绪，王致诚拒绝了频频掣其肘的乾隆帝授予他四品官衔的隆恩。

清代最伟大的三位皇帝——康、雍、乾三帝——对西洋文化艺术的爱慕是一脉相承的。乾隆帝的父亲雍正帝喜爱郎世宁所绘的《百骏图》，他让法国传教士巴多明等验看步行日晷仪、西洋显微镜等，表现出对西洋器物的求知欲望。为人们所熟知的雍正帝头戴西洋假发的画像，最生动地揭示了这个令人生畏的东方君主神往西洋文明的内心世界。不过雍正帝也好，乾隆帝也好，在真正了解西洋文化底蕴上，都不能同康熙帝相比。康熙帝也喜欢西洋艺术，但他更重视的是西洋先进的科学技术，而乾隆帝则对自然科学知之甚少，他在诗中坦率地承认："皇祖精明勾股弦，惜吾未习值髫年。而今老固难为学，自画追思每愧旃。"再来看看对待西洋钟表这件小事上他们祖孙二人的差异吧！康熙帝不仅热衷于搜集各式西洋自鸣钟和时辰表，而且在宫内创建了做钟处，聘请英国著名钟表设计师法斯·斯塔林主持仿制欧洲机械钟，终于制造出了"当时西欧技术最先进，工艺最精良的各式钟表"。而乾隆帝似乎对钟表的机械构造和功能毫无兴趣，他的精神贯注于钟表的外在细节，如谕示"人头、手做象牙，衣纹另作鲜明，里面安排玻璃镜四块，门上玻璃三块"之类的钟表造型与装饰上，以显示他超人的艺术眼光。康熙帝从当时世界大势的变化和科学技术方面中西方的差距，敏锐地觉察出"海外如西洋等国，千百年后，中国恐受其累"；而乾隆帝则缺少康熙帝的忧患意识，在"西洋之累"日渐迫近时，幻想收紧对外贸易，闭关自守，毫无痛切反思、正视中西之间的差距、急起直追之实心，反而陶醉于数十名效力内廷的画师、天文学家、测绘专家、外科医生对他的崇拜和忠诚，陶醉于对异国奇珍的广泛搜集，以及圆明园中几组欧式建筑的非凡气派。乾隆帝的西洋意趣，固然反映了他不同凡响的艺术气质，但他的"纵情恣意"于"异国风味"，主要是为了炫耀，炫耀富有、炫耀权力、炫耀自己超越今古的丰功伟业，以及至高无上的尊严，既向海内臣民炫耀，也向前来观瞻"天朝上国"的周边藩属和泰西各国使臣炫耀。

乾隆十八年（1753年），葡萄牙国王若泽一世的使臣巴哲格来华，这是乾隆帝登极后首次接待访华的西洋使节，当时长春园北路一带的谐奇趣等欧式庭园楼阁正在兴建之中，皇帝一次又一次地催促加紧施工，想赶在巴哲格来京前完工。据如意馆内的西洋人记述：“钦差（按指巴哲格）未来之先，万岁对西老爷（西澄元）说过好几次，你们快快完西洋房子，你们的西洋大人来了，我叫他看我的西洋房子里的陈设，都是大西洋的很好的东西。”

天朝大国，无所不有，包括泰西各国恃以夸耀的东西，也荟萃于皇家的禁苑之中。乾隆帝要让这位博尔都噶里雅国（即葡萄牙）的“钦差大人”瞠目结舌，自叹弗如，而拜倒在中央之国伟大君主的脚下。这种心情在他怡然自得地漫步于西洋楼时往往从心底油然而生，且看他的《观谐奇趣水法》一诗：

连延楼阁仿西洋，信是熙朝声教彰。
激水引泉流荡漾，范铜伏地制精良。
惊潮翻石千夫御，白雨跳珠万斛量。
巧擅人工思远服，版图式廓巩金汤。

不幸的是，西洋“远人”并未宾服，中华版图也没有固若金汤。清咸丰十年（1860年）秋，英法联军攻入北京，一把火焚烧了圆明园，包括乾隆帝用以向五洲四海夸耀中华声教的西洋楼，而时间恰恰是西洋楼落成的一百周年。

据一位这场人类文化浩劫的目击者叙述：

圆明园和附近的所有宫殿，都一齐架火燃烧起来，两天两夜，这些遭劫的避暑行宫，火光熊熊地烧着，仿佛一张幔子，罩着当日的行幸处所，并且随着大风，烟雾吹过联军的营盘，蜿蜿蜒蜒，到了北京，黑云压城，日光掩没，仿佛一个长期的日蚀。

与焚毁同时，英法强盗开始疯狂地剽掠和野蛮地破坏，一位作壁上观的法军随军翻译做了如下描述：

有互撞而相争者，有将仆或已仆者，有仆而复起者，有矢誓有讪骂者，有大声嘶喊者，所获如是，犹之蚁穴为足所蹴，群蚁各衔米粮虫草等物，向穴狂奔而入。军士至有以首探入红漆衣箱，或卧于织金绸缎内，搜寻珍物者；或有项悬珍珠朝珠者；或攫取时钟者；或以斧劈取箱笼所嵌宝石者。更有一兵，愚鲁可嗤，毁一钟，系先法皇雪斯第十五时代所制之物，以其水晶计针，而误以为金钢石者。火势正烈，若辈各运所抢之物，置于空地上，复以绸缎皮衣压火上以熄之，而火愈烈，穿过高墙，而若辈仍穿越宫殿，肆行抢掠。

被焚毁和劫走的除去有价值可以计算的金银珠宝外，还有无法用金钱衡量的盈箱满柜的珍贵书籍、神采飞扬的名画法帖，以及商周鼎彝、历代名砚，乾隆时代的玉雕、漆器、名瓷等绝世珍品……这一切一切，包含着乾隆帝那一言难尽的西洋意趣，在顷刻之间都毁灭了。

当代法国政治家、学者阿兰·佩雷菲特有一句名言，他说："乾隆帝没有死，他的精神仍然存在。"今天，由乾隆帝集中体现的中国古代帝制文化是否已经在神州大地绝迹了呢？

第十章

落日余晖

帝王并非都热恋权力。热恋权力的帝王们的心态也并不完全相同。

乾隆帝终生抓住国家最高权力不放，即使将帝位内禅给嘉庆帝后，他依然是主宰这个庞大帝国的惟一主人。在即将走到人生途路尽头时，乾隆帝仍像他年轻时一样，强烈地被政治所吸引。他热恋权力的原因，并不是害怕失去享乐、地位和安全，而是权力给予了他体验成就感和荣誉感的机会，同时也给予了他受到爱慕和尊敬的氛围。

一轮殷红色的太阳就要落山了，然而，天下依旧只有，也只能有一个太阳。

一 周甲归政

乾隆三十七年十一月，乾隆帝正式宣谕皇子："朕八旬开六归政。"八十六岁，即临御天下六十周年，在这时归政嗣皇帝，是乾隆帝登极之始"焚香默祷上天"之诺言。周甲归政的准备确实在加紧推进，为退闲后悠游颐养，乾隆帝规划了圆明园以东长春园的修建工程。到他六十岁时，又下令在紫禁城内预葺宁寿宫。

乾隆六十年（1795年）是乾隆帝以"皇帝"名号在位的最后一年，也是他君临天下一个周甲以来罕见的多事之秋。

这一年开年便有异兆。正月初一，四海同庆，万象更新，却恰逢日食；十五天后，正当普天之下共度元宵佳节之际，一轮圆月又被蚀去了大半。上天相继示警，臣民中隐隐有一种一个时代行将结束的不祥之感。

日食和月食，在当时已可以预测。早在二三十年以前，长于算学的皇六子永瑢已推测出“丙午（乾隆五十一年）、乙卯（乾隆六十年）皆正旦日食”，钦天监中任职的西洋人也在事先奏报“乙卯朔望俱值剥蚀”。但身为天子的乾隆帝仍然不敢以“天道运行规律使然”这样的想法宽慰自己。他降旨停止了元旦御太和殿接受诸王百官朝贺的大典，静下心来虔诚地反思自己在用人行政方面可能存在的阙失。

当年冬天，全国以至东藩朝鲜的天气奇寒，京师尤甚。民谚“腊七腊八，冻死寒鸦；腊九腊十，冻死小人儿”，竟成了触目可见的现实。乌鸦冻死了，树木冻死了，小孩冻死了，食不果腹、衣不蔽体的男妇也熬不过风雪交加的漫漫冬夜。自入腊月以来，每天凌晨，步军统领衙门属下的番役都要从街道上，特别是施粥厂门外，收集起一具具“倒卧”，集中送到郊外掩埋。除夕前一日，来京参加禅位大典的安南国使臣竟冻死于会同四译馆内，礼部奏闻，乾隆帝恼怒不已。

更令乾隆帝烦闷的是，乾隆初经过总督张广泗血洗之后已然平静了六十年的苗疆地区兵戈又起，贵州“逆苗”石柳邓，湖南“逆苗”石三保、吴半生、吴八月勾结作乱，“苗疆大震”。乾隆帝任命福康安为云贵总督来主持镇压苗民起义之后，曾极力往宽处想。按占星家的说法，正月朔、望接连发生日食和月食，是为“兵象”；如果当年只不过一隅不靖，调动师旅前往征伐并非坏事，因为此举可以“小兵消大灾”。乾隆帝当然赞同此说，他还举出“自汉迨明，其事屡验”为证。最近一次朔望剥蚀发生在乾隆五十一年（1786 年），当时“逆首”林爽文跳梁台湾，福康安领兵一到，海疆平靖，全国亦未发生大变。不过，这一次的统帅虽然还是福星高照的福康安，但战事的进展却极不顺利。为此，乾隆帝忧心忡忡，他时时担心发生“大故”——自己在禅位之前崩逝。

然而，预定在明年正旦举行的禅位大典已箭在弦上，即使有更大的“凶象”，也不能阻止各项准备工作在皇帝的亲自督责下，紧张而有序地进行。

这一年乾隆帝整整八十五岁，他决定“周甲归政”，传位于皇太子，并不是因为年事已高、厌倦了政事的辛劳，而是为了实践六十年前的郑重诺言。

据乾隆帝自己说，他临御天下之始，即“焚香默祷上天”：“若蒙眷佑，俾得在位六十年，即当传位嗣子。”为什么把自己在位的时间预先设定为六十年呢？他解释道：皇祖康熙帝纪元六十一年，自己不敢上同皇祖。在乾隆帝的心目中，如果不是皇祖的深爱神知，默定于前，也就不会有他承继皇统的一天。当然，皇祖也是他最崇拜的偶像。践祚之初，他就不事声张地向上天许下了周甲归政的庄重诺言；尽管只有天知道，但还是可信的。

不过，乾隆帝后来也坦率地承认，他那时不过二十五岁，并未考虑到自己能不能活到八十五岁，以实现归政嗣皇的愿望。他说自己一直到“五十余岁，方始念及”此事。确切的时间，乾隆帝虽没有讲，但他在谕旨中确曾提及“朕年五旬后，曾于圣母皇太后前，奏及归政之事”。乾隆帝首次公开表示要归政退闲的记载，见于乾隆三十七年（1772年）十一月他向皇子们下达的一通谕旨，谕称：

> 皇十五子（永琰，即后之嘉庆帝），年已长成，业经赏与端罩，致祭奉先殿，亦着开列。皇子原与外间王公有间，一切服用，悉如亲王。现在皇子中，四阿哥、六阿哥俱赐封郡王，其俸银及护卫官员，自应视其爵秩，而一应服用，仍应照皇子之例。俟朕八旬开六归政时，再各按爵秩，方为允协。

这一年，十五阿哥永琰十三岁，第二年冬，他就被秘定为皇太子。归政一事，在乾隆帝胸中已切实开始了安排。与此同时，他为归政后悠游颐养，加紧了圆明园以东长春园的修建工程；到他六十岁时，又下令在紫禁城内预葺宁寿宫。这中间，乾隆帝不是没有犹豫过，据他说，他曾为归政之事奏闻皇太后，但“圣母”以为不妥。为此，乾隆帝一改初衷，再次焚香告天，说如到归政之期，圣母健在，“朕亦何敢复执前愿”？乾隆四十二年（1777年）正月，圣母皇太后病逝。从此，乾隆帝决意实践周甲归政之诺言，以后再没有动摇。

但这一切有关归政的原委，除祷告上天、祭告列祖之外，只在皇子们及皇太后这极小的圈子里才能知悉，天下臣民但见年近古稀的乾隆帝既不像康熙帝曾经那样明立储君，也未曾在端慧皇太子夭折后举行过秘密立储的仪典；因此，都不知年迈的皇帝对宗社大计攸关的立储一事作何打算。大臣们自然谁也不敢蹈康熙年间建言立储之覆辙，倒是莘莘学子中有沉不住气的了。乾隆四十三年（1778 年）九月，锦县生员金从善趁乾隆帝东巡谒祖之机，跪在御道旁呈请“建储”“立后”，其条陈内容虽不能详知，但“立储”一条，难免有诸多不中听的话。乾隆帝经过反复推敲，权衡利害，最后认定已到了向天下臣民表白自己并无意“贪恋宝位”的时候了，于是颁布“明发谕旨”，针对金从善所言“立储”一事，宣称“此等大事，朕未尝不计及也，曾于乾隆三十八年冬，手书应立皇子之名、密缄而识藏之，并以其事谕知军机大臣，特未明示以所定何人”，然后，转入归政退闲夙愿：

> 朕此举（立储），天下臣民无由共闻，未尝无窃议朕为贪恋宝位，不肯立储。不知朕践阼之初，曾焚香告天云：“昔皇祖御极六十一年，予不敢相比，若邀穹苍眷佑，至乾隆六十年乙卯，予寿跻八十有五，即当传位皇子，归政退闲。”第此意向未宣示，众亦不能深悉也。迨朕六旬大庆后，即敕豫葺宁寿宫，为将来优游颐养之所，臣工应莫不共闻共见，岂有所伪饰乎？今朕春秋六十有八，康强尚如昔时，自当代上天爱养亿兆，董治百官，以期无负祖宗付托之重，必不敢遽释仔肩。

为了表示自己归政的诚意，他又进一步申说：

> 今距乙卯尚十七年，为日甚长，若朕精力始终不懈，惟当日慎一日，兢业守成，克全朕之初志，岂不甚善？设或七旬、八旬以后，神志稍衰，不能似今之精勤求治，亦不肯贪天位以旷天工。且历代帝王，享位四五十余年而归政者，实所罕觏。朕非不知足者，又何必定以六十年为期乎？

话说到了这个地步，也真难为了至尊至上的乾隆帝。不过，君无戏言，此旨一出，皇帝届期归政一节便如铁板钉钉，已再无丝毫挪动余地了。

乾隆五十八年（1793 年），归政之期临近，乾隆帝降旨从第二年秋到新皇帝即位这三年间，连续举行归政恩科乡、会试及嗣皇帝即位恩科乡、会试，以便给寒畯之士多提供一些改善社会地位和生活条件的机会。第二年，皇帝又下令将各省历年所有的民间积欠钱粮一概豁免，他不想将自己在位时的旧账转给新皇帝。就这样，在紧张筹备归政大典的热烈气氛中迎来了万民瞩望而又多灾多难的乾隆六十年（1795 年）。

乾隆六十年虽说事故迭出，但乾隆帝最忧虑的“大故”却是他过虑了。他的身体状况依然极佳。转眼之间，就快到向天下颁发第二年《时宪书》的十月初一。究竟谁是皇太子仍深藏于皇帝的闷葫芦里，而不知嗣皇帝为何人，新朝的年号就无从谈起，没有新皇纪年，又何谈来年的《时宪书》呢？于是，乾隆帝选择了九月初三这一吉日，亲临圆明园勤政殿，召皇子、皇孙、王公大臣等入见，将乾隆三十八年（1773 年）亲自书写缄藏的传位密旨当众开启，上面赫然写着：“立皇十五子永琰为皇太子。”皇帝随后又陆续降旨：

以明年为嗣皇帝嘉庆元年（1796 年）。

皇太子永琰，上一字“永”改书“颙”字，即日移居大内毓庆宫，以定储位。

皇太子生母令仪皇贵妃魏氏，被追赠为“孝仪皇后”，升祔奉先殿，列孝贤皇后之次。

归政后，乾隆帝称“太上皇帝”，太上皇谕旨称为“敕旨”；太上皇仍自称“朕”。

太上皇帝生日称“万万寿节”，嗣皇帝生日称“万寿节”。

嗣皇帝登极后，主持处理“部院衙门并各省具题章疏及引见文武官员”等“寻常事件”，“凡遇军国大事及用人行政诸大端”，则太上皇“躬亲指教”，嗣皇帝“朝夕敬聆训谕”。

来京陛见的文武大员，以及新授道府以上官员，要到太上皇处谢恩，并恭请训示。

一切安排就绪，乾隆帝特赋诗以志其事：

归政丙辰天佑荷，改元嘉庆宪书观。
祖孙两世百廿纪，绳继千秋比似难。
弗事虚名收实益，惟循家法肃朝端。
古今惇史诚希见，愧以为欣敬染翰。

康熙纪元六十一年，如今乾隆亦历一周甲，故而诗云：“祖孙两世百廿纪”，乾隆帝吟诵到这里时，心中自然充满怡然自得之情。

然而，皇太子永琰并不感到愉悦和轻松。那些年，外间对皇储为谁的猜测已越来越集中于永琰一人；六十年元旦乾清宫家宴时，乾隆帝于谈笑间亦已暗示皇位由十五阿哥承继；九月初三册封皇太子前夕，和珅又悄悄来到嘉亲王府中先递“如意”，使永琰先一日确知立储的国家最高机密。尽管有如许之多的铺垫，到乾隆帝在勤政殿宣示“立皇十五子嘉亲王为皇太子”时，永琰仍心头一震。他暗暗警诫自己，在皇父有生之年，如自己稍有不慎，皇太子、嗣皇帝的名号随时都会被废黜，甚至灾难当不止于此，这有曾祖父康熙帝废太子胤礽的前鉴在。册封皇太子的第二天，深思熟虑的永琰即以子臣名义奏告皇父陛下，表示“荷沐恩慈，册立臣为皇太子。以臣之材质，抚衷循省，已弗克胜，复奉慈谕，将以来年畀政于臣，臣五内战兢，局蹐弥日”，恳请改元归政事宜“敕停举行”，自己“谨当备位储宫，朝夕侍膳问安之暇，得以禀受至教，勉自策励”。一句话，就是请皇父把皇帝当到底，俟百年之后，自己再入承宝位。永琰这番话不是为表示仁孝谦恭的辞让具文，而是在他没坐金銮殿时，已预感到太上皇在上，儿皇帝不好当。

继皇太子永琰之后，和硕礼亲王永恩又率王公、内外文武大臣及蒙古王公等合词奏请乾隆帝俯顺“亿兆人之心”，“久履天位”。据说，这不仅是海内外喁喁万众之心，亦是“上帝之心”。

乾隆帝内心固然十分受用，但仍以“若因群情依恋，勉遂所请，则朕初心焚香告天之语转为不诚”为由，坚持届期归政，并告诫皇太子及群臣“毋庸再行奏请”！同时再次宣谕：“归政后，凡遇军国大事及用人行政诸大端，岂能置之不问？仍当敕几体健，躬亲指教。嗣皇帝朝夕敬聆训谕，可以知所禀承，不致错失；而大小臣工，恪恭尽职，亦可谨凛遵循。”这无异明示：太上皇退闲和不退闲实在没有什么区别！

经过这一番周折，最后明确了“太上皇训政”的政治格局。下面该做的事只剩下了如何把千古罕有的内禅大典筹划得如何空前隆重而已。

嘉庆元年（1796年）正月初一，又是一个冷得出奇的日子。大内巍峨庄严的太和殿前，翎顶辉煌、朝服斑斓的王公百官早已整整齐齐地分班恭立在偌大广场上，朝鲜、安南、暹罗等属国的使臣尾随品级最低的官员，列于班末。他们周围，照例陈设着天子行幸皇城的仪仗——銮驾卤薄，乐部在太和殿东西檐下布置好了“中和韶乐”的庞大乐队，“丹陛大乐”的乐队则安排在太和门内。太和殿正中，东槛设诏案，上面摆着《传位诏》；西槛设表案，上面摆着《传位贺表》。在皇帝宝座两旁则设两个香几，左旁香几之上，恭设此次传位大典最重要、也最富象征意义的“皇帝之宝”。

太阳渐渐升起来，阳光弥漫了整个广场，给浑身瑟索的人们带来了一丝暖意。一直在不停躁动着的“仗马”和“驯象”也安静下来，排成了笔直的队列。只听乾清门外钦天监的官员朗声高唱：“吉时到——”一刹间，午门钟鼓齐鸣。乾隆帝六十年前归政嗣子的心愿终于如期实现。

乾隆帝身着明黄色龙袍衮服，外罩紫貂端罩，乘舆出宫，皇太子颙琰着皇太子冠服随行于皇帝之后，经中和殿，来到太和殿。此时，钟、鼓、磬、琴、笛、笙等齐奏庄严肃穆的“中和韶乐”，歌工们则唱出了专备皇帝升座时用的《元平之章》：

维天眷我皇，四海升平泰运昌。
岁首肇三阳，万国朝正拜帝阊。
云物奏嘉祥，乘鸾辂，建太常。
时和化日长，重九译，尽梯航。

这歌词是乾隆六年（1741 年）乾隆帝亲自改写的，此时听来，他备感贴切，心情格外开朗。他缓步走到太和殿正中高高在上的宝座旁，步履略显艰难，随扈在旁的大学士和珅有意扶掖，被他挥手制止了。他不愿让人们看到他略显老态的样子，于是自己拾级而上，目不旁视地端坐在过于宽大的御座中间。

乾隆帝头戴红绒结顶的玄狐暖帽，除了顶上缀有一颗巨大的东珠之外，并没有别的饰物。他仍然留着小须髯，青壮年时白皙清瘦的面容已变得暗红臃肿，身体也早就发福，幸好他原本身材修长，此刻倒显得魁梧。毕竟八十六岁高龄了，岁月的流逝在他的体貌上也无情地刻下了衰老的痕迹。如果说有什么地方没有变的话，那就是他那炯炯有神的双目，依旧在慈祥中透着凛人的威严。

“中和韶乐”在乾隆帝就座的那一刻，恰好休止。此时，皇太子颙琰亦缓步走到殿内西向侍立。只见銮仪卫官进至中阶之右，一声“鸣鞭”，阶下立即传来三声清脆的鞭响，这就是令王公百官安静肃穆的“静鞭”。“丹陛大乐”随之而作，这次演奏的是特为授受大典皇太子率王公百官行三跪九叩而填写的《庆平之章》：

御宇六旬，九有浃深仁。
勋华一家禔福臻，岁万又万颂大椿。
文武圣神，帝夏皇春。

伴随着徐缓悠扬的歌声，以及鸣赞官那抑扬顿挫的“跪，拜——”声，太和殿外黑压压的一片人群三起三落，向高踞在上的乾隆帝行完了三跪九叩首大礼。

“丹陛大乐”的余音还在广场上空回荡，年高德韶的大学士阿桂和朝中第一权臣和珅便导引皇太子款款走到皇帝宝座之前。即将登极的皇太子颙琰恭恭敬敬地跪在已准备好的拜褥之上，阿桂侧身从御座左边的香几请出“皇帝之宝”，跪奉乾隆帝，酝酿六十年之久的传位大典即将拉开最精彩的一幕。只见乾隆帝手捧“皇帝之宝”，端详良久。这是一柄三寸九分见方、厚一寸，上有二寸一分高的蛟龙纽的青玉大印。六十年了，这颗熟悉的玉印此时何以显得如此沉重？他身体微微前俯，庄重地、虔诚地将国家最高权力的象征——“皇帝之宝”——授给了匍匐在脚下的皇太子颙琰。

就在这授受之际的一瞬间，皇太子颙琰取得了皇帝的名号，他至少在表面上成了这古老帝国的主人；而临御天下六十年的乾隆帝则退居太上皇帝，他至少在形式上把爱新觉罗家族和大清帝国的命运托付给了自己的嗣子。太上皇帝望着恭捧“皇帝之宝”、跪在地上的嗣皇帝，心中无悔，他沉浸在“明廷授受，为千古第一全人”的无限欣慰之中。

“太上皇”一称是由中国历史上首创“皇帝”名号的秦始皇帝钦定的，他追尊自己的父亲秦庄襄王为太上皇，那是死后的追赠，自不足比数。汉高祖刘邦虽然尊称在生父亲太公为太上皇，也不过是为人子者施给父亲的荣光。至于后来唐高祖则因太宗兄弟同室操戈而退位，唐睿宗则怵于武德殷鉴，唐玄宗仓皇入蜀后其子肃宗在灵武自立——他们都是为其子所逼，不得不放弃帝位，退为毫无权力可言的太上皇。宋高宗外惕强邻，内耽逸豫，更不足齿。太上皇乾隆帝此刻或许还想到了三代时唐尧、虞舜禅授贤能的遥远缥缈往事，他以为这些传闻虽足称盛事，但授受者并非一家父子，充其量可称为“外禅”。抚今追昔，他有充分理由认为：今日帝位之授受，“不特三代以下所未有，以视尧舜，不啻过之”。

的确，嘉庆元年正月初一，即公元1796年2月9日，在京城紫禁城内太和殿所举行的这场帝位授受大典，无论在形式上还是实质上，都堪称中国古代交接国家最高权力的一次空前绝后的完美典范。

二　“大事还是我办！”

礼部尚书德明引朝鲜使臣至御榻前跪叩，太上皇帝使大学士和珅宣旨曰：“朕虽然归政，大事还是我办。你们回国，问国王平安。道路辽远，不必差人来谢恩。”这位使臣回国后，还向朝鲜国王汇报了太上皇召见时侍坐一旁的嘉庆帝的状貌举止：“新皇帝状貌和平洒落，终日宴戏，初不游目，侍坐太上皇，上皇喜则亦喜，笑则亦笑——于此亦有可知者矣。”

内禅大典之后，太上皇帝没参加太和殿举行的嘉庆帝登极大典，在乘舆还宫的路上，老人家的心情也一直很好。然而，当他回到已居住了六十年之久的养心殿时，一种莫可名状的失落感慢慢地弥漫了整个胸臆。

养心殿位于乾清门西、隆宗门内，在一个三合式的院落中，坐北朝南便是养心殿的正殿，正殿明间设有皇帝御座，东、西暖阁则可备召见军机大臣和起居燕闲之用。这座殿庭与乾清宫隔墙相望，在宫廷中位置适中，北边与嫔妃所居各宫相接，南边则密迩国家中枢——军机处。因此，养心殿虽不如乾清宫宏伟壮观，却以其舒适的环境和优越的地理位置为乾隆帝相中，自即位以来，他不仅召见王公大臣、六部九卿在此，引见官员在此，而且饮食起居俱在于此。六十年了，这里的一窗一几，一字一画，一草一木，他都那样熟悉。如今，已经到了他告别宵旰寝兴六十载的养心殿、移居早已修竣备用的宁寿宫的时候了，他怎能不有一种怅然若失的迷茫之感呢？

其实，太上皇对终有一日要归政退闲早有充分准备。

圆明园有一处景点叫“问津堂”，那不过是假山上的三间朴屋而已，而上面却有雍正帝御书题额“问津”二字。乾隆二十一年（1756 年），乾隆帝偶幸此地，用陶渊明《归去来辞》中语，亲题“云无心以出岫，鸟倦飞而知还”一联。四十年后，乾隆帝在“《问津堂口号》识语”中说他当时乃“有意所题”，由此可知，“鸟倦飞而知还”的心早已有之。

如果说此识语不过是乾隆帝当年不经意所书，不足为证，那么，修葺宁寿宫则表明他正在切实准备归政后的颐养之所了。乾隆四十一年（1776 年），他特命在宁寿宫修一“养性殿”，规模结构要“一如养心殿之制”。养性殿告成，皇帝题句云：

养心期有为，养性保无欲。
有为法动直，无欲守静淑。

可见，乾隆帝已为归政后“无欲”“养性”做了心理上、物质上的准备。直到乾隆六十年（1795年），即归政前夕，乾隆帝仍然未改归政后移居宁寿宫养性殿、从此“养性无欲”的初衷。

当他完成了授受皇帝玉玺典礼走下皇帝宝座，第一次以太上皇帝的身份回到养心殿后，才慢慢地品味出，自己内心深处并不完全是出于念旧的心理而对住惯了的旧居产生难以割舍之情，还有比这更深切的因由——养心殿这座寻常的殿宇是集中体现国家最高权力的所在。

皇帝依恋的是权力，他的失落感归根到底是权力的失落。

皇帝还不愿养性无欲，他宁愿养心有为！

皇帝在交出“皇帝之宝”、告别太和殿皇帝御座之后，绝对不能远离国家最高权力中心，哪怕仅仅是在形式上！

为乾隆帝精心营建、作为归政后退闲颐养天年的场所，包括养性殿在内的宁寿宫，算是国帑虚掷了；圆明园内的长春园亦建而未得其用。对此，太上皇帝曾抱愧地写过一首题为《问津堂口号》的小诗：

四十年前问津处，知还出岫寓心书。
长春园建斯无用，日引月长过在予。

无可置疑的事实是，在太上皇有限的余生中，始终占据着本应嘉庆帝在那里“宵旰寝兴”的养心殿。据太上皇自己强辩：“仍照常居此，非惟自便，兼欲便于大小臣工也。”在另一处他说得似乎更坦率一点：“予即位以来，居养心殿六十余载，最为安吉。今既训政如常，自当仍居养心殿，诸事咸宜也。”

乾隆帝留恋权力，当时就有各种传闻。据来华朝鲜使臣所述，当内禅时，他并不想将“大宝”交给嗣皇帝：

传禅时，临当受贺，高皇帝（指乾隆帝）不肯与大宝，则刘墉止贺曰：“古今安有无大宝之天子？”遂即入奏高宗曰：“陛下不能无系恋天位之心，则传禅可已；传禅而不与大宝，则天下闻之，谓陛下如何？”半日力争，卒大宝而出，始行庆贺礼。

刘墉是乾隆朝名臣刘统勋之子，时任吏部尚书，以刚直闻名于世。乾隆帝禅位若真的不肯交出“皇帝之宝”，刘墉挺身进谏并非全无可能。但传位大典，缺少乾隆帝父子授受“皇帝之宝”这一幕，令人难以置信。乾隆帝授宝一节，在传位大典前早已奉旨议准，乾隆六十年（1795 年）十二月十六日皇帝在谕旨中说：

朕纪年周甲，于丙辰（嘉庆元年）元旦举行授受大典，王公等及文武百官庆贺礼成，本应筵燕，但是日朕御太和殿授宝后，嗣皇帝御殿登极，若于是日复举行筵燕，仪节未免繁缛。是以初四日特举千叟燕盛典，胪欢申庆，宣恺颁酺，即以示元正授政。

据此，不仅可证传位大典前半个月乾隆帝已明示“授宝”；而且，嘉庆元年（1796 年）正旦传位、登极大典当天也没有照例举行的筵宴，而是改在正月初四千叟宴时一并举行。朝鲜使臣所记上述传闻不尽可信，不过，外间毕竟多少窥知到一些乾隆帝的“系恋天位之心”，于是才造出种种流言。

“系恋天位之心”不仅从太上皇乾隆帝未移居宁寿宫一事上得到某种暗示；而且传位嘉庆帝不久，太上皇还通过敕旨，明白无误地宣告：“大事还是我办！”

嘉庆元年正月十九日黎明，朝鲜进贺使李秉模接到礼部知会速往圆明园，太上皇帝在“山高水长”召见朝鲜、安南、暹罗等国使臣。“山高水长”在圆明园西南隅，那里楼阁层叠，登楼临瞰，远山如黛；楼前则是一片开阔地带，每年新正，这里都会陈设各色彩灯，施放焰火，以款待来朝的各国使臣及蒙古、回部王公等。当朝鲜使臣午后赶到这里时，太上皇即命他前来觐见。朝鲜使臣李秉模记述了乾隆帝以太上皇身份召见属国来使的情况：“礼部尚书德明引臣等及冬至正、副使至御榻前跪叩，太上皇帝使阁老和珅宣旨曰：‘朕虽然归政，大事还是我办。你们回国，问国王平安。道路辽远，不必差人来谢恩。’通官以我国音传于臣等。”李秉模回国后，还向朝鲜国王汇报了太上皇召见时侍坐一旁的嘉庆帝的状貌举止：

> 新皇帝状貌和平洒落，终日宴戏，初不游目，侍坐太上皇，上皇喜则亦喜，笑则亦笑。

这个朝鲜使臣接着含蓄地说：“于此亦有可知者矣。”“可知”什么，他没有说。其实，嘉庆帝在太上皇旁边如影随形的举止，除了隐含嗣皇帝有意韬晦外，正好作为太上皇“大事还是我办”这句话的生动注脚。

太上皇乾隆帝为什么如此牢牢抓住最高权力不放？

如果仅仅用权力可以保障穷奢极侈的享受来解释的话，可能会失之肤浅。须知清帝为“家法”所拘，自有“勤政”传统，而“勤政”二字，对清朝皇帝而言，不能完全视之标榜和宣传。康熙帝饱尝为帝之苦，所言尤为深切：

> 朕孜孜汲汲，小心敬慎，夙夜不遑，未尝少懈。数十年来，殚心竭力，有如一日，此岂仅“劳苦”二字所能赅括耶？……诸葛亮云：“鞠躬尽瘁，死而后已。”为人臣者，惟诸葛亮一人耳。若帝王仔肩甚重，无可旁诿，岂臣下所可比拟？臣下可仕则仕，可止则止，年老致政而归，抱子弄孙，犹得优游自适。为君者，勤劬一生，了无休息。鞠躬尽瘁，诚谓此也。

雍正帝更是个苦行僧式的皇帝，他白天接见廷臣，引见官弁，夜晚灯下批阅奏折，往往至二鼓、三鼓。奏折全部朱笔手批，有的数十言，有的数百言，甚至有多至千言者，从无一字假手于人。临御四海的十三年间，他仅批阅有关重大军政事务的机密奏折便不下四五万件，处理过的日常政务的题本就更不知凡几了。乾隆帝恪承“勤政”家法，虽极尽人间享乐，但并未因此而贻误或荒疏政务，他终生保持着卯刻（晨五至七时）起床的习惯，冬天夜长，五更刚尽，天色漆黑一片，皇帝已经从寝宫起驾了。长期入值军机处的赵翼对此有生动的描述：

上每晨起必以卯刻，长夏时天已向明，至冬月才五更尽也。时同直军机者十余人，每夕留一人宿直舍。又恐诘朝猝有事，非一人所了，则每日轮一人早入相助，谓之“早班”，率以五鼓入。平时不知圣躬起居，自十二月二十四日以后，上自寝宫出，每过一门必鸣爆竹一声。余辈在直舍，遥闻爆竹声自远渐近，则知圣驾已至乾清宫，计是时，尚须燃烛寸许始天明也。

赵翼于是感慨地说：“余辈十余人，阅五六日轮一早班，已觉劳苦，孰如上日日如此？”皇帝的劳苦当寻常无事时犹如是，一遇大战事，军书或深夜驰递宫门，皇帝就休想安眠了。赵翼这位深悉内情的军机章京记述说：“当西陲用兵（准回之役），有军报至，虽夜半必亲览，趣召军机大臣指示机宜，动千百言，余时撰拟，自起草至作楷进呈或需一二时，上犹披衣待也。”

乾隆帝晚年觉少，一夜睡上五六个小时，到四鼓就醒了，在床上辗转反侧等待天明上朝。老人家也曾感慨为帝之苦，羡慕平民之乐。乾隆五十五年（1790年），他在一首题为《晏眠》的小诗中说：“质明乃夙兴，斯苦向谁语？问不早朝人，其乐诚何取？”因此，乾隆帝早就表示过自己盼着“倦勤归老，乃可以释重负而图真乐”的一天。如今已归政嗣皇帝颙琰，太上皇本来有理由放心倦勤了，也完全有条件过一种悠哉林泉、置身物外的神仙似的日子，但他仍愿意继续为军国大政而操劳，似乎让人难于理解。

人们可能会问，太上皇是不是感到离开权力后有一种不安全感？这种推想如果用在他的父亲雍正帝身上再恰当不过。雍正帝在位十三年间，一天也不能离开权力，甚至不敢远离紫禁城、圆明园，因为他感到身边潜伏着一个又一个强劲危险的政敌，只有靠手中的权力才能监控他人，战胜对手，粉碎像噩梦一样纠缠着自己的宫廷阴谋。他严肃刻板，理政过度，活得很累。尽管如此，政治上和心理上的需要仍使他自始至终保持着对政治的热爱，批阅奏折到得意处，往往发出会心一笑。

从表面上看，乾隆帝酷似其父，他同样热爱政务，热恋权力，同样精力充沛地、不辞劳苦地从事各项政务活动，但父子二人内心深处却有很大差别。乾隆帝一生不是没有经历过各种政治危机，但总的来说，在他身边足以构成威胁的政治势力已全部被他消弭、制伏了，像雍正朝那样险象环生、随时可能发生宫廷政变的恐怖时期已一去不复返。作为太上皇，他的至高地位稳如泰山，只要一息尚存，他的权威就不会有丝毫动摇。嗣皇帝是太上皇所立的仁孝之子，只要太上皇感到不惬于心，随时可以把他废掉，更不必说其他哪一个朝中权臣。与雍正帝不同，乾隆帝热爱政治、牢牢抓住最高权力不放，是因为权力为他提供了成功和达到目的的手段，为他提供了受到他人爱戴和歌颂的机会。他对主政周甲以来自己超迈千古的文治武功诚然十分陶醉，但并未就此而满足。太上皇对寿跻七旬、实现“五世同堂”不满足，他还期望九旬大寿时喜抱来孙，六世同堂；对“十全武功”亦不满足，他还期望十全之外有新的建树。嘉庆二年（1797 年）夏，嗣皇帝颙琰奉敕旨去北郊地坛主持大祀，太上皇则在圆明园斋宫修省，祈求天父、地母像昔日一样降福于他。他默默祷告：“予荷眷佑之福，武功已纪十全。去冬苗疆平定，现仅余白莲教匪四处窜匿。切愿天地助朕，将教匪渠首擒获，指日功成，于十全之外，冀增一全。”归政以后的太上皇连历代帝王不敢比肩的唐尧、虞舜都没放在眼里；就连平生最敬服的皇祖康熙帝，也以为不及自己。嘉庆二年太上皇曾这样想过：“予六十传位，春秋八十有七，精神康健如常，日勤训政，亲见五代元孙，武功十全，诸福备具，隆于皇祖。”

像乾隆帝这样强烈地期望通过权力来满足自己的成就感、荣誉感的政治巨人，是绝不可能置身权力之外、安安静静地看着别人去导演人间最为波澜壮阔、最为动人心魄的政治悲喜剧的。

乾隆帝漫长一生的最后三年就是这样过来的。用他的话说，即“归政后并未退居宁寿宫，仍在养心殿日勤训政，事无巨细，皆余自任之”。

三　太上皇垂垂老矣

到太上皇辞世的前一年，他的容貌气力看上去虽然不甚衰老，但健忘症迅速加剧，说话做事，旋踵即忘。朝鲜人的记载说他“昨日之事，今日辄忘；早间所行，晚或不省”，搞得侍御左右狼狈不堪。有的记载说太上皇的口齿也越来越不清楚了，他说的话，连亲儿子嘉庆帝也不懂，只有和珅一人听得明白。

像乾隆帝这样终其一生热恋权力，且业绩辉煌，为天下后世所公认的帝王，在中国古代并不多见。成就感和使命感推动他终生不懈地紧握权力，热爱政务，这种帝王人格难能可贵，不可妄加菲薄。问题在于，太上皇毕竟老了，他的身体，他的精力，他的神智，能否继续挑起一个三亿人口的庞大帝国这副重担呢？

乾隆帝体健寿高，首先得益于其出身寒微的生母、崇庆皇太后钮祜禄氏的遗传基因；当然，乾隆帝后天的自强不息、慎于调养也极关重要。据朝鲜人的记载，乾隆帝生活极有规律：

> 皇帝寝食起居，自御极后，无论四时，卯时而起，进早膳后，先览中外庶政，次引见公卿大臣与之议决，至午而罢，晚膳后，更理未了公事，间或看书、制诗、书字，夜分乃寝。平生不饮酒，不嗜异味，朝夕进食，不过数匙，体力康旺不衰。

对皇帝进行过长期近距离观察的军机章京赵翼也说：“上每晨起，即进膳。膳后，阅部院所奏事及各督抚折子毕，以次召见诸大臣，或一人独见，或数人同见，日必四五起。最后见军机大臣，指示机务讫，有铨选之文武官，则吏、兵二部各以其员引见。见毕，日加巳，皆燕闲时矣。或作书，或作画，而诗尤为常课，日必数首。”天子日理万机，乾纲独断，政务之繁剧可想而知，但他能将每天的工作、娱乐、休息安排得井井有条。

一天如是，一年亦如是。皇帝每岁正月起驻圆明园，三月小驻盘山，夏秋之际去热河避暑，进哨木兰，猎于草原林莽之间。外出巡幸之外，他还不时临幸西苑三海、万寿山清漪园、香山静宜园、玉泉山静明园诸名胜。寻常一年，游幸之日已近半，更不用说南巡江浙、北巡谒祖、东巡朝圣，西巡五台，以及去白洋淀打水围了。加以年节踵至，好戏连台，皇帝生活虽如康熙帝所说不到咽气即无歇肩之经年辛劳，但乾隆帝却调理得张弛有道，节奏分明。

乾隆帝综理天下大事，内廷宫中烦心之事也难免时有发生。他又是极富感情、极重感情的人，这就需要自我节制，不以喜怒哀乐过度而伤身。他晚年总结平生养生之道时说："'事烦心不乱，食少病无侵'，此二语为予养心养身良方，原别无求养生之术也。"乾隆帝事事处处把握"中庸"，在养心、养身上也力戒"过"与"不及"，因此总能以开朗安泰的心境、坚韧强健的体魄面对烦嚣的世事和人生，去迎接纷至沓来的挑战和难题。他比他父亲雍正帝高明，从不受惑于神仙丹药，结果反而比其父长寿，因而干出了一番比其父更大的事业。

乾隆帝身体素质好，生活又有节制；除此之外，他经常坚持锻炼，锻炼的方式则以骑射为主。八十五岁那年，他携玄孙载锡在苑中小猎时，还能引弓射箭。因此他不无自豪地忆述：

> 予自幼龄肄习武事，即位后以骑射为我朝家法，不敢少疏。忆乾隆初年用五六力弓，钩阔裕如。至癸亥年（乾隆八年）初诣吉林时，竟用至九力，而舍矢命中，幸不虚发。嗣以年逾六旬，臂痛不复步射，而近年围中马射即鹿，犹能如前，虽弓力渐减，而不下三四力。

平素骑马，乾隆帝更习为常事。六十五岁以前，他每年从京师启銮巡幸木兰，至避暑山庄行宫，全程七天，经日乘马而行。尔后年事渐高，但他启跸后也必乘马至清河才改乘肩舆。乾隆六十年，乾隆帝年高八十有五，出都仍循例策马。御前扈从大臣婉言相劝："皇上精力虽不减当年，到底以遵养为宜。"乾隆帝以为所言有理，未至清河即改易肩舆，为此还作了一首自愧小诗：

未至清河先换舆，众心遵养可听诸。
廿年前经日乘马，老不如先实愧予。

到太上皇归政时，就一个八十五岁的老人而言，乾隆帝的身体真够得上出奇的强壮康健，而且长期以来困扰他的失眠症自为太上皇之后也消失了。他每晚戌正就枕，凌晨寅正起床，一夜总能睡足四个时辰（八小时）；胃口也好，太上皇在诗里不止一次述说：“迩来每喜饱安眠，一夜四八卅二刻。”（一刻相当于十五分钟。）偶尔失眠，默诵几遍佛家《七偈》，或几遍《无逸》，就能进入甘甜的梦乡。《周书》中的《无逸》一篇共七小段，每段起首皆为：“周公曰：呜呼！……”正好跟《七偈》七段相仿。当时宫内外都以“老佛爷”称太上皇帝，有感于此，太上皇还作了一首很风趣的小诗：

笑众虚称佛，有心诚愧儒。
消眠常背读，七偈七呜呼！

太上皇的视力、听力尚好，嘉庆元年（1796 年）秋天在避暑山庄时还用火枪击毙园中一鹿。他自己说：“发枪标指全以星斗为准，予幸目力精审，不异昔年，每视斗发机，远近无异，多能命中。”平时，目力虽不能看蝇头小字，但他披阅章奏，阅览书籍，仍不愿戴老花镜。他的理由很古怪，说是“借物为明非善策”，故而臣工进献的玻璃花镜、水晶花镜一大堆，乾隆帝都“屏而弗用”。在朝鲜使臣的眼里，太上皇甚至称得上“耳聪目明”。其实，他并非双耳皆聪、双目皆明。在题为《戏语》诗中，他自嘲：“见半还当不见半，半听亦可半不听。”诗句下有自注，说自己左耳重听已四十余年，左目欠明也有二十年了。俗话讲“睁一眼，闭一眼”，所以《戏语》这首诗接下去写道：“此虽俗语合至理。”至理即“执用两中法舜经”。“中庸”，过犹不及，用在政治上即乾隆帝的“执用两中”。《戏语》一诗揭示了乾隆帝听力、视力的真实状况，从诗中似可看出他有时仍不失机智和幽默。

作为一位八十五岁开外的老人，太上皇的思路也还算清楚。嘉庆二年（1797年）夏秋，驻跸避暑山庄的三个多月中，他偶尔去“瀑源亭”观赏飞流直下的瀑布，却无意间弄明白了一件被臣下善意地愚弄了数十年之久的小事。三十八年以前，即乾隆二十四年（1759年），乾隆帝在避暑山庄时，没有经过实地勘查，就命令内务府总管大臣三和挖一条石渠，将山泉引至涌翠岩上佛寺一侧的水池中；这样，池水穿过涌翠岩山石，自上而下流入山下长溪，就形成了一道人造瀑布。他又命在山泉源头兴建一亭，题为“瀑源亭”。三和熟悉该处地形，知道泉眼低于寺池，却不敢扫皇帝的兴，奉旨砌好了石渠，却根本引不来泉水，只好在皇帝临幸山庄前，安排人挑水把水池灌满，以便临时应景。这次太上皇到这里时，总觉得有点不对劲儿，于是命嘉庆帝亲率御前大臣及司工人员带着仪器，一步一步地测量，才搞清泉眼不仅低于寺池，而且泉水涓细，根本不能形成飞瀑。这虽是一件小事，但令太上皇感慨良深，他在《观瀑咏事》一文中说：“夫瀑源诚细事，积数十年之久，而兹乃得其实”，“当时司工之大臣三和必当知此，乃隐而不言，以遂朕过”，进而推论“为人君者有过，人臣不敢言，以遂其过者多矣，是大不可。惧哉”！这的确是一件“细事”，但足以说明，太上皇神志清醒时，如果他愿意的话，还能洞察出由他自己编织出来、由群臣交口颂扬而渲染粉饰的锦绣盛世所掩盖的某些阴暗角落。

不幸的是，乾隆帝除了泉眼是否高于寺池之类的“细事”之外，对昔日的辉煌、帝国的现状、潜伏的隐患，一概不愿加以深入切实地审视。他的身体和精神也每况愈下，“勤政”云云，越来越成了一句自欺欺人的空话。

太上皇常常愿意一个人在僻静之处凝神遐想，每逢此时，往往忘记了时光的流逝。他八十八岁那年在避暑山庄写了一首极富情趣的《即事》诗：

乘凉每爱倚长松，无碍翻来天籁重。
坐久不知时与刻，梵楼遥报午初钟。

这位富贵闲豫的老者似乎只想沉浸在神圣的宁静中，遨游于往事的回忆里，他不愿再回到那令人烦躁不安的现实中了。

更令人忧虑的是，太上皇原有的健忘症更加严重了。归政前夕，乾隆帝的健忘就经常弄得臣下手忙脚乱。清制，礼帽分凉帽、暖帽两种，到春秋两季更换帽子之时，上自皇帝，下至臣民，同日更换。一次他从热河回銮，时令稍寒，就命取暖帽戴上，这时还不到应该换帽的阴历九月十五，但随扈大臣等见皇上既已改戴暖帽，也就一律摘下凉帽，换上了暖帽。到了九月下旬，天令转暖，皇帝改戴凉帽，群臣也忙着把凉帽找出换上。他这才恍然大悟，不断叹气："不怨诸臣，是朕年老所致啊！"归政以后，太上皇还常闹出这样的小笑话，用了早膳，不多光景又命传早膳，随侍太监谁敢说太上皇已进了早膳啊，急忙传旨御膳房再进早膳。太上皇下巴低垂，目光迷离，默默地望着再次端来的蜂糕和竹节卷小馒头，不知是心里诧异，还是在想别的什么事体。到太上皇辞世的前一年，他的容貌气力看上去虽然不甚衰老，但健忘症迅速加剧，说话做事，旋踵即忘，朝鲜人的记载说他"昨日之事，今日辄忘；早间所行，晚或不省"，搞得侍御左右狼狈不堪。

有的记载说，太上皇的口齿也越来越不清楚，他讲的话，连亲儿子嘉庆帝也不懂，只有和珅一人听得明白。《春冰室野乘》的作者李岳瑞有如下一段绝妙记录：

> 高宗纯皇帝之训政也，一日早朝已罢，单传和珅入见。珅至，则上皇南面坐，仁宗（嘉庆帝颙琰）西向坐一小几，每日召见臣工皆如此。珅跪良久，上皇闭目若熟寐，然口中喃喃有所语，上（嘉庆帝）极力谛听，终不能解一字。久之，（上皇）忽启目，曰："其人何姓名？"珅应声对曰："高天德、苟文明。"上皇复闭目，诵不辍。移时，始麾之出，不更问讯一语。上大骇愕，他日密召珅问曰："汝前日召对，上皇作何语，汝所对六字又作何解？"珅对曰："上皇所诵者，西域秘密咒也，诵此咒则所恶之人虽在数千里外，亦当无疾而死，或有奇祸。奴才闻上皇持此咒，知所欲咒者必为教匪（白莲教）悍酋，故竟以此二人名对也。"上闻之，益骇，知珅亦娴此术，故上皇宾天后数日即诛珅。

上文“高天德”，当是白莲教大起义首领“高均德”或“徐添德”的误记，“苟文明”则不知何许人也。到嘉庆三年（1798年）夏天，令太上皇日夜焦虑的“教匪悍酋”有高均德、王三槐、徐添德、李全、冉文涛、罗其清、阮文通数人尚未就擒。《春冰室野乘》说太上皇闭目持咒，念念有词，还是可信的。问题在于，“喃喃有所语”，只有和珅一人听得明白，就太严重了。太上皇无论怎样衰耄，毕竟是最高权威的惟一来源。如今“源泉”已经浑浊了，由宠臣和珅所传达的“敕旨”，是否准确地表述了最高权威的本意呢？总之，是不是可以这样说，太上皇的身体与神智状况，对一个望九之年的老人来讲，堪称少有健者，然而要处理必须处理的繁剧政务，他的精力已经远远不济了。

严峻的现实是，需要太上皇做出重大决策的事情实在太多。

首先是严重的“亏空”。各省仓库无不亏短帑银和仓粮，亏缺库银一二百万两以至数百万两的省份比比皆是。这个烂摊子谁也不敢捅，一捅便会揪出上至督抚大员、下至州县七品官的一大串贪官墨吏，地方政权立即瘫痪。

吏治的败坏也到了令人触目惊心的程度。非法的贪污和受贿、索贿且不论，介于合法与非法之间的贪污、贿赂——“陋规”，则如水银泻地，无所不在。地丁之外有“火耗”“平余”，漕粮之外有“漕规”“斛面”，盐课之外有“节规”“匣费”，关税之外有“盈余”“存剩”；督抚过境时有所谓“站规”“门包”，学政典试时有所谓“棚规”“红案”，此外如“心红纸张”“舟车贴费”“行事官价”“冰敬炭敬”；等等，花样繁多，不一而足，甚至出国的使臣也要向属国君臣索要“密赠”“别赠”。上上下下、大大小小的衙门，这些官僚机器离开了白花花的银子做润滑剂便不能运转。老百姓到衙门办正事要拿钱开道；下属照例的升迁调补要拿钱疏通，贿赂上司；督、抚、藩、臬等奉召陛见，也要遍行贿赂京中大佬。和珅的胃口越来越大，老婆死了，两淮盐政徵瑞致送白银二十万两，和珅嫌少，开口就是四十万两！四十万两是什么概念？这个数字相当于总督大员二十年的养廉银，或国家每年财政总收入的百分之一！

乾隆帝的胃口比和珅大得多，他的贪求群臣贡献，已成为败坏吏治的元凶。不过，太上皇在接受臣工一年数次的、价值白银数万两以至数十万两的贡物时，却说什么这不过是取“野人献芹”的古意，以联络上下之情；而臣下明明献媚太上皇以固宠，却说是奴才对主子的一片孝心，一腔血诚。

乾隆帝与和珅刻剥地方大吏，督抚藩臬则取之于州县，直接“亲民”的牧令们便把手伸向无告的羔羊——驯服的百姓身上，反正“羊毛出在羊身上”，正好借此再分润点儿余膏。偶尔有一二强梁者上控，官司落到上峰手里，因为自己屁股底下也不干净，有谁还想彻底查办，为民伸冤？州县熟知百姓之伎俩不过如此，百姓也明白上告必不能自直，那就只有一条路——造反！

湘黔苗民起义还没有镇压下去，盛大的传位大典刚刚落下帷幕，白莲教大起义便如同燎原烈火，在长江中游的湖北地区迅速蔓延开来。平静了一个世纪之久的中原地区再次爆发强烈的政治地震，长期紧张的各种社会矛盾所蓄积的巨大能量，终于在清帝国统治最薄弱的地区喷涌出来。花团锦簇、烈火烹油的“乾隆盛世”掩盖下的各种黑暗、丑恶的现象被无情地暴露于光天化日之下。

国内烦心的事已令太上皇应接不暇，再加上日益逼近的来自西洋对帝国的威胁，其严重性、紧迫性也许他比谁都更明白。

太上皇既要紧紧抓住权力不放，就必须直面这一切冷峻严酷的现实。然而，他在勉力部署扑灭白莲教大起义的同时，还能再做些什么从根本上革除痼弊的“大事”呢？退一步讲，即使他想使积重难返的社会重新焕发出青春活力，那也如同他的衰老之躯返老还童一样，不过是天方夜谭。

太上皇该做的大事确实太多了，但他在三年“训政”时期，除了游宴颐养之外，所做的两件“大事”只有“望捷”和“祈雨”而已。他在继续粉饰，不愿让天下臣民在紫禁城辉煌的落日余晖之外，再看到不祥的硝烟。

有“二皇帝”之称的、太上皇的第一宠臣和珅所做的首要大事是帮助太上皇粉饰。封疆大吏们，特别是川、楚、陕、豫、甘五省镇压“教匪”叛乱的领兵将领及当地督抚提镇，向太上皇密折奏事，要同时录一个“副封”（即副本）给和珅。更为严重的是，此时众望所归的阿桂已然病故，和珅高踞首席军机大臣之位，更加胆大妄为；他把军前将领奏报军事不利的密折扣压下来，以免搅扰太上皇安泰怡然的心境。太上皇已不能像以往那样及时地获得足够的准确信息，应变能力急剧下降。和珅似乎还算不得什么机心深远的巨奸大猾，他几乎用全副精力去周旋太上皇，对日益迫近的杀身破家之祸并未事先做出切实的防范。

有“皇帝”名号的嘉庆帝则事无巨细“惟皇爷处分”。这个已近不惑之年的皇帝对乾隆季年的种种痼疾并非没有清醒的认识；不过，他深知还不到自己当家做主、大刀阔斧改革时弊的时候。时下自己该做的是，规规矩矩聆听太上皇训谕，洒洒脱脱陪伴太上皇游宴，沉默隐忍，甚至对和珅也要避让三分。嘉庆帝正全神贯注于藏锋匿芒，以行韬晦之计，他怎么肯向太上皇自陈政治的阙失呢？

嘉庆帝身在其位而不谋其政；太上皇不在其位偏要谋其政，而事实上已没有足够的精力谋其政；窃弄权柄的和珅其意也不在谋其政。如此一来，偌大的一部国家机器，由于发动机部分近于瘫痪状态，就只能靠着惯性维持着低速运转。

这就是太上皇训政的三年间大清帝国的政治。

极富统治阅历的太上皇对帝国的窘境不能说没有任何感觉，抚今追昔，他也流露出内心深处的愧疚之意。嘉庆元年（1796 年）春天，太上皇临幸留下他祖父康熙帝足迹、也留下种种昔日辉煌回忆的南苑旧衙门行宫。他凭窗凝望，往事又一幕幕浮现在眼前，不禁用低沉的语调吟诵：

十二龄兹八十六，七旬有四此烟光。
春风秋月曾无改，意乐心忧曷有常？
外靖内安思昔咏，歼苗平楚至今忙。
依然书屋凭窗坐，惭愧人称太上皇！

太上皇回忆起自己十二岁那年，随皇祖康熙帝来到旧衙门行宫时的各种情景，不禁感慨：时光真快啊，转眼之间已是八十六岁皤然一老翁了！他回忆起乾隆四十一年（1776 年）春天驻跸桃花寺行宫时，亦如今日一般凭窗俯眺。时隔二十年了，太上皇依然记忆犹新，那时他正急切盼望着金川之役最后胜利的捷报，但见红旗一点，由远及近，从柳荫中跃动而来，那是将军阿桂平定金川的报捷红旗，顿时整个行宫欢声雷动，这是何等激动人心啊！可如今呢？依然桃红柳绿的春天，仍是以焦灼的心情凭窗远眺，可那“歼苗平楚”的报捷红旗何以迟迟不至呢？

“惭愧人称太上皇！”他不禁叹口气自言自语：“御政能力毕竟今不如昔了。”

太上皇望眼欲穿的那一点飞红最终也没有映入他的眼帘。嘉庆四年（1799 年）正月初二清晨所写的《望捷》一诗竟成了这位多产诗人的绝笔：

三年师旅开，实数不应猜。
邪教轻由误，官军剿复该。
领兵数观望，残赤不胜灾。
执讯迅获丑，都同逆首来。

第二天，太上皇便撒手人寰了。

四　寿终正寝养心殿

太上皇不能亲临外朝太和殿受贺，坊间遂开始纷传圣躬病笃的各种谣言。上年众星交流，天示异象，钦天监虽匿而不报，但在上层极小的圈子里，已有某种不祥的预感。而入冬以后，时疫大炽，死者相继，民间亦相传“当今太上皇末运，有此时令”。不过，总的看来，京内外晏安无事，臣民都在默默地等待“大故”的到来。

太上皇帝的去世尽管在意料之中，但“事故”一出，臣民仍然感到很突然。

一年前，嘉庆三年（1798年）元旦典礼，太上皇的身体并未见有什么异常，照例礼服御太和殿，接受皇帝以下，王公百官等的朝贺，随即在重华宫设家宴，皇子、皇孙、皇元孙为老寿星拜年。初六，太上皇就带着嗣皇帝临幸圆明园去了，以致往年在西苑紫光阁赐宴蒙古王公、回部伯克及外藩各国使臣的活动改为在圆明园“山高水长”楼前旷地上搭建的大蒙古包内举行。据几次入宴的朝鲜冬至正使金文淳等所记，太上皇并不显衰老，游宴活动极其靡丽铺张：

> 十一日，通官引臣等入就班次，太上皇帝乘黄屋小轿而出。臣等祗迎后，太上皇帝入御蒙古大幕，皇帝西向侍坐，动乐设杂戏。礼部尚书德明引臣等诣御座前跪，太上皇帝手举御桌上酒盏，使近侍赐臣等。宴讫，太上皇帝乘轿还内，皇帝跟后步还……通官以太上皇帝特旨，引臣等进诣正大光明殿内，俾观左右鳌山……自殿内至槛外，皆铺花纹玉石。

据金文淳记载，所谓“鳌山”备极华丽精巧：“正大光明殿内，东西壁俱有层桌，桌上作五彩蓬莱山之形，岩壑高阔，楼阁层叠，珍禽奇兽，琪树瑶花，杂遝焜煌，不可名状。内设机关，而外牵强索，则仙官姹女，自谷而出，绣幢宝盖，从天而降，扃户自开，人在其中，急滩如泻，帆樯齐动。桌下围以小帐，帐内设乐器，而机栝乍摇，止作如法，其声则俱是笙管丝钟。”

正月十五，金文淳等朝鲜使臣再度奉旨赴宴，太上皇在正大光明殿就座，皇帝仍西向侍坐，动乐设戏，礼部尚书德明把金文淳等引至御座前，太上皇手举御桌上酒盏，使近侍赐酒。这一次，设灯戏于“山高水长”，金文淳记载：“通官引臣等进诣花障子内班，太上皇帝出御‘山高水长’，皇帝如前侍坐，设角觝戏，灯火杂戏，西洋鞦韆，次第设行。炮杖烟火，尤为轰烈，声响如雷，烟焰涨空。”

十九日，朝鲜使臣辞行，“通官引臣等‘山高水长’亭下，太上皇帝出座，皇帝侍坐，德明以特旨即引臣等至御座前，太上皇帝使和珅传言曰：‘你们还归，以平安以过之意，传于国王可也。’臣等叩头，退出班次。宴毕后，太上皇帝入内，礼部官皆退去。宦侍手招通官引臣等随入‘山高水长’阁之内，从后门出，逶迤数十步。太上皇帝所乘黄屋小轿，载于小船，船上从官，不过四五人。时日已昏黑，而无烛炬火，但有一人，以火筒从岸前导，明照左右。火筒以土作筒形，外施绘彩，内装火药，节次火冲，光焰烛地。臣等乘小舟从行。观其处地，极为深严。两岸皆夹造山间，或有石筑假山，山亭水阁，合为六所。舟行几一里，始泊岸而下，即‘庆丰图’也。皇帝先已候于此，侍坐如仪。”

在朝鲜使臣眼里，除太上皇“善忘比剧”外，一切均无异于往日。

这一年春寒异常，太上皇仍多次前往玉泉山龙神祠、黑龙潭龙神祠、广润灵雨祠祈雨。五月十一日，太上皇携嗣皇帝自圆明园启銮巡幸热河，原来准备在避暑山庄度过八十八岁生日后，仍照例进哨木兰行围，但太上皇以“今年哨内雨水过多，降霜已早”为由，敕谕本年暂停进哨。在敕谕中太上皇还说：“朕已八旬有八，虽复康强，而进哨时亦未能照前马上射兽，不过御看城观阅而已。且教匪将届扑灭，大功尚未告成，京中拴养马匹已于去岁解往军营，今若进哨，不免调取纷繁。”看来，他已不能完全抹去无处不在的白莲教大起义带来的阴霾。

然而，八月初，军前主将、四川总督勒保奏报生擒“教匪逆首”王三槐，太上皇又有些忘乎所以，遂降敕旨大肆铺张：

> 朕临御以来，敬天勤民，孜孜不懈，年近九秩，功蕆十全，前年授玺后，犹复敕几训政，罔敢暇逸。迩年教匪不靖，宵旰焦劳，犹幸精神强固，于一切剿捕机宜，无不随时指示。今勒保秉承训谕，将川省首先滋事渠逆王三槐临阵生擒，其余穷蹙伙党，势同摧枯拉朽，不日全可荡平。捷音驰到，正值朕同皇帝驻跸山庄，各蒙古王公祝厘瞻觐之时，中外同深欢庆。而朕于武功十全之外，又复亲见扫除氛祲，成此巨功。

同时，太上皇又命勒保晋封公爵，大学士、军机大臣和珅亦以“襄赞机宜，承旨书谕，一手经理，夙夜宣劳”，加恩晋封公爵。其实，所谓“临阵生擒”白莲教首领王三槐一事，本无足称道，实际上是总督勒保设计诱俘而已。《清史稿·刘清传》载：“总督勒保攻王三槐于安乐坪，未下，复令刘清往招抚，三槐恃前此出入大营无忌，留随人刘星渠等为质，三槐遂诣军门，勒保奏报大捷，俘三槐。”前往招抚的知县刘清因德泽在民，故有“刘青天”之称；不幸的是，这次“刘青天”并不光明磊落，而是扮演了刽子手钓饵的角色。太上皇望捷心切，把诱俘义军首领吹嘘为十全武功之外的“巨功”，真可谓到了自欺欺人的可悲地步。八月十三日，太上皇在避暑山庄度过了八十八岁“万万寿圣节”，亦即平生最后一次诞辰后，就带同皇帝启銮回京了。

回銮京师后，太上皇一直住在西郊御园，他可能有某种预感要与自己经营一生的圆明园诀别了，因此终日在园中盘桓而不忍离去，直到立冬才回到紫禁城内的皇宫。十月十九日，太上皇册封年近七旬的颖妃巴林氏为贵妃，册封扬州籍芳嫔陈氏为芳妃。进入十一月后，嘉庆帝率同王公大臣及各省督抚再三合词吁请提前筹备于嘉庆五年（1800 年）举行“九旬万万寿庆典”，太上皇“不得已姑允所请”，随即降敕旨照康熙六十年（1721 年）及乾隆帝八旬万寿庆典之例备办，并指定由和珅总负其责。

不料，刚交冬腊，预计盛况空前的九旬万万寿庆典的筹备工作还没开张，八十八岁高龄的太上皇就因感受风寒而身体大觉不适。老人家素来身体康健，一生很少患病，见于正式记载的只有乾隆四十八年（1783 年）夏，因“气滞旧患”发作，北郊祭地大祀才派皇六子永瑢恭代行礼，但圣躬很快调理复元了。此次太上皇的病也没有立见危象，不过时时眩晕，病情极不稳定；有时夜里呻吟不止，白天又平静如常，有时早晨神志昏迷，晚间却复清醒。眼看已经到了岁末年初，庆典频频，嘉庆帝与和珅、福长安等近臣都力劝太上皇节劳遵养，但太上皇仍撑持着参加了除夕在重华宫举行的筵宴，还在漱芳斋接见了朝鲜、暹罗的使臣。嘉庆四年（1799 年）正月初一，照例在太和殿举行的朝贺大典临时改在了乾清宫，由于殿庭比较狭窄，嘉庆帝率诸王贝勒及二品以上大臣在殿门内行礼，三品官员和属国使臣只能在门外行礼，他们未能目睹太上皇最后的容颜。

太上皇不能亲临外朝太和殿受贺，坊间遂开始纷传圣躬病笃的各种谣言。上年众星交流，天示异象，钦天监虽匿而不报，但在上层极小的圈子里，已有某种不祥的预感。而入冬以后，时疫大炽，死者枕藉，民间亦相传“当今太上皇末运，有此时令”。不过，总的看来，京内外晏安无事，臣民都在默默地等待着“大故”的到来。

嘉庆四年正月初二日，天色向暮，太上皇也即将走完他八十九年的漫长人生旅途。他已陷入了深度昏迷，但双手仍紧握在跪侍于旁的嘉庆帝肩头，御医再无回天之力。

具有无限权力的人也无法阻止死神的来临。

翌日，太阳升起之时，一颗巨星同时陨落。

清嘉庆四年正月初三，公元1799年2月7日清晨，太上皇帝寿终正寝于帝国的政治心脏养心殿。

太上皇帝尸骨未寒，朝局便起了翻覆。

正月初三，嘉庆帝颁布早已拟就的太上皇遗诰。遗诰之首对乾隆帝一生业绩以“敬天，法祖，勤政，爱民”为重点做了自我总结：

> 朕仰荷上苍鸿佑，列圣贻谟，爰自冲龄，即蒙皇祖钟爱非常，皇考慎选元良，付畀神器。即位以来，日慎一日，当重熙洽累之期，不敢存豫大丰亨之见。敬思人主之德，惟在敬天法祖，勤政爱民。而此数事者，非知之艰，行之维艰。数十年来，严恭寅畏，弗懈益虔。每遇郊坛大祀，躬亲展恪，备极精禋，不以年齿日高，稍自暇豫。中间四诣盛京，恭谒祖陵，永维创业之艰，益切守成之惧。万几躬览，宵旰忘疲，引对臣僚，批答奏章，从无虚日。各省雨旸丰歉，刻萦怀抱。凡六巡江浙，相度河工海塘，轸念民依，如保赤子。普免天下钱粮者五，漕粮者三，积欠者再，间遇水旱偏灾，蠲赈并施，不下亿万万，惟期藏富小民，治臻上理。仰赖天祖眷贻，海宇升平，版图式扩，平定伊犁、回部、大小金川，缅甸来宾，安南臣服，以及底定廓尔喀，梯航所至，稽首输忱。

对三年有余的太上皇时代，乾隆帝的自我评价是“训政以来，犹日孜孜”；而其时白莲教大起义已势成燎原，遗诰则称：“近因剿捕川省教匪，筹笔勤劳，日殷盼捷，已将起事首逆紧要各犯，骈连就获，其奔窜伙党，亦可计日成擒，蒇功在即。”

如果说《遗诰》所称的乾隆帝的文治武功为当时朝野所公认，那么，白莲教一节在嘉庆帝则实难首肯。这场全面的内战从嘉庆元年（1796 年）起一直持续到嘉庆九年（1804 年），白莲教大起义遍及湖北、四川、陕西、甘肃、河南五省，而当太上皇驾崩之际，川楚战事方张，哪里谈得上什么“蒇功在即”。《遗诰》显然出自和珅授意，而经太上皇认可。嘉庆帝亲政欲翻转政局，自然要从翻驳《遗诰》中所述之川楚战事下手。

《遗诰》颁发次日，嘉庆帝首次按自己意志颁发上谕，一反粉饰虚夸，词气严厉地斥责“带兵大臣及将领等全不以军务为事，惟思玩兵养寇，借以冒功升赏，寡廉鲜耻，营私肥橐”，以致平乱战事“经历数年之久，糜饷至数千万两之多而尚未蒇功”！

同日，宣布革去和珅军机大臣、九门提督等要职，令其昼夜在大内“守直殡殿，不得任自出入”。随即将其下刑部治罪。正月十八日，嘉庆帝赐帛令和珅自尽。和珅望着一条白练，作了一首似谣似偈、难以索解的绝命诗：

> 五十年来梦幻真，今朝撒手谢红尘。
> 他时水泛含龙日，认取香烟是后身。

和珅罪该万死，乾隆帝晚年的一切过错都推到了和珅的身上，而环绕着乾隆帝的一轮神圣光环在其身后依然熠熠生辉。

嘉庆四年（1799 年）四月，恭上大行皇帝尊谥曰“法天隆运至诚先觉体元立极敷文奋武孝慈神圣纯皇帝”，庙号“高宗”。

当年九月十五日上午，乾隆帝梓宫安葬于遵化圣水峪裕陵。弘曆终于又回到了慈祥的祖父康熙帝身边。

乾隆时代结束了。

令人一唱三叹的“乾隆盛世”落下了最后一幕。

中国古代最后的辉煌也随之一去不复返。

当裕陵最后一道墓门关闭的时候，仰望苍天，嘉庆帝百感交集，深感回天乏力。

再过八十个昼夜，19 世纪的钟声就要敲响。历史惯性和世界剧变的合力将把古老的中国推入历尽磨难又自强不息的新的一百年！

乾隆帝在人类历史大分流的 18 世纪主宰中国六十年，其千秋功罪又该当如何评说……

参考文献

中国第一历史档案馆藏宫中档朱批奏折、军机处录副奏折

中国第一历史档案馆编《康熙朝汉文朱批奏折汇编》，档案出版社 1984 年版

中国第一历史档案馆编《康熙起居注》，中华书局 1984 年版

中国第一历史档案馆编《雍正朝汉文朱批谕旨汇编》，广西师范大学出版社 1999 年版

中国第一历史档案馆编《雍正朝汉文朱批奏折汇编》，江苏古籍出版社 1989 年版

中国社会科学院历史研究所清史研究室编《大义觉迷录》,《清史资料》第四辑，中华书局 1983 年版

台北故宫博物院编辑委员会编《宫中档乾隆朝奏折》，台北故宫博物院 1983 年版

中国第一历史档案馆编《乾隆朝上谕档》，档案出版社 1991 年版

中国第一历史档案馆藏《(乾隆朝)汉文起居注》

中国第一历史档案馆编《乾隆朝惩办贪污档案选编》，中华书局 1994 年版

中国第一历史档案馆编《英使马戛尔尼访华档案史料汇编》，国际文化出版公司 1996 年版

故宫博物院明清档案部编《关于江宁织造曹家档案史料》，中华书局 1975 年版

原北平故宫博物院文献馆编《清代文字狱档》，上海书店 1986 年版

原北平故宫博物院文献馆编《掌故丛编》，原北平故宫博物院，1928~1929 年

原北平故宫博物院文献馆编《文献丛编》，原北平故宫博物院，1930~1943 年

原北平故宫博物院文献馆编《史料旬刊》，京华印书局，1930~1931 年

王重民:《办理四库全书档案》，原北平图书馆，1934 年

中国第一历史档案馆、中国人民大学清史研究所、贵州省档案馆编《清代前期苗民起义档案史料》，光明日报出版社 1987 年版

中国第一历史档案馆编《清代档案史料丛编》，中华书局

中国人民大学清史研究所、中国人民大学档案系中国政治制度史教研室合编《康雍乾时期城乡人民反抗斗争资料》，中华书局 1979 年版

中国社会科学院历史所编《清中期五省白莲教起义资料》，江苏人民出版社 1981 年版

中国人民大学清史研究所、中国人民大学档案系中国政治制度史教研室编《清代的矿业》，中华书局 1983 年版

王道成、方玉萍编《圆明园：历史・现状・论争》，北京出版社 1999 年版

马齐等纂《大清圣祖仁皇帝（康熙）实录》，中华书局影印本

鄂尔泰等纂《大清世宗宪皇帝（雍正）实录》，中华书局影印本

庆桂等纂《大清高宗纯皇帝（乾隆）实录》，中华书局影印本

曹振镛等纂《大清仁宗睿皇帝（嘉庆）实录》，中华书局影印本

《清圣祖（康熙）御制诗文集》，光绪五年刊本

《清高宗（乾隆）御制诗文全集》，中国人民大学出版社 1993 年版

《清仁宗（嘉庆）御制诗初集》，嘉庆八年初刊本

《清仁宗（嘉庆）御制诗初集》，道光年间修订本

昆冈等纂《钦定大清会典》影印本、《钦定大清会典事例》影印本，台湾新文丰出版公司

傅恒等纂《平定准噶尔方略》，武英殿刊本

湖北谳局辑《大清律例汇辑便览》影印本，台湾成文出版社有限公司 1980 年版

宋元人注《四书五经》，中国书店 1985 年版
程颢、程颐：《二程集》，中华书局 2004 年版
杨伯峻：《论语译注》，中华书局 1980 年版
杨伯峻：《孟子译注》，中华书局 1960 年版
吴晗辑《朝鲜李朝实录中的中国史料》，中华书局 1980 年版
《清史列传》，中华书局 1987 年版
《清史稿》，中华书局 1977 年版
《清朝碑传全集》，上海古籍出版社 1987 年版
魏源：《圣武记》，中华书局 1984 年版
李元度：《国朝先正事略》，岳麓书社 1991 年版
李桓：《国朝耆献类征》，光绪甲申（1884 年）湘阴李氏藏版
《影印文渊阁四库全书》，台湾商务印书馆
管世铭：《韫山堂诗文集》，读雪山房藏版，光绪二十五年重镌
方苞：《方望溪先生全集》，《近代中国史料丛刊》，台湾文海出版社
李光地：《榕村续语录》，中华书局 1995 年版
全祖望：《全祖望集汇校集注》，上海古籍出版社 2000 年版
李塨：《恕谷后集》，《颜李丛书》民国十二年刻本
彭绍升：《二林居集》，光绪辛巳刻本
袁枚：《小仓山房文集》，《近代中国史料丛刊》，台湾文海出版社
纪昀：《纪晓岚文集》，河北教育出版社 1991 年版
钱仲联编《清诗纪事》，江苏古籍出版社 1987 年版
王闿运：《湘绮楼文集》，《近代中国史料丛刊》，台湾文海出版社
邓之诚：《清诗纪事初编》，中华书局 1965 年版
鞠德源等：《清宫廷画家郎世宁年谱》，《故宫博物院院刊》1988 年二期
鄂容安等：《襄勤伯鄂文端公（尔泰）年谱》，《清史资料》第二辑，中华书局 1981 年版
那彦成：《阿文成公（桂）年谱》，《近代中国史料丛刊》，台湾文海出版社
张廷玉：《澄怀主人自订年谱》，《近代中国史料丛刊》，台湾文海出版社
萧奭：《永宪录》，中华书局 1959 年版
程穆衡：《金川纪略》，北京大学图书馆手抄本

赵翼:《簷曝杂记》，中华书局 1982 年版

昭梿:《啸亭杂录》，中华书局 1982 年版

俞蛟:《梦厂杂著》，文化艺术出版社 1988 年版

钱泳:《履园丛话》，中华书局 1979 年版

王庆云:《石渠余记》，北京古籍出版社 1985 年版

姚元之:《竹叶亭杂记》，中华书局 1982 年版

英和:《恩福堂笔记》，上海古籍出版社 1985 年版

余金:《熙朝新语》，上海古籍书店 1983 年版

陆以湉:《冷庐杂识》，中华书局 1984 年版

朱彭寿:《旧典备征》，中华书局 1982 年版

吴振棫:《养吉斋丛录》，北京古籍出版社 1983 年版

法式善:《清秘述闻》，中华书局 1982 年版

梁章钜:《枢垣记略》，中华书局 1984 年版

龚炜:《巢林笔谈》，中华书局 1983 年版

王应奎:《柳南随笔》，中华书局 1983 年版

李岳瑞:《春冰室野乘》,《中国近代史料丛刊本》，台湾文海出版社

陈康祺:《郎潜纪闻》，中华书局 1984 年版

徐珂:《清稗类钞》，中华书局 1984 年

曹雪芹、高鹗:《红楼梦》，人民文学出版社 1982 年版

[英] 乔治・马嘎尔尼:《英使谒见乾隆记实》，秦仲龢译，《近代中国史料丛刊》，台湾文海出版社

[英] 斯当东:《英使谒见乾隆纪实》，商务印书馆 1963 年版

[法] 白晋:《康熙帝传》,《清史资料》第一辑，中华书局 1980 年版

梁启超:《清代学术概论》，中华书局 1954 年版

唐邦治:《清皇室四谱》,《近代中国史料丛刊刊》，台湾文海出版社

张采田:《清列朝后妃传稿》,《近代中国史料丛刊》，台湾文海出版社

孟森:《明清史讲义》，中华书局 1981 年版

孟森:《明清史论著集刊》，中华书局 1959 年版

陈垣:《陈垣学术论文集（一）》，中华书局 1980 年版

陈垣:《陈垣学术论文集（二）》，中华书局 1982 年版

戴逸：《乾隆帝及其时代》，中国人民大学出版社 1992 年版

戴逸：《18 世纪的中国与世界》（九卷本），辽海出版社 1999 年版

方豪：《中国天主教史人物传》，中华书局 1988 年版

方豪：《中西交通史》，岳麓书社 1987 年版

[美] 吴秀良：《康熙朝储位斗争记实》，张震久、吴伯娅译，中国社会科学出版社 1988 年版

孟昭信：《康熙大帝全传》，吉林文史出版社 1987 年版

杨珍：《康熙皇帝一家》，学苑出版社 2009 年版

冯尔康：《雍正传》，人民出版社 1985 年版

白新良：《乾隆传》，辽宁教育出版社 1990 年版

周远廉：《乾隆皇帝大传》，河南人民出版社 1990 年版

郭成康、成崇德、赵云田、刘凤云、黄爱平、李景屏：《乾隆皇帝全传》，学苑出版社 1994 年版

郭成康：《乾隆大帝》，中国华侨出版社 2003 年版

郭成康、陈桦、成崇德、黄兴涛、吴建雍：《康乾盛世历史报告》，中国言实出版社 2002 年版

黄兴涛：《重塑中华——近代中国“中华民族”观念研究》，北京师范大学出版社 2017 年版

高翔：《问苍穹：皇后断发之谜》，中国人民大学出版社 1994 年版

刘文鹏：《盛世背后：乾隆时代的伪稿案研究》，人民出版社 2014 年版

《准噶尔史略》，人民出版社 1985 年版

《卫拉特蒙古简史》，新疆人民出版社 1992 年版

牙含章：《达赖喇嘛传》，人民出版社 1984 年版

牙含章：《班禅额尔德尼传》，西藏人民出版社 1987 年版

[美] 张勉治：《马背上的朝廷：巡幸与清朝统治的建构（1680—1785）》，董建中译，江苏人民出版社 2019 年版

高阳：《清朝的皇帝》，台湾远景出版事业公司 1988 年版

高阳：《乾隆韵事》，中国友谊出版公司 1985 年版

高阳：《曹雪芹别传》，中国友谊出版公司 1985 年版

庄练：《中国历史上最具特色的皇帝》，台湾商务印书馆 1991 年版

杨启樵:《雍正帝及其密折制度研究》，广东人民出版社 1983 年版

庄吉发:《清高宗十全武功研究》，中华书局 1987 年版

黄裳:《笔祸史谈丛》，人民日报出版社 1988 年版

郭成康、林铁钧:《清朝文字狱》，故宫出版社 2017 年版

郭成康:《十八世纪的中国政治》，台北昭明出版社 2001 年版

黄爱平:《四库全书纂修研究》，中国人民大学出版社 1989 年版

马西沙:《清代八卦教》，中国人民大学出版社 1989 年版

张羽新:《清政府与喇嘛教》，西藏人民出版社 1988 年版

萧致治、杨卫东:《鸦片战争前中西关系纪事》，湖北人民出版社 1986 年版

[法] 阿兰·佩雷菲特:《停滞的帝国——两个世界的撞击》，王国卿、毛凤支、谷炘译，三联书店 1993 年版

魏开肇:《雍和宫漫录》，河南人民出版社 1985 年版

于善浦:《清东陵大观》，河北人民出版社 1985 年版

周汝昌:《红楼梦新证》，人民文学出版社 1976 年版

邓云乡:《红楼风俗谭》，中华书局 1987 年版

吴相湘:《清宫秘谭》，台湾远东图书公司 1987 年版

《清代野史》，巴蜀书社 1987 年版

《清朝野史大观》，上海书店 1981 年版

万依、王树卿、刘潞:《清代宫廷史》，辽宁人民出版社 1990 年版

郭福祥:《乾隆宫廷玛纳斯碧玉研究》，故宫出版社 2015 年版

杨涛:《纪晓岚外传》，作家出版社 1986 年版

史松、林铁钧编《清史编年第一卷·顺治朝》，中国人民大学出版社 2000 年版

林铁钧、史松编《清史编年第二卷·康熙朝上》，中国人民大学出版社 2000 年版

林铁钧、史松编《清史编年第三卷·康熙朝下》，中国人民大学出版社 2000 年版

史松编《清史编年第四卷·雍正朝》，中国人民大学出版社 2000 年版

郭成康编《清史编年第五卷·乾隆朝上》，中国人民大学出版社 1991 年版

郭成康编《清史编年第六卷·乾隆朝下》，中国人民大学出版社 2000 年版

印鸾章:《清鉴纲目》，岳麓书社 1987 年版
章乃炜等:《清宫述闻》，紫禁城出版社 1990 年版
蔡东藩:《清史演义》，江苏人民出版社 1980 年版
爱新觉罗・溥仪:《我的前半生》，群众出版社 1979 年版
金庸:《书剑恩仇录》，科学普及出版社广州分社翻印
燕北老人:《清代十三朝宫闱秘史》，书目文献出版社 1989 年版
[美]恒慕义主编《清朝名人传略》，中国人民大学清史所译，青海人民出版社 1990 年版
杜文凯编《清代西人见闻录》，中国人民大学出版社 1985 年版

[美]康无为:《帝王品味：乾隆朝的宏伟气象与异国奇珍》，《清史研究》1992 年三期
杨伯达:《清代宫廷玉器》，《故宫博物院院刊》1982 年一期
万依:《清代宫廷音乐》，《故宫博物院院刊》1982 年二期
王树卿:《清代公主》，《故宫博物院院刊》1982 年三期
杨乃济:《“香妃传说”与宝月楼、回子营》，《故宫博物院院刊》1982 年三期
聂崇正:《“线法画”小考》，《故宫博物院院刊》1982 年三期
鞠德源:《清钦天监监正刘松龄》，《故宫博物院院刊》1985 年第一期
林新奇:《论乾隆时期议罪银制度与罚俸制度的区别》，《故宫博物院院刊》1986 年三期
杨伯达:《郎世宁在清内廷的创作活动及其艺术成就》，《故宫博物院院刊》1988 年二期
聂崇正:《中西艺术交流中的郎世宁》，《故宫博物院院刊》1988 年二期
金承艺:《关于清世宗皇三子弘时》，台湾《故宫院刊》十五卷二期
杨珍:《雍正杀子辨疑》，《清史研究》1992 年三期
蔡半之:《圆明园之回忆》，沈云龙辑《〈中和月刊〉史料选集》
于善浦:《关于香妃传说的辨伪》，《故宫博物院院刊》1980 年二期
肖之兴:《阿睦尔撒纳叛乱后奏折》，《民族史论丛》
戴逸:《一场得不偿失的战争——论乾隆朝金川之役》，历史研究 1993 年一期
万依:《清中和韶乐考辨》，故宫博物院院刊 1992 年三期

《关于纪文达》,《〈中和月刊〉史料选集》

郭成康:《乾隆生母及诞生地考——从最近公布的一则清宫档案说起》,《清史研究》2003 年四期

郭成康:《清初奏折探析》,《清史研究》1996 年第三期

郭成康:《雍正密谕浅析——兼及军机处设立的时间》,《清史研究》1998 年第一期

郭成康:《也谈满族汉化》,《清史研究》2000 年第二期

郭成康:《政治冲突与文化隔阂:杨名时案透视》,《清史研究》2002 年第四期

郭成康:《宁用操守平常的能吏,不用因循误事的清官——雍正对用人之道的别一种见解》,《清史研究》2001 年第四期

郭成康、郑宝凤:《乾隆年间侵贪问题研究》,《清史研究集》第八辑

郭成康:《试论雍乾之际士大夫风气的转变》,《清史研究通讯》1989 年第三期

郭成康:《〈字贯〉〈一柱楼〉诗两案与乾隆查办禁书》,《史学集刊》1988 年第二期

郭成康:《清乾隆朝疯汉文字狱探析》,《清史研究通讯》

郭成康:《帝王心理与文字狱》,《寻根》2003 年第二期

郭成康:《康乾之际禁南洋案探析——兼论地方利益对中央决策的影响》,《中国社会科学》1997 年第一期

郭成康:《清朝皇帝的中国观》,《清史研究》2005 年第四期